俄 国 史 译 丛 · 经 济

Серия переводов книг по истории Pоссии

Россия

История предпринимательства в России / Книга 2.
Вторая половина XIX - начало XX века

俄国史译丛·经济

СЕРИЯ ПЕРЕВОДОВ КНИГ ПО ИСТОРИИ РОССИИ

俄国企业史
（1850~1917）

История предпринимательства в России / Книга 2.
Вторая половина XIX - начало XX века

［俄］鲍维金·瓦列里·伊万诺维奇
　　　Бовыкин Валерий Иванович

［俄］加夫林·米哈伊尔·利沃维奇 等/著
　　　Гавлин Михаил Львович

王晓阳　刘颜青/译

社会科学文献出版社
SOCIAL SCIENCES ACADEMIC PRESS (CHINA)
SSAP

В.И. Бовыкин, М.Л. Гавлин, Л.М. Епифанова и др.

История предпринимательства в России / Кн. 2 — М.: «Российская политическая энциклопедия» (РОССПЭН), 1999. — 575с., илл.

© Институт российской истории РАН, 1999.
© Авторский коллектив, 1999.
© «Российская политическая энциклопедия» (РОССПЭН), 1999.

本书根据俄罗斯政治百科全书出版社 1999 年版本译出。

本书获得教育部人文社会科学重点研究基地
吉林大学东北亚研究中心资助出版

俄国史译丛编委会

主　编　张广翔
副主编　卡尔波夫（С. П. Карпов）　钟建平　许金秋
委　员　彼得罗夫（Ю. А. Петров）　鲍罗德金（Л. И. Бородкин）
　　　　　姚　海　黄立莤　鲍里索夫（Н. С. Борисов）
　　　　　张盛发　戈里科夫（А. Г. Голиков）
　　　　　科兹罗娃（Н. В. Козлова）　李牧群　戴桂菊

著者简介

鲍维金·瓦列里·伊万诺维奇（Бовыкин Валерий Иванович）

俄罗斯历史学家，历史学博士、教授，莫斯科大学经济史方向奠基人，俄罗斯科学院俄罗斯历史研究所高级研究员，研究方向为俄国经济史和国际关系史，"人民友谊勋章"获得者。

加夫林·米哈伊尔·利沃维奇（Гавлин Михаил Львович）

全俄文献与档案研究所文献管理保障部高级研究员，历史学副博士，主要研究方向为档案管理。

叶彼法诺娃·莉莉娅·米哈伊洛夫娜（Епифанова Лилия Михайловна）

历史学副博士，俄罗斯科学院俄罗斯历史研究所研究员，"俄国和苏联经济史：百科全书"项目协调人，主要研究方向为俄国经济史和19世纪俄国思想史。

卡尔梅科夫·斯捷潘·弗拉基米洛维奇（Калмыков Степан Владимирович）

研究员，历史学副博士，俄罗斯科学院俄罗斯历史研究所高级研究员，主要研究方向为经济史和财政史，尤其是在俄外籍企业研究和俄国银行史研究。

库普里亚诺娃·柳博芙·安德烈耶夫娜（Куприянова Любовь Васильевна）

历史学副博士，俄罗斯科学院俄罗斯历史研究所高级研究员，主要研究方向为俄国资本主义发展史和俄国铁路史。

彼得罗夫·尤里·亚历山德罗维奇（Петров Юрий Александрович）

历史学博士，俄罗斯科学院俄罗斯历史研究所所长、高级研究员，俄罗斯金融史首席专家，在俄罗斯和国外发表论著170余部（篇），其中12部（篇）论著受到俄罗斯和国外学术界的高度评价。

波特金娜·伊莉娜·维克多罗夫娜（Поткина Ирина Викторовна）

历史学博士，教授，主要研究方向为俄国19~20世纪经济史、俄国企业史，俄罗斯科学院俄罗斯历史研究所、俄罗斯人文大学等学术委员会委员，"莫斯科建城850周年奖章"获得者。

斯列普尼奥夫·伊戈尔·尼古拉耶维奇（Слепнёв Игорь Николаевич）

历史学副博士，俄罗斯科学院俄罗斯历史研究所经济史研究中心客座研究员，主要研究方向为俄国经济史。

乌里扬诺娃·加林娜·尼古拉耶芙娜（Ульянова Галина Николаевна）

历史学博士，俄罗斯科学院俄罗斯历史研究所首席研究员，主要研究方向为18世纪末至20世纪初俄国社会经济史，包括俄国慈善史、企业史和社会运动史，在俄罗斯、美国和德国等发表论著170余部（篇）。

萨茨洛·米哈伊尔·卡尔内里耶维奇（Шацилло Михаил Корнельевич）

历史学副博士，俄罗斯科学院俄罗斯历史研究所高级研究员，主要研究方向为俄国企业史、19世纪末20世纪初俄国社会经济史。

译者简介

王晓阳　文学博士，吉林大学外国语学院副教授，硕士生导师。

刘颜青　吉林大学东北亚研究院博士研究生。

总　序

我们之所以组织翻译这套"俄国史译丛",一是由于我们长期从事俄国史研究,深感国内俄国史方面的研究严重滞后,远远满足不了国内学界的需要,而且国内学者翻译俄罗斯史学家的相关著述过少,不利于我们了解、吸纳和借鉴俄罗斯学者有代表性的成果。有选择地翻译数十册俄国史方面的著作,既是我们深入学习和理解俄国史的过程,还是鞭策我们不断进取、培养人才和锻炼队伍的过程,同时也是为国内俄国史研究添砖加瓦的过程。

二是由于吉林大学俄国史研究团队(以下简称"我们团队")与俄罗斯史学家的交往十分密切,团队成员都有赴俄进修或攻读学位的机会,每年都有多人次赴俄参加学术会议,每年请2～3位俄罗斯史学家来校讲学。我们与莫斯科大学(以下简称"莫大")历史系、俄罗斯科学院俄国史研究所和世界史所、俄罗斯科学院圣彼得堡历史所、俄罗斯科学院乌拉尔分院历史与考古所等单位学术联系频繁,有能力、有机会与俄学者交流译书之事,能最大限度地得到俄同行的理解和支持。以前我们翻译鲍里斯·尼古拉耶维奇·米罗诺夫的著作时就得到了其真诚帮助,此次又得到了莫大历史系的大力支持,而这是我们顺利无偿取得系列书的外文版权的重要条件。舍此,"俄国史译丛"工作无从谈起。

俄国企业史（1850~1917）

三是由于我们团队得到了吉林大学校长李元元、党委书记杨振斌、学校职能部门和东北亚研究院的鼎力支持和帮助。2015年5月5日李元元校长访问莫大期间，与莫大校长萨多夫尼奇（В. А. Садовничий）院士，俄罗斯科学院院士、莫大历史系主任卡尔波夫教授，莫大历史系副主任鲍罗德金教授等就加强两校学术合作与交流达成重要共识，李元元校长明确表示吉林大学将大力扶植俄国史研究，为翻译莫大学者的著作提供充足的经费支持。萨多夫尼奇校长非常欣赏吉林大学的举措，责成莫大历史系全力配合我方的相关工作。吉林大学主管文科科研的副校长吴振武教授、社科处霍志刚处长非常重视我们团队与莫大历史系的合作，2015年尽管经费很紧张，还是为我们提供了一定的科研经费。2016年又为我们提供了一定经费。这一经费支持将持续若干年。

我们团队所在的东北亚研究院建院伊始，就尽一切可能扶持我们团队的发展。现任院长于潇教授上任以来，一直关怀、鼓励和帮助我们团队，一直鼓励我们不仅要立足国内，而且要不断与俄罗斯同行开展各种合作与交流，不断扩大我们团队在国内外的影响。在2015年我们团队与莫大历史系新一轮合作中，于潇院长积极帮助我们协调校内有关职能部门，和我们一起起草与莫大历史系合作的方案，获得了学校的支持。2015年11月16日，于潇院长与来访的莫大历史系主任卡尔波夫院士签署了《吉林大学东北亚研究院与莫斯科大学历史系合作方案（2015~2020年）》，两校学术合作与交流进入了新阶段，其中，我们团队拟4年内翻译莫大学者30种左右学术著作的工作正式启动。学校职能部门和东北亚研究院的大力支持是我们团队翻译出版"俄国史译丛"的根本保障。于潇院长为我们团队补充人员和提供一定的经费使我们更有信心完成上述任务。

2016年7月5日，吉林大学党委书记杨振斌教授率团参加在莫大举办的中俄大学校长峰会，于潇院长和张广翔等随团参加，在会议期间，杨振斌书记与莫大校长萨多夫尼奇院士签署了吉林大学与莫大共建历史学中心的协议。会后莫大历史系学术委员会主任卡尔波夫院士、莫大历史系主任杜奇科夫（И. И. Тучков）教授（2015年11月底任莫大历史系主任）、莫大历史系副主任鲍罗德金教授陪同杨振斌书记一行拜访了莫大校长萨多夫尼奇院士，双方围绕共建历史学中心进行了深入的探讨，有力地助推了我们团队翻译莫大历史系学者学术著作一事。

四是由于我们团队同莫大历史系长期的学术联系。我们团队与莫大历史系交往渊源很深，李春隆教授、崔志宏副教授于莫大历史系攻读了副博士学位，张广翔教授、雷丽平教授和杨翠红教授在莫大历史系进修，其中张广翔教授三度在该系进修。我们与该系鲍维金教授、费多罗夫教授、卡尔波夫院士、米洛夫院士、库库什金院士、鲍罗德金教授、谢伦斯卡雅教授、伊兹梅斯杰耶娃教授、戈里科夫教授、科什曼教授等结下了深厚的友谊。莫大历史系为我们团队的成长倾注了大量的心血。卡尔波夫院士、米洛夫院士、鲍罗德金教授、谢伦斯卡雅教授、伊兹梅斯杰耶娃教授、科什曼教授和戈尔斯科娃副教授前来我校讲授俄国史专题，开拓了我们团队及俄国史研究方向的硕士生和博士生的视野。卡尔波夫院士、米洛夫院士和鲍罗德金教授被我校聘为名誉教授，他们经常为我们团队的发展献计献策。莫大历史系的学者还经常向我们馈赠俄国史方面的著作。正是由于双方有这样的合作基础，在选择翻译的书目方面，很容易沟通。尤其是双方商定拟翻译的30种左右的莫大历史系学者著作，需要无偿转让版权，在这方面，莫大历史系从系主任到所涉及的作者，克服一切困难帮助我们解决关键问题。

五是由于我们团队有一支年富力强的队伍，既懂俄语，又有俄国史方面的基础，进取心强，甘于坐冷板凳。学校层面和学院层面一直重视俄国史研究团队的建设，一直注意及时吸纳新生力量，使我们团队人员

俄国企业史（1850～1917）

年龄结构合理，后备充足，有效避免了俄国史研究队伍青黄不接、后继无人的问题。我们在培养后备人才方面颇有心得，严格要求俄国史方向硕士生和博士生，以阅读和翻译俄国史专业书籍为必修课，硕士学位论文和博士学位论文必须以使用俄文文献为主，研究生从一入学就加强这方面的训练，效果很好：培养了一批俄语非常好、专业基础扎实、后劲足、崭露头角的好苗子。我们组织力量翻译了米罗诺夫所著的《俄国社会史》《帝俄时代生活史》，以及在中文刊物上发表了70多篇俄罗斯学者论文的译文，这些都为我们承担"俄国史译丛"的翻译工作积累了宝贵的经验，锻炼了队伍。

译者队伍长期共事，彼此熟悉，容易合作，便于商量和沟通。我们深知高质量地翻译这些著作绝非易事，需要认真再认真，反复斟酌，不得有半点的马虎。我们翻译的这些俄国史著作，既有俄国经济史、社会史、城市史、政治史，还有文化史和史学理论，以专题研究为主，涉及的领域广泛，有很多我们不懂的问题，需要潜心研究探讨。我们的翻译团队将定期碰头，利用群体的智慧解决共同面对的问题，单个人无法解决的问题，以及人名、地名、术语统一的问题。更为重要的是，译者将分别与相关作者直接联系，经常就各自遇到的问题发电子邮件向作者请教，我们还将根据翻译进度，有计划地邀请部分作者来我校共商译书过程中遇到的各种问题，尽可能地减少遗憾。

"俄国史译丛"的翻译工作能够顺利进行，离不开吉林大学校领导、社科处和国际合作与交流处、东北亚研究院领导的坚定支持和可靠后援；莫大历史系上下共襄此举，化解了很多合作路上的难题，将此举视为我们共同的事业；社会科学文献出版社的恽薇、高雁等相关人员将此举视为我们共同的任务，尽可能地替我们着想，使我们之间的合作更为愉快、更有成效。我们唯有竭尽全力将"俄国史译丛"视为学术生命，像爱护眼睛一样地呵护它、珍惜它，这项工作才有可能做好，才无愧于各方的信任和期待，才能为中国的俄国史研究的进步添砖加瓦。

上述所言与诸位译者共勉。

吉林大学东北亚研究院和东北亚研究中心

2016 年 7 月 22 日

目　录

前　言 ……………………………………………………………… 1

第一篇　俄国1861年改革后的企业立法

第一章　俄国企业经营的法律法规 …………………………… 3
　第一节　土地交易法规 ……………………………………… 13
　第二节　工商业领域的法规 ………………………………… 24
　第三节　运输领域的法规 …………………………………… 47
　第四节　信用与保险法规 …………………………………… 52
　第五节　税收制度的演变 …………………………………… 58

第二章　企业经营的组织形式 ………………………………… 63
　第一节　问题界定 …………………………………………… 63
　第二节　企业组织形式的选择 ……………………………… 71

第三章　俄国的外籍企业家 …………………………………… 89
　第一节　外籍企业家的经营特征 …………………………… 89
　第二节　外籍企业的影响 …………………………………… 97

第四章　19世纪俄国铁路运输企业 ………………………… 107
　第一节　关于修建铁路的争论 …………………………… 107
　第二节　铁路建设的热潮 ………………………………… 119
　第三节　铁路线之间的竞争和监管 ……………………… 131

第二篇　企业家、国家和社会

**第五章　俄国19世纪60～80年代的资产阶级
　　　　与保护主义问题** ·· 157
　第一节　贸易自由主义或贸易保护主义：19世纪60～80年代的争论
　　　　 ··· 157
　第二节　保护主义在行动：俄国资本巩固在中亚、高加索
　　　　 和伊朗市场的地位 ··································· 170
　第三节　在巴尔干地区的贸易渗透 ························· 184

第六章　俄国企业家社会面貌的演变 ························· 189
　第一节　俄国企业家社会面貌的形成 ······················ 189
　第二节　企业家社会结构的变革 ···························· 200

第七章　企业家和政权 ··· 208
　第一节　19世纪下半叶的俄国企业家和专制政体 ······· 208
　第二节　1905年：政治上的突破 ···························· 216
　第三节　"商人来了！"（巴维尔·里亚布申斯基）······· 227
　第四节　1917年二月：资本掌权 ···························· 236

第八章　利益的代表：交易所协会和交易所委员会 ······· 245
　第一节　代表性组织——交易所的基本特征 ············ 245
　第二节　作为代表组织的莫斯科交易所（1870～1913）··· 278
　第三节　俄国交易所和工商代表机构的改革方案 ······· 299

第九章　19世纪下半叶至20世纪初的"工人问题"········· 322
　第一节　19世纪60～70年代的当局、企业家和工人 ···· 322
　第二节　19世纪80年代的工厂立法 ······················· 339
　第三节　19世纪90年代：维特时代 ······················· 363
　第四节　20世纪初的工人问题：工人国家保险的尝试 ··· 389

第三篇　俄国企业家的精神面貌和慈善活动

第十章　企业家的人格类型、精神面貌和生活方式 ············ 413
第一节　问题回顾 ············ 413
第二节　教育观 ············ 416
第三节　家庭的作用：继承和传承 ············ 420
第四节　宗教感 ············ 423
第五节　阅读范围、文学嗜好及对戏剧的酷爱 ············ 429
第六节　服饰 ············ 432
第七节　对声望的理解及对奢华的追求：虚荣与贪婪 ············ 434
第八节　结论 ············ 439

第十一章　企业家与俄国民族文化的形成 ············ 441
第一节　企业家与民族文化的关系 ············ 441
第二节　保护民族文化传统 ············ 450
第三节　文化活动：私人爱好与社会公益 ············ 462
第四节　商人文化与贵族文化：融合与创新 ············ 485
第五节　艺术的产业化 ············ 524

前　言

您现在看到的这本合著是俄国史学界对俄国企业家历史进行总结的最早著作之一。从1861年农奴制改革到1917年十月革命之间的半个多世纪，是俄国私营企业相对自由发展的一段时期。在此之前，国家已经在经济中发挥了不可忽视的主导作用。自彼得大帝时代起，为了促进经济发展，俄国努力将西方资本主义（手工工场、工厂）与农奴劳动相结合。贵族和商人是国库收入的合法来源，出于国家利益考虑，当局鼓励他们从事经营活动，同时严格限制其活动范围。直到19世纪中叶，俄国一直处于工业社会初级阶段，企业家很少有机会从事商业、工业或金融业。

与欧洲其他地区一样，自工业化时代或工业革命开始之后，俄国企业家的作用日益凸显。俄国工业的"火车头"是棉纺织业，使用雇佣劳动和进口原料进行生产。农奴制改革前，这一领域是市场经济、资本主义经济的一座孤岛。在叶卡捷琳娜二世1762年敕令的激励下，出现了相应的社会阶层，即主要出身于农民的企业家，他们获准建立自己的手工业场所，可以自由从事工商业活动（1775年），所以19世纪上半叶，俄国棉纺织业迅速发展。这个新的阶层逐渐取代了农奴制时代的特权企业家：实际上，没有任何一个18世纪的商人世家在改革后仍从事实业，他们要么破产，要么停止经商并加入贵族行列。

俄国企业史（1850~1917）

  1853~1856 年的克里米亚战争暴露了俄国军事经济的落后，推动工业以市场化形式发展，工业受到国家政策保护。国家继续竭力支配经济发展，但主动向私营企业家开放了更广泛的活动领域。除了工业和贸易，私人资本开始在铁路修建和银行业中崭露头角，为建设市场经济所必需的运输和信贷基础设施做出了贡献。在其他欧洲发达国家，私营企业在国家的工业化进程中发挥着决定性作用，尽管俄国已经大幅落后于它们，但是已经走上了它们开辟的道路。世界经验表明，只有当社会上存在着大量具有敏锐的商业意识、充沛的精力、特定的价值观念、特定的人际关系和道德修养的企业家，才有可能产生市场经济体系。

  本著作的研究对象正是这一可以被称为"资本主义企业主"或"资产阶级"的社会阶层。企业经营在此表示合法的即在法律框架内从事的经济活动，使用自有的或租借的资本，通过有偿劳动来获取企业利润。企业经营的基本主体是企业主，即资本主义独资企业或合伙企业的所有者。

  本著作由俄罗斯科学院 19 世纪俄国史研究中心企业史研究小组完成，在一定程度上延续了苏联史学发展的社会经济史方向。一方面，对经济增长和资本组织形式基本过程的研究，始终比对社会问题、企业家社会阶层的研究更为重要[1]；另一方面，苏联历史学家广泛地研究了俄国资产阶级，至今仍有科学价值。在此，我们不能不提及 И. Ф. 金丁、В. Я. 拉韦里切夫、В. И. 鲍维金、В. С. 戴金、Л. Е. 舍佩廖夫和 А. Н. 博哈诺夫等学者的著作，它们基于某些意识形态学说撰写而成，受此影响，苏联时期史学家对研究对象采取"揭露性"的方法，有意或无意地试图"从敌对立场"理解

---

[1] См.: Лященко П. И. История народного хозяйства СССР. Т. II. Капитализм. М., 1956; Хромов П. А. Экономическое развитие России в XIX – XX веках. 1800 – 1917. М., 1950; Яковлев А. Ф. Экономические кризисы в России. М., 1955 и др.

资产阶级①。苏联解体之后，历史学家摆脱了意识形态的束缚，可以撰写更为客观的、深思熟虑的俄国资产阶级史，同时又避免了如今许多企业史论者全面赞美的激昂基调，对科学研究而言，这种基调的危害不亚于旧的意识形态教条。

西方史学界对上述问题的研究主要体现在关于俄国资产阶级社会史的著作中。它们的价值不仅仅在于采用了新的事实资料，更在于采用了独创的概念方法，并尝试对俄国企业家进行比较研究和评价。西方历史学家研究俄国资产阶级的著作中，著名政治学家理·派珀斯（R. Pipes）认为俄国不存在西方意义上的资产阶级，这一观点并未得到认可（详见В. И. 鲍维金关于理·派珀斯的概念体系的论述）。

虽然西方历史学家承认19世纪至20世纪初俄国社会中企业家阶层的经济影响力巨大，但是他们过于强调其寻找不同于西方自由主义模式的、具有俄国特色的社会发展道路，强调其与欧洲资产阶级的根本差异、内部矛盾以及在公共和政治生活中缺乏权力，并认为企业家并未最终形成资产阶级。国外研究人员基于西方中心论开展研究，所以无法合情合理地区分什么是典型的"特征"，什么是"落后"②。读者可以在专题论文

---

① См.: Гиндин И. Ф. Русская буржуазия в период капитализма, ее развитие и особенности // История СССР. 1963, 2, 3; Лаверычев В. Я. По ту сторону баррикад. Из истории борьбы московской буржуазии с революцией. М., 1967; Тот же. Крупная буржуазия в пореформенной России, 1861 - 1900 гг. М., 1974; Тот же. Формирование финансового капитала в России, конец XIX в. - 1908 г. М., 1984; Дякин В. С. Буржуазия и царизм в 1914 - 1917 гг. Л., 1967; Тот же. Самодержавие, буржуазия и дворянство в 1907 - 1911 гг. Л., 1978; Шепелев Л. Е. Царизм и буржуазия во второй половине XIX в. Проблемы торгово - промышленной политики. Л., 1981; Тот же. Царизм и буржуазия в 1904 - 1914 гг. Проблемы торгово - промышленной политики. Л., 1987; Боханов А. Н. Крупная буржуазия России. Конец XIX в. - 1914 г. М., 1992.

② Owen, T. C., *Capitalism and Politics in Russia. A Social History of the Moscow Merchants. 1855 - 1905*. N. Y., 1981. Rieber, A., *Merchants and Entrepreneurs in Imperial Russia*. Hapell Hill, 1982. Ruckman, J., *The Moscow Business Elite: A Social and Cultural Portrait of Two Generations, 1840 - 1905*. N. Y., 1984.

集中找到有关俄国企业家特定历史问题的史学讨论。

本书并不分析俄国革命前企业家活动的所有层面，而是概述作者视角下的关键问题。因此，本书主要研究三个基本问题，即企业经营的条件和形式、资产阶级在俄国社会中的地位、企业家的形象及其对民族文化形成的贡献。

在本书第一篇"俄国1861年改革后的企业立法"中，И. В. 波特金娜分析了立法框架，揭示了企业家的积极活动受到法律的多方监管。在土地买卖方面，国家依然严格限制农民买卖份地，这严重阻碍了资本主义土地的征用。的确，从20世纪初开始，由于农民银行的业务活动，在斯托雷平改革背景下，份地和私有土地开始融合。工商法允许所有人从事商业和手工业活动，但国家掌握了重要的调节杠杆，例如建立股份公司的注册制度，而19世纪下半叶，欧洲发达国家已经开始实施建立公司的备案制度。在航运和铁路运输、银行信贷和保险领域，单独的章程具有法律效力。俄国的税率较低，非常有利于企业家，但大大落后于西方标准（欧洲发达国家19世纪就开始实行的累进所得税在俄国直到1916年才获得批准，且并未真正实施）。总体而言，俄国的法律标准还是为企业家的活动提供了充分的保障。

С. В. 卡尔梅科夫研究了企业经营的组织形式问题，即从资本主义萌芽之初的个人所有企业向资本联合的形式转变。欧洲市场形成的股份公司制度已经成熟，以完备的形式进入俄国。俄国商人接纳并改造了欧洲传统，使其符合俄国实际情况。这种结合的特殊产物是股份合伙公司，就像俄国的股份公司一样，同时保留了传统家族企业的特征。资本联合的另一种特殊形式是贸易公司，企业家借此规避了当时国家对股份公司和股份合伙公司的立法限制。整体而言，俄国企业经营的组织结构形式多样，适应俄国的实际条件。

В. И. 鲍维金研究了俄国实业界不可或缺的外资企业。这一现象绝对不能简单地等同于俄国传统史学研究中的"外国资本"问题。大多数外籍企业家出身贫寒，却精明强干，正是凭借着创新精神，他们在俄国创建了自己的公司。因此，这些公司的资本来自俄国，通常外籍企业家会将手中的资本投资于俄国本土企业。输出"人力资本"的国家主要是德国、英国和法国。由于第一代外籍资本家的努力，19 与 20 世纪之交，欧洲工业和银行康采恩大规模投资俄国经济。实际上，这些康采恩被视为外国资本的载体。

但是，外国公司在俄国的经营活动并不能被视为对俄国的"奴役"。今天，俄罗斯史学界的一些学者重拾 20 世纪 20~50 年代苏联历史编纂学持有的上述观点。将外国投资"妖魔化"的做法与西方史学流行观点有所契合：外国资本对俄国工业化进程起到了决定性作用。诚然，外国资本在一定程度上促进了俄国工业的发展（例如，在俄国南部建立了煤矿和冶金工业基地）。但需要说明的是：首先，外资的投入同样获得了丰厚的利润回报；其次，俄国国民经济的主体依然是俄国企业家，并且到 20 世纪初期，外国人直接参与俄国经济的现象呈下降趋势。

И. Н. 斯列普尼奥夫在自己的专著中研究了以往文献中乏善可陈的一个问题：农奴制改革后的铁路建设。这是企业经营的一个重要领域。作者将铁路建设划分为两个主要阶段：19 世纪 50~70 年代是铁路建设的高峰期，此时大量铁路公司成立并展开了自由竞争；从 19 世纪 80 年代开始铁路建设进入衰退期，此时国家专营和赎回私营铁路的政策转变对铁路建设产生了负面影响。作者提出了一个普遍的问题，即政府加强干预经济是 19 世纪末国家经济政策的一个主要趋势。

本书第二篇"企业家、国家和社会"涵盖俄国资产阶级的社会面貌、其与政府和工人的关系以及利益代表制度等范围广泛的问题。正如 М. К. 萨茨洛所言，农奴制改革后，俄国出现了一批出身于不同阶级的社会精英，他们都属于企业家阶层。先前的阶层结构逐渐瓦解，新的社会化分

俄国企业史（1850~1917）

层相应形成，在此过程中决定性因素并不是阶层属性，而是现实的社会财产状况。相应地，阶层代表机构（商人协会）的地位下降，表明俄国社会从阶级固化过渡到社会性固化，也表明俄国社会上新兴资产阶级业已形成。

从企业家对贸易保护主义政策的影响这一角度，运用俄国工商业促进会的史料，Л. В. 库普里亚诺娃研究了19世纪60~90年代企业家和国家的关系问题。企业家在俄国工商业促进会中自始至终扮演着重要角色，促进了关税保护主义政策的制定，为俄国工业打开了新的（中亚）市场，并促进了对伊朗等地的经济投资。在经济政策方面，俄国资产阶级与政府建立了全面的同盟关系，自19世纪60年代以来，政府加强了对国内工业的保护，排斥外国竞争，并协助国内工业界向新开辟的国内外市场渗透。

Ю. А. 彼得罗夫的研究表明，企业与政府的经济联合在一定程度上弥补了资产阶级缺乏政治权力的不足，打消了资产阶级提升国家层面话语权的企图。1905~1907年爆发的资产阶级革命暴露了专制制度的严重危机，促使企业家在自由主义的旗号下积极采取符合伦理道德规范的行动。事实证明，仅有企业家的统一而没有社会底层的广泛支持，革命或改革将徒劳无功。俄国资产阶级的政治领导人后来也认识到了这一问题。

1907~1917年，企业家与沙皇政府的政治对立日益尖锐。当局背弃了宪法承诺，并企图笼络自由派知识分子。第一次世界大战期间，以А. И. 科诺瓦洛夫和П. П. 里亚布申斯基为首的资产阶级自由主义反对派试图与左派政党联合建立广泛的反政府联盟，并通过自由主义平台团结广大工人阶层。正如二月革命后事态发展所显示的那样，自由主义企业家掌握政权之后，在社会上没有足够的来自底层民众的支持，这预示了1917年10月政治斗争的结局。

Л. М. 叶彼法诺娃在论述俄国交易所协会和交易所委员会的章节中，

研究了企业家利益代表制的问题。俄国交易所委员会、交易所协会和 1906 年成立的工商业代表大会是代表资产阶级利益的卓有成效的机构。但是，与西方具有类似功能的商会相比，俄国企业家的利益代表制度严重落后于时代需求，因为它不符合欧洲商会的两个主要标准——代表制度是必不可少的，且涵盖所有行业。由于官僚机构拖延了工商业代表制的改革，俄国商人自己建立类似制度的尝试以失败告终。

Л. A. 库普里亚诺娃研究了企业家和工人的关系史。俄国十月革命前，企业家的社会对立面主要是工人阶级。大量文献已经研究了工人问题和工人运动，但这并不意味着企业家和工人的对立矛盾无须分析。事实证明，这一矛盾关系将给俄国企业家带来毁灭性的打击。俄国政府自始至终试图在企业家和工人的关系中扮演仲裁员角色，因此，政府尝试在企业家、无产阶级和国家三方关系中，通过工厂立法和劳动立法来解决这一矛盾。

工人问题贯穿了从 19 世纪 60 年代到 20 世纪初的主要历史阶段。库普里亚诺娃研究了工人的生活水平、罚款制度、主要立法法案（1886 年和 1897 年）对工人状况的影响以及 1912 年实施的工人国家保险制度等。但是，在专制制度依然根深蒂固、大部分资产阶级无意妥协之时，针对工人问题无法实行系统的自由主义改革，只能通过革命的方式加以解决。

本书最后一篇"俄国企业家的精神面貌和慈善活动"勾勒了俄国商人阶层精神面貌的基本特征。商人阶层同样具有慈善、资助文化艺术等社会意义。Г. Н. 乌里扬诺娃引用了企业家的日记和回忆录等史料，详尽描述了商人的家庭结构、教育观、宗教传统和文化爱好（文学、戏剧）等方面的特点。20 世纪初，教育水平的提高和对欧洲生活方式的接受是俄国企业家精神文明发展的重要方面。在工商业界，奥斯特洛夫斯基戏剧中的俄式主人公们退居幕后，取而代之的是英式的"绅士"，他们受过良好的欧洲教育，接受自由主义思想，认同自己的民族身份。

本书最后一章是 М. Л. 加夫林关于俄国企业家、慈善家对民族文化的形成所做出的巨大贡献的研究，作者提出了一个根本性问题，即知识分子的反资产阶级心态影响到了公众舆论对资产阶级的看法。"俄国商人"的资助活动分为两个时期：19 世纪 60~90 年代，资产阶级迷恋艺术，在斯拉夫主义意识形态的强烈影响下，他们追求民族思想的独特表达形式；20 世纪初，在俄国慈善事业中，西欧现代主义流派（支持俄国艺术新流派并收藏西方绘画杰作）盛行。

除了 П. М. 特列季亚科夫、С. П. 佳吉列夫和 С. И. 休金等著名的俄国收藏家和艺术赞助人之外，本章还介绍了一些知名度不高但同样为俄国文化发展做出巨大贡献的企业家。俄国艺术赞助并不是学界传统认为的、仅凭个人爱好行事的少数几位企业家，而是一种广泛存在的社会现象，这是十月革命前俄国企业发展史的有机构成部分。

俄罗斯科学院俄罗斯历史研究所的 А. И. 阿克谢诺夫、А. Н. 博哈诺夫、А. П. 科列林、И. М. 普什卡廖娃和 С. В. 图秋金等同人在本书撰写和出版过程中提出了宝贵意见和建议，对此深表感谢。

尤·亚·彼得罗夫

第一篇
俄国1861年改革后的企业立法

第一章
俄国企业经营的法律法规

  20世纪的最后十年，俄国新闻界和史学界掀起了一波独特的热潮：关于俄国十月革命前企业发展史的论著大量出版。如果说这个话题对于大多数记者来说是风行一时的时尚标志，那么对于历史学家而言，它是基于档案史料进行深入研究的课题。严肃的科学工作为我们揭示了俄国历史上企业经营的许多重要方面：涉及工商阶级形成和发展的社会经济问题、商人世家以及这一社会精英阶层的发展史、银行体系和信贷机构的创建等。虽然史学家对这些问题进行了卓有成效的研究，但仍然留下一处显而易见的空白点：学者们对俄国工商企业经营活动的立法基础研究不足，而这一点对于深入理解19世纪下半叶至20世纪初的俄国历史发展脉络至关重要。

  在俄国历史编纂学中，有关俄国企业经营的法律法规问题至今乏人问津。工厂立法研究的先驱是俄国历史学家和经济学家 М. И. 图甘-巴拉诺夫斯基，在《19世纪俄国工厂发展史》一书中，他专门辟出两章着重分析了1861年农奴制改革前到19世纪下半叶俄国工厂的立法问题①。

  1917年十月革命后的很长一段时期，苏联史学界对工商法的研究失去了现实意义。直到20世纪70～80年代，历史学家 Л. Е. 舍佩廖夫

---

① Туган – Барановский М. И. Русская фабрика в прошлом и настоящем. Спб., 1907. Т. 1. Историческое развитие русской фабрики в XIX в. Ч. 1. Гл. V. Ч. 2. Гл. II.

才在研究沙皇政府的工商业政策时，关注到了政府在股份制立法、工厂立法和税收领域的举措。他详细介绍了各项法案依法核准的坎坷过程，揭示了不同部门之间的利益冲突，他的研究工作具有特别重要的意义。尽管 Л. Е. 舍佩廖夫并未研究工商业立法的所有组成部分，但是他的专著概括了俄国工商业立法的总体路径，使整个相关研究工作向前迈出了重要的一步①。

历史学家 Ю. А. 雷巴科夫的开山之作《19 世纪上半叶俄国工业立法：史料学概述》重点研究了 19 世纪上半叶俄国的工业立法，他的这部著作于 1986 年出版。此前，俄罗斯史学界还没有结合史料对工业立法问题进行全面深入的研究。Ю. А. 雷巴科夫提出了一系列历史和法律问题：行业部门立法，消费税立法，税收，工厂主和工人相互关系的调解，1832 年、1842 年和 1857 年法律汇编的编纂工作及对比分析，以及未经核准法案的研究历史。遗憾的是，史学家们后来再未进行过类似研究。尽管 А. Н. 博哈诺夫于同年发表了一篇翔实的、研究 19 世纪末 20 世纪初俄国所得税问题的论文，深入研究了 19 世纪下半叶俄国工商法的一些问题，但整个研究并未引起其他史学家的关注②。结果是，20 世纪 80 年代取得的成就并未在随后的研究中得到继承和深化。

俄罗斯史学界对该问题的研究仍然不成体系。1991 年，史学家 Б. В. 阿纳尼奇出版了一部研究私人企业信贷活动的专著，其中用了一整章篇幅专题介绍了俄国银行机构的法律地位问题，作者详细论述了银行立法

---

① Подробнее см.: Шепелев Л. Е. Акционерные компании в России. Л., 1973; Тот же. Царизм и буржуазия во второй половине XIX в. Проблемы торгово - промышленной политики. Л., 1981; Тот же. Царизм и буржуазия в 1904 - 1914 гг. Проблемы торгово - промышленной политики. Л., 1987.

② Рыбаков Ю. А. Промышленное законодательство России первой половины XIX в. (Источниковедческие очерки). М., 1986; Боханов А. Н. Вопрос о подоходном налоге в России и крупная буржуазия (конец XIX - начало XX в.) // Исторические записки. М., 1986. Т. 114.

的演变路径及其实际成效。1995 年，巴尔瑙尔地区的 A. B. 斯塔尔采夫发表了篇幅不大的论文，题为《18 世纪至 20 世纪初俄国的工商业立法以及企业家的社会法律地位》。如此非常明确又十分宽泛地提出问题，表明了进一步研究工商法的迫切性和必要性。但是，受论文框架所限，作者无法涉及所有核心问题，仅概述了 18 世纪末至 20 世纪初俄国的税收史[①]。1997 年，B. H. 利图耶夫的专著出版，作者将俄国贵族占有土地现象以及国家的土地市场管理行为作为研究对象详加研究[②]。

外国史学界也出现了类似的情况。美国学者、路易斯安那州立大学历史教授欧文（Owen）和鲍曼（Bowman）是研究俄国工商法的专家。1991 年，欧文出版了一部有关俄国政府宏观经济政策的奠基性专著。作者专题性地研究了股份制立法，主要是一些限制性条款。欧文的著作重点研究了一个非常关键的问题，即如何规范股份公司的发展。他的同事鲍曼在《斯拉夫评论》（*Slavic Review*）杂志上发表的一篇论文专门研究了俄国税收问题，特别是政府在这一领域进行改革的有效性[③]。

综上所述，在国内外历史编纂学中，从研究内容看，对十月革命前俄国工商业立法的研究仍然不成体系。本书旨在填补这一空白，全面回顾俄国工商业立法的所有法律条文。由于该主题涵盖范围广泛，内容丰富，因而难以在短小的篇幅中全面展开研究工作。

在俄罗斯帝国，工商法作为管理工商企业活动的法律汇编出现在 18

[①] Ананьич Б. В. Банкирские дома в России. 1860 – 1914 гг. Очерки истории частного предпринимательства. Л., 1991; Предприниматели и предпринимательство в Сибири (XVIII – начало XX в.). Барнаул, 1995.

[②] Литуев В. Н. Земельная собственность как дворянская монополия в капиталистической России. Теоретические вопросы, информационная база данных, управление земельным рынком. М., 1997. Гл. вторая.

[③] Owen, T. C., *Capitalism and Politics in Russia. A Social History of the Moscow Merchants. 1855 – 1905*. N. Y., 1981. Rieber, A., *Merchants and Entrepreneurs in Imperial Russia*. Hapell Hill, 1982. Ruckman, J., *The Moscow Business Elite: A Social and Cultural Portrait of Two Generations, 1840 – 1905*. N. Y., 1984.

世纪末，它基于社会等级制原则编写而成。工商法包括以下重要的法规：1781年《商业航运条例》、1785年《城市法规》和1799年《行会条例》。19世纪上半叶，工商业立法工作进一步推进。1800年，俄国颁布了《破产章程》；1807年1月1日，亚历山大一世颁布法案《关于赋予商人新福利、特权和优待以及推广和加强企业贸易的新方法》，该法案在工商法中被称为"合伙制法"。1824年11月14日，关于商人等级制的法律依法核准，该部法律首次宣布一等商人是特殊的国家荣誉市民。

尼古拉一世时期颁布了许多法律新规，极大地拓展了工商法施行的范围。1831年通过了《商业账簿条例》，1832年颁布了一系列章程，其中涉及商业诉讼程序和司法制度，这是商业立法的一个重要进步，并且，俄国首次建立了商业法院，负责审理商业交易过程中企业家之间经济纠纷的案件。由此，国家开始了商业法院的司法实践，旨在填补工商业立法的空白。与此同时，《贸易破产章程》和《票据法》依法核准通过。值得注意的是，俄国的《票据法》是最早实行法律登记的工商法。在存续期间，它经历了一个奇特的演变过程。如果说在1729年，任何一位具有法律能力的公民都获得了票据签署权，那么叶卡捷琳娜二世在位时，只有商人阶层享有这一权利。到19世纪，俄国出现了一个截然相反的趋势：享有这项权利的公民范围逐渐扩大。1832年，所有从事贸易并完成等级登记的人都是商人[①]。

1836年12月6日，尼古拉一世批准了《股份公司法》。这项法律的初衷是对股份公司的设立程序和活动规则做出一般规定，从而使俄国与已经走上工业化道路的欧洲国家并驾齐驱。该法律第2条引入了股份公司成立的特许制，据此，未经政府特别许可不得成立任何公司。同时第15条确立了经批准成立的公司变更活动条件时的所有程序，这些变更需

---

① Нерсесов Н. И. Конспективный курс лекций по торговому, вексельному и морскому праву с процессом. М., 1890. Торговое право. С. II, 21. Вексельное право. С. 14.

要经过政府的许可。法律第三部分规定了提交申请成立公司的方法、当局对申请的审理流程以及主要的章程草案①。后来，该法案成为民法的组成部分。

当时，特许制是欧洲所有先进国家广为采用的一种法规。尼古拉一世在19世纪30年代下半期制定了俄国股份公司的系统性法律，这在世界司法实践中尚属首次。1836年12月6日颁布的《股份公司法》体现了国家庇护工业发展的意志，同时也是俄国对工商业活动进行普法治理的最重要里程碑。正如Л. Е. 舍佩廖夫所言，俄国已为"股份公司制定了最基本的、必要的法律法规，同时政府保留了对此进行有效管理的权力"②。

俄国政府的立法活动并未止步于此。1832年、1842年和1857年分别开展了法典化工作，编制了系统的法律汇编。19世纪30年代，《贸易机构和章程汇编》中的贸易法部分刊行单行本，这部分法律在当时已经成为国家公用事业和国家监管方面法律的重要组成部分。当时，立法者的主要目标不是管理私人商业关系，而是进行行政监督。国家保留干预自然人贸易活动的权力③。

《工业条例》被单独辟出，成为国家公共事业法律中不可或缺的一部分。《工业条例》规定了建立工厂和开展生产经营活动的条件，并规范了企业家和劳动者个人的关系。正如十月革命前法学家们所指出的那样，起初，国家关心工业发展仅限于为工业提供劳动力，并保护民族工业免受外国竞争。政府对工业企业内部的问题如何解决并不感兴趣，因为大多数工人是农奴。直到19世纪30年代，政府才发现必须改善雇佣工人的状况，以维持工厂正常的运转秩序，例如1835年通过了《工厂主与雇佣工人关系条例》。

---

① ПСЗ. II собр. Т. 11. Отд. II. № 9763.
② Шепелев Л. Е. Акционерные компании в России. С. 37, 55.
③ Нерсесов Н. И. Конспективный курс. Торговое право. С. 22.

俄国企业史（1850～1917）

1833年11月22日，俄国首次颁布了《申请和发布工业发明专利和技术改良专利规则》。那些计划申请专利权的人向贸易和工业部递交申请书。英美等国建立了由从事技术分析的专家组成的专门行政机构审查专利的有效性，与英美相比，俄国政府当时并未关注发明的原创性。在俄国，一项专利的有效期限为10年，持有人享有使用权和处置权。1833年法律增加了一些限制：禁止将专利转让给股份公司，因为政府认为这些公司为本土工业带来了激烈竞争[1]。

随着19世纪上半叶工商业立法的分离，民法中商人阶层的权利逐渐巩固。1800年3月27日，根据保罗一世的指令，参议院设置了一个特殊的荣誉称号——"商务专办"。10年后，根据11月1日诏书，商人兼工厂主被授予"工业专办"的称号，该称号最初授予那些为国家提供布匹而做出巨大贡献的工厂主。如果有人同时拥有这两种称号，则被尊称为"长官"。他们还应政府邀请出席讨论工商业事务的会议。1832年4月10日，尼古拉一世宣布在俄国划分出新的荣誉公民阶层。沙皇的目的是"通过新的区分特征从城市居民中划出一个新阶层，因为他们决定了城市贸易和工业的繁荣和成就"，他承认商人拥有一系列特权和优惠。商人在下列条件下可以获得"世袭荣誉公民"身份：

——同时获得"工业专办"和"商务专办"的头衔；

——被授予任何一项国家勋章；

——获得"一等商人"称号满10年，或获得"二等商人"称号满20年。

获得"世袭荣誉公民"称号的商人可免除人头税和免服兵役，犯罪时不受体罚。最后一项特权是由1785年的《警察条例》首次引入的，并

---

[1] Таль Л. С. Очерки промышленного права. М., 1916. С. 9; Нерсесов Н. И: Конспективный курс. Торговое право. С. 141.

扩展到一等商人和二等商人①。

正如Л. Е. 舍佩廖夫指出的，荣誉公民的权利与商人的主要权利相对应，这一称号赋予他们"终身的甚至是世袭的权利，且无须支付相应的费用"②。

克里米亚战争爆发前，修订工商法的工作仍在继续，但没有最终完成。19世纪50年代初期，新法案《手工业条例》和《贸易条例》颁布。但是，当1857年《法律汇编》再版时，《贸易条例》中的许多法律条文是由前任沙皇统治期间颁布的法令机械地汇编而成，它非常繁杂，条款多有重复。根据十月革命前律师界的一致看法，从国际法的角度来看，1857年《法律汇编》主要具有警察和财政的属性，与西欧国家的商法相比没有任何共性，它的地位要低得多③。

19世纪60年代和70年代，俄国政府先后对当时的工商业法规进行了许多重大修改。1863年1月1日和1865年2月9日的法律标志着政府改变了对企业经营的态度。法律确立了任何有能力从事贸易和工业的公民相互平等、不分阶层的原则，这在俄国尚属首次。1863年《贸易和其他行业权费条例》第21条对此进行了更加充分和清晰的规定："对于俄国公民和外国公民，不区分性别和社会阶层，均可授予其商业证书或手工业证书。"④ 但是，阶层平等原则并未在法律层面得到充分贯彻实施。尽管持有手工业证书，任何阶层都可以从事小额贸易、流动贸易以及小资产阶级手工业，但是根据1865年法律第12条，从事批发和零售业、建

---

① ЦИАМ. Ф. 143. Оп. 1. Д. 166. Л. 4 об. – 5；ПСЗ. II собр. Т. 7. № 5284.
② Шепелев Л. Е. Царизм и буржуазия во второй половине XIX в. Проблемы торгово-промышленной политики. С. 40.
③ Нерсесов Н. И. Конспективный курс. Торговое право. С. 22；Шершеневич г. Ф. Система торговых действий. Критика основных понятий торгового права. Казань, 1888. С. 221 – 222.
④ ПСЗ. II собр. Т. 38. Отд. II. № 39118.

立工业企业仍然首先是商人阶层的权利。直到1898年《国家手工业税法》通过，等级制度最终被废除，从事贸易和工业的权利才不再受到商人等级制度的影响①。

19世纪60年代，俄国政府关于企业家社会权利的立场更加前后矛盾，缺乏连贯性。例如，1860年4月8日俄国政府扩大了有资格获得"工业专办"称号的商人的范围，扩展到出色地完成工业生产的一等商人。而1865年2月11日，国务会议上提出的《关于商人成为世袭荣誉公民的规章制度》意见书大大削减了商人阶层的权利。《财产法》第582条引入了一项临时性规定，直到1917年都没有被废除。据此，商人及其家属被授予"世袭荣誉公民"称号的条件是"成为一等商人20年"。莫斯科交易所委员会关于商人阶层权利的讨论材料表明，20世纪初企业家强烈反对这一陈旧条款②。

19世纪80~90年代，俄国政府修订了许多法律，为企业开展经营活动奠定了基础。1887年通过了《新贸易条例》，这部法规在很大程度上弥补了1857年宪章的不足。但即使是在1887年，立法者也无法完全放弃法律的警察属性，而财政属性基本上被排除。例如第589条规定：贸易法规是"能够促进帝国内外所有机构更好、更成功地开展贸易事务的所有规定和措施"③。早在1885年6月12日，《俄国铁路总则》就获得通过，它规范了货物和旅客运输规则、明确了争端解决和诉讼程序并对维护铁路公共秩序做出了相关规定。

1892年《新工业条例》依法核准后，工厂立法随即发生了重大变化。但是，《新工业条例》中保留了一些行会结构和管理方面的过

---

① Вольтке г. С. Право промышленности и торговли в России в историческом развитии. СПб., 1905. С. 21, 28, 31.
② ПСЗ. II собр. Т. 40. № 41789; ЦИАМ. Ф. 143. Оп. 1. Д. 166. Л. 61–62.
③ Нерсесов Н. И. Конспективный курс. Торговое право. С. 22; Шершеневич г. Ф. Курс торгового права. Казань, 1899. С. 14.

时条款，这些条款当时就已经失去了实际应用价值。与《新贸易条例》相比，《新工业条例》在较大程度上保留了法律的警察属性和行政属性，尤其是那些规范企业家与工人关系、建立工厂监督机制的条款①。

1893年2月2日重新修订了《矿山条例》。《矿山条例》是普通法的一部分，包括1886年和1887年通过的关于私人开采金矿和盐矿的章程，以及于1892年6月3日生效的《石油工业条例》。

俄国政府的立法活动还涉及修订企业经营监管的法律。19世纪末，《信贷条例》的结构框架最终确定下来。在不同历史时期，《信贷条例》包括储蓄银行章程、国家银行章程、贵族土地银行章程、农民土地银行章程以及私人信贷机构章程等法律法规。1902年5月27日，第三版《票据法》依法核准。此前的70年间，政府对《票据法》未曾进行过重大修订，而仅仅施行了一些特别法案以便对其做部分调整。根据1862年国务会议的意见书，票据的签署权扩展到所有有能力承担债务的人。另言之，立法者基本上恢复了1729年第一版《票据法》中采用的基本条款。1862年，俄国的票据法律行为能力接近于英国和德国。

最不幸的是《交通条例》，该条例于1857年首次颁布，在长达60年的时间里都没有更新，到1916年《交通条例》首次进行修订，但并没有对法规内容进行彻底修改，仅增补了一些新的法规。

对19世纪俄国工商业立法发展历程的简单回顾表明，十月革命前俄国尚未建立独立的工商法体系，只有散见于法律汇编不同章节的个别条款。此外，与英国、丹麦、瑞典、挪威等国家一样，俄国并未采用罗马法体系。从这一意义上讲，法国与上述国家相反，拿破仑一世通过的《商法典》开创了一种特殊的商法体系。《商法典》在1865年和1874年

---

① Таль Л. С. Очерки промышленного права. С. 9, 10.

得到了进一步发展，并被许多国家借鉴①。

现有商业法和工业法的主要立法依据是《商业条例》、《商业审判条例》、《票据法》、《工业条例》、《矿山条例》、《民法典》、《俄国铁路总则》、《信贷条例》、《直接税税收条例》和《交通条例》。

普通民法的某些条款也与工商法直接相关。

管理和协调企业经营的法律法规非常零散，所以20世纪初的律师（指在公共服务部门以及私人商业机构工作的人）开始非官方地汇编工商业法律法规。例如，出现了С.А.普罗斯宾、И.А.戈尔巴乔夫、В.М.马克西莫夫等人的法律汇编，它们极大地提高了经验丰富的企业家和事业刚起步的企业新秀运用法律工具的能力，同时也为编纂官方《法律汇编》奠定了坚实的基础。这些汇编还包含一些对现行法律的一般性评论，因此可以将其纳入专门研究该问题的史学著述中。当然，在此占据首位的依然是俄国的法学家和高校的顶尖教授，如Н.И.涅尔谢索夫、Л.С.塔尔、Г.Ф.舍尔舍涅维奇和А.И.古利亚耶夫等。他们撰写了贸易法和商业法的教程，并详细分析了俄国立法的特征。

为了说明企业经营的法律环境，正在实施的关于不动产所有权的法规至关重要。根据法律，不动产包括土地、农业用地、房屋、工业企业、商店和各种建筑以及铁路。法律对某些类型不动产的出售或继承有一定的限制。例如，根据《民法》第394条，不可分割的财产包括：①工业企业、商店；②先前的国有农民购买的不超过8俄亩的土地；③租赁土地；④金矿；⑤西部省份的世袭领地②。根据当时俄国民法典及其使用的状况，土地决定了各阶层之间的所有财产关系。

---

① Нерсесов Н. И. Конспективный курс. Морское право. С. 4.
② Свод законов Российской империи. СПб., 1900. Т. X. Ч. 1. Законы гражданские. Ст. 384, 394.

第一章　俄国企业经营的法律法规

第一节　土地交易法规

为整个国家的经济特别是农业部门商品货币关系的发展创造条件的重要方面之一是对土地买卖的管控。如前所述，这个问题已经在当代俄罗斯历史编纂学中得到了充分的研究。国家对土地关系的管控政策对企业的经营发展非常重要，因此，本节有必要对这一问题加以论述。我们以 B. H. 利图耶夫的专著为研究基础，并补充进去我们自己的观察所得。利图耶夫指出了 19 世纪俄国对土地市场的长期监管和调节具有两个重要特征：①国家处于强势地位；②有购买权和出售权的人员范围逐渐扩大，进入市场交换的不动产种类也在增加[①]。

政府朝这个方向迈出的第一步是亚历山大一世于 1801 年 12 月 12 日颁布的一项署名法令，为了"鼓励农业和工业发展"，法令授权非贵族阶层的居民，包括商人、资产阶级、城市居民和国有农民在内，可以购买无人居住的领地。新法令在前言部分写道，"我们承认，有必要授予所有俄国公民购买任何无附属农民的土地，以及该范围内所有地上和地下设施的权利"，但是农奴除外[②]。

该法令对俄国的工业发展具有重要意义，尤其是纺织业。纺织业先后使用木材、泥炭作为燃料，纺织业主购买林地和荒地，可以保障其独立地生产经营。19 世纪上半叶，先后成立了四家大型企业的莫罗佐夫家族建立了燃料基地并巩固了主要从贵族手中收购来的土地的所有权，这一过程成为莫罗佐夫家族建立企业的典型特征[③]。

农奴制废除后，20 世纪初俄国通过了一条普遍法则，收录到《财产

[①] Литуев В. Н. Указ. соч. С. 54.
[②] ПСЗ. I собр. Т. 26. № 20075.
[③] ЦИАМ. Ф. 342. Оп. 1. Д. 3, 32.

法》第508条，其中规定：所有城市居民，包括荣誉公民、商人、小资产阶级和手工业者，在法律允许的范围内，拥有以任何合法手段占有或者获得任何动产和不动产的权利，但是有人居住的庄园除外。该法第698条对企业家而言同样重要，其中规定：除了上述社会阶层外，那些拥有各类财产的同业团体也具有资格，而所谓同业团体是指"合伙公司、股份公司和债权人会议"①。19世纪下半叶，在俄国工业的股份制进程中出现许多大型联合土地所有者②。

  1803年2月20日，亚历山大一世签署了另一项法令，其意义不仅在于具体效力，更在于它对公众思想的影响。最高当局颁布了自耕农法令，这是一项全新的法律，它首次打击了农奴制。С. П. 鲁缅采夫伯爵计划解放一部分农奴，请求"通过出售或者其他自愿条件"赋予这部分农奴本人拥有的地块。最终，该特殊案例变成了一条通用规则，成为新法律的第一条款③。所以，如果地主愿意，农奴就有可能获得人身自由，可以购买土地并成为土地所有者。亚历山大一世在位时，根据这一法令，全国完成了160笔土地交易，一共释放了47153名男性农奴④。

  应当说明的是，直到废除农奴制之后，所有类型的财产所有权才在农民阶层普及⑤。先前的农奴只有同时拥有财产的"所有权、使用权和处置权"，才能自由出售土地。直到1883年，地主和农民之间的临时债权债务关系一直存在，除非农民被赎身。而随着《强制性赎身条例》的出台，农民只有在偿清贷款债务之后，才能成为分配给自己的土地的所有

---

① Свод законов Российской империи. СПб., 1899. Т. IX. Законы о состояниях. Ст. 508, 698.
② Боханов А. Н. Крупная буржуазия России (конец XIX в. – 1914 г.). М., 1992. С. 166 – 167.
③ ПСЗ. I собр. Т. 27. № 20620.
④ Корнилов А. А. Курс истории России XIX в. М., 1993. С. 69 – 70.
⑤ Свод законов. Т. Х. Ч. II. Законы гражданские. Ст. 423; Свод законов. Особое приложение к Т. IX, Законам о состояниях. Положение о сельском состоянии. СПб., 1902. Ст. 9.

第一章　俄国企业经营的法律法规

者。换句话说，农民在很长一段时间内只是形式上拥有土地所有权，分配给他们的份地并不能真正自由交易①。

在俄罗斯帝国，农奴制废除之后出现了为数不多的赏赐农民，他们按照《大俄罗斯、新俄罗斯和白俄罗斯各省农民土地安置地方条例》第123条、《小俄罗斯条例》第116条的规定，绕过了赎买手续，一下子获得了各绝对型和完全型村社中全部份地的1/4。

О. Н. 布尔丁娜研究了这种特定的农民土地所有权的形成问题，得出的结论是：随着农庄固有的要素日趋成熟，存在赏赐份地的农村资本主义发展得更快②。

19世纪80年代，农村买卖土地的情况发生了巨大变化。1881年5月19日，国务会议《强化不动产权拟议程序的主要条例》获得批准。基本文件附录中的第24条确定：如果一个局外人全额偿还了土地登记册规定的债务，那么他享有债权人的权利③。1883年，需要偿还贷款债务的份地被推向市场，结果，所谓的富农土地所有权开始迅速发展。富农和豪绅在偿还债务之后，以非常低廉的价格收购了农民的份地。其他类型的高利贷同样迅猛发展，这大大加剧了农村社会的紧张局势。为了防止社会动乱，1892年6月18日、1893年5月24日和1893年12月通过了新的法案，前两个法案俗称"高利贷法"。

这些法案随后成为刑法的组成部分。两种高利贷形式应当受到惩罚——货币高利贷和农村高利贷，后者使用实物形式，即以借债人的个人劳动为担保，获得粮食和食品。1891年某些县收集的样本统计数据表明，此类贷款的年利率达到200%或更高。当局称，这导致了农村人口被奴役，并妨碍了其改善生活。因此，1893年5月24日的法律延续并完善了

---

① Подробнее см.: Литуев В. Н. Указ. соч. С. 58 – 61.
② Бурдина О. Н. Крестьяне – дарственники в России 1861 – 1907. М., 1996. С. 7 – 8, 191.
③ ПСЗ. Ⅲ собр. Т. 1. № 176.

· 15 ·

俄国企业史（1850～1917）

1892年6月18日关于用高利贷购买粮食的法律，旨在保护贫困人口免遭经济剥削。根据《刑罚条例》第1803条，"以过于沉重的、不符合当地习俗的条件进行交易，放贷人对借贷人造成沉重负担的"，这些交易应当受到起诉。1893年关于实物高利贷的法律没有制定符合当地习俗的规则，但是可能制止某些人将放高利贷作为一门生意。上述法令的积极意义还表现在，俄国在19世纪90年代还不具备进行农村借贷尤其是小型借贷的条件。解决这种问题的方法不是经济性措施，而是行政和警察性措施[1]。

至于历史文献中广为人知的、1893年12月14日关于禁止出售份地的法律，是1892～1893年针对农村高利贷问题的决议顺理成章的发展结果。俄国政府制定了非常严格的新规则来规范农民份地的交易活动。对于价格不超过500卢布的地段，需要整个村社2/3成员的同意，还需要该省的自治局或农民事务机构的批准。转让土地的价值超过500卢布的，需要内务部大臣和财政大臣的批准。如果购买土地用于采矿，还需要国有资产大臣的批准。同时，即使偿还了贷款，也禁止个人和私人机构抵押土地[2]。

因此，对1892～1893年一系列法令（包括1893年12月14日的法律）的比较分析，证实了В. Н. 利图耶夫的结论，即政府并未阻碍农村经济中资本主义的发展，而是禁止农村中高利贷的发展，包括与土地交易相关的高利贷。此外，城市无法保证所有农村剩余劳动力有工作，这减慢了农村地区的贫困化步伐。而且在20世纪初，由于取消赎金，农民巩固了对份地的所有权，"获得了将土地自由出售给本村社其他社员的权利"[3]。

---

[1] Максимов В. Я. Закон о ростовщичестве, с изложением рассуждений, на коих он основан и разъяснениями Правительствующего Сената. М., 1911. С. 3, 8, 10, 19.

[2] ПСЗ. III собр. Т. 13. № 10151. Ст. 1, 2, 3.

[3] Подробнее см.: Корелин А. П. Сельскохозяйственный кредит в России в конце XIX – начале XX в. М., 1988. С. 26; Литуев В. Н. Указ. соч. С. 61.

第一章 俄国企业经营的法律法规

19世纪下半叶，所有类型的土地（教堂和修道院的土地除外），都已经进入市场流通。至于国有土地，则由政府酌情决定，并只有在得到沙皇许可的情况下才能出售或出租。这让人产生一种印象：国家将土地转让给私人的时候，意欲完成特定的国民经济任务。许多条款涉及转让国有和私有土地（在后一种情况下有补偿措施）用于修建铁路。每当建设一条具体铁路线时，政府都会颁布单独的法令。除此之外，还有一些与铁路建设无关的例子。例如，1905年，为了有效利用国有林业资源，农业大臣被授权出租最多100俄亩土地，时间长达48年，用于建设锯木厂。同时，土地可以未经招标就出租给工厂主①。

可见，农民份地的流通受到的限制最为严格。根据《民法》第385条的要求，农民和地主之间强制性关系终止之后的庄园，才属于无人居住的庄园②。私有土地（主要是地主的庄园）享有绝对的优势，可以自由流通。

如果从社会阶级的角度审视这一问题，那么传统上贵族拥有的特权最多。但是，对于他们而言，也存在某些禁区。首先，拥有不完全所有权的庄园，并由此具有特殊继承顺序（受保护、限时受保护和长子继承）的遗产，无法自由出售，如果要进行交易，需要经过沙皇许可。其次，获得国有土地用于定居的破落贵族，其买卖土地的权利也受到限制。此外，法律赋予教堂和寺院通过土地所有权确保生计的权利，神职人员可以买卖土地③。

俄国施行的各种限制令同样具有民族特色。1865年12月10日政府通过法令，禁止波兰人在以乌克兰人和白俄罗斯人为主的西部九省（基

---

① Собрание узаконений и распоряжений правительства（далее – СУ）. 1905. Отд. 1. Ст. 1014.
② Свод законов. Т. X. Ч. II. Законы гражданские. Ст. 385.
③ Подробнее см.: Литуев В. Н. Указ. соч. Глава вторая.

辅、波多斯克、沃尔林、维伦斯卡亚、科文斯卡亚、格罗德诺、维捷布斯克、莫吉廖夫和明斯克）购买新的庄园。政府规定了明确的任务：在自古属于俄国的地区，排除波兰地主阶层巩固自己地位的任何可能性。同时，之前所有者的合法权利丝毫不受影响，他们保留了该法令发布之前购买的庄园。但是，起义者被驱逐的庄园，应当换成其他省份不同价值的庄园或者是被没收。在后一种情况下，庄园被出售给信仰东正教或新教的俄国人[1]。在这种情况下，人们并不认为亚历山大二世政府缺乏人性化。

对波兰人土地所有权的限制不只持续到19世纪末，事实上这种限制还在持续加剧。1884年12月27日政府颁布了针对西部九省的新规定，禁止向失去土地所有权的西部九省公民抵押和租赁地产。两年后进一步明确了这一禁令。同时，法令还规定，1884年12月27日之前发放给任何人的土地购置证明均不再具有法律效力。此外，总督和省长有权签发或不签发类似证书，也就是说，该问题由地方当局自行解决。1891年2月2日，除上述这些法律外，大臣委员会还通过了另一项法令：波兰人失去了西部省份土地的终身所有权。1901年1月，限制措施扩大到其他阶层：信仰天主教的农民可以购买的土地不得超过60俄亩[2]。

1899年后，俄国政府逐渐取消了限制令。根据1899年3月4日沙皇颁布的命令，过着农民生活的具有波兰血统的贵族和小市民，可以在任何地方获得土地所有权。从1904年12月12日发布的法令《关于改善社会秩序的计划》开始，政府对所有限制性法令均进行了彻底的修改。该法令第7项规定取消对外国人的限制，但"那些涉及国家根本利益和俄国人民明显利益的"限制除外[3]。

---

[1] ПСЗ. II собр. Т. 40. Отд. 2. № 42759, 42760.
[2] ПСЗ. III собр. Т. 4. № 2633；Т. 6. № 3985；Т. 11. № 7422；Т. 21. № 19618.
[3] СУ. 1905. Отд. 1. Ст. 574. Разд. IV；ПСЗ. III собр. Т. 24. № 25495.

第一章　俄国企业经营的法律法规

1905年5月1日，大臣委员会通过了一项法令，19世纪末20世纪初的限制性法规被取消。从那时起，具有波兰血统的人可以租借房地产，也可以将其抵押，以一切合法手段取得并拥有财产。经总督和省长的许可，他们重新获得了在城镇以外购置土地的权利，以打破行政边界和经济边界。他们还被允许购买不超过60俄亩的土地用于建设工业设施。此外，在西部边疆区的104个居民点，在住宅用地①范围之内，只要是俄罗斯帝国臣民，无论是波兰人还是俄罗斯人，均可购买、抵押或者租赁不动产②。

1892年，俄国法律首次限制加入俄国国籍的外国移民的权利。在沃伦省，如法律序言所述，为了加强俄国人的土地所有权，政府制定了临时规则以限制外国定居者的公民权利。而长期以来（自18世纪末开始），政府对其执行鼓励性财政和税收政策。新法律禁止所有移民在农村定居、购置和租赁土地。此外，法律颁布之前已经抵达者的权利得以保留，而信奉东正教的外国定居者可以像以前一样获得土地。尽管有严格的限制，但外国定居者无须征得沙皇同意即可获得免费的移民证书③。

但是，不久后人们发现：新规则触及了向上述人群出租土地的大地主的利益。因此，1895年3月19日，关于在沃伦省安置非俄国国民的临时修正案被依法核准，其中略微放松了1892年的限制条款。大臣委员会的规定确认：禁止加入俄国国籍的外国移民、来自维尔诺省及附近省的居民在城市定居点之外购买土地。该规定将所有入境者划分为1895年前、1895年后在农村地区定居的人。第一类定居者及其继承者的财产权得以保留，而第二类则受到临时规则的制约。1905年，该禁令被取消④。

---

① 住宅用地是指"在城镇用于建造住宅、公共建筑、工业企业、道路和街道等的土地"。
② СУ. 1905. Отд. 1. Ст. 574.
③ ПСЗ. III собр. Т. 12. № 8419, 8420.
④ ГАРФ. Ф. 102. ДП – 2. Оп. 73. Ч. 2 (1915). Д. 102. Л. 143 – 143 об.；ПСЗ. III собр. Т. 15. № 11477.

俄国政府对信奉犹太教的犹太人制定了更为严格的限制措施。1882年之前，他们可以在犹太人居住区内购买无人居住的房地产，犹太人居住区包括俄国西部和南部的15个省。在西部九省，犹太人无权从地主和农民那里获得土地。此外，在顿河军区、库班和捷列克地区，同样禁止他们购买、租赁和出租房地产。尽管有如此严格的限制，犹太人仍可以从事亚历山大一世授权的农业产业，与此同时，从国家得到的土地则不能出售给不信奉犹太教的人。然而，在亚历山大二世沙皇被暗杀后，情况发生了巨大变化，南部六省的当地居民与犹太人之间发生了血腥冲突[1]。亚历山大三世政府改变了以前的自由主义路线，转而采取强硬方针，在犹太人居住区暂停办理城市和村镇之外土地买卖和不动产质押[2]。

根据《财产法》第830条，外国公民有权在俄国购买和出售土地。但是，由于地域的原因，一般规则也存在例外。这项法规在土耳其斯坦边疆区、阿克莫林斯克州、塞米巴拉金斯克州、谢米列奇耶州、乌拉尔州和图尔盖州无效，在这些地区实施的是特殊的治理条例。外国人无权在阿穆尔州和滨海边疆区获得土地。换言之，在边疆地区和新归附的地区，禁止自由出售土地。

1887年3月14日的法令禁止在波兰行省的10个省和俄国11个西部省份（贝萨拉布斯克、维伦斯卡亚、维铁布斯克、沃伦、格罗德诺、基辅、科文、库兰、利沃尼亚、明斯克和波多利斯克）的农村地区购买房地产，这严重限制了外国人的权利。自1898年以来，在高加索地区，同样的规则尽管有所宽松，却一直生效。尽管政府全面禁止在港口和城市定居点外购置不动产，但外国国民依然可以购买房地产从事工业生产，

---

[1] Подробнее см.：《На штык можно опереться, на него нельзя сесть》// Источник. 1993. No 3. С. 54 – 71.

[2] Свод законов. Т. IX. Законы о состояниях. Ст. 780 – 783, 807, 811.

边境地带的土地也被收回①。

如前所述,所有这些法案都是为了加强俄国西部和南部地区俄国人的土地所有权。这些后来的法令是19世纪60年代所颁布法令的延续,当时还限制了某些俄国公民的权利。1884年12月27日,俄国政府又做出了一项补充:允许在俄国西部九省的股份公司和工商业协会购买200俄亩以内的土地②。

农奴制废除之后,俄国开始实施新的抵押贷款制度,并最终于19世纪80年代中期确立。俄国先后成立了10家股份土地银行,其中9家成立于1872年,另一家哈尔科夫土地银行成立于1871年。土地银行实质上是不动产所有者和借入资本所有者之间的中介,它们发行以农村土地为抵押的长期贷款,这是它们的主要业务。根据财政部制定且经沙皇批准的示范章程,土地银行也从事不动产抵押、过期不动产销售等业务。交易章程中的第20~28条确定了不动产拍卖程序,但它们实际上是由董事会酌情决定的。

抵押贷款是国家严格监管土地交易机制的另一个领域,新制度规定了相关业务办理的财务手续。国家干预在某些情况下具有特殊性,在其他情况下则是建设性的干预。1880年4月15日,俄国通过了一项决议。首先,在公开拍卖失败时,将过期不动产的债务转移给信贷机构。其次,如果买方拒绝转移债务并全额支付贷款,那么银行将强制性地从周转的抵押票据中扣留未偿还部分的金额。1893年,土地银行章程再一次修订,其中规定了出售不动产业务的程序。此后,抵押机构所购买财产的出售时间延长了一倍③。

---

① ПСЗ. III собр. Т. 7. No 4286;Там же. Т. 13. No 10102;Там же. Т. 18. Отд. 1. No 15454.
② ПСЗ. III собр. Т. 4. No 2633.
③ Собрание узаконений и распоряжений правительства(далее - СУ). 1880. Ст. 303;ПСЗ. III собр. Т. 13. No 9665.

俄国企业史（1850~1917）

1882年5月4日，国务会议通过了《关于变更土地银行不动产抵押和拍卖程序的意见书》。国家信贷机构必须严格遵守该意见书，尤其是存款银行必须在业务经营中遵守这一新规则。该意见书建议对不动产抵押和拍卖的既定程序做出一些调整，进一步详细说明了交易机制。拍卖可以按照口头方式进行，也可以通过印刷公告的形式来完成，并且可以自行确定顺序。所有参与拍卖者存入的保证金等于该不动产所欠的税款。与股份制银行章程的一个根本区别在于：根据1882年法规，抵押额并未转移给买方。但是，仅当私人土地银行根据股东大会的决定向财政大臣提交申请书以修改章程中确立的规则时，文件中的修订才具有实际意义[①]。

直到1897年俄国政府试图迫使银行在制定有关世袭领地的新法令过程中改用新的程序时，1882年的法律才真正得到实施。抵押机构不仅不急于这样做，而且还设法抵制国家的意图，因为新法令的实施将为它们带来更为复杂的交易流程和更加繁重的文书工作[②]。

正如В.Н.利图耶夫所表明的那样，股份制土地银行按价值计算的房地产交易量非常小。此外，根据章程，它们不能自费购买房地产，因此无法启动成立国家土地基金。

国家对土地交易进行监管的主要工具是农民土地银行，该银行是根据财政大臣Н.Х.本格的倡议成立的，目的是为打算购买土地的农民提供抵押贷款。农民土地银行成立的草案由三位大臣于1881年12月14日签署，禁止股份银行或地方自治银行向农民提供贷款："由于农民购买土地以及为此向农民提供的特殊手段均具有国家性意义，所以不能脱离政府

---

① ПСЗ. III собр. Т. 2. Отд. 2. № 845.
② Замечания правления Московского земельного банка на проект законоположения о вотчинной системе. М., 1897. С. 7 – 10.

第一章　俄国企业经营的法律法规

的直接监管。"①

1882 年 5 月 18 日通过了《农民土地银行条例》，次年 4 月，农民土地银行开始营业。它与其他抵押贷款机构的根本区别在于：该银行专门办理直接用于购买土地的贷款业务。在其经营的前 13 年中，农民购买了 241.17 万俄亩土地。1895 年通过了新的《农民土地银行章程》，标志着该银行进入了新的发展阶段。根据该章程，银行有权以自有资金购买土地，然后根据特殊规则转售给农民。由于新规则的实施，在扩大农民私有土地所有权方面，银行开始发挥决定性作用。从 1895 年到 1905 年，银行共出售了 580.47 万俄亩土地。

但是，1905~1906 年，农民土地银行的业务发生了根本性的变化。这与政府的新农业方针，即斯托雷平改革密切相关，改革的目标之一是建立农场。1905 年 11 月 3 日，政府通过了《关于减轻农民土地银行债务以增加少地农民的土地面积》。据此，在征得财政大臣和农业及土地规划主管的同意之后，银行可以向农民发放足额评估的贷款。银行在向农民提供贷款时，还会为其发放相关执照，由此获得了无限购买土地的权利。此外，在开展土地抵押贷款交易时，银行承担业务中的债务。所有这些举措大大加快了国家抵押机构进行土地买卖的效率：1906~1915 年，在银行的帮助下，农民购买了 1001.27 万俄亩土地。此外，自 1908 年起，农民土地银行开始向个人出售土地②。

与 1906~1910 年相比，第一次世界大战期间农民土地银行在土地买卖方面的活动有所减少。1914 年 7 月 23 日颁布的法律大大削减了银行独立购买土地的规模，但仍未彻底消除这种现象，例如 1915 年，该银行自

---

① Степанов В. Л. Н. Х. Бунге. Судьба реформатора. М., 1998. С. 180.
② СУ. 1905. Отд. 1. Ст. 1754. Подробнее см.: Литуев В. Н. Указ. соч. С. 71–84；Степанов В. Л. Указ. соч. С. 186.

俄国企业史（1850～1917）

费购买了 6.62 万俄亩土地，而 1914 年为 10.36 万俄亩①。然而，1916年，它再次达到 1913 年的水平，这是由于对同盟国公民采取了紧急的国家措施。1915 年，俄国政府剥夺了同盟国公民在帝国拥有和购买不动产的权利，并迫使他们将自己的不动产出售给当地的俄国居民。1915 年 5月 1 日，根据财政大臣的命令，农民土地银行获得完全自由，可以自费购买在俄的奥匈帝国、德国、土耳其公民和其他加入俄国国籍的外国公民的土地所有权。1916 年，在赫尔松省、比萨拉比亚省和塔夫利达省，农民土地银行开始购买德国人的财产②。由于银行的活动旨在扩大农民土地私有制，因此到 20 世纪初，这一类型的所有制成为仅次于贵族所有制的第二大土地所有权形式。

综上所述，十月革命前的俄国，国家是土地买卖政策的制定者和修改者，也是唯一的执行者。俄国政府通过法律手段强制调整农村的市场关系，并重新分配国家土地的所有权，以达到一系列经济目标。土地政策的总体特征在于，维护帝国西部地区俄国贵族土地所有者和边境地区当地居民的利益，以及确保农民阶层的财产权。

第二节 工商业领域的法规

根据 19 世纪下半叶通过的《俄国贸易条例》第 2 条，所有居民都拥有法定经商的权利："俄国各省公民和外国人（无论性别），以及合伙企业和公司，都拥有订立商贸合同的权利，并承担履约的义务。"这一法律总则与《工业条例》第 67 条相互契合："工厂和手工作坊可由各市县的私人或合伙企业和公司建立。"进行任何工商业活动，只需要办理与经营

---

① Рихтер Д. И. Государственные земельные банки в России и их дальнейшая судьба. Пг., 1917. С. 10 – 11.
② СУ. 1915, Отд. 1. Ст. 1116.

种类和规模相应的行业证书，而行业证书又为上述工业企业所有者提供了一些优惠政策。例如，每份行业证书会授予不同等级的所有者相应的权利，最高一级的商人可免税建立三个货栈，而二等商人可免税建立一个货栈。总体而言，贸易机构的所有者分为 5 级，而工业机构的所有者分为 8 级。

此外，以下类别的企业家、工商企业和信用合作社享有税收减免优惠：①从事国内和国际贸易的大型批发贸易商；②资本金在 5 万卢布及以上的商业银行和保险公司；③银行及其办事处；④零售企业；⑤工人人数在 200 人及以上的工厂[①]。

法律规定所有社会阶层在商业活动中地位平等，并对某些自然人从事企业经营的法律行为能力加以限制。这些禁令与个人的社会地位和担任的公职有关，以防为一己之利而滥用权力的事情发生。这些限制散见于《法律汇编》当中。根据《财产法》第 399 条，国家禁止所有神职人员、教堂的下级服务人员和新教的传教士从事贸易和建设工业设施。此外，根据《矿山条例》第 264 条，已婚神职人员可以参股采矿工业合伙公司，与此同时，禁止他们独立经营矿业。外汇经纪人无权使用自己的账户购买和出售货物，也无权进行汇率交易和外国汇票交易（《贸易条例》第 592 条附录第 114 条）。《直接税税收条例》第 29 条规定，如果多人拥有同一商人证书，则禁止个人单独以自己的名义经商。根据《兵役条例》第 25 条第 3 款，各级军官和士兵不能亲自从事贸易，只能通过代理人完成。

医生、律师等行业的从业人员同样要遵循相关的法令法规，国家公职人员更不能插手企业家的经营活动。这涉及驻外俄国领事、政府任命的商业法庭庭长和工作人员以及海关官员。《公务条例》第 734 条根据官秩表列

---

① Свод законов. СПб., 1893. Т. XII. Ч. 2；Т. В. Ст. 42；Просьбин С. А. Торгово‑промышленный сборник. Свод действующих узаконений по части промышленности и торговли. СПб., 1907. С. 71–75.

出了前三类中最高的国家职位和官衔，禁止他们参与如下行业和机构：铁路、航运、保险、工商业合伙公司和股份公司、公共的和私营的信贷机构、贷款－储蓄合伙公司、消费者协会。例外的是，这些人员可以参与仅限于当地的农产品加工业，同时，他们还可以参与互助土地信贷和城市信用合作社，以及慈善团体①。此外，《公务条例》第722条甚至禁止政府官员通过配偶或第三方进行承包或交付产品，还为公共机构、城市机构和农村机构的民选职位制定了禁止从事某些工商业职业的法律规范。

在特殊情况下，平民可以突破法律对其行为能力的限制。例如《修道院地位法》第420条规定，"禁止僧侣进行商业活动。被法院剥夺所有权利和优待的人，不能自由从事贸易和工业。这些人包括流亡的定居者、被流放到西伯利亚定居的人"。但是，经总督许可，一般的罪犯可以从事贸易和工业活动，而流放政治罪犯只有经内政大臣许可才有上述权利。资不抵债的债务人、屡次违反贸易规则的商人将永远被剥夺商业法律行为能力②。

俄罗斯帝国也限制了犹太人的法律行为能力，这主要表现在1791年规定的"犹太人定居点"政策上。后来，法律也加剧了犹太教徒与俄国其他民族的隔离。例如《财产法》第791条的注释表明：在划定的永久居留区内，犹太人在获得与其他俄国臣民相当的公证书后，可以生产手工业产品并在行会中进行贸易。也就是说，阶层原则适用于犹太人。根据该原则，若要从事贸易和工业，必须登记为商人。与此同时，政府也确定了针对犹太人的优惠政策。《工业条例》第166条规定，如果犹太商人在居住地建立工厂生产羊毛、皮革、纸张或丝绸产品等，经政府专门

---

① Свод законов. Т. XII. Ч. 2. Устав консульский. Ст. 3；Там же. СПб.，Т. 3. Ст. 528，722，730，733 – 746.

② Гуляев А. И. Торговля и торговые установления. М.，1912. С. 32，33；Вольтке г. С. Право торговли и промышленности. С. 34 – 36.

研究这些企业的需求和效益后，它们可以获得政府补贴。除了一般规则之外，《财产法》为一等商人提供了其他优惠。犹太人可以在俄国内地省份进行承包，可以通过东正教下层服务人员或者当地的企业家，在圣彼得堡、莫斯科和其他地区的港口进行批发贸易。一等商人也有权将自己工厂的产品出售到下诺夫哥罗德、科连诺伊、伊尔比特、哈尔科夫和苏姆斯基等地的集市。

1899年1月22日，大臣委员会针对在莫斯科的一等犹太商人制定了更为严格的新政策，即为其颁发莫斯科市内有效的商人证书。对于延长居留，规定每次都要征得财政大臣和莫斯科总督的同意。十年期结束后，一等商人将获得永久居留权。但是，他们不得参加民选商人会议或加入其他公共机构，也不得在同业管理部门任职。此外，在被剥夺特权的同时，犹太人不用缴纳当地的同业费[1]。

20世纪初，尼古拉二世政府放宽了1882年对犹太人的一些严格限制。根据1904年8月11日的法令，获得"商务专办"和"工业专办"荣誉称号的企业家，有权居住于俄罗斯帝国的任意城市。一等商人和工匠有权居住在犹太人定居点以外的农村地区，签署合同后可从事贸易或者手工业生产。一等商人和二等商人可以无限次前往俄国内地省份的所有城市从事工商业活动[2]。

根据俄国现行法律，年龄和性别也影响了从事工商业的范围。《民法》第268条禁止17岁以下的青少年经商，由未成年人的监护人监督。根据第220条，未成年人在年满17岁之后，可以接管自己的不动产，也可以进行无须借贷的商业交易。在其他情况下，仍然必须征得监护人的

---

[1] Просьбин С. А. Торгово-промышленный сборник. С. 369, 370; Свод законов. Т. XII. Ч. 1. Устав о промышленности; Подробнее см.: Роговин Л. М. Систематический сборник действующих законов о евреях. СПб., 1913.

[2] ПСЗ. III собр. Т. 24. Отд. 1. № 25016.

同意。

　　该法律没有明确限制已婚妇女独立和自由地从事贸易。与西欧国家不同，俄国有许多成功的女企业家，这是由《民法》决定的。根据俄国法律，妻子的财产是其单独的财产，她可以独立处置，因此她可以进行民事交易，交易责任由其财产担保。但是《商业诉讼条例》第 463 条规定，当丈夫的财产受到法律处置而破产时除外。如果已婚妇女打算以管家的身份进行交易，那么情况将有所不同。根据《民法》，任何企业未经丈夫许可不得雇用他的妻子，而丈夫则随时有权终止其雇佣关系。根据《票据条例》第 2 条规定，已婚妇女发行其独立经营的企业的商业票据无须征得丈夫的同意。上述限制不适用于与父母分居的少女、寡妇和离婚的妻子。法律赋予已婚妇女与男性商人相同的权利，她们可以用自己的名字领取手工业营业执照或者商人执照[1]。

　　因此，除了少数例外情况，俄国的贸易法和工业法均基于所有阶层自由和平等的原则。

　　企业活动可以采取各种组织形式：个体私营企业或公司等。早在亚历山大一世时代，政府就建议本国商人以完全合伙关系和相互信任为基础开展业务，它们又被称为贸易公司。为了建立合伙关系，必须签订协议，其依据是《贸易条例》第 63 条和《民法》第 2132 条。开设一家贸易公司，需要商人通过印刷品的形式发布通知，并将联合决议中的发起人名单提交到管理局[2]。

　　以合伙公司或股份公司形式组建的工商企业，需根据法律制定章程。章程是根据各部门提供的模板编制的，并连同申请书一起提交给有关部门，以

---

[1] Гуляев А. И. Торговля и торговые установления. С. 34 – 35.
[2] Свод законов. Т. XII. Ч. 2. Устав торговый. Ст. 59, 60, 63; Т. X. Ч. 1. Ст. 2132; Горбачев И. А. Товарищества полные, на вере. Закон и практика с сенатскими разъяснениями. М., 1910. С. 9, 28.

得到沙皇的批准。章程必须包含如下内容：①企业的宗旨；②公司的名称；③固定资本；④管理事务的程序、管理委员会和股东大会的权责；⑤股利分配的程序。在确定股票的票面价值时，立法者希望将低收入公民从股份公司参股人名单中排除，因此建议发起人设定较高的股票发行价格。该规定已在创始公司章程的相关章节中得到确认。根据《民法》第2160条，俄国禁止发行不记名股票。但实际上，只有合伙公司才严格遵守这项规则，股份公司时常发行不记名股票①。在章程批准后，必须在《参议院公报》上发布，并通过印刷的单行本形式以公司名义对外公布。

在俄国的司法实践中，企业章程被视为一项特殊法律或一项单独法案。但是据十月革命前专家称，章程的法律效力在于它具有合同性质。这意味着章程仅对那些认购股份的人而言是有强制性的，而对第三方则不具备强制性，特别是在章程细则与一般法律相抵触的时候。在特许经营制度下，成立股份公司的时间不是政府批准的日期，而是召开成立大会之日②。

从19世纪60年代开始，俄国的股份制立法开始落后于欧洲，当时许多欧洲国家已经开始采用公司注册制度。1867年6月4日，法国成为第一个采用该制度的国家，两个月后英国也采用该制度，德国和比利时则于1871年6月11日和1873年5月11日制定了新的公司注册制度。由于俄国政府密切关注欧洲的变化，财政部不止一次地准备在帝国实施注册制度，为了研究该方案，俄国政府还成立了多个跨部门委员会，然而进展缓慢，股票市场的崩溃和财政破产都对立法工作产生了不利的影响③。

俄国的特许经营制度一直持续到1917年。然而，在19世纪末的司法

---

① Горбачев И. А. Товарищества полные. С. 356.
② Горбачев И. А. Товарищества полные. С. 238 – 239.
③ Нерсесов Н. И. Конспективный курс. Торговое право. С. 85；Шепелев Л. Е. Акционерные компании. С. 111 – 121.

实践中，特许制度中最重要的因素出现了，而政府的许可在本质上也变得更加形式化。根据财政部《关于签发行业证书和证件的程序》（第61条第8款），发起人本人必须遵守法律的规定："根据现行法律，无力偿债的债务人、被永久流放者等属于贸易权受限人员，这类人员在领取行业证书和证件后，应遵守国家法律，以免被吊销行业证书，并为此支付罚款。"[①] 20世纪初，俄国相关领域逐步向注册制度转型，1912年1月13日批准的有关城市公共银行的新规定便是转型的重要一步。在国务会议和国家杜马的坚持下，企业注册程序被首次写入俄国的银行立法中。然而，直到临时政府成立，并通过了相关决议，这一制度才最终实施[②]。

值得注意的是，俄罗斯帝国某些地区的法律对建立贸易公司和匿名股份公司的程序产生了制约作用，例如比萨拉比亚、芬兰、波兰行省和沿波罗的海诸省。在比萨拉比亚，主要的法案是《康斯坦丁·阿梅诺普洛六书》、《多尼奇法律简编》和1785年马夫罗科尔达特的《大教堂条例》。根据参议院民事复审部门的决定，在解释的时候可以参照希腊-罗马法渊源，例如查士丁尼法典及其增订部分、巴西利卡法典（皇书）等。只有当希腊-罗马法无力解决问题时，俄国法律才生效。

在芬兰，1828年后，贸易公司的成立需遵照申报原则，即自申报之日起，三个月内由市政府批准并宣布成立。1864年11月24日的法律规定了建立匿名股份公司的程序。成立股份公司必须制定章程，并由芬兰参议院和沙皇批准，而建立银行应当得到参议院经济部的许可。

在波兰行省，企业的成立遵循拿破仑的《商法典》和特许经营制度相结合的原则。在俄国西北部，股份公司和地方信用合作社受1864年沿

---

① Просьбин С. А. Торгово-промышленный сборник. С. 87; Вольтке г. С. Право торговли и промышленности. С. 39–40.
② Промышленность и торговля в законодательных учреждениях. СПб., 1912. Кн. 1. С. 320; Шепелев Л. Е. Акционерные компании. С. 327.

波罗的海诸省民法典的约束，而贸易公司则遵照《俄国贸易条例》①。

19世纪末20世纪初，由于资本主义经济的发展，俄国开始出现辛迪加和托拉斯形式的垄断组织。根据十月革命前律师的理解，它们是独立企业家的某种联合，这些垄断组织签订的合同旨在消除或限制自由竞争对生产或销售的影响。不过，俄国工商法不承认类似的集体合同，甚至将其视为一种罢工。为了消除垄断活动所带来的负面影响，政府采取了强有力的干预政策。针对辛迪加，《惩治条例》第913条和第1180条要求，"贸易商为提高食品价格"或提高"其他生活必需品价格""而进行罢工、开展某种交易或签订其他协议"将受到起诉。《民法》第1528条和第1529条也针对垄断组织做出以下规定：①合同的标的不能违反法律、公序良俗；②如果订立合同的理由不合法，则合同无效。

截至20世纪初，与世界其他国家相比，俄国这一部分的立法已远远落后于时代。此外，俄国司法实践从未涉及辛迪加。1911~1915年社会上轰动一时的"普罗杜戈尔案"也没有真正影响到立法进程。哈尔科夫法院试图真正实施《惩治条例》第1180条，并进行了初步调查，但结果正如1915年3月13日司法大臣 И. Г. 谢格洛维托向大臣会议主席 И. Л. 戈列梅金所报告的那样，"调查由于搜集到的证据不足……而终止"②。

律师和企业家支持修改过时的条款并制定特殊的反垄断法。政府本应承认工业家和贸易商的结社权，但是一方面受成文法限制，另一方面受习惯法制约，政府统一规定了企业家和政府本身的权利和义务。企业家们还建议界定"垄断"的概念，以确定垄断经济的特征，同时他们还要求，隐瞒辛迪加和托拉斯真实目标的行为，必须受到刑事处罚③。总

---

① Максимов В. Я. Законы о товариществах. С. 818-820, 830, 837, 848.
② Подробнее см.: Красный архив. 1926. № 5 (18). С. 119-148.
③ Подробнее см.: Максимов В. Я. Законы о товариществах. С. 54-57；Фармаковский С. П. К вопросу о законодательном регулировании синдикатов и трестов. СПб., 1910.

俄国企业史（1850~1917）

之，同时代人希望政府表现出更大的灵活性。

与建立贸易机构不同，建立工业机构的程序限制更多。《工业条例》第69条规定，在省城、县城和其他地区建立工业机构时，需要经过省级主管部门的许可。如果建立的手工业工场、轻重工业工厂合法，则立即签发许可。在实施《城市条例》的地方，市政府有权批准建设无害的工业设施。然而，准建工厂仅包括内务部准入，且得到财政部认可的。在圣彼得堡建立工业机构则须执行以下程序：建立内务部准入名单上的工厂，需要向市长提交申请，至于建立准入名单之外的企业，则需要向财政部提交申请。在《城市条例》颁布前，企业家若要建立后一种工业机构，则首先需要向贸易与工厂理事会提交申请，该部门会对其进行讨论。莫斯科的情况有所不同。《工业条例》第72条禁止建立新的造纸厂、毛纺厂、铸铁厂、硬脂厂、脂油厂和生产可燃化学产品的工厂。该条例最初于1849年6月28日颁布实施，但始终未能得到执行。至于采用冷却法生产流程的油漆厂，以及织印厂、上浆厂以及染色厂等，其开业需要得到莫斯科总督的许可，并且必须得到财政部的同意[①]。简而言之，政府限制在圣彼得堡和莫斯科建立新的高污染企业。

除《工业条例》和《直接税税收条例》之外，还有其他对各行各业的工厂进行规范的条例。例如，伏特加酒厂、蜂蜜酒厂和啤酒厂的建立受到《酒水税税收条例》的制约。《消费税税收条例》第133条禁止私人和现有的股份公司在城市建设新的酿酒厂。新成立的股份公司也不例外，它们不仅无权建立新工厂，而且无权收购旧工厂。1890年6月4日，《农业蒸馏技术发展法》颁布，该法同《消费税税收条例》相结合，在20年内取得了可观的成果。

政府试图补偿工厂主在酒精储存过程中的自然损失，规定了普遍的

---

① Свод законов. Т. XII. Ч. 2. Ст. 67 - 72；Шепелев Л. Е. Царизм и буржуазия во второй половине XIX в. С. 38.

无消费税的额度及其使用程序。最后，该类工厂还获得了使用蒸馏过程产生的副产品来改善耕耘土地的权利。此外，该法律对小麦和马铃薯产生的酒精收入征收额外的消费税，从而推动行业更有效地使用土地。1890年法令的主要成效如下：①不再出现无土地的酿酒厂；②现有工厂酒精生产量减少；③出现了许多小型工厂，在当局看来，它们更符合农业发展目标，因为提高了土地耕耘和畜牧业水平；④马铃薯的种植范围扩大①。

1912年1月13日俄国通过了新法律，废止了消费税法规中的一些过时条款。这些过时的法律可追溯至19世纪六七十年代，其内容与规范酒精生产技术相关。当时制定这些条款是为了更好、更准确地统计工厂生产的酒精，使整个生产过程都遵循一个统一且完善的流程。然而，此后酿酒厂开始使用自动控制装置，俄国政府开始实行酒类专卖政策，从而消除了隐瞒酒精产量的现象。由于这些变化，无论是对工厂主还是对消费税官员而言法律中非常繁杂的程序都已经过时，失去了实际意义，因此出现了1912法律②。

《糖类消费税暂行条例》规定了建立甜菜工厂的程序。根据《工业条例》第74条，只有在不影响阿尔泰农民或采矿业的前提下，地方当局才允许在阿尔泰山区建立甜菜工厂。此外，俄国实行规范制糖生产的法律。1910年4月，由于国内市场糖类价格上涨和需求增加，政府决定暂时降低糖类关税。但只有在确定有必要且不威胁国内制糖业利润的情况下，才允许从国外进口原料糖。另言之，政府继续保护俄国南部贵族地主的利益。然而，当成品糖出口到常规市场时，政府暂时停止退还糖的消费

---

① Максимов В. Я. Законы о товариществах. С. 276；Промышленность и торговля в законодательных учреждениях. Кн. 1. С. 426 – 428.

② Промышленность и торговля в законодательных учреждениях. Кн. 1. С. 440.

税，并将进口税降低到现有的消费税水平①。所有这些举措都证明了俄国政府维持社会阶层利益平衡的愿望。

《烟草税条例》、《医疗条例》和《审查条例》规范了烟草工厂、硝酸生产工厂、活版印刷厂和金属版印刷厂的建设工作。《火柴消费税、磷和照明用油的消费税规则》规定了建设火柴工厂、磷加工厂、炼油厂或精炼厂的合法程序②。

为了在国有工厂和私营工厂中生产型号统一、质量可靠的砖块，俄国政府颁布了两个特别条例，并分别于1847年1月24日和1848年2月19日生效。外高加索地区的建筑主要使用天然石材，因此不受该法律的约束。在建立火药厂方面，国家有严格的限制。《工业条例》第264条、第265条规定，只有俄国人才可以开设火药厂。开设火药厂需要按照规定的程序提出申请，获得内务大臣的许可，并经由财政大臣和军方同意。此外，还有其他方面的限制。1876年5月22日和1879年3月30日，国务会议和大臣委员会决定，禁止在西部11个省和南部边境省以及普利维伦斯卡亚地区、高加索地区、土耳其斯坦总督管辖区、莫斯科县和圣彼得堡县建立私人火药厂。那些个人无法生产，且仅用于狩猎的雷管武器不受这一限制，法律仅对生产此类武器的工厂的设备进行了规定，其所有者和管理者既可以是俄国公民，也可以是外国公民③。

如果在国有矿山的区域内建立工厂，则工厂的成立须遵循《矿山条例》。建设该类工厂必须征得当地矿山主管部门的许可。至于在安置农民的土地上开设油脂工厂、制皂工厂和其他类似的工厂，其条件与开设糖厂相同，即不得损害农民利益且不影响矿业生产④。

---

① Там же. С. 409 – 414.
② Свод законов. Т. XII. Ч. 2. Устав о промышленности. Ст. 259, 261, 262.
③ Там же. Ст. 266, 267, 274.
④ Там же. Ст. 74.

俄国在环境保护法方面起步晚，相关法案较少，最早的法律出现于18与19世纪之交。而且正如莫斯科交易所委员会所言，这些法规之间没有相互联系，在20世纪初已经落后于时代的发展。关于在莫斯科和圣彼得堡进行无害生产的规定，前文已有论述。除此之外，《建筑和工业条例》还规定了另一条通用法规，即第68条和第165条，禁止在城市市区和城市上游的河流及支流建立工厂①。

那么，企业家是否因过于严苛的相关法律法规而负担沉重呢？并非全部如此，企业家的确有一定负担，但这源于俄国缺乏系统的商业贸易法律汇编，而法律条例过于分散也是汇编缺失的原因之一。但值得注意的是，通过许多限制性的条款，能够看出立法者逻辑的连贯性，即法律旨在保护国家战略利益、支持先进的农业生产方式、防止环境污染等。

在谈到《工业条例》中的限制性条款时，还应注意法律对工业企业创始人的激励措施。优惠首先体现在税收方面。不属于行会或三年前离开行会但又希望建立手工业作坊、轻重工业工厂的俄国公民，在获得财政大臣的许可后，在一年的时间内可以不用办理商人证书。正如《工业条例》第162条第二部分所言，如果企业家在法律规定的期限内开办了自己的企业，则优惠可再延长两年。1836年尼古拉一世制定了一条规定：在县城和非行政中心的县辖城镇，以及在白俄罗斯和乌克兰境内的国有庄园建立工厂者，可免交6年行会费。1874年，政府重申了1830年3月28日颁布的法令，宣布利用纳尔瓦瀑布水力资源的大企业所有者拥有特权，即工厂最初的调试期延长到3年，如果赢利，那么税收优惠措施再延长7年。这样，企业家免于办理商人证书的总期限长达10年。因此，在政府竭力促进工业发展的西部省份出现了一家大型纺织企业——克伦霍尔姆纺织厂（1857年），以及两家位于纳尔瓦省的企业——纳尔瓦毛纺厂（1847年）和

---

① ЦИАМ. Ф. 143. Оп. 1. Д. 544. Л. 13; Свод законов. Т. XII. Ч. 2; Там же. СПб., 1900. Т. 12. Ч. 1.

纳尔瓦亚麻纺纱厂（1851年）[1]。

1868年和1891年保护性关税政策通过之后，俄国企业家获得了又一特权。根据《工业条例》第165条的规定，在财政大臣的许可下，企业家有权得到贸易和制造司及领事的帮助，自费购买用于国内生产所需的，但是关税限制进口的外国产品的样品。

根据《工业条例》第177条，俄国和外国的工厂主均可获得发明或技术改进的专利。在这方面，1898年修订的俄国立法最接近德国模式。专利申请程序如下：首先，需要向贸易和制造司提交申请；其次，由该司成立的受过高等教育的工程师专家组成的技术委员会负责审议申请书是否理由充分。如果获准，那么申请人支付30卢布的费用，并有义务在专利获批之日起5年内将其投入生产。一般而言，专利的有效期限为10年。

同时，《政府公报》和《金融、工业和贸易公告》会颁布发明和改良专利证书及其生效的信息。如果登记的专利发明或技术改良专利属于他人或已经使用，则可以采用司法程序对政府的许可提出异议[2]。因此，当局不仅鼓励开设工厂企业，尤其是在外省建厂，同时还鼓励在生产中采用创新技术。

《矿山条例》中的特殊法令规定了俄国建立采矿和金属加工企业的程序。同时，《矿山条例》第263条、第417条、第432条和第547条体现出了自由和平等的原则。根据《矿山条例》，矿业包括土地和矿石、金属、盐和燃料的开采和加工。此外，《矿山条例》同样禁止担任公职的自然人从事企业经营活动。但是，与其他工商业法规相比，《矿山条例》包含更多的豁免条款。

---

[1] Свод законов. Т. XII. Ч. 2. Ст. 162 – 164.

[2] Просьбин С. А. Торгово - промышленный сборник. С. 371，372；Шершеневич г. Ф. Курс торгового права. С. 425 – 427.

第一章　俄国企业经营的法律法规

根据《矿山条例》第265条、第267条和第434条，以及《公务条例》相关规定，禁止从事矿业的公职人员包括：国有资产部矿山部门和国土管理部门的官员、他们的妻子和尚未独立生活的子女。在其他情况下，法律行为能力仅限于公职人员服务的公职领域。这涉及对国有采矿工厂和国有财产进行监督的地方行政部门官员，对私营采矿业进行监督的官员，高加索地区主要民政部门以及总督府主要部门的公务人员，托木斯克省和托博尔斯克省的司法官员和警察，伊尔库茨克总督管辖区和阿穆尔总督管辖区的官员，土耳其斯坦边疆区的州级、县级官员和警察部门的官员，后里海地区领导办事处的雇员，以及上述官员的妻子和尚未独立生活的子女。此外，在土耳其斯坦边疆区，无权在当地购买土地财产者也不能从事矿业。

根据回避原则，整个西伯利亚地区和俄国的欧洲部分的警察、司法和矿业主管部门的官员，以及西伯利亚省级行政部门的雇员，都不能从事黄金开采。但是，对他们法律行为能力的限制仅限于他们所任职的地区[①]。

在黄金行业，法律不仅涉及个人身份，也涉及领土区域。例如，政府禁止在乌拉尔国家采矿厂的兹拉托斯特区和叶卡捷琳堡区的国有土地以及图尔盖和乌拉尔地区的林区从事生产。1883年，科曼多尔群岛的金矿场因系民办而被暂时关闭。1902年，政府对维季姆河和博代博河流域的土地采取了同样的措施。

虽然政府颁布了关于从阿尔泰和涅尔钦斯克地区撤出自由企业区的一般规定，但还是做出了一定的让步。政府不仅为该行业的生产提供了一些土地，保留了"勘探和开发……砂矿的权利，但不比私人金矿开采者享有更多的特权"。另言之，众人权利平等。此外，根据《矿山条例》第421条，阿尔泰和涅尔钦斯克地区废弃和未使用的矿井，经政府开发，

---

① Свод законов. СПб., 1893. Т. VII. Устав горный. Ст. 264 – 270, 434.

得到沙皇的允许后可以分配给企业家。同时，政府还允许工业家在属于政府的阿穆尔州开采黄金。私人占有的矿场和国有土地的共同特点是，这些矿井的所有权并未转让，只是被暂时使用，直到它们被开采完毕为止[1]。

至于哥萨克地区的领土，只有与军事当局签订自愿协议，并向当地采矿部门出示合同副本后，方可采矿。但是下述情况除外：1899年，企业家在获得沙皇许可后，可以在涅尔钦斯克地区的外贝加尔哥萨克的土地上冶炼黄金[2]。

1905年2月28日，政府发布了召开黄金和铂金矿业全国和地方代表大会的临时规则。代表大会有权向企业收取特别费用，用于成立一个特殊基金，以满足行业的共同需求（修建道路、过冬地、医院和住房等）。在私有土地和领地上拥有矿井的所有人，以及向国家和内阁租赁不动产开展经营的自然人和公司，必须缴纳上述费用。在俄国立法中，黄金行业无论在组织上还是在经济上都占据特殊的位置，并且有独特的税收规则。管理铂金开采的法律与黄金相同，唯一的区别是铂金的销售范围有限[3]。

根据《黄金检验条例》，所有流通中的黄金和白银产品都必须在指定机构中进行压印。只有一些小商品、数学仪器、外科手术器械、怀表和手工艺品不受此限制。至于黄金材质的锭、片和带，则在铸币厂压印[4]。

1892年6月3日，《油田条例》获得批准，成为《矿山条例》的一部分。所有享有民事法律行为能力的国民都可以从事石油开采，但针对国家土地存在一些例外。至于私有不动产和领有工厂的土地，根据地块

---

[1] Свод законов. Т. VII. Ст. 417, 418, 421; Прод. 1906 г. Т. VII. Ст. 4171.
[2] Свод законов. Прод. 1906 г. Т. VII. Ст. 4171, 4182.
[3] Промышленность и торговля в законодательных учреждениях. Кн. 1. С. 380－387.
[4] Свод законов. Т. XII. Ч. 2. Ст. 489, 490.

所有者规定的条件，他人可以进行石油勘探和开采。位于犹太人定居点之外的犹太人、外国人和外国公司，以及持有即付股票凭证的俄国股份公司，只有在得到国有资产大臣的特许，并经内务大臣、财政大臣以及高加索地区主要民政部门同意的情况下，方可获得高加索边疆区的土地。此外，根据《矿山条例》第586条，政府禁止企业家在显性含油的国有土地上寻找油井。

根据《矿山条例》第590条，在国家审计署和指定部门的代表在场的情况下，将产业用地拍卖出租，需一次性收费或者按普特收费。1872年，巴库最早施行该制度，1893年，库班和特雷克哥萨克人居住的地区也纷纷效仿。而在此之前，油井被出租给具有开采石油的专利权的承包人。

实际上，这一条例早在1892年便被政府颁行，但在1900年才被纳入《矿山条例》。1900年5月14日，政府发布了无须拍卖即可出租阿普歇伦半岛某些显性含油区地段用于勘探和开采的规定。希望获得矿区的人，需要向采矿部门提出申请，同时支付5000卢布的保证金。如果得到许可，支付5000卢布之后，申请人将得到一块土地，并开始勘探工作。如果勘探结果令人满意，那么石油企业家将获得该矿区，为期24年，其需支付由《矿山条例》第576条规定的费用。之前，通过拍卖，申请人根据开采量缴纳一定费用之后，即可获得显性含油区。同年6月12日，上述条件发生了变化。如果企业家能够一年两次根据采油总量向国库缴费，那么他们就可以使用这些地块。这些立法活动在一定程度上激发了企业家的积极性，但是在规模上远未达到预期目标[1]。

1908年，贸易和工业部向国家杜马提交了延长1900年6月12日条例有效期限的法案。正如工贸代表大会的专家所指出的那样，国家杜马

---

[1] Промышленность и торговля в законодательных учреждениях. Кн. 1. С. 344, 364, 365.

拒绝了该法案,"并借此剥夺了该机构根据这些发展规则在巴库地区出租新土地的权利"①。

总体来看,《矿山条例》中包含的章程和法律豁免条款最多,而该条例涵盖了整个采矿、金属和石油加工业。在大多数情况下,这些限制是为了保护国家经济利益。例如政府竭力遏制英国参与高加索边境地区的石油工业,为此实施了特殊的行业规则,贵金属的开采和加工一直都受到国家的严格控制。

政府对工业发展的监管也产生了一些特殊问题。例如,20世纪初,俄国通过了一系列法律,旨在刺激棉花生产,并为纺织工业建立自己的原料基地。它们与新阿拉斯河上的运河建设、穆干草原和戈洛德内草原的灌溉工程有关②。

管理黑海-亚速盆地和伏尔加-里海盆地捕鱼行为的立法活动也成效显著。政府的行动经过了深思熟虑并且思路清晰,表现出一定的逻辑性。当渔业改革势在必行时,政府考虑到了私人所有者的权益。但是,如果政府在改革过程中无法平衡好个人和国家利益,那么只能通过征用私人捕鱼场所的方式来弥补国家。最终,在论及1883年、1884年、1902年和1911年一系列法令的时候,工贸代表大会理事会的专家表示,"政府在立法时有必要公正地照顾到捕捞水域内私人所有者的权利,并在这一原则之上制定限制捕捞的法案"。20世纪初,政府的立法活动中出现了环境保护措施,特别是禁止在亚速海和黑海使用拖网和渔网捕鱼。尽管有一些积极方面,但这一部分法律缺乏系统性,总的来说,它并没有促进渔业的稳定和可持续发展③。

俄国商法不仅规定了企业成立的程序,还规定了企业本身的组织结

---

① Там же. С. 369.
② Промышленность и торговля в законодательных учреждениях. Кн. 1. С. 389–391.
③ Там же. С. 443–460.

第一章　俄国企业经营的法律法规

构。企业的标志包括工商业机构、招牌和商标。根据《贸易条例》第60条第2款，商标是指"商人进行自己贸易活动所使用的名称，在招牌、标签、公告以及其他签名的地方使用。简而言之，对消费者而言，该标志代表着企业的商业信誉"①。公司的排他性原则也应运而生，公司应当有别于所有其他的现有公司。该原则通过注册企业而实现。所有者享有行政和司法的保护权。根据《直接税税收条例》第430条和第434条规定，冒名申报他人公司的企业家会被剥夺获得营业执照的权利。招牌是任何机构必不可少的特征，地方当局有义务确保他人的名字不出现在招牌上。最后，财政部拒绝批准与现有商标或品牌类似的商标或品牌（20世纪后，该权力移交工商部）。此外，根据《工业条例》第161条，仿造商标或品牌将受到刑法追究，外国商标和品牌同样受到保护。在这方面，俄国与西欧、北美的10个工业发达国家签署了一系列国际条约和宣言。同时，政府禁止企业家使用违背公共秩序、道德规范或社会良俗的商标，以及虚假或者误导买方的图片②。

1899年6月4日，俄国通过了《度量衡条例》。根据该条例，每3年必须对度量衡进行压印和校准。通过这种方式，行政当局查验了在贸易和工业中使用的所有计量器械的真实性和准确性，它们的误差不能超过法律规定的标准，从而保护买方利益。标准原器位于圣彼得堡一栋专门的防火建筑中，俄国不同地区都建立了校验局。根据1899年法律以及俄国传统的计量方法，也可以使用其他的计量系统，但是必须得到双方的同意③。

俄国的《商法》规定了商业文书工作的程序，立法者对此非常重视。

---

① Максимов В. Я. Законы о товариществах. С. 177.
② Гуляев А. И. Торговля и торговые установления. С. 36 – 41；Свод законов. Т. XII. Ч. 2. Ст. 161.
③ Гуляев А. И. Торговля и торговые установления. С. 74；Просьбин С. А. Торгово - промышленный сборник. С. 294，295.

· 41 ·

俄国企业史（1850～1917）

不可侵犯原则适用于交易簿，因为它们是所有企业的商业秘密。所有的商业机构都必须填写如下簿单：商品簿、现金簿和结算簿。工作语言为犹太语之外的任何语言，犹太商人必须以俄语或他们所居住地区的语言来记录交易簿。

根据 И. А. 戈尔巴乔夫的观点，俄国法律在这一领域的特殊性在于，与西欧法律惯例相比，俄国立法者规定采用复式簿记。在欧美工业国家，当局不敢普及会计学知识。《贸易条例》第670条和第671条并没有规定簿记的形式，但是规定了簿记的方法。俄国的司法实践创造了先决条件，以便将国外的新原则引入法律。簿单应具有充当证据的效力，换言之，簿单应当清晰地表明企业的经营状况，即提供关于营业额、毛利润和净利润、货物周转、贸易支出、增资和债务等方面的信息①。

除了强制性簿单外，还有一些特殊的簿单。例如，股份公司的发起人需要保留一些账本：一本用来记录股份，另一本用来记录出售股份而得到的现金额。在工厂中，强制性文书的类型要广泛得多，包括罚款簿、证件簿、锅炉簿、工人花名册以及每个工人的工资簿。1902年出现了两种用于记录事故的工作簿，登记企业内发生的所有事故和对受害者的赔偿额②。

最高当局要求工业机构记录并保存大量内容广泛的强制性报告文件，这虽然干涉了企业内部的秩序，但实际上也是一种协调劳资关系的尝试。一方面，《工业条例》第104条列出了一些应当受到罚款的行为（工作草率、旷工以及违反企业内部规定），并规定了最高罚款额。与此同时，《工业条例》规定了企业家维持纪律的最高权限，使工人们受到双重的控

---

① Гуляев 1. И. Торговля и торговые установления. С. 43 - 52；Горбачев И. А. Товарищества полные. С. 157.
② Гуляев А. И. Торговля и торговые установления. С. 56，57.

制。另一方面，根据《工业条例》第108条，每一次违纪，如果受到罚款，都应当记录到一个特制表格中，并标明准确的数额。工厂监督机构或者市督查机构负责审查表格，并在企业内部公示。通过这种方法，法律严格限制工厂主的惩治行为。此外，法律还从物质角度对这种行为进行限制，将罚款最高限额设为工人工资的1/3。只有在罚款超过这一数额的情况下，工厂主才可以解雇工人。但是在法律界限内，工厂主可以自行权衡工人的行为，并选择维护秩序的手段①。

根据 Л. С. 塔尔的观点，俄国立法的一个显著特征是：工业法的主要基础是行政实践，而非司法实践。和许多西欧国家不同，俄国没有专门法庭来审理企业家和工人之间冲突的案件②。

在商业机构中，法律规定了雇佣人员的类型，主要分为三类：店员、销售员和学徒。根据《民法》第2216条，雇主必须与每位工作人员签订书面雇佣合同，且雇佣期限不能超过身份证件的有效期。《国家行业税条例》对雇佣范围做出了一些限制。例如，第4类和第5类企业（开展小额贸易的企业和小商小贩）并不能雇用店员，只有大型企业才可以雇用商品推销员，这里的大型企业包括第1类商业机构以及工人总数不低于200人的第1~3类工业机构。

在贸易方面，国家制定了一系列措施来调节雇主与雇员的关系。早在19世纪80年代后期，地方当局首先提出了贸易机构的雇员周日需要休息的决议。1888年2月8日，莫斯科市杜马决定限制在假日进行贸易。几个月后，该决定被废止。1896年，里海-黑海公司办事处代表 С. В. 库尔宁向下诺夫哥罗德全俄工商会第三处提交了一份报告，说明工商业机构的从业人员周日需要休息。然后其向政府请愿，要求所有店铺在假日停止交易。同年12月，莫斯科市杜马再次研究了这一申请，

---

① Таль Л. С. Очерки промышленного права. С. 25.
② Там же. С. 29, 31.

并限制该市在假日进行交易。但是这一决议不久后也被取消。直到1899年,这一决议才恢复效力。圣彼得堡也发生了类似的情况。不过,很久之后,地方政府一些自治机构的决定才终于上升为整个国家的法律①。

1906年11月15日,政府通过了《大臣会议关于雇员正常休息的条例》。该法律将商店每天的营业时间限制为12个小时,并禁止在星期日和教会十二大节日期间进行交易。正如同时代人所指出的那样,这一规定经常毫无意义,因为市议会和地方自治机关能够决定其是否实施,并且它们有权任意更改。例如,1911年沃罗涅日的市议会取消了店员的节日假期。沃罗涅日大型商店的70多名业主对这一决议提出抗议,为自己的雇员辩护。在上诉中说:"作为雇主,我们必须让我们的员工拥有一个完整的假期,因为经过6天的辛苦工作,他们像所有劳动人民一样,需要完全的放松。"②

商业立法不仅对自然人和法人进行限制,而且限制商品流通。同时,交易的时间和地点也受到限制。例如,禁止在狩猎季节结束后的几个月内出售野味,或在不当时间贩卖含酒精的饮料,犹太人的小酒馆不能在周日和基督教节日营业。在俄国,只有经过特殊专业培训的人才有权销售药品。1901年2月2日政府通过了一项法律,规定在交易所、集市上对谷物、碾磨产品和种子等实施强制称重,并禁止使用容器作为计量工具。各类产品的容积不一,导致它们之间的散装差异很大,因此政府试图

---

① Гуляев А. И. Торговля и торговые установления. С. 59 – 65; Курнин С. В. Необходимость воскресного отдыха для лиц, занятых в торгово – промышленных заведениях // Труды Всероссийского торгово – промышленного съезда 1896 г. в Нижнем Новгороде. СПб., 1897. Т. 3. С. 393 – 395; Осипов А.《Сердце России》. Очерки культурной жизни Москвы. Биржа и московское купечество. М., 1902. С. 13.
② Гуляев А. И. Торговля и торговые установления. С. 59 – 65, 68, 69; Воронежский телеграф. 1911. 7 июля. № 150. С. 2.

第一章　俄国企业经营的法律法规

通过立法的方式简化并统一贸易流程,这间接地平衡了买卖双方的利益。

根据1904年1月9日的法令,政府允许人们分期付款购买商品,以尽力扩大包括低收入人群在内的消费市场。例如,每个普通家庭几乎都可以买到辛格尔公司生产的价格为25卢布及以上的缝纫机,因为他们可以在两年内分期付款。

在整个19世纪以及20世纪初,俄国的定价机制主要是由供求关系决定,相对自由。《工业条例》第85条规定:"工业企业和手工工场的所有者有权以任意价格购买企业所需材料,并以同样的方式出售自己的产品。"然而,俄国对药品和铁路运输制定了固定价格。至于食品(烤面包和肉)等必需品,其价格由市政当局指定,在必要时由省长批准[1]。

此外,直接涉及贸易和工业的刑法也值得关注。1903年,国家对这部分法律进行了修订,新刑法涉及公共卫生、个人和公共安全、人民福祉及社会安宁,这四个部分在不同程度上影响了企业的经营活动。违反工业和贸易监督规则、关于个人雇用等方面的条款被纳入单独的章节。同时增加了一条新规,即侵占他人财产和滥用信任的人将被起诉。法律详细研究了破产、高利贷和其他易出现欺诈行为的活动,并制定了与违反工业和贸易监督规则以及个人就业有关的条款。

俄国在贸易和工业领域实施严格的惩罚性措施。未遵守既定规则或未经政府许可而开设工商业公司、信贷和银行机构、代售店、咨询公司、贷款公司的人,将受到最严厉的惩罚。除关闭非法企业外,具体措施还包括对责任人予以逮捕或处以最高500卢布的罚款。同时,未经授权使用他人的发明专利也将受到处罚[2]。

---

[1] Гуляев А. И. Торговля и торговые установления. С. 73 – 75, 93.
[2] Просьбин С. А. Торгово – промышленный сборник. С. 221 – 223, 225; Максимов В. Я. Законы о товариществах. С. 332, 333.

俄国企业史（1850～1917）

　　由于工厂主或商人拥有商标专有权，因此伪造商标者将被判处6个月以下的监禁。对于有违公序良俗的商标，若其所有者为初犯，那么将被处以最高100卢布的罚款，而再犯则将会被罚款200卢布[1]。

　　如果企业家长期不提交必需的文件，则会造成非常严重的后果。例如，如果他三次被记录在不良行为簿中，那么他就会被处以罚款，数额相当于贸易等级称号费用的50%～200%。如果商人或工厂主四次违反法律规定，那么他们将永远无法从事工业活动[2]。

　　相比之下，对违反环境保护措施的企业家的惩罚较轻。如果企业家没有配备防止空气、水或土壤污染的特殊设备，那么将被处以3个月以下的拘役和最高300卢布的罚款。未经允许建立工厂、药房等机构者，将被处以不超过100卢布的罚款。但是，如果商人或工厂主没有招牌，则只需支付微不足道的10卢布罚款[3]。

　　根据《商业诉讼条例》，在圣彼得堡、莫斯科、基希讷乌、塔甘罗格和刻赤设立的商业法院负责审理所有商业类的诉讼案件。法院人员的成分复杂，但主要是商人。除诉讼代理人外，案件还可以由在俄国经商的外国商人、会计、出纳员、原告或被告公司的雇员代为负责。如果被指定人员无权代理他人事务，则不可进行上述活动。经过特别授权的政府官员可以参与法院工作。参议院的第四部门是俄国的第二上诉法院。与商事法庭不同，它仅由专业律师组成。民事上诉部门的决议是俄国司法实践的主要来源[4]。

---

[1] Просьбин С. А. Торгово-промышленный сборник. С. 229；Гуляев А. И. Торговля и торговые установления. С. 41.

[2] Гуляев А. И. Торговля и торговые установления. С. 47.

[3] Просьбин С. А. Торгово-промышленный сборник. С. 224；Гуляев А. И. Торговля и торговые установления. С. 39.

[4] Нерсесов Н. И. Конспективный курс. Торговое судопроизводство. С. 3-5, 15；Просьбин С. А. Торгово-промышленный сборник. С. 217.

第一章　俄国企业经营的法律法规

第三节　运输领域的法规

《贸易条例》中最详细的部分是海上贸易规则。据十月革命前专家称，这方面立法在很大程度上借鉴了法国相关法律，但仍然基于叶卡捷琳娜二世在位时通过的《商船条例》。整个19世纪，政府对《商船条例》的各个部分进行了多次修订。例如，1846年通过了《海上保险规则》，1865年通过了《船舶注册规则》，1891年颁布了《港口管理法》。但是，大多数新的法律条例制定于亚历山大二世统治的初期，即19世纪50年代和60年代初，正是这些法律法规的出台，促进了俄国商船业的发展壮大。

1856年，在海军上将Ф. П. 弗兰格尔男爵的主持下成立了旨在促进航海业发展的委员会。该委员会的工作卓有成效，迅速出台了一系列法律。1857年取消了买卖船舶的手续费，1863年扩大了税收优惠的范围；不再对建造私人造船厂收税，建造、修理和保养海船（汽船除外）免税。1864年，该委员会决定对所有非从事贸易活动，或被迫停泊港口的船只免收停泊费。1865年，应法国政府的建议，委员会制定了有关俄国商旗悬挂事宜的新规定，这是因为根据俄法两国的贸易协定，后者需为俄国船只提供优惠，但许多第三方国家的船只冒挂俄国商旗①。

1865年6月23日有关商旗悬挂的法律被收入《商业条例》第3章。该章规定除了俄国的公民外，可悬挂俄国商旗的还包括：①俄国的股份公司和总部设在俄国境内的股份公司；②主要发起人之一是俄国公民的

---

① Нерсесов Н. И. Конспективный курс. Морское право. С. 4，5；Шершеневич г. Ф. Курс торгового права. С. 748；Познер М. В. Исторический обзор правительственных мероприятий для развития русского торгового мореходства. СПб. ，1895. С. 245 – 246.

贸易公司；③初始股东是俄国公民的船舶公司。在履行这一规定时，船舶所有者需要将船只在某一港口进行登记，这样便获得了港口海关颁发的悬挂俄国旗帜航行的证件。该章还规定，容量超过 10 拉斯特①或者载重超过 20 吨货物的汽船和帆船均需登记②。

与工商业立法的其他部分一样，《贸易条例》第 105 条、第 106 条和第 183 条所规定的自由、平等原则在海商法中同样有效。任何人都可以不受限制地在海洋、湖泊和河流附近建造船舶，以及建立私人造船厂、维修船舶和为船舶提供装备等。同时，船东有权自主选择船舶结构。早在 1830 年，为了促进商船建设，海事部就绘制了标有详细估值的商船图纸。商船图纸一共有大约 16 个型号。如果出现了新的技术性发明，海事部需要向财政部提供新产品的图纸，而后者有权使用国家资金印刷图纸，并以合理的价格出售。

在海船运输方面，俄国政府制定了少量针对外国人的限制性政策。例如，1888 年 5 月 17 日制定的政策允许外国人在阿穆尔州地区沿海航行，但必须缴纳特殊税费③。

长期以来，俄国关于内陆水域（河流、湖泊和运河）航行规则的商业立法存在很大空白。一部分规则由习惯法确定，而另一部分由船运公司的章程，以及 1800 年和 1830 年通过的两项法律确定。20 世纪初，在修订《交通条例》时，上述缺陷得到弥补。第 75 条明确规定：无差别地向所有俄国公民开放河流和其他水道。换言之，在俄国内陆水域航行，同近海运输一样，是国内企业家和运输公司的特权④。

---

① 旧时商船谷物容量单位，约等于 5.663 立方米。——译者注
② Свод законов. Т. XII. Ч. 2. Устав торговый. Ст. 138 – 141. Там же. Ст. 105 – 107, 111, 183, 184.
③ Там же. Ст. 105 – 107, 111, 183, 184.
④ Свод законов. Т. 12. Ч. 1. Устав путей сообщения. СПб., 1916; Шершеневич г. Ф. Курс торгового права. С. 500; Гуляев А. И. Торговля и торговые установления. С. 122.

1876年4月2日，政府授予国内航业一项特权，该权一直持续到1917年1月1日。当时政府有意在俄国、印度和中国的港口之间建立航线，为了发展国内商船队，计划动员所有造船企业家参与远洋航行。优惠措施是：对于所有通过苏伊士运河到达俄国、印度或中国港口航线上的俄国船舶，国家将返还运河通行费。（自1872年6月1日起，苏伊士运河公司收取10法郎每吨的通行费。）后来，由于政府认为优惠措施仍未达成预期目标，到19世纪末20世纪初，政府继续施行这一优惠政策。除了面向所有人的普遍优惠之外，还针对性地为某些运输公司和机构提供了诸多特权，例如俄国航运贸易协会、"高加索和水星"公司、阿尔汉格尔斯克－摩尔曼斯克快船公司等①。

总之，俄国的商船运输得到了政府的特别庇护。19世纪下半叶，铁路运输领域的情况有所不同，当局从行政和经济方面对其加以保护。根据《交通条例》第575条，国家、个人和团体均有权出资修建国内铁路。20世纪初，由于国务会议的重组和《基本法》的发布，财政部和交通部负责审核无须国家拨款的私人铁路修建事宜②。

1873年3月30日，政府通过了铁路建设的一般规则。《大臣委员会条例》将铁路的发展提高到了国家统筹计划的高度。沙皇批准计划建设的线路网，由交通大臣进行勘察，然后与财政大臣商定勘察结果。在此基础上，编制铁路走向方案、工程的纵剖面图、造价和技术工作表。上述部门的领导每年都参加大臣委员会组织的会议，并就当年的铁路建设提出建议，大臣委员会进行汇总，然后提交沙皇批准。

在企业自行投资建立铁路公司时，政府各部门事先拟定章程草案，

---

① Свод законов. Т. XII. Ч. 2. Устав торговый. Ст. 183, 261; Познер М. В. Исторический обзор правительственных мероприятий. С. 275 – 277; Промышленность и торговля в законодательных учреждениях. С. 305 – 307.

② Максимов В. Я. Законы о товариществах. С. 330; Промышленность и торговля в законодательных учреждениях. Кн. 1. С. 226.

俄国企业史（1850~1917）

确定固定资本、政府支持的方式和金额，并选择既能确保社会效益，又能减少政府支出的手段。如果方案有利于股份公司，则章程、铁路建设和运营的技术条件需要沙皇批准。同时，如果拟修建的铁路中包含有与现有线路相邻的支线，那么铁路的建设权和运营权将转让给拥有现存铁路的建设公司。

成立股份公司的程序如下。首先，印刷并发布公司章程、技术条件和造价表；其次，成立由交通部、财政部和国家监察署的三名代表组成的政府委员会，负责成立公司的所有工作；最后，发布认购股票的公告三次，公示内容包括股票价格以及铁路的造价和售价。

第一次认购大会在政府委员会代表出席的情况下举行，选举出董事会之后，大会将让出权力。但是，在政府监督下成立的公司领导层中，必须包括交通部的代表。同时，铁路公司的经营活动仍受当局的管理。股份公司拥有的所有款项均由财政部管理，根据交通部的证明文件拨付款项①。

19世纪80年代，政府改变了铁路政策，通过赎回铁路和国家建设的方式，向国有铁路为主的方向转变。1884年，最后一家私营股份公司——伊凡哥罗德-东布罗夫斯基铁路公司成立。1892年5月20日，国务会议通过了《关于铁路公司自有铁路被国家赎回后续事宜核算程序》的决议。根据该决议，股东大会委托管理委员会或专门委员会对公司进行核算，后者有义务召集包括外国债权人在内的所有债权人编制一份债权清单，并将信息移交给国家审计署。核算结束后，所有文牍都提交给铁路管理局②。

20世纪初，俄国政府再次改变政策，鼓励私人建设铁路。1904年11月19日，政府在之前实行的严格审批程序基础上做出实质性的补充。根

---

① ПСЗ. II собр. Т. 48. Отд. 1. № 52068.
② ПСЗ. III собр. Т. 12. № 8610.

据新规定，财政部有权要求那些申请建设和运营铁路的企业家，在国家银行存入一笔抵押金作为担保，否则申请不予受理。当申请被拒绝或企业家自行放弃时，抵押金即被退还①。

几个月后，政府担心铁路修筑速度放缓以及铁路业资金筹备问题，开始进一步吸引私人资金。为此，政府于1905年6月10日通过了一项新法律，尽管没有谈及为何取消政府保护，但确定了旨在提高新股份公司赢利水平的措施，为那些在国家经济中具有重要意义的私营铁路提供了许多优惠和补贴，其中最重要的措施如下：①保证支付利息和赎回债券；②在建设期间，保证股票的收入最高为3%；③确认股本和担保债券资本之间的净收入分配比例；④政府在收入分配中的份额仅限于净收入中超过股本权益8%的部分；⑤私营铁路公司对铁路的经营权延长至25年；⑥在运营的前5年，如果政府设定了优惠税率，则该公司有权获得赔偿；⑦私营铁路公司运输邮件和消防车队等将获得奖励；⑧用于运输监督、检查、宪兵警察等机构人员或货物的费用全免②。

正如工贸代表大会理事会的专家所言，实践表明该法律的初衷很好，但并不成功。由于国家财政状况不佳，因此对铁路建设的优惠和补贴显得杯水车薪。此外，所提供的担保非常模糊且不全面，导致股票贬值和固定资本膨胀。最后，法律并未规定发起人的酬金，因为满足他们合法要求的途径并不完全合法。为了弥补已暴露的不足，1910年12月17日，财政部向国家杜马提出了题为《关于改变成立私营铁路公司的某些条件》的法案，要求将以前可有可无的优惠变为普遍强制性的。总体而言，该法案向前迈出了重要一步。但是国家杜马没有着手研究该法案，因为在它看来，与专制权力进行政治斗争"要比实

---

① Промышленность и торговля в законодательных учреждениях. Кн. 1. С. 238；ПСЗ. III собр. Т. 24. Отд. 1. № 25360.

② ПСЗ. III собр. Т. 25. Отд. 1. № 26385.

际利益更为重要，因此俄国没有得到……它急需且经过深思熟虑的关于私人铁路建设的法律"①。

第四节 信用与保险法规

根据俄国法律，商业银行、城市公共银行和互助信用社是促进工商业发展的机构。《信贷条例》规定了其成立的程序和经营的规则。与工商业立法的其他部分不同，它的结构非常特殊。该条例是对俄国信贷机构现行所有类型且相互独立的法律的机械组合，包含如下内容：

——国家信贷机构理事会的建立；

——国家偿债委员会章程；

——政府债务条例；

——国家银行章程；

——储蓄银行章程；

——国家贵族银行章程；

——农民土地银行法规；

——国库安全规定；

——国库券贷款条例；

——私人和公共信贷机构。

所有阶层自由平等原则扩展到银行领域，但存在大量限制性和排他性的规则。例如，根据1872年5月31日通过并编入《信贷条例》第十部分的规定，银行和其他类似机构必须遵守如下规定：商业银行和互助信用社的章程以及其中的任何变更，均须获得财政大臣的批准。此外，财政大臣有权在以下两种情况下对章程进行补充：①抵押自己的计息证

---

① Промышленность и торговля в законодательных учреждениях. Кн. 1. С. 240 – 242, 248.

券；②重新抵押已被私人抵押的证券。该法律不仅确定了股份制和城市公共银行固定资本的实际下限（分别为50万卢布和1万卢布），甚至还为大型机构设定了股票的最低名义价格，即不得低于250卢布。除此之外，还规定了新商业银行的最低发起人人数。

对于互助信用社，主要有如下限制。首先，禁止一人同时加入不同公司。其次，政府确定了缴费的上下限，具体费用由章程确定，并由参与者承担①。

规范银行业务的法律还包含许多规定。第一，不允许从创始股份中获得特殊溢价。第二，不允许无抵押或由房地产抵押的单名期票贴现。第三，1902年4月29日通过的法律禁止私人商业银行向其领导层（不包括理事会成员）和职员提供贷款。除了建立办事处和建造库房，信贷机构无权购买房地产。但是自1904年起，这一普遍规则遭到破坏，政府允许道胜银行在土耳其斯坦边疆区购买不动产。此前一年，信贷机构获得开展与房地产相关的某些业务的许可。1903年5月12日，国务会议的《意见书》授予银行根据股东大会的决议起草特别申请书的权利，在特殊情况下，为防止遭受损失，银行有权接收不良债务人的房地产作为抵押。

早在19世纪末，所有机构都修改了购买特殊活期账户证券的程序。根据1898年3月2日的法律，在设立担保贷款时，未经所有者同意，银行无权使用和处置他们的证券，除非前者无力偿还贷款。对于空白贷款，其数量不得超过股份制信用合作社固定资本（实际出资）和储备资本总额的1/10。但是中亚商业银行获准为其客户提供不超过45天的空白贷款②。

---

① Свод законов. Т. XII. Ч. 2. Устав кредитный. Раздел X. Отд. 1. Стт. 2, 6, 10, 12, 28, 29. Отд. 2. Ст. 1.

② Свод законов. Т. XII. Ч. 2. Устав кредитный. Раздел X. Отд. 1. Стт. 5, 7, 8；Просьбин С. А. Торгово - промышленный сборник. С. 362 – 364；Максимов В. Я. Законы о товариществах. С. 117 – 119.

俄国其他类型的信贷机构也受到了限制。1883年4月26日制定的法律规定政府有权监督城市公共银行的经营活动。此外，1902年法律规定，必须以国家证券或政府担保的证券形式，将市政信贷机构的闲置资金存入国家银行。第一次世界大战之前，情况再次发生变化。1912年1月13日法律取消了1883年对城市公共银行的经营限制，结果从事信贷业务的机构获得了与俄国其他机构平等的地位。

在抵押贷款领域，政府出台禁止性条款是出于其他考虑，通常是对地主的照顾。在组建新的土地股份制银行时，必须遵守以下条件：一省之内不允许同时存在两个以上的抵押机构。立法者试图以这种方法消灭竞争，并防止出现大量的小银行。为了遏制城市的快速发展，1902年的法律限制私人土地银行中城市房地产抵押交易的比例，即不得超过未偿还贷款总额的1/3，如果超出该标准，那么在其恢复之前，城市房地产的年贷款额将减少到20%[①]。

据 Б. В. 阿纳尼奇所言，银行与俄国的其他信贷机构不同，它们并不受严格的监管，主要特征是它们没有政府批准的章程，而立法者倾向于当局加强管理。根据1894年7月3日法律，银行办事处或货币兑换处的发起人应当向省长或市长做出说明，解释其将从事何种业务。1895年的法令允许财政部对任何银行进行核验，且无须提前征询所有者的意见。货币兑换点的业务也受到了限制，它们无权在交易所进行交易[②]。

政府采取看似严苛的政策，实则是出于更高层次的考虑。1893年6月8日的法律成为《民法》的一部分，该法律旨在限制交易所进行投机交易。《民法》第1401条禁止所有信贷机构为了获取汇率差价而从事黄

---

① Просьбин С. А. Торгово - промышленный сборник. С. 263; Максимов В. Я. Законы о товариществах. С. 125; Промышленность и торговля в законодательных учреждениях. Кн. 1. С. 320.

② Ананьич Б. В. Указ. соч. С. 26 - 27, 35; Максимов В. Я. Законы о товариществах. С. 152.

金和汇票等"硬通货"的期货交易。同时,也不允许信贷机构从事溢价交易、短期交易和有价证券期货交易。《民法》第 2167 条禁止交易所根据已知价格在一定日期之前买卖股票或票据,此类交易的参与者都将因参与对赌行为而受到惩罚。但在 20 世纪初,这项限制被取消①。

1894 年 10 月底,也就是财政大臣 С. Ю. 维特向财政委员会提交关于分阶段实施黄金流通措施的报告的三个月之前,其向莫斯科交易所委员会主席 Н. А. 奈焦诺夫发了一封电报,这证明了政府非常重视遵守 1893 年法律②。1894 年,亚历山大三世突然驾崩,С. Ю. 维特担心皇权更迭对金融界产生不利影响,因此他呼吁从事基金和外汇业务的银行和银行家代表履行"忠诚义务",并希望 Н. А. 奈焦诺夫凭借自己的权威阻止证券交易中的投机活动。维特在电报中称,不仅要"禁止进行任何投机性买卖",而且还应采取一切措施,甚至推迟购买迫切需要的黄金,"以免卢布和国家证券贬值"③。

长期以来,俄国立法一直是建立小额信贷体系的主要障碍,直到 19 世纪末这一状况才有所改变。1895 年 6 月 1 日的法律为建立此类机构奠定了基础,该法划分了三种小额信贷机构:①信用合伙公司;②信用合作社以及有多年经验的储蓄所;③农村、乡、集镇银行和储蓄所。1895 年法律通过后,小额信贷体系得到一定的发展,但其总体水平依旧不尽如人意。

20 世纪初,有关小额信贷体系的法律取得进一步发展,但是政府的行动仍然前后矛盾。1904 年 6 月 7 日通过了新版《小额信贷机构条例》,它在很大程度上沿袭了 1895 年的法律,在某些方面做出了创新。新法旨

---

① Гуляев А. И. Торговля и торговые установления. С. 152 – 153.
② Подробнее см. : Боханов А. Н. Глава Ⅲ. Золотой рубль // Русский рубль. Два века истории. ⅩⅠⅩ – ⅩⅩ вв. М. , 1994. С. 123 – 128.
③ ЦИАМ. Ф. 143. Оп. 1. Д. 17. Л. 217.

在以银行为资金来源,向农村户主、耕农、手工业者、工业家及其协会提供所需的资金。发放的贷款用于资金周转、购置设备和改善经营。储蓄所和信用合作社有权充当商品周转的中介,包括购买原料以及销售成品。最后,小型信贷机构可以吸纳现金存款并发放贷款。正如科列林所表明的那样,新法律最终实现了统治阶层服务于"强势"雇主的目标[1]。

1910年通过了一项有关发放贷款以增加固定资产的新法律。根据新法,信用合作社和其他机构可从国有储蓄银行获得信贷,并可以使用某些农民的闲置资本用于发放小额贷款。1895~1904年法律颁布后,信用合作社等机构开始向小额贸易提供贷款,但1907年第76号通函撤销了小额信贷事务办事处,明确禁止为满足交易者的需要而建立合伙企业,这项业务中断[2]。

俄国的保险业务受到《民法》的严格监管。这些企业采取股份公司的形式,根据一般规则成立。根据1894年6月6日法律,其活动的监督工作被分配给内务部地方经济委员会的保险和消防特别管理处,该处随即制定了一系列限制措施,如第2200条设置了股息的利率上限。首先,在偿还创办企业所需费用之前,年息不应超过6%。其次,在储备资本积累至固定资本的1/3时,私人保险公司发行的最高股利增加至7%。最后,当公司至少拥有50万卢布资本时,它才能开展保险业务。也就是说,法律尽力阻止建立小额保险企业。

参考法国、德国和美国的法律,俄国详细规定了保险公司的投资业务。1898年5月11日的法律确定了股份公司资金的存入和保管程序,以及履行公司义务的方法,赋予了它们一定的自由选择权。俄国保险公司可以选择工作量最小、流动性最强和最可靠的投资渠道——银行存款和

---

[1] Корелин А. П. Указ. соч. С. 108, 111, 117, 119.
[2] Максимов В. Я. Законы о товариществах. С. 132, 133; Промышленность и торговля в законодательных учреждениях. Кн. 1. С. 321 – 322.

债券。若选择这两种渠道投资，那么以计息证券作为抵押的贷款的放款期限最长为 6 个月，而以股票作为抵押的放款期限为 3 个月①。

同时，与贷款利率监管有关的问题也值得注意。从 18 世纪中叶开始，通过刑法严厉打击高利贷行为的思想开始在俄国法律界盛行。根据 1754 年、1764 年、1786 年、1808 年和 1854 年的一系列法案，年息 6% 为最高利息，而"超出上述数值的利息被称为高利贷"。1854 年的法律规定了违规的惩罚措施。1879 年，先前的所有决定均被取消，利息由借贷双方根据当地债券市场来确定。但政府依然认为高利贷是一种犯罪行为。不久后，国务会议提议制定一项规则，认为法院在审理有关利率的民事案件时，不应判决每年从债务人那里收取 12% 的年息。但事实证明，这种良好愿望难以付诸实施，因为向农民提供服务的官方授权的贷款和储蓄合作社通常收取至少 18% 的年息。

19 世纪 80 年代初期，俄国成立了一个新刑法起草委员会，其中一项任务是研究广大农村地区暴动的原因。经研究，委员会认为暴动的原因是高利贷猖獗，农民深受其害。在委员会的努力下，1893 年 5 月 24 日批准的新规定生效，它规定了两种应予惩罚的高利贷行为：上文已经提及的农村高利贷和货币高利贷。《惩罚条例》第 1802 条第 1 款规定，后者又分为一般高利贷和有专门放贷人的高利贷。该法律规定年利率为 12%，超出部分若带有明显的高利贷特征将受到惩罚。犯罪行为是否构成，取决于从事这一行业的罪犯的身份，若他违反了法律规定，并掩盖过高的利率，则将受到制裁。同时，根据轮值参议院的解释，法律打击的高利贷行为是指向债务人强行借贷，因为这种贷款造成债务人负担沉重，后果不堪设想。这里指的是导致贫困和破产的

---

① Максимов В. Я. Законы о товариществах. С. 162 – 167；Ильин С. В. Акционерное страхование // Былое. 1993. № II. С. 8 – 9.

俄国企业史（1850～1917）

借贷①。十月革命前的专家们认为，该法律具有积极意义，在一定程度上改善了社会状况，特别是在农村地区。

总体而言，信贷领域的立法保留了许多排他性的规则，给企业家带来了负担。20世纪初，俄国信贷领域的立法尽管取消了某些类型的限制，但仍然落后于西欧。

第五节　税收制度的演变

20世纪，俄国当局终于认识到有必要实行累进税制。财政部三度向第二届、第三届和第四届国家杜马提出法案，但是直到第四届国家杜马才对其进行审议，并成立了一个分委员会，于1914年7月完成准备工作。然后，由国务会议和国家杜马的代表组成的调解委员会起草了最终版本。1916年4月6日，两院通过了国家所得税法，该法律本应于1917年1月1日起生效②，但此时的沙俄政府已摇摇欲坠。尽管在税收领域，俄国远远落后于欧洲大多数工业发达国家，但俄国并非唯一落后的国家。因为在20世纪初，比利时、多瑙河流域诸国、美国、加拿大、澳大利亚和印度等国同样并未实行累进税制。

俄国通过建立和完善直接税制，对特定纳税人的整个经济活动进行评估并发展税收要素，逐步朝累进税制前进，但这一过程竟然长达一个世纪。1812年，政府首次以不动产累进税的形式实施了部分所得税。1820年该税种被取消。亚历山大一世和尼古拉一世领导下的税收工作是在原有基础上的进一步发展，彼得大帝采用的人头税仍然不可动摇。土地税在这种背景下逐渐剥离。需要注意的是，土地税的总额不是取决于人口的数量，而是土地面积或总收成。19世纪上半叶，人口不再是人民

---

① Максимов В. Я. Закон о ростовщичестве. С. 3, 5, 8, 13.
② 关于该法律通过情况，参见 Боханов А. Н. Вопрос о подоходном налоге. С. 287 - 299.

总体支付能力的唯一衡量标准。具体而言，市民和行会缴纳人丁税，而商人根据上报资本缴纳税款①。

19世纪下半叶，税收制度已进入新的发展阶段。农奴制废除之后，税制也进行了改革。1864年颁布的《地方机构土地税事务暂行条例》规定，征税基于财产的价值和赢利能力征收，国民不再分为应纳税人和不应纳税人。1875年，土地税与人丁税合并，改称国家土地税，成为独立税种。该税种一直持续到1915年。此外，1863～1866年国家开始征收另一种实物税——城市房地产税，并一直持续到1912年，该税种基于应税对象的价值和赢利能力征收。1863～1865年，政府改革了第三种实物税——工商业税，该税种直到1885年才再次被修订②。

由此可见，亚历山大二世时期存在三种实物税。在他统治初期，这三种实物税占直接税总额的27%，到他统治末期则高达57%。正如Л. Е. 舍佩廖夫所言，在国家总收入体系中，工商业税所占的份额微不足道。

19世纪80年代是俄国税务的转折点③，在财政大臣Н. Х. 本格和定额税局主任А. А. 里希特的主持下，1882～1886年逐渐取消了人丁税。最初，改革取消了市民、在乡登记的无地农民、地主的家仆的人丁税。其后，取消了村社农民以及进厂务工农民的人丁税。1884年，地主农民、欠缴税款的国有农民和皇室农民，其人头税减少了50%。到1887年，除了西伯利亚之外的地区，人丁税被彻底取消。在取消人头税之前，政府减少了赎回费，并取消了盐业税。1883年，国家土地税的税额增加，对于城市房地产而言，征税对象的范围扩大。1884～1885年，工商业引入了额外税种——提成税，也就是对所有大型机构的净利润征税。此外，政府针

---

① Просьбин С. А. Положение о государственном подоходном налоге. Пг., 1916. С. 82, 96 – 98.
② Просьбин С. А. Положение о подоходном налоге. С. 94, 95, 99；Шепелев Л. Е. Царизм и буржуазия во второй половине XIX в. С. 98, 99.
③ Подробнее см.: Степанов В. Л. Н. Х. Бунге. С. 127 – 152.

俄国企业史（1850~1917）

对无须进行公开审计的企业制定了包额摊派税。1885年，俄国形成了对有息证券的收入征收5%实物税的体系。至此，根本性的改革完成，俄国进入了完善已有措施的阶段①。

1885~1898年，政府颁布了一系列法令，旨在通过扩大额外提成税和包额摊派税的适用范围，以增加国库的商业税收入。有几个里程碑意义的时间点。1887年，所有信贷机构和外国公司都开始缴纳所得税。1889年，包额摊派税扩大到非行会企业。1892年又扩大到非股份制的完税工厂。1893年，征收审计企业净利润的税率增加到5%②。

这些新举措并未彻底改革营业税。政府依旧继续寻找新的、更丰富的国家税收来源。1898年，政府采用了多种系统的组合，其中包括专利税、包额摊派税和定额税。一个重大变化是，税收对象从个人和机构转移到企业和个人手工业。工业分为103种独立行业，个人手工业分为20种③。1898年，税种数量再次增加。根据定额税司司长兼副财政大臣Н. Н. 波克罗夫斯基的观点，"就其性质而言，对商业利润征税最接近所得税，所以很显然，在没有后者的情况下，商业税是最富饶的土壤，能首先培养出所得税的萌芽"④。

20世纪初，纠正实践中发现的失误成为政府的当务之急。为此，1903年成立了一个由工商业代表组成的委员会，但是由于日俄战争和1905年革命，该委员会的工作未能完成，商业税再次提高。但与此同时，政府设定了个人薪酬纳税标准，朝着累进所得税又迈出了新的一步。Н. Н. 波克罗夫斯基指出，近30年里人头税发展的结果是建立了非常不

---

① Просьбин С. А. Положение о подоходном налоге. С. 103 – 106；Шепелев Л. Е. Царизм и буржуазия во второй половине XIX в. С. 171 – 176.

② Просьбин С. А. Положение о подоходном налоге. С. 110 – 113.

③ 有关税收改革实际效果的更多信息，详见 Шепелев Л. Е. Царизм и буржуазия во второй половине XIX в. С. 226 – 229；Боханов А. Н. Вопрос о подоходном налоге. С. 277 – 279.

④ Просьбин С. А. Положение о подоходном налоге. С. 112.

完善的住宅税,以及针对公务员薪金和养老金、股份公司和审计公司雇员薪酬而征收的两项个人累进收入税①。

尽管这一改革取得了一些效果,但在 20 世纪初的俄国,税收的重担落在贫困阶层肩上,同时,无论是从相对数量还是绝对数量来看,有产阶级缴纳的用于国民支出的税额都很少。显然,采用新税制的条件不仅已经具备,而且早已成熟。1916 年,也就是二月革命前夕,新法通过,但未生效。尽管如此,还是有必要简单介绍一下。

俄国税收体系的特殊性在于,征税的对象不是外国法律中惯常的家庭,而是每个有独立收入来源的个体。沙皇及皇后、皇位继承人及其夫人、沙皇未成年的子女免税,而皇室的其他所有成员均应纳税。此外,在国外居住超过两年且已失联的俄国国民也免税。

在贸易部门、工商业和农业的某些特定部门、房地产协会和机构、证券交易所和其他类似组织中,一些具有公法性质的法人实体受到了新法律的制约。同时,新法划定了特殊群体,例如免除穷人的税收,乡村、集镇、农庄的村社和哥萨克的军事机构免税,所有教派的宗教机构免税,慈善机构、学术团体、教育和艺术社团等免税,因为它们具有公益性。

具有私法性质的法人实体也要缴税,包括股份合作社和股份公司、合股公司、信贷机构和相互保险公司等。在这一领域,免税的范围更加广泛,包括为工人和雇员提供保险的企业家协会,医疗、丧葬、退休金机构和救助金合作社,劳工协会,体育社团和俱乐部等。

根据 1916 年法律,税收的对象是总收入,包括现金资本、房地产、工商业企业的收入,以及服务和受雇工作的报酬等。此外,许多款项免于征税,包括现役军人的薪水、兵役退休金、兵役津贴以及丧葬费。该

---

① Там же. С. 116.

俄国企业史（1850～1917）

法律还为某些支出提供了税收优惠，确定了7种类型，其中最重要的是：①每年用于补偿财产价值的扣减；②改善雇员、工人及其家庭成员生活的费用；③强制性养老金和丧葬费。也就是说，政府支持企业家的技术现代化和社会服务方案。

根据新法，纳税额根据年总收入确定，起征点为850卢布，这一等级需纳税系数为0.7%，年收入为39万~40万卢布这一等级的纳税系数为12.3%。若纳税人的年收入高于40万卢布，那么每增加1万卢布，多纳税1250卢布。如前所述，1916年法律规定了多种税收优惠。如果一家之主的年收入为4000卢布，且纳税人为一户中唯一有收入者，并同时抚养2名以上子女，每超过一个子女，纳税等级下降一级。此外，应申请人的要求，由于长期生病或意外事故，税额最多可下降三级，当缴纳国家所得税时，基本营业税（根据个人职业）和公寓税可被抵销。如果收入的总和或者每一单项超过了所得税额，那么纳税人可以完全免除所得税①。

为了落实1916年法律，俄国在省、州和县成立了所得税办事处，用于征税。税务稽查人员在1916年完成了所有准备工作。这样，基于公平正义和合理核算原则的新法律，本来可以成为帝俄税收史上的另一个转折点，但是贯彻这一法律的却是另一个政权。

应该指出，俄国的工商业立法基于自由平等原则，其特点是各种限制与普遍优惠、个别优惠相结合。在《商法》体系中，《矿业条例》和《信贷条例》是包含禁止性和排他性规则最多的部分。但是，整体而言，《商法》虽赋予了政府密切管控公民经济活动的权力，但没有打击后者的经济积极性。因此，在整个19世纪到十月革命前，俄国的工商业活动逐渐自由化。

---

① Подробнее см.: Просьбин С. А. Положение о подоходном налоге. С. 5 - 22.

第二章
企业经营的组织形式

第一节 问题界定

在讨论企业的组织形式之前，必须做出一些重要的限制。首先，我们只研究私人企业，完全排除任何形式的国有企业，尽管它们处在同一经济空间，但它们的经营动机、决策机制以及应承担的责任均不相同[①]。其次，我们排除任何形式的具有代表性、审议性和咨询性等不同属性的协会，它们是由企业家建立的，目的是在不同的时期维护本群体的社会利益以及建立某种共同的制度框架，以促进工商业发展。就概念本身而

---

① 最好从应承担的责任开始，阐明造成限制的原因。在第一个系统框架内，领导者（企业主）的任何行动都是他自己决定的结果。他承担一项任务——如何领导他的"事业"，没人能把自己的意见强加于他。所以，如果管理决策并没有取得预期的结果，那么做出这一决策的人应该受到指责——没有正确预估任务的复杂性、没有选择必要的执行者、没有为他们提供资源等。在这种情况下，责任表现为承担利润的损失等，而极端的形式是企业彻底破产或转让。

在第二个系统框架中，下属询问要做什么，或者由负责人提出任务，并指出必须履行的解决方案。由于下属不是自行决定应该如何采取行动，而是在规定的框架内采取行动，因此他不承担相应的后果，而主管人员向更高的权威领导请示如何完成自己的工作。在该系统框架内，每个人仅服从于管理机构，而对于任何从业者而言，活动的主要目的恰恰是严格遵守上级领导规定的程序，并且准确上报自己的行为，官僚管理者的行为造成的损失转嫁给了整个社会。

俄国企业史（1850~1917）

言，"企业经营的组织形式"是创建企业的形式，即产生或增加利润的某种方式。那么，什么人在什么时候能够证明资产阶级的代表组织是直接为了这一目的而建立的？我认为，有时将一些机构如行业性或区域性协会（连同卡特尔或辛迪加，企业有时以它们作为幌子）视作企业组织形式，这是苏联史学研究俄国经济垄断过程中产生的一种误解，当时对这些"垄断"本身做出的解释非常广泛。（因为当时的苏联研究人员承担着完全不同的研究任务，而在世界科学中，制度框架问题与后来的意义完全不同。）

资本主义企业是资本主义经济体系中主要的"基层组织"（考虑到之前与俄国有关的讨论，这里的"资本主义经济体系"指的是资本主义经济秩序占主导地位，并以某种形式将其他秩序纳入自己的轨道）。它形成了一种抽象但特征明显的统一体，即"业务"，其目的是赚取利润[1]，其手段是达成交易。

尽管目标相同，但不同的资本主义企业有两个区别标准：根据企业所从事活动的内容（企业的经营范围），可分为物质产品生产企业、人员运输和经济类货物运输企业、服务类企业、信贷类企业等；根据资本形成的方法（令我们感兴趣的企业组织形式），可分为独资企业、合资企业等[2]。

马克思曾将19世纪"巨大的资本主义热潮"描述为"健康的"、自由竞争的资本主义。17~18世纪大型公司占据国家垄断地位，通常的贸易自由确实可以被看作真正的自由竞争的代名词。小型企业在工业生产中的比重颇大，进一步支持了这种观点，而小型企业即使到如

---

[1] 设定这个目标本质上是资本主义组织的内在属性。获利，也就是说通过经营活动增加原始资本，可以被认为是资本主义经济的客观目标，特别是在其充分发展的阶段，与之相对应的是，单个经济实体的主观目标设定不一定在所有情况下都一致。

[2] См.: Зомбарт В. Современный капитализм. Т. 1. М.; Л., 1931. С. 316-319.

今仍然面临激烈的竞争。企业家的"经典"形象正是起源于此，这种形象贯穿于整个 19 世纪，并在 30 年代的大萧条期间以及凯恩斯时代"终结"。

经验表明，某些社会经济现象一旦产生，就很少会消失得无影无踪。尽管 19 世纪对自由资本主义和自由竞争讨论甚多，但之前延续下来的垄断并没有消失，它只是暂时退居幕后，并在特定时期内通过特定的形式（例如某些行业的发现、发明或"改良方法"等）复活：辛迪加、卡特尔、托拉斯或者是现代的跨国公司。

凯恩斯已经发现存在着"不完全的"竞争[1]，随后的西方经济学家走得更远，他们发现，存在着"市场价格"和"垄断价格"，因此存在着竞争部门和垄断部门。它就像两层楼：顶部是垄断，底部是中小企业的竞争，或者泛泛而言，所有以个体形式进入市场、提供自己的产品或服务的主体之间的竞争。相应地，"资本主义"一词已被越来越清晰地理解为上层部分，即托拉斯和现代跨国公司，在极端情况下，也被理解为大型公司和为数甚少的中型公司及银行。如果愿意的话，可以在列宁的论述中找到这些术语的细微差别。例如，"小规模生产不断地、自发地、大规模地诞生资本主义和资产阶级"，或"如果有小型经济，如果有交换的自由，那么就会出现资本主义"[2]。而小型的独立企业、手工业作坊等所有这些微小的经济单位，其数量数不胜数，如今在西方倾向于不将它们纳入"资本主义"，而是归为"市场经济部分"。

无论是研究现代资本主义企业的经济学家，还是从历史角度研究企

---

[1] Hunt, B. C., *The Development of the Business Corporation in England 1800–1867*. Cambridge, 1936.
[2] См.: Ленин В. И. Поли. собр. соч. Т. 41. С. 6； Т. 43. С. 159； См. также：Т. 43. С. 62, 63, 152, 153.

业的经济史学家，都没有及时关注这一发展趋势。大企业与中小企业分化的加速最早始于第二次世界大战之后。截至目前，已经积累了大量的、难以尽览的文献，它们描述了不同国家、不同时期的这一分化现象。事实证明，"现代"资本主义社会的基础（西方"现代阶段"始于19世纪60年代，与俄国废除农奴制和资产阶级改革的时间大体吻合）是个人或家庭拥有的小型和微型企业。对于小微企业的所有者而言，他们在经营中通过投入较多的劳动力，以弥补基础设施、能量和资源投资量的不足。但是，就劳动力投入的总量看，其绝对数量依旧较少，通常只有几个人甚至一个人，这样的劳动力数量远远小于企业劳动力指标中的"临界值"（如果工厂没有使用机械动力，通常至少需要雇用15名工人）。

这些企业是资本主义城市工商业的首要组成部分，在我们的研究中，莫斯科和圣彼得堡正在向这种城市进化。小微企业涉及形形色色的生产性行业，其中包括成衣和鞋子的生产企业、各种食品工业（面包房、小香肠厂、罐头厂、饮料的生产和灌装企业等）、小型印刷厂、成千上万生产各种日用品的手工业作坊等。在中世纪后期的城市，有数百个这样的行业或企业，它们在现代被称作餐饮业、酒店业、零售业、中介机构和个人中介等。

根据经济学家的说法，即使是在现代高度工业化的社会条件下，30%～40%的商业活动也是由小微企业完成的。从整体上看，小微企业领域是一个自由竞争的世界，上述"行业"盘根错节，相互碰撞，同时各小微企业彼此"依靠"，通过供需关系相互扶持。

同时，小微企业实际上还包括一些未经科学承认的私营企业，其本质上或多或少是非法的。俄国也有其中的一些表现形式——走私、偷猎、偷盗牲畜（后者主要出现在俄国的山区和亚洲部分）、"职业乞丐"、购买赃物、开妓院和"窑子"——这些"行业"是大城市贫民窟街区经济活动的重要部分①。如今，西方通常将与逃税有关的工作归为此类（俄语中称作"干黑活"），还包括各种与家庭经济有关的活动——将家庭拥有或租用的部分财产出租。19世纪70~80年代，一些农民将部分建筑物出租，用作夏季别墅，他们还从事私人授课或者代写书信等事务，以及根据买家和贸易公司的要求，进行"家内制"生产（主要是小资产阶级家庭和小市民家庭中一部分妇女所从事的活动），例如串珠、编织、制作假花和画扇等。

这一范围是最近（可见俄国国内在不断深化研究所谓的"第二经济"或"影子经济"）从经济学的角度确定的（尽管是大概范围），并且在现代西方社会中，其规模之大确实令人震惊，因此有必要将它添加成为"现代"资本主义经济双层模型中的"一层"。

对于"商业大鳄"而言，小微企业对其产生了重要的影响，原因在于：首先，这些小微企业融入了本地生产和分销网络，并从中大获收益；其次，鉴于这类企业的规模和技术水平有限，它们的生产成本相对较高，所以它们始终维持着较高的"自由市场"价格，而大型公司和企业的成本较低，已经无须制定"垄断性"价格，因此小微企业的市场价格水平提高了大型企业的利润率。

实际上，几乎所有的大型资本主义企业都经常需要小微企业的服务：大型企业放弃了数以千计的、在一定程度上无足轻重的工作。虽然大资本对它们并不感兴趣，但这些工作却是社会日常生活必需的。大型企业通常将某些任务委托给分包商（在笔者所研究的时期，这可能是参与铺设铁路或公路、建造或修理货栈等，或者如上文所述，将这些小微企业周期性地纳入自己的生产环节，然后为自己供应成品或半成品，从而形

---

① См.: Крестовский В. В. Петербургские трущобы // Отечественные записки. 1864 – 1867; Овсянников Н. Петербургские Вяземские трущобы и их обитатели. СПб., 1900; Петербург и его жизнь. СПб., 1914; Гиляровский В. А. Москва и москвичи. Очерки старомосковского быта. М., 1959.

成直接依赖于"资本主义"的经济领域)①。

应该明确的是,企业的组织形式通常涉及以下三个学科:经济学(或经济史)、管理学和法学(或法学史)。它既可以被视为上述学科的一个分支,也可以被视为上述学科的交叉。

在俄国,政府历来在各个领域都发挥着重要作用,因此,政府全面监管企业也是众望所归。但是应当承认,政府实际上对企业的干预相对较少,这似乎是一个悖论。事实上,以特定方式服务于私人市场,仅有三种情况能够引起政府监管的兴趣:①税收收入,包括按照确定的数额征收企业的经营权费用;②企业履行国家订单,为国家提供某些产品;③任何企业没有履行商业责任或义务、违法经营等需要政府出面干预的情形。

---

① 工厂和小规模生产之间的联系表现在对工厂生产的产品进行某些手工再加工,例如,对已经制成的围巾加衬里,将已经解散的绕纱送到工厂进行绕纱后续处理,这在配送办公室已经得到广泛的实施。中部工业区的大型印刷厂将生产的初始阶段转移到价格便宜的小型农村"工厂"。在图拉,图拉铜轧厂协会、巴塔舍夫茶炊工厂的部分生产任务采用"家内制"。

莫斯科的帽子工厂几乎只加工手工艺人提供的毛毡。在梁赞、卡卢加和其他省份,为火柴厂准备秸秆,为醋厂提供木粉的做法很普遍。工厂生产过程中对各种包装产品的需求也不断增长:为烟草和糖果工厂黏合纸箱,为油厂和蒸馏厂制造木桶,为玻璃器皿厂制作编织箱,为木加工厂和制锁厂制造垫子,为靴厂制造鞋垫和细高跟等。有时,大型工厂与手工业者之间出现了一种"反向"的生产联系,此时,前者组织半成品的批量生产并将它们提供给手工业者进行"家内制"再加工。大型工厂中的此类工作主要出现在经济危机时期。

根据 Н. Я. 沃罗比约夫的统计,在第一次世界大战前夕,手工业行业加工了 88.4 万普特的各种原材料,其中 47.3 万普特即总量的 53.5% 是为工厂加工的。这种合作的一个例子是生产简单的农业机械——收割机、扬谷机等。从 19 世纪 60 年代开始,经过一段时间后,达什科夫公爵布拉戈维申斯克工厂生产的产品在价格上无法与手工业产品竞争,到 19 世纪末,该厂彻底转向生产扬谷机。手工业生产占优势的是锚链、扬谷机用布等。根据 1903 年《工厂检查员报告准则》的统计,当时一共有 632 间配送办公室,共有 65115 名工人,其中大型工厂(至少 500 名工人)有 92391 名工人。参见 См.:Ленин В. И. Развитие капитализма в России. Поли. собр. соч. Т. 3. С. 469 – 470; Воробьев Н. Я. Промышленность как поставщик средств производства для сельского хозяйства в условиях довоенного времени // Сельское хозяйство на путях восстановления. М., 1925. С. 667; Лаверычев В. Я. Монополистический капитализм в текстильной промышленности России. М., 1963. С. 126 – 127; Тарновский К. Н. Мелкая промышленность в России в конце XIX – начале XX в. М., 1985. С. 50, 64 – 65, 67 – 68, 79, 80, 83, 89。

第二章　企业经营的组织形式

毫无疑问，在 18 世纪到 20 世纪的前十年间，大部分甚至是绝大部分的俄国企业（"行业"）都没有任何规定其职能范围、创建和清算流程的书面规范文件，原因在于：无论是商人的"店铺"还是贵族领地的"工厂"，它们的创建和运营长期以来都是取决于个人或家庭，其规模与家庭财富相称。通常，企业家试图将私法关系减至最少，甚至在贷款方面也是如此，更不用说让外部人士或资本参与其业务。只有这样，他们才可以做出所有经济决策并承担相应责任，甚至必要时以所有财产作为担保。国家承认这种情况是完全正常和自然的，也不认为有必要进行更深入的且超出《拿破仑法典》（该法典在一定程度上已经成为欧洲所有"民法典"的典范）的对私法关系的干预，国家也认为没有必要为创建私人企业制定特殊的"章程"。但是，有两种情形例外：企业应向国家提供某种产品并由此获得补贴[①]；企业从一开始就吸引了一大批投资人的资本金，需要对其权力进行特殊限制，并规定相应的股份公司或合伙公司的形式。对此，我们将在下文详述。

至少从彼得大帝时代起，"股本"的概念在俄国就已经广为人知，尽管如此，即使是只有两三个合伙人的"正式"合伙公司所占的比例也非常低，19世纪末 20 世纪初一些股份公司和贸易公司的统计数据证明了这一点[②]。

从某种意义上说，将农民从农奴制中解放出来，从根本上改变了企

---

① 这些"站点"在创建、活动方式和清算程序方面都具有自己的特征，它们的萌芽早在 1861 年之前就已经出现，比如说官方发布的授权文件中，规定可以在特定时期内生产特定的产品（См.：Туган‐Барановский М. Н. Русская фабрика в прошлом и настоящем. Т. 1. М.，1938. С. 86. ）。此时，企业应该在确定的时期内生产国家向其订购的产品，并且无权停止或者调整生产。

② 19 世纪 90 年代初期在俄国，正式注册了 1313 家合伙公司（20 世纪初达到 3616 家），并注册了约 2000 家股份制公司（1914 年有 2167 家在经营）。
值得怀疑的是，是否还存在着一定数量的"未公开宣布"的合伙关系。1899 年，俄国为前三类工业企业发放了 2310 项专利，为第一类贸易企业发放了约 8000 项专利，这意味着国家将获得高额的税收，并且它们每年的营业额相当可观，每年发放的行业证书总数达到 10 万份。参见：См.：Вестник финансов, промышленности и торговли. 1905. № 45/46；Статистические материалы к проекту положения о государственном промысловом налоге. СПб.，1909；Боханов А. Н. Деловая элита России 1914 г. М.，1994. С. 20；Шепелев Л. Е. Акционерные компании в России. Л.，1973. С. 225，227，228，230。

业家的经营活动。首先，具有正式法律能力的人数大大增加，因此之前的许多规定需要进行彻底调整。1863～1865年政府施行了具有普遍意义的新的工商业章程（《1863～1865年条例》）[①]。该条例为私营企业家制定了新的基本"游戏规则"，其中规定：不分地位、财产、性别、年龄和阶层，所有人享有自由选择和从事任何形式的贸易和工业活动的权利；所有人享有自由迁移和居住权（对于城市农民经营活动的迅速发展尤为重要）；要获得创建工商企业的许可，应联系当地的行政部门或行业机构（商会）等。这些章程的特征在于，对个体企业采取"整体性"（非区分性）策略，因为国家尚未按行业性质和业务规模对企业分类，由此也很难对这类个体家族企业进行分类。此外，虽然早在19世纪末立法者就进行了看似"官方"的划分，但那是出于制定国家营业税清单和税率的需要，因此在很大程度上反映的是当时的状况，即体现了19世纪中叶和农奴制改革后初期的特征。

对此，笔者引用"贸易"行业的详细分类作为例证。

《国家营业税征收条例》[②]将主要的贸易企业分为五类。第一类包括批发商店、商品销售货栈、农产品大买家、中介公司、运输公司、办事处、用于储存超过50万蒲式耳谷物的粮仓、大型公共浴室、酒类交易机构（餐馆和小酒馆），以及年租金超过5000卢布的药房。

第二类包括向消费者和小商人出售商品的商店（半批发和小批发企业）、每年收购30万～50万卢布农产品的企业、葡萄酒和酒精批发货栈、用于销售外国葡萄酒的所谓专供外卖的酒类商店，以及专营烟叶和马哈烟批发的货栈。年租金为1000～5000卢布的酒馆和药房，以及莫斯科和圣彼得堡地区年租金超过5000卢布的出售书籍、报纸、乐谱和其他印刷品的商店也列入该类。此外，这一类还包括典当行、经纪公

[①] См.: ПСЗ. II собр. Т. 38. № 39118, 39128, 39470, 40409; Т. 40. № 41774, 41779, 41868, 41936, 42535, 42818, 42840.

[②] См.: ПСЗ. III собр. Т. 18. № 45601.

司、小型粮仓、小型浴室和房间数量在 20 间以上的旅馆等。

第三类包括从事零售活动、仅拥有一个交易场所且雇员不超过一人的小店铺。除了小店铺之外，第三类还包括上述类别之外的酒馆，占据至少两个房间的茶馆、咖啡馆和奶制品店，进口烟草零售店和其他烟草店，散装烈性酒销售机构（不包括销售外国葡萄酒的酒类商店），书店，报亭，每年收购 1 万～5 万卢布农产品的企业，以及啤酒、蜂蜜和俄国葡萄酒的批发货栈。此外，小旅馆、偏远省份的公共浴室以及其他一些机构同样选择第三类特许证。

第四类包括没有雇用店员的摊位和货亭。在其他贸易机构中，属于这一类别的还有：不超过一个房间的茶馆、咖啡店和奶制品店，售卖柠檬水、苏打水和其他清凉饮料的销售场所，营业额不超过 1 万卢布的农产品采购企业等。在不涉及商品经营的企业中，属于这一类的有宾馆、招待所、小浴场和浴室等。

第五类包括流动（大篷车）贸易和货郎贸易。

这样，包含在税赋表的企业中，被列为贸易企业的不只有从事商品交易的企业，还有公用事业公司和其他现代意义上的非贸易类企业，更确切地说，"贸易"的概念更为宽泛，类似于现代经济学所说的包括贸易、服务业和银行业等行业的"第三产业"。

第二节　企业组织形式的选择

包括马克思在内的 19 世纪古典经济学家，在研究了资本主义生产之后指出，总体而言，伴随着资本集中程度的提高，资本主义生产日益发展[1]。在这一方面，最好的形式是股份公司，特别是工业革命之后，大规

---

[1] См.：Маркс К.，Энгельс Ф. Соч. Т. 23. С. 641－642.

模扩大生产和建立企业成为可能，显然，这并不是个体资本（非股份制资本）能够完成的。

由于拥有诸多优势，股份公司几乎完全融入资产阶级经济和法律关系之中，并且与西方的文化和历史传统相吻合，因此这一形式的公司在历史上取得了压倒性的胜利。

有关股份公司最重要的法律要素包括：公司的资本由平等股份组成，形形色色的、相互毫无关系的资本家都可以成为所有者。此外，从理论上说，他们的权利与出资额成正比，换言之，权利取决于他们所拥有的股份（股票）的数量。公司按照股份制民主的原则进行管理：公司的主体是股东大会，闭会期间权力授予由选举产生的理事机构——董事会；会议决议由多数票通过（每票均是提交给大会特定数量股份的倍数），理事会由选举产生，并可被撤换。

选举在公司活动中非常重要：首先，选举能够以资产阶级社会中民主公平的途径来任命企业的领导，如果他能力不佳，可以将其罢免；其次，管理机构仅从股东中产生，这就明确地限制了外来干预尤其是国家机构插手内部事务。在大多数情况下，国家的作用仅限于根据基本的规范条例，监管在业务过程中发生的、严重影响他人利益的冲突，并行使仲裁的职能，以及（尽管并非在所有国家中）批准特定法规（单独的立法），通过要求企业全部或部分摘录其报告和资产负债表等手段，全面监督其经营活动。但是，国家对公司内部事务进行任意干预或行政终止其经营的可能性非常有限[①]。

同时，在股份公司无力偿还债务（破产）的情况下，从法律意义上

---

① 在主要从事铁路、银行和保险业务的大公司中，管理团队的结构更为复杂，除董事会外，还包括监事会，负责监督董事会的活动；还有一个是审计委员会，从既不是董事会成员也不是理事会成员的"独立"股东中选出，它的主要任务是检查提交给年度会议的报告和资产负债表。虽然通常董事会和监事会成员可常年任职，但由于其职能的重要性，审计委员会几乎每年都会重新选举。

讲，股东根据股份比例承担责任，因此有限责任是最重要的一条原则。对此，恩格斯等人认为，企业经营的股份制形式最终得以胜出，该原则发挥了至关重要的作用[①]。

正是根据有限责任原则，再加上必须明确保障股东、业务合作伙伴的财产权，因此必须对公司的成立进行严格监管。如上所言，在许多国家，它们都或多或少地受到国家的监管。

1866年危机后，主要的资本主义国家发生了以下变化。第一，在股份制立法方面有所改进，有限责任原则得到强化（在这方面，详细规定了所谓"商业机密"的范围、破产的程序以及关于股份制案件司法程序的其他方面）；第二，有序地将各个行业的资本密集型企业（首先是工业运输业）改制为股份公司。

密切关注资本主义经济发展[②]的恩格斯可能是最早的批判性观察家，他敏锐地发现，以股东联合形式为本质的股份制逐渐占据统治地位后，又出现了更高级别的组织形式，即股份制公司相互联合。19世纪和20世纪初的垄断，是指由于某些大型股份公司在市场上占据了事实垄断地位，或者是通过合同关系而变成有组织的机构，又或者是利用了股份所有制形式的特殊性，即股份公司相对于国家和社会而言，具有一定的自治权，这为开展合并提供了合法的机会，但这可能会损害特定股东群体、国家和集体的整体利益。通过自愿交换或集中大批股份，个别企业合并成大企业，从而统治市场并支配价格，进而获得并不公平的高额利润。股份制还提供

---

① Маркс К., Энгельс Ф. Соч. Т. 25. Ч. 1. С. 479.
② *The Cambridge Economic History of Europe*. Vol. 7 Part1 Cambridge, 1978. Berman, H. J., *Law and the Revolution. The Formation of the Western Legal Tradition*. Cambridge, 1983. Freedman, E., *Joint - Stock Enterprise in France. 1807 - 1867: From Privileged Company to Modern Corporation*. Chapel Hill, 1979. Hoverkamp, H., *Enterprise and American Law. 1836 - 1937*. Cambridge, 1991. Hunt, B. C., *The Development of the Business Corporation in England. 1800 - 1867*. Cambridge, 1936.

了一种便利的形式：将这些垄断者联合起来，而无须改变被联合企业的合法地位，成立特殊的、履行其全部或大部分职能的特殊公司。

从社会和政府的角度来看，股份制公司的优势在于：它创建了一种机制，可以非常迅速地调动临时性自由资本投入生产和提供服务，从而确保经济更快发展，世界经济发展的历史也证明了这一点。从19世纪中叶开始，这些影响的表现趋于明显。对于那些创立公司并计划充当领导者的所有者（"职业资本家"）而言，这种形式很有吸引力，主要是因为它开辟了速度更快、成本更低的吸引规模资本的途径，并且如果企业倒闭，其自身承担的风险要小于向银行贷款。此外，该形式还提供了某些额外的保证，如防止外界干预经营活动，并再次降低了使用信贷的难度。对于那些不愿真正参与管理的投资者来说，如果不满于银行利息或国家公债的利息，那么股份制形式也可以为投资回报提供一定的保证。

国外学者认为，股份制形式在经过欧洲律师和商人几百年的改进后，进入俄国时已是一种完善的制度。这种说法完全正确，但问题是，股份制是如何适应俄国经济环境的？毫无疑问，股份公司的法律结构在19世纪初之前就已广为人知，但是对其进行"法律改造"的真正起点是1807年1月1日沙皇颁布的《关于赋予商人新的优惠、奖励、特权和普及贸易企业的新方法》[①]。该诏书规定了"商人合伙公司"的几种类型，这些企业的管理是基于参与者之间的特殊协议，例如，欧洲法律形式被植入普通商业惯例的"结构"中，从而为根据西方惯例采用司法途径解决财产冲突铺平了道路。

"无限责任合伙公司"的形式结合了俄国广泛流行且根植于传统的企业组织形式，即由家族或少数并不一定有血缘关系的共同所有人拥有，并且根据惯例，规定公司破产时责任由所有"成员"的财产承担，因此，

---

① См.: ПСЗ. III собр. Т. 29. № 22418.

不允许他们加入多个合伙公司。

与"无限责任合伙公司"、"合资公司"或"有限责任合伙公司"不同,资本联合是一种更为复杂的形式。这一概念源于 12 世纪后西方出现的"教区公约"或"集体公约"。《商业条例》第 71 条明确界定了俄语含义,即:由一个或多个合伙人"吸纳将一定资金托付给他们的投资人"而建立的"合资公司"。相应地,这类企业的参与者分为两类:数量有限的"无限责任合资人"和数量不定的投资人。若企业破产,投资人的责任根据出资额划定,所以,与前者不同,投资人有权参与其他类似的企业,但在企业的管理中没有投票权。

合资公司是一种更高形式的资本联合——从某种意义上说,它们通常联合了大量的共同所有人,并且对于新投资者更为开放。有学者认为,该类公司距离更高级的组织形式(股份公司)仅有一步之遥,而这一步在于是否正式注册。许多合资公司后来都采取了这一步骤,但同时,新的无限合伙公司和合资公司却在不断地复制着初始结构。

实际上,基于公司当时和随后的主要业务,1807 年的诏书确定了未来资本联合的两种主要形式:纯粹的股份公司和贸易公司。关于股份公司,一般立法最初使用两个术语——"合股公司"和"股份公司",后来只使用后者。单独的立法包括单个公司的章程以及相应的修订和增补,立法中使用以下术语——"股份公司"、"股份合伙协会"和"合营公司",它们在总体含义上虽是相同的[①],但是在实践中仍有所不同。

起初,股份公司必须以严格的特许制方式而不是提交申请的方式建立。19 世纪 30 年代初,俄国首次编纂股份公司法典时,特许制早已在大

---

① 参议院在 1898 年对这一问题进行的官方澄清表明,从法律的角度来看,"股份公司"和"股份合伙协会"两个术语实际上是相同的(См.:Акционерные общества и товарищества на паях. М.,1904;Горбачев И. К. Товарищества, акционерные и паевые компании: закон и практика с сенатскими разъяснениями. М.,1910)。

俄国企业史（1850～1917）

多数欧洲国家流行，其中一些国家后来逐渐放弃了这一制度。根据法律，股份公司的章程应准确地描述其未来经营活动的范围，并由各级政府机构审查通过后提交沙皇批准，随后的任何变更也要按照这一流程办理。同时，国家和教会有权从事某些"行业"。此外，还有些行业只能由俄罗斯族的公民经营，对其他民族或信仰者设置特定的限制。例如，犹太教徒和波兰人不能随意购买土地，不能担任公司领导职位。此外，制药业务、许多食品和消费品的生产、平版印刷在经营活动条件方面也受到严格监管。

高级官僚后来抱怨说，俄国缺乏他们所认为的"经营企业的社会风气"，并且企业也不愿意联合成为公司[1]，这迫使政府竭尽全力，并付出了高昂的代价——主要是为了改善运输而进行基础设施（运河、道路等）建设，特别是在19世纪30～60年代。同时，企业的重要性在这一时期也大大削弱。因为许多发起人和股东是高级官员和贵族，更广泛地说，是来自贵族或官员家庭的人，特别是俄国出现的第一批公司，在后来几年中，这种情况几乎依旧未变[2]。原因之一（尽管可能不是主要原因）是许多公司尤其是1861年之前成立的公司，主要是为了发展俄国的新兴行业，如保险、铁路、航运、照明、供水、沉船打捞、矿物肥料生产等。因此饱学之士认为，参与这些行业比普通的企业更具吸引力，甚至对于有头衔的贵族而言，这也无损他们的体面和身份。不可否认的是，"真正的"

---

[1] См.: Виленская Э. С. Полное собрание законов Российской империи как исторический источник по акционерному учредительству в дореволюционной России // Источниковедение отечественной истории. Сб. статей. 1984. М., 1986. С. 96–97.

[2] 例如，在19世纪初至1861年改革前，其中一位研究人员（Э. С. 维伦斯卡娅）统计了716位股份公司创始人的信息。其中有168位商人，89位外国商人（包含一些短期在俄国经商的外国商人），19人是工程师和机械师等，8人的职业和社会特征并不确定。其余432人根据自己的社会地位或者官阶属于贵族。可以假定，股东之间的比例大致相同（См.: Небольсин г. П. Акционерные общества в России // Современник. 1847. № 5. Ч. 4. С. 14–15. Скальковский К. А. Наши государственные и общественные деятели. СПб., 1890. Owen, T. h., *Russian Corporate Capitalism from Peter the Great to Perestroika*. N. Y., Oxford, 1995. p. 48）。

公司高管真诚邀请有影响力的人参加企业经营活动，以确保公司的发展前景，包括获得国家特权、补贴和订货。必须指出：这种现象在十月革命前一直存在。

而官员对股份制企业的兴趣实际上从股份制企业出现在俄国之初就已经表现出来了，而且，随着俄国进入资本主义发展阶段，这种兴趣愈加明显。在改革后的最初几十年中，各级官员真正参与成立和经营股份公司的现象"爆炸性增长"[1]，这不可避免地导致他们滥用职权。在这种情况下，俄国逐渐诞生了一类全新的官商，经商成为一种副业，作为个人利益的补充，其中代表性人物之一是负责颁发矿产资源开发许可证的矿业部官员 К. А. 斯卡利科夫斯基，退休后，他成为新兴金融寡头集团的核心人物之一。一段时间后，政府注意到这种异常情况，于1884年通过了《特别规则》[2]，其中规定了国家机关参与工商业公司和"私人信贷机构"的程序，禁止某些职位的官员在私营企业中任职。但是官员有权参加股东大会，所以这一措施并没有彻底解决问题，随后当局不得不反复引用1884年规则。

官僚机构的大多数高层领导在卸任后，会在公司董事会中担任要职，因为他们手中有重要的社会联系和人脉，经济部门的官员尤其如此。这种趋势在20世纪10年代的经济繁荣时期尤其明显，当时有许多省议员加入了大公司和银行的董事会[3]。大部分官员对私营公司的兴趣主要是因为薪水极高，此外没有更多其他的动机。与此同时，19世纪60~80年代，

---

[1] В. Я. 拉韦里切夫（Крупная буржуазия в пореформенной России 1861 - 1900. М., 1974）、А. М. 索洛维约夫娃（Железнодорожный транспорт в России во второй половине XIX в. М., 1975）、К. Ф. 沙茨洛（Русский империализм и развитие флота. М., 1968）和 А. Н. 博哈诺夫（Крупная буржуазия России конца XIX в. - 1914. М., 1992）等学者举出了大量这方面的典型事实。

[2] См.: Свод законов Российской империи. Т. 3. СПб., 1896. Ст. 734 - 736, 739.

[3] См.: Боханов А. Н. Деловая элита России. 1914. М., 1994. С. 32.

贵族、官僚和企业家开始"融合",俄国出现了一种"全能"活动家,其中"旧俄国商人"(这里包括封建制的俄国商人和工厂主)的特征与俄国前所未有的"欧洲投机商"、"交易所投机者"(Ф. М. 陀思妥耶夫斯基等有洞察力的观察家就指出过这类人物)[1] 的特征结合起来,还包括事业蒸蒸日上的"铁路大王"、糖业工厂主以及成功地向资本主义模式转变的资本家等。

就像欧文尝试从整体上论证的那样,新成立的股份公司有两种形式,分别是协会型和合伙型[2],它们之间的类型差异,主要是经济文化类型的差别,尤其是创立者对于未来企业经营活动的战略构思。

协会型股份公司源自法语 société par actions/société (法语 compagnie 的仿造词,尽管出现在某些章程中,但总体上并未普遍使用),在某些情况下,在官方文件中使用该术语,的确能够体现出遵循欧洲商业模式的意图。相反,"协会"可以强调新企业的"本土"属性。统计表明,1821~1913 年,协会型股份公司的数量占上风(占总数的 65%),但这一比例在某些时期有显著变化,例如在 19 世纪 70~80 年代的"反改革"、"本土化"和"反西方"浪潮中,合伙型股份公司的数量超过了协会型股份公司[3]。

在素有"轻工业和国有资本之都"称号的莫斯科,合伙型股份公司在股份公司发展的所有阶段都多于协会型股份公司。这在某种程度上反映了俄国的文化偏好,例如在罗兹或巴库,协会型股份公司在各时期所占的比例从 90% 到 100% 不等。圣彼得堡、华沙、敖德萨和里加也都在一定程度上倾向于创建协会型股份公司[4]。

---

[1] См.: Достоевский Ф. М. Дневник писателя за 1876 г. СПб., 1883. С. 332.
[2] Owen, T. C., *Russian Corporate Capitalism from Peter the Great to Perestroika*. N. Y., Oxford, 1995. pp. 41 – 47.
[3] Там же. p. 42.
[4] Там же.

另一个证明了其本质性差异，且争议较小的指标是固定资本规模。除少数例外，协会型股份公司的平均资本价值均超过合伙型股份公司，前者的资本价值为24.6万~797万卢布，而后者为15万~75万卢布[①]。在此，还有必要提及诸如初始投资的平均规模方面的差异。在俄国十大城市和主要企业中心（除了莫斯科和基辅），初始投资额在1892~1914年持续走低。之所以有必要指出这一点，是因为这种减少在一定程度上表明小公司数量的增加（反过来可能表明某种"资本民主化"已经开始）。在某些城市（敖德萨、顿河畔罗斯托夫和巴库），新成立的公司较少，这可能表明这些城市工商业的重要性开始下降。董事会所在地的城市与平均资本规模之间也存在着密切的关系（例如，在圣彼得堡，1892年的平均资本为140万卢布，1914年为120万卢布，莫斯科为109万卢布和100万卢布，华沙为100万卢布和75万卢布，里加为92万卢布和84万卢布，敖德萨为100万卢布和49.8万卢布）[②]。

当比较股票和股金（实际入股）的平均金额时，笔者发现两者差异巨大，这是因为，发起人发行股票的初衷是使其以低廉的价格在公众中流通，但他们为了在资本家之间分配股票，并尽力避免有较大规模的股份落入他人之手，因此实际入股的股金金额往往会更大。

新成立的协会型和合伙型股份公司"新"到什么程度，即这类公司成立的时间，也是判定其本质性差异的指标。例如，几乎85%在莫斯科建立的合伙型股份公司在此之前或多或少已经存在了一段时间，主要形式是商行。

---

① Там же.
② Там же. P. 44。同时必须指出的是，在华沙和里加的三个周期内，股票的平均价格和股金的价格是相同的，例如，在第一次世界大战之前不久，一些额外的股金以非常低的价格发行。С. Г. 利安诺佐夫之子石油生产合伙公司发行了面值100卢布的股金，旨在推动其在股票市场上的销售。但通常来说，股金比股票要贵得多。

俄国企业史（1850~1917）

　　合作型股份公司通常是从现有的家族企业或合伙企业中发展起来的，主要是生产销售纺织品和食品的公司①。

　　尽管其中最"先进"的莫斯科和弗拉基米尔纺织制造商使用了相当昂贵的设备（最初从英国进口），并定期进行现代化改造，但其生产成本仍低于冶金或重型机械制造厂。此外，莫斯科巨头们更倾向于通过积累国内利润而不是额外发行的股票和债券来实现扩张，因为后者潜在地威胁到其对企业的控制。

　　从经济角度而言，俄国是大约12个区域性"经济体"的组合（相当于 П. П. 谢苗诺夫－佳恩－尚斯基所言的经济区划），每个经济体都有特定的资源基础、自然和气候条件、经济和文化传统。尽管立法框架在形式上是统一的，但这种多样性为企业家开展经营创造了各种具体条件。是否接近权力中心、是否存在大量利率相对较低的现成投资资本，以及人口的技能水平等，同样具有重要的意义。所有这一切都决定了企业的地理位置分布极不平衡，尤其是公司董事会的驻地（在帝俄覆灭前，这些差异有所缩小，但幅度不大），这也决定了组织形式的倾向。统计结果揭示了股份公司董事会的地理分布高度集中：它们主要集中在10个大城市（圣彼得堡、莫斯科、华沙、基辅、敖德萨、里加、哈尔科夫、巴库、罗兹和顿河畔罗斯托夫）。1821~1913年，几乎3/4的公司和银行董事会位于这10个大城市。对于大型公司而言，这种现象更为明显，其比例达到7/8②。此外，以下事实也表明了外部条件的多样性：这10个城市都有股份公司的组合，这不仅反映了纯粹的经济因素，例

---

① См.：Бовыкин В. И. Формирование финансового капитала в России. М., 1984. С. 111；Шепелев Л. Е. Акционерные компании в России. Л., 1973. С. 245 – 246。欧文举出的一些数据资料证实了上述研究，详见 Owen, T. C., *Entrepreneurship in Imperial Russia and the Soviet Union*. Princeton, 1983. p. 71。

② Owen, T. C., *Russian Corporate Capitalism from Peter the Great to Perestroika*. N. Y., Oxford, 1995. pp. 38 – 39.

如接近原料产地、交通网络及融资来源等，还是公司发起人和管理者文化传统的表现。

尽管省级中心的公司数量在增加，但是在农奴制改革前，圣彼得堡仍然占主导地位。就产业集中程度而言，圣彼得堡一直遥遥领先。首先，这里集中了许多生产技术最为先进的大型企业，例如金属加工、机械制造、采矿企业以及其他类似于铁路企业和银行的"核心"企业，因为其成功与否在很大程度上取决于当地是否有更发达的资本市场和更完善的政府机构。中部工业区的中心莫斯科倾向于创建纺织类企业和面向国内市场的大众消费品企业，而在特定的时期也面向波斯和远东地区的市场；华沙在波兰行省境内扮演了圣彼得堡之于俄国本土的角色；整个19世纪，敖德萨是向西欧出口农产品（主要是谷物）的重要港口；里加在波罗的海拥有悠久的贸易传统，可追溯到中世纪晚期；此外，省级中心开始大规模出现通用机械制造商。19世纪末，哈尔科夫成为采矿、冶金和机械生产企业的重要中心，而罗兹、巴库和罗斯托夫成为纺织、石油生产和出口贸易类企业的中心。

实际上，只有一类大公司——在甜菜田附近的庄园设有办事处的制糖厂。此外，一些相对较大的合伙公司的董事会也会设在罗兹（兹格日、多姆布罗瓦）、罗斯托夫（顿河畔纳希切万、亚速和塔甘罗格）和里加地区（斯洛克和波尔德拉）的县级城市中。

值得注意的是，股份制的扩张没有规律。第一次世界大战和十月革命中断了这一"自然"的股份制发展进程。总体而言，只有在克里米亚战争和第一次世界大战之间的60年间股份制才出现了显著的增长。根据统计数据，俄国股份公司的发展进程可以划分为7个阶段。笔者研究的时期涉及5个阶段：1851～1863年、1864～1878年、1879～1886年、1887～1905年和1906～1913年。公司创立活动的低潮期发生在1847年、1869年、1874年、1892年和1905年，而"高涨期"出现在1858年、

俄国企业史（1850~1917）

1873年、1881年、1899年和1913年[1]。各种社会现实条件促成了这种阶段性的形成，但主要因素是政府对利率水平的操纵。利率的急剧下调成为创立股份公司的"催化剂"。而政府再次提高银行存款利率，从而降低了股票市场的吸引力，创立公司的热潮开始消退。与之间接相关的还有一种因素：在经济欣欣向荣时期创立的公司，整体成活率非常低。这是因为当时建立了大量投机性、"虚张声势"的公司，"股份制企业创设热"便是形容这一时期的名词。

统计数据使我们从另一个角度思考一个问题，即在俄国经济的某些部门，企业利益的"重心"（如果以新成立公司的总资本作为这种标准的话）呈现有序变化：前两个周期——金融（主要是保险）；第三个周期——运输（先是蒸汽船运输，后来是铁路运输）；第四个周期——银行；第五个周期——轻工业尤其是纺织业；第六个周期——重工业，特别是黑色冶金、金属加工和机械制造业；第七个周期——重工业和铁路建设[2]。

克里米亚战争之前，股份公司的增长被理解为股份公司数量、股份和运作资本总量以及股东人数的增加，但这种增长并不可观：1821~1830年批准的15份股份公司章程无疑代表着重大进步，而在过去的120年间只有33份章程获得批准。尼古拉一世在位的30年间（1825~1855年），俄国建立了136家新公司[3]。其发展出现了两个特征：首先，圣彼得堡集中了制造业（纺织和贸易）和保险公司，经营相对成功；其次，金属制造和运输领域的大型企业寿命相对较短。这表明，在铁路、工业和银行领域，公司管

---

[1] Owen, T. C., *Russian Corporate Capitalism from Peter the Great to Perestroika*. N. Y., Oxford, 1995. pp. 20–22, 184–185, 191–192.

[2] Owen, T. C., *Russian Corporate Capitalism from Peter the Great to Perestroika*. N. Y., Oxford, 1995. pp. 20–22; Шепелев Л. Е. Акционерные компании... С. 23, 63, 66, 84, 92–93, 135, 225, 234.

[3] Шепелев Л. Е. Указ. соч. С. 28, 30.

第二章　企业经营的组织形式

理占据主导地位的时代尚未到来。

尽管股份公司数量持续增加，但是应将其置于当时的历史背景下加以审视。据估计，尽管俄国经济显示出越来越多的"市场"经济特征，换言之，它已经位于西方经济学家所说的"现代经济增长"（modern economic growth）①的起点，但仍然无法断言：俄国经济总体是朝着现代西方社会所特有的经济组织，即公司方向发展的。在克里米亚战争之后的 20 年间，人均资本指标显著增加，随后逐渐回落，甚至在第一次世界大战前的最后一次繁荣时期（1909～1913 年）也是如此。再加上军事形势紧张导致的 1917 年的恶性通货膨胀，融资的最高利率也未达到 1871 年的水平。虽然在此期间，公司的数量增加了近 31 倍（从 1847 年的 68 家增加到 1914 年的 2167 家），但是，如果不考虑已有公司补充发行的股票，其总资本仅增加约 4.5 倍。因此，公司数量的增长就不那么亮眼。在人均资本方面，从 1847 年的 0.51 卢布增加到 1914 年的 33.3 卢布（以黄金价格计算），但这种增长趋势在 1905 年之后才逐渐明朗②。

美国 RUSCORP③ 数据库包含 14338 人的信息，其数据表明，只有很少一部分人参股创立公司。例如，在 1836～1840 年的股份制企业创设热时期，近 1.69 亿人（没有将芬兰人统计在内）中，只出现了 857 个创始人。当然，在所有国家中，这样的"企业家精英"都是少数，但俄国在这方面明显落后于许多欧洲国家。例如在欧洲领先的英国，平均每 1000 位居民拥有 1.6 家公司，法国为 0.3 家，德国和意大利为 0.08 家，而俄

---

① Gregory P. Russian National Income 1885 – 1913. N. Y., 1982. p. 149.
② Owen, T. C., *Russian Corporate Capitalism from Peter the Great to Perestroika*. N. Y., Oxford, 1995. p. 20.
③ RUSCORP 数据库包含有关 4542 家公司和 14338 位创始人的机读信息，大多数信息来自公司章程。该数据库不包括理事会位于波兰行省的公司，包括 262 家在俄国经营的外国公司。参见 Owen, T. C., *Russian Corporate Capitalism from Peter the Great to Perestroika*. N. Y., Oxford, 1995. p. 173。

俄国企业史（1850~1917）

国仅为0.0012家①。

可以说，俄国政府试图在国内促进资本主义企业的"快速增长"，包括大型现代股份制工业企业、银行和铁路企业等，但是由于俄国具有经济实力的"中产阶级"数量不足，这一愿景落空了。那么公众的热情，甚至是"大改革"时代前所未有的热情，是否能够弥补物质条件和实践经验的不足？

如上所言，股份公司的建立依照特许制原则，而开设商行则通过申请程序，原因在于，这使得创立人滥用权力的空间要小得多。商行的成立日期是向当地行政或同业（商业）机构登记"合伙合同"的日期，它是证明创建事实的主要文件，该合同可以是无期的，也可以是1年、10~15年或更长一段时间。

英国经济界著名俄国经济研究人员加特雷尔（Gatrell）指出，俄国数千家资本主义商行找到了规避股份制立法缺陷的方法，其中很大一部分有限责任由投资者承担，这使俄国人可以为他们的企业家找到"非公司"解决手段②。的确，商行这一形式事实上为组织者、"运营的资本家"提供了几乎所有梦寐以求的优势——实现对企业的绝对控制，合法地巩固非正式的紧密合伙关系，或者是将外部投资者的资本吸引到企业。因此，俄国出现了非常普遍的情况，即企业家出于某种原因放弃经营，并且愿意将他们的资金委托给他们的熟人，而不是将资金用于购买位于莫斯科且前景不明的股份公司的股票——这种心理惯性直到20世纪最初10年才被克服，因为股份制银行做了广泛的、有针对性的工作，使大众接受了股票。

以商行形式出现的协会兴起于19世纪，但是，从19世纪90年代起，这类商行才采用一系列协会的指标来描述其数量、位置和经营状况，因

---

① Там же. P. 180.
② Gatrell, P., Book Rewiev // Business History. Vol. 34. No 4. (December 1992) . p. 110.

第二章　企业经营的组织形式

为当时相关部门出资，在全俄国范围内开展登记工作。根据一手资料，1893 年在俄国注册了 1313 家合伙公司，总资本约 9400 万卢布，建立了 867 家无限责任合伙公司和 388 家有限责任合伙公司，58 名独资经营者获批建立商行。从已公布资本的规模来看，有限责任合伙公司的规模明显大于无限责任合伙公司（分别为 8.6 万卢布和 6.4 万卢布），但是与合伙型股份公司相比，它们的平均资本额要低很多[①]。商行通常是小型企业，其中一半商行的资本不超过 2.5 万卢布，但商行群体中 2/3 的资本，即超过 6300 万卢布，属于 211 家大型商行（每家的资本都在 10 万卢布以上），而最大的 30 家公司拥有 6300 万卢布中的 3650 万卢布（每家资本额至少为 50 万卢布）——这证实了加特雷尔的判断，即该领域资本高度集中。规模最大的是由 А. И. 曼塔舍夫等人创立于巴库的石油和天然气有限责任合伙公司，拥有俄国最大的烟草工厂（位于罗斯托夫）、以合作型股份公司形式运作的由 В. И. 阿斯莫洛夫等人创立的商行，以及由 В. В. 容克尔等人创立的公司，这些公司各拥有 100 万卢布的资本。此外，还有叶利谢耶夫兄弟无限责任合伙公司（从事食品贸易）和位于圣彼得堡的金茨布尔格银行（资本分别为 300 万卢布和 400 万卢布），以及位于莫斯科的里亚布申斯基银行（资本为 500 万卢布）[②]。与股份公司一样，约有一半的有限责任合伙公司位于莫斯科和圣彼得堡。19 世纪末 20 世纪初，其中很大一部分转变为股份制企业。

在莫斯科省登记的商行最多——463 家，占总数的 28%，其次是圣彼得堡（374 家）、赫尔松（81 家）和华沙（80 家）。按资本的平均规模计算，最大的商行位于圣彼得堡（平均每家企业 19 万卢布），莫斯科企业的平均规模要小得多（约 3 万卢布），其他省的商行都远远落后于圣彼得

---

① См.：Боханов А. Н. Торговые дома... С. 89.
② Gatrell, P., Book Rewiew // Business History. Vol. 34. No 4. (December 1992). pp. 89 - 90.

堡和莫斯科①。

20世纪初，商行数量达到3616家，注册登记的主要地点仍然是帝国的主要商业中心，这一时期莫斯科已经位居第一（1022家商行），其次是圣彼得堡（470家）、里加（248家）、敖德萨（162家）等②。

标志性的现象还包括：即使与19世纪末相比，商行的活动也超出了贸易企业的经营范围，明显地参与了工业生产。根据 В. И. 鲍维金的估计，1900年，商行形式的451家企业涉及15个工业行业，几乎是19世纪90年代初期的两倍③。而在最"新兴"或资本密集型产业中，它们在数量和比重上占了上风。20世纪初，商行形式的大型银行机构数量也在成倍增加——总共有46家，大多数在莫斯科（9家），其次是圣彼得堡（6家）、敖德萨（5家）、里加（5家）、哈尔科夫（2家）、明斯克（2家）和里维尔（2家）等④。

概而言之，从政治经济学意义上说，不仅俄国国民经济是"多类型的"，而且企业经营活动是"多层面的"。在每个层面，都有其主要的组织形式，这取决于企业家为自己提出的任务以及他们的个人能力。至于这种能力，1861年之后，以下因素至关重要：自有资本的规模和获得信贷的能力（由于存在着大量的个人资金和廉价的信贷，合伙人的数量可以减至最少），以及对企业形式的选择。

就本质而言，企业形式的意义并不大：由数量有限的合伙人建立的所谓无限责任合伙公司（商行），以自有资本运作并以其全部财产承担责任；有限责任合伙公司，除了无限合伙人之外，还包括数量不定的投资者，他们投入有限数量的资金，仅以这些资金为限承担责任，但在管理

---

① Там же. С. 91.
② Там же.
③ См.：Бовыкин В. И. Формирование финансового капитала в России. М.，1984. С. 116.
④ См.：Боханов А. Н. Торговые дома... С. 91.

方面没有发言权；股份公司，由数量不定的合伙人组成，合伙人的参与程度由相同额度的股份来衡量，并且仅对自己投入的份额负责，但与上一个类型中的投资者不同，他们有权参与决策。

在股份公司中，所有股东的权利在形式上是平等的，并且责任有限，因此管理企业的不是高级合伙人，而是由股东大会选举产生的董事会，原则性的问题均由股东大会解决。

当然，企业家在选择组织形式时应考虑他们追求的首要目标，仔细权衡各种形式的优劣。

各种企业形式的异同决定了建立企业的程序略有不同，对企业经营活动的控制程度也不同。在较简单的情况下（个体公司或合伙公司），当所有人承担全部责任时，成立公司的程序简化为在地方当局进行正式注册，随后的监管表现为政府对授权证书（商业证书）的年度续延以及企业向省议会提交纳税报告，这些公司的活动主要受到商法以及所谓习惯法的约束。而股份公司则完全不同。有限责任原则和大量参与者客观上增加了滥用权利的风险，这就要求政府（企业合法性最高担保人）采取一系列特殊的措施，以限制股东的权利。这些措施主要包括许可原则或特许注册原则，要求在章程中详细说明公司的经营范围、组织结构，并公开公司的经营活动，即每年应该公布总结报告、资产负债表等。相比于"封闭的"商行，股份公司要更为开放地接受政府官员的核查，在此过程中，可能会对章程做出相当大的修订。俄国的监管比大多数发达西方国家更为严格。股份公司这种更大的开放性也带来了一些优势，主要是极大地便利了企业获得信贷。

考虑到所有情况，可以说，各种企业形式位于企业层级结构的不同层级。个体企业家几乎全部选择建立小型企业，因为能够以一个人或一个家庭的资金进行经营。小型企业家仅需提供关于其经营活动的最低限度的信息，这对于较大的企业家而言也具有一定的吸引力。因此，在私营公司中，可能会出现大型公司，有时甚至是超大型公司，但其会在很大程度上继续从事改革前已经开始经营的业务。

无限责任合伙公司主要占据中型企业的底层市场和部分大型企业的底层市场，在许多情况下，它们似乎是个体公司的延续和发展。当需要更多资金但同时企业主不想放松对企业的控制时，它们可以进一步发展为有限责任合伙公司。相应地，有限责任合伙公司在层级结构中占据了更高的位置。

从某种程度来看，有限责任合伙公司是没有章程的股份公司，发起人在注册企业时避免了烦琐的手续，同时保持一定的自由。但后来，它们中的一部分仍然可以制定书面章程，并成为真正的股份公司。

最后，必须指出，随着时间的流逝，股票的流通逐渐变得顺畅，记名股票和股金逐渐被不记名股票所取代，股票的面额下降，多次增资的行为逐渐普遍，二级股票市场的业务得到发展，这都为各种联合机构以及合同协会（几家企业根据自己的业务范围而联合起来的垄断性组织）的出现和发展创造了条件。后来，俄国又出现了结构性联合体，它们拥有大量的股票，并且将某人同时推举为数家公司的董事会成员，以此将各家企业联合在一起。

第三章
俄国的外籍企业家

第一节 外籍企业家的经营特征

俄国最早的外籍企业家是西欧商人,自16世纪中叶以来,他们开始在俄国开辟贸易线、建立货栈并设立办事处,其中一些人作为外国贸易公司的代理人长期在俄国定居。18世纪初,俄国已有数百名外国商人。除了从事贸易之外,他们也经营高利贷,有时也创办企业[①]。17~18世纪,受邀而来的外国工匠也会创办独立企业。但是,外国人创办的企业经常是昙花一现,大部分情况下外国商人都会回国,而那些成功地在俄国扎根的商人,则很快会被同化[②]。

英国及其他欧洲国家的工业革命不仅扩大了对俄贸易量,而且改变了对俄贸易结构,主要表现为大大增加了对俄工业品出口和粮食进口。由于贸易量的增加,俄国各大港口(圣彼得堡、敖德萨、阿尔汉格尔斯克、里加)、莫斯科和华沙出现了以外国人为主的商人银行家,他们一边

---

① Захаров В. Н. Западноевропейские купцы в России. Эпоха Петра I. М. , 1996.
② Заозерская Е. И. У истоков крупного производства в русской промышленности XVI – XVII веков. М. , 1970.

俄国企业史（1850～1917）

从事贸易，一边为外贸业务提供银行服务，他们经常在国外设立代表处。例如，德国移民 Л. 克诺普和 М. 沃高在莫斯科成立了商行，主要与英国开展贸易，他们在伦敦开设了银行办事处。定居于阿尔汉格尔斯克的德国人 В. 勃兰特也在伦敦设立了分行，19 世纪 60 年代中期，该分行独立，成为伦敦商业中心区的主要承兑机构之一。此外，希腊籍的敖德萨商人银行家 Ф. 罗多卡纳基在伦敦和欧洲其他几个贸易中心开设了分公司。

但是，19 世纪上半叶，西欧逐渐停止了对俄出口工业品，转而将生产线转移到俄国。这是由工业革命时代经济关系（先后走上工业化道路国家之间的经济关系）的变化引起的，其机制已广为人知[①]。先进国家扩大工业制成品出口，受到尚处于手工生产阶段国家的抵制，后者开始用关税壁垒来保护本国工业。出口商不想失去业已占领的市场，于是将生产线转移到这些壁垒之内，逐渐取代工业制成品的出口。该过程取决于具体工业领域爆发工业革命的顺序。在每一个历史阶段，相应领域比较发达的国家最为活跃。

在产业转移中，俄国纺织业的这一变化最为明显，英国企业家在该过程中扮演了开拓者的角色。哈伯德工业集团便是典例之一，它前身是 19 世纪 40～60 年代一家英国公司的经销处。继英国人之后，德国人和法国人也对俄国纺织业表现出兴趣。

19 世纪 50 年代以来，外籍企业家直接投资的项目首先是金属制品的生产，其次是黑色冶金。德国人与英国人一起参加了技术改造并建立了俄国的机械制造业。此外，德国公司为俄国电器生产和化学工业的发展做出了特殊贡献。

---

① 关于欧洲边缘国家问题，详见：Беренд И. Т., Ранки Д. К вопросу о промышленной революции в Восточной и Юго - Восточной Европе // Studia Historica Academiae Scientiarum Hungaricae, № 62, Budapest, 1970; Berend, I. T., Ranki, G., *The European Periphery and Industrialization 1780 - 1914*. Cambridge, Paris, 1982。

第三章　俄国的外籍企业家

值得注意的是，人力资本出口在很大程度上取代了商品出口。许多在俄国创办企业的外国人起初作为技术专家来到俄国，以雇员的身份在业已存在的公司工作。

此后，大多数的外国公司首先将产品出口到俄国，然后在这里创建子公司。由先进工业国家的工业公司创建的国外子公司，起初是为了替代工业制成品的出口，但由于海关壁垒一直存在，创建子公司逐渐成为扩大经营范围的普遍手段，甚至以前没有出口业务的公司也开始采用这种方法。因此，外贸为外国投资开辟了道路。

19世纪下半叶，俄国商业股份公司的数量迅猛增长，这为外籍企业家对俄投资提供了前所未有的机会。

***

外籍企业家将商业经验和工业经验带到俄国。因此，根据外资的"国籍"，资本的投向、地域分布和投资形式迥然不同。

表3-1和表3-2展示了19世纪末20世纪初俄国境内的外资情况。表3-1基于 П. В. 奥利的数据[①]，显示了外资的总额。值得注意的是，这是估算数值。表3-2显示了俄国境内外国公司的股本总额[②]。表3-2中的金额较为准确，但这些公司的股份可能分属不同国家的公民。总体而言，尽管这些数据不甚准确，但它们依然表明了俄国境内外资的来源及其动态变化。

---

① Оль П. В. Иностранные капиталы в народном хозяйстве довоенной России. Л., 1925. С. 15.
② Бовыкин В. И., Бабушкина С. А., Крючкова С. А., Погребинская В. А. Иностранные общества в России в начале XX в. // Вестник Московского университета. История. 1968. № 2. С. 57; Абрамова Н. г. Иностранные акционерные общества в России в 1905 – 1914 гг. // Вестник Московского университета. История. 1980. № 4. С. 82 – 83.

表 3-1　1880 年、1890 年、1900 年和 1915 年在俄外国公司的股权投资

单位：百万卢布

外资的"国籍"	1880 年	1890 年	1900 年	1915 年
英国	29.0	29.8	102.8	491.5
德国	29.8	68.8	197.4	399.0
法国	26.8	61.4	210.1	594.4
比利时	1.7	17.1	220.1	230.4
美国	—	2.3	8.0	114.0
全部外资	91.5	186.2	761.9	1939.3

表 3-2　1901 年、1911 年和 1914 年在俄外国公司的股本

单位：百万卢布

外资的"国籍"	1901 年	1911 年	1914 年
英国	92.7	89.1	156.6
德国	25.2	25.6	38.5
法国	110.1	125.0	144.6
比利时	181.5	130.1	139.9
全部外资	417.2	410.8	583.0

俄国工业化初期，英国为建立纺织业、机械制造业和黑色冶金工业做出了重大贡献，而这些都是当时英国最为发达的行业，但是后来他们对俄国失去了兴趣。19 世纪 90 年代末，英国企业家再度活跃。在第一次世界大战前的工业高涨时期，英国企业发展最为迅速。与早期完全不同的是，英国人的经营对象是英国资本在国外积极参与的行业，如石油、有色金属和黄金开采行业。总部位于英国的公司是经营主体，其资本来自不同国家，采用跨国经营，它们收购了俄国既有企业或创建了新企业。为了管理这些企业并融资，英国人建立了一个由投资公司和控股公司组成的复杂系统。然而，由谁领导这种新型工业金融集团，以及如何确定其发展方向和投资战略等问题，还需要进一步研究。

第三章　俄国的外籍企业家

除了英国，德国也是俄国重要的外贸伙伴。19世纪中叶，英国在俄国对外贸易中所占的份额达到1/3，随后逐渐下降，到1914年下降到1/8。相反，德国所占份额稳步增长，尤其是在俄国进口量方面：19世纪90年代末，俄国进口总量的1/3来自德国，到第一次世界大战前夕这个数字接近1/2。可见，德国一边将工业生产转移到俄国，一边扩大产品出口。资本出口和商品出口相互促进，是俄国境内德国企业的重要特征。

另一个特征是，大量德国侨民在俄国生活，其中只有很少一部分在出身、法律关系和职业属性等方面与德国企业有关，但是他们为德国公司的运营创造了良好环境，尤其是德国企业并不存在人才短缺方面的问题，而该问题一直困扰着英国、法国和比利时公司。然而，对俄国境内德国企业经营状况的研究表明，德国侨民也带来了一些难题。在有关工厂、商行和银行办事处所有者的文献中，德国姓氏比比皆是，但他们是哪国人？他们是早已被同化的"俄式德国人"？"沙皇和祖国的忠实仆人"波罗的海骑士团的后裔，即俄国德裔贵族的主要来源？仅仅是德国企业的分公司经理？还是依旧保留德国国籍的移民的子孙？这些移民成功地在俄国积累财富，进而建立自己的企业，然而他们初到俄国时一文不名。第一次世界大战后，俄国学者通常不再区分他们的国籍[1]，这种做法肇始于当时盛行一时的"反德运动"[2]。虽然俄国境内的德国企业以及由德国移民在德国创立的企业之间的界限不甚清晰，但这并不意味着它们之间没有区别。

19世纪末20世纪初，英国突然增加对俄投资，德国的投资增速明显

---

[1] См.: Нетесин Ю. Н. Об иностранном капитале в обрабатывающей промышленности Латышского края // Известия Академии наук Латвийской ССР. 1968. No 1 (198).

[2] См.: Дякин В. С. Первая мировая война и мероприятия по ликвидации так называемого немецкого засилья // Первая мировая война. М., 1968.

俄国企业史（1850～1917）

下降，其投资主要集中在波兰行省、圣彼得堡、莫斯科和里加。在这一时期，在俄德国商人仍常见于他们所参与创建的工业生产部门，尤其是电气工程和化学领域，他们在城市经济和贸易中的地位也非常稳固[1]。通常，俄国境内的德国子公司与本土的母公司之间保持着密切的生产联系，它们使用从德国进口的半成品和零件生产成品，换言之，子公司实际上是装配车间，而母公司进行技术开发、完成经济核算并绘制图纸。同时，母公司严格控制子公司的经营范围，不允许子公司生产可能与母公司竞争的商品[2]。这无疑限制了德国公司在俄国的经营。此外，德国资本控制的子公司不仅履行其应有的大部分职能，而且也恪守俄国企业法。德国公司的在俄子公司是合法且独立的俄国公司。

德国银行与在俄设有子公司的德国公司也有业务往来。德国银行还大规模参与位于圣彼得堡的各家银行——圣彼得堡万国银行、俄国外贸银行、圣彼得堡会计和贷款银行等，上述银行的历史可以上溯到19世纪80年代。但是，德国银行显然并未谋求对俄国银行的控制权。早在20世纪初，E. 阿加德（E. Agahd）就指出了这一特征：德国银行向拥有其股票的俄国银行提出的唯一要求是高分红[3]。20世纪20年代的研究证实了这一策略卓有成效[4]。然而，受"俄国属于半殖民地社会"观点的影响，苏联时期的史学家 С. Л. 罗宁认为，战前工业高涨期间，"外国资本控制了俄国银行体系"[5]。于是，有德国信贷机构参与的俄国银行开始被简单

---

[1] 非常遗憾，在俄经营的德国企业的历史问题几乎没有引起研究人员的兴趣，唯一的文献是：Thomas, L. Das Handelshaus Kunst und Albers imrussischen Fernen Osten bis 1917: Zum Problemdes deutschen Kapitals in Russland // Jahrbuch für Geschichte der sozialistischen Länder Europas. Bd. 28. Berlin, 1984.

[2] Дякин В. С. Германские капиталы в России. Электроиндустрия и электрический транспорт. Л., 1971. С. 257–258.

[3] Agahd, E., *Grossbanken und Weltmarkt*. Berlin, 1914. pp. 74–77.

[4] См.: Гиндин И. Ф. Банки и промышленность в России до 1917 г. М. – Л., 1927; Грановский Е. Л. Монополистический капитализм в России. Л., 1929.

[5] Ронин С. Л. Иностранный капитал и русские банки. М., 1926. С. 60.

地视为外国银行的分行。X. 列姆克（H. Lemke）的一项专题研究表明①，20世纪初特别是一战前夕，德国银行的经营并未发生实质性的改变，它们参与运作许多俄国银行（俄国外贸银行、圣彼得堡万国银行、圣彼得堡会计和贷款银行、西伯利亚贸易银行、里加商业银行、华沙商业银行和华沙会计银行等）的新股，但并不觊觎参与它们的管理。1907~1909年，德国银行曾有机会对圣彼得堡私人银行以及所谓的"波兰人"银行进行金融改组，但是它们没有利用这一机会来扩张自己的势力，而是将这些业务转让给了法国银行。对此，只有历史档案才能解释德国银行这种行为的动机。

法国对俄国工业的投资并未替代工业品的出口，因为19世纪后30年法国经济增长放缓。法国企业在俄国从事多个行业，包括19世纪末法国工业化进程中产生的所有行业，尤其是采矿和冶金业，它们在俄国工业中占的比重最高。因此，在法国对俄国的投资中，俄国南部和波兰行省的地位特殊。

法国企业最重要的特征是银行发挥主导作用。在大多数情况下，工业公司的作用降低，仅负责向开展银行投资的俄国企业提供运营技术支持。为了发行这些企业的股票或者控制它们，法国银行通常会建立银行联合体和金融公司。值得注意的是：20世纪初法国银行改变了对俄投资策略。长期以来，这个问题倍受历史学家的关注。只有全面研究这些法国银行及其俄国伙伴的档案材料，才能确定法国银行家采用新策略的原因，揭示新策略的实际内容并对其实际效果做出评价。由此可见，"在俄法国银行"这一问题值得深入研究。

俄国境内的比利时企业在很多方面与法国企业相似，但也具有特殊性，这反映了比利时经济发展的特征、法律规范、经济部门的结构以及银行与实

---

① Lemke, H., *Finanztransaktionen und Aussenpolitik. Deutsche Banken und Russland im Jahrzehnt vor dem ersten Weltkrieg*. Berlin, 1985.

业之间的关系。值得注意的是，直至第一次世界大战爆发，比利时企业家仍热衷于通过本国公司在俄国开展业务，而其他国家的投资者则更喜欢借助俄国公司。

美国企业也入驻俄国，但它们在许多方面与西欧国家的企业不同。美国投资的特征是建立典型的美国式大型公司，产销一体，全面满足消费者需求①。

同一"国籍"外资的共性主要在于企业的组织形式和经营方式，但是企业家之间存在着利益冲突。同一"国籍"的外国公司经常激烈地竞争，它们将"家庭矛盾"转移到了国外。

此外，外国投资的实际来源并不总是明晰的。19世纪下半叶，国际资本的流动加剧，不同"国籍"的外资相互交织。例如，法国资本可以通过在比利时成立的金融公司开展对俄投资。巴黎银行（位于巴黎）在比利时的分支机构筹措的比利时资本，则以巴黎银行的名义投资到俄国。战前积极参与俄国事务的巴黎联盟银行实为比利时总行的子公司，但是它活跃于法国货币市场。不仅法国人，甚至英国人和德国人也喜欢在比利时开设公司，借此在俄国创建企业。

自19世纪末以来，俄国股份公司和银行开始发行股份，一般同时在几个国家发行，所以其资本来自不同国家。此外，在一些新兴工业领域，尤其是那些建立于国际劳动分工之上的领域，跨国公司的地位更加牢固。

外资在俄国的经营方式各异，包括外国金融集团控制外资公司或准俄国公司、大规模参与俄国资本控制的企业等。外资的具体形式、活动和经营结果不仅取决于其固有的"先天"特质，也取决于其渗入的环境。

---

① Chandler, A. D., *The Visible Hand*: *The Managerial Revolution in American Business*. Cambridge Mass., 1977.

第二节　外籍企业的影响

当然，外商对俄国的投资并不是做慈善。在购买俄国证券并在俄国成立商业企业时，外籍资本家追逐的是商业利益，即为自己的资本找到最佳投资途径。在这一点上，它们与国内资本家并无本质区别。

由于在俄国能够获得高额利润，外籍企业家自然尽力为自己争取最有利的条件，一旦条件合适，他们就会在其参与的或由其控制的企业中担任要职，有时甚至求助于"自己的"政府。对此不能求全责备，因为这和俄国企业家的行为如出一辙。

将外国资本妖魔化，指责其破坏俄国经济、将俄国转变为半殖民地，这些观点都低估了俄国社会经济发展的水平。毕竟，只有在无力阻止外国人的情况下，国外企业家才能破坏该国经济。受20世纪30年代俄国半殖民地经济观点的影响，苏联史学界对俄国工业化问题的态度发生了转变。В. С. 列利丘克对此进行了研究，他指出："强调国家技术和经济的落后，以及外国资本在国民经济中的统治地位，逐渐成为一种共识。'俄国资本工业化'这一术语几乎销声匿迹，而'社会主义工业化'甚至被解释为白手起家的过程。"[1]

在落后的半殖民地俄国，资产阶级被认为是孱弱的，《联共（布）党史简明教程》就秉持这种观点[2]。П. В. 沃洛布耶夫于1962年出版了专著《临时政府的经济政策》，其观点更为激进，他不仅将俄国资产阶级描写

---

[1] Лельчук В. С. Социалистическая индустриализация СССР и ее освещение в советской историографии. М., 1975. С. 205.

[2] История Всесоюзной Коммунистической партии (большевиков). Краткий курс. М., 1938. С. 203.

得不堪一击，还称它"注定要失败"①。这种谬误绝非偶然。П. В. 沃洛布耶夫是研究十月革命前社会经济的公认领军人物，开辟了所谓"新方向"。在他看来，根据经济结构和发展模式，俄国是世界资本主义体系中的殖民地和半殖民地国家。在该书出版的 25 年后，他并未引证历史研究的结论，而是援引了列宁关于俄国资产阶级的论断，即"无法完成任何实质的、独立的、创造性的、具有决定意义的、进步性的历史行动"②，再次证明俄国资产阶级的"迟钝"和"孱弱"。

　　美国资深历史学家、政治活动家理查德·派普斯持同样观点。最近几年，其论文集的译本陆续由俄国出版社出版。他的专著《旧制度下的俄国》中有一章的标题引人注目，该标题为"并不存在的资产阶级"。这一章告诉俄国读者一些令人匪夷所思的事实。原来，"俄国商人的商业心理保留了深深的黎凡特烙印。在此，笔者几乎无法找到基于诚实、进取和节俭的资本主义伦理……俄国商人完全不理解西欧国家精细且卓有成效的商业体系。他们虽然腰缠万贯，但缺少文化素养。即使他们识文断字，也习惯于头脑记忆"③。在理查德·派普斯看来，俄国工业家和俄国商人一样粗鲁和懒惰。他断言："在俄国工业发展的整个历史过程中，一直无法采用更为先进的方法利用当地的资源。从 17 世纪开始利用训练有素的工人从事矿山开采之后，俄国人依靠这一手段生活了两个世纪。19 世纪 80～90 年代，外国人利用蒸汽动力和电力发展重工业，再次开启新工业发展的阶段。"④ 在派普斯看来，纺织业之所以从手工劳动进化为机

---

① Волобуев П. В. Экономическая политика Временного правительства М., 1962. С. 3, 473 - 474. См. также: Волобуев П. В. Пролетариат и буржуазия в 1917 г. М., 1964. С. 190.
② Волобуев П. В. Выбор путей общественного развития: теория, история, современность. М., 1987. С. 119 - 120 (Ленин В. И. ПСС. Т. 20. С. 152).
③ Пайпс Р. Россия при старом режиме. М., 1993. С. 272 - 273.
④ Там же. С. 289.

器生产，应归功于移民俄国的"精明德国人"Л. 努普①。掀起铁路热的主要是"犹太人和俄国化的德国人"②。19世纪末在建立主要重工业的过程中，外国人仍扮演着"决定性"的角色，"19世纪90年代俄国工业生产以空前的速度发展，这是俄国国内经济发展的自然延续，更准确地说，这是西方资本、技术和工业生产组织者转移到俄国的结果……俄国资本家……几乎不懂现代资本投资方法，所以无法为上述业务提供必要的资金支持"。总而言之，"俄国中产阶层并未准备好，也不愿意参与俄国第二阶段的工业发展，包括铸钢、煤炭、石油化工和电力等行业。当时俄国错过了诞生资产阶级的机会，后来再次出现这一机会是机械化工业生产时代，此时股份公司和银行占统治地位。俄国中产阶级并无涉足资本主义财政和生产的经验，所以他们无法参与更为复杂的经济活动"③。这都意味着，在俄外籍企业家注定要占据绝对的领导地位。

"俄国资产阶级力量弱小、一无是处"的观点屡见不鲜，并且在不同教材和期刊中被多次提及。这一观点之所以流传甚广，是因为完全不了解真正的俄国企业史，不过人们已经开始全面客观地研究这段历史。显而易见，如果现在仍然秉承俄国资产阶级迟钝、无能、懒惰以及无力管理工厂生产的观点，要么是无知，要么是故意歪曲事实。

俄国落后于先进工业国家，这是一个不争的事实，但是后者的工业扩张并未为俄国开辟新的行业。西欧国家开始工业革命时，俄国仍处于手工业生产阶段，与西欧国家不同，俄国工业革命是在农奴制的背景下发轫的。技术发展史表明，落后国家只有接受外国新技术后才能建立大工业，因为这不仅需要机械，还需要掌握操作它们的技术。否则，把先进设备和技术引入他国，将形成脱离经济环境的孤岛，缺乏持续的外部

---

① Там же. С. 283.
② Там же. С. 288.
③ Там же. С. 288 - 289.

支持，注定无果而终。

然而，俄国的技术史学家很少关注本国工业生产接受西方技术的过程，他们力争揭示一些事实，以证明俄国发明家曾经占据领先地位。这些事实表明，19世纪上半叶，俄国的技术思想已经解决了西方在工业革命初期提出的类似问题[①]。俄国生产者直接吸收西方新技术成果的事例在史学著作中比较常见，这表明，西方科技成就在俄国找到了相对富饶的土壤。据记载，1812年俄国农民就从被俘的外国人那里学会了"飞梭织布法"，并开始制造这种飞梭。一位同时代人在描述19世纪下半叶伊凡诺沃地区的农民纺织手工业时说："传播到这里的所有技术改良马上被理解掌握，例如飞梭迅速取代了原来的织布机。"据当时的报道，在科斯特罗马省，"飞梭主要由当地居民制造，并在集市上出售"。19世纪20年代，莫斯科省的工匠已经根据来源不明的图纸建造了第一批提花纺织厂[②]。

从手工劳动到机械劳动的转变是人类历史上最困难的转变之一。仅靠本地资源，即使英国也无法实现这种转变。因此，史学家从专业的角度指责俄国人的本地资源"无法保证转向更先进的生产方法"的观点令人不解。俄国工业家出身于农奴，尽管他们文化程度较低，但和派普斯所认为的不同，他们明白不应该受限于本地资源，也无须在俄国重新发明那些可以在国外购买的东西。所以，当1842年英国刚一取消棉花生产机械的出口禁令，俄国工业家马上将它们投入自己的工厂。

从国外引进技术、进口机床，这促进了俄国纺织业从已经成熟的工场手工业向工业生产过渡，但这并未实质性地改变旧的生产布局，因为后者主要取决于劳动力资源的分布情况。钢铁业是一个例外，它的技术装备革新是通过在俄国南部建立全新工业区、采用国外技术流程和进口

[①] См.: Histoire generale des techniques. Tome III. L'expansion dumachinisme. P., 1968.

[②] См.: Исаев г. С. Роль текстильной промышленности в генезисе и развитии капитализма в России. 1760 – 1860. Л., 1970. С. 193 – 195.

机械来实现的,从而使乌拉尔的旧采矿区退居次席。在此,外部因素更为重要。J. P. 麦基是唯一研究该问题的历史学家,他基于大量专家的研究证明,外籍企业家在俄国南部建立冶金厂和煤矿,使用他们熟悉的、万无一失的现代技术,他们虽避免进行前途未卜的创新,但"面对落后的俄国,他们几乎没有丝毫退缩"①。起初,他们被迫使用经验不足的俄国人,再迅速地将新技术传授给他们。正如法国里昂信贷银行的一位专家所言,与1899年相比,1905年工业设备的使用效率已显著提高②。麦基还注意到,该地区外企的技术人员迅速适应了俄国国情,到1914年,他们"主要使用俄国人才,服从于为数甚少但经验丰富的董事和外国经理"③。

笔者掌握的数据揭示了外国技术人员在整个俄国工业中所占的比重。A. 苏沃林于1890年编纂的《俄国日历》中写道:"大家普遍认为,所有俄国工厂都处于外国人的领导之下,因此俄国技术人员毫无出路。但1887年有关数据可以证明,这种观点纯属谬误。轻重工业工厂的生产负责人总数为21810人。根据国籍和技术培训情况,可以做如下划分:俄国人中技术人员有977人,占4.5%,未接受技术教育的有19081人,占87.5%;外国人中有技术人员494人,占2.3%,未接受技术教育的有1258人,占5.7%。可见,俄国公民占生产负责人总数的92%,而外国人的比例只有8%。"④ 1898年,外资在俄国股份制企业总资本中所占份额达到峰值,根据财政大臣办公厅的数据,在俄国欧洲部分51个省中⑤,

---

① McKay, J. P., *Pioneers for Profit. Foreign Entrepreneurship and Russian Industrialization. 1885 – 1913*. Chicago, London, 1970. p. 120.
② Там же. P. 133 – 135.
③ Там же. P. 182 – 200.
④ Русский календарь на 1890 г. СПб., 1890. C. 198.
⑤ 这一数字包含波兰王国各省,但并不包括阿斯特拉罕省、维伦斯卡亚省、格罗德诺省、喀山省、科斯特罗马省、明斯克省、波尔塔瓦省、辛比尔斯克省和斯摩棱斯克省。因此,这一数字包括了外资参与企业数量最多的省份。

外国工人仅占工厂工人总数的0.7%，占师傅和学徒总数的8.5%，占管理人员和雇员的7.1%①。因此，是本国而不是外国的人力资本保证了俄国掌握国外生产经验。

19世纪最后25年里，企业外资达到了极大的规模，而此时俄国资产阶级已经枝繁叶茂。派普斯认为，"富商和工业家很少成功地成长为资产阶级世家"②。恰恰相反，当时俄国有数十家工业公司和贸易公司，它们都创建于18世纪末19世纪初，代表性的家族包括阿布里科索夫家族、阿列克谢耶夫家族、巴赫鲁申家族、博特金家族、布雷林家族、维什尼亚科夫家族、弗托罗夫家族、甘杜林家族、加列林家族、古博宁家族、古奇科夫家族、叶利谢耶夫家族、科科列夫家族、科诺瓦洛夫家族、康欣·克列斯托夫尼科夫家族、库兹涅佐夫家族、莫罗佐夫家族、内德诺夫家族、普罗霍罗夫家族、拉佐列诺夫家族、利雅布欣斯基克家族、特列季亚科夫家族、克鲁多夫家族和切特韦里科夫家族等，他们是俄国企业家阶层的中坚力量。许多杰出人物起初曾是农奴，但在农奴制废除前，他们便创造了巨大的财富，所以不能指责他们缺乏进取心和铺张浪费。那些在农奴制时代从事过商业活动的人并不惧怕外国竞争者。整个19世纪，俄国商业精英基本上是来自大俄罗斯地区③，还有许多其他人士：被同化的外国人、少数民族、国内外的犹太人等。其中，赫赫有名的企业家族有：从事银行业务的贡茨堡家族、梅耶家族、波利亚科夫家族、容克尔家族、赞加洛夫家族和柯南伯格家族，纺织品制造商努普家族和桑顿家族，糖商布罗茨基家族、恩妮家族、肯尼基家族、捷列申基家族和哈里通年科家族，石油工业家诺贝尔家族、曼塔舍夫家族、利安诺佐夫

---

① РГИа. Ф. 560. Оп. 26. Д. 218. Л. 107.
② Пайпс Р. Указ. соч. С. 255.
③ "大俄罗斯"是相对于"小俄罗斯"而言的，分别大致相当于现在的俄罗斯和乌克兰。——译者注

家族和古卡索夫家族等。

1913年，即使是在莫斯科和圣彼得堡，缴纳商业税的外国人占比也仅为6%~7%。在俄国的欧洲部分，这一比例甚至低至4.5%。股份公司管理机构的外国成员所占比例不超过15%，尽管如此，这些公司中外资的份额高达33%。

外籍企业和外资在俄国经济发展中发挥了重要作用，它们促使农奴制俄国迈出了工业化的第一步。在专制统治之下兴建铁路网，这促进了农业繁荣，刺激了工业生产，并为建立重工业奠定了基础。如果没有重工业，俄国就不可能实现随后的工业增长。但重工业并不是俄国经济发展的决定性因素，因为经济发展主要取决于内部需求。外国人创建或参与的企业为俄国市场服务，这意味着它们应该与产品的消费者、原材料供应商、本地信贷机构、竞争对手等保持密切的联系。换言之，只有当外籍企业资本融入周围的社会环境、经济环境和法律环境之后，才能真正运作。这种融合并不是很难，因为俄国企业家积极吸引外资以扩大业务。这样，在流入俄国的过程中，外国资本与国内资本逐渐融合。但是在俄国不同工业部门中，外国人的比例也并不相同。

国内纺织业中资本的主导地位仍然不可动摇，它吸收了被同化的外国资本。食品工业的状况与此类似。

第一次世界大战前，石油开采和炼制领域有三个实力强大的集团：两个俄国集团（诺贝尔兄弟合伙公司和俄国通用石油公司）以及一个外国集团（荷兰皇家壳牌托拉斯）。

在机械制造业方面，尽管外国移民对该行业的形成与发展做出了重大贡献，但直到19世纪90年代中期，该行业的企业龙头——普季洛夫斯基工厂、涅夫斯基工厂、索罗莫夫斯基工厂、科洛门斯基工厂、柳季诺夫斯基工厂（马林采夫斯基工厂）和别热茨基工厂（布良斯基工厂）都归俄国企业家所有。只是在19世纪末，出现了许多新的外籍企业或者外

俄国企业史（1850~1917）

籍企业参股的机械制造巨头：卢甘斯克蒸汽机车工厂、哈尔科夫蒸汽机车工厂、尼古拉耶夫造船厂和特维尔车辆制造厂等。同时，一些老企业（包括布良斯基工厂）的大批股份被外国人收购。但外国资本在机械制造领域攻城略地的态势并未持续很久。第一次世界大战前夕，从事该行业的国内外金融和工业集团的利益交织在一起，错综复杂。值得注意的是，当时俄国银行（俄国－亚洲银行、圣彼得堡万国银行、亚速－顿河银行、圣彼得堡会计和贷款银行等）与国内外"友好"银行、工业公司一道开始发挥领导作用。

第一次世界大战前夕，在乌拉尔和西伯利亚的采矿业中，外国资本和本国资本相互渗透，其中外国资本主要来自英国。

В. С. 佳金研究表明，到20世纪初，德国通用电气公司、西门子康采恩和比利时银行主导了电力工业和电力运输行业，而国内资本在这方面屈居次席。但在一战前，圣彼得堡的各家银行（俄国－亚洲银行、圣彼得堡万国银行、圣彼得堡会计和贷款银行、私人银行和工商业银行）以及古卡索夫工业集团在法国和比利时盟友的支持下，成功地将德国康采恩赶出俄国[①]。

20世纪初，法国和比利时的工业和银行集团在俄国南部的采矿和冶金行业占主导地位。如上所述，由于许多外籍企业破产以及一些企业加入俄国企业集团，它们的势力范围有所收缩。同时，国内外资本家的利益变得更加盘根错节。

第一次世界大战前夕，俄国股份制企业中的外国投资总额大幅增加，这似乎与上述内容相矛盾。1908~1913年，外国投资速度高于1893~1900年，当时外籍企业家建立了数十家新工厂，开发了大量煤矿和其他矿山，由于外国投资的增加，南部工业区最终形成。如果说19世纪90年代外国资本的年均增长额约为1亿卢布，那么在第一次世界大战前夕，

[①] Дякин В. С. Указ. соч. С. 263–264.

该数额就超过了1.5亿卢布。尽管如此，除了英国资本渗入迈科普地区与乌拉尔和西伯利亚的采矿业，以及美国资本扩大活动范围之外，外国投资的行业结构及其区域分布均无明显变化。

笔者认为，出现这种状况的首要原因是俄国的工业增长方式发生了变化。19世纪90年代，俄国工业的行业和区域结构刚刚形成，工业依然主要是粗放式增长。第一次世界大战前，俄国工业发展已经十分集约化。在这一阶段，广度发展和开发新产业已经意义不大。外国资本的表现与工业增长内部模式相一致。

此外，战前俄国工业的高涨是由于内部有大量的原始积累。如果说19世纪90年代，股份制企业的国内投资仅比外国投资高1/3，那么到了一战前夕，前者是后者的2.4倍。此时，外汇市场的作用也发生了变化，俄国公司和银行之所以求助于它们，不是因为无法在俄国发行新股，而是因为，在国内交易界，如果某一股票被纳入西欧交易所的报价体系，这将被视作质量的保证。当时出版的《俄国交易价值》就此写道："任何关注圣彼得堡交易所的人都知道，'巴黎'一词对于交易员而言有着什么样的魔力。人们只需散布一些传言，即某股票可能在巴黎证券交易所上市（即使是在遥远的未来），那么它的行情马上就会上涨。"[①] 这样的股票通常在国外只发售一小部分，而大部分在俄国发售。

一战前夕外资在俄国发展还有一个原因，即外籍企业经历了一场工业危机，结束了19世纪90年代的繁荣，进入了新工业的复兴时期。这一过程表明，远程管理在俄企业，尤其是在复杂的、需要迅速决策的环境中，是一项相当艰巨的任务。只有在极少数情况下，外国投资者才能建立卓有成效的管理机制。为此，外国投资者通常会设计不同层级的管理体系，其下级是直属公司的子公司经理，中级是位于圣彼得堡的俄国母

---

① Русские биржевые ценности. П-д, 1915. С. 154.

俄国企业史（1850~1917）

公司的全权代理，而最高层级是主持该公司事务的经理，但这一体系花费甚巨且效果不佳。此外，外国公司和银行的代表一来到俄国，很快就开始要求他们的上级提供必要的行动自由。

19世纪80~90年代不仅是俄国工业部门和地区分布定型的最后阶段，而且也是俄国商业信贷体系发展的最后阶段。在19世纪90年代的工业高涨时期，基于工业企业联合融资，圣彼得堡各家银行开始加强与外国银行的合作。当时，圣彼得堡最大的银行（万国银行）已经表示，希望在与外国银行的关系中扮演平等伙伴的角色。在国家银行的支持下，在经济危机中损失较小的俄国银行成为新工业浪潮中的决定性力量，尤其是国内新一代银行家——А. И. 普蒂洛夫、А. И. 维什涅格拉茨基、Б. А. 卡缅卡、В. И. 季米里亚佐夫、Я. И. 乌廷、А. В. 康申、А. А. 达维多夫、М. А. 索洛韦伊奇克和 В. С. 塔季谢夫等，他们都受过良好的教育，拥有丰富的业务经验和广泛的人脉。同时，他们自视甚高，不会无条件地迎合外国投资者的所有愿望，他们坚信，在国内可以为资金找到收益最大的投资途径。的确，很快，俄国-亚洲银行的巴黎创建者确信，较之 М. 维斯特拉特任北方银行董事会主席时，在普蒂洛的领导下，资金能运作得更好。第一次世界大战前夕，由于法国银行未能成功地将一些俄国银行转变为自己的支行，因此它们更倾向于采取"新战略"开展对俄投资，即开始对工业被动投资，并与银行建立合作伙伴关系。19世纪末以来德国银行一直坚持与俄国银行实施上述战略。尽管20世纪初涌入俄国的英国公司的投资策略比较特殊，但随着它们逐渐融入俄国经济，也呈现出与当地银行和工业集团合作的趋势。

第一次世界大战前夕，外国和俄国企业资本此消彼长，这也体现在1912~1914年圣彼得堡银行的外国股份中，外资在巴黎创建了子机构，以便管理位于俄国的庞大石油企业和烟草企业集团，同样它们也在伦敦成立了控股机构，但是该课题有待专门研究。

第四章
19世纪俄国铁路运输企业

铁路业是俄国历史上浓墨重彩的一笔。19世纪下半叶至20世纪初的企业家是修建铁路的主力,这些铁路至今依然是铁路网正常运营的基础。尽管由于公路、水路和航空运输的发展,铁路运输的重要性已经有所下降,但铁路依然发挥了巨大的作用。它们在不同地区之间建立了可靠的联系,显著加快了原材料和商品的运输,降低了运输成本。铁路已成为陆地客运的主要方式。同时,修建铁路为冶金和机械制造业的强劲增长以及农产品的快速商品化创造了有利条件。

铁路运输需要大量投资,需要最为先进的科学技术。将铁路引入俄国的是企业家和发明家,有时他们身兼二职。随着铁路建设的发展,铁路运输在速度上开始明显优于畜力运输和水路运输,运费则低于畜力运输,这些优势使企业家积极投资铁路建设。铁路逐渐战胜传统的水陆交通方式,成为俄国主导的交通方式。

第一节 关于修建铁路的争论

英国是工业革命的发源地,修建了第一条由蒸汽机车牵引的铁路。世界上第一家蒸汽机制造厂的创始人J.史蒂芬逊是一位工程师和发明家,在

俄国企业史（1850~1917）

他研制蒸汽机成功后，铁路铺设速度明显加快。利物浦—曼彻斯特铁路于1830年通车，史蒂芬逊驾驶自己设计的蒸汽机车以空前的速度（40公里/时）行驶，证明了蒸汽机车铁路运输在货运和客运方面的优势。面对这种情况，那些支持在铁路上使用马力牵引或使用固定式缆绳拖曳车厢的人顿时哑口无言。

利物浦—曼彻斯特铁路通车后，英国实现了真正的革命性突破，对其他发达国家也产生了显著的影响。1830年，英国、美国和法国共拥有215公里的铁路。1840年，全球7个国家和地区铺设了全长6788公里的铁路，其中包括俄国27公里的皇村铁路[①]。

与其他欧洲国家一样，俄国铁路运输起源于采矿和冶金业的发展。俄国最早的铸铁铁路之一于18世纪80年代后期铺设于彼得罗扎沃茨克的国营亚历山大火炮厂。火炮厂在建设160米长的厂内铁路时，借鉴了乌拉尔和英国工匠们的经验，特别是苏格兰人查尔斯·加斯科因的经验[②]。

1809年，采矿工程师 П. К. 弗罗洛夫在阿尔泰的国营科雷万-沃斯克列先斯克工厂修建了一条长度不足两公里的马拉铸铁铁路，自此货运铁路运输走出厂区。这条铁路的运输量相当于25匹马和数百名农民[③]。尽管铁路运输的优势已经非常明显，但由弗罗洛夫规划的在当时看来非常宏伟的马拉铸铁铁路项目——从巴尔瑙尔地区的博尔市到阿列伊市总长43公里的铁路（1807年）、埃利通河—伏尔加河总长146公里的运盐铁路（1812年），并

[①] 根据下列材料统计：Соловьева А. М. Железнодорожный транспорт России во второй половине XIX в. М.，1975. С. 83。俄国铁路发展初期阶段的相关情况，详见：Верховский В. М. Исторический очерк развития железных дорог с их основания по 1897 г. включительно. Вып. 1. СПб.，1898；Виргинский В. С. Возникновение железных дорог в России до начала 40 - х годов XIX в. М.，1949；История железнодорожного транспорта России. 1837 - 1917. СПб.，1994；и др.

[②] Виргинский В. С. Указ. соч. С. 58 - 59，247。轨道交通的初始形式是木制轨道（平行铺设或栽入地面的木桩），车厢也是木制的，18世纪这种情况在乌拉尔的矿区和冶金厂已经非常普遍。

[③] Там же. С. 67.

未付诸实施①。

农奴出身的机械师 E. A. 切列帕诺夫和 M. E. 切列帕诺夫开始在铁路运输中使用蒸汽机车牵引。1834 年 8 月，他们在杰米多夫家族的乌拉尔下塔吉尔冶金厂建造了俄国第一台蒸汽机车，并在长为 400 俄丈（约 854 米）的铸铁铁路上试运成功②。

19 世纪前几十年，国有和私人采矿厂开始尝试采用以马力和蒸汽机车为动力的铁路运输。弗罗洛夫和切列帕诺夫父子在铸铁铁路和蒸汽机车的设计建造中取得的成果在许多方面都超出了当时的时代需求，也缺乏政府和企业家的关注和支持。尽管他们的创新和经验并未促进俄国铁路进一步发展，但毫无疑问的是，他们为铁路蒸汽运输的普及做出了一定贡献。

十月革命前的史学家忽略了国内铁路运输的第一步，他们认为最早的铁路是皇村铁路。与此相反，苏联研究人员走向另一个极端。研究铁路的专著常常忽略了一个事实：俄国铁路在各个发展阶段都借鉴了西方科学技术成就。学者关注的重心是俄国工程思想和铁路建设的成就。在俄国和西方科学技术发展史的研究中，这种人为的割裂导致了片面的结论和偏颇的评价。

同时，苏联史学强调国内工程师和企业家的不幸命运，在农奴制俄国，他们注定被遗忘。而俄国技术落后的原因是，官僚和皇室故步自封，官员们难以正确评价俄国工程学成就，农奴主抵制技术进步。实践证明，新型的运输方式廉价高效，但如今看来，对它的冷漠态度源于客观形势，因为铺设铁路和修建机车车辆花费甚巨，与此相比，农奴劳动的成本较低，所以如果大规模投资交通线路，在经济上无利可图。

西方的铁路建设尤其是 19 世纪 30 年代中期始于英国的铁路热，无疑

---

① Там же. С. 67.
② Там же. С. 88, 91.

俄国企业史（1850～1917）

促使人们改变了对铁路的态度，铁路赢得了更多人的支持。西方铁路起步的一个特征是，私营企业家的活动先于政府建设。与其他一些欧洲国家一样，英国拥有大量私人资本，且铁路是交通逐步发展的必然途径。此外，将国家资金投入铁路建设的议案在英国（以及法国）议会几乎无法得到支持，因为在议会中占据主导地位的是满足于既有运输网络的企业家（主要是拥有运河的企业家）。

铁路业务已影响到了陈旧的基础设施，从而奠定了变革的基础。完成变革的渠道是竞争，结果运河失去了广阔的市场，水路运输逐渐变得无利可图。羽翼日渐丰满的铁路公司竭尽所能与水路运输公司竞争，巩固了自己的地位。铁路公司最常用的方法之一是与运河运输公司签订分割货物和共同运输货物的协议。有时，此类协议具有单方性，并且过高的运费导致水路直达交通系统陷入紊乱。此外，铁路公司也会租用或者购买运河，随后停止水运，从而实现既定目标。有时铁路公司甚至会填平运河，并在原有位置铺设铁路[①]。

显然，受英国铁路运输一派繁荣的影响，19世纪30年代中期，俄国提出了一些具有商业价值、相对容易实施的铁路建设项目。通常情况下，企业家们倾向于将相对较短的铁路有效地纳入既有水路系统。因此，1834年，六品文官 A. 别斯图热夫向铁路总局提交了呈文，要求修建连接伏尔加河和顿河的铁路，雇用国家农民和领地农民修建，资金来自贵族、商人、工厂主和国库。

1835年，坦波夫市民政长 H. M. 加马里亚提出了一个颇有远见的项目：建立一家固定资本为500万卢布的股份公司，以修建从莫尔尚斯克市至茨纳河河口全长100公里的铸铁铁路。根据加马里亚的说法，这条铁路旨在为莫斯科方向从事粮食贸易的商人和地主服务。据他估算，这条铁

[①] Гиацинтов Н. Основания организации тарифного дела на железных дорогах. М., 1887. С. 70.

路投产后，将至少为股东带来 16% 的利润①。

尽管当时无法实施任何项目，但不应认为提议者异想天开。他们的建议意义在于，现实的问题被提出后，社会思想变得活跃，企业家的积极性高涨。

1834 年，应矿业部领导 K. B. 切夫金的正式邀请，奥地利维也纳理工学院工程师 Ф. 盖斯特纳教授抵达俄国，修建了第一条连接多瑙河和波希米亚（捷克）摩尔多瓦河的马拉铁路。盖斯特纳具有渊博的理论知识、丰富的实践经验、科学家的远见卓识和企业家的务实和精力，有能力实现大胆的、近似幻想的项目。盖斯特纳多次致信沙皇尼古拉一世，他修建铁路网的庞大计划令沙皇心驰神往。该计划的核心是圣彼得堡—莫斯科—下诺夫哥罗德—喀山和莫斯科—敖德萨（或塔甘罗格）铁路。为证明修建铁路网的必要性，盖斯特纳强调了其战略意义，他特别声称，铁路有助于更为机动灵活地调动更多的武装部队。他援引英国政府通过利物浦—曼彻斯特铁路闪电般地调动部队镇压爱尔兰起义的事例作为例证②。

根据盖斯特纳的特许权草案，他承诺在 6 年内至少铺设 100 俄里铁路。如果满足这一条件，在长达 50 年的期限内，他和继承人或继任者有权在俄罗斯帝国铺设和经营铁路。此外，这项权利在前 20 年具有排他性。由于特许期内运营的具体收益尚不确定，因此，没有严格规定特许期届满后已建成铁路网的所有权条款，不排除将其出售给俄国政府或个人、延长特许权期限的可能性。

该项目还为铁路网的建设和运营提供了其他非常重要的政府优惠。特别是，整个特许期内对企业和企业家的收入免税，同时免除其他各种收费。此外，企业家在铁路沿线 3 俄里之内，可以开设宾馆、饭店和建

---

① Виргинский В. С. Указ. соч. С. 127 – 129.
② Там же. С. 131.

俄国企业史（1850～1917）

立各种工业企业①。

官员们对盖斯特纳的提议各执一词。从历史角度来看，俄国修建铁路这一问题简单清晰，但事实并非如此。据主要官员称，建设昂贵的铁路网并不符合国家利益。因此，俄国著名政治家、财政大臣 Е. Ф. 康克林多次反对修筑铁路，反对使用蒸汽列车。在他看来，至少再过一个世纪，俄国才会真正需要铁路②。他认为俄国的水路交通完全优于陆路交通，何况铁路造价高昂。

远非康克林一人在保护业已建成的交通线路系统，以避免19世纪科学技术进步的产物（铁路）带来不可预料的后果。法国著名国务活动家 A. 梯也尔认为，在文明已经发展到相当高程度的时候，引进铁路并非必需，对个人而言这是多此一举，直接威胁到个人人身安全③。除了保护人类普遍价值之外，梯也尔持这一立场还有经济上的顾虑。1827年，法国工程师 П. С. 吉拉德写道，只有在某些地区（主要是与煤矿区相邻的地区）修建蒸汽牵引的铁路才有利可图，并警告说，沉迷其中并大肆修建铁路是徒劳无功的④。在这方面，现代研究者 O. 韦伯对铁路的观点十分有趣，他认为，19世纪70年代之前，铁路并未对法国的农业发展产生重大影响，密集的运河和马车道路系统完全能够满足运输需求⑤。

许多权威专家坚信，俄国主要是农业经济，只有以水运为主的运输方式才能促进经济和谐发展。反对引进铁路的人经常从西方相关争论中

---

① Там же. С. 132 – 133.
② Соловьева А. М. Железнодорожный транспорт России во второй половине XIX в. М., С. 39. 在《条条大路通莫斯科》一书中，作者引用了来源不明的资料，说明康克林为什么不同意在俄国修建铁路，原因是他收受了马车运输行业的贿赂（参见上述论文集，М., 1971. С. 15）。这种解释大大简化了当时的真实情况。
③ Калиничев В. П. Великий Сибирский путь. Историко – экономический очерк. М., 1991. С. 10.
④ Виргинский В. С. Указ. соч. С. 249.
⑤ Отечественная история. 1997. № 2. С. 144.

第四章　19 世纪俄国铁路运输企业

寻找论据。沙皇尼古拉一世本人举出了一个决定性的证据反对修建铁路，即史蒂芬逊对蒸汽机车进行公开实验时，一名英国议员被撞身亡。

在交通研究所的一次会议上，M. 杰斯特列姆少将在题为《关于铁路在资金和需求方面不适合俄国的诸原因》（1831 年）的发言中，力图证明修建铁路在俄国不合时宜。其论述的思想被广为接受，影响甚广。一个事实可以证明这一点：1835 年之前，该发言被多次修订并以充满学术气息的标题出版。杰斯特列姆并不否认英国铁路的效益，但他强调了俄国水文地理的优势，指出俄国应倚重水路交通。作者"无可辩驳的"论点主要基于两点：第一，俄国长期严寒、积雪的气候条件以及泥泞的道路，是当时修建和运营铁路不可逾越的障碍，而铁路技术远非完美；第二，若铁路网建成，俄国将历史性地注定要充当西方的原材料产地和农产品供应商[①]。

П. А. 维亚泽姆斯基熟谙俄国经济发展问题，曾担任财政大臣康克林的特命官员，并参与编辑《商业报》，他的观点更为灵活。在 1836 年 1 月 19 日致 А. И. 屠格涅夫的信中，他写道："俄国修建铁路之前，还需要进行大量物质准备……彼得大帝为我们奠定了坚实的基础，我们的发展日新月异，也就是说，我们不是步履蹒跚，而是一日千里。显然，一切命中注定……如果没有面包，那么就吃馅饼吧，总之不要因噎废食。"[②]

反对修建铁路的不仅有政府官员，还有企业家，对于后者而言，建设铁路意味着利润减少，或彻底破坏商业活动的基础。例如，盐场主反对修建埃利通河—伏尔加河铸铁运盐铁路。为保持国库的收入稳定，并防止食盐价格下跌，他们竭力阻止弗罗洛夫的项目。马车夫们深知铁路对自己业务的致命威胁，也极力抵制修建铁路。

社会各界的认识不一，是否许可盖斯特纳建造一条较短的铁路线作

[①] Виргинский В. С. Указ. соч. С. 82 – 84.
[②] Цит. по: Виргинский В. С. Указ. соч. С. 155.

俄国企业史（1850~1917）

为首次试验，将首都圣彼得堡与贵族的休养地和夏宫（皇村）连接起来，这一问题也悬而未决。1836年4月15日，经沙皇批准，《关于设立圣彼得堡至皇村（并延长至巴甫洛夫斯克）铁路股份公司的决议》颁布。该决议明确了股份公司修建上述铁路为期十年的垄断权，同时股份公司对所建铁路的所有权的时限不定。1837年8月12日，尼古拉一世批准了"皇村铁路公司"章程。除了盖斯特纳本人，A. A. 博布尔斯基伯爵也是公司发起人之一，该公司投入了相当大一笔资本[1]。

皇村铁路于1837年秋季开通，冬季铁路成功投入运营。这驳斥了反对者的悲观预测，证明了铁路在俄国气候条件下完全可以运行。盖斯特纳的商业计划完美实现。

新一轮铁路建设项目标志着公众意识发生了变化。然而，是否建设一个广泛铁路网的问题依然毫无进展。盖斯特纳没有等到肯定的答复，便去北美旅行，在此期间暴毙[2]。

通过建设华沙—维也纳铁路，股份公司还成立了第二家规模更大的企业[3]。根据章程，如果面额为100镑的股份（政府担保该股份的4%）销售一半，则认可该公司成立。然而，尽管章程中规定的期限延长了两次，股票销售仍未达标。由于波兰行省资本不足，发起人试图吸引外国投资，但国际金融市场风云突变。1839年铁路建设危机全面爆发，所有企业家的计划都灰飞烟灭。1842年5月31日，华沙—维也纳铁路公司决定放弃。随后由国家出资修完铁路，政府不仅补偿了股东的直接费用，

---

[1] Пути сообщения в России. железные дороги. // Исторический очерк развития путей сообщения в России / Под ред. П. Х. Спасского. СПб., 1913. С. 7.
[2] 关于该企业家生平和活动的详细描述，详见：Воронин М. И., Воронина М. М. Франц Антон Герстнер (1793 – 1840). СПб., 1994.
[3] 1839年颁布了修建该铁路的法令。

而且还以所用资金的4%作为奖励①。

在尝试修建华沙—维也纳铁路失败后，股份公司建设铁路的工作长期停滞，巨大的成本使人们怀疑是否有必要继续修建铁路。铁路局局长托利伯爵和财政大臣康克林伯爵反对当时广泛讨论的圣彼得堡—莫斯科铁路建设项目②。但事实上，无论是私人资本还是国外资本，对此都无能为力。最后，尼古拉一世亲自决定修建圣彼得堡—莫斯科铁路。1842年2月1日的条例确定了修建铁路的方式为"参照其他强国"，即由国家出资，因为"交通对于工业以及国家生活极为重要，它必须牢牢地掌握在政府手中，并为公共利益服务"③。

西方国家在处理铁路、国家和社会之间关系方面的经验无疑改变了社会各界对铁路的态度。英国起初修建铁路并将铁路整合到经济基础设施中，其背景是社会各阶层受过良好教育，并且政府完全相信，铁路公司和普通民营企业没有本质差异，两者根据相同的经济规则运营即可。另言之，铁路业务旨在获得最大的商业利益，直接依赖于供求关系并自由竞争。后来这些观点受到重新审视，因为英国许多股份公司在铁路运营期间遇到了严重的经济和社会问题。由于经济状况和与之相关的理论观点发生变化，在随后的十几年中，俄国普遍认为，经营铁路不能仅考虑商业利益，它首先是全国的交通工具。

然而，国家投资修建铁路的决议并没有打消个人修路的积极性，政府陆续收到有关建设铁路的建议。对于企业家而言，所谓的"后莫斯科铁路"（相对于圣彼得堡而言位于莫斯科之后即莫斯科以南的铁路）蕴含着巨大的商业价值。他们希望将农产品从中部黑土区和伏尔加河沿岸各

---

① Пути сообщения в России. С. 8; Георгиевский П. И. Исторический очерк развития путей сообщения в XIX веке. СПб., 1893. С. 70.
② Пути сообщения в России. С. 9.
③ ПСЗ. II собр. Т. XVII. № 15265.

俄国企业史（1850～1917）

省运到莫斯科等重要的国内市场，并经由圣彼得堡—莫斯科铁路运往圣彼得堡，再通过圣彼得堡港销往国外。

正如下诺夫哥罗德铁路史研究人员 A. A. 夏林所言，19 世纪 40 年代提出修建通往莫斯科的铁路的所有建议中，只有一项由下诺夫哥罗德商人 A. A. 瓦隆拉尔斯基提出的方案通过了官方审查，并于 1847 年 5 月 10 日获得沙皇的批准。他提议通过铁路连接莫斯科与位于奥卡河上的城市穆罗姆或叶拉季马，这样可以建立莫斯科与贸易中心下诺夫哥罗德之间的水陆联运。但是，由于 П. П. 梅尔尼科夫设计的全俄铁路网计划包括整个莫斯科—下诺夫哥罗德铁路，瓦隆拉尔斯基最终同意了难度更大的政府方案。对于政府来说，一个有吸引力的条件可能是：该企业家同意50 年特许权期结束后无偿将铁路转交给国家。此外，企业家希望自担风险建设和运营这条铁路，而不要求政府担保建设资本和未来赢利能力。尽管专制政权表现出了极大兴趣，但该项目最终未能实施[①]。

圣彼得堡—莫斯科铁路于 1851 年通车，该铁路在修建期间的特点是限制国内资本家参与铁路建设。圣彼得堡—莫斯科铁路（1855 年为纪念沙皇尼古拉一世而改名为尼古拉铁路）几乎被认为是能够长期满足俄国所有需求的铁路，也是最后一条铁路干线[②]。

如果俄国没有在 1853～1856 年的克里米亚战争中失败，轻视铁路的思想可能会流毒甚久。英法盟军主要使用蒸汽机船，在海上运输现代武器，击败了俄国军队。克里米亚战争清楚地表明，缺乏可靠的交通路线，将带来致命的后果。由于将军队调动到战场的距离过远，军队减员，战斗力下降。泥泞的道路导致军事行动陷于瘫痪，根本无法快速响应和保障物资。俄国朝野上下已经非常迫切地意识到交通困境的严重性。交通

---

① Халин А. А. Московско‐Нижегородская железная дорога во второй половине XIX в. // Исторические записки. Т. 111. М., 1984. С. 297.
② Там же. С. 298.

第四章　19世纪俄国铁路运输企业

不便使生活节奏停留在中世纪,俄国经济逐渐落后于西方国家,并且将丧失自己的政治地位。

对此,媒体纷纷发文,提出了多种方案来解决这一日益迫切的问题。大多数人支持股份公司修建铁路,因为他们认识到,经过战争的消耗,国库已经无力承担修建铁路的巨额费用①。

亚历山大二世于1857年1月27日颁布了在俄国建立铁路网的法令,这是俄国铁路史上的里程碑性事件,标志着铁路建设进入了一个新的阶段。该法令规划建设总长4000俄里的铁路网,并由专门成立的俄国铁路总公司负责这项艰巨任务。铁路网的骨架是四条铁路干线:圣彼得堡—华沙铁路(始建于1851年,由国库出资修建了价值1800万卢布的基础设施,该费用作为俄国铁路总公司的债务)、莫斯科—下诺夫哥罗德铁路、莫斯科—费奥多西亚铁路和利巴瓦铁路(从利巴瓦到奥廖尔或库尔斯克)。

尽管吸纳了大量法国资本,但由一家公司建立铁路网的计划并未实现,俄国铁路总公司陷入财政困境。公司的法定资本为2.75亿卢布,但仅筹集到7500万卢布,而这些资金仅一年便消耗殆尽。1858年发行的政府担保债券共3500万卢布,也很快消耗一空。圣彼得堡—华沙铁路超出最初预算的57%,而莫斯科—下诺夫哥罗德铁路则超出41%②。

1857年9月28日,沙皇批准了一份意向书,将华沙至维也纳的国有铁路及修建与其相连的支线铁路的权利转让给一家私人公司,表明政府改变了对企业的态度。该公司由Г.爱泼斯坦、К.米尔德、А.列那尔和Г.穆施维茨男爵建立,并获准参与华沙—维也纳铁路股份公司和华沙—布隆伯格铁路股份公司。转让协议于1857年10月1日获得沙皇批准。11月1日,公司接管了铁路。根据协议,股东持股铁路固定资本的60%,

---

① См.: Дудзинская Е. А. Славянофилы в пореформенной России. М., 1994. С. 119 – 129.
② Пути сообщения в России. С. 11.

估价为1000万卢布，其余的40%由政府持股，公司承诺每年股息为6%[①]。

但是，直到19世纪60年代前期，尼古拉铁路仍然是俄国最重要的铁路。在新的形势下，政府开始将其视为继续建设国有铁路的基础，国内外企业家均可参与铁路建设。1865年7月，经交通大臣许可，铁路司与美国企业家W.韦恩斯签署协议。值得一提的是，自1844年以来，韦恩斯曾参与租赁位于圣彼得堡的亚历山大机械厂，并向圣彼得堡—莫斯科铁路供应铁路物资。该协议为期8年（至1874年7月1日），内容包括保持尼古拉铁路所有机车车辆和机械设备状态良好并对机械设备实施现代化改造[②]。第33条要求承包人维持足够数量的机车，并在1874年前将机车数量增加到比1863年多一半[③]。第83条取消了向尼古拉铁路供应机车的税费[④]。此外，第23条规定：合同存续期间，免费向承包人转让尼古拉铁路公司下属的亚历山大机械厂的使用权[⑤]。

向企业家出让工厂的条件前所未有，根据政府的要求，企业家需在俄国生产机车车辆，以满足莫斯科—奥廖尔铁路的需要（第82条），且价格不应超过从英国最好的工厂购买的价格（含到俄国的运费）。此外，从国外订购的机器和零件不免税[⑥]。

这一条件影响深远，它要求企业家们在随后的铁路建设中，同时发展国内的铁路机车工业。随后，俄国进入了铁路建设的高速发展时期，企业家积极性高涨，成立了数十家股份公司。

[①] Пути сообщения в России. С. 8; Георгиевский П. И. Указ. соч. С. 70 - 71.
[②] Контракт, заключенный 19 июля 1865 г. с Гражданином Северо - Американских Соединенных Штатов Вильямом Людвигом Уайнансом. С. 3.
[③] Там же. С. 19.
[④] Там же. С. 108.
[⑤] Там же. С. 37 - 38.
[⑥] Там же. С. 107.

第二节 铁路建设的热潮

企业家 П. Г. Ф. 杰尔维兹于1866年修建了梁赞—科兹洛夫斯基铁路，这为他带来了可观的利润，并开创了"铁路热"时代。据 С. Ю. 维特的回忆录记载，杰尔维兹和财政大臣 М. Х. 赖滕是旧交，而这说明，如果有意识地塑造成功企业家的形象，则可引燃"铁路热"的第一把火[1]。杰尔维兹知道政府对私人企业的态度已经改变，因此他采取了更坚定的行动，并不担心风险。因此，他成了一夜暴富的榜样，并成为弘扬和传播企业家进取精神的典范。政府的英明举措大获成功，它唤醒了沉睡的企业家精神，迫使企业改变了之前的提高企业收益和增加工人福利的想法，因为这阻碍了他们的经营。官员们依靠彼得大帝的《官秩表》升迁的美梦几乎破灭，逐渐积累资本的想法看似牢不可摧，事实上已经土崩瓦解。安全地存放在国家储蓄银行或祖先宝箱中的金银财宝，似乎再也无法保障未来稳定的生活。桑巴特所言的"资本主义精神"已经瓜熟蒂落，它激发并吸纳了大量资本，修建了越来越多的铁路，为经济发展奠定了坚实的物质基础[2]。

修建铁路可以获得高额利润，这引起了俄国社会所有阶层对铁路事业的追捧。皇室成员和名门贵族积极投身铁路建设，他们背后是最高权力阶层以及西方金融界的支持。国家官员和退伍军人、熟谙法律业务的

---

[1] 维特知道上等阶层许多口口相传的名人轶事。有一次他谈到了杰尔维兹拒绝 К. Ф. 冯 - 梅克邀请其签订修建利巴瓦—罗缅斯基铁路合同的旧事。维特说，杰尔维兹对这一建议回复道："我并不傻，既然已经赚到了钱，那么就不会拿着钱冒险；我已经有了几百万，这已经令我心满意足，我更喜欢当商人，而我已经是商人。"（Витте С. Ю. Воспоминания. Т. 1. М.，1960. С. 122）这一轶事表明杰尔维兹是一个非常谨慎、老成持重的人，并不会轻率地去经营那些可能带来高额利润但具有商业风险的企业。

[2] См.：Наша железнодорожная политика по документам Комитета министров. / Под ред. А. Н. Куломзина. Т. II. СПб.，1902. С. 162.

俄国企业史（1850～1917）

律师、对地方经济感兴趣的贵族和商人等，都急于投身铁路业务。仅在1866～1870年，俄国就成立了34家铁路股份公司，几乎是之前的3倍①。

尼古拉铁路的"私有化"是政府吸引国内外资本投资铁路建设的另一举措。

自大规模建设铁路之始，俄国铁路总公司就多次尝试获取铁路系统的经营权，但都遭到了政府的拒绝。有趣的是，早在1860年，俄国铁路总公司理事会就提出了购买尼古拉铁路的问题，意欲提升企业信誉，吸引更多资本投资铁路建设。在铁路司讨论这一问题时，俄国铁路总公司的提案被否决②。

自尼古拉铁路建设以来，对私人资本最大的让步是将铁路租赁给美国公司，俗称"租赁养护"。尼古拉一世在决定修建铁路时曾经宣布，俄国政府永远不会放弃尼古拉铁路的所有权和经营权。但是，如上所述，铁路政策的变化迫使政府做出改变。此外，政府尽管有财政和战略方面的顾虑，但仍被迫宣布对铁路的临时所有权和经营权进行招标③。不久，"莫斯科资本家合伙公司"成立，成为俄国铁路总公司争取经营权的主要竞争对手。

尼古拉铁路的命运取决于沙皇。А. И. 科舍廖夫作为"莫斯科资本家"参加了争夺铁路权的斗争，有一次他在夏宫偶遇沙皇，沙皇希望他能妥善解决铁路问题。但在六月召开的大臣会议上，发生了突发情况。

① 根据如下资料统计：Шепелев Л. Е. Указ. соч. С. 63, 66, 80, 84。并不能说所有人都同意私人铁路建设。俄国交通部部长 П. П. 梅尔尼科夫是俄国铁路建设的先驱之一，一贯坚持国有铁路建设，并且他的立场影响巨大。基于建设莫斯科—库尔斯克铁路的经验，他证明了与私人相比，国家修建铁路不仅造价更低，而且效率更高。
② Труды Высочайше учрежденной комиссии по вопросу о тарифах железных дорог Ч. 1. Вып. 2. С. XIII.
③ 这一决议是出乎意料的，因为当时政府被迫单方终止了与 W. 韦恩斯签署的、精心准备的协议，并向他支付了违约金。

科舍廖夫回忆说:"文件正在审批,尚存争议,只有三人(Ф. К. 康斯坦丁、赖滕和另一人)支持俄国铁路总公司,但沙皇赞成少数派的意见。国务大臣科尔尼洛夫不相信自己的耳朵,斗胆质疑沙皇的意见,沙皇重复了自己的决定,起身离席并结束了会议。"①

不难理解"莫斯科资本家"及其支持者的挫败感。将这条关键铁路掌握在手中,可以获得可观的利润,而铁路以空前的速度铺设,货运量将进一步增加,预示着铁路业广阔的商业前景。

后来,尼古拉铁路的出让政策饱受社会各界的批评,他们认为,这为铁路企业家们带来了超额利润。П. И. 格奥尔吉耶夫斯基写道:"一些问题随之出现,为什么要把国营尼古拉铁路转让给私人公司?为什么所有风险都留给国家,而铁路总公司的股东们可以旱涝保收,获得巨大的利润?为什么国家把国营铁路(投入了1300多万卢布的国库资金用于维修)20年的收入交给别人,自己却要运营铁路,还要在64年内,每年向股东们分红数百万卢布,而股东们却没有向这条铁路投资一分一毫,并且不承担任何风险?"②

只有了解了事件的来龙去脉,才可能在一定程度上理解沙皇的决策。沙皇最关注的是塑造和维护俄国形象,吸引对铁路建设的投资。的确,在将尼古拉铁路转让给俄国国内企业家的过程中,俄国铁路总公司处境被动,被迫在货物运输中接受"莫斯科资本家合伙公司"单方制定的运费。这无疑削减了俄国铁路总公司的收入,并对吸引外国投资产生了负面的影响。但是,尼古拉铁路转让给俄国铁路总公司后,可以使它增加股票的盈利。

显然,俄国铁路总公司充分利用了这一机遇。实质上,这相当于一笔紧急的政府贷款,可以改善公司的经营状况。下述状况也影响甚

---

① Русское общество 40 - 50 - х годов XIX в. Часть 1. Записки А. И. Кошелева. М. , 1991. С. 157.
② Георгиевский П. И. Указ. соч. С. 83.

大：通过提高尼古拉铁路的运费，并降低相邻铁路的运费，俄国铁路总公司可以增强后者的竞争力。如果出现亏损，可以将其转移到政府担保的尼古拉铁路的账户。这些活动触及了"莫斯科附近"（通往莫斯科）铁路大量托运人的利益，招致对俄国铁路总公司垄断行为的不满。

此后，俄国铁路总公司的经营状况非常稳定，且不仅表现在财务上，许多持有俄国铁路总公司股份的高级官员都对其业务感兴趣。所以，该公司在法院和政府圈子中都颇具影响力。1876年钦定成立的俄国铁路业务研究委员会主席 Э. Т. 巴拉诺夫伯爵位高权重。1881~1884年，他担任俄国经济部主席，与亚历山大二世私交甚好，曾担任俄国铁路总公司的联合理事。巴拉诺夫积极捍卫铁路总公司的利益，引发了他与交通部及其大臣 К. Н. 波西耶特的矛盾。此外，俄国铁路总公司理事会主席 В. А. 波洛夫采夫的兄弟 А. А. 波洛夫采夫是财政部委员，1883~1892年担任国务大臣。

在高层的支持下，铁路业代表成了俄国企业家中势力最强的集团。С. С. 波利亚科夫、П. И. 古博宁、В. А. 科科列夫、И. С. 布利奥赫、Л. Л. 克龙伯格男爵、П. Г. Ф. 杰尔维兹和 К. Ф. 冯-梅克等，获得了响亮且带有讽刺意味的"铁路大王"称号。他们似乎权力无限，甚至敢于罢免对他们不利的大臣。铁路寡头们甚至觉得自己无所不能，有意或无意地质疑当局，以至于将政府作为传说或笑话中的嘲讽对象。

当时人们坚信，"铁路大王"们能够任免大臣，这绝不是危言耸听，通过牢固的关系网，他们确实可以影响重要的政府任命。交通部大臣 В. А. 博布尔斯基在签发铁路承包合同时，因为不愿遵守幕后游戏规则，于1871年被迫辞职，此事受到广泛关注。

罢免铁路大臣 К. Н. 波西耶特则变成了一场旷日持久的斗争。波西耶

第四章 19世纪俄国铁路运输企业

特上任后，始终坚持维护国家利益，支持政府加强干预私营企业的活动。无论是官方还是企业家们都无法赶他下台。在一次偶然的悲剧性事件之后，即1888年沙皇的火车倾覆，他才被迫辞职。

"铁路大王"巨额的财富令人震惊，与之对应的是其对学术和文艺的巨额资助、豪宅以及乡村别墅方面的高昂支出。同时，专制当局的力量和权威保证了慈善活动的声望，并直接或间接地鼓励企业家资助慈善事业。这样，政府在一定程度上协调了社会需求与私营企业利益之间的矛盾。那些在承包铁路过程中赚取巨额财富的企业家们，也认识到了慈善捐款有助于赢得沙皇的好感。由此可见，除了高尚的道德动机外，从事慈善活动是企业家将并非完全合法的资本"洗白"的一种途径，也提高了企业家在公众舆论中的声望，并满足了他们的虚荣心。

在研究19世纪末20世纪初铁路建设和工业发展问题的文献中，"铁路大王"们的名字屡见不鲜。但是，史料中很难找到他们创业活动的完整信息。最近几年，随着人们对商业史的兴趣日益浓厚，出现了一些著作，既在社会背景下研究铁路企业，也直接研究了铁路业务杰出代表人物的个性特征，尤其是波利亚科夫、杰尔维兹和科科列夫[1]等。尽管如此，"铁路热"的史学研究依然前景广阔。

俄国"铁路热"时代的一个标志性人物是农民出身的П. И. 古博宁，他的经历生动地体现了铁路业成功人士的诸多特征[2]。

早在1848年莫斯科—布雷斯特铁路铺设期间，古博宁就积累了承包铁路的经验。19世纪60~70年代是他的高光时刻。与承包人、准军

---

[1] Ананьич Б. В. Банкирские дома в России 1860 – 1914 гг. Очерки истории частного предпринимательства. Л., 1991; Гавлин М. Л. Российские Медичи. Портреты предпринимателей. М., 1996; Соловьева А. М. Железнодорожные «короли» России. П. г. фон Дервиз и С. С. Поляков // Предпринимательство и предприниматели России от истоков до начала XX века. М., 1997 и др.

[2] Отечественная история. Энциклопедия. Т. 1. М., 1994. С. 654 – 655.

· 123 ·

俄国企业史（1850～1917）

事精英、交通工程师和政界人士建立的广泛人脉，成为古博宁建立新企业的基点。19世纪60年代后期，他获得了承包修建莫斯科—库尔斯克铁路、格里亚济—察里津铁路和波罗的海铁路的合同。同时他以自己的名义拿到了铁路特许经营权，但是他未能赢得科尔斯克—哈尔科夫铁路和斯摩棱斯克铁路的建设权。失败并未阻止古博宁前进的步伐，他将精力投向新铁路线的规划和研究。

古博宁于1869年中期开始实施自己的构想。此时，政府正在制订一项新的铁路建设计划，计划将北高加索地区与现有铁路网以及黑海的东海岸连接起来。1869年6月，借助新上任的铁路大臣В. А. 博布尔斯基伯爵，古博宁向沙皇申请许可，希望勘探从阿克赛河或顿河畔罗斯托夫到弗拉季高加索的路线。7月中旬获准后，他派遣军事工程师В. И. 罗曼诺夫带领几批工程师和技术人员，于当年秋天沿着罗斯托夫、皮亚季戈尔斯克、弗拉季高加索、斯塔夫罗波尔、库班河畔第比利斯镇和里海沿岸彼得罗夫斯基港进行勘测。1870年6月初，沙皇再次批准了由博布尔斯基伯爵转交的申请，允许继续勘测从彼得罗夫斯克到巴库（或到里海南部另一合适地点）的线路，并勘测从弗拉季高加索到梯弗里斯的地形。此外，古博宁希望获准修建"高加索铁路网"，但这一愿望落空了。

在申请勘测北高加索地区的同时，古博宁决定与贵族Н. Д. 博洛托夫斯基一起组织从弗拉基米尔河到穆罗姆河线路的勘探工作。这一申请于1869年8月底获得了批准。

1869年11月，古博宁与Э. Э. 乌赫托姆斯基公爵、六品文官В. М. 热姆丘日尼科夫（科济马-普鲁特科夫《文集》的作者之一）等人一起，申请勘测从巴斯昆恰克湖到伏尔加河的运盐铁路，预期利润丰厚。1870年1月末该申请获得了沙皇的许可，不久后，乌赫托姆斯基和古博宁向交通部汇报了已开展的勘测工作。

19世纪60年代后期，古博宁的业务活动明显变得频繁，这与资本市场的总体趋势有关,当时资本市场正经历着前所未有的复苏。普罗大众团团围住了股份认购现场,期望获得丰厚回报,甚至连没有政府担保的铁路、银行、运输、保险等行业的股份也被抢购一空。在证券交易所,这些证券的报价通常高出名义价格1.5倍。股份公司的发起人利用这种投机行为,与股票交易所操盘员达成协议,加收一定的附加费,向后者转让公开发行的股票。

1869年秋,猖獗的炒作导致股市崩盘。恐慌情绪席卷交易所,未被担保的铁路股票价格急剧下跌,几乎无法继续发行。这一切都使铁路建设企业的经营条件急剧恶化。

尽管股市动荡,古博宁仍继续申请勘测拟建新铁路线路。1870年6月他获得了沙皇许可,勘测连接亚速铁路和罗斯托夫—沃罗涅日铁路的线路,同时勘测从圣彼得堡—华沙铁路的兰德瓦罗沃车站经由明斯克、戈梅利、罗姆尼以及克列缅丘格到达尼古拉耶夫的线路,其支线终点到波尔塔瓦和洛佐瓦亚。9月初,他获准勘测从格里亚济—察里津铁路通往塞瓦斯托波尔市的线路。1871年8月,他获准勘探一条能够将哈尔科夫—克列缅丘格铁路与罗姆尼(波尔塔瓦省的省会)和洛佐瓦亚—塞瓦斯托波尔铁路相连接的路线。在此期间,洛佐瓦亚—塞瓦斯托波尔铁路股份公司的章程获批,创始人是古博宁。由于资本市场发生变化,政府被迫不仅要担保这条铁路的抵押资本,还要担保其股权资本。

实际上,古博宁获准勘测的所有线路,这些线路也并未都进入了优先铁路建设计划,他并非都获得了特许修建权,也没有在所有允许的线路上组织勘测工作并编制工程图和计划[1]。只是在"铁路热"的背景下,"抢占"勘测权非常重要,这样可以赢得某些优势。同时,这些优势未必有什么价值,因为申请书中包含一项强制性内容,即进行勘测工作的许

---

[1] См.:РГИа. Ф. 219. Оп. 1. Д. 6153, 6844, 7016, 7030, 7102, 7150, 7152, 7175, 7220.

可不能用于获得特许权,也不能要求国家补偿已经支出的费用。

那么,究竟是什么激发了古博宁以及"铁路热"其他所有参与者的积极性?毫无疑问,正是为了追逐当时令人难以置信的高利润率。特许权带来的好处,使企业家不惜损失勘测新铁路线路的投资。

铁路建设融资的困难、新建成铁路的收入下降、铁路对国库的负债率上升等一系列问题,减缓了19世纪70年代中期新铁路的建设速度。1878年,古博宁修建的最后一条铁路是乌拉尔矿山工厂铁路(彼尔姆—叶卡捷琳堡),俗称"古博宁铁路"。它的铺设,成为俄国通过特许制修建铁路高潮落幕的标志性事件之一。这条铁路的修建造成了超过500万卢布的亏损,古博宁的事业从此一蹶不振。在严重的危急时刻,通过国家银行获得补贴几乎是唯一的救命稻草[①]。

总体而言,政府的支持是俄国建立和发展企业的重要因素,所以企业家倾向于争取政府的承包和订货,并与西方商人相抗衡。这也引起了人们理所当然的广泛批评:俄国企业家天生缺乏企业家精神,并且习惯获取由国家担保的承包和订货。

铁路业的企业家自然难辞其咎。但是,提出类似问题并不甚恰当,因为铁路业与国内外其他企业所面临的初始条件难以相提并论。和西方国家不同,对于如此庞大的项目,俄国资本严重短缺。如果投入的资本没有可靠的收益保障,那么俄国不可能快速建设任何铁路。而在俄国,只有专制政权才能提供如此保障。

有关企业经营的法律条款也值得研究,否则无法理解铁路史中经常发生的那些出乎意料的转折。19世纪60年代中期以前,铁路建设企业一直遵照普通股份法开展经营活动,建设资金主要是股份制资本。"铁路热"时期的显著特征之一是为私人提供铁路建设和运营的优惠,通过发

---

① Гиндин И. Ф. Государственный банк и экономическая политика царского правительства (1861 – 1892 годы). М., 1960. С. 291.

行债券获得的资金成为铁路公司的固定资本。例如,杰尔维兹修建的梁赞—科兹洛夫铁路,就是完全依靠债券资本修建的。此外,特许公司通过臭名昭著的"建筑经济"以及抛售自己的所有股份来获得可观利润。19 世纪 70 年代,一些企业家不再以自有资本进行冒险,因为他们可以获得政府担保的股份收益。

国家在"铁路热"之初设立的高度宽松的"游戏规则"逐渐收紧。1868 年 10 月 18 日,沙皇颁布法令规定了授予特许权的条件,铁路企业家之间开始竞争。

大臣委员会初步研究了拍卖特许权的合理性后,由沙皇批准财政大臣提交的申请人名单。然后,竞拍者将他们的报价发送给财政大臣,后者公开向所有申请人宣布。大臣委员会将考虑这些提议,由"沙皇裁量",决定接受其中一部分或全部否决。此外还告知申请人,中标者有义务向国家或个人支付勘测费用[1]。

在这种情况下,企业家被迫降低铁路建设的单价。例如,波利亚科夫赢得了莫斯科—斯摩棱斯克铁路的建设权,与已经建成的铁路相比,他提出的铁路造价低得多[2]。但是,这并不意味着铁路建设的廉价高效,更不意味着特许公司收入的减少。相反,这一法命为滥用财政资金打开了一扇方便之门。

1870 年 12 月 26 日的法令规定,不再通过竞争方式授予特许权。从此,在授予特许权之前,交通大臣根据已经完成的勘测工作确定铁路的造价[3]。这无疑在一定程度上限制了发起人获得超额利润。

此外,随着"铁路大王"阶层的形成,铁路企业随之出现股份制性质。此后,在获得特许经营权之前,铁路公司的章程必须得到批准。特

---

[1] ПСЗ. II собр. Т. XLII. № 46373.
[2] Георгиевский П. И. Указ. соч. С. 86.
[3] ПСЗ. II собр. Т. XLV. № 49068.

许经营权的授予对象不再是某一企业家，而是股份公司。

1873年3月，交通大臣提出的建立铁路公司的新条例得到沙皇批准，它严格规范了修建新铁路的批准程序。与以前的条例一样，其基础是政府对铁路建设和运输成本进行核算。根据这些数据，交通部向大臣委员会提交铁路建设的成本预算，以及由政府或私营公司建造铁路的可行性报告。

1873年条例还试图防止铁路寡头势力过强，避免其控制整个铁路业。例如，条例针对新建股份公司规定了一些措施，以吸引小股东，防止股票集中于某人之手。为此，交通大臣经由财政大臣和国家审计署署长同意，成立了一个特别委员会，只有在股东大会上选举产生董事会后，该委员会的权力才宣告终止[①]。

《俄国铁路总会章程》和1857年条例，从整体上规定了铁路业的法律和财务规则。两者都规定了铁路建设和运营特许权的有效期（通常为80~85年），之后，铁路转交给国家。此外，还规定了政府在一定时间（通常为20年）后有权赎回铁路。

俄国铁路建设融资的一个特点是，政府以紧急贷款的形式向特许经营者提供债券资本。在特许经营期间，铁路公司应该按照章程规定的程序和发行债券的条件偿还所有以信贷方式获得的债券资本。如果经营无利可图，那么将政府拥有的债券登记为公司的债务，其方式与获得有担保的贷款相同。

由于估算方法不同，国家拥有债券资本的2/3~4/5。但无论采用哪种方式，政府在铁路建设方面的投资份额都极高。国家实际上是铁路公司的主要债权人，而这正是私营铁路公司与国家之间最重要的关系。

---

① ПСЗ. II собр. Т. XLVII. № 52068.

第四章 19世纪俄国铁路运输企业

从法律角度而言，铁路股份公司是与国家有合同关系的承包商和租户。在铁路史文献中，这一事实经常被忽略，许多学者未能全面理解铁路建设和运营中企业家与国家之间的关系。这种关系首先涉及对国家赎回铁路的评价，也涉及政府在赎回过程中的作用，以及国家干预铁路公司经营的法律基础。

根据债券与股本的比例，可以将股本的价值作为固定资本，固定资本为股东提供了经营铁路以及根据章程获得净收入的权利。许多公司必须从企业利润中向股东支付政府担保的股票收益（4.5%~5%）。如果赢利能力不足或亏损，则由国家担保这些收益。而国家并非无偿服务，担保以贷款形式提供，应从公司未来利润中带息偿还。

章程要求有一定数量的、公开自有股票的股东。在某些情形下，可以解散并清算股份公司，例如发现股份比例造假（即股份集中于一人或寥寥几人，其数量并不能确保股东大会的合法性）。如果股东身份造假，并且收回了自己购买股票的资金（例如质押股票），那么该公司也将面临清算。实际上，这些限制被巧妙地规避，违背章程相关要求的铁路公司可以长期存在。

政府将铁路建设所需的大部分固定资本交给了企业家和债券所有者，而政府则有权影响利润的分配。公司章程规定了公司有义务保持铁路状况良好并保障持续运营。同时，许多章程规定了交通部有权管理铁路。通常当铁路总收入达到一定阈值（每俄里年均收入9000~11000卢布）时，可以铺设复线。如果公司长期不履行自己建设铁路和保障运营的责任，那么在拍卖铁路、将企业收归国有或临时由国家经营时，就会全部或部分地丧失现有权利。

此外，股东收入受到某些限制。如果股份未被国家担保，则公司章程规定：支付债券利息后，剩余部分的利润才能向股东分配。

铁路和客户之间发生法律纠纷，可能导致企业破产。为避免这种纠纷，企业可以对股东的收入发起民事索赔或向政府索赔。当铁路业的赢利能力明显下降时，这一优惠政策对那些成立较晚的企业更有利，特别是对于建造奥伦堡铁路、维斯瓦湾沿岸铁路和法斯蒂夫铁路的公司而言更是如此，因为公司承诺给股东的收入不能用于偿还公司债务。所以，如果铁路公司的净收入不足以支付股本利息，那么它可以合法地向国库贷款，其偿还方式与债券相同。这项措施既使企业风险降至最低，又吸引了企业家和资本参与铁路建设。

法律同时规定，那些因不诚实地开展业务、贪污挪用款项等而破产的公司，将失去政府的支持。铁路立法总体上旨在排除一切潜在不利因素，避免铁路停止运营[1]。

19世纪70~80年代，为实现这一目标，国家银行向企业家发放商业贷款。鉴于铁路建设成本巨大、资金严重短缺和难以获得外国贷款，以及俄国农业经济为建立工业而承受巨大压力，这种偏离市场规律的措施似乎无可指摘。

俄国企业在19世纪70年代中期修建了总里程超过2万俄里的铁路网，将俄国的欧洲部分紧紧地连为一体。铁路成为国家发展不可或缺的要素，是国民经济基础设施的根本。

建立庞大的铁路网意味着铁路业进入一个全新的阶段。毫无疑问，19世纪60年代和70年代"铁路热"后，铁路业的后续发展史不再是企业家个人的历史。企业家似乎从"幼年"时期的重重束缚中破茧而出，当时经常难以区分未知的商业风险、模糊的商业创新和虚无缥缈的商业空想。铁路业充满挑战，有效管理铁路的能力至关重要，职业经理人逐渐代替"铁路大王"进行日常管理，处理越来越复杂的事务，他们经验的重要性日益凸显。

---

[1] См.: Свод действующих уставов железнодорожных обществ. СПб., 1881.

第三节　铁路线之间的竞争和监管

铁路业是一个新生事物，伴随着许多"成长的烦恼"。由于历史原因，铁路网被数十家股份公司分散经营。由于缺乏直达客运和货运线路，不同线路之间交接时，需要乘客换乘，或重新装卸货物。起初人们仅关注新铁路的开通，这种不便之处并未引起注意。19世纪60年代后期，货运和客运的发展已经要求在相对独立的铁路之间建立直通线路。

重要原因之一是铁路无法满足1868年农作物运输和东部地区粮食运输的需要。对此，政府主导着直达交通协议的缔结。1868年6月，В. А. 博布尔斯基伯爵奉沙皇命令在科兹洛夫市召开了铁路代表大会，讨论货物直达运输的问题，参会者包括莫斯科—梁赞铁路、科兹洛夫—坦波夫铁路、里亚日斯克—莫尔尚斯克铁路和格里亚兹—鲍里索格列布斯克铁路的代表。

1869年8月，已被任命为交通大臣的博布尔斯基在圣彼得堡召开了铁路协会全权代表大会①。这是俄国铁路史上第一次大会，影响深远。根据主要的货运方向，所有铁路被分为三组。第一组包括中部黑土区、伏尔加河地区与里加的铁路，第二组包括将上述地区同圣彼得堡和雷瓦尔连接起来的铁路，第三组是连接圣彼得堡和雷瓦尔与黑海和亚速海港口的铁路。

铁路代表大会有效地解决了许多重大问题，尤其是技术性问题，为保障铁路网内各条线路之间的无缝衔接做出了重要的贡献。

可是，代表大会召开之后，政府并未通过任何立法使其活动常规化。大会本质上是协商性的，铁路公司之间的关系基于法律地位平等的原则，

---

① Федоров М. П. О деятельности съездов железных дорог за 40 лет существования, 1869–1909. СПб., 1910. С. 3.

俄国企业史（1850~1917）

一致的决策程序保证了它们的独立性。根据规则，大会的决议并无强制性，如果某铁路公司直接反对决议或缺席会议，则该公司不必遵守大会做出的决议。由于这样的决策程序，任何铁路公司都可以轻松地避免讨论不合愿望的问题。如果铁路公司违反大会达成的协议，它们也不用承担法律责任①。所以，代表大会在解决商业问题中的作用微乎其微。

各铁路公司一致反对任何外来者干涉自己的独立经营，它们能够相对轻松地摆脱政府的控制。例如，1870年1月铁路代表大会通过了一项决议：如果大会制定的运价没有超过既定的最高额度，那么就不必提交交通部批准②。1872年，第二组铁路的代表提出了一项建议，大会不再讨论所有涉及运费的问题。大会不敢真正迈出这一步，企业家们对运费的讨论自此也流于表面，仅限于确定运费以及对运输货物进行统一分类③。

敖德萨铁路公司的代表 Н. Н. 苏晓夫表达了铁路公司在此问题上的立场。他在1870年大会上表示："每家铁路公司的董事会都可以根据其章程，在一定范围内设定自己认为合适的运费，完全符合其所代表公司的利益，并且对此权利的任何限制，都违反了章程，都侵犯了企业所有者、股东及其代表拥有的权利。"④

在相邻铁路之间建立直达交通线路无法解决铁路业务面临的所有问题，而且建设新铁路和巩固已有铁路网，导致了不同方向铁路和平行铁路之间的竞争。为获得政府补贴，有些铁路经常会在竞争过程中产生亏损。随着19世纪70年代末到80年代初粮食价格的下降，这种情况变得越来越严重。

此外，立法方面的重大缺陷暴露出来。在通过铁路章程时，立法者坚

---

① Записка об организации и деятельности съездов представителей русских железных дорог. Ч. 1. Общие съезды. 1869 – 1878. СПб., 1880. С. 5.
② Там же. С. 15.
③ Там же. С. 6.
④ Там же. С. 142.

信，铁路投产后，运输量无疑会逐渐增加，利润也会随之扩大。在大多数铁路公司的章程中，仅规定了铁路运价的上限为 1/24 戈比/俄里·普特，这与俄国铁路总会确立的最高运费相一致。客运的运费也基于类似的原则。

立法者对铁路的商业运营前景充满信心，所以没有任何禁止降低运费的立法。相反，在许多章程中，降低运费不仅是可取的，而且也是铁路必要的赢利措施。但是，如果大量铁路公司都能得到政府担保，那么竞争就变得十分特殊。当不同铁路公司董事会在陷入运费冲突时，它们不仅不担心利润减少，甚至不担心公司破产。因为铁路可以设定低于运营成本的运费，向国家转嫁由此产生的亏损。

为停止恶性竞争，企业家就货物运输的利润分配达成协议。最早的这类协议签订于19世纪60年代初，当时直达线路尚未开通。1861年，俄国铁路总公司的成员圣彼得堡—华沙铁路和东普鲁士铁路开始谈判，1863年谈判完成，建立了它们之间的直达线路。随着铁路网的发展，其他铁路也逐步加入该协议。到1874年底，有14条俄国铁路参与其中[①]。至此，俄国铁路和德国铁路共签订了约20项直达交通协议。每项协议都规定了运输条件、货物分类和运费，其中经由俄国铁路运抵边境的货物运费以卢布结算，而经由德国铁路的以马克结算。

在货运总量方面，莫斯科尤为重要。19世纪70年代初，有四条相互竞争的铁路将莫斯科与外国铁路连接在一起[②]，运输条件最好且线路最短的是维尔巴利斯—维尔诺—明斯克—莫斯科铁路。值得一提的是，虽然经过亚历山德罗夫—布列斯特铁路的路线较长，但其中3/5的线路均属于莫斯科—布列斯特铁路公司。为了追求商业利益，该公司降低了较长

---

① Науч. - справоч. б - ка РГИа. Печ. записка № 2100. С. 8 - 9.
② 维尔巴利斯—圣彼得堡—莫斯科（2304俄里）；维尔巴利斯—迪纳堡—斯摩棱斯克（1935俄里）；维尔巴利斯—维尔诺—明斯克—莫斯科（1892俄里）；亚历山德罗夫—布列斯特—莫斯科（1944俄里）。

路线的运费,同时提高了莫斯科—斯摩棱斯克路段和莫斯科—明斯克路段的运费,关闭了经由迪纳堡和维尔诺的线路。

为了响应铁路总公司规范铁路运营的倡议,1873年11月,俄德两国的铁路公司在柏林举行谈判,为两国建设直达交通奠定了基础。该次谈判确定了统一的运输条件、商品名录,明确以马克计算运费。为规范竞争,规定如果始发站和终点站相同(即往返),那么无论中间经由什么线路,运费均相同。通过交替(按月)运输货物,实现货运收入的分配①。在其他情况下,如果相互竞争的线路没有争夺同一货物的运输权,净收入的分配基于每条铁路(在非最低运费时)吸引其区域货物的真实能力。

自1875年4月1日至1885年6月1日,俄德铁路联盟的这一运费标准在成员线路上生效。到1885年,20条俄国铁路和几乎所有的德国铁路都加入了该联盟②。

除了俄德铁路联盟外,还有许多铁路参与了俄国北部的海外直达线路。由于外国货运公司降低了波罗的海和北海主要港口之间定期航线的海运费用,因此北方海路颇有竞争力。在1877~1878年俄土战争期间,黑海港口被封锁,北部海外运输的意义更加凸显③。

1883年,隶属于俄德铁路联盟的莫斯科—布列斯特铁路、西南铁路和维斯瓦铁路,基于类似条件建立了俄德中线铁路联盟,这有助于规范普罗斯特肯—格雷沃—布列斯特方向、亚历山德罗夫—华沙—布列斯特方向和索斯诺维茨—华沙—布列斯特方向的货物运输。不久,俄国铁路

---

① 例如,从叶列兹火车站、斯摩棱斯克火车站和明斯克火车站出发的货物通过俄德联运的方式,沿着通过维尔巴利斯的铁路运往位于布列斯劳以南和以西的德国车站,为期8个月(2月、3月、5月、6月、8月、10月、11月和12月)。См.: РГИа. Ф. 268. Оп. 1. Д. 2039. Л. 215 о б. –216。
② Печ. записка № 2100. С. 10.
③ Там же. С. 12.

总公司加入该联盟①。

除了上述两个铁路联盟外，19世纪80年代还一度存在俄国－匈牙利－奥地利铁路联盟，其创立旨在分配经过索斯诺维茨、格拉尼察和拉济维洛夫等方向的货物。

俄国铁路和外国铁路闭合路线的存在，以及沿线的商业价值，促进了上述联盟的形成。俄国和外国铁路公司之间签订企业间协议，其目的是"规范"（制止）各线路在货物进出口过程中的竞争。

虽然签订了企业间协议，但运输领域的竞争仍在持续，以至于最终上升到一个新的高度，即不同铁路联盟和港口展开了竞争。俄德铁路联盟管理经由第一组铁路（圣彼得堡—华沙铁路）从德国进口的货物，试图将运送到北方海路的货物控制在自己的线路之中。俄德中线铁路联盟的目标是出入莫斯科的货物，主要是沿着莫斯科—布列斯特铁路，同样尽力避免通过北方海路运输货物。俄国－匈牙利－奥地利铁路联盟的铁路路线则与南部港口的海运路线相竞争。

19世纪80年代，从中部黑土区输出粮食的铁路线之间发生了一场激烈的竞争，即铁路公司之间持续十多年的"运费大战"，这一问题在铁路史中尚未得到充分研究。同时，"运费大战"以及在此过程中某些地区粮食贸易和农业生产的新局面，在很大程度上决定了此后铁路公司的经营活动条件。И. А. 维什涅格拉茨基和 С. Ю. 维特在西南铁路股份公司的"运费大战"中发挥了关键作用，他们在后来制订了方案并亲自实施了1889年3月8日的运费改革，而这是国家监管铁路运费的基础。

正因如此，必须进一步研究铁路公司之间的竞争及其业务协议。为揭示企业之间的相互关系，笔者主要参考了俄罗斯国家历史档案馆（圣彼得堡市）的铁路公司合同副本以及规范粮食运输协议的副本。

---

① Там же. С. 10 – 11.

俄国企业史（1850～1917）

　　交通部是此类协议的最早发起者之一。1880 年，西南铁路和利巴瓦—罗缅斯基铁路的利润急剧下降，国家财政履行担保义务并增加补助，这引起了交通部的担忧。调查表明，库尔斯克—基辅铁路降低了粮食运费。因此，1880 年 9 月，交通部召集了波罗的海铁路、里加—迪纳堡铁路和利巴瓦—罗缅斯基铁路的代表参加专门会议。上述铁路公司的与会代表宣布，他们计划在当月即将举行的布鲁塞尔会议上达成运费协议。

　　由于布鲁塞尔会议上未能达成协议，交通部于 1880 年 11 月 3 日再次召开会议[1]。会上达成了一项初步协议，旨在通过提高运送粮食至柯尼斯堡和利巴瓦的铁路运费，以规范铁路公司间的竞争。11 月 7 日举行了西南铁路代表 Н. Л. 布留尔与利巴瓦—罗缅斯基铁路代表 И. Ф. 沙尔的会晤，根据备忘录，由于双方均违反了早在 1879 年 11 月 9 日缔结的运费协议，所以必须签订新协议[2]。

　　1880 年 12 月 18 日，利巴瓦—罗缅斯基铁路的代表（И. Ф. 沙尔）、库尔斯克—基辅铁路的代表（Н. С. 莫尔德维诺夫）和西南铁路代表（С. Ю. 维特）最终达成了协议。

　　该协议于 1881 年 2 月 14 日生效，规定库尔斯克—基辅铁路的货物应按以下比例分配：2/3 的货物运送到波罗的海的俄国港口（经由巴赫马奇到利巴瓦），1/3 的货物通过基辅运送到柯尼斯堡。

　　为履行这一比例，根据协议，库尔斯克—基辅铁路通过基辅到柯尼斯堡的运费，应当比经过巴赫马奇到利巴瓦的费用高 2 戈比/俄里·普特。为防止破坏货运比例，规定每 4 个月修订一次运价。此外，利巴瓦—罗缅斯基铁路保留声明称，可以不提高运费，完成运输总货物的 2/3 之后，超额部分的净利润作为西南铁路的补偿金[3]。

---

[1]　РГИа. Ф. 268. Оп. 1. Д. 2039. Л. 196об. – 197.
[2]　Там же. Л. 67 – 67об，尚未发现 1879 年合同的文本。
[3]　РГИа. Ф. 268. Оп. 1. Д. 1528. Л. 37 – 37об.

总体而言，该协议更有利于利巴瓦—罗缅斯基铁路。1881年2月15日到1882年10月16日期间，在总重为1085万普特的货物中，该线路分得了899万普特，也就是说，要比它的额定标准多出176万普特。运营成本为1/100戈比/俄里·普特，利巴瓦—罗缅斯基铁路的纯收入为15.25万卢布，超出合同中其应得的部分①。

正如财政部信贷特别办公厅在《关于利巴瓦—罗缅斯基铁路和西南铁路的竞争及协议》中的判断，西南铁路也从合同中获利，解决了利巴瓦方向货物争夺问题之后，西南铁路可以更有效地与其他方向的铁路竞争。

但是，利巴瓦—罗缅斯基铁路在库尔斯克—基辅地区的地位已经非常巩固。1882年8月，它宣布拒绝向西南铁路支付超额运输货物的利润。1882年12月15日，它又宣布终止与西南铁路的协议。这令西南铁路处于进退维谷的境地：要么就库尔斯克—基辅铁路的货运再次展开斗争，要么向利巴瓦—罗缅斯基铁路转让库尔斯克—基辅铁路83%的货物，满足于17%而不是33.3%的货运量，从而维持到柯尼斯堡的现行运费。

文件表明，利巴瓦—罗缅斯基铁路高估了自己的实力。从库尔斯克—基辅铁路的货物中，它可以年均获得1010万卢布的总收入，但从西南铁路仅可获得16.5万卢布。在运营成本为1/100戈比/俄里·普特的情况下，西南铁路和利巴瓦—罗缅斯基铁路从超额运输货物（超过2/3）中获得的净利润分别为46.73万卢布和7.49万卢布。实际上，它们的年净收入分别为40.68万卢布和13.54万卢布。若恢复竞争并将运费降到最低（无利润运营），利巴瓦—罗缅斯基铁路将损失其平均年净收入62.02万卢布的65.6%，而西南铁路仅损失1881年净收入530万卢布的2.6%。

另外，如果西南铁路向利巴瓦—罗缅斯基铁路划拨库尔斯克—基辅

---

① Там же. Л. 38 об. – 39.

俄国企业史（1850～1917）

铁路83%的货物，那会导致向西南铁路支付的担保金增加，其数额相当于从利巴瓦—罗缅斯基铁路收到的款项。而根据章程，利巴瓦—罗缅斯基铁路可以将收入作为股息派送。这样，正如文件所言，"西南铁路将成为利巴瓦—罗缅斯基铁路的工具，通过它可以向国库提取60478卢布为自己的股东派发股息"①。

政府对此不满，但这非常有利于西南铁路公司。因此，利巴瓦—罗缅斯基铁路董事会主席应邀拜访铁道司以及贸易和制造司，政府建议他与西南铁路重新签订协议。

1883年1月10日，双方迫于政府部门的压力达成协议，按照新的原则（地理原则）分割货物。与先前的合同不同，该协议未规定任何附加费用支出②。

但是，1883年签订的协议并不可行。1884年5月10日两条铁路的代表举行会议，双方签订了一份新的合同。与1880年协议不同，根据新合同，库尔斯克—基辅沿线地区的粮食按利巴瓦和基辅一线进行的划分有损利巴瓦—罗缅斯基铁路的利益，两者货物分配比例为55∶45。

此外，新合同规定，每5个月对协定的实际执行情况进行一次检查。在违反运输比例时，补偿收货不足的铁路，其数额为减去1/120戈比/俄里·普特的运营支出后而得到的利润③。

该协议维持了3年，于1887年6月1日失效。在1887年6月23日至7月3日举行的各方会议上，利巴瓦—罗缅斯基铁路拒绝续签协议。它认为，如果不大幅修改运费，就不能维持既定的货运比例，建议提高通过基辅的运费，将运送至利巴瓦的货物量增加到75%。利巴瓦—罗缅斯基铁路董事会建议以赔偿的形式向西南铁路提供30%的超额货运收入。

① Там же. Л. 41–42.
② Там же. Д. 2039. Л. 85 об.
③ Там же. Л. 69–72 об.

第四章　19世纪俄国铁路运输企业

但西南铁路代表并不同意，要求保留现行货物分割协议。双方未能达成协议，再次展开"运费大战"。1887年9月20日，西南铁路降低了到柯尼斯堡的运费，意味着情况发生了变化[1]。

除了与西南铁路的协议外，1885年8月31日，利巴瓦—罗缅斯基铁路还与奥廖尔—维捷布斯克铁路、迪纳堡—维捷布斯克铁路和里加—迪纳堡铁路就从莫斯科—库尔斯克铁路、库尔斯克—哈尔科夫—亚速铁路，以及库尔斯克—基辅铁路的库尔斯克站经由奥廖尔运达里加、经由巴赫马奇运达利巴瓦的粮食分配问题达成了协议。

该协议的有效期为1885年9月1日至1886年10月1日。根据该协议，所有从波列瓦亚站到哈尔科夫站（含）之间、经由库尔斯克—哈尔科夫—亚速铁路运输的粮食，必须接受运费监管，并按以下比例划分：经由奥廖尔运往里加的比例占25%，通过巴赫马奇运往利巴瓦的占75%。沿莫斯科—库尔斯克铁路，从普斯滕修道院站到波内里站（含）发出的粮食类商品，运往里加方向和利巴瓦方向的比例相同。由小阿尔汉格尔斯克站到斯塔诺夫水井站（含）的80%粮食应当发往里加方向，而其余的20%则经由巴赫马奇运往利巴瓦。此外，奥廖尔—维捷布斯克铁路和迪纳堡—维捷布斯克铁路免收经由哈尔科夫—尼古拉铁路和库尔斯克—基辅铁路沿线各车站运往里加的粮食的直接运费。

同时，对于从莫斯科—库尔斯克铁路和库尔斯克—哈尔科夫—亚速铁路经由奥廖尔运往柯尼斯堡和但泽的粮食，协议保证运费不低于现行的通过上述铁路经由巴赫马奇或基辅运至同一地点的运费。对于来自奥廖尔站和莫斯科—库尔斯克铁路以北各车站，经由巴赫马奇运抵利巴瓦的粮食，以及将货物直接通过奥廖尔发往利巴瓦的货物，利巴瓦—罗缅斯基铁路应拒绝制定有利于货物托运人的运费。

---

[1]　Печ. записка № 2100. С. 15–16.

俄国企业史（1850～1917）

此外，该协议规定，应当基于利巴瓦—罗缅斯基铁路巴赫马奇站以及奥廖尔—维捷布斯克铁路奥廖尔站的每日统计，监控货运的分配比例①。

外国铁路也加入了运输俄国出口粮食的竞争。由于利润下降，需要签订一项协议，以终止西南铁路和东普鲁士南部铁路、维斯瓦湾沿岸铁路和马林堡—姆拉夫斯基铁路之间的竞争。东普鲁士南部铁路的代表克鲁格、西南铁路的代表维什涅格拉茨基、维斯瓦湾沿岸铁路的代表克龙伯格和马林堡—姆拉夫斯基铁路的代表布赖特施普雷歇于1883年2月28日在圣彼得堡签署了一项合同。鉴于位于布龙贝格的普鲁士皇家铁路总局没有签署协议，布赖特施普雷歇只好签署了自己的名字，条件是布龙贝格的铁路总局维持原来为马林堡—但泽（纽沃特）区间分配的货物比例②。

根据该协议，来自西南铁路和法斯托夫铁路科韦利站以东各站的粮食，3/4运往格拉耶沃—柯尼斯堡（皮劳）方向，而1/4运往马拉瓦—但泽（纽沃特）方向。同时，来自维斯瓦湾沿岸铁路科韦利站和柳布尔站之间各个车站的5/6的粮食，应当沿着马拉瓦—但泽（纽沃特）方向运输，而1/6的粮食沿格拉耶沃—柯尼斯堡（皮劳）的方向运输。

为达到并保持这一比例，从西南铁路和法斯托夫铁路科韦利站以东各站运往但泽的运费，每车厢应当比运往柯尼斯堡方向的运费高出20马克。而对于维斯瓦湾沿岸铁路在科韦利站和柳布尔站（含）之间的各站而言，每车厢粮食运达柯尼斯堡的运费应当比运达但泽的运费高出10马克。

---

① РГИа. Ф. 268. Оп. 1. Д. 2039. Л. 102 – 103 об.
② Там же. Л. 65 об. – 66.

第四章　19世纪俄国铁路运输企业

А. А. 博布尔斯基　　　　　　Н. Х. 本格

С. Ю. 维特　　　　　　И. А. 维什涅格拉茨基

К. М. 冯－沃高　　　　　　　　　И. С. 古奇科夫

П. Г. 冯－杰尔维兹　　　　　　С. П. 叶利谢耶夫

第四章 19世纪俄国铁路运输企业

В. Н. 科科夫佐夫　　　　　　А. М. 马尔采夫

С. И. 马蒙托夫　　　　　　И. С. 马尔采夫

俄国企业史（1850~1917）

T. C. 莫罗佐夫

A. A. 莫罗佐夫、T. C. 莫罗佐夫、И. З. 莫罗佐夫和 B. E. 莫罗佐夫

B. A. 莫罗佐娃

C. T. 莫罗佐夫与母亲和孩子们在一起

位于莫斯科扎采巴大街的女子商业学校和"复活"
圣母圣像教堂（建筑师舍甫亚科夫）

由商人巴尔德金家族出资兴建的位于叶戈里耶夫斯克的学校

从上述车站出发经由格拉耶沃到柯尼斯堡（皮劳）以及经由马拉瓦到但泽（纽沃特）的货运总量，每 6 个月汇总一次。如果某一线路运输总量超额 250 车厢，而从维斯瓦湾沿岸铁路对应段各座车站不超过 100 车厢，那么可以修改运费，以维持货运比例。超额运输货物的线路有义务补偿运货量不足的线路，补偿额度为赚取的收入减去运营成本（1/120 戈比/俄里·普特）。

该协议有助于增加西南铁路向柯尼斯堡方向的粮食运输，因为从库尔斯克—基辅铁路各车站运往但泽的粮食运费超出了运达柯尼斯堡的费用，具体而言，每车厢至少超出 10 卢布。从库尔斯克—哈尔科夫—亚速铁路线、哈尔科夫—尼古拉铁路线、莫斯科—库尔斯克铁路线上的各站运送至但泽和柯尼斯堡的粮食运价为每车厢 7.5 卢布[1]。

除了上述协议外，早在 1878 年，西南铁路、华沙—特雷斯波尔铁路和维斯瓦湾沿岸铁路之间还签订了一项协议，内容是基于货物运输净利润的划分建立铁路卡特尔。签订这项共同基金协议是为了消除铁路运费降低的现象，其中包括特雷斯波尔铁路的科韦利—布雷斯特—华沙（布拉格）支线，以及维斯瓦湾沿岸铁路的科韦利—柳布尔—布拉格支线。

三方在两个方向都制定了统一的运费，基于运输收入建立了一个共同基金，并根据协议在它们之间分配。

该协议一直持续到 1884 年，由于西南铁路和华沙—特雷斯波尔铁路退出共同基金而被废止[2]。

西南铁路和哈尔科夫—尼古拉铁路之间的粮食运输竞争比较特殊。后者于 1881 年 10 月 1 日被国家赎回，国有铁路临时管理局成立后接管了

---

[1] Печ. записка № 2100. С. 16 – 17；РГИа. Ф. 268. Оп. 1. Д. 2039. Л. 59 – 66.

[2] Печ. записка № 2100. С. 18；РГИа. Ф. 268. Оп. 1. Д. 2039. Л. 189.

该铁路①。

1882 年 6 月 15 日，哈尔科夫—尼古拉铁路降低了尼古拉港口的运费。这提高了从法斯蒂夫铁路运往尼古拉耶夫的粮食货运量，并损害了西南铁路的利益。1881 年 8 月至 1882 年 3 月，从法斯蒂夫铁路的车站始发，经由哈尔科夫—尼古拉铁路的粮食出口量为 3779 车厢，经由西南铁路的粮食出口量为 10252 车厢。1882~1883 年同期，从法斯蒂夫铁路的车站始发的粮食，出口总量为 14746 车厢，哈尔科夫—尼古拉铁路承运 4847 车厢。1882 年 9 月、10 月和 11 月，西南铁路向敖德萨发送的货物减少到 70150 普特，仅为 1881 年同月发货量的 39.8%。

西南铁路董事会对哈尔科夫—尼古拉铁路实施了报复性措施。1882 年 12 月它降低了敖德萨方向的返程运费。自 1883 年 4 月 1 日起，法斯蒂夫铁路降低了到敖德萨的一般运费。但据预期，这两条相互竞争的铁路的净收入整体上不会减少②。

为了结束竞争，西南铁路主管 И. А. 维什涅格拉茨基、国有铁路临时管理局的代表 К. Г. 谢瓦尔男爵、交通大臣 К. Н. 波西耶特和财政大臣 Н. Х. 本格之间频繁通信沟通。这些通信表明，1882 年 8 月关于终止利巴瓦—罗缅斯基铁路公司与西南铁路公司之间竞争的协议缔结后，利巴瓦—罗缅斯基铁路公司董事会和当时的哈尔科夫—尼古拉铁路公司董事会签署了一项合同，确定了从利巴瓦经由巴赫马奇—沃罗日巴—柳博京铁路到哈尔科夫的直达运费。与此同时，哈尔科夫—尼古拉铁路降低了沃罗日巴—哈尔科夫路段的运费。

1882 年 12 月 28 日，西南铁路向国有铁路临时管理局提出上诉，要求为柯尼斯堡方向的沃罗日巴—哈尔科夫路段制定与利巴瓦—罗缅斯基

---

① 关于该铁路赎回的进一步信息，参见 Соловьева А. М. Железнодорожный транспорт России во второй половине XIX в. М., С. 179 – 180。
② РГИа. Ф. 268. Оп. 1. Д. 1528. Л. 64 – 64 об.

铁路相同的运费①。国有铁路临时管理局拒绝了这一要求，因为这降低了俄国港口利巴瓦的运费。后来 И. А. 维什涅格拉茨基于 1883 年 1 月 20 日致信交通部铁路司，在题为《关于海外运输至哈尔科夫的运费》的信函中指出，西南铁路被迫退出与利巴瓦—罗缅斯基铁路签署的协议。

合同的终止意味着上述铁路将开始新一轮的运费大战。西南铁路采取有力措施，吸引柯尼斯堡到基辅的货物，与利巴瓦相比，基辅距离柯尼斯堡近 200 俄里，这导致库尔斯克—基辅铁路和库尔斯克—哈尔科夫—亚速铁路的运费大幅降低。此外，利巴瓦—罗缅斯基铁路增加的收入转为非担保股份的股息，并增加了对西南铁路的担保付款。据维什涅格拉茨基称，利巴瓦—罗缅斯基铁路从哈尔科夫—尼古拉铁路得到的保障实际上损害了西南铁路，这将不可避免地导致整个铁路网的收入减少，并且需要国库支付额外费用。维什涅格拉茨基强调了这些情况，并参考西南铁路协会理事会 1883 年 1 月 18 日的决议，要求交通部铁路司对国有铁路临时管理局施压，迫使哈尔科夫—尼古拉铁路向西南铁路制定与利巴瓦—罗缅斯基铁路相同的运费②。

但是，正如波西耶特和男爵谢瓦尔在致本格的信中所言，交通部和国有铁路临时管理局的立场相同。在他们看来，最符合国家利益的运费制度是：通过最短的线路将货物运抵目的地。如果私营铁路线路更短，则国有铁路被视为对私营铁路公司施压的工具，迫使后者服务于国家工业和贸易，并防止铁路公司与国内其他企业之间产生尖锐的利益冲突。

同时，波西耶特和谢瓦尔男爵清楚地意识到，如果国营铁路建立一个独立的铁路网，那么他们制定运费政策的动机"将可能产生良好的效果……当国有铁路在整个国家铁路网中处于孤立状态时，私营铁路出于

---

① 该要求的提出是基于利巴瓦到巴赫马奇之间的距离（1006 俄里）和普罗斯特肯到巴赫马奇之间的距离（984 俄里）几乎相等。
② РГИа. Ф. 268. Оп. 1. Д. 2164. Л. 1 – 1об.

私利制定运费,将导致国有铁路难以确立有利于国家的运费"①。

国家铁路网的扩张,要求规范国有铁路和私营铁路之间的关系。1884年10月31日,根据本格的倡议,召开了国有铁路和西南铁路代表大会②。会议旨在解决西南铁路和国有铁路在转运经由哈尔科夫—尼古拉铁路线的出口粮食时的不当竞争问题。西南铁路代表非常积极,提出消除竞争的两种方案:设定最高运费以增加收入,这符合国家的利益;两家铁路根据上一周期的实际运输量签署协议。

显然,无论是最大限度地提高运费还是保持现有的货物分配比例,都不符合国有铁路临时管理局推行的国家运费政策。同样显而易见的是,西南铁路表面上提出了建设性的方案,实际上却希望维持现状。

国有铁路的代表拒绝接受这两个条件,将货物的比例分配问题推迟到即将在基辅召开的会议上讨论,他们建议,签订新协议的基础是尽可能增加每条铁路的收入。西南铁路被迫同意参加新会议,但要求利巴瓦—罗缅斯基铁路的代表同时出席③。

为了避免恶性竞争,国有铁路得到了政府强有力的支持。同时,由波西耶特领导的政府部门制定了限制铁路公司独立性的方针。

1883年2月,波西耶特和谢瓦尔男爵建议本格通过大臣委员会促使政府管制直达交通运费。但直到两年后的1885年夏季,交通大臣和财政大臣才就这一问题达成协议。1885年8月3日,铁道司司长兼枢密院议员 Д. И. 茹拉夫斯基经交通大臣的批准签署了一项命令,它意味着与铁路公司之间的关系已不再平等。根据该命令,俄国铁路总局委员会、俄德交通事务主任、俄法比交通事务主任和俄奥匈交通事务主任等,委派自

---

① Там же。1883年,国有铁路占全国铁路总长的6.6%。根据下列资料统计:Радциг А. Влияние на сельское хозяйство, промышленность и торговлю. СПб., 1896. С. 97。
② РГИа. Ф. 268. Оп. 1. Д. 1528. Л. 61 об.
③ Там же. Д. 2039. Л. 53 об. – 54.

己的代表在即将召开的直达国外交通铁路运费大会上宣布如下要求：自 1885 年 10 月 1 日起，俄国铁路公司在国内外所有陆上线路投产运营之前，应当提交国家初步审批。此外，该命令实际上导致了现行运费体系的根本变化，其举措是降低竞争路线的运费，并规定了运费和运输距离的关系。北方海外路线是一个例外，其中从波罗的海港口到莫斯科的所有线路运费相同①。

第二十三届俄国铁路代表大会讨论了交通部铁道司的提议。鉴于政府对铁路公司的干预，代表大会制定了保护企业权益的一般规则。有人在大会上声称，俄国政府插手俄国铁路所有海外直达线路的运价直接违反了总章程和每家铁路公司的章程②。只有三家铁路公司（伊凡哥罗德—东布罗夫斯基铁路、弗拉季高加索铁路和外高加索铁路）承认 1885 年 8 月 3 日铁道司的要求合法。在这几家公司的章程中，规定必须在铁道司司长与财政大臣协调审议和批准后，才可以采用新的运费③。

根据代表大会的总体意见，"在非常复杂且涉及多方利益的情况下，政府委托中央铁路总局机关确定直达交通的运费，但这些问题很难在代表大会上协调，这有损国家利益，甚至比铁路之间的恶性竞争更有害"④。

此外，正如大会所指出的那样，实施最短距离运输优先权原则将造成"最短线路的绝对垄断"，并且对贸易运输产生负面影响，而预期目标则是消除无谓竞争。大会进一步强调，发展贸易"同时符合铁路公司和国家的利益"。

铁路企业家们最终的态度如下："政府侵犯了铁路公司制定运费标准的权利，不仅涉及最高运费标准，还涉及这一标准范围内的任何具体变动，

---

① Там же. Д. 2030. Л. 25.
② Там же. Л. 27 – 29.
③ Там же. Л. 30 – 30об.
④ Там же. Л. 32.

俄国企业史（1850～1917）

这不但剥夺了章程授予铁路公司的权利，同时也将侵犯铁路公司每一位股东的个人利益，而这正是提高企业利润的主要动力。即使企业使用政府的临时附加保证金时也是如此，因为所有资本家都希望能够基于这项倡议相对自主地确定运费、行使章程所保障的权利和获取超出政府所保证收入之外的盈余。"[1]

最终，大会决定申请交通部铁道司收回在1885年8月3日提案中提出的要求[2]。

在第二十三届俄国铁路代表大会上，企业家表达了坚定立场，但是政府加强私营铁路公司运费管理的决心并未动摇。总公司董事会请求废除政府确定海外直达交通线路费用的决议，遭到大臣委员会的拒绝。1886年5月22日，亚历山大三世批准了该决议[3]。

交通部获得了实际控制权，意味着政府加强了对签署国际卡特尔协议的俄国铁路的干预。这样一来，为了使铁路公司的运费政策服务于国家的经济方针，政府迈出了决定性的一步。1889年8月3日改革过程中，运费政策最终由政府制定，国家开始管理铁路运费。

综上所述，19世纪60～80年代，在协调铁路与社会之间关系的过程中，企业家联盟和垄断组织变得日益重要。随着"运费战"的加剧，公司越来越渴望达成运费协议。运费冲突一般在相关铁路公司的特别代表大会上秘密解决，运费协议通常秘而不宣。

19世纪60～80年代签订的商业合同表明，起初，签订终止竞争协议的是在莫斯科运输货物的铁路公司，但后来签订方转变为在中部黑土区、伏尔加河地区和乌克兰各省运输出口粮食的铁路公司。

铁路公司所有经过审查的协议，实质上都是卡特尔型的企业联合，

---

[1] Там же. Л. 33.
[2] Там же. Л. 33 об.
[3] Там же. Л. 89.

它们可以分为两种类型。第一类协议最为普遍，是互连铁路之间签订的直达交通合同。这些协议可以被视为卡特尔协议，因为根据其条款，铁路统一调配机车车辆，并根据运输份额来分配收入。19世纪60年代后期以来，在签署类似协议之前，通常需要签订组建铁路集团的协议。

第二类协议包括相互竞争的平行或多向铁路之间签订的合同。根据利润分配的方式，这类协议又可分为两组。第一组包括根据时间（月份或周期）签订的运输协议。在缔结此类协议时，企业家的出发点是，在一定时期内货物的运输量是均衡的。这种消除竞争的方法多用于俄德运输中，主要涉及俄国铁路总公司的线路。后来，第二组协议日益普遍，通过调节铁路运费，在竞争性线路之间，就货物运输的划分比例达成协议。典型例子是经由库尔斯克—基辅铁路运输粮食的系列分配协议。

除了上述类型的协议，还存在着混合型协议，其中既规定了根据周期来分配货物，也规定了通过运费规则来维持一定的货物分配比例。此外，如果协议基于地域原则分配货物，那么它的有效期很短。

直达交通协议是最为稳定的协议，其效力维持了数十年之久，诸如此类的还有从事莫斯科和圣彼得堡出口的铁路公司间的协议。

卡特尔协议始于19世纪70年代末80年代初，签订者是从中部黑土区、伏尔加河地区和乌克兰各省向黑海沿岸、亚速海和波罗的海各港口，以及向西部陆地边境运输出口粮食的铁路公司。这些协议是"运费战"的产物。上述铁路之间竞争加剧的深层原因是19世纪80年代粮食价格下跌，铁路公司通过降低运费争取粮食运输。此外，享受国家担保的铁路公司的处境更加有利。在竞争中，它们可以降低运费，且不必担心损失。

政府对铁路公司经营活动的态度十分矛盾，一方面，政府不希望各家铁路企业之间自由竞争，且立法中包含禁止企业家"罢工"的反垄断条款；另一方面，交通部不仅不干涉，而且经常组织相互竞争的铁路公司签订卡特尔协议。政府希望阻止铁路公司赢利能力下降，以避免政府支出的增加，所以限制市场经济的基本原则——自由竞争，在一定程度上表明了国家对铁路业的保护态度。

粮食价格的急剧下跌加大了铁路运输的亏损，并动摇了卡特尔协议。在运输利润率下降的情况下，不受政府担保的铁路公司濒临破产。此外，财务状况的恶化无疑影响了原本收入稳定的公司的经营前景。由于长期获得政府的担保贷款，一些铁路公司无力偿还债务，所以面临破产问题。

据 A. M. 索洛维耶娃研究，85%的私有铁路需要偿还国家担保款项，这一状况令人担忧。它们给国家带来了沉重的财政负担，成为预算赤字的主要因素[1]。这些情况客观上导致了私营铁路业务的地位下降，迫使政府开始加速赎回铁路，并加强对铁路公司运费政策的干预。

总体而言，19 世纪 80～90 年代是铁路史上的危机时期。创建铁路企业、企业之间自由竞争的时代结束，取而代之的是国家管制运费并赎回大部分私营铁路，主导新铁路建设的阶段。

---

[1] Соловьева А. М. Железнодорожный транспорт России во второй половине XIX в. М., С. 160.

第二篇
企业家、国家和社会

第五章
俄国 19 世纪 60~80 年代的资产阶级与保护主义问题*

第一节 贸易自由主义或贸易保护主义：19世纪60~80年代的争论

农奴制改革后，俄国努力保持大国地位，创建大型资本主义工业、建设庞大的铁路网、发展资本主义金融体系成为国家首要任务。为了完成上述任务，需要深入研究改革之初的总体社会经济状况。

19世纪60~70年代，俄国实施了大规模的政治经济改革，工商业界以及与其紧密联系的贵族阶层开始紧锣密鼓地行动起来。当时的财政大臣 M. X. 赖滕颇有影响力。1877年2月他踌躇满志地表示："过去十年，私营企业以前所未有的态势迅猛发展，同时股市蒸蒸日上，若没有股市，当下的这种发展是不可想象的。股份制私人银行和建筑公司，以及大量合伙制企业、个人企业纷纷建立，这一切都带来了丰厚的财政收入和经

---

* 本章基于俄国工商业促进会的资料撰写。

俄国企业史（1850~1917）

济利益：收入大幅增加，贸易繁荣，不动产增值。"①

19世纪60~70年代，创业活动热火朝天，与往年相比，政治生活在一定程度上更加自由，创造了更为有利的条件，有助于团结俄国工商业阶层。在此期间，俄国资产阶级更加渴望建立统一的组织，人们寻求新的途径，以组成阶级并保护自身利益。

恰在此时，出现了为数甚多的协会和联盟，它们表达并捍卫了19世纪下半叶这种日益发展、逐渐强烈的阶层的利益要求。俄国工商业促进会无疑是其中最具影响力的领导性团体之一，它成立于1867年，活动时间长达半个世纪（直至1917年），并在俄国各个工业和贸易部门中发挥着重要作用。

该协会章程草案称，"几乎所有对俄国工商业感兴趣的人早已意识到，我们国家迫切需要建立一个协会，以全面讨论我们的工商业问题，并以我国其他行业内现有协会为榜样，尽可能地促进工业企业的建立和发展，同时消除所有妨碍国内工业发展、影响现有行业繁荣的因素……讨论诸多涉及我们自身的工商业问题变得越来越迫切"②。众所周知，俄国当局对建立各种组织和协会的态度经常摇摆不定。但是，当局非常迅速地（按照俄国标准）回应了圣彼得堡企业家的倡议，并热忱支持创建俄国工商业促进会的构想，认为它是全面深入研究俄国当前经济状况并确定经济进一步发展方向的核心机构。

俄国工商业促进会的创建史引起了学界极大的兴趣，因为其与19世纪50~60年代俄国政府进行的工商业政策改革直接相关。19世纪50与60年代之交，俄国政府和工商业界讨论了迫在眉睫的建立国内工业的问

---

① Цит. по：Халфин Н. А. Общество для содействия русской промышленности и торговле и Средняя Азия // Вопросы истории. 1975. № 8. С. 46.
② Объяснительная записка и проект устава по учреждению Общества для содействия русской промышленности и торговле（далее - Объяснительная записка и проект устава ОДСРПиТ）. СПб., 1867. С. 3-5.

第五章　俄国19世纪60~80年代的资产阶级与保护主义问题

题。当一个国家的经济社会发展到一定程度时，都面临着选择贸易保护主义还是贸易自由主义的问题，俄国亦然。农奴制改革后的前几十年，俄国工业蓬勃发展，工厂和铁路建设对机械设备的需求增加，从而为弱化海关管制创造了条件。19世纪60年代海关改革前夕，工商业界围绕海关保护问题展开了激烈的争论，政府和知识分子捍卫贸易自由主义的声音逐渐占据上风。

圣彼得堡的经济学家协会也支持贸易自由，其会员包括政府官员、金融界代表以及希望降低关税的工业人士，但该协会中企业家的数量甚微。该协会是根据一些著名经济学理论家的倡议而建立的，发起人之一是参议员 В. П. 别佐布拉佐夫。他是一位重要的学者和社会活动家，也是财政部理事会成员，多年来一直"非常热心地支持贸易自由，反对保护性关税"[①]。作为俄国地理学会领导人之一，他组织了该学会附属的经济学家晚间会议，该会议后来变成了经济学家协会。它的成立恰逢其时，因为当时如果否定贸易自由主义，就会被认为是经济学"白痴"。

经济学家协会是相对封闭的非正式组织。从本质上讲，这是一个没有明确计划和章程，但是表现出鲜明贸易自由主义倾向的小组。协会的口号是"自由贸易的唯一限制就是必须贸易自由"[②]。经济学家协会通常每月在多农餐厅举行一次会议，即所谓的"经济学午餐"，讨论俄国经济生活中的各种问题，通常并不局限于工商业领域，而且也不总是契合工厂主和制造商的观点和要求。19世纪60年代中期参加者主要是官僚统治机构的代表：Е. И. 拉曼斯基、А. И. 布托夫斯基、Д. А. 奥博连斯基公爵、Н. А. 米柳亭男爵和 Ф. Г. 特纳等。他们在一定程度上赞成改革俄国海关关税。在此期间，拉曼斯基担任国家银行的经理（1886~1881年）和财政部

[①] Кази М. Значение резолюций Московского съезда 1882 г. для деятельности Общества для содействия русской промышленности и торговле. СПб., 1883. С. 2.

[②] Там же.

俄国企业史（1850～1917）

学术委员会委员。参加过这些会议并热衷于保护主义的工业巨头 А. П. 希波夫评价道：拉曼斯基是"俄国人中唯一的、最纯粹的贸易自由主义者"①。拉曼斯基宣称"关税不利于工业发展，只能通过信贷发展工业"。"经济学午餐"的另一位常客是特纳②，他曾在财政部担任要职，后来成为财政部副大臣（1887～1892年）。19世纪60～70年代，他被称为"极端的贸易自由主义者"。贸易和制造司司长布托夫斯基在一定程度上支持他们的观点。后来布托夫斯基官至国务委员，获得了"容克贵族"的宫廷称号。当被任命为大臣时，他已经是一名声名卓著的经济学家，支持所谓的曼彻斯特学派，捍卫企业经营自由，反对国家对国民经济的任何干预，包括干涉劳资关系。布托夫斯基对英国经济了如指掌（他曾作为财政部代办员在伦敦工作），在莫斯科工商业界人脉广泛（布托夫斯基曾是政府委任的贸易和制造业委员会莫斯科分会主席），这对他升任这一职位至关重要。米柳亭男爵支持温和的自由主义改革，1859年以来他一直代理内务部副大臣。同时，海关税收处副主任科列索夫也辩称"保护主义体系对制造业本身有害"③。

经济学家协会的成员极具代表性，在公众舆论中引发了一定的共鸣，并受到了支持政府庇护方针的工商界和新闻界人士的关注。后者以"反午餐"与"多农会晤"对抗，他们在"反午餐"会晤时捍卫自己的利益，宣称必须扶持本国工业。В. А. 科科列夫是一位著名的承包商，是农奴制改革后的巨商大贾之一，他尤为坚决地反对贸易自由主义政策。他亲口承认，他的财富早在1861年已超过700万卢布④，他还是《新时代》杂志的合伙人，狂热地捍卫 К. А. 斯卡利科夫斯基提出的保护主义。在与

---

① Торговый сборник. 1868. № 4. С. 33 – 34.
② Там же. 1867. № 1. С. 2 – 3.
③ Там же.
④ См.: Лаверычев В. Я. Крупная буржуазия в пореформенной России. 1861 – 1900 гг. М., 1974. С. 72，74，140，141.

第五章　俄国 19 世纪 60～80 年代的资产阶级与保护主义问题

《声音》作者们的争论中，他发现"经济学午餐"并不是纯粹的"私人家庭活动"。斯卡利科夫斯基强调："在当地警察看来，这可能是正常的事情，因为一起就餐并争吵的文官和资本家不会建立任何违法的组织。但有思想的政论家认为，最杰出的金融管理者与股市富豪就最重要的经济和政治问题定期进行思想交流，这根本不是个人行为，而是一种非常公开、影响甚广的现象。"① 斯科尔科夫斯基也认为"经济学午餐"影响甚巨。不久后，他撰文说明了它的重要性，并指出"别佐布拉佐夫的'多农会晤'向经济学家协会及其成员开放，后者对俄国生活具有重大影响，解决了国家资本中存在的大量问题"②。

1865 年 3 月，布托夫斯基再次主持了一次"经济学午餐"。在此期间，当着英国驻圣彼得堡领事米切尔的面，与会者就"降低关税的迫切性和可能性"问题展开了辩论③。《莫斯科新闻》马上就该问题发表评论说，午餐的大部分参与者"强烈支持马上降低关税"④。但是，《贸易文摘》迅速回应了该消息，它心满意足地向读者宣布，А. П. 希波夫认为三月份的"经济学午餐"得出了"令人欣慰的结论"，发言人中还有大量"支持庇护我们工厂生产的人"⑤。

在此期间，《交易所公报》《俄国新闻》《声音》《欧洲通讯》《新闻》《工业报》等许多新闻机构都宣布支持贸易自由主义。捍卫贸易自由的众多文章受到了中部工业区许多企业家的密切关注，并引发了强烈反响。多年来，俄国工厂主要集中于这一地区。他们担心取消保护性关税后，西欧的廉价商品将席卷俄国市场，因此支持严格的保护性海关政策。

---

① Скальковский К. А. Наши государственные и общественные деятели. СПб., 1891. С. 101; Берлин П. А. Русская буржуазия в старое и новое время. М., 1922. С. 163.
② Скальковский К. А. Указ. соч. С. 101.
③ Торговый сборник. 1865. № 13.
④ Там же.
⑤ Там же.

他们认为，贸易保护主义是发展国内工业和抵御外国商品竞争的主要手段。《圣彼得堡新闻》《股东》《莫斯科》《工业公告》尤其是《贸易文摘》等杂志坚定地支持贸易保护主义，并证明发展国内贸易必须优于对外贸易，国内贸易应占据首要地位。

同时，根据莫斯科企业家的倡议，人们反复尝试建立各种私人组织以保护工业家的利益，促进俄国不同地区、不同领域工商业的发展。最早的协会是成立于莫斯科的"国内工业繁荣促进会"，其章程于1861年获批。协会的活动旨在"消除阻碍俄国工商业发展的障碍"，并对"经海关进口的外国货物进行监管和清关"。此外，还有一个经特殊授权的协会，负责监督海关的活动，成员包括俄国制造商、工厂主以及学术界人士。该协会收集并研讨有关工商业状况的信息，并就这些问题向政府提交建议书。

莫斯科工商界也提出了建立"国内工商业促进发展协会"的建议，1861年甚至起草了章程草案，不过此后没有采取进一步行动。但是莫斯科企业家在这方面仍然取得了一定的成绩。根据莫斯科交易所委员会的建议，委员会获准召开莫斯科商人代表大会，开始代表中部工业区大型工商业资产阶级的利益。取得这一成就的直接原因是，财政部于1865年发行了《由德意志关税同盟常设商业代表大会代表提交给关税同盟各国政府的关于签订关税联盟与俄国工商合同的说明》（以下简称《说明》）的俄译本。该《说明》指出，俄国是德国农产品供应地，是后者工业品广阔的销售市场，俄国必须发展成为纯粹的农业国。《说明》中指出，尽管俄国实行的1857年关税与1850年关税迥然不同，但由于关税的不确定性和过度征税，两国并未巩固国际经贸关系。所以，根据德意志关税同盟常设商业代表大会在《说明》中提出的意见，需要根本性地修订1857年关税。这令莫斯科工商界极为激愤。

莫斯科工业家认为，德意志关税同盟提出的进一步降低关税的做法将直接威胁到自己的利益,而签署俄德贸易协定意味着整个俄国工业的覆灭。1865年1月14日,在莫斯科商人代表大会上,莫斯科资本家阐明了对上述《说明》的态度。大会选举了由20名代表组成的常设代表团,其中包括大资本家 А. П. 希波夫、Д. Н. 希波夫、Т. С. 莫罗佐夫、П. С. 马柳京,以及莫斯科交易委员会主席 И. А. 利亚明、著名企业家和社会活动家 Ф. В. 奇若夫和政治经济学教授 И. К. 巴布斯特等。

1865年底,常设代表团发布了内容翔实的《莫斯科商人代表大会常设代表团的意见》(以下简称《意见》),完成了自己的使命。《意见》中阐述并论证了俄国大资产阶级代表在经济政策问题上的观点和愿望。И. К. 巴布斯特和 Ф. В. 奇若夫领导起草了《意见》。巴布斯特在《意见》前言中强调:为了国家利益和工业发展,必须拒绝与德意志关税同盟签署贸易和关税协定。《意见》指出,俄国工业家认为,德意志关税同盟的提议隐藏着一个终极目标——占领俄国和东方市场。莫斯科企业家援引俄国关税税率变化的经验,特别是实施1857年关税的经验,强调了降低关税对国内工业发展的消极影响。他们认为,进一步降低关税将对俄国造成"不可弥补的损失",给工业带来新的打击。同时,莫斯科众议员表示,他们完全相信"贸易自由主义是完美真理"。正是这种信念使他们承认"每个民族都应严格权衡其国家的需求和不足,谨慎地逐步走向工商业的自由竞争……各国人民之间的自由竞争需要公平的经济条件。鉴于俄国现状,目前它无法与其他国家进行产业竞争"[1]。由此代表团认为,武断地废除保护制度可能导致俄国原本薄弱的物质基础陷于瘫痪,并威胁到俄国的经济独立[2]。

---

[1] Мнение постоянной депутации московских купеческих съездов по поводу записки, представленной правительствам Таможенного союза депутацией постоянного Германского коммерческого съезда о заключении торгово-промышленного договора между Россией и Германским таможенным союзом. М., 1865. С. IV, V, XXII.

[2] Там же. С. XLII.

俄国企业史（1850～1917）

　　希波夫一直是保护主义的支持者和代言人，他非常重视《意见》，认为它在阻止与德国签署工商业协议方面起着决定性的作用[1]。但他显然言过其实了：《意见》无法发挥决定性作用。当时莫斯科工业家与当局的立场不谋而合，后者对德意志关税同盟的提议持消极态度。但对于政府来说，《意见》也是必要的，在即将举行的俄国和普鲁士之间的谈判中可以被用作有力的论据，以拒绝德国工商界人士的提议[2]。

　　1867年，贸易自由主义与贸易保护主义之间的争论再次爆发，这时修改关税政策已经迫在眉睫。

　　19世纪50年代，经常有人提出创建各种企业家组织的构想，1861年、1865年和1867年该构想多次被重提。19世纪50年代中期，俄国企业界首次尝试将工厂主、制造商、金融家和贸易商联合成一个全俄协会，"以研究所有工商业问题，并就俄国工业需求问题向政府请愿"。当19世纪60年代中期俄国重新修改关税时，类似想法再次出现。

　　后来，协会在周年纪念报告中说明了协会的创建与关税变化之间的密切联系，"1867年，由于关税修改，俄国工商业再次与西欧发生利益冲突，成立协会的问题被再次提出，并受到重视，下述因素也发挥了促进作用：当时大多数欧洲国家盛行贸易自由的思想，而在俄国国内，著名经济学家莫利纳里和英国领事米切尔积极地宣传贸易自由。宣传非常成功，并逐渐赢得具有重要影响力的支持修订关税者的拥护"[3]。

　　根据 А. П. 希波夫的提议，筹备小组创建，成员是圣彼得堡的巨商大贾：В. Ф. 格罗莫夫、Н. П. 波格列博夫、В. А. 波列季卡、А. Г. 佐洛塔

---

[1] О средствах к устранению наших экономических и финансовых затруднений. Ряд статей Александра Шипова с января по май 1866 г. СПб., 1866. С. IV.

[2] Лаверычев В. Я. Указ. соч. С. 175.

[3] Отчет о деятельности высочайше утвержденного Общества для содействия русской промышленности и торговле с 1867 по 1892 г. (далее - Отчет общества... с 1867 по 1892 г.). СПб., 1892. С. 2.

廖夫和 П. И. 别利亚耶夫等。34 位筹备者中有 15 位是圣彼得堡一级商人，另有 8 名荣誉市民。在《贸易文摘》编辑部的直接支持下，协会筹备者成功地征集到了众多著名企业家的请愿签名。

解释性说明和章程草案指出，莫斯科工商界人士首次提议在莫斯科建立协会，因为莫斯科是"俄国工业活动的中心"。但是后来更倾向于圣彼得堡，原因是"国家所有政府机构都集中于此，借助国家行政部门，可以传播任何公益思想，实施所有公共行动"[1]。

财政大臣 М. Х. 赖滕批准了该协会的章程，在他的直接影响下，沙皇于 1867 年 11 月 17 日批准了该章程。

根据章程，协会成员"有权召集会议讨论需求"，并通过协会的委员会提交给当局[2]。委员会由四个部门组成：编辑部；工厂和手工业部；国内外贸易部；海上贸易航线、俄国内河航线以及其他商路部。后来于 1887 年增加了第五个部门——个体手工业和工场手工业部。

协会委员会由主席和四位副主席组成，任期三年。它还包括各部主任和成员（每个部至少三位），以及一名文员。

1868 年 2 月 10 日，俄国工商业促进会第一次全体会议在圣彼得堡市议会大厅举行，圣彼得堡市市长 Н. И. 波格列博夫当选为委员会的第一任主席。1892 年，协会成立 25 周年的报告中这么描述他："一名地地道道的俄国人，受到多元化教育，深受工商业阶层和圣彼得堡市民的热爱和敬重。"[3] 1880 年，圣多纳托公爵、乌拉尔矿业家 П. П. 杰米多夫继任主席，他拥有下塔吉尔钢铁厂和雷斯瓦钢铁冶炼厂。1878 年，《柏林条约》签订，《圣斯蒂芬和约》废止，这损害了俄国的利益，著名外交官 И. П. 伊格纳季耶夫伯爵的外交生涯就此告终。19 世纪 80 年代，他

---

[1] Объяснительная записка и проект устава ОДСРПиТ. С. 3.
[2] Объяснительная записка и проект устава ОДСРПиТ. С. 3.
[3] Отчет общества... с 1867 по 1892 г. С. 4.

在政府历任要职：1881 年任国有资产大臣，1881~1882 年任内务大臣。随着他的国务生涯走向结束，伊格纳季耶夫的社会活动越来越频繁。从 1883 年开始，他担任俄国工商业促进会主席长达 25 年，直至 1908 年去世。俄国工商业促进会高度评价他的工作，以他的名字命名金质奖章，授予他为在工商业领域做出杰出贡献的人士。在 И. П. 伊格纳季耶夫从事国务活动 50 周年之际，协会一致同意授予他金牌[1]。

根据章程，俄国工商业促进会由正式会员和荣誉会员组成，人数不定。协会正式成员的入会费为 25 卢布，每年会费为 15 卢布。协会的会员大会选举荣誉会员，以表彰其在俄国工商业发展中做出的重大贡献，并免交会费[2]。19 世纪 80 年代，该学会的荣誉会员有：Н. Х. 本格，著名的经济学家、教授，曾多年担任基辅大学的校长，先后担任财政部副大臣（1879~1881 年）、财政大臣（1881~1886 年）、大臣委员会主席（1887~1895 年）；М. Х. 赖滕，大臣委员会主席（1881~1895 年）；Д. 科别科，国务活动家和社会活动家，长期（1865~1879 年）担任财政部办公室主任，而后成为 С. Ю. 维特领导的财政大臣理事会成员，1902 年起任国务委员，此间曾担任圣彼得堡公共图书馆馆长；А. Л. 施蒂格利茨男爵，大金融家和企业家，布匹和亚麻布工厂主及铁路经销商。

截至 1869 年 2 月，该协会共有 514 名成员，分布在俄国 65 个城市和中国的 2 个城市[3]。总体而言，俄国工商业促进会成员的现存信息表明，该组织团结了大量制造商、工厂主、大商人、各个级别的官员、资产阶级教授、从企业经营中获得外快的工程技术知识分子、高级贵族阶层的代表、贵族企业家和俄国著名科学家等。

---

[1] Труды Общества для содействия русской промышленности и торговле（далее - ТОДСРПиТ）. Ч. 30. Отд. 2. СПб., 1913. С. 2-3.

[2] Отчет ОДСРПиТ в 1881 г. СПб., 1882. С. 4.

[3] Отчет ОДСРПиТ в 1868 г. С. 5.

第五章 俄国19世纪60～80年代的资产阶级与保护主义问题

自协会成立之初，大多数的成员都是大企业家，他们占据了协会中的主要职位。在协会发展的各个阶段，官员、知识分子均发挥了重要的作用，他们主要代表大工商业资产阶级的利益，并且在协会和政府机构传播该阶级的观点。此外值得一提的是，在农奴制改革后的俄国，高官和政要开始与大企业家接近且交往日密。19世纪60年代，大量高官的收入可以与大资产阶级相匹敌，同时仍保留公职。他们可以担任铁路公司的联合发起人、董事会成员、银行和工商业企业中的管理人员或"专家"，当时这被称作"兼职"[1]。有时很难区分职业的主次，难以将某个人归为官员或工业家。例如，俄国工商业促进会最活跃的成员之一 К. А. 斯卡利科夫斯基是一位经济学家、政论家、音乐评论家，还是矿业部主任，19世纪90年代后期，他至少是五家大型股份公司的董事会成员兼俄国外贸银行理事会理事长。这种情形并不罕见。协会成员还有俄国杰出科学家以及经济领域的杰出专家如 Д. И. 门捷列夫、К. И. 利先科、С. И. 古利尚巴罗夫、В. Д. 别洛夫、В. В. 莫尔科夫尼科夫、Е. Н. 安德烈耶夫和 П. И. 格奥尔吉耶夫斯基等。正是他们的参与，使俄国工商业促进会具有学术性和社会性。

19世纪80年代，莫斯科资产阶级对圣彼得堡的协会的兴趣有所提升。早在1869年，俄国工商业促进委员会就向莫斯科最大的纺织品制造商 Т. С. 莫罗佐夫和 И. К. 巴布斯特呼吁，在莫斯科（"俄国国内贸易和制造业至关重要的城市"）建立协会的分委员会或常任代表大会作为分支机构，但是这些呼吁石沉大海。巴布斯特和西方派经济学家不同，他并不热衷于贸易自由，而只希望捍卫俄国商人的利益[2]。在俄国工商业促进会成立之初，莫斯科企业家对其活动漠不关心，直到1884

---

[1] Гиндин И. Ф. Государственный банк и экономическая политика царского правительства (1860 – 1892 годы). М., 1960. С. 73.

[2] Отчет ОДСРПиТ в 1869 г. С. 11 – 12.

年才建立了莫斯科分会。很可能是因为莫斯科企业家对当时的状况相对满意，而莫斯科交易所委员会又扮演了莫斯科资产阶级联系中心的角色。随后在1870年，委员会修改了章程，扩大了其职能和权利。当时，莫斯科工商业界可以通过商会和杂志交换意见，并表达其兴趣和要求，这弥补了莫斯科缺乏协会或分支机构的不足。

自19世纪50年代到60年代，贸易自由主义者和贸易保护主义者之间激烈的争论一直没有停止，但1868年关税通过后，争论有所平息。对争论双方和工商业家而言，新的关税在一定程度上都只是"安慰性"的。俄国工商业促进会的活动也略显沉寂，这种状况一直持续到19世纪70年代末，协会在此期间对政府几乎没有影响。在这期间，协会的财务状况也变得非常糟糕，它的收入主要是寥寥无几的会费。伊格纳季耶夫承认，协会的收入微不足道，但从来没有"因为金钱问题难为政府"[1]。该协会将大部分资金用于出版《贸易文摘》（后来的《文集》）和租用会议室，19世纪70年代末，协会的收入来源依然主要是会费缴纳，财务情形不佳，甚至无法租用房间召开委员会的公开会议。后来，"由于城市公共管理部门的同情，它才获准在杜马办公场所召开会议"[2]。

19世纪80年代初是俄国工商业促进会历史上的一座里程碑，它的活动变得非常频繁。80年代旷日持久的危机激发了俄国和西欧各国的贸易保护主义。政府和公众针对海关保护主义制度展开了激烈的争论。1884年9月，莫斯科著名工商业家再次萌生了创建俄国工商业促进会莫斯科分会的想法。成立大会在理工博物馆举行，Т. С. 莫罗佐夫当选为主席，委员会成员包括 П. С. 马柳京、Н. М. 戈尔博夫、В. Д. 阿克谢诺夫，以及贸易和制造业委员会莫斯科分会成员 Н. Н. 孔申、А. Л. 洛谢夫和

---

[1] ТОДСРПиТ. Ч. 22. Отд. 2. СПб., 1893. С. 61.
[2] Кази М. Указ. соч. С. 3－4.

第五章 俄国19世纪60~80年代的资产阶级与保护主义问题

А. И. 阿布里科索夫[①]。19世纪70~90年代，协会在俄国20多个大型工商业中心设立分部，其中莫斯科分部成为最为活跃的分部之一。

一些研究俄国工商业促进会历史的学者认为，协会在发展俄国经济和团结工商业资产阶级的过程中发挥了重要作用。例如，П. И. 利亚先科称，协会是俄国工业家的社会组织，代表了俄国进步的工业资产阶级的追求和意识形态（恰如成立于1866年的俄国技术协会），具有相当重要的价值[②]。其他人（例如 М. И. 利夫申）则表示，俄国资产阶级的第一批"社会"组织，例如俄国技术协会和俄国工商业促进会，纯粹是"研究型""学术型"的协会[③]。

俄国工商业促进会的整个历史表明，上述评价并不全面，协会还具有其他特征。在协会的解释性说明和章程草案中，起草人已经表达了一个信念，即成立协会旨在"创建工商业人士的圈子，使他们能够全面讨论工业、商业甚至是财政问题，并能够为工商业界甚至是国家财政部门提供必要的服务"。根据俄国工商业促进会发起者的构想，协会应当成为"整个俄国所有阶层工商业利益的代言人。新成立的协会应当努力关注所有有利于俄国工业和商业的想法，提供必要的帮助并促进其实施"[④]。他们坚持以协会的名义，就关乎国计民生的最重要的问题向政府提出诉求。1885年，伊格纳季耶夫强调说："我们是'劳力'，负责搜集必要的材料，提供给那些能够将它们用于建设事业的人。所有资料搜集完毕，从不同角度对其进行分析和研究，之后提供给相应部门，至此，我们的工作就宣告完成。至于最终的结果，这并不取决于我们。"[⑤] 伊格纳季耶夫

[①] ТОДСРПиТ. Ч. 22. Отд. 2. С. 17.
[②] Лященко Н. И. История народного хозяйства СССР. Т. 2. М., 1948. С. 25.
[③] Ливший Я. И. Монополии в экономике России（Экономические организации и политика монополистического капитала）. М., 1961. С. 223.
[④] Объяснительная записка и проект устава ОДСРПиТ. С. 4 – 5.
[⑤] ТОДСРПиТ. Ч. 17. Отд. 3. СПб., 1886. С. 284 – 285.

呼吁进行"基于确凿事实的、审慎的请愿",这一呼吁表达了影响政府大政方针的愿望,尽管这种影响极为有限。几年后的1892年,伊格纳季耶夫发表演说,称协会"在所有人面前坦荡地、公开地开展工作,仅限于搜集资料并进行讨论,以阐明某一建议对民众的好处。我们以最朴实的方式向相关部门介绍我们的结论。工作的结果完全取决于后者的裁夺和观点"[1]。协会主席的讲话表明,他对政府政策完全满意,因为政府满足了俄国工商业促进会在不同社会经济问题上的诉求。协会活动的重心正在于此,即代表和保护俄国工商业资产阶级主要阶层的利益。总之,俄国工商业促进会是第一个全俄企业家协会,兼具俄国大型资产阶级代表机构和科学协会的特征。

※※※

在宣布保护主义为其活动的主要原则后,协会在整个历史过程中始终如一地捍卫和执行这一路线。"保护主义"已经成为协会的代名词,这正是俄国工商业促进会各历史阶段的主要工作,也体现了资本主义制度下俄国工商业界的核心主张。俄国工商业促进会建议俄国政府采取严格的保护性甚至禁止性的关税制度,并向俄国企业家提供销售市场和原材料来源,以"庇护"和"保卫"本国工业免受外国竞争。

第二节 保护主义在行动:俄国资本巩固在中亚、高加索和伊朗市场的地位

俄国工商业促进会成立之初,恰逢中亚并入俄国。帝国军队攻占

---

[1] Отчет общества... с 1867 по 1892 г. С. 5.

第五章　俄国19世纪60~80年代的资产阶级与保护主义问题

了塔什干（1865年），1867年7月它成为突厥斯坦边疆区的首府。

19世纪60年代末以来，边疆地区的经济发展、"中亚问题"（包括扩大中亚广大地区的贸易、原材料来源）、英国贸易扩张以及如何在亚洲市场战胜大英帝国，一直是俄国工商业促进会关注和研究的焦点，这与当局政策一致。1878年之前，其主旋律都是建立和平贸易关系，以和平方式将俄国的影响渗透到中亚地区和土库曼斯坦。

农奴制改革后的前几年，俄国政府和企业家共同关注的焦点是发展国内产业，并为其提供市场和原材料，这一问题也吸引了知名政治家、社会活动家和学术界人士的关注。

在此期间，俄国纺织业的原材料供应问题日益严重，因为其原料主要靠进口，而国内棉花种植还处于起步阶段。当时，俄国棉花种植面积只有约37000俄亩，美国内战（1861~1865年）造成的全球棉花危机大大加剧了俄国对进口棉花的依赖。

莫斯科纺织区吸引了弗拉基米尔、伊凡诺沃-沃兹涅先斯克、舒亚和科斯特罗马等地的经销商和制造商，和其他纺织区一样，它们都主要以中亚作为原料产地和销售市场。圣彼得堡商人同样对中亚感兴趣。建立国内棉花种植基地，为国内领先的纺织业提供重要的原材料，从而摆脱对外国的依赖，已成为当务之急。对此，俄国工商业促进会提出了整套措施，并采取了实际行动，直接参与了扩大棉花种植面积的相关项目。

1870年5~6月在圣彼得堡举行了第一届制造商和工厂主大会，俄国工商业促进会成员在大会上发起讨论：如何弥补俄国棉花产量的不足？如何扩大棉纺织品销售市场？大会重点关注了突厥斯坦边疆区和布哈拉酋长国棉花的种植和品质改良、棉花运输和道路修建等问题。随着棉花种植面积的扩大以及向中部工业区（主要是莫斯科）供应量

俄国企业史（1850～1917）

的增加，未来似乎能彻底"摆脱美国的束缚，至少在中档棉产品方面"①。

此后，俄国政府为发展棉花生产采取了一系列措施，包括在19世纪80～90年代修建中亚铁路网、对棉花实行保护性关税、种植更多改良品种的棉花、在塔什干附近开辟棉花农场、开展实验性种植以及借鉴美国棉花种植经验等。上述举措均成效显著。从1885年起，棉花种植面积迅速扩大，俄国中亚地区的棉花种植大获成功，可纺织业对国内棉花的需求仍未得到充分满足。虽然当时仍无法摆脱对美国棉花的依赖，但依赖程度已经大为减弱。毫无疑问，莫斯科工业区棉织业和印染业的快速发展，主要得益于突厥斯坦棉花种植面积的扩大。

随后，俄国工商业促进会又多次研究在国内建立棉花种植基地的问题。协会在1892年周年纪念报告中自豪地指出，"我国亚洲部分的棉花种植业以及欧洲部分东部和高加索地区的棉花产业在当地均已生根发芽"②。

中亚并入俄国后，协会马上采取类似措施推动俄国在该地区的贸易。1869年9月，俄国工商业促进会委员会向财政部和军事部提议，要求占领克拉斯诺沃茨克湾，并开辟从那里通往阿姆—达里亚的道路，他们认为，这些措施"对俄国贸易至关重要"。协会的申请得到了总参谋长П. А. 葛伊甸的支持。受军事大臣Д. А. 米柳京的指示，葛伊甸呼吁"俄国商人和资本家要将精力投向里海东岸"③。亚历山大二世下令成立的专门委员会得出结论：必须占领克拉斯诺沃茨克湾，并且在那里建立一个稳固的贸易点，以"加强俄国对里海的控制，保障里海东岸的贸易线"。交通大臣А. П. 博布尔斯基伯爵也发表了类似的讲话，他在《关于发展

---

① Протоколы и стенографические отчеты заседаний Первого Всероссийского съезда фабрикантов, заводчиков и лиц, интересующихся отечественной промышленностью. 1870 г. СПб., 1872. 5 отд. С. 12.
② Отчет общества... с 1867 по 1892 г. С. 10.
③ Цит. по: Халфин Н. А. Указ. ст. // Вопросы истории. 1975. № 8. С. 49.

中亚贸易的措施》（1870年1月）中强调："唯一能够保证我们产品销售的市场是中亚……俄国工业界有权要求政府不仅保护这一市场，还要协助战胜外国贸易商。"①

此时，吉尔吉斯草原爆发动乱，直接威胁到俄国在中亚的资产安全。传闻希瓦汗参与暴乱，于是政府决定迅速占领克拉斯诺沃茨克。这次政治军事行动兼具经济目的，即开辟一条新的、费用更低且距离更短的路线，帮助俄国贸易商在中亚市场战胜英国。这首先满足了莫斯科工商界的愿望。俄国工商业促进会对这些问题的讨论以及后继事件表明，当局的政策符合相关工商业人士的利益和目标。

俄国当局和企业家罕见地达成了一致，并有意切实提升在中亚各国的经济地位。下一任总参谋长成为俄国商人与政府之间的联络人，在致 П. А. 葛伊甸的报告（1873年3月、6月和8月）中，他提出了一项详尽的计划，以巩固俄国的经济和政治地位，并保护俄国工商业资产阶级的利益。格卢霍夫斯科强调："直到最近，反对开辟克拉斯诺沃茨克通往阿姆—达里亚路线的理由之一是：欧洲货物可能经由该路线运抵中亚……现在里海—阿姆—达里亚路线必须马上开通，并保障其安全，否则就无法控制通过波斯湾和里海的中亚贸易。"②

19世纪70年代，俄国工商业促进会的老牌会员 Н. А. 沙夫罗夫强烈地表达了莫斯科工商界的诉求，以捍卫他们在东方市场的利益。在1871年发表的研究报告《彼得大帝指定中亚之路》，以及在俄国工商业促进会上的多次讲话中，特别是在他的报告《俄国与亚洲之间的贸易线》（1872年11月）中，沙夫罗夫深感忧虑："俄国并未为自己的产品开拓中亚市场，相反，俄国却成了亚洲的销售市场。"他指出，在与西欧企业的竞争中，俄国企业家的处境极为不利，因为西欧工业原材料的价格更低廉。

---

① Там же. С. 50.
② Там же. С. 52.

俄国企业史（1850～1917）

现有关税的意义"完全被破坏，因为俄国铁路运输外国货物价格低、准点率高且速度快"。沙夫罗夫认为，俄国纺织业进一步发展的关键是"现代铁路运输的运费较低"，所以"我们为棉花付出的代价并不比英国人高……我们有信心保证俄国棉纺业的进一步发展，这比任何补贴和保护性关税更为可靠"①。

沙夫罗夫的报告指出，俄国工商业促进会委员会成立了一个专门委员会，以"详细讨论通往亚洲的贸易线"。1873年2月，专门委员会完成了最终报告，并提交给俄国工商业促进会委员会②。报告指出"亚洲贸易形势严峻，尤其是中国"。专门委员会支持沙夫罗夫的观点，指出在19世纪60～70年代，俄国与欧洲之间的贸易增长了一倍以上，在亚洲，俄国进口增长了30%，出口却下降了30%～40%。

专门委员会认为，摆脱困境的出路是"马上修建铁路"，因为英国和土耳其"非常积极地"在亚洲铺设了多条铁路。委员们表示，这些措施"在欧洲和亚洲的国际贸易中将会排挤俄国，使俄国彻底丧失亚洲销售市场，进而使俄国工厂陷于瘫痪"③。

除俄国外，中亚铁路建设问题还引起了西欧的浓厚兴趣，他们提出了各种方案（1854～1880年有40多个项目），并进行了长期的讨论。同时，基于政治和军事战略的综合因素，19世纪60～70年代当局开始建设铁路，首先是通往俄国西部和南部边界，这主要是出自经济方面的考虑，即确保出口商的粮食运输。然而，为出口而修建的铁路和低廉的海关税促使西欧产品大量涌向俄国，俄国企业家纷纷破产，因为沿铁路流向西

---

① См.: Шавров Н. А. Путь в Центральную Азию по направлению, указанному Петром Великим. СПб., 1871. С. 6 – 8.
② Доклад Комитету Общества содействия русской промышленности и торговле, составленный особою комиссиею по исследованию путей для торговли России с Азией. СПб., 1873.
③ Там же. С. 21 – 23.

第五章　俄国 19 世纪 60~80 年代的资产阶级与保护主义问题

方的不仅是原材料，还有用于购买商品的黄金，这引起了国内企业家的不满。国内消费市场过于狭小，必须开拓国外市场。所以，俄国企业家一直积极地影响政府的铁路政策。铁路网是否应该仅通向德国等西方国家？是否必须修建通往东方的道路？这些问题在协会中引起了激烈的争论。中部地区的纺织工厂和乌拉尔的冶金工厂主要面向亚洲市场，当然铁路建设也要倾向于东方。作为其中的领军人物，沙夫罗夫认为，如果铁路仅铺设到西部边界，将为俄国工业带来灭顶之灾。

俄国工商业促进会开始研究中亚铁路建设问题。在诸多拟议项目中，最受关注的是奥伦堡—塔什干和叶卡捷琳堡—塔什干两个方向的铁路修建。

以省长考夫曼为代表的地方政府支持修建从奥伦堡到撒马尔罕的路线，因为这条路线最短，并且经过俄国与中亚边疆地区的古老商道。对东方市场最感兴趣的一些莫斯科大企业家们多次请求财政大臣和交通大臣尽快修建西伯利亚铁路，包括从叶卡捷琳堡到塔什干的中亚支线。在 1874 年举办的伊尔比特博览会上，"外埠"商人派出代表向铁道大臣请愿，要求修建这一方向的铁路。同年，莫斯科商人向财政大臣和交通大臣转交了莫斯科贸易和制造业委员会主席梁赞诺夫、莫斯科交易所委员会主席莫罗佐夫、莫斯科交易所委员会主任博斯坦佐格洛等签署的公函，其中要求"一并"研究建设西伯利亚铁路和中亚铁路的问题，而且表示支持修建从叶卡捷琳堡到土库曼斯坦的铁路，并延伸该路线[①]。沙夫罗夫始终坚定支持修建下诺夫哥罗德—鄂木斯克铁路线（同时反对修建奥伦堡—塔什干路线）。他认为，通往叶卡捷琳堡和额尔齐斯的铁路是俄国主要的线路，具有跨世纪的意义，它将莫斯科与西伯利亚富饶的矿产和林

---

① См.: О направлении Сибирской железной дороги. Публичные чтения в Обществе содействия русской промышленности и тоговле. СПб., 1870; Соловьева А. М. Железнодорожный транспорт в России во второй половине XIX в. М., 1975. С. 118–146.

业联系在一起,是俄国在亚洲的主要贸易线,兼具战略意义。沙夫罗夫指出:"由于没有铁路,俄国东北部地区的发展止步不前,俄国商品无法进入庞大的中国市场。"①

尽管工商界对建设通往中亚的铁路兴致盎然,但是他们的多次申请却无果而终,直到 1881 年,政府也没有采取实际行动实施该计划。

19 世纪 80 年代初期,中亚终于开始铺设铁路。外交政策是推动当局建设铁路的主要因素:一方面,英国在中亚的扩张带来了直接的威胁;另一方面,俄国向阿哈尔 - 捷金绿洲渗透的系列活动都惨遭失败。因此,建设里海东岸铁路的主要战略目标是"加强俄国在中亚的军事政治地位"。铁路修建分为三个阶段,于 1888 年完工。铺设铁路虽然是出于军事战略需要,但它很快就成为俄国中亚地区最为重要的经济大动脉,并打开了中亚的资本大门②。铁路缩短了莫斯科与中亚地区之间的距离,促进了俄国与波斯边境的贸易,尤其是与阿斯哈巴德、呼罗珊和麦什德的贸易。19 世纪 80 年代后期以来,俄国所有布匹都通过里海东岸铁路输出到中亚和北波斯市场。俄国企业家和中间商在范围广泛的出口业务中占据领先地位,他们在东方国家经销莫斯科及其周边纺织工厂的产品③。

***

19 世纪 80 年代工业危机来临,工业品销售问题尤为突出,这与各国

---

① Шавров Н. А. Указ. соч. С. 114 – 115.
② 1896 年,里海东岸干线的克拉斯诺沃茨克部分在中亚建成,它的终点是克拉斯诺沃茨克。1895 年 5 月,俄国开始建设中亚铁路,从撒马尔罕到塔什干,其支线到乌兹别克斯坦的安集延市。同时修建通往土库曼斯坦和阿富汗边界的穆尔加布支线(梅尔夫—库什卡)。1898 年 12 月,撒马尔罕—安集延铁路建成,里海东岸干线投入运行。1899 年,里海东岸干线与撒马而罕—安集延铁路合并,统称中亚铁路,包括支线在内,全长 2354 俄里(См.:Соловьева А. М. Указ. соч. С. 254,259,260)。
③ ТОДСРПиТ. Ч. 18. Отд. 3. С. 183.

第五章　俄国 19 世纪 60~80 年代的资产阶级与保护主义问题

争夺海外市场和加强海关保护主义政策直接相关。19 世纪 80 年代初以来，俄国资产阶级要求制定保护性关税，以巩固国内市场的经济霸权。专制主义思想家 M. H. 卡特科夫认为，俄国资产阶级的主要任务是在与国外对手的竞争中控制国内市场[1]。同时，一部分工商业资产阶级（尤其是棉纺工业的资本家）越来越倾向于出口产品，其主要国外市场是中亚和伊朗。在中亚，当局直接进行军事占领；而为争夺伊朗北部市场，政府采取了一系列财政措施，如取消外高加索免税过境、实行退税制度和铺设铁路等。俄国资产阶级最担心英国与日俱增的威胁，因为英国在伊朗加快了经济和政治扩张，而俄国资本恰恰又将希望寄托在伊朗市场。

许多俄国资产阶级人士认为，占领高加索和中亚市场，发展与伊朗的贸易关系面临两个主要难题：一是高加索的免税过境运输问题；二是缺乏这些边区与大城市之间的便捷交通线。莫斯科资产阶级的主要人物在外高加索过境运输方面的要求几乎完全一致。俄国著名制造商和工厂主 B. 莫罗佐夫、Д. 莫罗佐夫、A. 科利丘金和 M. 库兹涅佐夫等主张取消过境运输，并采取"特殊的保护措施"以抵制外国竞争。由此，莫斯科交易所委员会收到了大量来自俄国大资本家的申请和声明[2]。例如，一家大型陶瓷工厂的所有者 M. C. 库兹涅佐夫指出，为了在高加索销售自己的产品，他在顿河畔罗斯托夫、敖德萨和阿斯特拉罕修建了多个货栈，但仍无法将国外的陶瓷制品排挤出外高加索市场。他总结说："我们这些俄国工厂主，甚至在俄国都无法与外国商人竞争。"[3]

巴库—梯弗里斯—巴图姆铁路 1883 年即将竣工，这令工厂主们提心吊胆。Ю. П. 古容等知名工厂主被推举出来作为代表，就外高加索运输问题发表声明，表示波季—巴库铁路"将完全破坏与波斯和整个里海沿

---

[1] Московские ведомости. 1880. 23 мая, 3 июля.
[2] ЦИАМ. Ф. 143. Оп. 1. Д. 98. Л. 7, 105, 108, 109 и др.
[3] Там же. Л. 108, 109.

岸地区的贸易现状"。铁路运输成本低廉，将为欧洲人打开里海东岸的市场。欧洲人可以全年出口其工业品（而俄国包括炼铁和铜加工在内的金属工厂有半年时间只能使用通过阿斯特拉罕的水路），这将威胁到俄国企业的销售市场，造成损失，而它们在该市场上已经营数十年了[①]。

莫斯科工厂主认为，一方面，可以增加对黑海港口金属进口的关税，以此解决外国商品大量涌入的问题，从而推动俄国南部钢铁工业和高加索地区铜工业的发展；另一方面，可以通过提高波季—巴库铁路运输铁、铁制品以及铸铜的运费来解决这一问题[②]。他们建议将高关税维持到"南部铁厂发展壮大之前，直到它们能够满足本地消费需求，有能力将产品投入到高加索和外高加索地区为止"[③]。

1882年，企业家们建议在财政部召集一次专门会议讨论过境运输问题。1882年10月，参加下诺夫哥罗德博览会的制造商和工厂主联合向莫斯科交易所委员会提出申请。Е. В. 莫罗佐夫，博戈罗茨基-格卢霍夫斯科制造厂董事会经理 Д. А. 莫罗佐夫，丹尼洛夫，制造厂合伙公司董事会经理 Ф. Л. 克诺普，贸易公司的代表伊凡·科诺瓦洛夫父子、Е. Ф. 古奇科夫父子、里亚布申斯基兄弟，以及合伙公司的代表克列斯托夫尼科夫兄弟和特列季亚科夫兄弟等代表24家大公司签字。他们要求莫斯科交易所委员会向财政大臣申诉，希望保护他们"在里海东岸和波斯的贸易利益"[④]。

莫斯科交易所协会召开的会议要求莫斯科交易所委员会向财政大臣呈报该协会达成的一致意见，即过境运输"无疑将损害俄国利益"，应彻底取消，以防止日益猖獗的走私，保护俄国在波斯和中亚市场的贸易[⑤]。

---

① Там же.
② Там же. Л. 109.
③ Там же.
④ Там же. Л. 90.
⑤ Там же. Л. 18.

第五章　俄国19世纪60～80年代的资产阶级与保护主义问题

前外交大臣 A. M. 戈尔恰科夫也反对通过外高加索地区进行免税贸易。在提交给沙皇的特别呈文中，他援引了"国家政治方面的因素"强调说，俄国在中亚地区的经济影响力同时也"产生了政治上的优势"。戈尔恰科夫认为，必须消除其他国家（尤其是英国）在亚洲市场的贸易竞争。但政府并不同意，并告知戈尔恰科夫，"不应通过限制性措施抵制英国商品的流入，而应通过大规模建设本国运输路线来抵制，进而保证贸易不受制于英国"[①]。

过境运输捍卫者的阵营包括和重工业、大型金融资本有联系的圣彼得堡的工厂主，以及首都的贵族代表，他们关注的是从事国外贸易的资产阶级，以及如何推动俄国粮食和原材料出口。他们得到了波季—巴库铁路（后来的外高加索铁路）股份公司管理人员的支持，其中包括拥有70%股份的王室成员和亚历山大二世本人，以及通过运输或走私欧洲商品而积累大量资本的外高加索资产阶级的不同群体[②]。

基于保护过境运输的立场，1882年11月《高加索报》报道："尽管修建了外高加索铁路，但要继续保留现有的外高加索过境运输，整个社会将其视为一种伟大的、彰显国际正义的行为，即用新的纽带将欧洲文明和印度文明连接到一起。"[③]

1882年底，俄国工商业促进会重新讨论了外高加索过境问题，并为此召开了几次会议[④]。促进会委员会以多数票通过了一项决议，即向经由外高加索的外国货物征收过境税，这将"保护俄国工商业的利益"，但是尚未确定税率。大家一致同意委托给一个由政府官员和商人代表组成的专门委员会来确定税率，并将该专门委员会派遣到高加索。但是，也有

---

① Морозова Т. Л. Указ. соч. С. 134.
② ТОДСРПиТ. Ч. 13. Отд. 2. С. 91－175.
③ См.：Морозова Т. Л. Указ. соч. С. 138.
④ ТОДСРПиТ. Ч. 13. Отд. 2. СПб., 1883. С. 91－200.

人担心关税的制定将迫使外国货物放弃过境俄国，转而过境土耳其①。

1883年1月俄国工商业促进会举行全体大会，会议决定提请政府禁止外高加索过境运输，"因为它严重损害了俄国工商业利益和政治经济利益"②。提交给财政大臣的呈文表示，外高加索过境运输一方面导致了高加索地区（进而遍及整个俄国）的国外走私货物增加，尤其是在免税过境的情况下，走私货物"规模惊人"，并且"任何措施都无法阻止，也无法根除"。这给俄国工厂主们造成了巨大损失。同时，廉价的外国商品充斥外高加索市场，阻碍了外高加索地区本国工业的发展。

另一方面，过境运输使俄国"在波斯市场几乎无力与西欧竞争"，莫斯科的纺织品制造商特别强调，西欧商品在波斯市场具有"巨大的优势，其成本和运费都非常低廉"，外高加索过境运输威胁到俄国在中亚和伊朗的贸易。

俄国资产阶级将外高加索过境运输问题与发展中亚贸易问题紧密联系起来，而后者"对俄国至关重要"③。他们认为，禁止过境运输是巩固俄国在外高加索市场的地位、改善与伊朗贸易关系的前提。

外高加索地区过境运输问题和铁路建设问题紧密相关，因为这是巩固俄国资本的国内市场以及与英国在伊朗的势力相抗衡的一个重要手段。沙夫罗夫认为，外高加索过境运输"是欧洲最近且最为低廉的线路"，如果俄国"没有为本国工业界修建一条更近、更低廉的通往波斯的线路"，那外高加索过境运输将对俄国不利④。同时，沙夫罗夫还认为，外高加索地区交通闭塞，与生产地区联系不畅，这是将外高加索融入俄国市场的主要障碍⑤。正因如此，俄国工业家倡导"随着俄国工厂生产的发展，逐

---

① Там же. С. 174, 175.
② Там же. Ч. 13. Отд. 1. С. 59.
③ Там же. С. 173.
④ Там же.
⑤ ЦИАМ. Ф. 143. Оп. 1. Д. 98. Л. 133 – 135.

第五章　俄国19世纪60～80年代的资产阶级与保护主义问题

步扩大俄国制造商的销售额",认为必须"修建从俄国中部工业区到亚洲市场的最短铁路"①。资产阶级政治家支持这一想法,强调只有建设铁路才能加强国内外的贸易联系,从而销售廉价的工业品,并将外高加索和中亚地区丰富的原料销售给俄国工厂②。

19世纪80年代初期,当局的经济政策旨在加速建立独立于外国资本的国家经济体系,并加强保护主义。本格于1883年被迫再次研究外高加索过境运输问题,但他并未彻底解决该问题,只是提出了一个折中方案,即关闭外国货物运输到巴库的最短过境路线,将该路线纳入全俄统一关税体系,而通往波斯边境城市朱利法的陆路在一定程度上保持畅通,仅征收适度的过境关税,从而避免商品交易完全转移到与俄国相竞争的土耳其路线(特拉布宗—埃尔祖鲁姆)。

1883年3月底,财政部的提议由国务会议经济司和法律司联合审议,但是没有达成共识:13人赞成限制外高加索过境运输,而11人要求完全禁止。过境问题被提交国务会议进一步审议。虽然本格的提案并未获得多数席位的赞同,但得到了沙皇的支持。1883年6月3日,废除免税过境法获批③。从此,外国货物的过境运输几乎完全停止。

后来,俄国工商业促进会莫斯科分会表达了中部工业区工商界的意愿,支持禁止过境运输,认为这是一项"为民族工业巩固外高加索市场"的举措④。

但是,取消外高加索过境运输并未使俄国企业家在渴望甚久的波斯市场上获得统治地位,他们希望通过海关保护而将西欧商品彻底赶出亚

---

① ТОДСРПиТ. Ч. 13. Отд. 1. С. 12, 70.
② Шавров Н. А. Обзор производительных сил Кавказского наместничества. Тифлис, 1880. С. 463.
③ Полное собрание законов Российской империи(далее-ПСЗ). Собр. 3. Т. 3. СПб., 1886. № 1581.
④ ТОДСРПиТ. Ч. 20. Отд. 2. СПб., 1890. С. 157.

俄国企业史（1850～1917）

洲市场的愿望破灭。印度总督 J. 寇松侯爵后来写道，英国在波斯湾贸易量激增的一个主要原因是"俄国封锁了所有国家沿北部进入波斯的通道，从而促使英国改善并拓展了南方的贸易线"①。

在禁止外高加索地区免税过境的前几年，西欧国家非常担忧与伊朗的贸易联系，再加上俄国票据利率下降，担忧在 1886 年进一步加剧，这在客观上有助于俄国商品的出口。英国媒体激烈地讨论了上述问题，指责英国政府对"俄国在波斯取得成功"以及对俄国所谓的将英国赶出伊朗市场的政策采取"置身事外"的态度②。当时英国领事的报告充斥着对俄国在伊朗贸易成功的抱怨，并批评英国制造商出口到伊朗市场的商品质量低劣。

实际上，英国在伊朗市场的地位依然稳固，但取消免税过境引发的第一波动荡平息了。英国驻大不里士领事馆总领事于 1886 年底曾经抱怨英国商品已被排挤出波斯市场，时隔两年后他又说："曼彻斯特的棉花在商品市场仍占据统治地位，俄国对手甘拜下风。"③ 据专家称，若俄国没有因为不利的条件（包括对棉花④和棉花生产所必需的化工材料征收高额关税以及"限制使用交通工具"等）而被"削弱"，那么这一竞争将变得更加激烈。

取消外高加索免税过境运输并未达到俄国纺织品制造商的预期效果。俄国工商业促进会莫斯科分会毫不掩饰自己的失望之情，在向俄国工商业促进会提交的报告中指出，关闭过境运输并未实质性地改变俄国与伊朗的贸易关系⑤。1884 年，在伊朗市场从事独立贸易的著名莫斯科纺织品

---

① Витчевский В. В. Торговая, таможенная и промышленная политика России со времен Петра Великого до наших дней. СПб., 1909. С. 181.
② ТОДСРПиТ. Ч. 20. Отд. 2. С. 157；ЦИАМ. Ф. 143. Оп. 2. Д. 1；Ф. 342. Оп. 2. Д. 258. Л. 23.
③ ТОДСРПиТ. Ч. 20. Отд. 2. С. 158 – 159；Еcопопнзc 1889. Магсh 9. Р. И.
④ 俄国进口美国、埃及和印度棉花的进口税为每普特 1 金卢布（Там же. С. 164）。
⑤ Там же. Ч. 20. Отд. 2. С. 157.

第五章　俄国19世纪60~80年代的资产阶级与保护主义问题

制造商 H. H. 孔申也证实了这一点,他承认俄国对伊朗的出口增长非常缓慢,即使采取了措施阻止欧洲商品通过外高加索,也未能带来任何显著成果①。

莫斯科的纺织资本家寻求新的方法来对抗英国在东方市场的势力,并扩大自己在东方市场的影响力。他们开始借助俄国工商业促进会争取出口纺织品时的退税。俄国工商业促进会莫斯科分会在申请这一激进措施时表示,棉纺织行业"并不贪图退税"②,但是,如果没有退税就无法与英国竞争,退税关乎"我们商品在波斯市场上的存亡"③。

迫于俄国纺织品制造商的压力,政府做出了让步,财政部在制造商的参与下审议了退税问题。1891年11月,财政大臣在一份递交给沙皇的报告中强调,由于粮食减产,人民购买力下降,在这种情况下,以这种方式推动俄国商品销往国外市场是"非常可取的"④。1892年2月3日,退税申请获批。初始额度为每出口一普特纱线和原白坯布支付1卢布30戈比,染色和印花织物则是1卢布50戈比至1卢布85戈比。随着棉花关税的增加,退税额也增加。该措施逐渐推广到俄国其他边界口岸⑤。

自19世纪90年代初起,俄国向伊朗的棉花出口开始稳步增长。1891年出口额为187.4万卢布,1892年为310.5万卢布,1893年为396万卢布。1894年俄国纺织品的出口总额为686.7万卢布,其中48.7%出口到伊朗⑥。到20世纪初,俄国一直是伊朗最大的纺织品出口国,俄国纺织品开始占

---

① Там же. Ч. 21. Отд. 3. С. 151 – 175.
② 这里指的是每出口一普特糖(除了消费税返还外)奖励俄国制糖厂80戈比。
③ ТОДСРПиТ. Ч. 20. Отд. 2. С. 167 – 168.
④ Семенюк г. Ф. Борьба московской текстильной буржуазии за рынки сбыта и экономическая политика царизма в конце XIX в. // Некоторые вопросы истории Москвы и Московской губернии в XIX – XX вв. М., 1964. С. 134, 135.
⑤ Там же. С. 135; Баранов А. А. Исторический обзор хлопчатобумажного производства в России в связи с таможенными тарифами. М., 1913. С. 102.
⑥ Обзор внешней торговли России по европейской и азиатской границам за 1894 г. СПб., 1896. С. 1.

俄国企业史（1850～1917）

领伊朗北部的市场，并将英国商品赶至伊朗中部各省。俄国食糖在伊朗市场上同样占了上风。

在政府的支持下，俄国资本赢得了与英国的竞争，并逐渐在东方市场上占有一席之地。

第三节 在巴尔干地区的贸易渗透

俄国在巴尔干地区政治地位的巩固为经济发展创造了有利条件。政界人士认为"经济联手是将俄国与巴尔干国家联系起来的牢固而又稳定的纽带，同时可以增强我们对巴尔干各国的影响力"[1]。

但是，19世纪80年代，奥匈帝国的贸易霸权导致俄国在巴尔干半岛的影响力大大削弱。

И. С. 波兹南斯基是俄国工商业促进会的一位活跃成员，专门研究了俄国与罗马尼亚贸易关系的发展前景。他指出，在19世纪80年代危机爆发、国内市场商品销售不足、生产过剩和价格下降的情况下，俄国需要在罗马尼亚和巴尔干半岛其他国家为工业开辟新的市场，因为那里已经出现了一些有利于建立经济联系的条件，这种要求非常迫切[2]。

19世纪80年代后期，俄国与塞尔维亚建立贸易关系。由于没有签订贸易协定，所以两国贸易关系发展得非常缓慢。和罗马尼亚一样，塞尔维亚市场完全掌握在奥匈帝国手中，因此俄国企业家迫切渴望发展俄国与塞尔维亚之间的经贸关系[3]。由此，俄国工商业促进会讨论了在塞尔维亚建立俄国独资或俄塞合资的工商业信贷银行和领事机构等事宜。为发展俄国与塞尔维亚的贸易关系，俄国工商业促进会还计划采取一些激励

---

[1] ТОДСРПиТ. Ч. 21. Отд. 3. С. 386.

[2] Там же. С. 212.

[3] Там же. С. 366, 368 - 373.

第五章 俄国 19 世纪 60~80 年代的资产阶级与保护主义问题

措施，如发放铁、糖和纺织品的出口补贴。俄国工商业促进会莫斯科分会在题为《俄国在巴尔干半岛——土耳其、希腊、保加利亚和塞尔维亚的贸易》的报告中明显支持这一想法，并非常重视原棉的出口退税①。

一些企业家也提出类似的要求，以发展俄国与保加利亚的贸易。根据俄国工商业促进会的意见，需要采取如下保护措施：在多瑙河沿岸比萨拉比亚地区的雷尼市建立自由港，降低向多瑙河沿岸各国出口货物的铁路运费，确定更优惠的关税，退还消费税，退还生产用国外进口商品的关税，退还出口到多瑙河各国原材料的关税，补贴出口到巴尔干国家的商品②。

受促进会的支持，俄国商人开始尝试与保加利亚工商界建立更紧密的个人联系。为此，在 1882 年第二届工商业代表大会召开期间，保加利亚商人代表应邀参加了莫斯科的全俄工业展览会，并在展览会上布置了一个展厅以展示来自保加利亚的商品③。

为了更深入地研究巴尔干市场的需求和状况，俄国组织了多个考察团。根据 М. Д. 斯科别列夫的倡议，1881~1882 年召开了一次由 Т. С. 莫罗佐夫和 Н. Н. 孔申出席的会议。会议筹措并拨出 2 万卢布用于长期考察，确保与保加利亚建立稳固持久的贸易关系。莫斯科制造商们完成了这次考察④。莫斯科商人也派出了类似的考察团前往塞尔维亚，实地调查与塞尔维亚开展贸易的条件⑤。

但是，这一系列活动遇到了重重困难。"由于组织者的个人素质不足"，在伊斯坦布尔举办的仓储展功亏一篑。1882 年，加加林公爵试图在

---

① Там же. Отд. 2. С. 295-320.
② Там же. Ч. 18. Отд. 3. С. 222-223；Ч. 22. Отд. 2. С. 30；ЦИАМ. Ф. 342. Оп. 6. Д. 83. Л. 7, 15.
③ Там же. Ч. 22. Отд. 2. С. 30；Ч. 21. Отд. 3. С. 386, 387；ЦИАМ. Ф. 342. Оп. 6. Д. 83. Л. 10-68；Д. 131. Л. 116.
④ ТОДСРПиТ. Ч. 21. Отд. 3. С. 386；Ч. 22. Отд. 2. С. 29, 30.
⑤ Там же. Ч. 21. Отд. 3. С. 389；Ч. 22. Отд. 2. С. 29.

黑海—多瑙河航运公司的代理处为俄国货物样品建立货栈，但也徒劳无功。在 М. А. 希特罗沃的倡议下，在布加勒斯特举办了最大规模的仓储展，但同样抱憾而归①。组织该展览的初衷是"引起人们关注俄国商品，促进外商采购俄国工业品"。举办这种活动本应该在俄国工商业界引起热烈的响应，展览的组织者们理所当然地期望工业家会积极参与其中，但是他们大失所望②。

П. Н. 伊萨科夫将矛头直接对准了俄国工业家，称他们的消极情绪反映了"生产商本身彻头彻尾地因循守旧，对新市场缺乏兴趣，因为在保护性进口税率的庇护下，他们已经收益颇丰"。伊萨科夫在俄国工商业促进会上表示："经常听到生产商们抱怨说，政府几乎没有给他们提供帮助，但组织仓储展这一事实充分表明生产商根本无心开辟新市场，助其开辟新市场的措施也无法引起他们的兴趣……他们不应该仅是享受保护性关税，还要证明，他们配得上这种保护。"③

М. А. 希特罗沃在俄国工商业促进会上发表的报告证实"政府方面的倡议并未引起工业界的兴趣"，因为这在当时损害了其利益。与此同时，莫斯科的纺织资本家提出了一项要求：出口到国外市场的棉产品需要退还棉花税。他们得到了托马舍夫和罗兹等地制造商的大力支持。希特罗沃对此公允地评价道："财政部认为该要求显然并不合适，此时提出这样的要求恰好为财政部提供了一个反对申诉的把柄。既然已经在国外销售，那为什么要退税？"④ 为了支持自己的观点，希特罗沃援引了俄国工商业促进会莫斯科分会的一项决议（1888 年），他曾经和伊萨科夫一起参加了这次会议。由 Г. А. 克列斯托夫尼科夫主持的这次会议吸引了棉花行业的

---

① ТОДСРПиТ. Ч. 21. Отд. 3. С. 373，374，387 и др.
② Там же. С. 375.
③ ТОДСРПиТ. Ч. 21. Отд. 3. С. 387，390.
④ Там же. С. 377.

第五章 俄国19世纪60~80年代的资产阶级与保护主义问题

许多代表参加，会议积极讨论了退税问题。会议明确表示，如果该措施得以实施，俄国商人就不需要政府的任何补贴来修建货栈，他们自己可以投资20万甚至100万卢布。但如果没有退税，他们将无法修建货栈，因为他们无力承受竞争的压力①。

希特罗沃通过整个事件得出如下翔实的结论："实际上，俄国工业通常直接依赖棉花行业的企业家，因为从事该行业的是俄国最大的公司，其代表不仅参加任何交易所的会议，也参加俄国工商业促进会各分会的会议……作为工厂生产的顶梁柱，他们若不参与某项业务，就很难撼动或推进其他工业领域。而且一旦棉花生产商对上述提议没有做出回应，我们的业务就只能原地踏步，也无法引起工业界对我们事业前景的重视。"②

希特罗沃和伊萨科夫对莫斯科资本家的消极态度满怀怨言，这显然合情合理。但是可靠而稳定的利润能激发资本家的积极性，所以他们将持续努力，去争取实现退还棉花的进口税③，尤其是随着外国棉花关税的增加，这种要求变得更加强烈④。相反，建立运输企业需要巨额资本投资，并且不能保证迅速稳定地赢利，因此他们对此无动于衷。相比之下，退税可以保证稳定的收益。

俄国工商业促进会莫斯科分会、华沙分会和罗兹分会制定了退税提

---

① Там же. С. 378 - 379.
② Там же. С. 377.
③ Там же. Ч. 18. Отд. 3. С. 244；Ч. 21. Отд. 1. С. 79. 20世纪初，在企业家的压力下，政府大幅提高了纺织品出口关税的退税，相当于每一普特原白坯布和漂白粗布为5卢布45戈比，而出口关税为5卢布25戈比。所以，"返还"实际上成了出口奖励（См.：Лаверычев В. Я. Крупная буржуазия в пореформенной России. 1861 - 1900 гг. С. 218）。
④ 1864~1878年，政府没有对进口的棉花征税，1879~1886年，征税额度仅为每普特40~45戈比，1887年的关税增加到1卢布15戈比，然后逐年上升，直到1903年达到每普特4卢布（Покровский В. И. Сборник сведений по истории и статистике внешней торговли России. СПб. , 1902. Т. 1. С. 100）。

案，并千方百计地推动其实施①。工商界要求简化铁路运价的计算手续，也得到了促进会的支持②。

　　1882年召开的工商业代表大会讨论了加强对外贸易的必要措施，并要求政府在工业家和贸易商代表的参与下，全面修订关税和海关法规③。后来，俄国工商业促进会委员会在其地方分会初步审查的基础上，重申了1882年第二次代表大会的决定，并指出"由于过去20年中多次单独更改，关税条例极其紊乱，因此需要进行全面合理的修订"④。

　　同时，俄国工商业促进会委员会请求提前告知修订程序，以便工贸代表及时地向政府提出意见。纺织企业家在竞争激烈的莫斯科、伊凡诺沃、圣彼得堡和罗兹等地积极开展活动，旨在最终垄断销售市场和原料来源，这是利润最大化的最重要手段之一。基于上述立场，他们提出了解决运输问题的方案，并提出采取保护性甚至禁止性关税的要求，尤其是布匹、印花布、纱线、棉花和金属的关税。莫斯科最大的资本家之一Г. А. 列斯托夫尼科夫在1882年工商业代表大会上发表的"关税绝非过高"的声明，显得独树一帜。出于同样原因，俄国商人还成功地实现了原材料的出口退税，这对发展对外贸易至关重要。

　　在保护主义和鼓励国内工业振兴的背景下，沙皇制度江河日下。19世纪下半叶，政府被迫满足大资产阶级的海关保护等要求。正是通过争取实施保护政策，俄国资产阶级影响了政府的经济政策，首要的便是海关政策。他们要求对原材料出口返还关税，发放出口食糖、纺织品等商品的补贴等，在资产阶级看来，这是争夺销售市场的主要条件。

---

① См.: ТОДСРПиТ. Ч. 18. Отд. 3. С. 224; Ч. 19. Отд. 2. С. 278; Ч. 22. Отд. 2. С. 30–31.
② Там же. Ч. 18. Отд. 3. С. 228–229; Отд. 1. С. 1–3; Отд. 2. С. 1–3.
③ Труды съезда... 1882 г. С. 269, 276 и др.; ЦИАМ. Ф. 143. Оп. 1. Д. 61.
④ ТОДСРПиТ. Ч. 18. Отд. 1. С. 27–28.

第六章
俄国企业家社会面貌的演变

第一节　俄国企业家社会面貌的形成

国内外史学界对1861年改革后俄国资产阶级的社会史展开了相当广泛的研究。最近几十年来，学者们较为关心的问题是企业家群体的社会构成、文化和心理特征、著名工商业世家的发展史等①。但在很多问题上，学者们依然莫衷一是。而这些问题的特殊性在于，19世纪与20世纪之交，虽然俄国工商业有了长足的发展，但社会领域的进步非常迟缓。关于资本主义时代俄国企业家社会地位的问题众说纷纭。一些学者认为俄国存在"垄断资产阶级"，即在世纪之交，当俄国资本家从"自在阶级"转向"自为阶级"时产生了垄断资本主义。还有一些学者将出身、阶级、阶层等概念应用于企业家研究，强调商人阶层具有封闭性，

---

① Об этом более подробно см.: Ионова В. В. Спорные вопросы отечественной историографии московской буржуазии первой половины XIX в. // Проблемы историографии общественно-политического движения в России в XIX-начале XX вв. Иваново, 1986; Поткина И. В. Индустриальное развитие дореволюционной России. Концепции, проблемы, дискуссии в американской и английской историографии. М., 1994; Разгон В. Н. Современная американская и английская историография российской буржуазии. Барнаул, 1988.

· 189 ·

俄国企业史（1850～1917）

阶层结构的消失极为缓慢。可以肯定的是，若想解决上述及其他争议，就必须研究各阶层的形成和企业家地位的演变。

俄国城市人口阶层的划分基于彼得大帝和叶卡捷琳娜二世改革。改革使陈旧的、相对封闭的体系遭到破坏，工商精英，也就是（从事海外贸易的）"客商"、（外来的）"内商"以及"游商"等陆续从郊区居民中分离出来。新的阶层划分纯粹出于财政目的，完全是以商人的实际经济状况来划分的[1]。18世纪初，位于城市各阶层顶端的是登记在"行会"中的人士。从1723年起，农民和平民知识分子登记为"商人阶层"的财产标准是500卢布。根据1747年2月13日的法令，从事贸易和手工业的国家农民、高级僧侣、修道士和地主，如果拥有300～500卢布的资本，那么就可以转入商人阶层。但自1762年1月起，如果没有当局和地主出具的遣发文书和解放文书，他们就无法转入商人阶层[2]。

1775年3月17日宣言最终确定了城市居民的阶层划分原则，直到1917年都没有发生根本性变化。该宣言指出："即日起，对于资产不超过500卢布的所有城市居民，不再称其为商人，改称小市民；资本曾超过500卢布，但已经破产的商人也应被纳入小市民行列；如果小市民通过小生意使资本增加到500卢布以上，则被登记为商人。"[3] 由此可见，在划分新的社会群体时，财产是主要的衡量标准。有钱人被登记为商人，穷人被登记为小市民或手工业者。20世纪初杰出的俄国喜剧团体"讽刺演员"在《〈萨蒂里翁〉编纂的通史》中生动地描述了这种划分阶层的方法："1775年，根据靴子和裤子的标准，人们被划分为三类：

---

[1] Об этом более подробно см. : Аксенов А. И. Генеалогия московского купечества XVIII в. М., 1988.

[2] Елпатьевский А. В. Законодательные источники по истории документирования сословной принадлежности в царской России (XVIII-начало XX вв.) // Источниковедение отечественной истории. 1984. М., 1986. С. 45.

[3] ПСЗ. I собр. Т. XX. № 14275.

靴子和裤子完好无损的人，被登记为商人；靴子破烂但裤子完好的人，被登记为小市民；那些靴子张口、裤子通风的人，属于手工业者阶层。"①

在城市社会中划分出顶层（商人阶层）的同时，1775 年宣言将市民也分成三个等级，等级归属通过"凭良心申报的资本数量"确定（19 世纪初，第一等级是至少拥有10000 卢布的人士，第二等级是拥有5000～10000 卢布的人士，第三等级是拥有1000～5000 卢布的人士）。所有三个等级的商人免征人丁税（取而代之的是财产税）和自然招募税，一等和二等商人还免受体罚。一等和二等商人的社会经济地位较高，他们有权从事批发零售贸易，建立轻重工业工厂，免于服兵役（与此同时，一等商人不仅获准在帝国境内开展贸易，还可以从事需要海船的境外贸易，而二等商人只能从事内河贸易）。三等商人仅限于在县一级范围从事小额贸易，包括开设小工厂、小酒馆、浴室和旅店等。

新商人阶层的一个特征是，他们的等级不可继承，并且不是终身制的。这不仅异于"旧莫斯科式"企业家，而且也不同于西欧封建主义时期的行会。等级根据每年缴纳的行会费确定，该费用约为申报资本的1%。经济状况恶化或无力支付行会费的企业家将离开商人阶层，被登记为小市民。十月革命前的一本关于里亚布申斯基家族的工商世家周年纪念簿记载了相关演变。米哈伊尔·雅科夫列维奇·里亚布申斯基开创了家族事业，于1802 年被登记为莫斯科三等商人，并开始独立经商。1812 年战争爆发后，他遭受了巨大的损失，被迫与妻子迁往著名的制鞋中心——特维尔省的基姆雷村。在那里里亚布申斯基计划收购鞋子，但惨遭失败。返回莫斯科后，他向莫斯科城市协会递交了一份申请，内容是："由于敌军进攻莫斯科，我不幸倾家荡产……由于我没有商人的资本，请将我登记为本地小市民。"

---

① Всеобщая история, обработанная 《Сатириконом》. СПб., 1912. C. 227–228.

俄国企业史（1850～1917）

1814～1823年，М. Я. 里亚布申斯基家族被登记为小市民，直至1824年才被再次登记为商人①。

俄国商人的另一个显著特征是，商人阶层发展的连续性于18世纪被打断。与西欧商人不同，俄国商人阶层没有封闭性团体的任何特征，即不具备传统的章程文件、行会准入保证机构、强制性试用期和团体仪式等。阶层对新成员完全开放，接纳程序极为简单，唯一的条件是缴纳税款（"行会费"）。此外，城市社会阶层之间的界限也并不稳定。正如著名莫斯科商人世家的代表Н. П. 维什尼亚科夫回顾改革前生活状况时所言，"城市阶层中和商人最为接近的是小市民。在缴纳行会费后，小市民就成为商人，与之相反，停止缴费，商人就变为小市民。国家农民也处于这种状况，不应该将他们与地主农民相混淆。因此在我的回忆中，没有任何人因为逾越了这两个阶层的界限而受到指责：小市民距离我们太近了，所以无法在我们之间划出明确的界限"②。值得注意的是，维什尼亚科夫的言论涉及"农村阶层"的地位。凭借特殊的"农民证书"，农民有权从事工商业活动，但地主仍有权随意指使他们，他们是俄国商人中最无权势之人。同时，俄国农民虽然在19世纪以来对农奴制体系的依赖性下降，但仍会遇到比市民更多的困难。例如，农民在征得村社和当局同意转为市民之后，在重新登记之前，他们处于"预备登记为市民的农民"的过渡阶段。此时他们必须同时在村社和城市行会缴纳税款，不仅要缴纳自己的，还要缴纳其直系亲属的各种费用，而且在搬迁到城市的过程中，还需要从商人阶层寻找担保人③。

18世纪末的改革确定了商人阶层的开放性，促进了新成员的加入，

---

① Торговое и промышленное дело Рябушинских. М., 1913. С. 7–8.
② Вишняков Н. П. Сведения о купеческом роде Вишняковых, собранные Н. Вишняковым. М., 1911. Ч. III. С. 57.
③ Рындзюнский П. г. Городское население дореформенной России // Очерки экономической истории России первой половины XIX в. М., 1959. С. 312.

第六章　俄国企业家社会面貌的演变

由于阶层身份不可继承（实际上只有资本可以继承），商人"贵族"难以形成，进而降低了该阶层内部再生产的可能性。尽管一些商人世家拥有强大的经济实力，但并不稳定，通常，商人世家延续两三代后便宣告终止。俄国历史学家早已发现：彼得大帝时期形成的著名工商业世家，没有一个能维持到 19 世纪末 20 世纪初[1]。

一方面，大多数商人世家的衰落是出于经济原因，即破产商人和工业家的社会地位降低，被登记为小市民；另一方面，成功的企业家也不会固定在商人阶层，因为《官秩表》为暴富的商人开辟了擢升贵族的道路。彼得大帝时期的暴发户就已经频繁使用这一方法，而到了 18 世纪末，上层企业家身份被注销的事情也不再罕见[2]。新晋贵族通常不再积极经营，而他们的孩子一般担任军职（而非文职）。18 世纪，那些未能提高自己社会地位的商人尽力通过女儿的婚姻攀附特权阶层（贵族）[3]。

于是，商人阶层再生产的主要来源是居住于城市郊区的人（在首都也有"外来的""外市的"商人），并且主要是农民商人，他们开创了 1861 年改革后最著名的俄国商业世家和工业世家。正如 М. И. 图甘-巴拉诺夫斯基证明的那样，大型工业资产阶级的核心是农民，主要出现在 19 世纪的前三四十年，他将这段时期称为"工业阶级历史上的黄金时代"[4]，苏联历史学家在著作中多次证实了这一点。尽管对俄国商业家社会构成问题的研究尚不充分，但根据历史文献的记载，从事工商业活动

---

[1] Например, см.: Чулков Н. П. Московское купечество XVIII и XIX веков // Русский архив. 1907 г. № 12.

[2] См.: Павленко Н. И. Одворянивание русской буржуазии в XVIII веке // История СССР. 1961. № 2.

[3] См.: Чулков Н. П. Указ. соч. С. 503–508; Нилова О. Е. Московское купечество конца XVIII-первой четверти XIX вв. (Социальные аспекты культуры). Дисс... канд. ист. наук. М., 1991.

[4] Туган-Барановский М. И. Русская фабрика в прошлом и настоящем. СПб., 1907. С. 79–82, 199, 202.

俄国企业史（1850～1917）

的俄国商人中，农民阶层出身的比例非常高。

俄国文艺作品和回忆录中的许多细节表明，商人家族的奠基人时常与农民有关，例如服装、生活方式、言谈举止。但是商人的孩子受教育程度更高，对他们而言，农民出身是自我认同的一个重要因素，它影响特定群体心理的形成。例如，В. А. 科科列夫是一位中年商人的儿子，于19世纪成为俄国最富有的企业家之一。1857年在一次著名演讲中，他向莫斯科商人表明：农民出身的商人在废除农奴制的事业中肩负特殊责任。他宣称："毕竟，我们看到农民会感到难过……因为我们中的许多人，自己也是不久前才脱身于农民，包括我自己，甚至不少人还有许多农民亲戚。"①

20世纪，许多企业家仍承认自己的农民血缘。А. И. 古奇科夫是莫斯科一个著名商人家族的代表，也是十月党的领导人，在回应对"商人式爱国主义"的指责时，他在国家杜马主席台上不无炫耀地向反对者宣告："我不仅是商人的儿子，还是一位农民的孙子，我的爷爷是农民，但他凭借自己的勤劳和毅力，从农奴变成了自由人。"② 半个世纪后，里亚布申斯基家族中一名移民国外的成员也声称："我们这些莫斯科商人，本质上只不过是做买卖的庄稼汉，是俄国从事经营的农夫中的上层人士。"③

工商阶层人士不仅在公开演讲中强调自己的社会阶层属性，而且出版过相关文集。20世纪初，莫斯科商人协会周年纪念版上刊载了一篇文章，描写了改革前商人阶层对农民企业家的态度。1822年，由于担心商人资本下降可能引起税收减少，财政大臣要求莫斯科财政局对

---

① Цит. по: Куйбышева К. С. Крупная московская буржуазия в период революционной ситуации // Революционная ситуация в России в 1859 – 1861 гг. М., 1965. С. 331.
② Цит. по: Боханов А. Н. А. И. Гучков // Исторические силуэты. М., 1991. С. 63.
③ Рябушинский В. Купечество московское // Былое. № 3. 1991. С. 12.

第六章　俄国企业家社会面貌的演变

此问题做出解释。作为答复,一名知名工商业人士撰写了报告《莫斯科商人协会对贸易衰退和商人资本下降原因的看法》。报告认为,经营大规模企业的农民比商人更有利,因为他们向国库纳税等费用支出较少,同时不承担大量繁重的城市义务。然而,商人并不认为自己的阶层特权不可侵犯。此外,如报告所言,"莫斯科商人协会无意剥夺农民从事贸易和手工业的权利,相反,我们希望他们成为莫斯科或帝国其他城市的商人,希望他们能够增加商人群体和城市常住居民的数量,希望农民与市民享有相同的权利,平等承担国家和公共职责,以及贸易和商业义务"[1]。

可见,虽然18世纪末形成的工商业阶层体系对帝国1/3的人口即农奴来说相对封闭,但对其他阶层而言并非完全封闭。而且,有些农奴设法赎身,加入行会,建立了营业额达到百万卢布的企业。所以,改革前的俄国商人吸纳了各个社会阶层,没有封闭的阶层意识和团体意识。

尽管废除农奴制和随后的改革很不彻底,却为国内企业家扩大经营提供了强大的动力。工商业界的阶层原则得以保留,且它们最适合新的资本主义秩序。1863年,新版的《取得从事贸易和手工业权利的税收条例》获批,从此任何人都可以自由地经营企业,农奴制时代残余的阶层限制被彻底清除,发给非自由农奴本人的、类似于行会证书(商人证书)的"农奴证明"被取缔。此后,阶层归属完全取决于经营活动的规模——大型企业主缴纳相应税款后自动成为商人,而小商人仍处于原来的阶层。

根据1863年法律,第一等级商人包括一级贸易(批发贸易)机构的所有者、一级至三级工业机构和轮船公司的所有者,为维持这一地位,其每年需要缴纳500卢布以上的营业税和商业税。第二等级商人包

---

[1] История Московского купеческого общества. М., 1913. Т. II. Вып. 1. С. 242.

俄国企业史（1850～1917）

括二级贸易（大型零售贸易）机构所有者、四级和五级工业机构的所有者及轮船公司的所有者，每年需要缴纳50～500卢布的税款①。同时，"为了巩固商人阶层地位"，第三等级被取消。

许多特权继续适用于新加入商人阶层的人，诸如迁徙自由权（所谓的护照福利）等。这类特权对社会权利受限的人（农民、小市民和犹太教信徒等）影响巨大。商人不必从村社或市民协会获得解放证书，而可以使用长期有效的护照。拥有商人地位的犹太人不受歧视性措施（如禁止离开定居点、教育限制等）的影响。有些特权（如免征募税和人丁税等）无足轻重，但传统上是一种荣誉，它们将商人从"低等"阶层中明确区分出来。1874年废除了征募税和1887年废除了人丁税后，特权对于农民而言失去了意义，而小市民阶层的人丁税早在1863年即被城市房地产税所取代。最后，现行立法赋予商人许多特权，强调了商人在等级社会体系中的特殊地位。例如，一等商人有权拜访皇宫，觐见沙皇，穿制服，佩戴长剑、马刀或佩剑。法律宣称一等商人是"国家的特殊荣誉人士阶层"。获得高等阶层证书不少于12年的人，凭借"在发展贸易中的特殊贡献而备受尊重"，可以获得"商务专办"的称号，而制造业人士可以获得"工业专办"的称号。赢得上述称号的人士、获得勋章奖励的商人，以及进入第一等级至少20年的商人，均有权获得"世袭荣誉公民"这一城市最高阶层称号②。

农奴制改革后，资产阶级中出现了一些并未登记为商人的企业家（尽管完全合法），且数量持续增长。法律规定行会手工业证书拥有者有权自行决定是否保留自己原来的称号，但这一权利可有可无。首先，许多企业家的地位高于商人头衔。数百名工商业世家的代表，由

---

① Гензель П. Промысловое обложение в России. СПб., 1900. С. 197－199.
② Об этом более подробно см.: Боханов А. Н. Деловая элита России. 1914. М., 1994. С. 38－41.

于其创始人积极地从事商业活动，获得了"世袭荣誉公民"的称号，这意味着他们属于城市的最高等级。根据 A. H. 博哈诺夫的研究，1898～1914年增列为世袭荣誉公民的所有人中，30%是商人，在所有大资产阶级中，世袭荣誉公民占50%～60%[①]。并非所有世袭荣誉公民都经营企业，但那些工商业人士的先辈绝大多数是商人。此外，改革后许多著名资本家成功走向等级制社会之巅，获得了贵族称号。与18世纪的商人不同，这些人及其后代（古博宁家族、孔申家族、佩尔洛夫家族、鲁卡维什尼科夫家族、萨波日尼科夫家族、索尔达坚科夫家族、索洛多夫尼科夫家族和切特韦里科夫家族等）并未放弃家族产业。

资产阶级中的第二类主要包括那些迈出了第一步，但尚未或无法与自己原本的社会阶层决裂的企业家。其中一部分人拥有高等级的工商企业，获得了"临时登记商人"的身份或购买了半年期证书。最后，还包括一群农民出身且成就显赫的工商人士。从法律意义而言，他们没有脱离自己原来的生活环境，而且炫耀自己的农民血统。正如 B. 里亚布申斯基所言，"莫斯科有这样的说法，这类人以自己的农民身份而自豪，原则上既不脱离这一阶层，也不登记，而是称'某村、某居民点的农民，现在临时是莫斯科一等商人'"[②]。A. П. 契诃夫（其祖父是农奴，父亲是商人）也曾注意到类似漠视阶层制度的实例，他说："某一个富有而聪明的人出身于农民，他恳求自己的儿子：'米沙，别改变自己的等级！一辈子都当一个农民，不要当贵族，也不要当市民。如果有人说，国家官员现在有权惩罚农民，那就顺其自然，就让他们连你也惩罚吧。'他为农民的身份感到骄傲，甚至荣耀。"[③]

---

① Боханов А. Н. Крупная буржуазия России. М., 1992. С. 50－51.
② Рябушинский В. Указ. соч. С. 12.
③ Чехов А. П. Полное собрание сочинений в 30 томах. Т. 17. М., 1987. С. 70.

俄国企业史（1850~1917）

无论是对首都企业家[①]还是对外省资产阶级[②]社会构成问题的研究，大量俄国史学著作均表明，农奴制改革后，有权加入行会但拒绝加入其中的人数不断增加。商人仍然占企业家的大多数，他们通常拥有大型工商企业。与他们并列的是农民和小市民代表，他们的活动经常限于第二等级划定的范围。

尽管那些出身于特权阶层并参与企业经营活动的贵族在本国资产阶级中的比例远非最大（他们在手工业纳税人中的比例几乎不超过5%），但他们在工商业界的地位特殊。贵族阶层的历史传统和统治性地位源于他们异于其他社会阶层的条件，即占有土地，这决定了他们掌握了大部分涉及农产品加工的行业。根据工厂普查的统计数据，19世纪与20世纪之交，贵族几乎拥有1/3的食品和调味品企业（5281家企业中的1586家）。由此可见，贵族工业家通常是小工厂的所有者（所有从事食品和调味品加工的贵族工厂中，有90%以上的年产值低于10万卢布）。另一个特点不容忽视：几乎所有贵族工厂（约占工厂总数的90%）都集中于食品和调味品（73%）、矿产（9%）和木材（8%）这三个领域。显然，这些行业都与土地紧密相

[①] Нифонтов А. С. Формирование классов буржуазного общества в русском городе второй половины XIX в. // Исторические записки. Т. 54. М., 1955; Тот же. Население Москвы во второй половине XIX в. // Преподавание истории в школе. 1947. № 2; Гавлин М. Л. Социальный состав крупной московской буржуазии во второй половине XIX в. // Проблемы отечественной истории. М., 1973; Тот же. Роль центра и окраин российской империи в формировании московской буржуазии в пореформенный период // Исторические записки. М., 1973. № 92.

[②] Например, см.: Иванов Л. М. О сословно - классовой структуре городов капиталистической России // Проблемы социально - экономической истории России. М., 1971; Рабинович г. Х. Крупная буржуазия и монополистический капитал в экономике Сибири конца XIX-начала XX вв. Томск, 1975 и др. Гущина Л. Ю. Формирование и предпринимательская деятельность крупной буржуазии Кубанской Области и Черноморской губернии (1800 - 1913). Краснодар, 1985; Солопий Л. А. Крупная буржуазия Забайкальской Области в XIX веке. Томск, 1978.

连，而大部分土地都掌握在地主阶级的手中①。

贵族参与国家商业生活还有一个显著特点，即虽然该阶层在企业家整体中所占比例不大，但在股东、交易机构所有者、董事会成员和各种资本主义协会负责人中，所占比例相对较高②。正如一位研究莫斯科企业家历史的学者③所言，贵族企业家受其社会地位、教育水平和传统习惯所限，绝大多数不会亲自直接参与工商业活动，主要原因并不是阶层的成见或傲慢，而是缺乏实践经验，即缺少相应的商业素养。因此，除了投资（租赁）以外，上述人士更愿意参与那些不需要亲自处理具体业务，也不需要丰富经验的企业，例如各种股份制合伙企业或其他集体所有制企业。此外，高额收益也是另一诱因，农奴制改革后，许多破落贵族开始经营企业。在这方面具有代表性的是 Л. Н. 托尔斯泰小说主人公 С. А. 奥布隆斯基公爵，他家道中落后，开始寻找有利可图的肥差，书中对此描述道："彼得罗夫，那个银行董事，年俸是12000卢布；斯文季茨基，一家公司的董事，年俸是17000卢布；而创办了一家银行的米丁，年俸是50000卢布。'我显然是睡着了，人家把我遗忘了！'斯捷潘·阿卡迪耶维奇暗自想。于是他就留神打听，仔细观望，于是……找到一个非常好的肥缺……这种官职，现在比从前多得多，是一种年俸1000～50000卢布，又舒服又能收贿的好差事。这就是南方铁路银行信贷联合办事处委员会委员的职位。"④

---

① 根据下列资料统计：Список фабрик и заводов Европейской России. СПб., 1903。关于皇家企业经营的更多信息，参见：Корелин А. П. Дворянство в пореформенной России. 1861-1904. М., 1979. С. 106-122。
② См.: Боханов А. Н. Крупная буржуазия... С. 169-175 и др.
③ Гавлин М. Л. Социальный состав московской буржуазии во второй половине XIX в. // Проблемы Отечественной истории. М., 1973. С. 175.
④ Толстой Л. Н. Анна Каренина. М.: Терра, 1993. Ч. V-VIII. С. 365.

第二节　企业家社会结构的变革

当论及企业家的社会结构时，不可否认，各个阶层参与国家商业活动并不是改革后才出现的现象。农奴制改革前，大量农民、小市民和郊区居民已加入了商人行列。贵族在18世纪的国民经济中发挥了重要作用，他们经营企业，尤其是工业企业。但在19世纪下半叶至20世纪初，俄国企业界有什么特征？毫无疑问，这时俄国资产阶级商人阶层的人数比例急剧下降。19世纪中叶，绝大多数的企业家是商人，到19世纪末，该比例降至原来的50%。第一次世界大战前夕，在有权参加帝国最负盛名的行会——莫斯科商人协会和圣彼得堡商人协会的资本家中，只有不到一半人使用了参会权[1]。研究文献通常将这一事实解释为废除农奴制导致了"阶层框架的模糊"，而废除人丁税（1863年为小市民废除，1887年为农民废除）则加速了这一进程。1898年商业税改革后，阶层框架加速坍塌，等级证明从自动增补变为有意识的自主选择。这再次打击了等级制度，但这一带有"封建性"的制度直到1917年也没有完全消除。

如上所述，传统上认为，设置阶层障碍是促进社会经济发展的重要因素。但是，当阶层社会发展史的研究不足时，学者们对阶层社会的认识流于表面，因此上述结论具有极大的先验性。对此，笔者致力于发掘尚未公开的档案资料，力求至少能够部分地弥补这一空白。

现有研究文献中并未发现关于商人阶层团体以及他们的活动范围、资本数量和不动产规模的相关资料。但是内务部经济局的档案库包含此

---

[1] 根据下列资料统计：Справочная книга о лицах, получивших на 1913 год купеческие и промысловые свидетельства по г. Москве. М., 1913；Справочная книга о лицах петербургского купечества и других званий на 1913 год. СПб., 1913。

第六章　俄国企业家社会面貌的演变

类信息（俄国国家历史档案馆，文件库编号为1287）。当年编纂这些档案的原因在于，内务部准备制订一项取消某一手工业阶层的方案，这是国务会议在拟定1870年城市法规时提出的要求。为收集手工业者的信息，同时收集城市其他社会阶层（包括小市民阶层和商人阶层）的信息，内务部于1896年9月10日向各位省长发布通函，要求就下列问题提供准确的信息和数字材料：阶层团体的数量和人员结构、缴纳税费的数额、慈善活动的规模以及团体的活动特征。此外，要求就三个问题发表意见：废除手工业管理机制、阶层管理机构的缺陷、将其职责转交到城市管理机构进而取消它的可能性。各省长提交报告（包括统一表格和随附的文本）并回复了该通函。

内务部官员面临的首个困难是，缺乏统一的立法来规范阶层管理机构的活动。正如20世纪初该部的调查报告所言：" 帝国现有的公共和阶层管理机构的性质和组织各不相同，且它们由《法律汇编》中不同部分的条例和章程来管理。波罗的海各省则是由当地法律汇编中的条例和章程来管理，此外，还包括地方当局颁布的行政命令等。"[1] 内务部官员将省长呈文中那些涉及阶层管理的政府命令和规定摘抄出来，包括12项法案，分为数十章数百条[2]。由此可见，难以根据立法行为来确定阶层管理机构的功能、权力和范围。

除了科斯特罗马省和一些西部省份（维捷布斯克省、沃伦省、格罗德诺省和基辅省）的省长之外，各省省长罕见地一致支持取消阶层管理机构。例如比萨拉比亚省省长表示："所有市长、警务人员、警察局长以及小市民管理机构均认为，小市民阶层的现代组织和管理方式既无必要

---

[1] Общественные и сословные управления Российской империи, б. м. б. г. （Научно - справочная библиотека РГИА）. С. 1.
[2] РГИа. Ф. 1287. Оп. 44. Д. 545 （По Циркуляру МВД 10 сентября 1896 г. о доставлении сведений, касающихся купеческого, мещанского и ремесленного сословий. 10 сентября 1896 - И октября 1900）. С. 149.

· 201 ·

又不合理，且不符合时代发展的要求。"①

其他一些报告也表达了必须彻底废除阶层管理机构的客观因素。阿斯特拉罕省省长认为，小市民管理机构毫无用处，它们占用了3/4的公共税费，但其职责仅限于发放证件、完成家庭登记和办理加入小市民协会的手续，即纯粹的文书工作。报告表示："阿斯特拉罕省取消某些手工业和小市民管理机构并不会造成任何财政困难，这些机构理应被取消，因为公共税费完全用于支付工作人员的薪水，而不是为了满足任何真正的公益需求，所以这些机构取消后不会损害任何社会利益。"②

沃罗涅日省省长表达了类似观点："根据大多数市长和城市代表的反映，尽管和城市管理机构并存的阶层管理机构并未造成什么不便，但是小市民管理机构的业务极为简单，可以归结为接收和签发外出证明，为了维持协会及其管理机构的运作而支付了大量费用……因此我们认为，更合适的做法是彻底取缔阶层管理机构，将其所有职责移交城市管理机构。"③

如上文所述，省长们支持废除阶层管理机构（这里特指小市民管理机构），因为在这些省份中，根本没有成立商人阶层协会，并且正如省长报告所示，类似的情况在其他地区同样存在。19世纪90年代，在除哈尔科夫省、赫尔松省和塔夫利达省以外的非大俄罗斯地区的省份，以及在阿尔汉格尔斯克省、沃罗涅日省、奥洛涅茨省和奥廖尔省，都没有商人管理机构。在许多地区，工商业机构仅存在于省城（如莫斯科、圣彼得堡、萨马拉、奥伦堡、克拉斯诺亚尔斯克、托博尔斯克和托木斯克）。仅在俄国欧洲部分的一些省份中，县级行政单位成立了商人阶层协会，例

---

① РГИа. Ф. 1287. Оп. 44. Д. 547（К делу о преобразовании купеческого, мещанского и ремесленного сословий）. Л. 32 об.
② Там же. Л. 10.
③ Там же. Л. 182.

如：维亚特卡省（11个）、卡卢加省（13个）、奔萨省（7个）、梁赞省（12个）、图拉省（12个）、哈尔科夫省（12个）。

19世纪末，俄国工商业阶层的组织机构是以何形态存在的呢？所谓的"商人全面自治"，是指阶层管理机构包括一名由选举产生的"负责人"和五名成员组成的理事会，以及一个定期举行会议的机构。但这种自治形式仅存在于莫斯科、圣彼得堡和敖德萨。在数十个乃至上百个（根据不同数据来源，从90个到130个不等）城市中，根据1876年《法典》第九卷第661条的规定，存在着一个简化的商人管理机构，通过选举产生的长老负责解决所有阶层事务。但是在俄国的绝大多数城市中，根本没有商人自治组织，城市自治机关在形式上代表着阶层利益。例如，阿尔汉格尔斯克省省长表示，"经本人同意，商人阶层事务管理被委托给市长"，而奥廖尔省省长报告说，"在任何城市都不存在商人管理机构，市政府集中处理相应事务"①。

实际上，这些城市的商人是自己主动呈报的，当企业家缴纳手工业税时，则他们在省税务局被认定为商人。

即使存在着阶层管理机构，其活动实际上也非常空泛。维亚特卡省省长的报告就证实了这一点。据他说，除马尔米什市以外，该地区的所有城市都注册了商人管理机构，但"在大多数情况下，负责人全年的活动不过是将发文和收文进行编号。除选举之外，在维亚特卡市和萨拉普尔市每年只分别举行一次商人大会，以确定行会商人的缴费额，以满足协会自身的开支"。该报告还明确记录了上述两个商人管理机构的慈善活动规模，并标明了收费数额：在维亚特卡市，商人们每年向养老院捐出670卢布，而萨拉普尔市商人管理机构则收养了两个孤儿，每年为此募集96卢布。

---

① Там же. Л. 168.

俄国企业史（1850~1917）

简而言之，维亚特卡省省长认为，商人管理机构没有存在的价值，他补充说："目前，所有私营阶层、手工业者、商人和小市民等都倾向于城市公共管理，后者不区分阶层特征，允许所有阶层的人们参与城市治理、使用城市土地、举办慈善活动和开展公共教育。"① 值得注意的是，无论是政府人士还是商人自己，都承认阶层组织毫无存在价值。正如叶尼塞省省长在报告中所言："叶尼塞商人管理机构认为，应当将阶层管理完全并入城市公共管理，这是切实可行的。"②

对阶层管理机构资本和不动产价值的统计表明，商人管理机构在19世纪末已经日薄西山。但是，莫斯科和圣彼得堡阶层管理机构的财产状况依旧良好，它们主要开展慈善活动，并且名扬全国。莫斯科商人管理机构负责6家教育机构、5家慈善机构和1家医院，并在不同机构中资助了400人。莫斯科商人管理机构所谓的"专门资本"总额逾900万卢布，不动产总额超过750万卢布。圣彼得堡商人管理机构开设了1家商学院和2家慈善机构，其中包括1所设有附属学校的残疾人收养所，设立了300份奖学金，拥有700万卢布的"专门资本"和逾350万卢布的不动产。仅次于这两个最大的阶层管理机构的是敖德萨和基辅的管理机构，前者在敖德萨开设了能收容300名乞丐的救济机构，每年向"敖德萨门诊医院"捐助300卢布；后者以筹款方式运营创建于1896年的商学院，为商人出身的学生设立40余项名人奖学金。相比之下，俄国其余地区商人管理机构的慈善活动在规模和范围方面都乏善可陈。

内务部收集的信息证明，到19世纪末，城市阶层划分已变得毫无价值。同时代人对此也感同身受。A. 萨莫伊洛夫1899年发表于《俄国通讯》上的文章就证明了这一点，该文尽力揭露关于可能重新划分城市阶层的谣言。文中写道："众所周知，现代经济生活已经逐渐模糊了阶层之

① Там же. Л. 197.
② Там же. Л. 75.

间的界限，取而代之的是不同阶级。如果说之前的国家是阶层－等级国家，那么现在它主要是一个阶级国家，阶层问题已经退居幕后。阶层特征不再像以前一样具有用于衡量文化、财产等社会属性，阶层并不严格体现人们的社会属性——人的社会地位在更大程度上取决于其财产规模和教育状况，而不是阶层属性。"① 阶层原则贬值的一个特殊证明是，自19世纪末以来，"商人"一词在日常使用中不再表示阶层证书的拥有者，而是表示任何从事经营的人。П. П. 里亚布申斯基的名言"商人来了！"就是对上述情况的一种反映（他移民国外后在观察苏联社会现状时，将苏联新经济政策时期的私营企业家或商人称为"红色商人"）。

　　商人阶层自治体系的消亡再次证明了企业家的社会角色、自我评价和社会态度等均发生了本质变化。研究文献指出，早在1861年改革前，一些商人就已经开始学习社会精英，接纳新生活方式，放弃了父权制的陈规陋习（在很大程度上是由传统的农民思想所决定的）②。在哲学和社会学中，这种现象被称作行为原型之间的"互涉"（源于拉丁语"interferentio"，即"相互作用、相互影响"）。该现象在西欧资产阶级中也十分常见，暴富的资产阶级学会了贵族的做派，正如贵族放弃了本阶层的傲慢开始学习实际技能。随着时间的流逝，越来越多的"文明"商人在城市生活中崭露头角。正如一名建筑史专家所言："到19世纪中叶，圣彼得堡开始出现越来越多的、属于富有商人的新豪宅。无论是豪宅的外观还是内饰，圣彼得堡新贵都竭力模仿旧贵族。贵族豪宅装饰中出现的各种'新风格'，诸如'第二巴洛克式'、新文艺复兴风格等，也广泛应用于在'第三等级'的豪宅中。"③

---

① Русские Ведомости. 3 декабря 1899.（332）. Л. 2.
② Например, см.: Приселков М. Купеческий бытовой портрет XVIII - XX вв. Л., 1925. С. 20, 43 и др.
③ Пунин А. Л. Архитектура Петербурга середины XIX века. Л., 1990. С. 221.

俄国企业史（1850～1917）

毫无疑问，改革前的企业家阶层仅仅是开始处于上升态势，类似于著名作家和政论家 В. П. 博特金这样的欧化商人非常少见，大多数尝试接触新文化的人极有可能遇到莫里哀《伪君子》中主人公所面临的那些困难。19世纪下半叶，农奴制废除，工商业活动蓬勃发展，企业家才真正意识到自己的价值。农奴制改革15年后，陀思妥耶夫斯基在日记中写道："现代商人无须邀请一个'大人物'和自己吃饭并为他举办舞会。商人已经与股票交易所、股东大会以及合营银行中的一些特别人士建立了联系，并与之融为一体。现在他自己就是一个显赫的人，是一个大人物。"①

19世纪末，商人们开始排挤特权阶层。在莫斯科，传统上按照阶层特征划分的居住地边界逐渐模糊（之前贵族居住在普雷切坚卡大街、奥斯托任卡大街和阿尔巴特大街，而商人们通常居住在奥尔登卡大街、波亚扬卡大街和雅基曼卡大街）。М. М. 博戈斯洛夫斯基院士在回忆录中描写青年时代的莫斯科时说道："19世纪90年代以来……莫斯科的阶层划分开始瓦解。商人开始在城市的贵族居住区修建豪宅……此外，以前贵族的庄园开始落入百万富商之手。各阶层逐渐混杂在一起，不仅因为他们的居所相邻，而且随着资本影响力的增长，新一代商人已经成长起来，他们有文化、接受外国家庭教师的教育、毕业于国外学校、外语说得很好，他们的外部生活环境和大贵族已经没有什么区别，要说区别，那么仅在于，贵族一直生活在这种环境中，而高等商人则是为自己创造了这种环境。"②

甚至在日常生活中，无论是顶层企业家，还是相当广泛的其他企业家，自我意识都发生了明显的变化。城市服装史领域的权威专家称："20

---

① Достоевский Ф. М. Дневник писателя за 1876. СПб., 1883. С. 332. Цит. по: Боханов А. Н. Деловая элита... С. 28.
② Богословский М. М. Историография, мемуаристика, эпистолярия (Научное наследие). М., 1987. С. 117.

世纪初商人（尤其是在圣彼得堡和莫斯科）的生活方式与传统商人（A. H. 奥斯特洛夫斯基作品中的主人公）截然不同，这自然也表现在服饰中。长领的工装外套、高跟靴子和偏领男衬衫逐渐消失，取而代之的是礼服和名片，以及在国外定制的西装，商人的夫人则常常喷巴黎香水，戴上流社会女士的帽子。"① 至少在俄国大城市，普通企业家与欧洲同行已经没有太大不同，关于这一事实，同时代人在回忆录中留下了大量证据②。

20世纪初，贵族精英和富有的资产阶级分子之间已经没有不可逾越的障碍。正如有关十月革命前圣彼得堡生活的回忆录中所描写的那样，"我们的总体印象是，在上述时期，贵族、非名门出身的知识分子和富翁之间的界限已经消失。一些贵族与富有的开明商人、银行家、大工程师、平民知识分子或神职人员出身的学者保持着密切的联系。还有一些贵族加入了商业企业和股份公司，即使他们没有投资，企业家为了商业利益也非常乐意这么做……毕竟吸引大名鼎鼎的人士加入企业利大于弊"③。

虽然直至1917年，俄国社会仍然是一个阶层社会，但仅仅是两个主要的社会阶层（贵族和农民）之间存在着严格的结构性区分。专制制度对城市的各个阶层不甚关注，它对社会阶层的调整只是出自财政方面的考虑。城市阶层向新成员保持开放，它们吸收了最为活跃的社会元素。由于封建阶层没有传统的封闭性，所以在资产阶级转型期间，商人管理机构不仅没有成为工商业发展的主要障碍，反而最早被历史淘汰。20世纪初，俄国依然是一个农业国，该时期社会动荡的原因并非国内企业家的软弱无力，而是落后疲弱的农村经济和迅猛发展的工业之间的鸿沟。

---

① Ривош Я. Н. Время и вещи. М. , 1990. С. 207.
② Например, о Санкт‐Петербурге см. : Чериковер С. Петербург. М. , 1909. С. 112 – 114 и др. ; Засосов Д. А. , Пызин В. И. Из жизни Петербурга 1890 – 1910 ‐ х годов. Записки очевидцев. Л. , 1991. С. 65 – 70 и др.
③ Засосов П. А. , Пызин В. И. Указ. соч. С. 72.

第七章
企业家和政权

第一节　19世纪下半叶的俄国企业家和专制政体

一位早期研究俄国资产阶级的学者生动地描绘了改革后政府与实业界的关系："政府以最广泛、最慷慨的方式支持和鼓励大型工业,从而使工业资产阶级在政治上习惯于顺从,打消他们改革国家政治制度的念头。"[1] 一方面,为促进经济增长,专制政权允许以代表组织和咨询组织为基础建立商人联合会,但其职能仅限于讨论经济政策。圣彼得堡的政要需要实业界人士的专业知识,但1861年改革后,他们对企业家极为警惕,担心后者与政治人物联手,成为反对派[2]。

另一方面,受19世纪60年代"大改革"的影响,资产阶级本身认为自己有权向国家争取工商业界的利益。1865年,根据莫斯科商人的倡议,市杜马成立了贸易代表团,负责审议俄德贸易协定,并由代表团编写了一份说明,阐明必须保护年轻的俄国工业免遭外国竞争。根据 Н. А.

---

[1] Берлин П. А. Русская буржуазия в старое и новое время. Пг., 1922. С. 141 – 142.
[2] См.: Шепелев Л. Е. Царизм и буржуазия во второй половине XIX в. Проблемы торгово-промышленной политики. Л., 1981. С. 127.

奈焦诺夫的建议，1867~1868年组建了附属于莫斯科交易所委员会的一般关税委员会，它同样奉行贸易保护主义原则，而这也是委员会经济政策的基调。

莫斯科证券交易所在回应关税草案时呼吁："在我们还没有准备好应对措施的情况下，武断地取消保护政策，会导致丧失经济独立的风险。"① 总体而言，政府对此类声明的反应是积极的，因为它们恰恰与政府的整体路线相吻合，即摆脱贸易自由主义并加强保护主义②。19世纪80年代，莫斯科交易所协会"能够在政府面前坚决地维护工商业利益"，这被认为是该协会的主要功绩③。

19世纪60年代后，当局开始认真听取企业家的建议，并表明愿意在经济政策方面合作。正如1872年财政大臣 M. X. 赖滕接见莫斯科技术展览会组织者时所言："商人们可以放心，只要我担任大臣，就不会贸然实施任何一项工业方面的措施。"④ 政府秉持工业保护主义，向实业界妥协。企业家们积极参与起草1894年俄德贸易协定，它全面体现了这种折中路线，凸显了贸易保护主义精神⑤。

但在经济政策领域，政府与企业家之间的关系远非一帆风顺。企业家参加的主要议事机构不是先前的制造委员会，而是1872年成立的贸易和制造业委员会，但它无法真正影响经济决策。据同时代人说，这样的议事机构本质上是政府机关，"只能提出建议和意见，无法采取任何具

---

① Цит. по: Лаверычев В. Я. Крупная буржуазия в пореформенной России. 1861 – 1900. М., 1974. С. 175.
② Подробнее см.: Куприянова Л. В. Таможенно – промышленный протекционизм и российские предприниматели (40 – 80 – е годы XIX в.). М., 1994.
③ ЦИАМ. Ф. 143. Оп. 1. Д. 544. Л. 68.
④ Найденов Н. А. Воспоминания о виденном, слышанном и испытанном. Ч. 2. М., 1905. С. 142.
⑤ См.: Субботин Ю. Ф. Россия и Германия: партнеры и противники (торговые отношения в конце XIX в. – 1914 г.). М., 1996.

俄国企业史（1850～1917）

体措施"。企业家代表机构（交易所委员会、行业和地方代表大会）的功能仅限于类似的"请愿"。19 世纪 70～80 年代，政府极其不愿扩大其职能范围。19 世纪 90 年代，财政大臣 С. Ю. 维特设计建立了一套综合咨询系统，在该系统框架内，企业家将在政府官员的领导下参与制定具体的经济措施。人们从财政大臣口中了解到："如果不经常咨询各种专家、学者以及相关领域的人士，就几乎不可能成功地改革工商业。"[1]

毫无疑问，政府拥有经济改革的绝对主动权。尽管维特的方案谦恭地对待学者，但事实上反映了国家全面控制经济的方针，并限制自下而上的倡议。企业家希望在俄国建立一种类似于西方商会的、具有普遍性和强制性的利益代表制度，但直到 1917 年，这一愿望也没有实现。

尽管 19 世纪 90 年代经济飞速增长，圣彼得堡工贸代表大会的领导人 А. А. 沃尔斯基在 1910 年撰写的报告《俄国工业和贸易的基础和目标》中，仍批评了财政部的政策，并评论了维特建立的经济体系。报告强调说："俄国 90 年代的经济发展受到人为影响，民间的积极性受到空前的打击。国民经济发展的所有命脉都集中在财政大臣手中，没有他的允许或指示，人们寸步难行。官员们的一手遮天和干涉行径令人无法忍受。"[2]

当时，建立股份公司的批准制度是俄国企业与政府之间关系的绊脚石。根据该制度，任何股份公司的章程均须经财政部批准。直至 1917 年，对于是否需要引入西方申报系统的问题还一直存有争论。根据西方申报系统，股份公司的注册不取决于官方的"自由裁量权"，但政府并不同意实业界的要求，依旧坚持控制企业家。

在财政部建立管理工商事务机构的方案同样引发了企业家与当局的冲突。19 世纪 70 年代以来，企业家一直主张成立专门的工商部，但政府出于财政方面的考虑，反对从财政部划分出新部门。赖滕认为，实施统

---

[1] Цит. по：Шепелев Л. Е. Царизм и буржуазия во второй половине XIX в. С. 216.
[2] РГИа. Ф. 150. Оп. 1. Д. 397. Л. 35 – 36.

第七章　企业家和政权

一管理，更容易在工商业领域引入新的间接税种，例如消费税。19世纪80年代，以尼科尔斯基工厂的工厂主T. C. 莫罗佐夫为代表的企业家向财政部提出改组申请，强调"没有任何政府机构是为保护俄罗斯民族劳动成果而成立的"[1]。然而，直至1905年，当专制政权出现严重政治危机时，独立的贸易和工业部才真正建立。

由此可见，在克里米亚战争惨遭失败之后，人们希望尽快实现经济现代化，这促使俄国专制政府鼓励工业发展，因为俄国一直竭力维持自己的大国地位。为此俄国政府实施了保护性关税，并建立了必要的运输和信贷基础设施（铁路和银行机构）。但贵族官僚体制无意与新兴的资产阶级一起管理经济，而政府仅仅认为实业界的代表是相关领域的企业家和技术专家，并详细规定了在经济领域中私人企业家创新活动的条件和范围。

新兴的货币贵族渗入帝国的社会等级体系[2]。早在1832年，为奖励企业界的杰出人士，俄国设立了"个人荣誉公民"和"世袭荣誉公民"称号（后者也适用于家庭成员）。1865年以来，加入行会至少20年的一等商人可以成为世袭荣誉公民。后来，该称号普及到城市低级阶层。如果企业家参与（主要是通过捐款）国家、不同社会阶层和慈善团体的活动，就可以获得正式的官衔。政府官员也开始积极参与企业活动。企业和政府之间的相互渗透是俄国农奴制改革后的典型现象。俄国企业家的成功与否通常取决于与大臣们的私人关系，尤其是在铁路建设等政府采购和租赁领域。

保罗一世设立的"商务专办"和"工业专办"的荣誉头衔，极大地鼓舞了实业界的杰出代表。拥有这些头衔的人有权使用"高贵公民"的

---

[1] Цит. по: Лаверычев В. Я. Крупная буржуазия в пореформенной России. С. 227.
[2] Подробнее см.: Бохaнов А. Н. Крупная буржуазия России. Конец XIX в. – 1914 г. М., 1992. С. 51 – 91.

俄国企业史（1850～1917）

称号，可受邀参加工商业事务会议，并被授予"世袭荣誉公民"称号。但在参与制定经济决策时，"世袭荣誉公民"称号并不具有任何特别优势。同时，财政大臣会挑选并邀请"专办"进入政府委员会。的确，在商业界，这些荣誉称号通常象征着成就，代表着崇高的社会地位。例如，由于1867～1868年参与了关税委员会的工作，担任委员会负责人的莫斯科一等商人 И. А. 利亚明被授予"商务专办"的头衔，其副手 В. М. 博斯坦佐格洛获得一枚例行勋章①。

　　国家对企业家功绩的最高认可形式是授予他们俄罗斯帝国世袭贵族爵位，通过这种方式，先前的商人或世袭荣誉公民与家人一起进入"特权阶层"。农奴制改革后，很少授予资产阶级贵族头衔（不超过30个企业家家族），但最高等级的、最杰出的企业家可以与贵族平起平坐。也有一些商人拒绝接受贵族的头衔。例如，莫斯科交易所委员会主席 Н. А. 奈焦诺夫拒绝了这项荣誉，宣称自己生为商人、死为商人。尽管类似的事实相对少见，但这证明了商人和企业家的自我意识正在形成。整体而言，多数商业精英感恩戴德地接受了这些称号和荣誉。

　　企业家逐渐意识到了自己的经济能力对国家的重要性，但他们主要在企业组织和市政管理等层面提供公共服务。自1877年直至1905年去世，奈焦诺夫担任莫斯科贸易银行董事会主席，同时负责多家工商业公司，且担任莫斯科交易所委员会（改革后俄国企业家的主要组织）主席近30年，此外他还是莫斯科市杜马的议员。为纪念这位杰出的活动家，国家杜马于1905年决定设立"奈焦诺夫奖"，以表彰"将莫斯科历史古迹与城市的工商业历史相结合"方面的成就②。奈焦诺夫的个性特征可以说明他是如何身兼特殊职务的。在莫斯科交易所委员会，他是莫斯科以及莫斯科商人阶层历史领域的专家，他参与制定了许多经济改革方面

---

① Найденов Н. А. Воспоминания о виденном, слышанном и испытанном. Ч. 2. С. 90.
② ЦИАМ. Ф. 179. Оп. 21. Д. 2361. Л. 11 – 15.

的措施（修订关税、聘用工人和进行商业诉讼等），并与财政大臣（特别是维特）来往密切，但奈焦诺夫的活动超出了经济专家的范围，在很多方面表现出了强烈的公民意识。

他同时代的一位好友回忆道："奈焦诺夫曾经从事商业，且成就斐然，但其主要事业是公共服务……他内心充满了莫斯科商人的个人意识，但没有阶层的自私，这种意识源于对故乡、历史、传统和日常生活的热爱。"① 奈焦诺夫倡议和资助拍摄了莫斯科教堂和修道院的照片，并首次对该市及其所有著名建筑物进行了全景摄影。通过努力，奈焦诺夫发行了 14 册广受好评的相集，内含 680 张照片。此外，在 25 年间，奈焦诺夫编写并出版了 80 余卷关于莫斯科和莫斯科郊区历史资料的出版物，包括 18 世纪莫斯科的《人口普查书》、九卷本《莫斯科商人史料》等。他一生中最后一项事业是撰写回忆录《所见、所闻和所感之追忆》，这是 19 世纪 50~70 年代莫斯科商业史的宝贵资料。

Н. А. 阿列克谢耶夫是农奴制改革后企业界的另一位典型人物，他于 1885~1893 年任莫斯科市市长，是享誉全俄的商人家族代表，К. С. 斯坦尼斯拉夫斯基也出身于这一家族。根据当时人们的回忆，阿列克谢耶夫是"一个精力充沛，致力于推动城市经济发展的人"②。对他而言，生命的意义不是家族企业，而是服务于故乡莫斯科。阿列克谢耶夫领导扩建了梅季希供水系统，保障了城市饮用水的供应，并建设了污水处理系统，建造了不亚于著名的芝加哥屠宰场的市屠宰场。此外，阿列克谢耶夫利用捐赠给国家杜马的慈善金，建立了许多市立学校、医院和养老院，还利用市政资金建造了位于复活广场的新市政大厅。1892 年 С. 特列季亚科夫去世，阿列克谢耶夫是他的遗嘱执行人，在很大程度上，由于后者的努力，П. 特列季亚科夫和 С. 特列季亚科夫兄弟将著名美术馆作为礼物捐赠给了

---

① Рябушинский В. П. Купечество московское // Былое. 1991. № 1. С. 9.
② Бурышкин П. А. Москва купеческая. М., 1991. С. 153.

莫斯科。一些政府官员对民选自治政府首脑的活动表示怀疑，在莫斯科总督 В. А. 多尔哥鲁科夫看来，阿列克谢耶夫以"莫斯科商人阶层自由主义者的领袖"而著称。阿列克谢耶夫是令人尊重的城市之父，但他特立独行，引起了人们的不满。不少人多次试图将阿列克谢耶夫撤职，但在至圣主教公会正教院总监 К. П. 波别多诺斯采夫的支持下，他没有被赶下台。阿列克谢耶夫创建了著名的卡拉奇科沃别墅，后被改造为莫斯科的一座精神病医院。但戏剧性的是，他在办公室被一名精神病患者枪杀，年仅42岁。商人出身的莫斯科市市长阿列克谢耶夫深受莫斯科人民的爱戴，去世后，有20万名莫斯科人为他送葬。"他就像一颗流星，划过了莫斯科上空，城市永远铭记他。"19世纪80年代初莫斯科市政厅的负责人、著名的俄国自由主义者 Б. Н. 契切林在讣告中对他做出如此评价。

如果在经济领域、代表组织和城市自治机构中，政府承认并接受实业界日益增长的影响，那么在社会政治舞台上，政府则严重遏制企业家的活动。"大改革"时代唤醒了包括实业界在内的整个俄国社会，而此前整个国家万马齐喑。著名的俄国实业家、银行家、承包商 В. А. 科科列夫于19世纪50年代末提出了一项旨在解放农奴的方案，在自由知识分子的参与下，他组织了一系列会议，以支持农奴制改革。由于担心自由主义思想的传播，圣彼得堡官方坚决压制他的倡议，科科列夫本人也被警察秘密控制。

在19世纪60~70年代以后的几十年中，实业界（尤其是莫斯科企业家）深受斯拉夫主义的影响。该派别的领导者是 И. С. 阿克萨科夫，他于1884年写道："由知识分子组成的、信仰斯拉夫主义的阶层（首先是贵族）在俄国人的生活中扮演着和西方所谓第三等级完全一样的角色，保护俄国社会免受西方资产阶级的侵蚀。"[1] 他的意思是说，斯拉夫主义

---

[1] Цит. по：Лаверычев В. Я. Крупная буржуазия в пореформенной России. С. 145.

者向企业家们提出了自己的计划方案，从而在意识形态上与后者联合，共同对抗专制政权。

一些研究人员认为，对斯拉夫主义的热情最终误导了俄国（尤其是莫斯科）资产阶级的精神发展，他们接受了民族保守主义，对西方自由主义持消极态度[①]。笔者认为，他们之所以迷恋斯拉夫主义，是因为改革后的前几十年，在斯拉夫主义的旗号下俄国民族意识兴起，并且寻求民族认同。因此这种意识形态在与国外的商业竞争中注定获胜，何况当时其他方案未必可行。尽管20世纪初，国内资产阶级的领军人物开始接受西方自由宪政制度，但在保护主义与外国竞争的基础上发展而来的、与资产阶级思想非常接近的民族意识，在当时仍然是俄国企业家思想的主流。

农奴制改革后的几十年中，资产阶级的"政治觉醒"在很大程度上表现为对沙皇本人忠心耿耿，他们企图摆脱政治的限制，但受到当局的阻挠。例如，1877年俄土战争爆发后，德皇在欧洲外交舞台上对俄国提供友好援助，莫斯科交易所协会提议为其起草感谢函，但是莫斯科总督В. А. 多尔哥鲁科夫表示拒绝，后来甚至没人再提起此事。两年后，因为民粹派刺杀亚历山大二世未果，莫斯科商界致信沙皇，表达了对沙皇脱险的喜悦，但当局对莫斯科商人行动的反应十分冷淡。后来，沙皇接见了以莫斯科"毛皮之王"С. П. 索罗库莫夫斯基为团长的特别代表团，并因其表达了忠诚而对其进行了嘉奖[②]。

19世纪80年代初期，受亚历山大二世被暗杀的影响，保护主义政策更加明显。为保护新沙皇亚历山大三世，内臣创建了"神圣侍卫队"，其中包括大约70名来自圣彼得堡、莫斯科和下诺夫哥罗德的商人，占侍卫

[①] Owen, T. C., *Capitalism and Politics in Russia. A Social History of the Moscow Merchants, 1855－1905.* Cambridge University Press, 1981.

[②] См.: Лаверычев В. Я. Крупная буржуазия в пореформенной России. С. 151－152.

队总人数的10%①。19世纪80~90年代，商业界与政府全面达成政治共识，而以"为改革大厦加冕"为口号的地方自治自由主义立宪运动，对商业界基本没有影响。1896年新沙皇登基后，自由主义运动急剧高涨，下诺夫哥罗德召开了全俄工商代表大会，但完全不涉及政治问题。大会主席Д.Ф.科别科向圣彼得堡报告说："代表大会上没有，也不可能提出要求政府建立福利国家的问题，因为俄国人习惯于相信君主制，以及政府的智慧和公平正义。"② 尽管企业家与自由派阵营有一定的接触，但这种联系是秘密的。例如，20世纪初，企业家Н.И.古奇科夫（"十月党"创始人А.И.古奇科夫的哥哥，1905~1913年任莫斯科市市长）和М.В.切尔诺科夫（后来倾向于立宪民主党，1914~1917年任莫斯科市市长）就参与了莫斯科自由主义团体"座谈"举办的会议。

古奇科夫和切尔诺科夫都属于所谓的莫斯科"年轻"资本家集团，比忠于沙皇的"老头子们"更倾向于自由主义。1905年，专制政权的根基动摇，以前似乎遥不可及的国家政体问题受到全社会的激烈讨论，俄国企业家们的政治立场急剧分化。由于政府严格压制，全俄范围内没有一个资产阶级组织参加1905年革命，同时，后者也无力建立统一的政党来代表其自身利益。

第二节　1905年：政治上的突破

1905年初发生的惨剧（圣彼得堡的"流血星期日"）极大地促进了企业界的政治觉醒，但老一辈企业家仍然忠诚于沙皇。不久后，沙皇颁

---

① См.: Сенчакова Л. Т. 《Священная дружина》 и ее состав // Вестник Московского университета. Серия 《История》. 1967. № 2. C. 72 – 83.
② Цит. по: Лаверычев В. Я. Крупная буржуазия в пореформенной России. C. 161 – 162; См.: Лаверычев В. Я. По ту сторону баррикад（из истории борьбы московской буржуазии с революцией）. М., 1967.

布了诏书，应 H. A. 奈焦诺夫的邀请，1905 年 2 月 18 日布雷金在莫斯科交易所委员会发表声明，表示愿意吸收社会代表"从事公共活动领域的工作"。该声明表达了自由主义精神，但仍包含一些传统的观念，即"只有在专制政权的最高领导下，才可能维护俄国实力和统一，保证俄国取得更大成功"①。

但绝非所有企业界人士都"受到保护"。1 月 9 日悲剧发生后，财政大臣 B. H. 科科夫佐夫成立了工人问题委员会，与会的企业界人士表示，解决这一最紧迫问题的方法并不在于对工人的让步，而在于"改变整体政治环境"。1905 年 2 月后，企业界关注的焦点是如何保证在未来成立的国家杜马中获得"独立代表权"。同年 6 月 27 日，圣彼得堡和莫斯科企业家倡议召开的小组会议通过了一项决议，要求"尽快召开工贸代表大会，以便制定政治经济纲领，并选举主席团，因为还需要筹备国家杜马的代表选举大会"②。

1905 年 7 月 4 日于莫斯科开幕的大会上，以莫斯科交易所委员会主席 H. A. 奈焦诺夫为首的保守派与思想更为激进的新一代年轻人（П. П. 里亚布申斯基、A. C. 维什尼亚科夫等）之间发生了分歧。在立宪问题上，他们之间的分歧对会议中的右翼成员产生了负面的影响。奈焦诺夫借口大会偏离了既定议程（即工业家参加未来杜马的问题）而离开了会议，市长下令查封了会场，而自由派工业家则继续在一家私人府邸磋商立宪问题。

尽管如此，联合的趋势仍很明显。工商业界决定成立一个由圣彼得堡钢铁工厂组织的、由 M. Ф. 诺珀领导的常设机构，负责定期召集会议。大会纲领强调，工商业人士认为"现有的国家秩序没有为本阶层的财产、

---

① Цит. по: Лаверычев В. Я. Крупная буржуазия в пореформенной России. С. 165.
② Цит. по: Рейхардт В. Партийные группировки и 《представительство интересов》 крупного капитала в 1905 – 1906 гг. // Красная летопись. 1930. № 6 (39). С. 15 – 16.

正常活动乃至生命安全提供应有的保障,他们被迫制定政治纲领,以推动在俄国建立稳定而持久的法治,并保证公民生活和经济活动的平稳"①。

为实现上述目标,他们设想"与一些政党联合,推动政治进程,竭尽所能地支持那些能够保障国内人民生活的政治因素"。所谓政治因素首先是指地方自治自由主义运动,他们联合召开了"以宪政国家为榜样的全民代表大会",并向与会者宣布,他们坚决反对"暴力革命",反对那些进行暴力活动的政党。

然而,资产阶级的政治运动从一开始就处于孤立无援的境地,因为地方自治自由主义者并不认为企业家是盟友。一方面,企业家代表聚集起来,祝贺那些"通过和平手段恢复俄国秩序"的地方自治工作者,但全国地方自治大会表示"只接受书面形式的祝贺",以此拒绝了这些代表的联合意愿;另一方面,当局试图沿袭旧规,利用警察镇压企业界的反对派(例如,М. Ф. 诺珀授意搜查并扣押了七月大会的资料)。

资产阶级各个集团在具体任务和行动方法上的分歧,也阻碍了资产阶级在全国范围内实现联合。为打击"沙皇的仆从们","年轻一代"的企业家提议拒不参加国家杜马的立法讨论,甚至关闭工厂,试图引起大规模的劳工运动,借此向政府施压。

由于镇压活动的加剧,且1905年8月6日颁布了一项法令,要求召开拥有立法权的布雷金杜马,然而此时的资产阶级未能在全俄范围内统一政治目标。圣彼得堡七月大会提出的建立经济组织以取代政治组织的思想盛行一时。М. Ф. 诺珀后来写道:"政治联盟不可能取得成功,本机构决定放弃建立政治联盟,而将自己的活动限于争取经济方面的团结。"如果说此前

---

① См.: Шепелев Л. Е. Царизм и буржуазия в 1904 – 1914 гг. Проблемы торгово - промышленной политики. Л., 1987. С. 74 – 97; Петров Ю. А. Партии промышленников и предпринимателей // Политическая история России в партиях и лицах. М., 1994. С. 12 – 13.

第七章　企业家和政权

诺珀团体及其背后颇具影响力的圣彼得堡圈子希望利用全俄性的企业家组织来维持布雷金杜马的立法职能,那么现在它却计划通过一个纯粹的经济平台实现团结。该联盟将制衡布雷金杜马,也可以从外部对布雷金杜马以及官僚阶层施压。

8月6日法律通过后,1906年初圣彼得堡小组成立,自称目标是"统一俄国工商界,无论其政治信仰如何",它针对工贸代表大会拟定了一项法规草案。这是俄国企业家首个统一经济组织,它的成立说明了建立统一政治平台的尝试以失败告终。其成员 A. A. 沃尔斯基证实:"工商业人士对政治使命感到心灰意冷,认为自己的事业已经结束。"

最后,政府的目标改定为在国家杜马中尽可能多地吸纳工商界的代表,并"采取一切措施加强制造商、工厂主和经纪人之间的联系",为此原定于8月举行的第二届工商业代表大会被勒令取消,因为当局认为它违背了自己的意愿。1905年10月17日宣言允许自由建立政治联盟,受到了企业界的热烈欢迎。大中型资产阶级建立了几个政党,其中代表性的有经济进步党、平稳进步党、工商党、全俄工商业联盟和法律秩序党[①]。

首先成立的是经济进步党,它的骨干成员是圣彼得堡制造商,领导者是钢铁厂工厂主 M. H. 特里波利托夫和圣彼得堡万国银行董事 C. A. 赫鲁廖夫。M. H. 特里波利托夫在10月31日举行的会议上解释说,资本家们无可依靠(立宪民主党人似乎显得太"左派",而十月党还刚刚起步),因此,唯一的出路是"组织本党与社会主义做斗争,这是一个与生俱来的敌人,是资本主义制度的敌人"。这位发言人悲愤地说:"每个人都应该团结到组织中,融为一体,但工商业界人士并未如此行事,正如200年前彼得大帝所言,他们至今仍然是一盘散沙。"他力图劝说与会者相信纯

---

① Подробнее см.: Петров Ю. А. 《Третье сословие》: вхождение в политику // Полис. Политические исследования. 1993. № 3. С. 176–180.

俄国企业史（1850～1917）

粹由企业家组成的联盟具有生命力，他也谨慎地表达了一些想法，希望联合其他"资产阶级性质不是十分明显的"政治力量。他说："如果组建经济进步党或其他什么党派，那么人们肯定会说，这是一个财阀、资本家的党派。打着这样的旗号难成大事，因为资本家比其他阶层的人士要少。"①

经济进步党的纲领没有赢得广大选民的支持。经济学家们将一位强壮木匠的形象作为徽章，且提出了一个相当抽象的口号——"自由、知识、劳动"。俄国当时面临着两个最迫切的问题：农业问题和工人问题。在该党的纲领中，解决上述问题的途径是解散村社（但是并不触及地主土地所有制）和修改有关女性和未成年人（不包括成年男性）工作时长的法律限制。该党试图在群众中宣传其思想，通过组建的"萨尔达姆木匠"②俱乐部进行公开演讲，并于1906年1月至3月联合十月党出版了报纸《新路》。在阶级上，该党纯粹由资产阶级组成，包括大约3800名成员，但仅有不到220人经常出席会议。

在以 П. П. 里亚布申斯基和 С. И. 切特韦里科夫为首的"左派"地方资产阶级倡议下，平稳进步党在莫斯科成立。它对选民呼吁说："我们的纲领在许多方面都与立宪民主党的纲领相似，但我们不同意他们对某些问题的观点。我们坚决反对自治和联邦制……我们坚信，俄国应成为一个整体。此外，我们对劳动立法的一些问题持有异议，绝不赞同8小时工作制③，否则我们的企业将无法承受外国竞争……"与此同时，纲领授予工人工会自由、集会自由以及"和平"罢工的权利。在农业方面，该党提出了与立宪民主党相似的要求，即"通过国家出资将内阁、修道

---

① Цит. по: Черменский Е. Д. Буржуазия и царизм в первой русской революции. М., 1970. С. 188.
② 萨尔达姆是彼得大帝的绰号。——译者注
③ 立宪民主党的纲领性要求。

院和私有土地分配给农民",以扩大农民的土地所有权①。

由 Г. А. 克列斯托夫尼科夫（接替了1905年底在莫斯科交易所委员会主席任上去世的 Н. А. 奈焦诺夫）领导的企业家组建了工商党。1905年11月12日共有87位莫斯科知名商人签署了该党致民众的宣言，并强调："新的国家体制将使俄国人民无法有组织地参加政治生活。只有极端的社会主义和革命政党才能促使我们团结在一起。"宣言号召"法治人民"团结起来，并表示"只有依靠如此强大的政党，政府才能完成即将到来的艰巨的、开创性的建设工作"②。

该党的思想纲领是，尽力配合政府贯彻10月17日宣言中的新原则，包括维持"法律和秩序"、捍卫俄国领土的完整、全力阻止俄国地方自治（"我们并不认为可以赋予边疆地区特殊的、危及整个国家的权力"）、通过法律来调整宣言所赋予的公民自由、在工业领域实行保护主义和保障国家杜马的积极活动。该党筹委会位于老广场上著名的商业大楼"贵族宫"，赞同上述主张的人士被邀请入党。

该党领导人希望赢得大众的支持，所以将普及教育、修订税制、征收所得税和发展地方自治等内容都纳入了自己的纲领。值得一提的是，斯托雷平改革之前，该党就已经坚持将农民从村社解放出来，并切实有效地帮助他们谋生。

该党的思想家认为，必须公开自己不同寻常的、在欧洲政坛独一无二的名称——工商党。在他们看来，该党的具体任务是团结包括地主、执事、店员和工人在内的"贸易阶层"。"工商党"这一名称标志着团结统一，阻止该阶层的成员分流到其他党派。尽管该党竭力扩大其社会基础，但它仍然是大企业家的团体，并且由于党员人数较少，在选举斗

---

① См.: Иванович В. Российские партии, союзы и лиги. Сборник программ, уставов и справочных сведений. СПб., 1906. С. 25 – 27.
② Там же. С. 15 – 71.

争中注定败北。而执事和店员等通常迫于雇主的压力加入该党，一旦机会合适，他们便马上脱党。

如果说上述三个政党主要团结了实业界的上层人士，那么1905年11月在圣彼得堡成立的全俄工商业联盟则代表了中层工厂主和商人的利益。起初以诺珀为首的圣彼得堡工业大亨确实支持成立联盟，但遭到业内颇具影响力的圣彼得堡工厂工业改善发展促进会的反对。在促进会的领导看来，协会成员范围太广，"不能忠实地维护工业利益"，最终于1906年初建立了另一个明显具有大资本家倾向的党派——全俄工商业联盟。

全俄工商业联盟在对国家杜马选民的公告中称，"工商阶级及其雇员构成的经济共同体"对于"为私营企业和国企提供正常条件，以及在俄国正常地从事工商活动"非常重要。联盟提议修订"老掉牙的工商立法"，以削减"压榨性的企业税收"，强调必须发展经济基础设施（运输、通信和信贷机构）。联盟领导人呼吁当局遏制对企业的贪欲，削减特别富有的国家经济部门（"即使通过其特殊部门，国家本身也无力从事工商业活动"），放弃支持有名望的商人和垄断协会。但是，联盟没有提及当时最为迫切的农业和工人问题。

总体而言，联盟的政策要比立宪民主党更为右倾。在一次全体大会上，该联盟的领导人 И. Я. 别利亚耶夫直言不讳地表明了为何无法与立宪民主党联合，他说："立宪民主党人要求召开立宪会议，但这只会给我们这些工商业人士造成巨大的损失。在整个解放运动中，我们只看到了浸透鲜血的文件。至于发展工商业，立宪民主党纯粹是门外汉。"①

尽管1905年11月举行的第一次联盟会员大会有700多人出席，但随后与会人数几乎没有增加。1905年底，许多工商业公司中雇员与雇主的冲突升级，大量雇员离开联盟。该联盟的活动范围仅限于圣彼得堡。

---

① Цит. по: Сеф С. Е. Буржуазия в 1905 году. М., 1926. C. 93.

第七章　企业家和政权

在 1905 年革命之后成立的工商业团体中，法律秩序党占据了显要的位置，它早在 10 月 17 日宣言颁布前就已成立，代表自由主义反对派，不满地方自治自由主义运动中联邦制的思想，强调"俄国的统一神圣不可侵犯"。该党整体上属于资产阶级政党，它要求建立强有力的政权，保障"国家活力"，并从根本上保护公民自由不受"暴力侵害"。在 1905 年 11 月的全俄邮政电报行业罢工期间，该党呼吁并敦促邮政官员"抛弃革命枷锁"并停止罢工。值得一提的是，该党在其主要活动中心圣彼得堡建立了颇受欢迎的大众读书室，但社会民主党人利用该读书室召开会议，进行宣传鼓动，因此这些读书室很快被警察勒令关闭。

由于缺乏统一的政治组织，力量分散，企业家在第一届国家杜马大选中的力量被削弱。同时，他们的要求含有鲜明的"资产阶级"属性，从而疏远了大量选民。此外，与社会主义政党不同，企业家政党无力承诺迅速而根本地改善普通人的生活。

在莫斯科武装起义最激烈的时期，十月党、全俄工商业联盟、平稳进步党和法律秩序党发表了联合声明："执行公务者在莫斯科街头鲜血横流，谋杀、抢劫和纵火等罪行席卷全国，令人发指的叛逆袭击不是受政府指使，也不是政府支持者的行动，而是革命者煽动的结果。"[1] 他们直接指责左翼激进政党"撒谎和欺骗人民"，呼吁举行集会，以捍卫"统一且不可分割的、有国君和国家杜马的俄国"。

随着 1906 年春季国家杜马大选的临近，兄弟政党必须结盟的趋势日益明显。1906 年前夕，十月党领袖之一 B. M. 彼得罗沃－索洛沃沃发表讲话，表示可以与纲领近似的企业家政党建立联盟，他说："企业家政党在政治和经济主张方面都很接近，它们之间的区别要么表现在某些微不足道的细节，要么仅表现为同一条款的不同措辞。如果它们无法合并成

---

[1] См.: Черменский Е. Д. Указ. соч. С. 210.

统一的政党,那么希望在最短的时间内,它们结成紧密的联盟,真正联合起来参加选举。"① 同时,"实业界"政党在吸引选民上的失败,也促成了党派之间的联合。尽管有大量宣传鼓动,1905年12月1日之后有也许多职员和工人合法获得选举权,但他们并未被形形色色"工商业性质的"口号冲昏头脑。立宪民主党的口号、八小时工作制和该党的纲领本身,对大众选民而言更有感召力。

1905年12月31日,十月党宣布与工商党建立选举联盟,并决定在莫斯科仅推选这两个政党的候选人,工商党在莫斯科的地位尤为稳固,无须与其他党派达成协议。此外,两党计划联合发行报纸。在圣彼得堡,两党联盟于1906年3月3日正式成立,当时十月党与经济进步党、法律秩序党和全俄工商业联盟建立了联合委员会。然而,1906年春季的国家杜马选举结果令人大失所望,大资产阶级政党在国家杜马中仅有16名代表,其中13名是十月党人,两名是平稳进步党员(他们在联盟外活动),另一名代表来自工商党。与之形成鲜明对比的是,立宪民主党在第一届国家杜马中有153名代表。

工商业的各个党派所面对的社会阶层比较狭隘,甚至纲领中没有基本民主,这使得它们陷入困境。在这方面,立宪民主党却出乎意料地成功了。十月党中央委员会委员 Н. В. 佩尔佐夫表达了自己对选举的印象:"我不是针对工商党,但它的名字表明它是一个纯粹的专业机构,到目前为止,我们的联盟(在莫斯科和圣彼得堡)主要是上层资产阶级和地方自治机构官员,它根本没有能力甚至不希望'走上街头',大张旗鼓地宣传自己的主张。"②

---

① Цит. по: Спирин Л. М. Крушение помещичьих и буржуазных партий в России (начало XX в. - 1917 г.). М., 1977. С. 146.

② Цит. по: Общественное движение в России в начале XX в. Т. 3. Кн. 5. СПб., 1914. С. 169.

第七章　企业家和政权

这场选举后，大多数企业家政治联盟不复存在，其中一部分自行解散，一部分加入了十月党，该党一度成为企业家利益的唯一代言人。资产阶级感到无法在国家杜马中产生足够影响，于是仅以个人名义活动。特里波利托夫发表文章称，"制造商们不相信根据现行选举法能在国家杜马中拥有行业代表"，这迫使以他为首的经济进步党解散[①]。悲观情绪也影响到了其他资产阶级政治家，他们希望十月党能够成为维护工商业者利益的唯一政治力量。

十月党在实业界独具魅力，其领导人 А. И. 古奇科夫的影响巨大。他出身于莫斯科一流商人之家，十月革命前已经成为俄国主要政治家之一。古奇科夫毕业于莫斯科大学的历史语文学系，和后来的政治对手 П. Н. 米留可夫是同窗，比起学术，古奇科夫更喜欢从事社会活动，他尊崇君主立宪制，是十月党的创始人之一，该党的口号是逐渐建立宪政制度。后来，这位出身于商人的政治家成为 П. А. 斯托雷平的忠实助手，在国家杜马中支持后者"安抚和改革"的方针。他和斯托雷平政权关系密切，这让一些自由派企业家感到失望。但显然，在1905～1906年，他是实业界富有吸引力的一极[②]。

十月党和兄弟政党组织在一起，构成了俄国自由主义阵营的右翼，并且占据了立宪民主派和极右党派的中间位置。十月党的政治主张在1905年10月下旬到11月初之间开始形成，基础是地方自治城市议会中的右翼少数派。1905年10月17日宣言发布后，自由主义反对派阵营中的政党分野基本完成。考虑到俄国已经具有了实施君主立宪制的必要条件，十月党作为地方自治城市议会的右翼开始创建自己的政党[③]。

[①] См.: Петров Ю. А.《Третье сословие》: вхождение в политику. С. 180.
[②] 关于古奇科夫的更多信息，参见 Боханов А. Н. А. П. Гучков // Россия на рубеже веков: исторические портреты. М., 1991。
[③] 关于十月党的更多信息，参见 Октябристы // Политическая история России в партиях и лицах. М., 1993. С. 108 - 128。

总体而言，从阶级属性上说，十月党是贵族、大工商业资产阶级（包括一部分"贵族化的"资产阶级）和金融资产阶级的政党。该党绝非"铁板一块"，许多企业家对大土地所有者在党内的强势地位感到不满。十月党纲领的核心是国家政权的性质和国体问题，其党纲开宗明义："俄国是世袭的君主立宪制，沙皇行使最高权力，并受基本法的限制。"十月党争取废除无限专制，同时坚决反对实行议会中心制，认为这一制度在历史和政治上均不可接受。十月革命后，十月党对政权过度忠诚，这种态度疏远了一些激进的商人政治家，但1905～1907年，十月党实际上是企业界的唯一代言者。

受1905年革命浪潮的影响，俄国"第三等级"的阶级意识迅速觉醒，独立地登上了政治舞台，也正是此时，产生了建立全俄工贸党的构想。由于俄国各地实业发展极为不平衡，很难判断这种可能性有多大，且实业界害怕失去国家的庇护，一直幻想着专制政体实施"自我改革"。尽管如此，"第三等级"已开始积极地在众多经济组织（工业家和商人的代表大会）和政治组织中寻求发声的机会，他们积累了一定的交流经验，制定了建立政治联盟、参加议会斗争的策略。

这一时期资产阶级政党的党员资格和纲领具有鲜明的阶级排他性，其精神是团体化的，而活动方式是精英化的，这就决定了资产阶级政党无法真正完成社会和平变革，带领俄国走上现代化道路，也无法团结国家和社会，许多主客观因素注定了这一结局。俄国没有完全形成中产阶层，缺乏政治中心主义的支柱，大多数俄国人发自内心地反对资产阶级，而资产阶级及其领导人缺乏政治斗争的经验。1905～1907年的事件有力地表明"第三等级"能够快速地进行政治自我学习，能够从选举失败中吸取教训、总结经验。对于俄国资产阶级而言，随后的10年（1907～1917年）为后来临时政府培养了资产阶级领导人。

第三节 "商人来了!"
(巴维尔·里亚布申斯基)

革命家、金融家和自由派政治家巴维尔·巴甫洛维奇·里亚布申斯基的生涯代表了十月革命前10年俄国企业家的政治成长路程。他坚决地反对专制主义,积极为本阶级谋求利益。1917年后,他被宣布为"人民公敌",在流亡中结束了自己的时代。

1917年秋天,因参与科尼洛夫叛乱,政治家里亚布申斯基在克里米亚以同谋罪被捕,根据 А.Ф.克伦斯基的个人命令又很快被释放。在接受报纸采访并论及解放问题时,他指出,在过时的专制制度和反对资本主义的制度之间,存在着界限不清的过渡地带,这正是他所属的阶级以及他本人整个政治生涯的活动空间。他说:"我一直受到旧政权迫害,现在依旧不能取悦于新政府。"里亚布申斯基曾是莫斯科著名商人,也是一位颇具个性的政治家,他旗帜鲜明地反对独裁者的行政专断,否定革命极端主义,表达了20世纪初俄国最激进的资产阶级的政治理想[①]。

里亚布申斯基和 С.Т.莫罗佐夫、А.И.科诺瓦洛夫等同时代的企业家一起,在世纪初的实业界被称为"年轻人"。他们越来越清晰地看到,俄国实业界具有巨大的经济能力,但是无法影响政府的政治进程。巴维尔·里亚布申斯基在《俄国晨报》中阐释了自己的思想:"资产阶级是一支先进的经济力量,必须拥有相应的政治影响力。"

在莫斯科"年轻的"资本家眼中,20世纪将成为俄国历史上"第三等级"的世纪,这一阶层将在社会政治生活中赢得应有的地位。所谓的"资产阶级分子",指的是在俄国新出现的拥护私有企业的人。一方面,

---

① 关于里亚布申斯基的更多信息,参见 Петров Ю.А. П.П. Рябушинский // Россия на рубеже веков: исторические портреты. М., 1991. С. 112-152。

他们崇尚自由主义，反对无限专制制度，认为专制制度改革的方向是欧洲君主立宪制；另一方面，他们向那些热衷于社会主义宣传的工人们解释说，刚刚才走上工业发展道路的俄国还没有准备好进行社会主义变革，正如巴维尔·里亚布申斯基所说的那样，目前俄国必须"走私人经济发展道路"。

巴维尔·里亚布申斯基的政治生涯始于1905年。当时，由于与日本激战，俄国国内动荡日益加剧，受此影响，俄国企业家首先提出改变国家政体的倡议。里亚布申斯基是一位工业家、金融家和旧礼仪派教徒，他积极参与创建平稳进步党，该党的纲领与两个主要的自由派政党（立宪民主党和十月党）的政治纲领接近。

这位莫斯科百万富翁经常与十月党接触，他与弟弟弗拉基米尔一起成为以古奇科夫为首的党中央委员会成员。出身于商人阶层的瓦列里·布留索夫当时结识了弗拉基米尔·里亚布申斯基，他在日记中记下了对双方谈话后的感悟："对于弗拉基米尔·里亚布申斯基而言，古奇科夫就是一位天才。"由此可见，里亚布申斯基兄弟两人均沉醉于十月党领袖古奇科夫非凡而又极具天赋的个人魅力。1905年12月，在莫斯科武装起义最激烈之时，П. П. 里亚布申斯基召集了旧礼仪派教徒教区代表会议，会上通过了十月党风格的决议，并决定"与温和派政党达成协议，以期平稳地进行国家杜马选举"。

П. П. 里亚布申斯基当选为全俄旧礼仪派教徒代表大会理事会副主席，在他的资助下，1906年初旧礼仪派教徒开始发行《人民报》，并借此宣传十月党的政治路线。1906年1月于下诺夫哥罗德举行的东正教旧礼仪派捍卫者例行大会上，来自莫斯科的领导人提议讨论"希望能够被纳入国家杜马议事日程"的问题。里亚布申斯基的纲领实际上与十月党的纲领相吻合，包括以下条款：捍卫俄国统一与完整、保留基于国家杜马决议的沙皇政权、废除阶层特权、宗教自由和人身自由不受侵犯、国家

第七章　企业家和政权

帮助向农民提供土地、免费实施全民教育、满足工人按照其他工业发达国家方式而生活的要求（8小时工作制除外）等。

1906年初当局刚稳定住局势之时，十月党人却开始陷入困境，因为他们深信10月17日宣言。1906年1月，在十月党中央委员会上，大家讨论了苏沃林出版的杂志《新时代》对俄国改革委员会主席 С. Ю. 维特的采访，维持直言不讳地说："10月17日宣言没有改变俄国的政治体制基础，沙皇仍然是一位拥有无限权力的统治者。"十月党的领袖们曾经相信俄国已进入新的宪政时代，现在却陷入了困惑，他们试图找出一种妥协性的方法来解释维特的言论。根据他们的理解，沙皇正式保留的"专制"头衔与宣言没有矛盾，因为该称号表明"这是一位不受外来干涉的君主"。

尽管如此，包括里亚布申斯基在内，十月党人对君主立宪主义的幻想逐渐消失。这位政治家对那个时代评论道："10月17日后，资产阶级认为已经达到了目标，他们逐渐走向政府一方。然而，政府控制局势后，他们又开始采取反动措施，起初还遮遮掩掩，后来则是明目张胆。"他认为维特的继任者——大臣会议主席 П. А. 斯托雷平推行的政策违宪。1906年10月，经圣彼得堡高层人士的批准，里亚布申斯基主办的《人民报》由于批评一些政要而被查封。于是里亚布申斯基退出十月党，并转投从古奇科夫派分裂出来的由左派十月党人创建的和平复兴党。该党派的出现反映了部分自由派党员对古奇科夫的态度，后者全面支持斯托雷平为了与革命者进行斗争而设立的军事法院，而和平复兴党的领导人 П. А. 葛伊甸则反对任何形式的、无论是革命党人的还是政府的恐怖活动。

П. П. 里亚布申斯基不止一次地亲身体验到了"斯托雷平之鞭"的威力。1907年4月，根据当局的命令，里亚布申斯基自1906年底开始发行的社会政治报纸——《晨报》被查封。报纸多次刊文，揭露"官僚体制的余孽"（里亚布申斯基对斯托雷平"稳定"国内局势所实施措施的称

229

呼），这引起了圣彼得堡官员的不满，最终该报纸因为"极具革命性"而被停刊。值得注意的是，自由主义与革命主义相混淆一直是沙皇高官显贵的典型思想特征，对他们而言，所有心怀不满的人都具有煽动性。

《晨报》被查封后，出版者里亚布申斯基被驱逐到位于莫斯科附近的库奇诺庄园。1907年秋，这位自由主义者开始出版他的第三份，也是最著名的报纸——《俄国晨报》。根据他的说法，《俄国晨报》旨在"强烈抵制国内大量肆意妄为的政治家"。但刚发行一个月，它也被查封了，因为莫斯科市市长声称，新报纸比旧报纸更具有革命性。

里亚布申斯基自称是"与政府顽强作战的坚定斗士"，这拉近了他与彼得·斯特鲁维等自由主义反对派领导人之间的距离。受后者启发，里亚布申斯基及其政治助手 А. И. 科诺瓦洛夫于1908年开始举办所谓的"经济对话"。许多优秀知识分子和企业家参与了这次对话，就俄国经济发展问题交换了意见。俄国工业领袖走上了社会政治斗争的道路，这需要自由知识分子的支持，但后者思想上对"黄色魔鬼"即黄金问题持怀疑态度。在经济对话中，斯特鲁维敦促知识分子重视提高生产率，摆脱过去所坚持的国家支配一切的思想。

俄国著名的自由主义者支持小里亚布申斯基即弗拉基米尔赞助出版两卷本《大俄罗斯》，该书呼吁恢复国家自日俄战争失败后丧失的大国地位。经济对话中提出了研究俄国自然资源的任务，该书旨在达成该目标。值得注意的是，第一次世界大战前夕，П. П. 里亚布申斯基资助了由 В. И. 维尔纳茨基院士组织的一次勘探，以寻找放射性铀矿，因为当时人们认为铀在治疗癌症方面前景广阔。

《俄国晨报》于1909年复刊，里亚布申斯基公开申明了俄国企业家的主张，表示不满于破落贵族掌权的现状。尽管该报纸无利可图，但里亚布申斯基及其同人（科诺瓦洛夫、С. И. 切特韦里科夫、С. Н. 特列季亚科夫和 П. А. 布雷什金等）并不介意费用支出，因为他们拥有自己的印刷机构,《俄国晨报》可以与十月党的《莫斯科之声》相抗衡。针对政府的政策,《俄国晨报》中重复出现的主题是"请全面兑现10月17日宣言中的承诺"。

人们满含嘲讽地将沙皇宣言称作"失踪的文书",人们忘不了这份宣言,也忘不了以"商人来了!"为口号开展的反对地方官员和贵族的运动。这句口号极为震撼,它诞生于里亚布申斯基在圣彼得堡工贸代表大会上的演讲,在这次会议上,他动员圣彼得堡同事马上采取积极的行动。里亚布申斯基在《俄国晨报》上强调说,资产阶级作为一种新的社会力量,渴望获得政治生活中的领导地位,"不能容忍无所不在的警察监控,要寻求人民解放"。

1912年4月,莫斯科交易所委员会为大臣会议主席兼财政大臣B. H. 科科夫佐夫举行招待会,会上莫斯科金融大亨里亚布申斯基发表讲话,在社会上引起了强烈的反响。科科夫佐夫向莫斯科商人保证,政府承诺坚持贸易保护主义路线,并声称自己"坚决拥护保护主义政策",他向实业界承诺"工商业阶层的利益始终与国家健康发展的方向一致,推崇劳动,开拓向前,而非反动倒退"。10年前,为维持实业界人士的政治忠诚,只需对工商业阶层做出类似的承诺、保证经济政策的连贯性就足够了。但是1905年后,很大一部分自由资产阶级不满于圣彼得堡官方的政治路线。因此,里亚布申斯基不偏不倚地回应了科科夫佐夫的讲话,他建议铲除"生活道路上的障碍",即消除政治生活中的官僚主义。最后,这位自由主义反对派领袖向在场人士敬酒:"不是为政府,而是为俄国人民,干杯!"

里亚布申斯基远非唯一批评政权的人。可以说,即使是类似于工商业代表大会委员会这样远离政治的企业家组织,在报告《俄国工商业的基础和愿望》(1910年)中,也向当局提出了一系列批评性的建议。报告认为,因为政府拖延取缔农民村社,农业问题没有解决,这是经济政策中的根本

俄国企业史（1850~1917）

问题。村社是"政府尤为关注的问题，它是具有特殊国家属性的、代价特别高昂的维护国家基础的机构"。由于村社的存在，国民经济中活跃的工业与停滞的农业严重失衡。因缺乏经济发展战略计划以及政策摇摆不定，政府饱受批评（"俄国有太多的事情取决于财政大臣的意愿和偏好"），政府在工商业立法方面独断专行，同时国家经济管理部门过于庞大臃肿，它们耗费了大量资金，且与生产毫无关系[1]。由此可见，尽管圣彼得堡和莫斯科的资产阶级领导集团之间摩擦严重（主要障碍是双方都觊觎领导权），这影响了全俄境内资产阶级的团结，但它们在批评政府方面态度非常接近，这为采取联合行动奠定了基础。

1912年例行工商业代表大会上，里亚布申斯基公开表示相信本阶级具有强大的创造力，能够和传统的国家主义神话决裂，并且不认为国家在经济领域发挥着绝对的促进作用。在分析国务会议和国家杜马立法活动中工商业界的地位时，他强调指出，许多国务活动家"完全指望我们政府的组织才能，不依靠私人经济的成果，而是认为繁荣昌盛全部依赖于国有经济，一切只能由国家决定，只有国家才是社会福祉和公共福利的源泉"[2]。同时，这位发言者指出，无论是在世界史还是俄国史上，都没有国有企业比私营企业更具经济效率的先例。

在1912年即将举行第四届国家杜马选举的背景下，里亚布申斯基的名字与一个新的政治团体相关联，即"进步分子党外小组"，参与该团体的成员接受了这一名称，它取代了当时已经消失的和平复兴党，团结了立宪民主党和十月党中的自由主义分子，并提出了"巩固俄国宪政体系"的主张。当时组建的进步分子党的中央委员会也包括 П. П. 里亚布申斯基，该党的纲领提出根据宪法规范改革国家制度，即废除关于紧急保护的规定、禁止当局肆意妄为、推行以法治国、废除1907年6月3日关于

---

[1] См.: РГИА. Ф. 150. Оп. 1. Д. 397. Л. 50-78.
[2] ЦИАМ. Ф. 143. Оп. 1. Д. 544. Л. 239-242.

国家杜马选举的条例以及扩大人民代表的权力等。

进步分子党提出的俄国社会发展模式是建立强大的法治和有序的市场经济体系、进行政治和社会改革、推行积极的外交政策和始终如一地维护国家利益[①]。简而言之，进步分子党的政治理想是"君主立宪制"，其基础是立法、行政和司法三权分立，三者构成一个法治国家的完整体系。

鉴于西欧国家实施法治和市场经济模式的成功经验，进步分子党提出了本国的经济发展方案，并在《俄国晨报》大张旗鼓地宣传。该党的理论家认为，在资本主义现代化的条件下，应该彻底改变经济部门之间、农民和工业家之间的先后次序。在谈到世界其他国家贵族与资产阶级之间争夺政治领导权的经验时，该党强调"整个历史证明，一旦地主阶级与工商业阶级之间出现利益矛盾，进步的旗帜就永远不会落入地主阵营"。由此得出的结论是，"俄国社会所有进步团体"的主要任务之一是批驳"农业社会主义"，"贵族和资产阶级势同水火"。这种言论表明了一种新的价值体系，即当务之急是建立合理的私营经济，并突出以工商业资产阶级中先进阶层为代表的社会进步力量。

联合所有社会力量反对专制制度、迫使政府遵守宪法，这仍然是一项迫在眉睫的任务。政党活动是围绕国家杜马进行的，进步党与其他纯粹的资产阶级政党一样，缺乏广泛的社会基础，因此无力阻止比十月党更为"左倾"的政治力量。1914年春，在里亚布申斯基和科诺瓦洛夫的倡议下，举行了进步分子党与立宪民主党、十月党左翼甚至是社会主义革命党、社会民主党（布尔什维克和孟什维克）代表参加的会议。科诺

---

① 关于进步分子党的思想基础，参见：Шелохаев В. В. Идеология и политическая организация российской либеральной буржуазии, 1907 – 1914 гг. М., 1991; Тот же. Прогрессисты // Политическая история России в партиях и лицах. М., 1994. С. 39 – 59.

俄国企业史（1850~1917）

瓦洛夫在解释组建联盟的前景时表示："由于没有遭到反对，政府变得非常狂妄自大……但一旦出现两三次具有革命性质的突发事件，它将无疑表现出彻头彻尾的懦弱本质……"

里亚布申斯基和科诺瓦洛夫呼吁社会革命党人和立宪民主党人"吓唬一下"И. Л. 戈列梅金政府，希望借此缓解自由主义对政府的压力。当然，各个革命政党的计划中都不支持自由主义者与政府对抗，左翼所称的"科诺瓦洛夫思想"并未团结所有反对派。为"感激"自由主义者，并在可能的情况下从他们那里筹集资金，以召开俄国社会民主党下一届代表大会，布尔什维克同意参加会议，不过他们并未受到资助，会议的结果是成立了一个信息委员会。但是，1914年4月左派政党阻挠戈列梅金政府在国家杜马的工作，而自由主义者并不支持左派政党，联盟因此宣告夭折。

第一次世界大战成为进步分子党及其莫斯科领导人的"助力器"，因为这场战争暴露了俄国的外强中干和政府的平庸无能。面对外敌，虽然"国家团结"的口号暂时缓和了政府与反对派阵营之间的矛盾，但1915年春，俄国军队遭到失败，自由主义者被迫积极采取行动。战争初期，里亚布申斯基从事前线的医疗卫生保障工作，所以他和 Г. Е. 利沃夫公爵关系密切，后者是地方自治联盟的领导人以及随后临时政府的总理。里亚布申斯基还和莫斯科市市长、城市联盟的领导人 М. В. 切尔诺科夫保持着密切的联系。此外，他结识了英国驻俄国大使乔治·布坎南，并成为该外交官与自由主义反对派联系的可靠中间人。

1915年5月，在圣彼得堡举行的例行工商业代表大会上，从前线返回的里亚布申斯基发表了热情洋溢的演讲，极大地推动了工业界的军事动员。他敦促大企业的同事们："我们不能再一成不变地经营目前的业务。每一家工厂，无论是轻工业还是重工业工厂，每一个人都应该考虑一下如何战胜敌人。"这位莫斯科自由主义者的演讲取得了巨大的成功。

受他的影响，大会改变了原定议程，重点讨论建立"军事工业委员会"，动员私营工业满足军事需要。

同时，俄国的政治局势日益恶化。随着1915年7月国家杜马召开之日的临近，当局与社会的矛盾日益加剧。在此期间，里亚布申斯基公开表示，事态的发展将迫使政府呼吁"吸纳资产阶级进入沙皇的高级议会"。在位于普雷斯切申斯基大街的一座豪宅里，举行了多次自由主义反对派领导人会议，讨论了未来主要部门的人员组成名单，于8月13日在《俄国晨报》上发布。里亚布申斯基不是正式的国家杜马议员，但当选为莫斯科军事工业委员会主席这一有影响力的职位，此后他支持新创建的国家杜马团体——"进步集团"，通过议会向政府施加压力。同时，他接替了 Г. А. 克列斯托夫尼科夫的莫斯科交易所委员会主席的职位，随后以莫斯科实业界的名义发给尼古拉二世一封电报，希望将"广受信任的人士[①]纳入政府，同时授予他们权力"。

但俄国自由派的请愿活动被扼杀了，1915年9月上旬，国家杜马被解散，且没有宣布新一届国家杜马议会的召开日期。利沃夫、切尔诺科夫和里亚布申斯基一起请求觐见沙皇，此时里亚布申斯基依旧指望沙皇在接见时能够亲自答复。在预期的接见前夕，莫斯科资产阶级领导人里亚布申斯基撰写了致沙皇的上诉书，被保留至今。上诉书的主旨仍然是改组政府："为取得最终胜利，必须尽早重组现有政府（指的是 Б. В. 施秋梅尔内阁）。"但尼古拉二世拒绝接见，自由主义者们企图证明当局路线是错误的，但再次无果而终。

里亚布申斯基仍希望在政治上统一企业家阶层，这是他的夙愿，1916年初他开始努力实现这一梦想。第一次世界大战之前，进步主义者即使在左翼企业家中也未能实现政治统一，因为大多数人仍然怀疑各种

---

① 即自由主义反对派代表。

政党，他们倾向于在自己熟悉且成熟的框架内活动。但第一次世界大战的爆发使资产阶级的政治野心大大膨胀，这一事业终于有了转机。

1916年12月，在莫斯科一位自由主义者的别墅里，里亚布申斯基举行了一次外省交易所委员会代表会议，他向与会者提出了两项主要议题："将工商业阶层合理有序地组织起来"，引领他们"更加积极地参与俄国战时经济建设"；而另一项紧迫的任务涉及当局实行的食品分配计划，禁止私人贸易机构参与国内商品流通的一些重要领域（例如粮食贸易等）。

里亚布申斯基在讲话中表示，"经济活动和商品交易陷入瘫痪"，"当局将带领国家走向死亡"，并警告本阶层的同行"民众的愤怒可能爆发"。

仅过了两个月，他的预言就变成了现实，专制政权崩溃。莫斯科资产阶级领导人里亚布申斯基认为专制政权的主要弊端是"压制个人积极性，扼杀自由人格"，俄国社会饱受战争折磨，当局未获支持，所以倒台。

第四节 1917年二月：资本掌权

实业界热情洋溢地迎接二月革命，因为人们早就期待摆脱庸碌无为的"旧政权"。然而，在革命中暴露出来的"反资产阶级"的倾向，反映了饱受战争摧残的普罗大众的愿望，他们梦想着"自由王国"。实业界领导人显然看到了这一事实。的确，资产阶级希望通过积极的宣传停止群众反对资本主义的运动。此外，二月革命后不久，商界中自由主义反对派的夙愿迅速实现——建立了全俄工商业联盟，这是第一个全俄企业家的政治组织，领导人是 П. П. 里亚布申斯基。

里亚布申斯基多次公开发表讲话，宣称社会主义在俄国尚未成熟。他说："我们承认，目前资本主义制度不可避免，既然如此，现行政府必须采用资产阶级的思考方式，并按照资产阶级的标准采取行动。"大众并不认可这些论断,因为他们更支持社会主义者。此后不久,全俄工商业联盟内设立了"人民政治教育"这一特殊部门,但它根本无法抵制各个左翼激进党派的宣传鼓动。

起初,由 Г. Е. 利沃夫公爵领导的临时政府第一任内阁也非常乐观,其成员包括公认的资产阶级领袖——陆海军部部长 А. И. 古奇科夫和工商部部长 А. И. 科诺瓦洛夫。虽然古奇科夫很快就离开了临时政府,但科诺瓦洛夫参与了 А. Ф. 克伦斯基的最后一届内阁。这在一定程度上预示着俄国资产阶级的命运:一场革命将国家政权赋予他们,而仅过半年,另一场革命却宣告他们的时代已经终结。

科诺瓦洛夫是一位杰出的企业家,1917 年前他在科斯特罗马省已经拥有一家棉纺厂。作为议员和第四届国家杜马副主席,他积累了丰富的从政经验。他的名字在社会上广为人知,因为他采取了一些前所未有的措施来改善工人的生活条件。这位棉纺织品生产商体现了工业领域的"社会主义"思想,即雇主和雇工之间的伙伴关系。这一思想对于俄国资产阶级来说非常新颖,"工人阶级应该是国家的支柱,而不是国家的敌对力量",这是科诺瓦洛夫一贯奉行的信条[①]。

他在自己的企业试验推行工人自由主义路线,他用企业利润为工人提供"健康且舒适的住房",建设了单身职工和职工家庭的免费宿舍,以及由独栋房屋构成的两个工厂村,居民可分期付款购买房屋,居住 12 年后可以拥有该房屋。由于工厂禁止未成年人工作,公司资助建设和运营一所两年制的工人子弟学校,以及可接纳 160 名儿童的免费托儿所,并开设了养老院、浴室和带阅览室的图书馆,创办了储蓄银行和日用品商店,后者可以为工厂工人及其家属提供商品,且价格低于当地市场价。1912 年,在科诺瓦洛夫纺织合伙公司成立 100 周年之际,修建了医院和妇产护

[①] 关于科诺瓦洛夫的更多信息,详见:Петров Ю. А. А. П. Коновалов // Политическая история России в партиях и лицах. М., 1994. С. 248 – 270。

理院的新楼。第一次世界大战期间，由公司出资，科诺瓦洛夫在工厂驻地维丘加市建起了"人民之家"，类似于后来的"文化宫"。工人们高度称赞这种福利，20世纪初的罢工潮并未波及科诺瓦洛夫的企业，这绝非偶然。

科诺瓦洛夫一年中大部分时间居住在莫斯科，在那里，他和 П. П. 里亚布申斯基等"年轻的"资本家交好。1905 年，科诺瓦洛夫当选为莫斯科交易所委员会主席。1906 年，他和里亚布申斯基一起加入了和平复兴党。科诺瓦洛夫于 1911 年名扬全俄，因为他组织起草了《66 人函》，签名者均为实业界知名人士。在自由派媒体发布的这封公开信中，俄国资产阶级强烈抗议政府的镇压行径，导致了以莫斯科大学校长 A. A. 马努伊洛夫为首的一大批教授辞职。俄国工商界公开谴责了斯托雷平政府推行的警察专制制度，并明确表示，当局此后无法指望获得工商业阶层的支持。他们在谴责信中说："社会的沉默让政府误认为获得了道德上的支持。当社会、政府和国家不能统一思想时，政府便不能很好地服务于社会和国家。"

在第四届国家杜马的选举中，已经加入进步分子党的科诺瓦洛夫在科斯特罗马省第一选区中当选。从此，一位政治新手开始走近国家的权力中心，他后来的政治生涯与此紧密相关。在国家杜马委员会中，他是一位职业经验丰富的专家，非常熟悉实业的运行机制。在国家杜马，他依然坚持反对政府的路线，多次发言强调，"在警察制度的框架内无法实现经济繁荣"，如果行政部门恣意妄为，那么"私人经济无法发展，私人资本无处可投，因为人们的积极性被扼杀在襁褓之中，资本并未流向实业，而国库依旧亏空"。

科诺瓦洛夫是国家杜马讨论一般经济问题时最受尊敬的发言人之一，他洞悉问题的来龙去脉，拥有一手资料，而不是道听途说。这位工厂主试图颁布法案以改善工人的生活条件。1913 年 6 月，他提出了一个自由

第七章 企业家和政权

主义方案,包含保护妇女和未成年人、住房建设、为残障和老年工人提供保险等一系列措施,其中一部分得到实施。

И. И. 斯科沃佐夫-斯捷潘诺夫是一位布尔什维克,1914年春,在和自由主义党派进行协商时,他结识了科诺瓦洛夫。他非常尊重科诺瓦洛夫,认为他是一位天资聪颖的人,尽管从社会角度而言是自己的对手:"我和他谈了整整一个晚上,话题包括纺织业、重工业和农民问题等。他给我留下了深刻的印象:清晰的头脑、宽广的视野和非常强烈的阶级利益意识……"在一次私人谈话中,科诺瓦洛夫向社会民主党的朋友们介绍了他对社会斗争舞台上无产阶级和资产阶级关系的看法。他说:"过去,在做出'超有机的决定'[1]时,资产阶级的朋友们犯了一个重大错误。资产阶级被活跃的力量吓坏了,这种力量[2]对他们而言非常陌生,他们自我安慰道,'超有机的决定'已经完成,于是退缩并扭头离去,希望不要再次发生。"资产阶级预见将会发生新的社会动荡,于是在反专制的共同斗争中,向潜在的左派盟友伸出了援手。

尽管1914年春季的谈判失败,但这位政治家仍试图结成"劳资政治联盟",即使是在第一次世界大战爆发后也没有放弃。在当选为军事工业委员会副主席后,科诺瓦洛夫清楚地意识到底层正在酝酿革命,为了保持社会稳定,重要的是将工人运动纳入法律框架,防止它变成反对国家的无政府主义的工具。针对事件发展可能出现的最糟糕的结果,他预言道:"赢得和平的次日,我们需要一切重来,因为如果发生血腥的内战,那么这将伴随无政府状态和叛乱,将是饱受苦难的民众之间可怕的分裂……出路只有一条——把自己和工人团结起来。"

二月革命爆发时,科诺瓦洛夫正在筹备全俄工人代表大会。他计划在这次大会上建立一个组织,"将工人议员委员会作为最高领导机构",

---

[1] 对1905~1907年革命的保密称呼方式。
[2] 这里指的是1905年的群众运动。

它的基础是在军事工业委员会中运作的"工作组"。该组织领导人希望它充当"无产阶级的大军",用来预防爆发革命,并作为向专制政权施压的强力杠杆。相比之下,自由主义者极度缺乏向政权施压的手段。

但政府率先发难。1917 年二月上旬,在例行国家杜马会议开幕前夕,警察在中央车站逮捕了军事工业委员会下属的"工作组",并控告其成员谋划政变。科诺瓦洛夫在国家杜马发言中惊呼:"恰恰在'工作组'意欲成为抵制工人群众危险运动的据点之时,政府摧毁了该堡垒……对'工作组'的打击实质上就是对整个俄国社会的打击。"至此,科诺瓦诺夫已经无法与当局妥协,因此在随后的圣彼得堡二月事件中,他极为担心国家的命运,但同时受到"自由日"的鼓舞,情绪高涨。

科诺瓦洛夫是国家杜马公认的领导人,他参加了 3 月 3 日米哈伊尔·亚历山大罗维奇大公举行的历史性国家杜马成员会议,会上,大公拒绝了兄长尼古拉二世的禅位要求。此后,科诺瓦洛夫加入第一届临时政府,对此他是当之无愧的,因为自从 1915 年起,他就被自由主义者视为工商部部长职位的不二人选。

自由主义反对派终于掌握了长期以来梦寐以求的权力,但革命形势不断恶化,这使临时政府的合法性受到质疑。科诺瓦洛夫认为,最重要的任务是维护国家及社会的稳定。在向新闻界发表的纲领性发言中,新任部长向工人保证,他将"竭尽所能地以合适的方式解决工人问题"。然而,无产阶级普遍要求的 8 小时工作制却遭到了他的断然拒绝,因为在战争条件下,这是无法满足的奢侈要求,并且会"扼杀国防"。但是,科诺瓦洛夫提议制定一项关于工作时间的法案,承诺战后会限制工作时长。为了平息当时的社会冲突,他还建议大力发展工会和企业组织、取消对罢工工人的刑事起诉、组织劳动力市场和发展社会保险,以及限制企业家的利润水平等。

自由主义者科诺瓦洛夫的信条是"维护国内社会和平以战胜敌人",但他的口号没有赢得工人,也没有赢得工人们中具有社会主义倾向的领导人,因为后者坚持与"资本家部长"的政府相斗争。越来越多的人支持由工人管理国家,科诺瓦洛夫虽承诺"吸引广泛的社会阶层和民主人士参与工商业管理",但这并不能令他们满意。科诺瓦洛夫最为担忧的是各种"革命时期的专制组织"(他所谓的工人委员会和工厂委员会)的活动,局势持续恶化。

科诺瓦洛夫表示,"如果企业主没有完全占有企业,那么企业将无法正常运转,经济将不可避免地陷入困境",所以,他敦促"工人和士兵委员会的主要领导者控制这一运动,并将其引导到阶级斗争的主流中"。科诺瓦洛夫承认工人的罢工权,但要求他们考虑工厂所有权问题,劳资之间的社会对抗不应恶化到暴力的程度。科诺瓦洛夫坚信,可以采取谈判的方式处理与工人群众的关系,并坚决反对任何可能导致武装冲突的行动。

А. И. 古奇科夫在回忆录中记载了一个有趣的相关细节。"四月危机"爆发时,游行示威者遍布彼得格勒的大街小巷,他们举着牌子,上面写着:"米尔尤科夫和古奇科夫滚开。"军事部长在内阁会议上说,如果他们攻打进来,我们就提供武装保护。一片沉默中,科诺瓦洛夫从座位上站起来,走到古奇科夫面前,大声宣布:"亚历山大·伊凡诺维奇,我提醒您,一旦流出第一滴血,我就马上辞职。"他的情绪感染了其他政府成员,古奇科夫不敢采取极端措施,和立宪民主党的领袖一起离开了利沃夫办公室。

一个月后,科诺瓦洛夫也辞去了部长职务,理由是与农业部部长、立宪民主党人 А. И. 申加廖夫,劳工部部长、孟什维克 М. Д. 斯科别列夫在国家干预经济的形式和程度上存在分歧。临时政府自成立以来就采取了国民经济国有化和限制私人积极性的方针。例如1917年3月25日实行了所谓的粮食垄断。企业家称,这种垄断破坏了私人贸易机构,无任何积极作用。尽管科诺瓦洛夫表示反对，但国家主义的倾向不断加强。然而，彼得格勒当局越来越无力影响经济，科诺瓦洛夫在一个小圈子中透露了他辞职的真实原因——"在这种情况下，临时政府根本无法全面行使自己的权力"。总理利沃夫写道，二月革命后建立的体制导致了各个地方性的委员会日益独裁专断，它们"建立了地方自治机关，凭着自己的主观喜好任命中央政府的代表"。

1917年5月16日，在辞职的前几天，科诺瓦洛夫在莫斯科军事工业委员会会议上发表讲话，向本阶级同行描述了政府面临的惨淡局势，"临时政府正在寻求出路，尽快缓和目前劳资双方的紧张关系"。但科诺瓦洛夫强调，他的努力遭到了各"社会主义"党派的强力反对，"社会主义政党以麻痹群众的口号为幌子，实质上危害国家安全，把俄国推向灾难的深渊……它们向工人宣传的口号蛊惑人心，激发了大众内心阴暗的本能，这引起了破坏行为和无政府状态，导致社会和国家生活的崩溃……在推翻旧政权时，我们坚信，在自由的条件下，国家的生产力将迅猛发展。然而，目前需要考虑的不是发展生产力的问题，而是集中精力拯救那些在黑暗的旧政权中萌生的工业幼苗，使其免遭彻底毁灭"。

科诺瓦洛夫预感自己无力面对即将到来的风暴，他选择了离开政治舞台，对后果不承担任何责任。但他的政治生涯并未彻底结束，他于1917年7月正式加入了立宪民主党，并当选为中央委员会委员，早在国家杜马时期他就已经与该党的领袖密切合作。立宪民主党人科诺瓦洛夫将自己的党派称为"人民自由党"，在该党派内部，他支持马上与德国联和，并提出必须在"理性的和平或列宁的必然胜利"之间做出抉择。他在同僚面前声称："能够为俄国带来和平的政府将获得巨大的声望，并变得非常强大。"

9月底，出乎所有人的意料，科诺瓦洛夫重新加入了政府，担任A.Ф.克伦斯基最后一届内阁的工商部部长，这是他曾经担任过的职位。

第七章　企业家和政权

科诺瓦洛夫在立宪民主党的同僚 В. Д. 纳博科夫回忆说，科诺瓦洛夫比其他人更清楚地预见到了经济灾难，并不希望放任事态发展，于是他出于"爱国原因"接受 А. Ф. 克伦斯基的邀请进入政府。当然，在十月政变之前的一个月内，他根本无法完成任何实质性的工作。这位来自科斯特罗马的工业家在冬宫主持了临时政府的最后一次会议，10 月 25 日晚上，他从冬宫向最高指挥部发了一封电报："彼得格勒委员会宣布政府被推翻，并威胁以彼得保罗要塞的大炮和'阿芙乐尔号'巡洋舰炮击冬宫，要求移交政权。政府只能将权力移交给立宪会议，决定不投降，而将自己交给人民和军队来保卫。请尽快派兵。"

10 月 25 日的晚上，所有内阁成员没有等到援兵，旋即被捕。科诺瓦洛夫等所有部长被囚禁在彼得保罗要塞的特鲁别茨柯依城堡，一个月后，他设法转发了所有部长签署的所谓《国家法案》，代表临时政府的最后一届内阁将国家权力移交给立宪会议。部长们要求出席全俄立宪会议，以便充分解释自己的行动。当然，新掌权政党并未为"资本家部长们"提供在全民面前辩解的机会，所有被捕者依然被监禁，直至立宪会议解散。

1918 年初，科诺瓦洛夫因健康原因获释，不久就离开了俄国。在法国定居后，他仍然坚信"民主方针"，这是他在之前的政治活动中一直坚持的路线。"高尚事业"失败后，他坚持必须与共产主义专政做斗争，但不是通过武装手段，而是借助"从二月革命中崛起的、团结的俄国民主团体"。1921 年，科诺瓦洛夫加入了民主共和党，该组织由社会革命者右翼和立宪民主党人组成，支持米留可夫的"新策略"，旨在从内部分化苏维埃俄国政权。自 1924 年起，他担任米留可夫在巴黎为俄国侨民出版的《新闻快报》的编辑。

亚历山大·伊凡诺维奇·科诺瓦洛夫于第二次世界大战后去世，并葬于法国。

20 世纪初至 20 年代，俄国经历了两场战争和三次革命，在回顾这

俄国企业史（1850～1917）

一时期的历史时，科诺瓦洛夫政治阵营中的 П. П. 里亚布申斯基写道："我们中的许多人预见到了席卷整个欧洲的灾难，也了解俄国内部动荡命运的必然性，但我们错判了事件的严重性及其深度，我们错了，整个世界也错了。俄国资产阶级人数有限，无法在关键时刻发挥决定性的作用并采取相应行动，进而避免事态恶化……过去的整个环境并未让我们联合起来，在后来生死攸关的时刻，社会风暴裹挟了我们所有人，蹂躏、碾压并粉碎了一切。"①

和里亚布申斯基一样，几十年来，国内外的历史学家一直面临着一个问题：为什么在1917年的俄国，以企业家、资产阶级为首的"中间阶层"未能阻止社会崩溃？是如苏联时期史书所述，因为俄国资产阶级数量少、在政治和文化上不成熟，还是因为资产阶级无力改变客观社会文化条件（资产阶级改革并不彻底，公民社会尚未形成）？这些问题仍悬而未决，确定无疑的事实是，19世纪与20世纪之交，俄国企业家为经济发展做出了巨大贡献，但在1917年全国性危机爆发之际，他们未能通过政治手段稳定社会局势，无力阻止革命风暴。

---

① См.: Совещание русских торгово-промышленных деятелей в Константинополе. Информационный бюллетень. Ноябрь 1920. С. 1–2.

第八章
利益的代表：交易所协会和交易所委员会

第一节 代表性组织——交易所的基本特征

交易所是俄国最大的企业家利益代表组织机构①，与西欧各国和美国

---

① 正是在这个意义上，许多著作将俄国交易所视为代表性企业联合组织的一种形式。参见：БерлинП. А. Русская буржуазия в старое и новое время. Л. -М. , 1922; Вольский А. А. Представительство русской промышленности и торговли в настоящее время и основы предпринимательства, необходимые в ближайшем будущем. Первый съезд Союза Промышленных и Торговых предприятий Российской империи. [СПб. , 1906.]; Воронцова Е. А. Предпринимательские организации российской буржуазии (к историографии проблемы) // Проблемы историографии и истории культуры народов СССР. М. , 1988. С. 66 - 81; Гушка А. О. Представительные организации торгово - промышленного класса в России. Доклад, прочитанный на общем собрании II. Р. Т. О. в заседаниях 12 и 18 ноября 1911 г. СПб. , 1912; Калинин В. Д. Организации предпринимателей России (XIX - начало XX вв.) . М. , 1993; Лаверычев В. Я. Крупная буржуазия в пореформенной России. 1861 - 1900. М. , 1974; Лившин Я. II. Представительные организации крупной буржуазии в России в конце XIX - начале XX вв. // ААстсфцч СССР. № 1. С. РС. Организация и организации торгово - промышленных интересов в России. Подготовительные материалы и этюды для характеристики предпринимательского движения. СПб. , 1913; Представительные организации торгово - промышленного класса // Нефтяное дело. 1912. № 13; Шепелев Л. Е. Царизм и буржуазия во второй половине XIX века. Проблемы торгово - промышленной политики. Л. , 1981; Тот же. Царизм и буржуазия в 1904 - 1914 гг. Проблемы торгово - промышленной политики. Л. , 1987 и др.

的交易所相比，俄国交易所的一个特征是它具有代表和保护企业家利益、满足工业和贸易需求的职能。

关于俄国交易所诞生的问题，史学界已经形成一种观点，即较早的商人大会出现在鼎盛时期的诺夫哥罗德地区。17世纪，具有交易所性质的商人大会分布于莫斯科、下诺夫哥罗德等地[1]。可以明确的是，18世纪的俄国已经存在这一机构。1703年，彼得大帝下令在涅瓦河畔建立一座新首都，同时修建一家交易所，一些间接证据能够证明，当时圣彼得堡存在交易所。1717年，俄国政府颁布了一项法令，设立总经纪（高级经纪人）这一职位，该项法令表明圣彼得堡存在着一般性的经纪机构。而1725年的一项法令规定，交易所开市交易时间为11时至13时。

鉴于18世纪的工业发展水平、国内市场规模和信贷状况，俄国当时对交易所并没有特殊的需求。因此，几乎整整一个世纪的时间内，圣彼得堡交易所是俄国唯一的交易所。但是，圣彼得堡交易所早就无法满足全国的需要，后来（不早于1796年），敖德萨又成立了一家新的交易所，1811年在雷宾斯克、1816年在华沙也相继建立了交易所。然而，在这段时期，圣彼得堡交易所无论是在物质经济方面，还是法律组织方面，都依旧没有得到完善。直到1804年，根据沙皇命令，在瓦西里岛上为圣彼得堡交易所建立了一座专门的石制大楼，并于1816年交付使用[2]。同年，圣彼得堡交易所的领导机构，即交易所委员会宣告成立。圣彼得堡交易所的各部门在19世纪30年代初最终成立，1831年，《圣彼得堡交易所经纪人和交易所委员会条例》获得批准，1832年，《圣彼得堡交易所章程》审核通过。

19世纪上半叶，俄国各种交易机构的业务几乎停滞不前，在此期间

---

[1] Семенков А. В. Биржа в России. // Финансы СССР. 1991. № 2. С. 59.
[2] Невзоров А. С. Русские биржи. В 4 - х вып. Вып. II. Юрьев, 1897. С. 11.

第八章 利益的代表：交易所协会和交易所委员会

陆续建立了一些新的交易所：1832年，克雷缅楚格交易所成立；1837年，莫斯科交易所成立；1842年，一直没有实质性业务的雷宾斯克交易所重新开业；1848年，下诺夫哥罗德交易所和敖德萨交易所也重新开业。

俄国交易所业务发展的一个重要转折点是农奴制改革。19世纪60年代，政府批准设立了6家交易所（其中有两家，即伊尔库茨克交易所和图拉交易所几乎因无业务而销声匿迹）。其他新交易所的创建时间如下：19世纪80年代出现了6家交易所，19世纪90年代5家，1900~1904年14家。真正的交易所创设热潮始于1905年，到1912年，全俄一共建成了40多家交易所。根据工商业代表大会理事会的数据，截至1913年1月1日，俄国创办的普通交易所和专业交易所共有93家。

农奴制改革后的几十年，交易所的业务也发生了质变，其中最为重要的是：首先，根据一些交易法律规范，交易所具有代表职能；其次，为了履行这一职能，交易所内部组织结构单列化和合法化，也就是说，将"交易公司"与无组织的交易群体区分开来。

通常认为，交易所履行代表机构的功能始于1870年3月20日[1]批准的新版《莫斯科普通交易所章程》[2]。实际上，早在1868年和1869年，《哈尔科夫交易所章程》[3]和《萨马拉交易所章程》[4]便已经确定了交易

---

[1] 文本中的所有日期均为旧历。
[2] Петров Ю. А., Боханов А. Н. Предпринимательство и российское общество в начале XX в. // Предпринимательство и предприниматели России. От истоков до начала XX века. М., 1997. С. 122; Шепелев Л. Е. Царизм и буржуазия во второй половине XIX века. С. 131－132.
[3] Петров Ю. А., Боханов А. Н. Предпринимательство и российское общество в начале XX в. // Предпринимательство и предприниматели России. От истоков до начала XX века. М., 1997. С. 122; Шепелев Л. Е. Царизм и буржуазия во второй половине XIX века. С. 131－132.
[4] Там же. Т. 44. Отд. 2. № 47374. § 13, 6, 29, 30.

俄国企业史（1850～1917）

所的代表职能，而"交易公司"的概念决定了交易所具有公司的特征，它首次出现在1865年《基辅交易所章程》中[1]。Н. Х. 本格[2]积极参与了《基辅交易所章程》的制定，他当时负责国家银行基辅分行的工作，1881～1886年担任财政大臣。有学者认为，1870年《莫斯科普通交易所章程》在保证代表职能方面处于领先地位，并且它是"俄国其他交易所（包括现有的以及新建立）的典范"[3]，这种说法并非完全正确。但是，就《莫斯科普通交易所章程》的详细程度和法律完善度而言，这一论断是完全正确的。

基于企业家所处的环境，俄国交易所开始承担代表职能，这一现象并非偶然。总体而言，市场（交易所是市场的最高组织形式）是工商业阶层社交活动的第一个舞台。这里不仅有相互竞争的不同利益阵营，也有与他们有相共同经济需求、社会诉求和政治追求的同盟。在社会政治制度并不完善时，资产阶级几乎无法建立自己的阶级组织，俄国的交易所就成了大资本投资的第一批公共机构[4]。

19世纪60～70年代，代表企业家利益的组织机构出现一些特殊情形，这促使俄国资产阶级开始利用交易所的社会职能，但是交易所最初并不具备该职能。根据法律要求，1828年和1829年先后成立的制造业委员会和商业委员会有权表达工业和贸易行业的诉求，但是它们具有严重的组织缺陷，如权限较小、人员编制较少等，即使经过1872年改革，原有的制造业委员会和商业委员会变为由地方委员会组成的统一的贸易和制造业委员会之后，它们仍然保留了以前的半官僚主义性质，无法确保工作的正常开展，而拥有大量资金的商业管理局，自身明显具有阶层机构的传

---

[1] Там же. Т. 40. Отд. 2. № 42646. § 9.
[2] Центральный государственный исторический архив г. Москвы（далее – ЦГИА г. Москвы）. Ф. 143. Оп. 1. Д. 19. Л. 240 об.
[3] Шепелев Л. Е. Царизм и буржуазия во второй половине XIX века. С. 132.
[4] Лившин Я. П. Указ. соч. С. 98.

第八章 利益的代表：交易所协会和交易所委员会

统属性，且已是政府部门的附属机构，处于政府的严格监管下，直到1905年底，该局一直隶属于内政部。

俄国皇家技术学会（成立于1866年）、俄国工商业发展促进会（成立于1867年）是两家科学实践协会，在组织机构和自身功能方面，它们无法完全满足资产阶级维护自己利益的要求。换言之，企业家并不是"开启民智"的主体，而是受社会庇护的对象①。

1870年，全俄工商业代表大会第一届大会在圣彼得堡召开，但它没有成为团结资产阶级和开展定期工作的中心和组织，其原因首先是这些大会成员数量庞大、社会出身繁杂，不仅有专业商人参加，还有所谓的"对贸易和工业感兴趣的人"以及官僚机构，而且前者远非多数。此外，当时的资产阶级还没有发展到整合区域利益和部门利益的阶段，更准确地说，他们还没有准备好在一个庞大的帝国里团结起来。同时，俄国经济在不同地区、不同行业的发展并不平衡。19世纪下半叶的企业家是在相对有利的条件下进行经营的，且尚未经历过剧烈的社会动荡，因此，他们对建立全俄"统一战线"并没有急切的需求。

19世纪70~80年代出现了全新形式的资产阶级联合，即跨行业企业家代表大会，其最重要的特征是，大会由企业家自行召集，他们可以阻止自由派知识分子和官僚阶层参与。通过成员强制性捐款的方式，大会能够有效地筹集活动资金。但是，19世纪70年代甚至80年代跨行业企业家代表大会的组织方式，相对于全俄工商业而言，其优势仍未得到全面发挥，因为财政部并不愿意接受跨行业企业家代表大会的提议，而是倾向于国有资产部授权成立行业性代表

---

① Воронцова Е. А. Документальные материалы представительных организаций российской буржуазии – съездов предпринимателей. Автореферат диссертации на соискание ученой степени кандидата исторических наук. М., 1988. С. 8.

大会。因此，起初这一联合形式仅仅涵盖了采掘业①，其余行业并不在其范围之内②。行业代表大会组织的出现和成立的时间与交易所开始履行代表职能的时间基本一致。从组织形式的角度来看，两种类型的协会都非常便于履行代表功能。跨行业企业家代表大会仅限于采掘业，交易所则对贸易和加工业非常有吸引力，同时也利于企业家表达利益需求。

交易所的特殊立法基础、与政府部门关系的性质等因素，在交易所作为代表性机构和巩固本身职能的过程中，发挥着显著的作用。俄国的交易所活动，受到全俄法律（《贸易条例》）和特定交易所具体章程的双重监管。然而，国家立法中涉及交易所业务的规定在数量或内容上都乏善可陈，《贸易条例》也仅仅规定了交易所结构和活动的最普遍的原则。《贸易条例》的新版本仅仅改变了两条。第一条禁止在交易所开市期间抓捕位于交易所的商人，无论涉及任何案件（刑事案件除外），并且禁止政府机关和司法机关在交易尚未结束时将商人从交易所带走③；第二条禁止商人本人以及交易员"谈论政治事务或者军事命令，散布道听途说的消息或者传播不良言论，以免受到法律追究"④。

全俄性的交易所法规"在定义方面并非细致入微……导致制定具体章程时留下了大量漏洞，并且这些缺陷被充分利用"⑤。但是，也正是每

---

① 第一次行业代表大会（俄罗斯南部的煤炭生产商代表大会）于1873年召开，并于1877年正式成立。第二个行业代表组织（乌拉尔的矿工代表大会）成立于1880年，有关规章直到1898年才获得批准。1880年，莫斯科地区的矿工代表大会举行。1883年举行波兰行省代表大会，1884年举行巴库的石油工业家代表大会。
② Шепелев Л. Е. Царизм и буржуазия во второй половине XIX века. С. 163 – 165.
③ Свод законов Российской империи（далее – Свод законов）. Т. XII. Ч. 2. Ст. 2160, 1857 г.；Там же. Ст. 598, 1887 г.；Там же. Ст. 598, 1893 г.
④ Там же. Ст. 2158, 1857 г.；Там же. Ст. 597, 1887 г.；Там же. Ст. 597 1893 г.
⑤ Филипов Ю. Д. Биржа. СПб., 1912. С. 169.

第八章 利益的代表：交易所协会和交易所委员会

个具体的交易所章程详细地规定了交易所的职责范围、结构、成员的权利和义务等。

1832 年 10 月 5 日，俄国第一部交易所章程即《圣彼得堡交易所章程》获得批准①。该章程是效仿英国自治交易所和德国邦国交易所编纂而成的②，章程给出了全新的交易所的定义。如果说在此之前，交易所仅仅是商人聚会的地方，他们可以在那里进行交易和交流信息，那么现在交易所被定义为一种社区——"贸易阶层人士的全体大会，他们聚集在一个地方，以便各方建立联系，从事工商业的各种交流活动"③。后来，俄国政府通过简单地将《圣彼得堡交易所章程》推广到新成立的交易所的方式，确立了章程的法权④，但这一过程历时甚久：克雷缅楚格交易所——1832 年；莫斯科交易所——1839 年；雷宾斯克交易所——1842 年；下诺夫哥罗德交易所和敖德萨交易所——1848 年。

19 世纪 60 年代末，俄国进入了制定交易所章程的"新时代"。从这一时期起，政府不仅制定了新交易所章程，而且对旧交易所章程进行了修订和增补，不仅规定了章程条例的大量细节、对条例进行系统化，同时还考虑到了当地的具体情况和需求。根据章程内容的变化，全俄交易所法规也做出了一定的修改，但是最基本的管理规则并未改变。

值得注意的是，官方文件并没有赋予交易机构履行代表职能，《贸易条例》对此没有涉及，仅有一条语焉不详地规定了交易所的职能："交易公司或者是代表它们的全体大会或选民大会，应就涉及交易所的交易结构和程序、交易便利性和正确性的所有事项做出裁决。"⑤ 众所周知，

---

① ПСЗ II Т. 7. № 5648.
② Лизунов П. В. Петербургская биржа и ее хозяева в XIX в. // Предпринимательство и предприниматели России. От истоков до начала XX века. С. 286.
③ ПСЗ II. Т. 7. № 5648. § 1.
④ Свод законов. Т. XII. Ч. 2. Ст. 592, 1887 г.
⑤ Там же. Ст. 658, 1904 г.

俄国企业史（1850～1917）

1872年颁布的《关于贸易和制造业领域的咨询机构》完全是针对贸易和制造业委员会与理事会，甚至没有提及交易所。《贸易条例》的第二部分涉及工厂和手工业，其中仅将贸易和制造业委员会及其理事会（第一章）、代表大会（第二章）和协会（第三章）指定为履行上述功能的机构[1]。

对交易所活动的监管主要依靠企业家在当地直接制定的章程条款，这可以确保法规更为机动灵活地在微观层面应对社会政治变化，并满足资产阶级的需求。

关于国家对俄国交易所经营活动的干预程度问题，十月革命前的文献中存在着两种观点，且争论持续至今。其中一种观点认为，交易所受到国家法律法规的全面监管[2]，交易所的"结构和活动严格服从政府机关的管理，包括地方当局"[3]。另一种观点认为，俄国的立法贯彻并发展了"交易所是独立自主的自治机构"的思想[4]，认为俄国交易所是一种自治社会机构[5]。

Ю. Д. 菲利波夫是研究交易所问题的学者之一，他指出了政府干预交易所活动的几种主要形式：①倡议成立交易所或者颁发许可证、批准章程、批准交易所的制度和交易规则；②任命交易所领导机构的成员或者批准当选人员；③通过政府特别专员或总警察的命令监督交易所的活动；④任命经纪人；⑤禁止某些类型的交易[6]。只有前三种形式涉及交易所保护企业家利益的功能。

---

[1] Там же. Устав о промышленности фабричной, заводской и ремесленной, 1913 г.
[2] Филипов Ю. Д. Указ. соч. С. 38 – 39.
[3] Зайцева Л. Биржа в России, или Падение Святой Руси (В документах и публикациях конца XIX – начала XX века). М., 1993. С. 24, 25.
[4] История торговли и промышленности в России. Т. 1. Вып. III. СП6., 1911. С. 46.
[5] Авилина П. В., Козырь О. М. Биржа – правовые основы организации и деятельности: создание, структура, функционирование, прекращение деятельности. М., 1991. С. 10.
[6] Филипов Ю. Д. Указ. соч. С. 36.

第八章 利益的代表：交易所协会和交易所委员会

俄国第一家交易所由彼得大帝下令建立，但是，国家的这一法令无论对于立法还是交易所的实践活动而言，都不具有先例法的地位。设立交易所的倡议下达各地，以沙皇为代表的政府仅负责批准企业家自己制定的章程①。应该指出的是，在设立具体交易所的过程中，当局并未置身事外。例如，当局于1805~1810年建了圣彼得堡交易所大楼，19世纪30年代建了莫斯科交易所大楼②。为此，国库拨付了大量的资金，分别为193.9138万卢布50戈比③和50万卢布④。

俄国的交易所最初隶属于1717年成立的商业委员部⑤，亚历山大一世在位期间各部委建立之后，它转隶财政部外贸司。交易所通过外贸司解决了一系列需要"最高机关裁量和许可"的问题，如果自然人和法人对交易所管理机关的决议不满意，可以提出上诉。此外，股票经纪人之间"就需要由领导裁决的问题"发生冲突时，外贸司拥有裁决权⑥。1864年10月26日，交易所的事务从外贸司转由财政部下属的制造和对内贸易司管理。从这时起，该司改称贸易和制造司⑦。1900年6月5日，各家交易所由财政部下属的工商行业中央机关管理，这些机关合并了已经被废除的贸易和制造司的分支机构⑧。自1905年10月27日开始，新组建的贸易和工业部下属的贸易司开始管理交易所⑨。

这样，交易所起初的中间机构是金融机关的相关部门，然后变为贸

---

① Свод законов. Т. 11. Ч. 2. Ст. 592, 1887 г.
② Лизунов П. В. Первая русская биржа // Былое. 1992. № 2. С. 5.
③ Гушка А. О. Указ. соч. С. 56.
④ Найденов Н. А. Московская биржа. 1839－1889. Очерк возникновения и деятельности. М., 1889. С. 2.
⑤ 这里的委员部是彼得一世效仿瑞典政府而组建的，亚历山大一世时把委员部改为"部"。——译者注
⑥ ПСЗ II. Т. 7. № 5648. § 19, 38, 30, 24.
⑦ Там же. Т. 39. Отд. 2. № 41374.
⑧ ПСЗ III. Т. 20. № 18736.
⑨ Там же. Т. 5. № 26851.

易和工业部下属的贸易司；交易所协会通过贸易司向政府呈报所有的申请和其他文书，要求后者研究解决某些问题，或者对某一项目进行结项。但是，法律授权交易所"在特别重要和紧急的情况下"可以直接向财政大臣呈报或者直接诉诸其他各部[①]。

俄国交易所理事机构的人员完全由选举产生，并且法律没有规定当选人需要经过上级部门的批准，也并未规定政府官员必须出席交易所会议或对交易机关经营活动进行日常监管。政府官员只有根据每次与交易所管理部门提前达成的特殊协议来参与交易所的工作[②]。交易所起初隶属于财政部，然后隶属于贸易和工业部，这一隶属关系并不是由全俄性法律《贸易条例》规定的，而是由各家交易所的章程规定的，这说明交易所具有自主活动权。

地方自治局、警察机关对交易所内部事务和外部事务的干预，在法律上都受到一定的限制。尽管在一些需要领导解决的事务中，交易所必须向省长报告，但在紧急情况下，它们有权直接求助于各部委大臣[③]。在后来的章程中，省长的中间人职能被取消，交易所有权直接联系贸易和工业部的相关主管部门[④]。然而，如果交易所和城市管理部门之间发生分歧，省长仍拥有裁决权[⑤]。

警察机关履行的职能是监督证券交易所秩序平稳、不散布谣言，但是，这一职能是通过交易所的内部执行机构，即交易所委员会来实施的，经警察机关授权的交易所委员会有权惩戒有罪人员，剥夺他们长达一年的交易权[⑥]。此外，交易所委员会有印刷权，从这个意义上说，可以将它

[①] Например, см.: Там же. Т. 7. № 5648. § 36; Т. 45. Отд. 1. № 48159. § 53.
[②] Например, см.: ЦГИА г. Москвы. Ф. 143. Оп. 1. Д. 152. Л. 78 об.
[③] ПСЗ II. Т. 42. Отд. 1. № 44355. § 23; Т. 44. Отд. 2. № 47374. § 30.
[④] Например, см.: ПСЗ III. Т. 26. Отд. 1. № 27544. § 25; № 28027. § 25.
[⑤] Ср.: ПСЗ II. Т. 41. Отд. 2. № 43792. § 21; ПСЗ III. Отд. 1. № 27544. § 26.
[⑥] Свод законов. Т. II. Ч. 2. Ст. 597, 1893 г.

第八章 利益的代表：交易所协会和交易所委员会

们归为地方政府机构①。章程条例中规定交易所有权在任何事务上与政府部门和管理相关事务的官员个人直接接触，但是需要由"最高当局酌情处理和许可"的事务除外②。

我们援引其他国家交易所的一些资料进行比较分析。例如，在法国，只有政府才可提议建立交易所。德国政府为了对交易所进行日常监管，任命受过法律教育的人员担任特派员，而交易所管理处人员也并非完全由交易所自己选举产生，其中1/3由德国企业家的官方代表机构——商会选举产生。在奥匈帝国，政府专员有权出席交易所会议，并有权否决交易所管理层的决定，直到交易所和主管部门一起解决该问题为止③。

俄国交易所在某种程度上更类似于城市公共管理部门，特别是在19世纪上半叶，当时的交易所委员会由市长领导（圣彼得堡交易所委员会到1848年，莫斯科、雷宾斯克和其他交易所委员会到1859年）④。农奴制改革后，在一定程度上将交易所和城市自治机关实质性结合起来的是1870年6月16日《城市条例》中的某些规则（这些规则同时被收入《贸易条例》）。根据这些规则，庇护交易所是城市公共管理部门的任务之一⑤。市政府通过无偿划拨土地、出资修建交易所大楼等方式，协助建立交易所。

俄国交易所相对独立于政府的另一原因在于，它们自负盈亏。交易所收入的来源包括：交易所拥有的不动产和资本、交易的手续费、交易所协会成员的会员费以及"各种其他形式的现金收入"⑥。交易所预算的

---

① История торговли и промышленности в России. Т. 1. Вып. III. С. 44.
② ПСЗ II. Т. 7. № 5648. § 19；Т. 40. Отд. 2. № 42646. § 23；Т. 42. Отд. 1. № 44355. § 23；Т. 45. Отд. 1. № 48159. § 53.
③ Подробнее см.: Кулишер П. М. История биржи // Банковая энциклопедия. С. П. Биржа. Киев, 1916. С. 76 – 171.
④ ПСЗ II. Т. 34. № 34032.
⑤ Там же. Т. 45. Отд. 1. № 48498. Ст. 2, е；Свод законов. Т. II. Ч. 2. Ст. 521，6，1887 г.
⑥ Например, см.: ПСЗ II. Т. 40. Отд. 2. № 42646. § 43. Т. 41. Отд. 2. № 43982. § 35. Т. 47. Отд. 1. № 50944. § 55，прим. 2.

俄国企业史（1850~1917）

主要部分是交易手续费和交易所协会的会员费，后者的数额取决于行业证书的类型，但总体上是根据产量或者企业雇用工人的数量而收取的。不同交易所协会确定的会员费标准差别很大，从几卢布到100卢布不等，甚至更高。交易所组织会员或者经纪人订阅专门出版物也是会费来源之一。有时，经纪人所谓的"自愿捐助"也相当重要，例如浩罕交易所委员会以这种方式每年收取资费多达5500卢布，哈尔科夫交易所委员会每年收取的资费则能达到4500卢布。

此外，几乎所有的交易所都征收特殊费用。例如，顿河畔罗斯托夫交易所向该市所有缴纳工业税的纳税人收费，其中向持有一类商业证书及相应的工业或者航运企业证书者收取5卢布，向选择二类商业证书以及相应的工业或者航运企业证书者收取2卢布。这样，每年大约可以获得2500卢布。拉脱维亚的温道交易所向在港口装货的每一拉斯特①燕麦征收2戈比，这样每年可以收取3000多卢布。华沙交易所委员会从当地公司那里征收自愿捐款，以代为处理工商业事务，其数额高达1.3万卢布。坦波夫交易所、车里雅宾斯克交易所、塔甘罗格交易所和克列缅丘格交易所对交易的货物按车厢收费，每年可以收取500~2000卢布②。

如上所述，尽管俄国交易所并不是绝对的自治机构，但它们的活动原则与社会机构类似（并非必须存在、自治、自筹资金），而政府对俄国交易所事务的干涉程度相对有限③。

交易所之所以能行使代表处的功能，是因为它们在国家经济中具有

---

① 旧时商船谷物容量单位，约等于5.663立方米。——译者注
② Доклады и материалы по вопросам, включенным в программу Шестого Всероссийского съезда представителей биржевой торговли и сельского хозяйства. (далее - Доклады и материалы по вопросам, включенным в программу Шестого съезда). СПб., 1912. С. 208 - 211.
③ 唯一的例外是创建于1900年的圣彼得堡普通交易所的股票部，该部门在隶属关系和政府机构的干预程度方面不同于其他交易所，它隶属于财政部信贷部门办公室，其代表是股票部的成员，财政部门的负责人在股票部的人员构成以及其他方面享有重大权利。

第八章 利益的代表：交易所协会和交易所委员会

特殊性，并占有不可替代的地位。直到19世纪末20世纪初，在履行自己的代表功能（充当批发市场）过程中，相比于西方国家交易所在本国经济中的作用，俄国交易所的作用要小得多。产生这种状况的原因不仅在于俄国经济总体滞后于先进工业国家，还在于其大工业发展的独特性。俄国许多重点行业（金属加工和机械制造业、纺织行业的亚麻和织布业）的经营活动，都是基于政府订单。此外，直到19世纪末，在批发贸易领域，市场的普及程度依旧很高[1]。俄国日用消费品的批发、采购等领域，已经形成了一种垄断购销体系，这成为阻碍交易业务的因素之一。例如，奥科尼什科夫、巴什基罗夫家族和帕拉莫诺夫的公司垄断了棉花市场，维索茨基、别尔洛夫和波波夫垄断了茶叶市场，辛德尔、普罗霍洛夫和莫罗佐夫垄断了制造业市场，他们拥有大量的固定客户，因此事实上并不需要交易所起中介作用[2]。

我们现在更详细地介绍一下俄国最大的工业品——纺织品的销售特征。20世纪初，俄国纺织行业雇用的工人人数排名第一，产值位居第二[3]。19世纪初以来，商品展销会发挥着特殊的作用，尤其是在19世纪下半叶，但是到了19世纪末其地位下降。出现这种情形的原因在于，19世纪与20世纪之交，大型纺织工业公司在周边建立了自己的批发和贸易体系。该系统由位于大型经济区中心的各公司的分支机构、货栈、销售人员和常驻代表组成。大型批发公司在批发销售工业品中扮演着重要角色，在数十年的发展过程中，它们形成了各自的势力范围，每一家公司都有数量庞大

---

[1] См.: Дихтяр г. А. Внутренняя торговля в дореволюционной России. М., 1960. С. 145 – 147.
[2] Осадчая А. П. Биржа в России // Вопросы истории. 1993. № 10. С. 9.
[3] Иванова Н. А. Промышленный центр России 1907 – 1914 гг. (Статистико - экономическое исследование). М., 1995. С. 31.

的客户群体①。

19世纪末20世纪初,俄国工业垄断也在一定程度上限制了交易所在商品销售中的作用。然而,工业和贸易的增长、铁路网络的扩张、信贷和金融体系的完善,所有这些因素决定了世纪之交俄国经济发展的总体方向,在这种情况下,人们不得不更加倚重交易所。交易所在原材料和食品交易中发挥着不可或缺的作用,在这一时期,俄国出现了一系列专业交易所:莫斯科肉类和牲畜交易所(1900年其章程被批准)、乌拉尔钢铁贸易交易所(1902年)、哈尔科夫煤炭钢铁公司(1902年)、圣彼得堡水果、茶叶和酒类交易所(1907年)②。

交易所在粮食贸易中也占据着特殊的地位,因为从18世纪末开始,政府鼓励谷物出口。正因如此,全国许多地方此后都建立了专门的粮食交易所:圣彼得堡的卡拉什尼科夫斯卡娅交易所(1895年其章程被批准)、莫斯科交易所(1896年)、沃罗涅日交易所(1897年)、鲍里索格列布斯基交易所(1899年)、伊丽莎白格勒交易所(1901年)和坦波夫交易所(1904年)等③。

俄国交易所的有价证券交易同样具有自身的特点。交易所的显性特征不像西方那样重要,例如票证数量、客户数量和交易所的数量等④。俄国交易所的股票交易发展相对缓慢,其根本原因在于农奴制下俄国经济落后、国民储蓄能力较弱和资本有限。

俄国交易所的有价证券交易与1809年、1811年、1817年和1818年第一批政府发行的国债有关。但是,直到19世纪60年代,俄国国债主要

---

① Лаверычев В. Я. Монополистический капитал в текстильной промышленности России (1900 –1917). М., 1963. С. 53 – 59.
② Россия 1913 год. Статистико - документальный справочник. СПб., 1995. С. 204.
③ Там же. С. 203 – 204.
④ 仅在圣彼得堡、莫斯科、华沙、基辅、敖德萨、里加、哈尔科夫的普通交易所记载了证券正式交易的情况。

第八章 利益的代表：交易所协会和交易所委员会

还是在国外的交易所上市。自19世纪30年代中期以来，工商企业的股票及债券开始成为交易的主体。随着资本以股票形式向工业渗透，以及国内资本的积累，交易所成为股票交易市场。19世纪下半叶，各种类型政府债券的数量显著增加，从60年代起国家信贷逐渐普及，70年代以来股份制商业银行网络形成，加上工业和贸易公司逐渐完成股份制改造[1]，股票交易量明显增加。

政府的政策也是决定俄国股票市场发展的主要因素之一。长期以来，俄国政府一直认为，需要立法限制甚至禁止股票交易所发展，更严格地监管交易所业务。1836年12月6日《关于合伙经营地块或股份公司》规定，在一段时间内禁止使用股息证券进行交易[2]。这些政策的作用非常消极，虽然实际效果不佳，但它意味着禁止进行任何期货交易，这一规定会带来巨大的风险，这自然将许多潜在客户拒之门外[3]。

一直到1893年6月8日颁布法律《关于禁止买卖黄金货币、汇票等以黄金货币结算的交易》之后，俄国对期货交易的限制才取消[4]。尽管此法案仅禁止黄金货币及以黄金货币计价的有价证券交易，但实际上许多人将其理解为禁止所有的有价证券交易。

银行和股份公司的股票发行活动具有特殊性，这一点阻止了有价证券进入俄国交易所上市交易。股票发行活动阻碍了中小资本的加入，因为发行活动要求有价证券具有较高面值（不允许100卢布以下的较小面额）以及持有一定的资本额（存在着所谓的"硬手"群体）。有价证券

---

[1] Левин П. П. Рост Петроградской фондовой биржи // Банковая энциклопедия. Т. II. С. 222；Семенков А. В. Развитие фондовой торговли на С. - Петербургской бирже // Финансы СССР. 1991. № 6. С. 61.

[2] ПСЗ II. Т. II. Отд. 2. № 9763；Свод законов. Т. 10. Ч. 1. Ст. 2167, 1857 г.

[3] Шепелев Л. Е. Акционерные компании в России. Л., 1973. С. 64.

[4] ПСЗ III. Т. 13. № 9741. Данная норма нашла отражение в отмене пункта 2 ст. 2167 Свода гражданских законов - Свод законов. Т. 10. Ч. 1. 1887.

的报价程序非常严格，这是另外一个制约因素①。

在确定俄国交易所在有价证券交易中的作用时，一个非常重要的因素是，股份商业银行在国内股票交易流通之初发挥着显著的作用，它们拥有大量潜在客户，所以有能力发行商贸公司的新股票。银行参与发行证券，潜在地削弱了交易所的作用。自20世纪初以来，银行发行证券的作用大大增强了，原因在于，当时不能公开认购交易所的股票（为了防止股份公司滥用自己的权力，政府禁止它们采用这种出售证券的方法，因为法律并未规定发起人的责任）。因此，这些股份要么私下向知名企业发行，要么通过银行发行。

绝大多数非担保证券在交易所的交割是在银行的协调下进行的。对于交易所的客户，尤其是外省客户，银行几乎是唯一的交易中介机构。革命前证券交易所的实践表明，在许多情况下，银行完全可以受客户的委托进行证券买卖，而不经过交易所。也就是说，由证券抵押担保的贷款业务几乎完全由银行完成，因此交易所失去了最重要的一项短期业务。

基于对银行在发行私人证券过程中作用的研究，俄国著名经济学家М. И. 博戈列波夫得出结论：资本市场的中心从交易所转到了银行，只有一部分证券交易在交易所完成②。银行在股票市场的作用日益增强，自俄国证券交易所成立伊始，银行就插手交易所的业务，所以银行从最初就能够主导股票市场③。

19世纪，在发挥纯粹商业功能方面，俄国交易所的工作量并不是特别庞大，这使得交易所能够满足工商业阶级其他更为紧迫的需求，并不需要立法机构和其他机关的特别管理。

---

① Шепелев Л. Е. Акционерные компании в России. С. 159.
② Там же. С. 239 – 242.
③ Там же. С. 153，155。关于银行在有价证券交易中的作用，详见：Боголепов Л. П. Биржа и банки // Банковая энциклопедия. Т. II. С. 368 – 384。

第八章 利益的代表：交易所协会和交易所委员会

作为工商业阶层的利益代表，交易所在建设过程中得到了政府支持。众所周知，政府邀请交易所参与制定了1869年共同关税税则。俄国政府意识到，作为一个大国，俄国的现状和未来首先取决于它的经济状况，尤其是工业实力，所以政府对这样的组织很感兴趣，因为它们能够提供信息，为制定有关工商业发展的具体政策和措施提供参考。俄国政府非常乐意解决交易所建设的问题，因为将资产阶级的诉求局限在经济领域，这对当局而言是有益的，相关立法也反映了这一点，前文提到的《贸易条例》就明文禁止在交易所讨论政治①。

19世纪下半叶，企业家最感兴趣的是交易所的代表职能，交易所发展过程本身便是最好的证明。这一点得到了新版《莫斯科交易所条例》草案起草人的特别关注，包括Н. А. 奈焦诺夫、К. И. 卡图阿尔、П. И. 萨宁、В. Д. 阿克谢诺夫、И. И. 切特韦里科夫、А. К. 克雷斯托夫尼科夫、А. К. 班扎、П. П. 博特金和А. К. 特雷佩兹尼科夫等杰出的工商人士②。1869年11月12日，莫斯科交易所向财政大臣呈报："作为帝国主要的工商业中心，莫斯科的贸易量逐年增长，交易所的地位越来越重要，莫斯科交易所商人关于振兴俄国工商业的声明，总能引起政府的高度关注，因为政府承认莫斯科交易所完全有权成为俄国工商业利益的主要代表者之一。"莫斯科企业家用上述言论来说明章程对于莫斯科交易所的重要性，"它明确规定了领导层在讨论大量复杂的工商业问题时的规则，并且促进了交易所交易契约的订立"③。

在这方面，西伯利亚交易所发生的一些历史事件非常具有说服力。在辽阔的西伯利亚经济区，1864年于伊尔库茨克成立了第一家交易所。

---

① Свод законов. Т. 11. Ч. 2. Ст. 2158, 1857 г.; Там же. Ст. 597, 1887 г. и 1893 г.; Там же. Ст. 662, 1904 г.
② Найденов Н. А. Московская биржа. 1839 – 1889. С. 33, сноска.
③ ЦГИА г. Москвы. Ф. 143. Оп. 1. Д. 19. Л. 9 – 9 об.

这纯粹是出于功利的考虑：根据法律，必须建立交易所之后才能为某家贸易公司设立行政部门（借贷部门）。尽管每年依法登记，但是此后40多年间它一直没有营业，也没有履行任何职能。伊尔库茨克交易所的新章程于1906年通过，其中特别强调了它的代表功能。从此，伊尔库茨克交易所仅履行代表功能，几乎没人进行交易或参加股价发布会，而在研究地区社会经济发展问题的会议上，交易所协会的大多数成员甚至外地成员都赶来参加。鄂木斯克交易所（1904年）和新尼古拉耶夫交易所（1906年）的创始人最初也致力于发挥它们的代表职能。在纪念鄂木斯克交易所开张的宴会上，其中一位创始人宣布"该交易所将成为政府满足当地贸易和工业需求的代言人"[①]。

交易所是一种有组织的代表机构，企业家对它的兴趣在一定程度上反映了交易所的建立过程完全符合俄国社会经济发展的整体趋势，也回应了某些重大社会政治事件。19世纪70~90年代建立交易所（并修订旧交易所章程），这与俄国工业的快速发展以及企业家阶层相应地增加诉求直接相关。1894年，财政部成立专门委员会，以修订交易所和股份公司方面的法律，其代表是财政部委员会委员 П. П. 齐托维奇教授。该委员会声称，俄国交易所迅速普及的原因在于：一方面，"错误地夸大了"交易所对地方经济发展具有的重大影响；另一方面，企业家阶层"本能地渴望"抱团，1870年城市阶层改革之后，这种愿望变得更加强烈，因为"商人再次处于一盘散沙的状态"[②]。

资产阶级通过交易所团结起来的强大动力是20世纪初的经济危机和1905年的革命事件，以及随之而来的立宪活动。交易所具有吸引力的一个重要因素是，在所有企业家组织中，交易所（还有贸易和制造业委员

---

① Мосина П. Г. Формирование буржуазии в политическую силу в Сибири. Томск, 1978. С. 49, 104 - 105.
② ЦГИА г. Москвы. Ф. 143. Оп. 1. Д. 19. Л. 240.

第八章 利益的代表：交易所协会和交易所委员会

会及商人委员会，这些机构不能被废除，并被俄国政府视为永久存在的组织）是少数有权以工商界代表的身份参加国务会议选举的组织。大约在同一时期，贸易和工业部开始改革代表性企业组织。在各省实业界中，人们普遍认为，哪里存在交易所，哪里就建有由商务部规划成立的工商会。各省资本家担心受制于邻近经济中心的企业集团，于是开始建立交易所，并认为它们能够保证自己的独立①。

根据法律规定，俄国交易所的主要代表职能可以分为三类。

第一类是向当局提交申请，要求废止工商领域某些法律或者命令，以及解决该领域权力的滥用而带来的各种不便。第二类是经纪人对各部门所拟定的项目进行讨论，列出他们的结论和反馈，并向政府提出促进工商业发展的措施。第三类是交易所协会代表参加政府和公共机构举办的各种会议等活动。交易所协会从工商业中选举代表，其成员有权参加国务会议。圣彼得堡交易所和莫斯科交易所各自选出 4 名代表，华沙、敖德萨、基辅、罗兹、巴库、哈尔科夫、萨马拉、萨拉托夫、利巴夫、叶卡捷琳堡、彼尔姆、托木斯克和鄂木斯克等地的交易所各选出 2 名，其他所有的专业交易所各选出 1 名②。

在组成上，交易所协会是大资本、超大资本建立的组织。这种组织最初是由立法规范确定的。只有那些经常在交易所进行交易的成员才可以加入交易所协会（尽管俄国交易所对交易者而言足够开放，但是交易者只能"根据每个人所拥有的贸易权限"在交易所内进行交易）③。1865 年 2 月 9 日颁布的《交易权及其他手工业权税条例》将大额交易权（其中包括在交易所内交易的大额交易权）和一等商人证书绑定在一起，这些证书是由银行、保险公司、运输企业等提供的。工业企业和手工业企

---

① Гушка А. О. Указ. соч. С. 54.
② ЦГИА г. Москвы. Ф. 143. Оп. 1. Д. 725. Л. 15 об., 43 об.
③ Свод законов. Т. II. Ч. 2. Ст. 595, 1887 г.；Там же. Ст. 660, 1904 г.

业的所有者同样对他们的产品享有这一权利，同时无须选择一等证书。农产品和畜牧产品的批发贸易业务也被许可①。根据1898年6月8日颁布的《国家商业税条例》，那些销售自己企业的产品，且持有Ⅰ～Ⅴ类工业企业证书的批发商（一等商人证书对应Ⅰ～Ⅲ类工业企业证书，而二等商人证书对应Ⅳ～Ⅴ类工业企业证书）有权进入交易所协会。同时，凭借Ⅱ类工业企业证书，批量收购和转售国内原材料、农产品、林业产品、畜牧产品的商人也享有这一权利。

根据各交易所的章程，交易所协会的成员要求是本地或其他城市的一等和二等商人，且必须缴纳用于维持交易所运行的会员费②。但也有例外：圣彼得堡和敖德萨交易所仅允许一类商人和持有Ⅰ类手工业证书者，以及享有所在公司全部权利且持有Ⅰ～Ⅲ类工业企业证书者加入交易所协会。19世纪末，在交易所行业的出版物中，圣彼得堡交易所的这一行为受到批评③，甚至有人主张交易所内的所有交易者均应享有加入交易所协会的权利，同时还应取消带有等级性的协会会费，并用所得税代替④。

交易所协会对很多公民并不开放，其中包括：业务由相应行政部门管理的企业家，财产权由于犯罪而受到限制者或丧失财产权者，被开除公职者，由于盗窃、欺诈、发放高利贷等被定罪者，无力偿还债务者（法院认定属于"不幸"的人除外，即由于自然灾害等不可抗力而导致的上述情形）。

---

① ПСЗ II. Т. 40. Отд. 1. № 41779. Ст. 4, 32, а, ст. 34, прим., ст. 36.
② Например, см.: ПСЗ II. Т. 40. Отд. 2. № 42646. § 9; Т. 42. Отд. 1. № 44355. § 9; Т. 43. Отд. 2. № 46310. § 13; Т. 44. Отд. 2. № 47374. § 11; Т. 45. Отд. 1. № 48159. § 7, 16.
③ Нисселович Л. Н. О биржах, биржевых установлениях и мерах ограничения биржевой игры. Обозрение важнейших законодательств сравнительно с русским правом. СПб., 1879. С. 102.
④ Славянинов М. Биржи и гильдии. СПб., 1894. С. 13 - 14, 34.

第八章 利益的代表：交易所协会和交易所委员会

交易所人员组成的总体原则一直到1917年都没有发生显著变化，尽管从20世纪初开始，交易所为了确定交易所协会的会员资格，越来越频繁地采用一种弹性形式——"只要遵守《国家商业税条例》的要求，独立从事工商业各类行业的人士"，均可申请入会①。实际上，这一方法主要影响国库收入的规模，而不影响那些低等级工业和商业机构的业主进入交易所的可能性②。

有些企业家尝试解决这一问题，但没有发生根本性的转变。1911年2月22日，哈尔科夫交易所委员会对本交易所协会的消极不作为现象提出申诉，要求其积极地对所有的工商人士开放交易，并从一定数量的行业证书中提取特定数量用于维持交易所运营。后来，哈尔科夫交易所协会全体会员大会同意上述人士参加自己的会议，但是无投票权③。

应贸易和工业部商务司1912年10月31日的要求，第七届交易所贸易和农业代表大会于1913年1月讨论了是否允许拥有Ⅱ类以下行业证书的人在交易所从事交易的问题。大会认为这是可取的，但是决定：对于是否允许拥有低级行业证书的人进入交易所参与处理交易所事务，交易所协会拥有最终决定权。与此同时，大会请求贸易和工业部继续维持现状，直到对该问题进行立法审议④。因此，此举的目的并不是吸纳小资产者成为交易所协会的会员，而在于推动那些组成交易所协会的大资产家操纵交易所，在处理交易所事务时，后者有权将持有Ⅱ类以下行业证书者排除在外。

1917年5月2日的《工商报》评论了有关交易所协会成员构成的概

---

① Например, см.: ПСЗ Ⅲ. Отд. 1. Т. 26. № 27544. § 9; № 28027. § 9.
② Гушка А. О. Указ. соч. С. 86.
③ Отчет Харьковского биржевого комитета за 1910 г. Харьков, 1911. С. 15.
④ Свод постановлений Седьмого Всероссийского съезда представителей биржевой торговли и сельского хозяйства, имевшего место в С. - Петербурге с 20 по 25 января 1913 г. СПб., 1913. С. 6 - 7.

况。文章指出，交易机构是"当地商人（金融）贵族的协会，事实上，他们掌握了所有经济权力"[1]。然而，中等资产阶级逐渐开始熟悉交易所协会，省级和专业交易所并没有那么严格地维持自己的高门槛。自20世纪初以来，在协会的成员中，开始出现一些中等资产阶级。例如，在新尼古拉耶夫交易所协会的90名成员中，有62名具有Ⅰ类和Ⅱ类行业证书，有28名仅具有Ⅲ类证书。在巴尔瑙尔交易所协会的62名成员中，有45人拥有Ⅲ类证书[2]。那些有中等资产阶级参加的交易所包括圣彼得堡水果、茶叶和酒类交易所，叶卡捷琳娜交易所等[3]。决定交易所协会日益大众化的原因在于，大资本家在某些地区和行业中的比例较低。

交易所协会和交易所委员会通常被归为区域性协会组织[4]。因此，研究人员面临的主要问题之一是，作为代表组织的俄国交易所，其活动是否平衡地代表了各地区的各个行业？十月革命前的学者指出，在这方面，交易所协会的组成人员具有随机性：他们仅仅保护那些在交易所完成交易的工商业企业家的利益[5]。贸易和工业部也同意这一观点[6]。考虑到俄国特定行业和地区对交易所市场的需求程度的问题至今仍未得到研究，所以不能认为该论点适用于所有的交易所，这里当然不包括专业交易所。

但是，应当承认的是，交易所实际上经常是其所在地区各个行业利益的代言人。由行业机构捍卫企业家利益时显得势单力薄，但是以交易所的名义去做就不是如此。例如，人们普遍认为，莫斯科交易所协会在很大程度上是中部工业区纺织主的组织，而基辅交易所中主要是制糖业的企业家，他们的会费是交易所主要的收入来源：1900年总收入为6240

---

[1] ЦГИА г. Москвы. Ф. 143. Оп. 1. Д. 725. Л. 69.
[2] Мосина П. Г. Указ. соч. С. 105 – 106.
[3] Гушка А. О. Указ. соч. С. 87.
[4] Шепелев Л. Е. Царизм и буржуазия в 1904 – 1914 гг. С. 108.
[5] Лурье Е. С. Указ. соч. С. 61 – 62.
[6] Цит. по：Шепелев Л. Е. Царизм и буржуазия в 1904 – 1914 гг. С. 116.

卢布，会员费为 5040 卢布①。1913 年的总收入是 4540 卢布，其中 2520 卢布是会员费②。费奥多西交易所协会的成员主要是和粮食生产销售相关的企业家，特别是在 1909 年，该交易所协会的 64 位会员中，有 39 位这类企业家，1912 年一共有 57 位会员，这类企业家有 38 位③。

行业代表在交易所中的比例并不均衡，这是必然的，因为各地区不同行业的发展程度并不均衡，并且还取决于当地是否已经存在着相应的能够代表行业利益的组织。

交易所协会及其附属机构的主要功能是协调本区域内各行业的要求，然后对外代表并宣示区域利益。在此过程中，不同行业的"巨头"也集中了起来。当这些机构代表了某一地区高度发达的行业时，它们的影响力就非常显著④。由于缺乏有关俄国交易所人员构成的汇总资料，无法准确掌握其中工商业人士的比重及其行业背景。但是，可以肯定的是，工商业人士在交易所协会中所占的比例极大⑤。

莫斯科交易所委员会在 1916 年 9 月 19 日给贸易和工业大臣的信中表示，交易所的区域分布"极其不平衡且离奇"，并且很少取决于"该省的工商业地位以及贸易和工业的发展程度"。与此同时，有 33 个省根本没有交易所，其中包括俄国中部的工业发达地区，例如弗拉基米尔省、科斯特罗马省和图拉省⑥。通常情况下，一家交易所辐射一个或几个省。诸如莫斯科交易所这样的巨头，其影响力至少遍及整个中部工业区，但是类似规模的交易所为数不多。

---

① Отчет Киевского биржевого комитета за 1900 г. Киев. 1900. С. 3.
② Отчет Киевского биржевого комитета за 1913 г. Киев. 1914. С. 3.
③ Отчет о деятельности биржевого комитета Феодосийской биржи за 1912 год. (Четвертый отчетный год). Феодосия, 1913. С. 99.
④ Шепелев Л. Е. Царизм и буржуазия в 1904 – 1914 гг. С. 109.
⑤ Гушка А. О. Указ. соч. С. 74，78.
⑥ ЦГИА г. Москвы. Ф. 143. Оп. 1. Д. 725. Л. 50 – 51.

俄国企业史（1850~1917）

俄国各交易所的内部结构十分相似，交易所的主要部门是交易所协会全体成员大会以及交易所委员会。交易所协会全体成员大会的常务会议和临时会议解决与交易所活动有关的一般性问题，如处置动产和不动产、批准报告和收支预算、就工商业问题向当局提出申请、讨论交易所收到的各种意见和建议。此外，它们还从自己的会员中选出各个部门的代表，进入政府机构和社会机构。在几个会员人数较多的交易所（如莫斯科、圣彼得堡、基辅和下诺夫哥罗德交易所）中，交易所协会仿照地方自治局选举的方式推选出特别代表，而后者几乎完全承袭交易所协会的职权。

交易所委员会是交易所的执行和行政管理机构，成员由交易所协会全体成员大会选出，直接管理所有事务。俄国第一个交易所委员会是1816年成立的圣彼得堡交易所委员会，其旨在完成微不足道的任务，即管理并修缮交易所大楼。后来，交易所委员会的权限逐渐扩大，主要涉及4个主要的、实际上相互独立的领域。第一，委员会履行物资经营和内部组织的职能：保持交易所大楼的状态良好，雇用必要的雇员，确保按时收款，根据交易所协会批准的预算管理资金，组织选举交易所管理人员。第二，委员会开展各种活动，履行交易所作为市场的职能：监督交易所会议的秩序，通过在交易所大楼内部悬挂和张贴不同种类的声明、政府命令、经济信息等，为交易服务；对交易所的交易规则以及当地贸易规则进行汇编。交易所委员会对交易所经纪人的候选人进行审查和监督，制止非法交易，监控商品和证券的官方报价，并发布交易所公告。第三，委员会履行法律规定的职责：应俄国政府以及私人和法人的要求，交易所委员会负责签发商业证书、授权书和鉴定结论，在发生贸易纠纷和股票交易纠纷时进行居间调解，任命工商事务专家，管理交易所合作社，以及建立外联部门参与解决处理公司破产事宜。第四，委员会履行代表职能：对企业家的意见和建议进行讨论，并按要求做出答

第八章 利益的代表：交易所协会和交易所委员会

复；代表交易所协会就各种工商业问题、需求和困难向政府机构提交申请书；组织选举交易所协会在相关政府和公共部门的代表等①。由于交易所委员会是交易所的外联机构，因此其常被用来指代交易机构。

交易所委员会参与处理商业破产事宜、组织交易所合作社和履行专家与仲裁职能等，这些活动虽没有直接代表工商业利益，但确实有助于提升交易所的信誉，并巩固交易所企业家利益代言人的地位。交易所委员会有义务向政府提供信息，这是向官员表达意见和观点的一个很好的渠道，体现了工商业阶层的意志和利益。

为了初步讨论交易所的迫切问题以及处理某些工商业问题，交易所可以下设辅助性的临时或永久机构，包括全体成员大会、临时委员会和常务委员会等。这使得交易所可以通过组建灵活的分支机构，迅速地应对各种经济需求，全面而彻底地研究形形色色的问题。

交易所之间通过信函往来协调行动，有时会就某些问题召开联席会议。例如，1903年9月，萨拉托夫交易所委员会召开了一次伏尔加河沿岸地区交易所代表联席会议，以探讨交易机构改革的相关问题②。1913年10月1日，敖德萨交易所委员会组织召开了南俄交易所委员会联席会议，讨论俄国粮食出口需求的问题③。有时，某个人或者某家公司会同时加入不同的交易所，这也为交易所之间的合作提供了一定的机会。例如，在浩罕交易所协会里有一些公司，它们也加入了莫斯科交易所协会，其中包括 Н. М. 巴尔迪金继承人合伙公司、Л. 拉贝内克公司、普罗霍洛夫 - 特廖赫戈尔内制造厂合伙公司、И. 科诺瓦洛夫父子合伙公司、卡拉夫兄

---

① Например: ПСЗ II. Т. 45. № 48159. § II, 29, 39, а, 6, в, г, д, е, ж, з, и, § 42, 45, 46, 47, 50, 51; Т. 50. Отд. 1. № 54732. § 39, а, з; Т. 51. Отд. 1. № 55599. § 39, к, л.

② Очерк двадцатипятилетия Саратовской биржи. 1882 - 1907 (Приложение к годовому отчету за 1905 - 1906 гг.) Саратов, 1907. С. 16.

③ Одесский биржевой комитет. Отчет за 1913 г. (Доклад общему собранию членов биржевого общества 30 мая 1914 г.) Одесса, 1914. С. 25.

弟贸易行和弗拉基米尔·阿列克谢夫工商业合伙公司等①。

20世纪前10年，政府对俄国国内交易所进行了登记。1902年，С. Ю. 维特召开了农业需求特别会议，由此全俄各地交易所开始联合。这次会议提议，必须召开一次粮食交易大会，以规范粮食销售工作。为此，新成立的政府专门委员会召开了交易所界人士代表大会，但与会者偏离了会议主题，他们提出：预定召开的代表大会的讨论范围需扩大到粮食贸易问题之外。因此，在1905年5月30日，又召开了贸易和农业交易所代表大会②。

1906年11月27日，第一届全俄贸易和农业交易所代表大会召开。考虑到在一个半月前曾经召开过工贸代表大会，因此第一届贸易和农业交易所代表大会提出了明确自身任务和人员组成的问题。实际上，两个代表大会都吸纳了贸易界的代表，不同之处在于，贸易和农业交易所代表大会除吸纳交易所协会和农业协会的成员外，还包含了来自信贷机构、运输公司、保险公司以及工业家代表大会的成员，以便向大家咨询意见。这在此之前已有先例，例如一些交易所协会的人士参加了工商代表大会。此次大会通过决议，认为"贸易和农业交易所代表大会侧重于为贸易界服务，而工贸代表大会优先处理与工业有关的事务"。1907年6月14日，贸易和农业交易所代表大会理事会主席 А. Я. 普罗佐罗夫和副主席 Н. С. 阿夫达科夫（当时还兼任工商业代表大会理事会领导）签署了申请书，并提交给贸易和工业部。贸易和农业交易所代表大会的这一行为表明，申请书内的一系列问题是在与工贸代表大会的领导协商后提出的。

呈交给贸易和工业部的方案建议将全俄贸易和农业交易所代表大会制度化，并组建地方交易所代表大会。全俄贸易和农业交易所代表大会拥有向政府请愿、与政府和公共机构建立各种联系、对法案提出建议等

---

① Кокандский биржевой комитет в 1909 г. Коканд, 1910. С. 174.
② ПСЗ III. Т. 25. № 26310.

第八章 利益的代表：交易所协会和交易所委员会

权利。农业代表有权参加所有领域的全俄代表大会，平均每省一名代表。

政府高度重视这类新成立的"交易所联合组织"，因为其相信这将是最能够代表一般工商业阶层利益的组织，而工商业代表大会的目标是将范围较小的个别行业团结起来。政府认为，新成立的这一组织可以充当拟筹备建立的工商会的核心机构。由于大臣会议一度质疑农业代表参加各领域代表大会的合理性，因此责成贸易和工业部向国家杜马提交的一项草案中仅有贸易交易所代表大会的基本规则，而未涉及农业交易所和农业代表。

尽管国家杜马批准了该草案，但在1909年12月16日被国务会议否决，后者建议政府加快提交关于建立工商会的法案。草案的否决意味着贸易交易所代表大会、工贸代表大会等类型组织的有效性及其职能划界没有得到正式确认。因此，虽然所有人都认为1905年5月30日法律并不完全令人满意，但由于官方立法迟缓，其依然保有效力[①]。

上述各领域交易所代表大会在组织上由一个常务执行机关即选举产生的理事会领导，任期3年。理事会的人员组成除了在代表大会上选举产生的人员之外，还包括位于圣彼得堡的各个交易所委员会的主席（1916年理事会由25人组成）。外省交易所驻圣彼得堡常任代表可以参加理事会会议，但是没有表决权。同时，与会者还包括由全俄交易机构成员组成的代表团，他们也没有表决权[②]。从成立之初到1914年1月，贸易和农业交易所代表大会理事会主席是 А. Я. 普罗佐罗夫，他同时兼任圣彼得堡交易所委员会的主席。他去世后，В. И. 季米里亚佐夫于1909年

---

① Шепелев Л. Е. Царизм и буржуазия в 1904 – 1914 гг. С. 91 – 94.
② Собрание узаконений и распоряжений правительства. Отд. 1. 1907 г. № 56. Ст. 556；Там же. 1915 г. № 231. Ст. 1761.

辞去贸易和工业大臣一职，继任理事会主席①。

1908年1月，第二届贸易和农业交易所代表大会召开。此后，大会每年召开一次。1915年和1916年均召开了特别代表大会，讨论战时经济问题。交易所协会派代表出席（1906年有40名代表，1910年58名②，1913年69名③，1916年96名④），一些商业银行、保险公司、航运公司以及行业性大会同样派代表出席了大会⑤。尽管"贸易和农业交易所代表大会"的名称依旧保留，但是内部成员从业领域复杂。实际上，大会既没有农业协会，没有地方自治机构，也没有其他的纯粹农业代表。从本质上讲，这是交易所协会的代表大会，因此其不仅研究贸易问题，还处理一些工业问题，其目的是维护具体地区的利益，粮食贸易和运输问题受到了特别的关注。

1906～1916年，贸易和农业交易所代表大会研究了许多立法问题，如沿海商业港口的管理、破产案件的审理、贸易登记制度的实施、股票法的修订、工商业公司发行债券的规定以及对公司的规定等。在不同时期，代表大会理事会召开各种会议，并建立了一些委员会，研究如何开展俄日直接商品贸易，讨论修改国家工业税方案，并讨论商业教育问题等。全俄交易所代表大会的代表们受邀参加政府的许多会议和委员会，包括贸易和工业部召开的关于振兴俄国金属制造业的会议（1908～1909年）和修改关税的会议（1909年），以及财政部召开的关于制定芬兰与

---

① Отчет Совета съездов представителей биржевой торговли и сельского хозяйства о его деятельности за время от 4 декабря 1906 года по 1 января 1908 года. СПб., 1908. С. 3.
② Гушка А. О. Указ. соч. С. 112.
③ Отчет Совета съездов представителей биржевой торговли и сельского хозяйства о его деятельности за время с 1 января 1912 г. по 1 января 1913 г. СПб., 1913. С. 104.
④ Обзор деятельности Всероссийской биржевой организации за первое десятилетие ее существования (1906 – 1916 гг.). Пг., 1916. С. 7.
⑤ Там же. С. 7 – 8.

第八章　利益的代表：交易所协会和交易所委员会

帝国其他地区关税同盟基本原则的会议（1912 年）等①。

贸易和农业交易所代表大会的领导常自认为代表大会的活动形式多样、内容广泛而有益。此外，他们还特别强调，"代表大会理事会在这方面始终坚持顾全大局的初衷"，排除"任何自私的考虑"，因为"我们的任务是明确并坚持俄国工商业活动的共同利益和要求"②。这里必须指出的是，尽管代表大会的组织者期望在全俄范围内开展协调活动，但是代表大会并未成为固若金汤的联合会。首先，代表大会没有约束力；其次，一些交易所相继退出，尤其是莫斯科的一些交易所陆续退出，因为圣彼得堡的交易所在代表大会中处于领导地位，而莫斯科方面不希望位居次席。

全俄贸易和农业交易所代表大会召开之后，地区性交易所代表大会也开始召开。1906 年 12 月 11～13 日，由交易所委员会代表和南部港口出口商参加的代表大会在塔甘罗格举行③。1912 年 5 月 15 日，鄂木斯克召开了斯捷普诺伊州省外乌拉尔地区的贸易和农业交易所代表大会④。第一次世界大战前夕的 1914 年 6 月 11～15 日，远东交易所委员会的第一届代表大会在符拉迪沃斯托克举行⑤。

---

① Там же. С. 10 – 27.
② Там же. С. 31 – 32.
③ См.: Съезд представителей биржевых комитетов и экспортеров южных портов, 1 - й. Таганрог. 1906. Труды 1 - го съезда представителей биржевых комитетов и экспортеров южных портов, состоявшегося в Таганроге 11 – 13 декабря 1906 г. [Таганрог, 1906] .
④ См.: Съезд представителей биржевой торговли и сельского хозяйства Сибири, Степного края и Зауралья. Омск. 1912. Журналы заседаний съезда представителей биржевой торговли и сельского хозяйства Сибири, Степного края и Зауралья, состоявшегося 15 – 18 мая 1912 г. в Омске. Омск, 1912.
⑤ См.: Съезд представителей дальневосточных биржевых комитетов. 1 - й. Владивосток. 1914. Первый съезд представителей дальневосточных биржевых комитетов 11 – 15 июня 1914 года во Владивостоке. [Протоколы и другие материалы съезда] . Владивосток, 1915.

俄国企业史（1850～1917）

　　交易所与俄国各大资本家组织的联系和沟通协调方式基本相同，即两者就贸易、工业和金融的具体问题通信，就业已开展的项目交换各自的意见，而在人事方面，会任命同一人员在双方机构中担任不同职位，以便处理业务问题。例如，巴库石油工业家代表大会的几乎所有成员都是巴库交易所协会的成员，伏尔加河盆地地区船东代表大会的成员也是伏尔加河沿岸城市交易所的成员，波季交易所委员会的一部分成员来自绍拉帕尼锰工业家代表大会[1]。交易所还参加工贸代表大会的活动，但是并非所有的交易所都成为后者的成员。例如，1910年，在全俄70家交易所中，只有15家加入了工贸代表大会[2]。

　　与工贸代表大会相比，贸易和农业交易所代表大会的作用和权威要小得多。尽管如此，前者的领导层还是宣传了与后者就经济政策、报告撰写和其他项目联合讨论的情况。例如，由特别联合委员会制定的《俄国铁路共同章程》草案便是两者协商的成果，根据交通大臣的命令，1909年4月开始对这一规范性法案进行修订[3]。1911年底成立了一个总委员会，负责筹备由政府、贸易和农业交易所代表大会发起的修订俄国与外国贸易协定的工作[4]。

　　人们普遍认为，俄国的交易所履行了代表企业家利益的职能，在国外这一职能是由商会、行会所履行的，人们也公认，在这一方面，交易所实际上取代了贸易和制造业委员会，虽然后者是法律认可的、正式代表它们利益的机构。同时，大众通常对交易所持消极态度。特别是1911年秋天，莫斯科交易所委员会指出，所有的交易所"都在忙着请愿，而

---

[1] Представительные организации торгово - промышленного класса. С. 8.
[2] Там же.
[3] Шепелев Л. Е. Царизм и буржуазия в 1904 - 1914 гг. С. 106, 225.
[4] Обзор деятельности Всероссийской биржевой организации за первое десятилетие ее существования. С. 29 - 31.

第八章　利益的代表：交易所协会和交易所委员会

它们自身无所作为"①。1917 年春天,《工商报》报道,在近 100 家交易所中,组织活动的不超过 30 家②。实业界和高层广泛讨论着一个问题：为什么交易所协会的社会活动如此消沉？企业家们指出了如下几个主要原因。第一,实业界并没有全面认识到交易所的优缺点。在这方面,一个典型的例证是哈尔科夫交易所委员会 1910 年提交的一份报告,其中表示,该委员会多次尝试与交易所讨论一些至关重要的问题,但是一无所获。委员会的领导层指出,交易所中"工商业阶层并不团结,交易所协会成员也没有意识到,交易所应当代表工商业阶层主要的利益"③。

第二个原因是法律的缺陷,即交易所组织的权限不足。1870 年,А. А. 沃尔斯基在介绍当时最完备的《莫斯科普通交易所章程》时指出："其中的一些条款有可能使交易所避免被政府干涉,但这仅是可能,因为《莫斯科普通交易所章程》没有赋予前者直接拒绝权,根据条款,交易所只有申诉权,这使得交易所的代表性大打折扣。"

交易所消极对待社会经济问题的第三个原因是,交易所活动的物质基础和组织基础并不尽如人意。一方面,交易所协会的人员组成来源单一；另一方面,交易所资金不足。如上所言,人们认为,交易所协会成员的行业属性非常单一,从社会层面来说,他们全是寡头。至于交易所的财务保障,作为一个社会机构,它们似乎不应该受困于资金问题,但是,随着交易所活动和服务范围的扩大,资金紧张的状况日益凸显。特别是,如果要吸引一些非成员专家（如律师、统计学家、经济学家等）参加交易所协会工作,则需要为他们的劳动支付报酬,而一些交易所完全缺乏活动经费。根据工贸代表大会理事会业务经理 А. А. 沃尔斯基的说

---

① ЦГИА г. Москвы. Ф. 143. Оп. 1. Д. 722. Л. 199 об.（помета на полях）.
② Там же. Д. 725. Л. 69.
③ Отчет Харьковского биржевого комитета за 1910 г. Харьков, 1911. С. 9, 11.

俄国企业史（1850～1917）

法，"如果没有大额赤字，他们无法制定预算"①。伊丽莎白格勒交易所委员会在1909年的报告中抱怨说，交易所成员对财务状况毫无办法，以至于无法参加许多代表大会，甚至无法参加国务会议的选举②。

贸易和农业交易所代表大会理事会对许多交易所的声明表示关切，为了改善其财务状况，决定调查这一问题。1910年理事会调查了各个交易所的收入状况，及其支付那些无法列入常规预算的费用的方式。截至1911年初，理事会收到60家交易所的回复，由 А. Г. 拉法洛维奇整理。根据收入水平，上述交易所可以划分为如下几组。3家交易所拥有充足的预算资金——5万~10万卢布，包括莫斯科交易所、里加交易所和位于圣彼得堡的卡拉什尼科夫粮食交易所。每年能收到2万~5万卢布的交易所包括华沙交易所、利巴瓦交易所和莫斯科肉畜交易所。每年能收到1万~2万卢布的交易所包括一些普通交易所，如巴库、沃罗涅日、基辅、下诺夫哥罗德、尼古拉耶夫、雷宾斯克的交易所，以及一些专业交易所，如莫斯科粮食交易所，圣彼得堡水果、茶叶和酒类交易所。符拉迪沃斯托克、库尔斯克、萨马拉、萨拉托夫、塔甘罗格、哈尔科夫和费奥多西亚交易所每年能获得6000~1万卢布。14家交易所的年收入从3000卢布到6000卢布不等③。共有23家交易所的年收入介于1000卢布到3000卢布之间，而明斯克木材交易所的年收入仅为300卢布④。

根据这一信息，1911年1月召开的第五届全俄贸易和农业交易所代表大会决定，请政府依法对交易所辐射地区的工业和贸易企业征收特别

---

① Там же. С. 7.
② Гушка А. О. Указ. соч. С. 121, 129.
③ 阿尔汉格尔斯克、阿斯特拉罕、温达夫、叶卡捷琳诺斯拉夫、科坎达斯、鄂木斯克、奥伦堡、辛比尔斯克、第比利斯、赫尔松、察里津、车里雅宾斯克、巴拉舍夫以及鲍里索格列布斯克粮食交易所。
④ Доклады и материалы по вопросам, включенным в программу Шестого съезда. С. 211 - 213.

第八章 利益的代表：交易所协会和交易所委员会

税，以减轻交易所的压力。征税的基础是基本行业税，大会委托理事会制定相应的法案。此后，交易所代表大会的领导人于1911年9月15日向贸易和工业大臣提交了特别说明，其中指出，交易所已经团结了一部分工商业阶层，就目前来说，这充分表达了其成员的利益，因此，有必要进一步吸纳工商业人士，以保证交易所的运转。

为满足交易所的需要，交易所代表大会理事会制定了面向工商业企业征税的法案，然后提交给第六届代表大会。根据这项草案，征税限额为不超过基本行业税的5%。交易所的决定需要得到贸易和工业大臣的批准，并应该向后者提出可靠的依据。在任何情况下，贸易和工业大臣都应在与财务部门负责人达成协议的基础上确定税收区，并考虑到相关交易所的意愿，而交易所自行确定将要支付费用的企业类别，征税时间应当与选择工商业证书的时间一致，并由国家相关部委实施[①]。

然而，全俄范围内交易所的经费问题依然悬而未决，因为政府和一部分企业家当时意欲建立一种新型的组织即工商会，进而对地方性代表机构进行改革。

因此，类似于交易所的企业家组织在结构组织、促进交易等方面既具有优势，也存在不足。交易所在组织层面的便利性显然表现在，其本身并非必须存在，而已建立的则采取自治方式（通过各自的章程对交易所活动进行管理）。其不足表现在，代表权覆盖面不足并且会员来源范围有限。交易所自负盈亏的优势与缺乏物质保障的不足相互伴随。总之，优势与劣势之间并未达到平衡，并且每家交易所都有自己的特殊之处。只有研究交易所活动的具体历史才能揭示这一点，并说明交易所这种代表机构在多大程度上符合资产阶级的发展程度及其需求。

---

① Там же. С. 221-222.

第二节　作为代表组织的莫斯科交易所（1870～1913）[①]

莫斯科交易所是俄国最活跃的交易所和最有影响力的代表组织之一。

研究莫斯科交易所的第一位历史学家 Н. А. 奈焦诺夫发现了一批18世纪80～90年代的官方文件，它们表明，莫斯科交易所早已存在，并且当局认为它"显然是公共机构"[②]。直到19世纪30年代末，交易所在政府和商人那里既没有能够代表自己利益的机关，也没有专门的、有相关设备的工作场所。1837年莫斯科交易所委员会的建立才标志着现代意义上的交易所产生了，1839年11月8日为其专门建造的大楼投入使用，同年交易所章程获得批准。实际上，该章程不是莫斯科交易所自己制定的，而是根据交易所委员会1839年11月11日的决定，沿用了圣彼得堡交易

[①] 关于莫斯科交易所作为代表机构活动的其他方面，详见：Боханов А. Н. Вопрос о подоходном налоге в России и крупная буржуазия（конец XIX – начало XX в.）// Исторические записки. Т. 114. М., 1986. С. 276 – 293；Изгаршев В. В. Представительные организации крупной буржуазии：Московский биржевой комитет и Съезды представителей промышленности и торговли. Автореферат диссертации на соискание ученой степени кандидата исторических наук. М., 1998；История Москвы. В 6 тт. Т. 4. М., 1954. С. 219 – 225；Т. 5. М., 1955. С. 127 – 129, 673 – 674；Лаверычев В. Я. По ту сторону баррикад（из истории борьбы московской буржуазии с революцией）. М., 1967；Московская биржа. 1839 – 1889. М., 1889；Шумилов М. М. Проекты реформы представительных торгово – промышленных организаций России в конце XIX – начале XX в. // Исторические записки. Т. 118. М., 1990. С. 292 – 311；Joff M. Regional Rivalry and Economic Nationalism：the Central Industrial Region. Industrialists：Strategy for the Development of the Russian Economy, 1880 – 1914 // Russian History. 1984. Vol. 11. No 4. P. 389 – 421；Owen T. C. Capitalism and politics in Russia. A social history of the Moscow merchants, 1855—1905. Cambridge University Press, 1981；Ruckman J. A. The Moscow Business Elite：A Social and Cultural Portrait of Two Generations, 1840 – 1905. Northern Illinois University Press, 1984。

[②] ЦГИА г. Москвы. Ф. 143. Оп. 1. Д. 544. Л. 61.

第八章　利益的代表：交易所协会和交易所委员会

所于1832年制定的章程①，"作为其制定过程中的指导工具"②，其条款并未明确界定交易所相关人士的法律地位。交易所经纪人仅有权处理和交易所贸易有关的问题。该章程被莫斯科交易所沿用到1870年，同年3月20日，新章程获得批准③。新章程是在莫斯科企业家的倡议下于1869年制定的④，制定者为以H. A. 奈焦诺夫为首的专门交易所委员会⑤。

新章程与旧章程的差异在于，条款数量庞大且解释详细，因为制定者希望不仅要尽可能明确地规范交易所内部的运营，而且也要确定其社会地位。1870年通过的新章程中最重要的修订之一是确立了代表职能⑥，并修订了莫斯科交易所协会成员的职权⑦。该章程在1917年之前一直有效，一直沿用至1917年，只是在1872年、1875年和1876年⑧对其中某些条款做出了增补和细微的修订，主要涉及证券交易所活动的内部组织和章程的实践检验。

莫斯科交易所由交易所协会全体成员大会、交易所协会代表和交易所委员会管理。全体成员大会的职权非常有限，主要是选举后两者的成员，以及解决交易所协会规模扩大时增加当选人数量问题⑨。

莫斯科交易所协会代表通过内部选举从交易所协会的全体会员中产生。1870年通过的新章程提出，有必要建立一个选举机构，因为莫斯科

---

① ПСЗ II. Т. 7. № 5648.
② Там же. Д. 1. Л. 2 об.
③ Там же. Т. 45. Отд. 1. № 48159.
④ См. : ЦГИА г. Москвы. Ф. 143. Оп. 1. Д. 19. Л. 7 – 9 об.
⑤ Найденов Н. А. Московская биржа. 1839 – 1889. С. 33.
⑥ ПСЗ II. Т. 45. Отд. 1. № 48159. § 21, б, в, д, § 39, об. 莫斯科交易所获得代表职能的历史与1864~1865年讨论的《德意志贸易代表大会关于德意志与俄国贸易合同的说明》以及莫斯科企业主参加制定1869年关税相关。这些事件直接向俄国资产阶级表明，需要一个常设组织来讨论贸易和工业问题并保护企业主的利益，这成为莫斯科交易所代表活动的第一批重要经验。
⑦ Там же. § 17.
⑧ См. : Там же. Т. 47. Отд. 1. № 50944；Т. 50. Отд. 1. № 54732；Т. 51. Отд. 1. № 55599.
⑨ Там же. Т. 45. Отд. 1. № 48159. § 17.

交易所协会与绝大多数交易所协会不同，其人数众多，会议规模过于庞大，难以讨论问题（从1866年起，下诺夫哥罗德市场交易所就已经拥有一个由交易所协会当选代表组成的机构）[1]。当然，范围更小、人数相对确定的机构可以更为机动灵活地解决问题。显然，还存在着一些更为普遍的原因，即：在研究和解决日益增加的问题时，未必能够将数量庞大的人员集中起来，因为这些人主要忙于自己的业务，无力参加会议。此外，当时企业家并不是特别乐于从事某种周期性的社会活动，这也产生了一定的影响。

1870年的章程赋予协会代表广泛的权利，涉及交易活动的各个方面。他们有权"做出裁决"，也就是对"关于交易所大会的构成和程序、交易所交易便利性的所有事项"[2]做出最终决定，他们管理交易所的财产，审查并批准收支预算[3]，确定交易所的入场费和交易所协会的会员费，处罚参加交易迟到的人[4]。当选人有权行使莫斯科交易所的代表职能[5]，并选举出人员接受"为交易所协会提供的职位"，也就是交易所的官员、经纪人和在不同的国家机关以及社会机关中的代表[6]。1872年、1874年和1876年，相关部门对1870年章程进行了一些补充，协会代表的权限得到明确和扩大，他们获得了收购、转让和抵押不动产的权利[7]，成立了专门委员会[8]来直接管理交易所的某些活动并解决某些问题。协会代表应当确定违反交易所程序后的罚款数额，并制定交易所的贸易规则[9]。

---

[1] ЦГИА г. Москвы. Ф. 143. Оп. 1. Д. 19. Л. 58 об. – 59.
[2] ПСЗ II. Т. 45. Отд. 1. № 48159. § 21, а, § 5, 7, 10, 12, 4, прим., § 20.
[3] Там же. § 21, г, § 23.
[4] Там же. § 9, 10, 20.
[5] Там же. § 21, 6, в.
[6] Там же. § 21, д, § 23.
[7] Там же. Т. 47. Отд. 1. № 50944. § 21, г.
[8] Там же. Т. 50. Отд. 1. № 54732. § 26, прим. 2.
[9] Там же. Т. 51. Отд. 1. № 55599. § 21, а, е.

第八章　利益的代表：交易所协会和交易所委员会

因此，协会代表以"交易所协会的名义"处理事务[1]，他们不仅处理交易所协会内部事务，同时也向外界表明了交易所协会的存在。协会代表组织的出现，体现了中央集权化的趋势，任何社会机构形成与发展的过程中，都能出现这一趋势。

根据1870年的章程，一共应选举出100位协会代表[2]。如果协会代表被罢免或者缺席，那么就选举候补人员作为替代。候选人的数量不应当少于当选代表总数的1/4。候选人的数量实际上超过了1/4，他们被划分为两类：高级候选人和初级候选人。高级候选人的数量受到严格限制（25人）。1906年6月6日，根据 П. П. 里亚布申斯基的建议，协会代表的数量增加到120人，相应地，高级候选人增加到30人[3]。

最初，根据1870年章程第19条，协会代表应该每年进行选举，但是1872年6月6日，新的选举周期通过，即每3年一次[4]。协会代表的任期延长，原因在于：一方面，人们通常希望简单地处理某些组织技术问题，而年度选举相对烦琐；另一方面，出于人事方面的考虑，协会希望建立一个熟悉日常工作的、具有一定工作经验且合作默契的团队。

协会代表和候选人的人员构成相当稳定。后来，协会代表职位似乎变成了世袭制，由企业家世家代代相传，就像公司董事会的董事职位一样。在分析协会代表和候选人名单的时候，可以发现许多家族在1870～1915年频繁出现，包括阿列克谢耶夫家族、阿尔曼德家族、巴拉诺夫家族、巴赫鲁申家族、贝伦斯家族、布洛奇金家族、沃高家族、克雷斯托夫尼科夫家族、洛谢夫家族、米哈伊洛夫家族、奈焦诺夫家族、拉贝内基家族、里亚布申斯基家族、萨波日尼科夫家族、索罗科莫夫斯基家族、

---

[1] Там же. Т. 45. Отд. 1. № 48159. § 20.
[2] Там же. § 17.
[3] ЦГИА г. Москвы. Ф. 143. Оп. 1. Д. 243. Л. 10.
[4] ПСЗ II. Т. 47. Отд. 1. № 50944. § 19.

斯托亚罗夫家族、索罗科夫斯基家族、特列季亚科夫家族、秋利亚耶夫家族、切特韦里科夫家族和先科夫家族等。

协会代表每年举行两次例会，审议和批准下一年度的预算以及选举交易所领导，听取交易所委员会上一年度的财务报告及其就工商业利益方面发布的指示等。其余会议由交易所委员会根据需要事先通知召开，并需要详细地说明拟定讨论的问题。

莫斯科交易所委员会成立于1837年11月16日，是莫斯科交易所最早的法定机构①。最初，该委员会沿袭圣彼得堡交易所委员会的规则（1832年《圣彼得堡交易所章程》②），由1名主席、3名交易所主任和1名经纪长（高级经纪人）组成。主席是市长，他和经纪长是委员会"必不可少"的成员。交易所主任从一等商人中选出，任期3年③。简而言之，委员会的职权主要是保障交易所的财务状况，维持交易所的秩序，并采取有效措施确保交易所的市场功能④。

1870年的章程改变了该机构的成立原则，此后交易所主任从协会代表中选举产生⑤。如有需要，可以将主任的数量从3人增至7人⑥，如1876年主任数量达到5人⑦。多年以来，交易所委员会的成员都是由莫斯科实业界的杰出代表组成：К. К. 阿尔诺、И. К. 巴克拉诺夫、К. К. 班扎、В. А. 巴赫鲁申、Н. М. 鲍里索夫斯基、Г. М. 沃高、И. С. 古奇科夫、М. В. 日瓦戈、А. Л. 克诺普、А. И. 科诺瓦洛夫、Г. А. 克列斯托夫尼科夫（1905~1915年交易所委员会主席）、А. И. 库兹涅佐夫、

---

① Там же. Т. 12. Отд. 2. № 10713.
② Там же. Т. 7. № 5648.
③ Там же. § 9, 10, 14.
④ См.: Там же. § 8, 38, 41, 42, 43, 44, 45.
⑤ Там же. Т. 45. Отд. 1. № 48159. § 30.
⑥ Там же. § 29.
⑦ ЦГИА г. Москвы. Ф. 143. Оп. 1. Д. 70. Л. 18.

第八章 利益的代表：交易所协会和交易所委员会

А. Л. 洛谢夫、Т. С. 莫罗佐夫（1868～1876 年担任主席）、А. Н. 奈焦诺夫、Н. А. 奈焦诺夫（1876～1905 年担任主席）、М. Е. 波波夫、П. П. 里亚布申斯基（1915～1916 年担任主席）、П. И. 萨宁、В. Г. 萨波日尼科夫、П. П. 索罗科莫夫斯基、А. К. 特拉佩兹尼科夫、С. Н. 特列季亚科夫（1916～1917 年代理主席职务）和 К. А. 亚斯云宁斯基[①]。如上所述，俄国所有交易所委员会的职能均相同。委员会是将交易所行政和执行权集于一身的机构，交易所委员会的成员同时在莫斯科交易所主要附属机构任职。依靠成员的权威和影响力，交易所委员会不仅是交易机构各种活动的协调者，还是其职权范围内所有问题解决方案的"研究室"。

后来，莫斯科交易所的活动范围进一步扩大，交易所委员会在 1907 年后期建立了一个特殊的部门——秘书处，但其职责远非纯粹处理文书。根据它履行的职能和在交易组织活动中的作用，秘书处的秘书及其助手实际上是承担特别任务的官员，他们提前介入特大问题研究、起草有关这些问题的报告、完成定稿并挑选要发送给各部委的材料。

秘书处的工作非常重要，因此需要可靠的工作人员。高级秘书的职位由 В. И. 马萨尔斯基担任，他的助手是 А. Г. 米哈伊洛夫斯基[②]。В. И. 马萨尔斯基拥有法律博士学位，是一位勤勉而又才华横溢的经济学家，莫斯科交易所领导人所做的许多报告和发言都是由他撰写的[③]。二月革命之后，1917 年 9 月，马萨尔斯基在临时政府的最后一任内阁中担任贸易和工业部副部长。А. Г. 米哈伊洛夫斯基是任职于莫斯科市议会的著名统计学家 В. Г. 米哈伊洛夫斯基的兄弟，也是一位技术娴熟的统计学家，由

---

① Там же. Д. 49. Л. 1，17，24，29，39，46，52，62，71，75，82；Д. 89. Л. 1 об. 2；Д. 135. Л. 7；Д. 209. Л. 49 об.，55；Д. 216. Л. 24，28，31，33；Д. 233. Л. 23；Д. 243. Л. 20，23；Д. 335. Л. 24 об. 26 и др.

② Там же. Д. 544. Л. 69 об.

③ Бурышкин П. А. Москва купеческая. М.，1990. С. 240 - 241.

于莫斯科交易所研究和提出的所有问题都或多或少地包含数字材料,所以都必须经过他的处理①。

＊＊＊

1870年和1875年莫斯科交易所章程规定,可以建立临时性或者永久性的咨询性辅助机构,负责初步研究报告和直接管理交易所的一些公共活动,以解决涉及工商业领域和"其他行业"的某些问题②。截至1914年,莫斯科交易所成立了如下常务机构:常务委员会、银行委员会、林业委员会、法律委员会、铁路事务委员会、棉花委员会以及纺织委员会等。

时间最久、最重要的附属机构是成立于1870年7月14日的常务委员会。1870年,圣彼得堡举行了第一届工商业代表大会,作为回应,莫斯科和中部工业区的大企业家成立了这一机构。

莫斯科交易所的领导人当时认为,大会审议的许多问题对贸易和工业都非常重要,如果莫斯科交易所协会"对此类问题……加以考虑"将是有益的。这一决定反映了莫斯科企业家最初对代表大会的冷淡和不满。因此,交易所经纪人决定成立一个常务委员会,负责审议上述"以及其他任何……相关问题"③。

对于莫斯科企业家而言,十分重要或者需要提前研究和收集信息的问题,都由协会代表转交给委员会讨论和汇总。我们仅列举常务委员会研究并以特别报告形式提出的一些问题,其中包括:铁路运输发货时的

---

① Там же. С. 241 - 242.
② ПСЗ II. Т. 45. Отд. 1. № 48159. § 24, прим.; Т. 50. Отд. 1. № 54732. § 26, прим. 2.
③ ЦГИА г. Москвы. Ф. 143. Оп. 1. Д. 22. Л. 6 об. - 7.

第八章　利益的代表：交易所协会和交易所委员会

困难和不便（1870 年 9 月 16 日）①、在粮食贸易中强制性实施按重量销售的规定（1871 年 8 月 20 日）②、关于股份公司的法规草案（1872 年 10 月 5 日）③、关于商业诉讼章程草案（1873 年 3 月 14 日）④、关于制定重要的针对工商企业的利率以及统一工商业税收的草案（1883 年 9 月 19 日）⑤。

常务委员会的报告由协会代表审阅，然后由他们在会议上进行讨论。该委员会的活动非常有效，因为成员审议问题后通常会做出最终结论，换言之，委员会报告中的结论会成为"判决"。因此，常务委员会不仅收集、处理和初步研究讨论某一问题的有关信息，而且其意见和结论代表了交易所协会的立场。此外，常务委员会与交易所委员会共同编制候选人名单，以选举交易所附属机构的成员以及国家和社会各机构中的代表。

常务委员会的委员包括莫斯科交易所委员会的所有成员和从协会代表中选出的 20 人，每届任期 3 年。1906 年，选举产生了 30 名委员⑥，1909 年和 1912 年分别选举了 25 名委员⑦。参加常务委员会被认为是非常荣耀的事情，也是许多人的梦想。П. А. 布雷什金认为，这一机构是"协会代表更为集中的、更为私密的集会"⑧，这种说法很中肯。当然，完全也可以将常务委员会视为交易所委员会的扩大会议。

直到 20 世纪初，常务委员会一直运作稳定，然后，其活动逐渐减少，从 1915 开始，常务委员会事实上已经停止运作⑨。这是因为交易所

---

① См.：Там же. Л. 54.
② См.：Там же. Д. 27. Л. 55 - 56 об.
③ См.：Там же. Д. 37. Л. 20 - 27.
④ См.：Там же. Д. 46. Л. 20.
⑤ См.：Там же. Д. 102. Л. 44.
⑥ Там же. Д. 243. Л. 12.
⑦ Там же. Д. 400. Л. 4 об.；Д. 438. Л. 15 об.
⑧ Бурышкин П. А. Указ. соч. С. 237.
⑨ См.：ЦГИА г. Москвы. Ф. 143. Оп. 1. Д. 400. Л. И об. - 12；Д. 438. Л. 17 об.；Д. 487. Л. 10.

的结构体系中出现了新的机关，原来常务委员会的职能被剥离，同时，交易所委员会秘书处在初步研究问题等方面的作用日益增加。但是，常务委员会仍然代表着莫斯科交易所的权威。

在莫斯科交易所持续运作的诸多辅助机构中，另一个较早成立的是铁路事务委员会。在俄国辽阔的疆域和特殊的气候条件下，铁路运输问题举足轻重。同时，国家是俄国铁路的最大所有者，并且监督私人铁路的运营。1889年3月8日国家开始垄断运价，运费事务由财政部的运费委员会管辖。从那时起，运费管理权一直集中在财政部，相关部门为运费事务委员会、运费委员会以及铁路事务局。这样，铁路运输成为政府最重要的经济杠杆之一，这也使铁路成为资产阶级代表组织（包括莫斯科交易所）高度关注的对象。

1891年6月25日，根据莫斯科交易所委员会主席 Н. А. 奈焦诺夫的建议，"鉴于铁道部频繁征询铁路运价事宜"，交易所成立了铁路事务委员会，处理运费事宜[1]，其主要任务是讨论与铁路运价有关的问题，以期"总体上最正确、最适当地制定运价，尤其是维护莫斯科中部工业区的利益"[2]。铁路事务委员会成立之初由创始人 Ю. П. 古容领导，在历史发展的不同时期，其成员包括 М. Л. 洛谢夫、А. Г. 卡缅斯基、Г. А. 克列斯托夫尼科夫、П. И. 萨宁、П. М. 特列季亚科夫、В. С. 阿列克谢耶夫、И. А. 巴拉诺夫、В. А. 巴赫鲁申、К. К. 班扎、С. Т. 莫罗佐夫、И. А. 阿伦斯、Э. А. 利普加尔特、В. В. 奥尔洛夫、Л. П. 舍恩、А. В. 巴里、С. В. 戈佩尔、Н. Н. 杰尔别涅夫和 И. И. 奥洛维扬尼什科夫等[3]。

1892年12月5日，根据 Ю. П. 古容[4]的提议，在铁路事务委员会成

---

[1] Там же. Д. 142 А. Л. 3 – 3 об.
[2] Там же. Д. 156. Л. 1.
[3] Там же. Д. 152. Л. 32；Д. 156. Л. 9；Д. 173. Л. 70；Д. 191. Л. 2；Д. 210. Л. 21，51，81，94 об.；Д. 216. Л. 31 об.；Д. 335. Л. 1 – 1 об.，370. Л. 30 об. и др.
[4] См.：Там же. Д. 152. Л. 1 – 1 об.

第八章 利益的代表：交易所协会和交易所委员会

立了专门的铁路处。铁路处对运费问题进行技术研究，同时收集必要的统计资料。铁路处主任代表莫斯科交易所参加铁路问题方面的代表大会、委员会和其他组织机构。铁路处的成员是雇用的专业铁路技术专家[1]。铁路处主管 Н. А. 库罗夫是 Г. А. 克列斯托夫尼科夫在莫斯科—库尔斯克铁路公司工作时的同事，被认为是该领域真正的行家里手，专家们总是非常认真地听取他的意见[2]。

莫斯科交易所铁路处的工作相当繁重。1893~1903年，他们讨论了大约6000个问题[3]，其中运费问题[4]占据中心位置。这主要取决于俄国铁路业务发展的总体趋势，以及当局的铁路运输政策[5]。莫斯科交易所和铁路处所面临的一项任务是，敦促政府"合理确定运费原则，在保护中部工业区利益的同时，兼顾其他地区的利益，从而将其作为全俄范围内制定运费政策的基础"。根据交易所的自我评价，该任务在一定程度上成功完成[6]。由于交易所委员会申请实施的运费措施，到20世纪初，莫斯科工业区至少节省了1250万卢布[7]。

1893年12月29日，Н. А. 库罗夫向交易所提出了一项方案，要求铁路处根据企业家们的要求，说明铁路运费并核实货运费和其他运输附加费[8]。库罗夫提出这一方案的原因在于，货运费是由铁路方面计算的，"几乎一无是处"，而货主觉得自己"根本没受到任何保护"[9]。于是，铁路处于1894年11月15日开始公布运费说明。

---

[1] Там же. Д. 152. Л. 2 – 2 об., 9.
[2] Бурышкин П. А. Указ. соч. С. 242.
[3] ЦГИА г. Москвы. Ф. 143. Оп. 1. Д. 156. Л. 3.
[4] Например, см.：Там же. Оп. 4. Д. 10, 15, 24.
[5] См.：Шепелев Л. Е. Царизм и буржуазия в 1904 – 1914 гг. С. 222 – 223.
[6] ЦГИА г. Москвы. Ф. 143. Оп. 1. Д. 156. Л. 6 – 6 об.
[7] Там же. Л. 5 об.
[8] Там же. Д. 152. Л. 24.
[9] Там же. Л. 54, 54 об., 58 об.

俄国企业史（1850～1917）

1899年2月3日，铁路处提议在工作中引用铁路部门的数据，包括铁路部门多收的款项以及由于其他附加费而获得的财政补贴。交易所委员会于1899年4月29日获得许可，尽管起初是临时许可①。后来，铁路处表示希望扩大服务范围。1910年，铁路部门成立了法律咨询机构，缴纳附加费者有权申请索赔，如果他们对铁路的某些业务感到不满，铁路处可以根据他们的委托提起法律诉讼②。

铁路处不局限于解决运费问题。值得注意的是，1909年 Н. А. 库罗夫参与了工商业代表大会理事会运费委员会，该委员会负责修订《俄国铁路总章程》。早在1908年秋，库罗夫就提出了需要修改章程中有关铁路对货主索赔的问题，涉及货物的遗失、损坏和延误，以及超额收取运费等问题③。

莫斯科交易所委员会不仅试图影响某些运费的制定，而且还直接在铁路运输活动中控制既定运费标准的实施，并修正铁路运输的一般规则。

根据相关行业企业家的倡议，在莫斯科交易所建立了专门的工业咨询机构。1906年6月6日，成立了银行委员会，由莫斯科商业银行董事会主席 Д. А. 施莱辛格领导。银行委员会由在莫斯科设有分支机构的大型信贷企业的代表组成，这些企业包括：莫斯科商人银行、莫斯科贸易银行、俄国外贸银行、圣彼得堡万国银行、圣彼得堡私人商业银行、亚速-顿河商业银行、西伯利亚贸易银行、伏尔加-卡玛商业银行、莫斯科互助信贷商会和里亚布申斯基兄弟银行家之家（自1912年起为莫斯科银行）、贾姆加罗夫兄弟银行、И. В. 容克尔银行和 Г. 沃尔科夫父子银行等④。

---

① Там же. Л. 284, 288, 292.
② Там же. Д. 210. Л. 110.
③ Там же. Л. 4.
④ Там же. Д. 216. Л. 31 об. -32；Д. 243. Л. 9, 10 - 10 об.；Д. 400. Л. 5 об.；Д. 487. Л. 5 и др.

第八章　利益的代表：交易所协会和交易所委员会

1907年12月，交易所成立林业委员会①，由 П. П. 里亚布申斯基领导，从1908年3月5日开始工作。委员会主要讨论影响林业生产、销售的问题，尤其是在木材产品运输方面②。

为了研究棉花纺织行业的需求问题，以及建立中部工业区和国际纺织联合会之间的联系，1909年成立了由 Н. Д. 莫罗佐夫领导的纺织委员会③。1914年，在棉纺织工业制造商协会成立之后，纺织委员会将职责移交给前者④，并逐渐停止活动⑤。

1907年12月4日成立的棉花委员会在莫斯科交易所占有特殊的位置⑥，其成立后的第一项工作是制定俄国、中亚和波斯棉的交易规则⑦。该委员会的首要任务是"调解……棉花贸易过程中可能发生的任何争端，并总体上管理……棉花贸易"⑧。委员会于1908年10月开始履行仲裁职能，因为之前它已经熟悉了国外一些仲裁机构（位于不莱梅和利物浦的仲裁机构）的内部结构⑨。委员会编制了在交易所交易时所必需的棉花分类表，并制定了相应的棉花检验标准。到1910年，委员会通过定期调查的形式，整理了莫斯科和中部工业区工厂的棉花储备量数据，以及从中亚向莫斯科运输的棉花数据⑩。自1910年10月30日起，"为了正确地就棉花

---

① Там же. Д. 266. Л. 23 – 23 об.; Оп. 2. Д. 152. Л. 2.
② Например, см.: Там же. Оп. 1. Д. 400. Л. 16 об.; Д. 487. Л. 10; Оп. 2. Д. 151, 152.
③ Там же. Оп. 1. Д. 335. Л. 1 об., 8; Оп. 2. Д. 153. Л. 20.
④ Там же. Оп. 2. Д. 153. Л. 322; Оп. 1. Д. 219 А. Л. 60 – 61.
⑤ См.: Лаверычев В. Я. Монополистический капитал в текстильной промышленности России. С. 92.
⑥ ЦГИА г. Москвы. Ф. 143. Оп. 1. Д. 267. Л. 1.
⑦ См.: Там же. Л. 3 об, 5, 6, 10, 16, 18, 22, 25, 28, 29, 37; Положение о Хлопковом комитете и правила торговли русским, среднеазиатским и персидским хлопками на Московской бирже (с приложением классификации русского, среднеазиатского и персидского хлопков). М., 1908.
⑧ Положение о Хлопковом комитете... § 1. С. 1 – 2.
⑨ ЦГИА г. Москвы. Ф. 143. Оп. 1. Д. 318. Л. 1 об.
⑩ Там же. Д. 286. Л. 16; Д. 318. Л. 2.

报价问题向莫斯科交易所提交议案",棉花委员会应邀参加了与前者的联席会议①。

棉花委员会不只关注棉花贸易的技术问题。1911年,它讨论了以下问题:是否需要熟悉中亚的棉花产业条件;是否在莫斯科和克拉斯诺沃茨克建立进口仓库;是否强制所有工厂使用品牌或标签,以"消除对最好的工厂……不公平现象",因为这些工厂在棉花清洁方面成绩突出,而其他企业"对自己的工作不那么认真"②。

在交易所委员会主席 Г. А. 克列斯托夫尼科夫的倡议下,莫斯科交易所法律委员会成立,其前身是1907～1909年业已存在的交易所附属的行政管理和招标法案起草委员会③。1910年2月23日,克列斯托夫尼科夫向交易所领导层提出,必须"尽快审查许多……工商业立法条例,根据成熟条件逐步进行"。克列斯托夫尼科夫建议交易所立即讨论工商业立法问题,并提出了以下两种情况来证明这一点:第一,政府自身的工作已经过于繁重;第二,"无论是对工商业现状感兴趣的人,还是那些本职工作与工商业相关的人",都能够十分清楚地认识到商业立法部门内部自我修正的重要性,正是这些人能够指出"立法工作中最为正确的、最为合理的……必需的方向"。根据这一建议,成立了专门的法律委员会④。

莫斯科商业法院主席 Н. А. 波别多诺谢茨负责领导法律委员会,其中包括许多专业律师:С. А. 舍列梅捷夫斯基、М. М. 吉尔什曼、О. Б. 戈利多夫斯基、И. А. 基思佳科夫斯基和 А. Ф. 杰留任斯基等⑤。值得注意的是,上述的一些平民知识分子和商业机构密切相关。例如,А. Ф. 杰留任斯基是莫斯科交易所协会的当选人,当时已经是法律咨询专家以及莫

---

① Там же. Д. 372. Л. 40, 46; Д. 488. Л. 1.
② Там же. Д. 403. Л. 5 – 5 об., 24 об., 40 об.
③ См.: Там же. Д. 692. Л. 1 – 4, 123 об. – 124 и др.
④ Там же. Д. 372. Л. 7, 8 об., 9.
⑤ Там же. Л. 9; Д. 216. Л. 32; Д. 400. Л. 4 об. – 5.

斯科商人银行董事会成员、俄国共同保险联盟董事会主席、C. M. 希巴耶夫合伙公司的经理、莫斯科—布雷斯特铁路公司的法律顾问，后来又出任莫斯科银行理事会和董事会成员、加夫里洛-亚姆斯基·洛卡洛夫手工业工场董事会成员、A. 赫鲁多夫手工业工场合伙公司董事会候选人。而 M. M. 吉尔什曼则是 K. 拜什合伙公司（经销矿物燃料、建筑材料和金属等）董事会的成员。

　　该委员会的主要任务是初步研究与企业经营活动相关的法律条款问题。例如，在1911年举行的8次委员会会议中，大多数会议都专门讨论了由莫斯科临时委员会制定的《贸易企业转让法案》，以寻求处理拖欠缴款的方法①。1912年，贸易和工业部提出有关股份公司和合伙企业发行债券的规则草案，委员会对此进行讨论，并修订了交易所协会活动的法律框架②。

　　法律委员会在1913年举行的13次会议中，大多数都讨论了自1905年以来实施的关于交易所协会的法律条文，并起草新的协会规则③。在其中的三场会议上，审议了贸易和工业部关于贸易和工业事务管理的法案。与此同时，国家杜马司法改革委员会提议撤销交易所委员会管理行政审批的案件，并将其管辖权移交给商业法院和地方法院的议案，这也引起了特别的关注。交易所法律委员会成员反对这一提议，并强调，行政案件不是解决当事方的财产纠纷，而是维护企业的尊严和生命力。国家杜马议员认为，法院比交易所委员会更为客观，有人指出这一主张并无根据，因为"实践……至今没有引起非难"。莫斯科商人和律师对法院将正式审理案件表示担忧，因为经济案件内容繁杂，涉及财务问题的各个方面，法院恐难以胜任④。

---

① Там же. Д. 400. Л. 15 об.
② См.: Отчет о деятельности Московского биржевого комитета за 1912 г. М., 1913. С. 33 – 36.
③ См.: ЦГИА г. Москвы. Ф. 143. Оп. 1. Д. 487. Л. 10 об. – 12.
④ Там же. Л. 15 – 16.

俄国企业史（1850～1917）

***

除了上述常务机构外，莫斯科交易所还建立了各种临时机构，例如：负责处理铁路部门中存在的程序不完善问题的委员会（成立于1879年）[1]；与贸易和手工业理事会莫斯科分会成立的联合委员会，主要研究财政部修改一般运费的材料（1889年）[2]；劳工问题委员会（1905）[3]；工厂立法问题委员会（1906）[4]；扩大棉花种植面积委员会（1907）[5]；商业税委员会（1908）[6]；股份制立法委员会（1908）[7]；关于制定工人意外事故和强制疾病保险法案的委员会（1912）[8]；修订贸易协定的行业调查计划委员会（1912）[9]；等等。

莫斯科交易所的结构框架表明，研究俄国工商业生活中任何一个主要问题、任何一个主要领域，都无法回避这一机构。在1870年章程通过后的35年间，交易所只有两个常设辅助机构：常务委员会和铁路事务委员会。1906～1910年，一共成立了5个类似机构。在这一时期存在着一个趋势：将莫斯科交易所当作国家部委系统的设计规划部门（成立临时机构来讨论和解决某一具体问题）。这样，1875年之前由章程规则确立

---

[1] См.: Там же. Д. 81. Л. 5 об. –6 об.
[2] Там же. Д. 139. Л. 72.
[3] См.: Там же. Оп. 2. Д. 133. Л. 1, 2, 3 и др.
[4] См.: Там же. Д. 134. Л. 2 –6.
[5] Экспедиция в Каракумскую степь, организованная в 1908 г. состоящей при Московской бирже Комиссией по вопросу об увеличении посевов под хлопок в Средней Азии. М., 1910. С. IX.
[6] См.: ЦГИА г. Москвы. Ф. 143. Оп. 1. Д. 715.
[7] Там же. Д. 319. Л. 60.
[8] См.: Там же. Д. 438. Л. 44.
[9] См.: Там же. Д. 409. Л. 296 –297 об., 299 –300, 314, 330, 331; Отчет о деятельности Московского биржевого комитета за 1912 год. М., 1913. С. 55 –57.

第八章 利益的代表：交易所协会和交易所委员会

的、根据需要建立附属机构的权利，一直到俄国 1905 革命之后才由莫斯科交易所真正行使。

莫斯科交易所结构的变化过程，一方面凸显了资产阶级的活动更加积极，他们以交易所为中心团结起来；另一方面则反映了交易所管理层对充当代表组织的看法。莫斯科交易所的领导层声称，国家杜马建立之后，"立法活动面临着全新的形势"，这要求"从贸易和工业咨询机构的角度采用新的工作方法"。这意味着，他们的建议不仅是政府制定工商业法律和措施的参考，而且可以影响立法机构。后一方面"特别重要，因为立法机构中工业和商业的声音极为微弱"[①]。因此，交易所领导层非常重视辅助机构的功能，因为它们可以更深入地研究具体问题。交易所协会的许多机构（交易所委员会秘书处、法律委员会等）吸引了大批专家（律师、经济学家和统计学家等），其目的与此相同。这些机构在交易所框架内的活动，不仅更充分地表达了莫斯科企业家的建议和意见，而且在公众眼中尤其是对于国家杜马中大多数非企业家出身的议员而言，还代表着影响力和权威性。

莫斯科交易所不断扩大其代表性活动的范围，这完全符合新条件下一些企业家对其职能的看法，即"以观点的权威与行政的权威相抗争"。立宪改革后，代表机构不仅要研究问题的原则层面，还要研究问题的技术层面，资产阶级认为，国家杜马对此无能为力，因为国家杜马中"充分准备好从事艰苦工作的人员"屈指可数[②]。

交易所领导层的变化，为交易所调整任务创造了条件，同时也体现出新特征。1905 年 11 月，莫斯科交易所委员会主席 Н. А. 奈焦诺夫去世，Г. А. 克列斯托夫尼科夫接替了他的职务，当时虽然他已经是奈焦诺夫集团的成员，但是他对于俄国年轻一代商人采取的方针更为灵活，在

---

① Там же. Д. 544. Л. 120.
② Представительные организации торгово-промышленного класса. С. II.

政治上更加宽容。正因如此，1906 年，"年轻人"集团的带头人——П. П. 里亚布申斯基①及其助手 А. И. 科诺瓦洛夫也加入了莫斯科交易所委员会。

莫斯科企业家活动积极性的提高以及莫斯科交易所领导层的变化，在根本上源于当时俄国社会政治生活中发生的新趋势。

***

作为代表本阶层利益的组织，莫斯科交易所的主要活动分为七个方面。第一个方面是应政府机构的要求，准备和撰写各种报告、说明以及对部级方案的反馈意见，并就贸易、工业和金融问题提出自己的方案。

第二个方面是选派莫斯科交易所的代表参与政府机构的工作。莫斯科交易所表达了资产阶级的利益和观点，这得到了商界权威人士和相关问题主要专家的支持。例如，1885 年，К. К. 班扎受委派参加了由国有财产大臣主持召开的冶金企业代表大会②。1902 年，在政府举行的一次关于冶金和机械制造工业状况、轨道和车辆价格的会议上，代表莫斯科交易所出席会议的有 Г. А. 克列斯托夫尼科夫、Ю. П. 古容、Э. Э. 利普加尔特、С. В. 格珀、А. В. 巴里和 Н. Г. 利斯特等③。1906 年，贸易和工业部在远东召开关于自由港的特别会议，出席会议的有 П. П. 里亚布申斯基、Н. И. 普罗霍洛夫、А. И. 科诺瓦洛夫、Б. А. 什韦佐夫和 Н. И. 杰尔别涅夫④。此外，莫斯科交易所的代表还在如下机构任职：国家银行会计与

---

① 关于 П. П. 里亚布申斯基的情况，详见：Петров Ю. А. Династия Рябушин - ских. М., 1997. С. 29 - 122；Тот же. Павел Павлович Рябушинский // Россия на рубеже веков: исторические портреты. М. 1991. С. 112 - 152。
② Найденов Н. А. Московская биржа. 1839 - 1889. С. 58 - 59.
③ ЦГИА г. Москвы. Ф. 143. Оп. 1. Д. 219. Л. 21.
④ Там же. Д. 188. Л. 18.

贷款委员会和莫斯科办事处理事会①、莫斯科财政厅总议事局、莫斯科首都计划处、工业税特别议事局等②。

第三个方面是处理与其他商业组织之间的关系和组织交流。莫斯科交易所在全俄主要资产阶级协会（工贸代表大会）中占据重要位置。在代表大会的与会者中，莫斯科交易所对俄国经济的重要问题，例如运输、工业和贸易的税收以及运费和运费政策的观点尤其具有权威性。同时，在代表大会内，莫斯科交易所一直努力保持自己的独立性，这一立场是由莫斯科交易所委员会秘书 В. И. 马萨尔斯基于1908年确定的，他认为，代表大会"有些烦琐"，它们只能"偶尔召集"，而立法活动则具有迫切性和时效性。因此，根据相关规定及时地向政府申请召开政策讨论会，对于工贸代表大会而言是"几乎不可能完成的任务"。在这种情况下，莫斯科交易所的活动显得恰如其分，因为它代表了"俄国最为重要的、具有悠久历史传统的工商业中心的呼声"③。

莫斯科交易所活动的第四个方面是通过交易所委员会征询企业的看法，以及在特定的行业会议上，了解企业家对工商业发展和政治发展的某些问题的观点和看法。例如，为了修订1881年中俄贸易协议，莫斯科交易所委员会于1909年夏天和秋天召开了数次会议④。

莫斯科交易所活动的第五个方面是收集和传播信息。受不同当局机关的委托，交易所委员会通过在交易所内悬挂张贴、通过某些法人或自然人分发的方式传播特定的信息。交易所在向政府机关传递信息方面发挥了重大的作用，这些信息涉及企业的财务安全和持续经营能力，以及

---

① См.: Там же. Д. 22. Л. 1 об. – 2; Д. 37. Л. 8; Д. 46. Л. 55; Д. 49. Л. 2, 12, 14, 16, 21, 23, 40, 52, 55; Д. 92. Л. 32 об.; Д. 105. Л. 1.
② Например, см.: Там же. Д. 400. Л. 6 об, – 7; Д. 487. Л. 6.
③ Там же. Д. 544. Л. 26 об. – 27.
④ Там же. Д. 325. Л. 98, 170, 185, 198, 246.

俄国企业史（1850～1917）

商业项目的可靠度等问题①。

交易所拥有巨大的信息资源，类似于一座图书馆。关于创建信息库的构想始于19世纪60～70年代，后来在1877年2月28日最终建成②。截至1909年10月8日，交易所的信息库已发展成一座令人印象深刻的、包括科学信息和出版文献信息的宝库（仅俄语文献就有16515种），这些资料涉及人类知识的主要领域，其中包括大量统计咨询出版物和定期出版物③。莫斯科交易所委员会定期从外交部、财政部、贸易和工业部收集俄国在外贸市场上的信息④。

为了解决一些迫切的问题，莫斯科交易所会针对性地收集特定信息。例如，针对向老年工人和雇员支付养老金问题（1907年），莫斯科交易所曾经对中部工业区的617家大型企业进行问卷调查⑤，向地方自治局就不同种类房地产的价值和升值空间、自治机关向它们收取评估费用、开办贸易和工业证明所需费用等问题进行调查（1908年）⑥。此外，莫斯科交易所考察了卡拉库姆草原，以研究是否能够扩大适合棉花种植并可以灌溉的土地面积（1908年）⑦。

莫斯科交易所委员会的出版活动广泛传播了其各种工作以及立场方

---

① Например, см.: Там же. Д. 32. Л. 15 - 22 об., 24 - 24 об., 25 - 31 об., 39; Д. 77. Л. 7, 9, 10 - 11 об.; Д. 205 А. Л. 48 - 48 об., 165, 616; Д. 280. Л. И, 17, 46, 47, 49, 57; Д. 320. Л. 1, 2, 12, 13, 16, 19; Д. 321. Л. 33, 215 об.; Д. 330. Л. 1 - 1об.
② Там же. Д. 74. Л. 16 об. - 17.
③ Каталог библиотеки Московского биржевого комитета. Часть II. Книги на русском языке. (1870 - 1909). М., 1909. С. I - IV, XVIII.
④ Например, см.: ЦГИА г. Москвы. Ф. 143. Оп. 1. Д. 95. Л. 1 - 3 об., 5; Д. 272. Л. 4 - 4 об., 45 - 46 об., 68 - 72 об., 83 - 84, 96 - 98 об.; Д. 330. Л. 17 и др.
⑤ Там же. Оп. 2. Д. 135. Л. 57, 58.
⑥ См.: Московский биржевой комитет. Земское обложение земель и торгово - промышленных заведений. М., 1911.
⑦ См.: Экспедиция в Каракумскую степь, организованная в 1908 году состоящей при Московской бирже Комиссией по вопросу об увеличении посевов под хлопок в Средней Азии. М., 1910.

第八章　利益的代表：交易所协会和交易所委员会

面的信息，有助于为国务会议和国家杜马中的工商界代表人士提供信息支持。其中，它出版了交易所最重要的成果和一些统计资料，这些数字材料为采取某些措施提供了佐证①。自1910年开始，莫斯科交易所委员会发表完整的年度报告，介绍交易所的工作情况②。

毫无疑问，莫斯科交易所的出版物对公众舆论产生了一定的影响，这可以被视为交易所活动的第六个方面，慈善和救助方面的资料说明了这一点。资产阶级从事这些活动是出于宗教传统、其本身的务实作风以及公民意识。最早和最著名的一项活动与1877~1878年的俄土战争有关，当时他们发起募捐"以救助战场上伤亡士兵的家属"，捐赠通过莫斯科交易所与莫斯科商人协会共同建立的特别委员会进行③。另一个引人注目的行动是救助伏尔加河地区1906年作物歉收的农民，1907年莫斯科交易所委员会为此拨款27.5万卢布，并与萨马拉、喀山和乌法交易所委员会以及当地的地方自治局开展了密切合作。支持农民的主要方式是向购买耕畜者提供三年期的无息贷款④。

莫斯科交易所活动的第七个方面是开展教育。在这一方面最重要、最著名的举措之一是，在莫斯科企业家的倡议和资助下，在莫斯科成立了亚历山大商学院⑤，该学院于1885年10月6日正式开学。莫斯科交易

---

① Например, см.: К вопросу о таможенном объединении Финляндии с прочими частями империи. М., [191 -]; Материалы к рассмотрению вопроса о ввозе в Россию и Финляндию хлебных грузов. М., [191 -]; Статистические сведения о торговле России с Китаем и по отдельным восточно - азиатским границам за 1901 - 1907 гг., составленные канцелярией Московского биржевого комитета на основании официальных данных, содержащиеся в обзорах внешней торговли России (Изд. Департамента Таможенных сборов). М., [190 -]; Труды по пересмотру таможенного тарифа. М., 1916 и др.
② См.: Отчет о деятельности Московского биржевого комитета за 1910 г. М., 1911. и т. д.
③ См.: ЦГИА г. Москвы. Ф. 143. Оп. 1. Д. 74. Л. 42 об., 97, 99; Д. 75. Л. 2, 5, 45, 49, 53, 54, 60.
④ См.: Там же. Д. 296, 297, 297 А.
⑤ См.: Там же. Д. 62. Л. 1, 2 - 10, 20, 36, 37 и др.; Д. 89. Л. 12 об. - 13 об., 14.

俄国企业史（1850～1917）

所参与教育活动最常见的形式是在各种教育机构中设立奖学金。根据 1912 年的数据，莫斯科交易所协会设立了 89 项奖学金，其中包括皇家莫斯科技术学院的一项奖学金（300 卢布）、亚历山大商学院的三项奖学金（每项 150 卢布）、尼古拉耶夫女子商校的一项奖学金（125 卢布）、沙皇亚历山大三世商校的一项奖学金（75 卢布）、沙皇尼古拉二世商校的一项奖学金（75 卢布）等[①]。

这类措施有助于建立和维护莫斯科交易所在实业界的权威，并在俄国广大社会阶层中树立了积极的形象。

※※※

莫斯科交易所之所以在政府中具有强大的影响力、在商业界具有权威性，最根本的原因是莫斯科和中部工业区在俄国经济生活中占据重要地位。19 世纪下半叶，交易所的地位得到进一步巩固，因为当时工商业利益的代表事业"处于非常低的发展水平"[②]。毫无疑问，莫斯科的历史文化地位、作为俄国企业家摇篮的这一根深蒂固的传统观念，也发挥了一定的作用。自 20 世纪初以来，由于俄国主要行政中心圣彼得堡的财政经济作用日益增强，并且在圣彼得堡建立了许多全俄代表大会形式的工商业联盟和交易所联盟，莫斯科交易所的地位有所下降。然而，由于人员素质较高、内部稳固、与政府圈子建立了可靠的关系、积累了经验和权威等因素，莫斯科交易所依旧是俄国主要的代表机构之一。

第一次世界大战和 1917 年革命证实了莫斯科交易所的独立地位以及潜在的领导地位。根据莫斯科交易所委员会副主席 П. П. 里亚布申斯基

[①] Отчет о деятельности Московского биржевого комитета за 1912 год. М., 1913. С. 106 – 107.

[②] Бурышкин П. А. Указ. соч. С. 67, 73.

第八章　利益的代表：交易所协会和交易所委员会

（自1915年起为交易所主席）的倡议，俄国资产阶级于1915年开始成立中央军事工业委员会和各个地区性委员会①。1917年，莫斯科交易所直接参与了俄国中部大资产阶级政治活动的组织和协调工作。二月革命期间，莫斯科交易所成立了一个专门的机构（莫斯科工商委员会）来研究当时的政治问题，该委员会由莫斯科交易所委员会副主席 C. H. 特列季亚科夫领导。

莫斯科交易所的成立和活动历史，表明其是如何最大限度地发挥对当局、对社会公众的影响力，以及如何将各种不甚完备的机制物尽所用的。与此同时，不得不承认，20世纪初，莫斯科交易所职员的社会成熟度和远大抱负，与交易所作为代表机构的地位并不相符。其中一个表现就是所谓的经济会议。这一会议始于1908年，会址分别在 А. И. 科诺瓦洛夫和 П. П. 里亚布申斯基的住宅②。为了突破交易所的局限，并满足自己的社会要求和政治要求，莫斯科企业家们制定了在俄国建立工商会的草案。在寻求完善俄国工商业代表制的过程中，该举措是最为引人注目的事件之一，因为莫斯科交易所是人数最为庞大的代表机构，它的地位决定了它可以走出这一步。

第三节　俄国交易所和工商代表机构的改革方案

在俄国，交易所的某些缺陷实际上从该组织开始活动起就已经出现，并且有关这方面的讨论从未停息。尝试完善俄国交易所的过程可以分为两个阶段。第一阶段主要涉及法律方面，即必须创建所有交易所普遍遵循的章程，以统一和简化有关交易所的立法。然而，在交易机构自

---

① Петров Ю. А. Павел Павлович Рябушинский. С. 135.
② Дякин В. С. Самодержавие, буржуазия и дворянство в 1907 – 1911 гг. Л., 1978. С. 117 – 118.

俄国企业史（1850~1917）

身的特征方面，作为代表机构，其本身在申诉权和拒绝权方面的矛盾特征并没有被专门讨论过。

反映19世纪60年代末至70年代对交易立法进行改革的事例有很多。例如，在《莫斯科交易所章程》（1870年）的制定中，以及在对《圣彼得堡交易所章程》（1875年）的修订中，加入"临时"一词（《临时章程》①）。至于放弃单独的章程体系，无论在政界还是在专业的法律专家中间，观点都没有达成一致。一部分人认为，将交易流通规范化完全是不合理的，因为流通要跨过国家的许多地区，在一定程度上，这是民族间的活动，是不同民俗的中介，不可能做到规范化。另一部分人则表明，没有必要颁布国际通用的交易所条例，但交易所事务应当符合当地贸易和工业的特征②。

整个19世纪90年代，资产阶级都在期望着实施共同的交易所规则③。当时按照财政大臣С.Ю.维特的建议，俄国政府开始对交易所法律法规进行修订。С.Ю.维特在部门间委员会上提出了交易立法和股票立法的问题，然后在财政部进行讨论（1896~1900年），该委员会的领导人是财政大臣理事会成员（1894~1895年任职）、金融法学领域的杰出理论家П.П.齐托维奇教授。政府最感兴趣的是交易所的立法功能，其次是进行股票交易的功能。然而，宏大的改革计划很快便缩小了范围，最终于1900年6月27日被新成立的圣彼得堡交易所股票部采纳。政府预计其他交易所也将根据圣彼得堡交易所的经验进行改革。但是，这一意图注定不会实现。

---

① ПСЗ II. Т. 45. Отд. 1. № 48159; Т. 50. № 55295.
② Нисселович Л. Н. О биржах, биржевых установлениях и мерах ограничения биржевой игры. С. 76.
③ См.: Журналы заседаний Комиссии по пересмотру законоположений о биржах и акционерных компаниях. СПб. 1896; По поводу биржевого устава// Московские ведомости. 1897, № 79; Славянинов М. Указ. соч.

第八章 利益的代表：交易所协会和交易所委员会

之所以首次提出交易所问题，是因为1892年在莫斯科工商业代表大会上提出了有必要完善地方上代表企业利益的机构。交易所这种代表机构的不足在于，具有选举权和被选举权、能够加入交易所的人数有限，仅限于一等商人（需要指出，这种情况下我们实际上犯了一个错误，因为如上所述，在大多数的交易所机构中，一等商人和二等商人都拥有开办公司的权利），并且会议内容并不对外公开[①]。因此，代表大会做出了一个特殊的决定：必须吸引各行各业的企业家参与其中，以改变贸易和制造业委员会以及交易所委员会的人员构成[②]。当时随着工业和贸易的迅速发展，交易所的工作量不断增加，交易所面临着改进自身结构的任务。

20世纪初，交易所委员会数量增长，实力增强，行业代表大会的地位日益巩固，开始出现了新的组织——地区性工厂主协会，其注意力主要集中于劳资关系。这反映了日益壮大的俄国资产阶级的活跃程度逐渐提高，资产阶级分析了自己的社会活动以及与当局的关系之后，越来越清晰地意识到了自己的需求。在这种情况下，交易所结构的合理化问题，就直接涉及企业家利益代表机构的立法基础。有关对代表工商业利益的机构进行完善的措施和途径，一些学者已经有所研究[③]，所以笔者将集中讨论在此过程中交易所的功能。

根据大资产阶级领导人的申请，1903年11月18～24日，交易所委

[①] Труды высочайше разрешенного торгово-промышленного съезда, созванного Обществом для содействия русской промышленности и торговли в Москве в июле 1882 г. С. 1. СПб., 1883. С. 155–156.

[②] Московский биржевой комитет. О введении торгово-промышленных палат в России. М., 1911. С. 7–8.

[③] См.: Шепелев Л. Е. Царизм и буржуазия в 1904–1914 гг. С. 109–116; Шумилов М. М. Проекты реформы представительных торгово-промышленных организаций России в конце XIX – начале XX в. // Исторические записки. Т. 118. М., 1990. С. 292–312.

员会、贸易和制造业委员会、商人管理局在位于圣彼得堡的财政部召开了一次由财政部贸易司主任 M. M. 费德洛夫主持的会议。会议研究的主要问题是贸易和工业利益的代表问题。与会者得出的结论是，现有的代表机构均未满足时代的要求。人们认识到，合理履行代表功能，需要在区域内建立具有广泛代表性的机构。因此，在俄国建立一种全新的代表机构的想法产生了，这种机构即工商会。在西欧，类似机构已经建立，并得到社会的认可。但是，在与会者中交易所代表占据大多数，他们高度认可交易所的作用，即它是"最有生命力的、最接近于理想的民选机构"，这样，他们改变了会议的主题。结果，交易所依旧是按照西方的商会模式运作的咨询组织。同时，会议建议将所有主要的地区性工商业协会的代表纳入交易所，其中包括缴纳不低于已定标准商业税的自然人和法人，以此重组交易所。此外，各家交易所的活动范围应该严格限制在特定地区。

会议还讨论了一个实际问题，即征收一项有利于交易所的强制性费用：向交易所辖区内行业证书持有者收费。但是，关于具体是什么人支付费用、将来选举进入交易所管理机构的标准是什么等问题，仍存在意见分歧。卡拉什尼科夫粮食交易所委员会、莫斯科粮食交易所委员会、雷瓦尔交易所委员会、利巴瓦交易所委员会、温达夫交易所委员会、罗兹交易所委员会、华沙交易所委员会、尼古拉耶夫交易所委员会、哈尔科夫交易所委员会、巴库交易所委员会、察里津交易所委员会、辛比尔斯克交易所委员会、喀山交易所委员会、下诺夫哥罗德交易所委员会和波里索格列布斯克交易所委员会等提议：根据缴纳的行业税总额按比例征税，征收对象包括持有第一、第二等级商业证书的贸易商和第一至第五等级工业证书的工业家。圣彼得堡交易所、圣彼得堡肉类交易所、莫斯科交易所、莫斯科畜牧和肉类交易所、下诺夫哥罗德市场交易所、里加交易所、基辅交易所、哈尔科夫煤炭和钢铁贸易交易所、顿河畔罗斯

第八章　利益的代表：交易所协会和交易所委员会

托夫交易所、阿斯特拉罕交易所、萨拉托夫交易所和萨马拉交易所认为，必须由交易所自行确定缴费人的范围。

大多数交易所主张，交易所协会和交易所委员会的选举，应当根据每个工贸企业缴纳的行业税按比例进行。莫斯科交易所、下诺夫哥罗德市场交易所、雷宾斯克交易所、罗兹交易所和华沙交易所提议按照等级进行选举：从持有第一至第五等级工业证书的人士，以及持有第二、第四和第五等级商业证书的人士中进行选举，两类群体当选人士应相等。结果，选举问题被交由各交易所自行解决①。

这次会议的主要结果是：第一，表明了交易所领导人反对以任何形式改变代表机构；第二，明确了交易所相应改革的路线。

根据会议结果，决定在全俄范围内将现有交易所联合起来，并尽力协调一致，通过召开贸易和农业交易所代表大会实现这一点。与此同时，政府开始为建立地方代表机构系统而进行立法准备。1905年10月，财政部商务司制定了《关于建立工商业代表机构和交易所的条例》。根据这一条例，"工商阶层和工商管理局代表会议"将成为贸易和农业交易所代表大会的执行机构，交易所应转由会议管理。就其任务而言，新规划的机构接近于外国的商会，旨在团结当地的企业家，满足当地工商业的需求，代表它们的共同利益，建立和资助利于开展工商活动的机构（包括交易所），并通过收集不同地区工商业的信息，以提交请愿书等方式，协助政府促进工商业繁荣②。

"然而，企业家对此并不满意。此外，俄国大资产阶级坚信，若爆发革命，或是国体改革时，只能自上而下地将全国所有企业家联合起

---

① Московский биржевой комитет. О введении торгово-промышленных палат в России. С. 8–10; Шепелев Л. Е. Царизм и буржуазия в 1904–1914 гг. С. 109–110.
② Московский биржевой комитет. О введении торгово-промышленных палат в России. С. 10; См. также: Совет министров Российской империи. 1905–1906 гг. Документы и материалы. Л., 1990. С. 463–464.

来，而不是通过地方性的代表组织自下而上地联合。如今俄国正处于立宪改革之际，因此必须考虑到国家杜马的作用，也就是说，组建工商会这一新机构，只有经国家杜马投票通过才能合法化。但如果只是松散地将现有的机构组织起来，那么就可以绕过国家杜马，'按照高层管理的方法'来实施。"①

1906年1月，在工贸代表大会上，莫斯科交易所发表了自己关于改革企业家利益代表机构的观点。当讨论到全俄企业家协会的法规草案时，莫斯科交易所的代表 К. А. 亚斯云宁斯基发表了莫斯科26家大型公司的联合声明，它们完全不同意组建联盟机构，认为这一机构的权力过于集中，宣称这并不符合时代精神，"因为并不是组建中央机构，而是创建非中央化的机构，实现权力下放，才能调动企业家的自主性和积极性，这才是解决问题的途径"②。

为了实现权力下放，交易所建议组建13个工商会，每一个都可以联合一个大的、在地理条件和经济活动方面具有一定共性的经济区，即：北部（或圣彼得堡）区、中部（莫斯科）区、伏尔加河区、哈尔科夫区、基辅区、波罗的海区、波兰（华沙）区、黑海区、乌拉尔区、高加索区、中亚区、东西伯利亚与阿穆尔河区、西西伯利亚与斯捷普诺伊边疆区。其中，中部区包括莫斯科省、弗拉基米尔省、特维尔省、雅罗斯拉夫尔省和科斯特罗马省。全俄工商会代表大会应当整合俄国所有的工商业机构，由代表大会主席团领导，具有专门的执行职能③。

反对建立全俄企业家协会的并非只有莫斯科企业家，在大会上表示反对权利过于集中化的还有其他一些代表，例如华沙行省企业家代

---

① Шумилов М. М. Указ. соч. С. 295 – 296.
② Журналы заседаний съезда Союза промышленных и торговых предприятий Российской империи 1906 г. [СПб.], [1906]. С. 6, 7 – 8.
③ Там же. С. 12 – 13；Шепелев Л. Е. Царизм и буржуазия в 1904 – 1914 гг. С. 85.

第八章　利益的代表：交易所协会和交易所委员会

表、北部和波罗的海地区金属行业代表大会代表，以及乌拉尔的矿业代表大会代表等①。

莫斯科交易所组建商会的提议，并不是早已谋划的方案，在很大程度上，这是对制定协会规章的圣彼得堡企业家的抗议，后者表现出非常明显的集中意图。商会应当成为能够让现有的地区性大资产阶级组织（尤其是莫斯科交易所协会）维持自己的独立性，同时在相当广袤的区域内发挥影响力的机构。上述大型地区性行业组织代表的讲话也表达了类似思想。

工贸代表大会被迫接受这些意见，转而采用较为松散的代表大会而非协会的形式。然而，其并没有否决以新的形式建立地方性联合会——工商会。莫斯科交易所的 Ю. П. 古容提议尽快召开工商业代表大会，以研究工商会组织和活动的条件，但是该建议遭到拒绝。因为这一问题非常复杂，研究起来耗时甚久②。

贸易和工业部在1906年3月17～18日召开的由商业组织代表参与的一次特别部门间会议上，提交了关于地方选举产生工商业类机构的法规草案，以供讨论。大多数与会者并没有偏离1903年公认的前提，即需要建立不同地区的代表处，并且吸纳特定类型的、缴纳行业税和特殊费的人士参加工作。会议申明，更利于实现代表功能的是即将成立的工商会，而不是改革后的交易所③。应当承认，讨论的主要结果不仅确定了新型机构的总路线，同时也表明与会企业家渴望保持现有代表机构的完全独立性，不受计划成立的工商会控制的愿望。

---

① Журналы заседаний съезда Союза промышленных и торговых предприятий Российской империи 1906 г. С. 8 – 9.
② Там же. С. 18, 20.
③ Московский биржевой комитет. О введении торгово – промышленных палат в России. С. 11；Шепелев Л. Е. Царизм и буржуазия в 1904 – 1914 гг. С. 111 – 112；Шумилов М. М. Указ. соч. С. 297.

考虑到三月会议的建议，贸易和工业部的草案在1906年6月之前再次修订，并在秋季重新提交讨论。该草案提出建立工商会的基础是所谓的"意大利体系"，即工商会只能"自下而上地"以呈请书的形式提出申请，经由贸易和工业大臣批准后建立。在一省范围内，可以组建一个工商会（特殊情况下，如果该省的地区经济发展严重失衡，可以组建两个）。会议建议将该草案提交贸易和工业部立法局进行讨论。此外，草案计划将贸易和工业部的一些职能移交给工商会，其中包括注册建立工厂、签发货物产地证明等。

为了协调工商会和总代表处的活动，草案计划利用贸易和农业交易所代表大会，并将其更名为工商业和贸易交易所代表大会。除了工商会的代表外，成立工商会之后继续活动的现有区域性和行业性机构，其代表也应参加代表大会。至于各地的交易所委员会，它们将在工商会成立三年后被取消代表性功能，并成为专门管理交易场所的机构①。

1906年11月，第一届全俄贸易和农业交易所代表大会拒绝了该草案。1907年5月举行的第二届工贸代表大会原则上支持这一草案。同时，代表大会的与会代表发言，主张维持现有组织完全独立，不受工商会的控制，同时删除改革交易所的条款。他们还表示：法律应当确保在设立统一的工商会的同时，还要建立单独的工业会和商业会。在实践中，这样做的话将有可能将交易所变为工商会，或者是保留交易所，同时在工业会中建立代表制造商利益的机构。此外，工贸代表大会建议将创建工商会的提议首先转达给交易所委员会以及贸易和制造业委员会。只有当

---

① Желательная организация торгово‑промышленных палат. Доклад образованной при Совете съездов Особой комиссии под председательством члена Совета М. М. Федорова // Труды Четвертого очередного съезда представителей промышленности и торговли, состоявшегося 10, 11, 12 и 13 ноября 1909 г. в С. ‑ Петербурге. СПб., 1910. ［Доклады］. С. 10, 12, 28, 34; Московский биржевой комитет. О введении торгово‑промышленных палат в России. С. 11 – 12; Шумилов М. М. Указ. соч. С. 297 – 299.

第八章 利益的代表：交易所协会和交易所委员会

上述机构没有异议或者在某些地区它们并不存在时，"本地工商业阶层人士"（占当地企业家总数的1/10）才可以发起成立工商会。

在某些地区，除了交易所委员会、贸易和制造业委员会之外，还建立了工商会，代表大会认为最好剥夺上述委员会的一般代表职能，以防止分散精力和资金，防止两个任务相近的代表机构之间出现恶性竞争。在未设立工商会的地区，交易所委员会依旧履行其先前的职能①。

工贸代表大会指示理事会更深入地研究这一问题。1909年9月，理事会成立了特别委员会，其领导人为前任贸易和工业部办公厅主任 M. M. 费奥多罗夫，在对部颁方案进行修订的基础上，理事会制定了一套自己的草案，并在草案中纳入了第二届工贸代表大会代表的提案，以及一项特殊条款：要求所有涉及工商业的草案（包括部颁草案）都必须提交工商会进行讨论②。

该草案于1909年11月提交给第四届工贸代表大会。在讨论草案的过程中，莫斯科交易所的 А. Ф. 杰留任斯基声称，只有资产阶级参加工商会讨论工商政策的活动不受贸易和工业部某一领导制约（无论他是否批准成立工商会），也不受某些企业组织和团体的愿望的影响时，这一改革才有意义。此外，只有通过强制手段（根据某项全国性法律）创建工商会，才可能做到这一点。工商会的活动范围也应由法律确定，而它们的范围应当是工商业最发达的地区。同时，杰留任斯基反对为商人和工业家创建独立的商业会或者工业会，而应当采取措

---

① Журналы заседаний Второго очередного съезда представителей промышленности и торговли, состоявшегося 22, 23 и 24 мая 1907 года в Москве. [СПб.], [1907]. С. 7, 8, 9, 10; Московский биржевой комитет. О введении торгово-промышленных палат в России. С. 12 – 13.

② См.: Желательная организация торгово-промышленных палат. С. 7 – 37; Шумилов М. М. Указ. соч. С. 300 – 301.

俄国企业史（1850～1917）

施促进两者统一协调①。

　　费奥多罗夫在回答莫斯科交易所代表讲话的时候宣布，至多在收缴会费时可以采用强制手段。他指出，制定法律并不是为了眼前，而是为了长远的发展，因此强制性限定工商会的活动区域不合实际。费奥多罗夫还强调，所有现存的代表组织（其中包括交易所委员会）在建立工商会的时候依然应该存在，因为它们代表着行业利益和交易所的利益。工商会代表大会可以统一全俄未来的和现有组织的活动，并允许其他组织的代表参与其中②。

　　由于当时还有其他企业组织（包括莫斯科交易所）参与制定工商业代表组织的改革方案，所以工贸代表大会决定等待这项工作的结果，并将该结果和 М. М. 费奥多罗夫领导的委员会制定的草案一起，作为进一步研究工商会问题的基础③。

　　莫斯科的大企业家全面探讨了这个问题。1910 年 3 月，莫斯科交易所成立了一个专门委员会，研究在俄国建立工商会的问题。专门委员会由交易所委员会副主席 А. И. 科诺瓦洛夫领导，成员包括莫斯科和中部工业区实业界的杰出代表，例如 Ю. П. 古容、А. И. 库兹涅佐夫、Г. М. 马克、С. Н. 特列季亚科夫和 А. А. 奈焦诺夫（小）等④。委员会工作的基础是莫斯科交易所委员会秘书 В. И. 马萨尔斯基和科斯特罗马贸易和制造业委员会秘书 А. Э. 诺尔德男爵在他们专程出国考察过程中收集到的材料。1909 年 7 月 14 日至 8 月 18 日，他们访问了奥匈帝国的 5 个城市和德国的 7 个城市，熟悉了地方工商会的活动方式。1910 年 2 月，А. И. 科诺

---

① Журналы заседаний Четвертого очередного съезда, состоявшегося 10, 11, 12 и 13 ноября 1909 г. в Петербурге // Труды Четвертого очередного съезда представителей промышленности и торговли. СПб., 1910. С. 4 – 5.
② Там же. С. 6, 9.
③ Там же. С. 10.
④ ЦГИА г. Москвы. Ф. 143. Оп. 1. Д. 722. Л. 45; Д. 723. Л. 1.

第八章　利益的代表：交易所协会和交易所委员会

瓦洛夫旁观了几个法国商会的工作①。

新成立的莫斯科交易所委员会不仅详细地讨论了贸易和工业部的草案，同时还制定了自己的草案。两个草案之间的第一个区别涉及工商会的组织问题，莫斯科交易所否定了贸易和工业部提出的、受到工商业代表大会理事会支持的任意选择原则，详细证明了必须采用强制方式，借助全国统一的法案建立工商会，并确定它们的分布以及辖区。莫斯科交易所认为，只有这样才能够保证改革的计划性和普遍性，并克服地方企业家阶层的惰性②。

第二个区别涉及工商会的辖区。贸易和工业部认为，每省都应该设置至少一个工商会。但是，莫斯科交易所认为，在较大的区域范围内建立即可，因为这有助于集中社会力量和物质资源③。交易所提出首批建立16家工商会，其任务不仅是将相应的区域联合起来，同时还要尽可能地成为特定行业的领导者。这些工商会将建立在圣彼得堡、莫斯科、哈尔科夫、基辅、敖德萨、沃罗涅日、顿河畔罗斯托夫、萨拉托夫、叶卡捷琳堡、里加、华沙、提夫利斯、塔什干、托木斯克、伊尔库茨克和符拉迪沃斯托克④。莫斯科工商会的工作范围包括10个省：莫斯科、弗拉基米尔、科斯特罗马、雅罗斯拉夫尔、特维尔、斯摩棱斯克、卡卢加、图拉、梁赞和下诺夫哥罗德。

---

① Московский биржевой комитет. О введении торгово - промышленных палат в России. С. 14 - 15。这些材料由莫斯科交易所委员会秘书处处理，并以系列文章的形式发表，简要概述了国外商会产生的历史、结构和活动的主要特征。Торгово - промышленные палаты заграницей. Издание Московского биржевого комитета (М., 1910)。
② ЦГИА г. Москвы. Ф. 143. Оп. 1. Д. 723. Л. 4, 212 об., 213 об.; Московский биржевой комитет. О введении торгово - промышленных палат в России. С. 19, 20 - 23.
③ ЦГИА г. Москвы. Ф. 143. Оп. 1. Д. 723. Л. 4, 6 - 6 об., 7 - 7 об.; Московский биржевой комитет. О введении торгово - промышленных палат в России. С. 27, 28 - 29.
④ Московский биржевой комитет. О введении торгово - промышленных палат в России. С. 31, примечание.

俄国企业史（1850~1917）

  贸易和工业部方案和莫斯科交易所方案之间的第三个重大区别是，莫斯科交易所与工商业代表大会理事会一样，坚持不仅贸易和工业部的方案要提交工商会（该部暗示了这一点），同时其他所有触及工业和贸易行业利益的部门草案，都要提交给国家杜马和国务会议。交易所的方案规定，商务合同草案、海关税率和铁路运价变动方案以及铁路建设方案等，均应提交工商会批准。未经工商会事先讨论，地方当局不能实施任何一项约束企业家的决定①。

  和以前一样，莫斯科交易所的领导人认为必须承认工商会是具有普通代表功能和咨询功能的"唯一载体"。工商会建立之后，各行业代表大会、工会、社团等专业性的行业组织应当保持自己的独立性，但是它们的活动应当严格局限于本行业框架内。至于一般性的问题，各组织在受到工商会邀请的时候，才能以咨询者的身份参加讨论。交易所仅仅应当保留批发市场和股票市场的功能。因此，交易所成员将无权参加国务会议，由于工商会的存在，交易所也将无法组建地方管理机构。此外，莫斯科方面的草案并没有排除在实行改革之初，交易所协会（就像是贸易和制造业委员会一样）有限度地参加工商代表事务的可能性。若草案通过，交易所协会可能成为工商会的地方委员会，即仅仅履行咨询功能的辅助机构②。

  莫斯科交易所草案于1911年5月提交财政部，并转发给各个代表组织，它引起了强烈的反响，并遭到其他交易所的坚决反对。在1911年7月25日致贸易和工业部贸易司的备忘录中，阿尔汉格尔斯克交易所委员会指责莫斯科交易所领导层不够公正，要求适当地关注小型经济区的利

---

① Московский биржевой комитет. Общее положение о торгово－промышленных палатах в России（Проект）. § 13, п. 4, 7. С. 6, 7.
② Московский биржевой комитет. О введении торгово－промышленных палат в России. С. 72－73, 75－76, 86－87, 90, 91, 92, 93.

第八章 利益的代表：交易所协会和交易所委员会

益和现有传统，仅依靠"最为古老并且拥有丰富经验和团结力量的组织"，根本无法维护自身利益①。此外，还有22家交易所向贸易和农业交易所代表大会理事会反馈意见，表达了对莫斯科交易所草案的看法②。原则上讲，只有符拉迪沃斯托克交易所支持该草案③。

对此，我们不再详细论述其他交易所对莫斯科交易所委员会草案的批评④，值得强调的是，几乎所有人都反对建立工商会，并且主张了将来改革的基础组织是交易所。他们的理由是，交易所是传统的、历史形成的机构，而不是"自上而下"强加的组织⑤。只有在充分调查各方的需求之后⑥，根据任意选择的原则，交易所才能体现出真正的独立性，高效地为当地的实业界代言。有人指出，作为代表组织，交易所已经建立并运作了很久，积累了一定的经验⑦，而工商会事实上并没有提出什么原则性的、交易所无法履行的新功能⑧。还有人强调说，只有交易所才是在俄国当时条件下最可能被接受的地区性企业家组织，俄国幅员辽阔，资产阶级分布较广，那些边缘省份资产阶级的利益难以通过现有的机构来进行充分表达，并且工商业阶层的文化水平普遍较低，若成立集权化的工

---

① ЦГИА г. Москвы. Ф. 143. Оп. 1. Д. 722. Л. 155.
② Доклады и материалы по вопросам, включенным в программу Шестого съезда. С. 95. См.：Там же. С. 109 – 206.
③ Доклады и материалы по вопросам, включенным в программу Шестого съезда. С. 106 – 108.
④ 1911年12月16日，В. И. 马萨尔斯基整理了对莫斯科交易所方案提出的主要反对意见的摘要（ЦГИА г. Москвы. Ф. 143. Оп. 1. Д. 725. Л. 27 – 40 об）；莫斯科贸易和农业交易所代表大会理事会也详细地汇总了大会内容（Доклады и материалы по вопросам, включенным в программу Шестого съезда. С. 95 – 108）。
⑤ ЦГИА г. Москвы. Ф. 143. Оп. 1. Д. 722. Л. 159 об.；Доклады и материалы по вопросам, включенным в программу Шестого съезда. С. 96.
⑥ ЦГИА г. Москвы. Ф. 143. Оп. 1. Д. 722. Л. 199.
⑦ Там же. Л. 155 об.
⑧ Доклады и материалы по вопросам, включенным в программу Шестого съезда. С. 96 – 97.

俄国企业史（1850～1917）

商会，他们的利益将更无法保障①。

尽管遭到广泛的反对，莫斯科交易所仍然坚持自己的立场。在1912年1月的第六届全俄贸易和农业交易所代表大会上，В. И. 马萨尔斯基和 Н. А. 库罗夫代表莫斯科交易所解释了通过改良交易所来改革代表制度并不合理的原因。他们主要的论据是，交易所在19世纪60～70年代承担了代表功能，仅仅是由于当时没有正常的代表机构。但是，交易所并不能成为恰当的、全面的代表机构，因为它们是自愿成立的组织。如果强制对它们进行重组，那么将变成事实上完全不同的其他组织②。但是，无论是莫斯科交易所还是其代表的论点，都未能影响到代表大会大多数与会者的立场，他们既否决了莫斯科方面的草案，也否决了建立工商会的构想。除了莫斯科交易所之外，赞成这一构想的只有华沙交易所、罗兹交易所和哈尔科夫煤炭交易所③。

贸易和工业部在1912年初制定了草案，并提交讨论。同时，该部表示，莫斯科交易所的草案与自己的草案"仅在建立商会的程序和辖区的限定方面"表现出"根本上的"不同④，而这正是莫斯科交易所草案的基石之一。莫斯科交易所认为，将组织最统一、在整个帝国范围内自上而下建立的、由大资产阶级领导的工商会而不是逐步形成的、多元化的组织系统作为自己的代表机构，将是对当局施压的强大杠杆。毫无疑问，莫斯科交易所委员会的草案反映了领导人特别是年轻领导人的雄心壮志。如果莫斯科能够在工商会中将俄国工业中心的10个省联合起来，那么，该工商会无疑将成为俄国国内最大的、最具影响力的地区组织。

---

① Там же. С. 96；ЦГИА г. Москвы. Ф. 143. Оп. 1. Д. 722. Л. 195，337，341.
② ЦГИА г. Москвы. Ф. 143. Оп. 1. Д. 722. Л. 258 об.
③ Свод постановлений Шестого Всероссийского съезда представителей биржевой торговли и сельского хозяйства, имевшего место в С. - Петербурге с 16 по 21 января 1912 г. СПб. , 1912. С. 5.
④ Цит. по: Шепелев Л. Е. Царизм и буржуазия в 1904 - 1914 гг. С. 114.

第八章 利益的代表：交易所协会和交易所委员会

无论是政府还是大部分俄国资产阶级都不能接受莫斯科交易所的激进做法。当然，政府根本无意促进整个帝国范围内企业家最大限度地组织起来。来自俄国各地的商人经常受到狭隘的区域性局部利益的驱使，不愿参加莫斯科方面倡议成立的、相对集中的工商会。莫斯科交易所的草案在一定程度上显得野心勃勃，这也是令人敬而远之的原因之一。

在讨论改革方案的过程中，规划现存机构之间的关系是首要问题。1912年，《工业与贸易》杂志直接指出了该问题[1]。1912年1~2月，在С.И.季马舍夫主持召开的一次由资产阶级参加的机构间专门会议上，也证实了这一点。在会上，当大臣宣布，现有的组织在创建工商会时均不废除之后，企业家们才开始讨论贸易和工业部的方案。会议并未就创立工商会问题做出明确的决议，关于工商会地方分会的人员组成问题也产生了分歧。莫斯科交易所委员会建议纳入当地所有的商人和工业家，而不仅仅是工商会总会中的会员。但是，贸易和工业部领导担心小资产阶级在分会中占据主导地位，对此表示反对。会议决定将这一问题交给工商会自行解决。С.И.季马舍夫反对政府将"所有涉及工商业的法案必须提交给工商会签署"这一条文列入法律，因为各部委对一些完全无足轻重的问题应拥有决定权。交易所显然意欲拖延改革，他们坚持在贸易和农业交易所代表大会上讨论该草案[2]。

新的贸易和工业部草案于1912年8月准备完毕，名为《俄国建立工商会的主要原则》，计划呈报给大臣会议，草案坚持创立工商会的任意选择原则，同时保留了另一条规定：草案提交工商会签署并不是必需程序，而是由政府酌情处理。贸易和工业部的这一立场既可能是因为害怕受到资产阶级的控制，也可能是担心遭到其他部门的抵制。根据草案，工商会的地方分会成员只能是入选工商会总会的成员。由此可见，该部继续

---

[1] Промышленность и торговля. 1912. № 4. С. 185.
[2] Шумилов М. М. Указ. соч. С. 303 – 305.

坚持只与大资产阶级合作的路线①。

呈文中提到，工商会建立后，并不能取消其他现存组织。然而，财政部在对草案进行回复时，依旧提出疑问：在成立工商会的时候，应当如何消除人们对现有机构命运的担忧？司法部同样指出：草案并未回答这一问题②。

综上，在讨论工商代表机构改革方案的过程中，针对该类机构（交易所协会和交易所委员会）的命运，人们提出了三个观点：①采用适当的方式重组交易所，在此基础上进行更为深入的改革；②创建新的机关——工商会，作为对现有组织的补充；③只保留交易所的交易权，并将其现有的一般代表性权限移至新成立的工商会。

绝大多数交易所委员会支持第一种观点，贸易和农业交易所代表大会的决议也坚持了这一观点，它还得到了土地管理和农业总局的支持。1912年10月10日在致贸易和工业大臣 С. И. 季马舍夫的公函中，首席执行官 А. В. 克里沃舍因指出："由于俄国已经有许多……不像工商会那样基于地域划分原则，而是基于行业原则组建的工商业组织（交易所委员会、矿主代表大会等）……所以令人怀疑的是，未来由工商会发起的申诉是否能真正地表达工商业诉求。"③ 一些交易所协会和企业家组织支持第二种观点，例如华沙工厂主协会以及工商业代表大会的领导等，而贸易和工业部、莫斯科交易所委员会支持第三种观点。

为什么作为最大且最有影响力的交易所委员会之一的莫斯科交易所委员会反对第二种观点？如果考虑到莫斯科交易所将工商会成立的基础确定为强制性原则，以及工商会统辖的广大区域，那么原因就很明显了。从本质上讲，反对第二种观点是莫斯科交易所领导层同一追求的两

---

① Там же. С. 306.
② ЦГИА г. Москвы. Ф. 143. Оп. 1. Д. 725. Л. 15，26.
③ Там же. Д. 722. Л. 299 об.，300 – 300 об.

第八章 利益的代表：交易所协会和交易所委员会

方面，这一追求具有政治动机。莫斯科交易所委员会主席 Г. А. 克列斯托夫尼科夫在 1913 年 10 月 23 日致贸易和工业大臣 С. И. 季马舍夫的一封冗长而详细的信函中，就该部制定的某些条例说明了在俄国建立工商会的主要理由，其中直接反映了莫斯科方面的政治动机。莫斯科交易所的负责人认为，"不权衡现有国家杜马选举法的适当性，将是国家的一个严重错误"，"如果不用新的法律来取代这部在动荡时代匆忙编纂的法律，同样是一个错误……根据新的法律，选举应当不受我们现在遇到的偶然事件的影响，而只取决于那些真正代表国内工商业活动主流的人士"①。也就是说，贸易和工业部建议在那些不成立工商会的地区保留原来的选举体系不变，而在那些将要建立工商会的地区，其票数将通过简单地汇总位于当地的、改革前有选举权的机构的数量而确定。应当说明的是，这项权利属于交易所委员会、商人委员会以及贸易和制造业委员会。

克列斯托夫尼科夫认为，将选举权与某地是否建有交易所联系起来，这完全不合理，因为交易所的地域分布并不取决于各地区的经济发展程度，这将导致"随着各省工业和贸易的发展，各省的选民数量和选票数量完全不符"。莫斯科大资产阶级的领导人特别担心圣彼得堡、莫斯科、华沙、波罗的海、基辅和敖德萨地区在国务会议中的经济代表权不平等。他强调说，这些中心有大量新的省一级的交易组织，经济势力十分强大，但在贸易和工业部的方案实施的过程中，其实际上可能被弱化。

克列斯托夫尼科夫表达了大资本的愿望和利益，坚持认为选票数取决于该地区所征收的行业税的规模。至于没有设置工商会的地方，代表的选举应在交易所委员会、贸易和制造业委员会和当地商人团体的共同主持下进行，选票数应由该省或地区所缴纳的行业税额决定，而专业交

---

① Там же. Л. 315 об.

易所应当被剥夺选举权。对于交易所而言，工商会将成为一个中介机构，交易所委员会的所有建议应当首先提交给工商会①。

1913年11月，贸易和工业部举行了一次新的改革会议，主要任务是明确划定工商会和现有组织的权限。会议主张，后者专门从事专业任务，而无权代表贸易和工业行业的共同利益。特别是，交易所的作用将仅限于服务交易所内交易。应当指出，财政部的代表同意莫斯科交易所委员会提出的在建立工商会过程中采取强制性原则。但是，贸易和工业大臣 С. И. 季马舍夫和工贸代表大会委员会主席 Н. С. 阿夫达科夫坚持首期只建立几个工商会②。

根据会议决议，1914年2月《工商会条例》的最终草案完成，1915年2月之前收到反馈意见。但是，由于战时局势的发展，有关改革立法的工作暂停。由于第一次世界大战之前没有关于建立工商会的立法，因此交易所协会和交易所委员会继续被视为该领域的主要组织。

1916年秋季重启了关于工商组织改革的讨论，莫斯科交易所协会的领导人是最早提起该话题的人士之一。1916年9月7日，在交易所举行的会议上讨论了一个问题：俄国建立工商会的法律是否应当马上提交给立法机关③？与此同时，1916年9月，贸易和工业部开始系统性地整理相关材料，该部倾向于在目前建有交易所的地区建立工商会，希望它们能平行运作，该部建议将交易所委员会改造成为工商会的独立部门，而工商会将成为地方代表机构的主体。

当局和莫斯科资产阶级的动机并不相同。政府不希望加强军事工业委员会，而是决定采用更为可靠的方式来团结资产阶级。С. Н. 特列季亚科夫和 П. А. 布雷什金与工商部大臣的私人对话，以及莫斯科交易所委员

---

① Там же. Л. 317 об. –318, 319 об.
② Шумилов М. М. Указ. соч. С. 307–308.
③ ЦГИА г. Москвы. Ф. 143. Оп. 1. Д. 725. Л. 1, 2.

第八章 利益的代表：交易所协会和交易所委员会

会9月19日致 С. Н. 特列季亚科夫的长信，都证明了莫斯科交易所方面的立场是正确的。莫斯科交易所的出发点是："一场军事斗争将不可避免地伴随着同样重要的……经济斗争，这种经济斗争的导火索已经存在……俄国是一个巨大的……销售市场……它不可避免地引起西欧国家……积极地争取并确保自己的……经济利益和优势。"莫斯科方面认为，只有通过系统地"制定和实施一些重要的金融和经济措施"，才有可能防止"俄国被经济奴役"。这就需要建立一个"业务总部"，即相关组织机构①。

当时非常流行的一个说法是"外国支配俄国经济"，这也是莫斯科大资产阶级普遍认为的国内工业发展的不利条件，因此莫斯科交易所委员会使用这一说法敦促俄国政府尽快选择组织形式。它坚持选择工商会，再次强调将交易所改造为工商会是不合理的，因为工商会的建立与当地工商业发展程度无关。而只有几家交易所（规模最大、生命力最强的）的重组过程将引起争议，这些争议可能会影响后续改革的发展②。

贸易和工业大臣 В. Н. 沙霍夫斯科伊向 Г. А. 克列斯托夫尼科夫要求主持一次机构间会议，以讨论改革事宜。但 Г. А. 克列斯托夫尼科夫借口自己繁忙，予以拒绝。因为资产阶级领导人意识到，就政治形势而言，资产阶级越来越不适合与政府合作③。

二月革命后出现的一些新情况，迫使企业家们对组织的代表性进行改革。与1905~1906年一样，这种趋势不再是"自下而上"地建立统一地方代表制，而是"自上而下"，首先组建全俄企业家协会。"年轻的"莫斯科企业家发起和领导了该运动。1917年3月19日，第一届全俄工商

---

① Там же. Л. 49 - 49 об.
② Там же. Л. 50 - 51 об.
③ Шумилов М. М. Указ. соч. С. 309.

业代表大会①在莫斯科开幕，思想和组织领袖是新上任的莫斯科交易所委员会主席 П. П. 里亚布申斯基②。会上提出了工商业阶层的主要目标——积极参加立宪议会的选举，并且吸纳尽可能多的人士参与其中。为此，资产阶级必须以恰当的方式组织队伍。在这方面，大会通过了一项关于建立全俄贸易和工业联盟的决议，根据计划，该联盟将成为团结俄国主要工商业机构的中央组织③，其地方机构将是各省或地区的工商委员会。各委员会的人员应当由特定地区现有的所有工商业组织和机构的代表（交易所委员会、贸易和制造业委员会、商人和手工业管理部门、行业协会），以及由地方企业家大会选举产生的人员组成。地方委员会的成员也可以包括贸易行业雇员组织的代表。同时，联盟无须取代存在的全俄协会——工贸代表大会、贸易和农业交易所代表大会以及中小型工业活动家代表大会。这些组织将参与成立联盟理事机构——理事会及其委员会④。根据计划，当时地方组织在俄国已有可模仿的对象——工商业委员会，当时这一机构是各地秘密建立的（到1917年仲春，共计331个）⑤。根据工贸代表大会理事会的构想，委员会的成员主要是一些中小企业⑥。

1917年4月，资产阶级被再次邀请讨论贸易和工业部提出的建立工商会的草案。工商业代表大会理事会敦促企业家积极对待该草案："工商业阶层理应欢迎该部的倡议，并提供相应帮助。"理事会明确表示，实施

---

① См.: Всероссийский союз торговли и промышленности. Первый Всероссийский торгово-промышленный съезд в Москве. М., 1917.
② 关于这次大会的筹备情况，详见：Петров Ю. А. Династия Рябушинских. С. 109；Тот же. Павел Павлович Рябушинский. С. 141 – 144。
③ 关于联盟的活动及其与两个全俄联合会（工商业代表大会与贸易和农业交易所代表大会）的相互关系，详见：Лаверычев В. Я. По ту сторону баррикад (из истории борьбы московской буржуазии с революцией). М., 1967. С. 179 – 187; Петров Ю. А. Династия Рябушинских. С. 109 – 110。
④ ЦГИА г. Москвы. Ф. 143. Оп. 1. Д. 725. Л. 93, 93 об.
⑤ Там же. Л. 108.
⑥ Известия Совета Съездов представителей промышленности и 1917. № 1. 12 апреля. С. 2.

第八章 利益的代表：交易所协会和交易所委员会

政府计划符合实业界的迫切需求，并警告："如果组织不力，工商业阶层有可能无法进入立宪议会。"① 1917 年 5 月 16 日，莫斯科交易所委员会同意了该部草案的主要条款。此外，它一如既往地坚持草案中应当明确界定工商会的咨询地位，也就是说，工商会有权对所有涉及工贸的法案和法令草案提出意见②。此外，19 个组织向全俄贸易和工业联盟理事会发送了对该草案的反馈意见，大多数（13 个）组织支持该草案，其中 4 个组织介绍了自己的方案，只有两个表示反对。

1917 年 8 月 3~6 日举行了全俄贸易和工业联盟召集的第二次全俄工商业代表大会，会议认识到，迫切需要建设工商会这一"普遍和正确的工商业自治机构"。同时，人们指出，必须在条款草案中纳入一项：在工商会成立后，其他工商组织应一如既往地工作③。

然而，全俄贸易和农业交易所代表大会仍然坚决反对组建工商会。在 1917 年 4 月 26 日的彼得格勒第三次临时代表大会上，66 个交易所委员会和许多其他企业家组织的代表以压倒性的多数投票赞成改革，形式是在强制参与的基础上，扩大现有交易所的职能，履行原计划由工商会完成的功能④。

1917 年 5 月 19 日，贸易和农业交易所代表大会主席 В. И. 季米里亚佐夫致函贸易和工业部部长、莫斯科交易所委员会前副主席 А. И. 科诺瓦洛夫，在信中论证了代表大会的观点。他写道："迄今为止，我们的交易所不仅没有失去其本来的意义，而且越来越适应环境，符合生活需要……忽视我们交易组织多年有益实践的做法似乎有风险。"他认为，如果通过强制方式设立工商会，即使交易所保留代表权，也会不可避免地

---

① Там же. № 2. 16 апреля. С. 2.
② ЦГИА г. Москвы. Ф. 143. Оп. 1. Д. 725. Л. 83 – 83 об.
③ Там же. Л. 110, 113.
④ Там же. Л. 91 з – 91 з об.

丧失其中很多权利，这将"打断已经建成的代表处的历史发展进程"。В. И. 季米里亚佐夫坚持认为，在战争最为紧张、国体急剧变革时期，不应急于解决这一问题（他的意思是召开立宪会议）①。

新修订的贸易和工业部草案于1917年9月准备就绪。根据该草案，必要时将在所有省和地区设立工商会。同时，规定交易所和其他工商业组织"根据章程和条例"继续其活动②。需要说明的是，章程中规定的交易所具有一般性代表职能。1917年10月6日，临时政府颁布法令，由此，《工商会条例》成为法律③。根据该条例第6条，地方有权发起成立工商会。在那些曾经存在过企业家组织（含交易所委员会）的地方，它们享有成立工商会的优先权。

企业家着手制定工商会的章程④。但是，与战争和一触即发的社会矛盾相比，地方工商代表组织的问题显得无足轻重。一个新的时代来临，它质疑资产阶级的存在权，并对其做出了否定的回答。在那个时代，所有和企业家阶层有一定关联的问题，开始仅停留在学术层面，并受到了意识形态的限制。

工商业代表制改革的长期讨论，表明了企业家所处的环境中存在着两个主要趋势。第一个趋势体现了企业家阶层追求联合行动、加强合作的愿望，他们渴望获得新的影响政府和社会的杠杆，以更符合时代的条件和要求。第二个趋势反映了企业家担心失去阶层内部的独立性，担心失去代表机构，或者是打破这一机构的平衡，失去久经考验、驾轻就熟的工具。从本质上讲，这些趋势之所以存在，是因为俄国资产阶级的发展过程非常复杂，经常充满矛盾，尤其是该阶层的领导者实际上脱离了

---

① Там же. Д. 728. Л. 5 об., 6, 6 об., 8 об.
② Там же. Д. 725. Л. 114, 115 об.
③ Собрание распоряжений и узаконений правительства, издаваемое при Правительствующем Сенате. Отд. 1. 10 ноября 1917 г. № 278. 2048.
④ Например, см.：ЦГИА г. Москвы. Ф. 143. Оп. 1. Д. 726. Л. 76 – 86 об., 110 – 123.

第八章 利益的代表：交易所协会和交易所委员会

自己的社会后备队①。

  交易所保护和代表企业家利益的业务活动规模最为庞大，受客观因素影响，难以对其进行准确的评估：一方面，对俄国的交易所等代表组织的研究不足；另一方面，不同交易所的活跃程度和影响范围各异。可以肯定的是，尽管企业家已经承认交易所协会存在严重的缺陷，但是它依然发挥着重要的作用，例如广泛地团结了工商业阶层人士，并且在一定程度上加快了其主要成员的政治成熟。

---

① Боханов А. Н. Крупная буржуазия России（конец XIX – 1914 г.）. М., 1992. C. 259.

第九章

19世纪下半叶至20世纪初的"工人问题"

"工人问题"的概念涵盖了俄国多个极其复杂的领域，包括工人阶级的形成、数量和结构、工作条件和生活水平，以及法律和政治地位等。由于该问题十分复杂，因此本章提出了一个"三位一体"的任务：研究政府、企业家与工人之间的关系。因为政府当局实施的政策是调节企业家和工人关系的重要手段之一（主要是通过工厂立法和劳动立法），而企业家执行的社会政策不仅调节了企业家自身与工人之间的关系，也是企业家活动的重要内容①。

第一节 19世纪60~70年代的当局、企业家和工人

19世纪60~70年代，俄国发生了巨大变化，并开始积极尝试解决"工人问题"。废除农奴制是19世纪俄国历史上最重大的事件之一。1861年农奴制改革引起了俄国政治生活和社会经济生活翻天覆地的变化。改革最重要的成果之一是建立了自由雇用农民的劳动力市场，农民

---

① 本章仅限于研究常见的最重要的问题，首先是雇佣条件和劳动条件，包括工作时间长短、使用女工和童工情况以及社会保险。

第九章　19世纪下半叶至20世纪初的"工人问题"

被剥夺了生产资料并仅靠出卖劳动力生活。

雇佣劳动制度成为俄国国民经济发展的基础。改革后俄国的资本主义迅速发展，雇工数量成倍增加，并成为俄国社会的一个阶级。这与俄国19世纪50~90年代发生的工业革命密不可分。

工业革命期间，俄国创建了大机械工业，工人地位得到巩固，并形成了一种新型的、由终身工人构成的社会阶层，他们主要集中在俄国工业中心的大型企业。终身工人被剥夺生产资料，并断绝了与土地和自己原本产业的联系，因此全年在工厂工作[1]。

到19世纪60年代初，在俄国制造业中，大多数农民出身的工人通常自愿被工厂雇用。在采矿业中，也开始使用雇佣劳动。与此同时，强制劳动的现象在俄国工业中仍然很普遍。1861年改革前夕，在俄国所有工人（80万人）中，1/3是农奴。改革后的前几年，由于一部分工人回到村庄，世袭工厂和领有工厂的工人数量有所减少[2]。

资本主义时期无产阶级既可能来源于农民，也可能来源于自由雇工。但是，工厂无产阶级的直接来源首先是与资本主义工业一起成长的自由雇工，资本主义工业则源于"商人作坊"。早在1861年改革前夕，这类工人就已经占据了工业和企业尤其是俄国中部纺织厂工人的绝大多数。

到19世纪80年代之前，工厂企业雇用工人通常都是根据一年期的"口头"或书面合同进行，一般以复活节为界。在约定期限之前，工人的身份证件被没收，他们实际上被剥夺了自由，无权要求提前结算工资。

---

[1] 俄国工业革命的时间顺序问题值得商榷，关于该问题的讨论仍有余地。См.: Новая и новейшая история, 1984, № 2. С. 70 – 93; Соловьева А. М. Промышленная революция в России в XIX в. М., 1990 и др.

[2] См.: Рабочее движение в России в XIX веке. Т. II. Ч. 1. 1861 – 1874. М., 1950. С. 18.

尽管政府也制定了一些"关照工人"的措施[1]，但企业家的专横依旧无所不在。

当时最典型的是莫斯科古容金属厂的内部规则，其中写道："禁止在合同届满之前擅自离开工厂，或预支超出额定工资的其他费用。"[2] 如果工人之间串通，企图以提前结束工作来胁迫工厂主提高他们的工资，那么工人应当受到《惩治法典》（1866年版，第1358条）中规定的惩罚。

同时，企业家有权随时以"业绩不佳"或"工作草率"为由解雇工人。企业家同时管制工人的工作和个人生活，在许多企业中，工人被迫以高价在雇主的商店购物，住在工厂宿舍的工人只能在特定时间离开宿舍。工厂主及其帮凶的欺凌无处不在。例如，直至19世纪90年代初，莫斯科的"查理·蒂尔及合伙人"工厂依旧使用树条惩罚工人[3]。

然而，早在19世纪50年代末，政界自由主义人士已经逐渐清醒地认识到：农奴制改革后，无法再沿用以前的工人法律，必须制定新的工厂法[4]。要求平稳而自由地解决"工人问题"的声音在各种出版物中广为传

---

[1] 早在19世纪30~40年代，工业家们就越来越意识到惩罚性和限制性措施的不足。与工人和解、避免冲突的想法越来越深入人心。这时，当局进行了第一次这样的尝试。在此之前的文件中，"工人问题"已被清楚地界定为所有涉及工厂问题的主要方面。当局建立了第一批以和解方式解决工人与企业家之间冲突的机构，这实质上扩大了企业家的权利。例如，1858年6月，圣彼得堡参议院成立了一个临时委员会，以审理雇工与雇主之间的纠纷案件。

1860年8月，临时委员会的一项拨款获批，用于莫斯科市和莫斯科省的一些工业区。莫斯科的调解事务由贸易和制造业委员会莫斯科分会处理。这些机构的活动证明了资产阶级关于和平解决冲突的思想已在俄国开始实施，尽管警察官僚主义色彩明显。20世纪50~60年代创建的临时和解机构将早期的仲裁尝试与后来由 А. Ф. 施塔克尔贝格委员会开展的建立工业法院的项目联系起来。См.: Лаверычев В. Я. Царизм и рабочий вопрос в России. (1861-1917). М., 1972. С. 16-17 и др.

[2] ЦИАМ. Ф. 46. Оп. 2. Д. 1472. Л. 82; Рабочий класс России от зарождения до начала XX в. М., 1989. С. 306.

[3] ЦИАМ. Ф. 46. Оп. 2. Д. 1511. Л. 1-2.

[4] 不久后发布的官方文件注意到了这一状况。当局这些文件中承认，1861年改革之后，此前颁布的关于工厂工人劳动的法令全部废止。См.: ГАРФ. Ф. VI. 1897. Д. 17. Ч. 2. Л. 59.

第九章　19 世纪下半叶至 20 世纪初的"工人问题"

播。此后，各政府部门陆续设立专门委员会。首个专门委员会于 1859 年在圣彼得堡总督（省长）的领导下成立，圣彼得堡企业家积极参与委员会的工作。该委员会的任务是调查圣彼得堡（及下辖县）的工厂现状，因为圣彼得堡是最大的工商业中心，集中了大量工人。

该委员会编写了《圣彼得堡及下辖县轻重工业工厂规则草案》，规定了工人的工作条件和企业家的责任。

该草案保留了传统工厂生活法规中的公认规范（工资额度、对某些不当行为的罚款以及工作时间表等），但禁止使用 12 岁以下的童工，禁止 12~16 岁的未成年人上夜班，并且规定 12~14 岁未成年人的日工作时长不得超过 10 小时。该草案要求工厂的工作区和生活区制定相关卫生标准，且首次明确企业家对工人事故负有责任。由官员组成工厂监察机关负责监督执行这些规则。监察机关有权随时检查工厂，并要求提供工人工资、雇佣条件等方面的信息①。

草案受到俄国官员的高度评价，他们认为可以将其推广到整个帝国。不久后，草案分发给各省政府和企业家，供其了解。

无论在企业家之间，还是在地方政府内部，关于草案都是众说纷纭，甚至矛盾重重。圣彼得堡的大多数大工厂主认为它"令人满意"，因为针对未成年人工作的立法有利于工厂主。尽管与其他工业中心相比，圣彼得堡企业雇用的 12 岁以下童工数量要少得多，但即使是在圣彼得堡，也有人公开反对限制未成年人劳动，他们认为这一部分法案"不尽如人意"。中部工业区的许多工厂主强烈反对草案的主要条款。莫斯科企业家反对限制使用童工，反对成立政府主导的工厂监察机关，并要求"自己担任法官审理内部案件"。同时，他们质疑安全条例，不愿承担工伤责任。

---

① Проект правил для фабрик и заводов в С. - Петербурге и уезде. СПб., 1860. С. 19, 57.

俄国企业史（1850~1917）

许多企业家反对政府检查工厂，他们尤其强烈且几乎众口一词地反对工厂监察员"在一天中随时"检查企业。许多人认为，"这玷污了他们的声誉，是对工厂主的不信任"，并建议由工厂委员会负责监督工厂，相应地，在莫斯科由工厂委员会莫斯科分部和地方工厂委员会即工厂主自己来负责相关事宜。许多企业家都支持莫斯科工商界的这一立场，并公开宣布："应由工厂主自己负责监督工厂。"[1] 企业家的上述要求得到了工厂委员会的支持，莫斯科分部表示愿意与警察密切配合，监管草案执行情况[2]。

根据财政大臣向亚历山大二世的提议，政府专门成立了由 А. Ф. 施塔克尔贝格（内务部委员会成员）领导的委员会，负责进一步修订草案[3]。1859年成立的专门委员会的工作成果、各地企业家对草案的反馈意见等，均被转交给了该委员会。

施塔克尔贝格领导的委员会在制定章程时借鉴了所有上述材料，计划以规范劳资关系为核心，广泛开展改革[4]。

法案的起草者借鉴了西欧立法的经验。草案中最重要的变化和创新涉及儿童和未成年人的工作条件，以及选举工厂主和工人（名额相等）建立工业法庭等事项。根据新的工厂章程草案，禁止使用未满12岁的童

---

[1] Туган‑Барановский М. Русская фабрика в прошлом и настоящем // Историческое развитие русской фабрики в XIX веке. М., 1922. С. 298–299.

[2] Там же. С. 299.

[3] 该委员会的工作于1862年秋完成，制定了一份新的工业章程草案以及五卷材料。1863~1865年，它们先后出版问世。Подробнее см.: Труды Комиссии, учрежденной для пересмотра уставов фабричного и《ремесленного》, ч. 1–5. СПб., 1863–1865; Ч. 1. Проект устава о промышленности с объяснительной запиской, СПб., 1863。

在政府圈子中，委员会活动的结果非常重要。1864年委员会成员被授予勋章。官方预期这些文献的出版将会引起公众极大的兴趣和广泛的反响。

[4] 在工业立法领域，章程中制定了有关商业和工业企业的建立和运作程序、企业家的法律地位、国家工业管理组织、企业家自身参与审议机构以及劳资关系规范的条款。

第九章　19世纪下半叶至20世纪初的"工人问题"

工。未成年人（12~18岁）的日工作时长不得超过10小时①，禁止他们上夜班。若违反这些规定，企业家将承担责任。政府特别检查委员会负责监管企业家，拥有广泛的权力。

该法案继续惩罚罢工者。如果工厂主之间达成了降低工资的协议，那么要按规定对他们处以罚款。同时，工厂主需要在发生事故时"保障"工人权益。为了建立和管理经济部门中的新机构（由选举产生的工业法庭），章程中制定了大量条款（259条中的130条）②。在工厂集中的城市，工业法庭审判涉及罢工、罚款、违法和工伤人员的报酬等方面的案件③。法令赋予工人一定的罢工自由和结社自由。

但是在专制制度下，由资本家和工人代表组成机构进行温和审理的自由思想未能实现，取而代之的是以官僚主义方法解决工人问题。结果，当工人和工厂主之间发生争端时，审判权往往落入由统治阶级任命的调解法官之手，而工业中心的调解法官常由工厂主本人担任。

新制定的关于工业法院的法律规定，公开审理案件时间应选在工人空闲时，这对双方都极为重要，且有利于共赢。新法案预计将全面推广，大型工厂、使用雇佣劳动的小型手工业作坊等，都应当受到监督④。

---

① 该条款是从1847年著名的英国法案中引用过来的，其中规定了10小时工作制（包括女工）。俄国的草案逊色于英国法律，因为它没有立法保护女工。同时，施塔克尔贝格领导的委员会制定的草案禁止12岁以下的儿童劳动，而英国法律允许每天使用6个半小时童工（童工年龄限定为8~13岁）。См.：Туган - Барановский М. Указ. Соч. С. 302。

② 建立这样一个法院的想法源于法国劳动法院的经验。但是根据图甘-巴拉诺夫斯基的说法，俄国的草案比法国法律更加民主。例如，根据当时的法国法律，法院院长和副院长是由皇帝任命的，但是俄国草案规定主席由法院成员自己选举产生；法国的秘书由州长任命，而在俄国草案中，法院完全独立于政府。См.：Туган - Барановский М. Указ. Соч. С. 302。

③ Подробнее см.：Туган - Барановский М. Указ. Соч. С. 301 - 302；Лаверычев В. Я. Указ. Соч. С. 20 - 23。

④ 该条款是施塔克尔贝格领导的委员会制定的草案的最大亮点之一，与后来的19世纪80~90年代的立法相比，该法案仅适用于大型工厂。

俄国企业史（1850~1917）

新法案体现了自由主义思想。但与许多其他类似草案一样，它被束之高阁。在此期间，专制政府仍然沿用旧的立法规范，以及地方性行政和警察措施。全面贯彻草案中所体现的自由主义思想的任务并未实现。俄国企业家的反对（尤其是莫斯科企业家一贯反对两点：实施工厂监察和限制使用童工）也影响深远，他们的影响力举足轻重，当然政府也注意到了这一因素。但上述情况并不是该法律未被广泛采用的主要原因。

总体而言，尽管存在某些所谓的限制（莫斯科企业家接受其中一些限制），但该草案为莫斯科企业家带来了相当具体的机会和优势：自由地创建企业家联盟与资产阶级调解机构。然而，在19世纪60年代农奴制改革的背景下，政界和公众舆论关注的焦点是以农民问题为主的改革。此外，1866年最终审议施塔克尔贝格领导的委员会制定的法案时，政府实际上转向了渐进式改革，并决定强化镇压措施。

19世纪60~70年代，工人仍然毫无权力，且劳动条件非常恶劣。工厂主通常自行制定工厂的内部规则，其实施无须向工人做出任何解释[1]。莫斯科省第一批工厂监察员之一、莫斯科大学教授 И. И. 扬茹表示："工厂主是至高无上的统治者和立法者，无法无天，可以肆意处分工人，正如一家工厂的规则所言，工人必须'无条件服从'。"[2]

在莫斯科省，12小时工作制较为普遍，而有些企业的工作时间长达16小时甚至更长。大多数工厂在星期天同样经常工作。工厂主对待工人极为专横，并在工作合同中规定有权剥夺工人任何自由。罚款制度也极为严苛，罚款金额通常没有预先规定。И. И. 扬茹多次在各工厂的规则中找到一条言简意赅的条款："违反工厂规定的人，一经发现，由工厂主酌

---

[1] Рабочее движение в России в XIX веке. Т. II. Ч. 2. 1875 – 1884. М., 1950. С. 543 – 546, 569, 613; Рабочее движение на Ярцевской фабрике в 1880 – 1917 гг. Сб. Документов и материалов. Смоленск. 1956. С. 33 – 34.

[2] Янжул И. И. Фабричный быт Московской губернии. СПб., 1884. С. 83.

情罚款。"①

工厂主处罚工人的借口五花八门，有时甚至无缘无故，全凭工厂主的好恶。罚款有时达到工人收入的一半，即工人每赚取一卢布，其中50戈比就要返还给企业家。除了罚款，还有加罚这种手段，例如工人离开工厂会被加罚10卢布。某些工厂每年的罚款总额高达几千卢布，是其重要的收入来源②。

工厂主认为自己有权在合同期满之前随时酌情降低工资，虽然这并不合法。

正如 И. И. 扬茹所言，支付工资的时间不定，这令工人深感不便。劳资双方通常并未在劳动合同中约定支付工资的时间，所以工厂主完全自行其是，或将工资在复活节和圣诞节分两次发放，或一年分为三四次（有时更多次）发放。

工人只好像请赏一样，向工厂主索要自己的工资。一些工厂还实行以下制度：一年之内不向工人支付工资（在雇佣期满之前），需要工人纳税的那部分钱，直接寄给了工人所在村庄的村长③。在这种情况下，工人被迫向工厂商店借钱并且常年无法清偿商店债务。工厂商店为工厂主带来了丰厚的收益，所以一些工厂主要求工人必须在那里购买食物，以此作为雇佣条件之一。扬茹认为，一些工厂主很大一部分的利润来自工厂商店的销售收入，而不是工厂生产。同时，工人的工作条件、公共和个人卫生条件也非常糟糕④。

19世纪60年代末至70年代初，工人的不满情绪日益增长，工人运

---

① Там же.
② 关于莫罗佐夫家族最大一家棉花工厂罚款的详情，参见 Приложение: Табель взысканий с рабочих за неисправную работу и нарушение порядков но фабрике 《Товарищества Никольской мануфактуры Саввы Морозова, сын & Co.》.
③ Янжул И. И. Указ. Соч. С. 91.
④ Там же. С. 108.

动此起彼伏。在纺织业尤其是棉纺织业（俄国的主导产业），劳资矛盾尤为尖锐。

1870年5月，圣彼得堡涅瓦棉纺厂罢工受到广泛的响应，800名纺织工参加了罢工，要求增加计件工资。对罢工者的审判充分暴露了工厂主的肆意妄为，陪审团判处他们拘留数日，然而，高等法院却认为罪不至此，旋即宣布其无罪。但是，政府禁止在出版物发布罢工消息，并发布秘函，建议省长以行政方式驱逐煽动者，不要将罢工类案件提交法庭审判[1]。

1872年8月，克伦霍尔姆工厂7000名工人举行了大规模罢工。工人提出全新的要求，并坚持不懈地斗争，所以该罢工成为当时工人运动的标志性事件[2]。

由于涅瓦棉纺厂和克伦霍尔姆工厂的罢工，俄国有关"工人问题"的材料得到公开出版[3]。研究人员认为，1870年5月发生的涅瓦棉纺厂事件是当局"工人问题"政策的转折点[4]。

采用镇压政策还是监护政策以避免革命爆发，这是一个核心问题，

---

[1] Рабочее движение в России в XIX в. Т. 2. Ч. 1. С. 242；СПб. Ведомости. 1870. 20 нюня. С. 3.
[2] Кренгольмская стачка 1872 г.：Сб. Документов и материалов. Таллин. 1952. С. 33.
[3] Рабочий класс России от зарождения до начала XX в. С. 367.
[4] Шепелев Л. К. Царизм и буржуазия во второй половине XIX века. Проблемы торгово - промышленной политики. Л.，1981. С. 118。西方一位研究俄国工人阶级历史的著名专家、美国教授雷金纳德·泽尔尼克提出了一个有趣的观点。他认为，1870年涅瓦棉纺厂的罢工开启了为期10年的"工业冲突"，因此是俄国工厂工人史上的一个重要转折点。在他看来，1870年的特殊之处在于，当时的活动有利于自下而上地从对立双方（工人和企业家）的角度来协调生产关系，双方的活动完全独立，都没有受到激进知识分子的挑拨或支持。

1870年，政府仍可以采取建设性行动，铲除"发展独立工人阶级"道路上的障碍。如果政府能够抛弃自己的成见，那么它本来可以灵活地采取行动。但是1870年以后，城市阶级之间的对立进入了一个新的历史时期。См.：Рабочий класс России от зарождения до начала XX в. С. 367.

第九章 19世纪下半叶至20世纪初的"工人问题"

俄国政界对此再次产生了影响深远的分歧。随着镇压政策日益走向失败，要求深化改革的呼声日益高涨。

针对涅瓦棉纺厂工人的罢工示威，内务部于1870年7月6日发布了通函，承认这次罢工是"一个迄今为止首次出现的全新现象"。该通函发给各地省长，要求他们以"最严格、最严密的方式监控工人"①。同年10月，在致亚历山大二世的报告中，内务大臣 А. Е. 蒂马舍夫提出：需要制定一项法律来规范"工厂主与工人之间的关系，即劳资关系"②。А. Е. 蒂马舍夫认为，为了避免出现社会风险，必须限制工厂主对工人的剥削程度，并制定相应的法律保证工人严格执行雇佣合同。司法大臣 К. И. 帕连伯爵同样表示必须采取上述方法。К. И. 帕连伯爵强调"工人阶级普遍蒙昧，完全没有合同意识"，工人常常违反与工厂主订立的合同，提前辞职，导致工厂主经常无工人可用。

雇佣关系调解委员会于1870年10月成立，由圣彼得堡前省长、国务会议成员、陆军上将 Н. П. 伊格纳季耶夫领导。委员会的任务是制定相关措施以"改良工人生活方式"。该委员会处境艰难，因为它必须"怀着最大的善意开展工作，最大限度地支持工人阶级，并建立牢固的劳资关系"，这与政府在工人问题方面的监护方针异曲同工。

起初，委员会认为这一问题较为特殊，且劳资关系"实质上不受法律制约，因此委员会的要求在执行上达不到预期效果"③。

雇佣关系调解委员会开始运作后，社会各界尤其是出版界对工人问题的关注度骤然提升。欧洲工人运动不断爆发，标志性事件是建立了第一个无产阶级政权——"巴黎公社"。受此影响，人们对工人问题

---

① РГИа. Ф. 1286. Оп. 31, Д. 314. Л. 10；Шепелев Л. Е. Указ. Соч. С. 118.
② Лаверычев В. Я. Указ. Соч. С. 32.
③ РГИа. Ф. 1149. Оп. IX, 1880. Д. 31. Ч. 1. Л. 4 – 5；Ф. 1286. Оп. 31. Д. 314. Л. 103，См.：Шепелев Л. Е. Указ. Соч. С. 118, 119.

俄国企业史（1850~1917）

的关注与日俱增。В. П. 别佐布拉佐夫表示："无论欧洲剧变的内部特征如何，我们无法避免它的影响。"① П. П. 帕拉季佐夫也注意到，"俄国新闻界空前关注工人问题"②。

在讨论方案的过程中，官员们时常提出相互矛盾的方法和意见。财政大臣的答复（1872年）表明，虽然各界对某些条款提出相当多的批评，但总体而言，他对法律草案表示满意③。他在答复中指出，该法案实现了"最高目标"并与委员会的任务吻合，即"竭力避免直接干涉劳资关系，通过设立最为严格且必需的界限来调节各方的关系，并为双方自愿达成协议提供充分的余地"④。圣彼得堡市市长 Д. Ф. 特雷波夫评价道：雇佣关系调解委员会制定的草案符合政府面临的任务，因为"在法律面前，它尽可能地平衡了雇主和雇工的诉求。除非不可抗力的影响，法规条文必须无条件遵守"⑤。

俄国工业家对草案的主要批评在于工作时间和未成年人年龄的限制。位于圣彼得堡的俄国工商业促进会委员会的企业家们赞成雇用10岁以上的儿童。贸易和制造业委员会莫斯科分会则禁止11岁以下儿童工作，并将11~15岁未成年人的工作时间限制为每天10小时，在全天"三班倒"

---

① Русский вестник. 1872. No 9. С. 173. "Рабочая тема" была представлена циклом статей В. П. Безобразова а с 1871 г. по 1875 г., публиковавшимся в "Русском вестнике". См.: Твардовская В. А. Идеология пореформенного самодержавия (М. Н. Катков и его издания), М., 1978. С. 98, 99.

② См.: Парадизов П. "Рабочий вопрос" в России в начале 70 - х годов XIX в. // История пролетариата СССР. Сб. 10. М., 1932. С. 51, 53.

③ 该草案规定了以下几点。第一，禁止雇用12岁以下的儿童。第二，12~14岁未成年人的白天工作时间限制为8小时，夜间则为4.5小时。第三，14~17岁未成年人可以白天工作10小时，或白天4小时另加夜间4小时。从早上5点开始到晚上9点为白天时间，而夜间时间则从晚上9点到次日早上5点。草案建议制定针对工业企业的扶持规则，在工厂建立医院，而且雇主必须对未成年人的工作场地、养育和教育等问题负责。

④ ЦИАМ. Ф. 143. Оп. 1. Д. 34. Л. 3 - 30; Шепелев Л. Е. Указ. Соч. С. 118, 119.

⑤ РГИа. Ф. 1149. Оп. 9. 1880. Д. 31. Ч. 2. Л. 147, 148; Лаверычев В. Я. Указ. Соч. С. 48.

第九章　19世纪下半叶至20世纪初的"工人问题"

的情况下,未成年人每昼夜工作时间不超过8小时①,莫斯科交易所委员会对此表示支持。

1870年,第一届全俄工商业大会在圣彼得堡举行,大会通过一项决议,要求"在关于工业的新章程中限制成年人和未成年人的工作时间,并参照近期其他国家制定的相关法规,允许未成年人工作"②。

俄国工商业促进会秘书K. A. 斯卡利科夫斯基是一位高官,也是一位著名的社会活动家,他同样反对立法保护工人。他认为:"在西方可以限制未成年人工作,但我们不行……在俄国,类似措施会让工人的生活陷入困境,因为工人阶级本身已经穷困潦倒。"同时,工厂主瑟罗米亚特尼科夫做了捍卫"人民的劳动自由"的热情澎湃的演讲。但知识分子、官员等大会代表,基本上都支持立法以保护工人③。

代表们对个别条款有异议④,总体而言,他们认为官方制定的《个人雇工和佣人章程》过于"偏向工人",没有充分考虑到企业家和行业的利益,这也在很大程度上决定了章程的命运。该章程试图将相互矛盾的想法进行折中。该章程规定:在严格监管的条件下,允许建立合作组织(工人的积极性有所提高)。与此同时,引入工作簿制度,以限制工人自由并扼杀其基本的"业余活动"⑤。

1872年1月,该章程被提交给国务会议,但国务会议并未审议。同

---

① ЦИАМ. Ф. 143. Оп. 1. Д. 34. Л. 3 - 5.
② Протоколы и стенографические отчеты заседаний Первого всероссийского съезда фабрикантов, заводчиков и лиц, интересующихся отечественной промышленностью. 1870 - 1872. СПб., 1870. Резолюции съезда.
③ Там же.
④ 例如,财政大臣М. Х. 赖滕指出,对劳工协会的活动监管过度;圣彼得堡市市长Д. Ф. 特雷波夫认为,不必引入工作簿制度,并认为它"为革命者加强在工人中间的宣传创造了条件";内务大臣А. Е. 蒂马舍夫认为,"在所有的雇佣关系中,工作簿是工作权的证件,应当……成为关于雇佣关系的各种建议的基础";等等。
⑤ См.: Балабанов М. Очерки по истории рабочего класса в России. Ч. П. М., 1925. С. 332 - 342.

· 333 ·

年，内务部重新修订该章程，将它提交相关部门以征求反馈意见，但收到各种反馈后内务部就停止了相关工作。1874年，成立了由 П. А. 瓦卢耶夫公爵担任主席的部门间委员会①，重启修订工作。为提高工作效率，该委员会有权直接将草案提交国务会议，无须各部门做出初步结论。此前，雇佣关系调解委员会的所有材料都移交给了该委员会。

П. А. 瓦卢耶夫本人也参与了修订工作，他将先前不同版本的草案汇总为统一文件。同时，他有意删除了体现前任官员自由主义思想和允许发展工人"自主活动"的条款。该法案中没有关于合作组织的规定，委员会工作的核心是制定工作簿制度方面的条款②。

1875年3月，委员会最终制定了三项法案:《雇用工人条例》③、《雇用仆人条例》和《组织手工艺技术生产培训条例》。上述法案连同工厂主的反馈意见一起被提交给国务会议。1876年1月国务会议开始讨论法案，结果分歧严重，最终决定只发布针对主要类型工人（工厂工人、建筑工人和农村工人）的法案，同时降低对工人的保护要求，而编制工作簿也非必须。国务会议对该决定解释如下：由于拟议中取消身份证的措施并未实施，因此不需要工作簿。后来（1880年2月），国务会议明确指出（并且经过瓦卢耶夫签署）：基于上述原则④制定的新工人法如果获批，可能会沦为推翻当下政权的借口和手段，也可能颠覆当下政权，这种犯罪

---

① 该委员会的成员中，除了来自不同部门的官员（两名内务部成员，财政部、国有财产部、司法部、交通部、宫廷办公厅第二部和第三部各一名成员）之外，还包括贵族和地方自治机关代表、圣彼得堡和莫斯科大企业家代表如 В. А. 科科列夫、С. М. 特列季亚科夫、Н. А. 奈焦诺夫、А. Ф. 米勒和 А. Е. 斯特鲁维等。См.: ЦИАМ. Ф. 143. Оп. 1. Д. 34。

② ЦИАМ. Ф. 143. Оп. 1，Д. 34. Л. 25。

③ 根据这一法案，就使用童工而言，П. А. 瓦卢耶夫领导的部门间委员会的大多数成员（少数是工厂主和制造商）支持将未成年人的年龄上限从17岁降低到16岁，并缩短了12~14岁未成年人每天的工作时间——降低到每昼夜8小时。企业家反对马上立法限定未成年人的工作时间。

④ 指的是编制工作簿。

第九章 19世纪下半叶至20世纪初的"工人问题"

预谋或许能破天荒地取得成功①。

司法部受命依法制定惩罚措施和预防违法行为的相关规则。到1879年春,上述法规已经制定完毕,委员会又对它们进行了后续处理,留下了丰富的法律草案和文书。

在国内社会气氛日益紧张、罢工浪潮逐渐高涨的情况下,根据沙皇1880年2月4日颁布的命令,国务会议受命研究是否可以批准上述制定完毕的法规,它审时度势,认为不宜通过。根据大臣们的意见,国务会议更倾向于在需要时颁布更具针对性的雇佣规则②。

***

废除农奴制后,俄国19世纪60～70年代实施的一系列资产阶级改革对工人影响甚微,工人立法并未取得任何效果。在政府的国内政策摇摆不定、改革措施前后矛盾的情况下,"工人问题"方面的改革并无任何明确的方案。实际上,这一时期俄国现实的政治经济状况和社会生活条件决定了一切,直接影响了酝酿中的改革的命运。尽管如此,在此期间,政府还是明确了保护性劳工政策,它是由不同政府委员会(分别由 А. Ф. 施塔克尔贝格、Н. П. 伊格纳季耶夫、П. А. 瓦卢耶夫领导)在立法过程中确立的。但是,政府开始拒斥劳资关系中的资产阶级自由主义原则,拒绝相应的罢工自由和结社自由,并否定选举机构中的劳工代表制(其中包括 А. Ф. 施塔克尔贝格委员会草案中拟建的行业法庭),因为它们和专制制度背道而驰。虽然当局认识到劳资双方具有签订雇佣合同的自由,但为了防止劳资冲突,还是不可避免地

---

① Балабанов М. Указ. Соч. Ч. 2. С. 361 – 363.
② См.: Дневник П. А. Валуева - министра внутренних дел: В 2 - х т. М., 1961. Т. П. С. 507 – 508.

走上官方监护、自上而下地干预并逐步调整劳资关系的道路。

早在19世纪60年代,官方就已经开始"庇护"和"监护"工人,并于19世纪70年代逐渐上升为国家政策。在此期间,执行工人政策的主要部门是内务部①。

在19世纪70年代的罢工运动中,政府采取一切措施镇压工人集会,以行政命令拘捕积极参与者,主要依据是内务部1870年、1878～1879年发布的通函以及1881年颁布的《强化紧急保护条例》,这些文件授权警察将罢工者驱逐到其户籍地。1845年生效的《刑事犯和教改犯惩治法典》第1358条规定,在特定情况下,违反劳动合同的人要受到短期监禁,工人运动的参与者将受到法院刑事起诉。

显然,自19世纪70年代起,俄国已经出现西欧意义上的工人阶级以及工人问题。

***

自1861年改革的20年后,俄国国内工业的主导形式是机器大工厂生产。

在工业资本主义初步形成阶段,轻工业是俄国工业的主要门类。1861～1881年,棉纺织业在制造业中保持领先地位,产量翻了一番。莫斯科、圣彼得堡和波罗的海工业区的棉纺织业遥遥领先,集中了全俄75%的机床、80%的蒸汽机产能和85%的工人。俄国许多制造企业和最大的棉纺厂在这里同期运营:克伦霍尔姆制造公司、涅瓦棉纺厂、尼古尔斯基"萨瓦·莫罗佐夫父子公司"以及雅罗斯拉夫尔棉纺厂等。

---

① 例如,1878年8月8日,一项签名法令授权警察和宪兵官员随时检查工厂,这实际上意味着将调解企业家与工人之间关系的这一权力转交给了内务部。См.: ПСЗ Российской империи. Собр. II. T. III. № 58777。

第九章　19 世纪下半叶至 20 世纪初的"工人问题"

这些企业的一个特点是，大工厂吸纳了规模较小的工厂，而后者盛行工人家庭卖身契劳动制度①。

大型机械工业的发展加速了俄国工业无产阶级的形成。从 1865 年到 1879 年的 15 年间，制造业和采矿业的工人数量从 67 万人增至 100 万人。到 19 世纪 80 年代初，铁路工人达到 20 万人，纺织工人达到 33.5 万人，其中在大型纺织厂工作的有 16.5 万人，几乎占纺织工人的一半②。食品企业中也汇集了大量工人（超过 12.6 万人）。19 世纪 70 年代末，俄国轻工业和食品业的工人总数几乎是重工业的 1.7 倍③。除工厂无产阶级外，雇工还包括建筑业、运输业、林业、手工业、农业等行业的工人，改革后这些行业工人的数量猛增。

19 世纪 70 年代，城市工业无产阶级迅速形成。1879 年，在俄国的欧洲部分有多达 40 个大型工业城市，雇用了全俄 35% 以上的产业工人。在机械工业形成的过程中，圣彼得堡、莫斯科、里加、敖德萨、哈尔科夫和顿河畔罗斯托夫等城市占据主导地位，集中了俄国工业无产阶级的绝大多数。至少 1/3 的工人集中在俄国主要的工业中心（圣彼得堡和莫斯科），两城的地位尤为显要。圣彼得堡引领着大型机械工业的发展，同时它也是主要的贸易港。仅在 1867~1879 年，圣彼得堡工业无产阶级的数量就翻了一番，超过 81000 人，占俄国工业工人总数的 12%。19 世纪 80 年代初期，金属加工业和运输业是圣彼得堡的龙头行业，拥有圣彼得堡资本主义工业蒸汽总动力的 50% 以上，工人数量占工人总数的 35%④。

农奴制改革后，莫斯科成为俄国纺织业、食品业和金属加工业中心。

---

① 在这一方面，尼古尔斯基"萨瓦·莫罗佐夫父子公司"的经营就是一个非常典型的例子，它位于弗拉基米尔省，毗邻奥列霍沃-祖耶沃车站。
② Рашин А. Г. Формирование рабочего класса в России. М., 1958. С. 12–13.
③ Соловьева А. М. Железнодорожный транспорт России во второй половине XIX века. М., 1975. С. 307.
④ Соловьева А. М. Промышленная революция в России в XIX в. М., 1990. С. 197.

俄国企业史（1850～1917）

不同于圣彼得堡的先进工业，直至19世纪70年代末，莫斯科工厂还未从工场手工业彻底转变为机械生产。莫斯科的607家注册工业企业中，仅172家工厂使用蒸汽机。但莫斯科工业生产中的雇工数量几乎是圣彼得堡的2倍[1]。莫斯科的许多企业仍然采用手工工场的生产形式。

在此期间，乌拉尔的采矿企业集中了20万名工人，工人依附于矿主。19世纪70年代末期，顿巴斯采矿业有1.65万名工人，工业无产阶级的势力增强[2]。俄国一半以上的工厂工人位于俄国欧洲部分的工业村[3]。

机器生产大大增加了所有工人的工作时长，尤其是在纺织业、食品业和采矿业，俄国工人的工作时长为12～15小时[4]。

农奴制改革之后不久，妇女、青少年和儿童等廉价劳动力已被广泛用于资本主义生产。19世纪70年代末至80年代初，女工占圣彼得堡和莫斯科工业劳动力总数的15%～17%，在纺织、食品、橡胶、火柴和烟草工厂中，女工数量尤为庞大。

俄国政府针对资本主义工厂和采矿业展开了多次大规模调查。结果表明，绝大多数工人很早就开始在工厂工作。例如，根据19世纪80年代初对莫斯科省工厂的一项调查，几乎2/3的工人不满14岁就进入了工厂，其中10岁以下和10～11岁的工人占总数的33%[5]。В. Ю. 盖森专门研究了俄国工业企业中童工的使用情况，并得出结论："在改革后的80年代初，从颁布《解放农奴法案》开始，童工数量庞大……在颁布《未成年人劳动法》之前，即在工业增长时期，工厂雇用的未成年人的绝对数量

---

[1] РГИа. Ф. 20. Оп. 12. Д. 122. Л. 3; Соловьева А. М. Промышленная революция в России в XIX в. С. 53－54.
[2] Потопов С. И. Рабочие Донбасса в XIX в. М. －Л., 1963. С. 120－121.
[3] Погожев А. В. Учет численности и состава рабочих России. СПб., 1906. С. 51.
[4] История рабочего класса в России. 1861－1900 гг. М., 1972. С. 130.
[5] Рашин А. г. Формирование рабочего класса в России. С. 299.

第九章　19世纪下半叶至20世纪初的"工人问题"

和占比都显著增加。"①

在中部工业区，夜班非常普遍，同时，流行病严重损害了未成年工人的健康。

第二节　19世纪80年代的工厂立法

19世纪80年代，俄国的经济发展遇到极大困难。1877~1879年的俄土战争严重破坏了经济，激化了俄国国内社会矛盾，加速了政治危机的爆发，而俄国在柏林会议上的外交失败，又使国内局势雪上加霜。

19世纪80年代初，俄国面临财政崩溃的现实风险。金融和货币体系清晰地反映了俄国的总体经济状况，长期的货币流通混乱源自整个俄国经济固有的内在矛盾。

战争严重恶化了俄国农民的生活状况。因农作物多年歉收，从19世纪70年代后期开始，俄国社会动荡不安。1880~1890年，有4年丰收，7年歉收②，俄国广大农民青黄不接，生活难以为继。最终，大量农民贫困破产，消费能力低下，国内市场狭窄，制约了工业的发展。当时的媒体承认："众所周知，过去几年农业歉收，农民日益贫困，工业生产止步不前。由于对工业品的需求减少，许多工厂被迫大幅减产，进而减少了工人的数量。"③

19世纪80年代农作物歉收，导致俄国国内贸易和进出口锐减。"交易类报纸《消息报》称，整个俄国贸易陷入了空前的停滞。"④

1880年末至1881年初，俄国已经出现危机即将爆发的迹象。1878~

---

① Гессен В. Ю. Труд детей и подростков в России. М. – Л., 1927. Т. 1. С. 57.
② Новое время. 1891. 13 октября.
③ Новости. 1881. 27 августа.
④ Новости. 1882. 28 сентября, 10 октября.

俄国企业史（1850～1917）

1880年短暂的工业繁荣戛然而止，随之而来的是旷日持久的毁灭性危机。1882～1887年，工业长期停滞，最重要的因素是世界性的农业危机。这场危机的发展极不平衡。从1882年起，危机开始波及全俄，席卷俄国国民经济中最重要的部门，首当其冲的是纺织业。与1879年相比，1882年亚麻的产量下降了19%，布料减产10.6%，棉花消费在短短一年内下降了14.3%[1]。与1878年相比，1882年机械制造业产量下降了11.5%。只有石油和煤炭的产量在继续增加。尽管面临销售危机，石油产量仍然提高了20%，但是当价格下跌至正常价格以下时，石油行业的发展开始举步维艰[2]。其他行业产品的销售价格在1882年下降，而在1883年的部分时间内价格有所上扬。1883年后，经济彻底恶化。1884年，著名经济学家А. И. 丘普罗夫在《论俄国工业危机》一文中写道："无论我们研究制造业哪一领域，到处都充斥着对价格低迷和行业萎靡的抱怨……见多识广的人们说，我们的行业从未经历过如此长期的停滞。" А. И. 丘普罗夫总结道："近年来遇到的主要困难不是资金匮乏，不是生产缩减，而是产品销售困难。该困难主要源于近年来生产的急剧增长。"[3]

在经济危机和萧条时期，大规模的长期失业成为对俄国工人的巨大考验，国内成千上万的工人完全或部分失业。1879年，仅在圣彼得堡就有1万多名工人流落街头。1880年初，圣彼得堡市杜马议员致信 М. Т. 洛里斯-梅里科夫，描述了圣彼得堡大量饥肠辘辘的失业工人，"在尼古尔斯基市场的交易所旁等地方每天都可以看到成千上万的人在求职，但远非所有人都能找到活计。这种状况经常持续数天或数月"[4]。

1880年下诺夫哥罗德博览会之后，莫斯科省工业停滞的现象日趋

---

[1] Яковлев А. Ф. Экономические кризисы в России. М. , 1955. С. 141 – 142.
[2] Там же. С. 143.
[3] Чупров А. И. Речи и статьи. М. , 1909. Т. III. С. 445 – 447.
[4] Цит. по: Россия в революционной ситуации на рубеже 1870 – 1880 – х годов. Коллективная монография, М. , 1983. С. 157.

第九章　19世纪下半叶至20世纪初的"工人问题"

严重。据亲历者回忆，1880年冬季，各个工业领域的工人都陷于灾难性的境地。

《莫斯科电讯报》报道："劳动力市场惨不忍睹，以至于在统计工人数量时不得不采用一些特殊的手段。"① 这场危机爆发的背景是改革过程中俄国急剧恶化的社会经济状况和政治形势，以及劳动人口的赤贫和饥饿，后果极为严重。由于灾难性的歉收，1879年秋，国内物价飞涨，饿殍遍地，并且这种状况在1880～1881年急剧恶化。新闻报道称，这场持续了整整十年的、席卷整个俄国的危机是一场全民灾难。"行业的停滞十分严重，许多业已彻底放弃农耕的工人被迫返回农村务农。在某些地方，工厂几乎停产，所有工人都待在家里，没有任何收入。"②

工资的下降使得工人的生活更加苦不堪言③。为了降低隐性工资，工厂主通常用有息证券向工人支付工资，工人凭借这些有息证券，可以在几个月后收到款项，但收入损失高达20%④。工资下降、通货膨胀和物价飞涨，使得工人的生活雪上加霜，尤其是在俄国工业区。在俄国最大的纺织业中心——伊凡诺沃-沃兹涅先斯克，到19世纪80年代初，黑麦面包的价格上涨了100%，肉类的价格上涨了220%以上，而工人的工资同期却仅增长了15%～20%⑤。图甘-巴拉诺夫斯基比较了1883年舒伊斯基县棉纺厂的工资数据，统计表明，与1856年相比，到19世

---

① Цит. по: Струмилин С. г. Указ. Соч. С. 441.
② Статистический ежегодник Московского губернского земства. 1887 г. Кустарные, отхожие и фабричные промыслы. С. 18.
③ 工资额主要取决于工业生产本身的发展水平。俄国改革后普遍存在各种形式的对工人的"二次剥削"（企业家提供住房、货款支付和罚款等），在一定程度上影响了工人的收入水平。改革后农民数量减少，转变为工人无产阶级，造成了巨大的人口过剩，这也起到了重要的作用。
④ Друян А. Д. Очерки по истории денежного обращения в России в XIX в. М., 1941. С. 84.
⑤ Гарелин Я. Город Иваново-Вознесенск. М., 1885. Ч. 2. С. 100.

纪80年代初，实际工资下降了20%~30%①。由于普遍存在各种形式的高额罚款（特别是在大型企业中），工资水平急剧下降。19世纪80年代中期之前，对罚款额没有任何限制，企业家一手遮天，而工人毫无权力，所以工厂管理层任意罚款的现象几乎无所不在。但对于这种现象的本质依旧众说纷纭。

一方面，俄国企业普遍实行的罚款制度体现了传统的劳资关系，特别是在中部工业区。著名经济学家 Л. П. 苏博京在分析波兰行省和中部工业区的工业状况时指出，与莫斯科不同，罗兹的大型工厂基于"欧洲原则"，它们的机械化水平更高，工人的技能更为熟练。与此同时，这里没有"投机钻营的（旨在降低工人工资并间接增加工厂主利润的）工厂商店……没有莫斯科地区工厂非常贪婪的罚款"。他强调说："有几家工厂实行欧洲通行的正常罚款，这是对工厂主损失的必要补偿，其中一些用于治疗工伤，另一些用于工人的养老金和储蓄，工厂主在这些方面并不获利。而在莫斯科地区的许多工厂中，罚款占工资的一大部分，是工厂主的重要收入来源之一，这有利于工厂主。"②例如，在《工人工作缺陷以及违反尼古尔斯基"萨瓦·莫罗佐夫父子公司"制造公司秩序报告表》中共列了735个罚款项目③。其中大多数的表述模棱两可，仅为工人的每个"错误"确定了罚款的上限和下限，所以管理者在确定罚款额时有很大的余地。

根据 В. П. 里亚布申斯基的回忆，对旧式企业家（例如莫罗佐夫

---

① Туган‐Барановский М. Указ. Соч. С. 351.
② А. С. （Субботин А. П.）Борьба Москвы с Лодзью в связи с историко‐экономическим обзором промышленности Лодзинского района // Экономический журнал. СПб., 1889. Кн. 7 – 8. С. 129.
③ См.: Васильев Б. Н. Штрафы на Никольской мануфактуре Т. С. Морозова // Морозовская стачка 1885 г. и рабочие Центрального промышленного района России. С. 202 – 207.

第九章　19世纪下半叶至20世纪初的"工人问题"

家族)而言,罚款并不是为了削减支出,而是为了发展事业(这是"旧礼仪派信徒"宗教伦理的重要内容之一)、提高产品质量和加强纪律。因为布匹质量问题而对织布工处以罚款,目的是教会他们谨慎地工作。上述措施既必要又合法,但问题在于罚款确实增加了企业家的收入。由此看来,无所不在的罚款是侵吞工人工资的手段。С. В. 莫罗佐夫尤其残酷无情,有传言称 Т. С. 莫罗佐夫为了增加家族利润,亲自制定了高额罚款。Т. С. 莫罗佐夫在工厂中是名副其实的"霸王",这总体上符合旧礼仪派家庭和社会中的父权制和专制体系,但他是一位非常虔诚的教徒,不会主动地为获利而这样做。有人称,Т. С. 莫罗佐夫常常花数小时祷告,祈求神赦免自己因为必要的罚款而犯下的罪过,他认为这是"为了生产无可挑剔的产品"①。

　　Н. А. 伊凡诺娃对 1907~1914 年的罚款问题表达了类似的看法,她指出,在工人技能不甚熟练之时,许多缺乏培训的人员投身工业生产且不得不在生产过程中自我摸索,罚款是迫使工人提高产品质量、降低残次率的一种手段。值得注意的是,在工业低迷时期,当产品销量下降而质量要求提高时,罚款数量有所增加。同时,由于工作质量而罚款是实现工资差异、消除平均主义的方法之一②。通过研究工业企业的处罚书,伊凡诺娃得出结论,罚款的主要原因是工人的熟练程度较低,罚款旨在提高产品质量和工人的专业技能。根据她对 1913 年罚款情况的统计,中部工业区的企业占全俄罚款总额的 72.8%。同时,该地区的大部分罚款(81.6%)是因为产品缺陷,只有 11% 的罚款是因为旷工,7.4% 的罚款

---

① См.: Воспоминания В. Рябушинского // Былое. 1991. № 1 – 3; Кузьмичев Л. Д., Шапкин И. Н. Отечественное предпринимательство. Очерки истории. М., 1995. С. 166, 167; Керров В. В. 《Дело》 Т. С. Морозова: этико – конфессиональные аспекты формирования предпринимательского менталитета // Доклады вторых Морозовских чтений. С. 23 – 24.

② Иванова Н. А. Промышленный центр России. 1907 – 1914. Статистико – экономическое исследование. М., 1995. С. 271 – 272.

俄国企业史（1850～1917）

源于违反规章。圣彼得堡省的相应数据分别为 55%、29% 和 16%。值得注意的是，旷工罚款主要出现在金属加工业发达的省份①。

综上，长期的作物歉收、通货膨胀、物价上涨、货币流通混乱、工业生产危机、经济萧条、失业率上升和罚款增长等，是俄国 19 世纪 80 年代上半期的重要特征。1882～1886 年，生产下降和贸易萧条席卷全球资本主义国家。

1885 年莫罗佐夫工厂罢工是 19 世纪 80 年代俄国劳资关系中最重要的事件，因为罢工者的要求在罢工史上首次超出了具体企业的范围，影响整个俄国。罢工者的主要诉求包括增加（或维持）工资、取消（或减少）罚款、反对降低计件工资、改善工作条件等。罢工运动波及甚广，几乎席卷了从波兰行省到东西伯利亚的所有地区。在圣彼得堡和中部工业区（尤其是莫斯科省和弗拉基米尔省），罢工运动尤为频繁。在资本主义发展最为成功的地方，罢工开始波及新兴企业②。

经济危机时期（1873 年、1880～1886 年），俄国的资本主义新生产体系摇摇欲坠。在这种情况下，社会各阶层对政府政策的不满情绪加剧，社会矛盾激化。"工人问题"变得更加严峻，引起了俄国社会的关注和担忧，迫使政府寻求摆脱社会经济危机的出路。

一位同时代人指出："俄国的工人问题长期被掩盖，当持久的工业危机导致工人的状况恶化时，它似乎突然冒出，横在我们的眼前。"③

自由主义媒体针对工人问题的立场动摇不定。一方面，媒体的政论家基于工人阶级生存的客观条件，研究了工人阶级的地位和工作环

---

① Иванова Н. Л. Указ. Соч. С. 271 - 272.
② См.：Россия в революционной ситуации на рубеже 1870 - 1880 - х годов. С. 200 - 218；Иванова Н. А. Рабочее движение в Центральном промышленном районе в 70 - х - начале 90 - х годов XIX в. // Морозовская стачка 1885 г. и рабочие Центрального промышленного района России в конце XIX - начале XX вв. М.，1984. С. 76 - 77.
③ Приклонский С. Хроника рабочего труда в России. М.，1910，С. 53 - 86.

境，并热切呼吁改善劳动条件、缓和劳资关系；另一方面，他们否认工人阶级的生存权，企图将工人问题和"外来的"资本主义体系一并"铲除"。

进步媒体揭露工人的窘迫处境，实际上是批评专制主义经济政策，后者被视为反民族的政策，破坏了俄国生产力。民主主义思想家认为，政策的变化与俄国的发展前景息息相关①。这一时期媒体发表文章的主题常常是必须实施改革和进行工厂立法。

俄国最大的自由主义杂志《欧洲信使》提出了一项改革计划，旨在推动国家走出危机并放弃专制制度，采用欧洲君主立宪制②。该杂志关于"工人问题"的文章让人们不仅注意到了中部地区，也注意到了边远地区工人的艰难处境。

自由主义思想家指出"无产阶级溃疡"的危险，并警告政府称：各种社会主义学说均源于"工人不满于自己的经济状况"③。《欧洲信使》认为，"国家倡议改善工人生活"毫不可怕④。该杂志强烈建议政府马上着手立法，规范劳资关系，适当地保护无产阶级的利益。无产阶级的数量不断增长，这一要求既必要又合理。该杂志主张全面解决社会经济和文化教育方面的问题，并认为解决这些问题迫在眉睫，这表明了杂志的自由主义立场。同时，《欧洲信使》反对资产阶级的盘剥和自私自利，并谴责政府对工人问题的冷漠态度和短视政策⑤。

《祖国记事》、《话语》、《事业》和《俄国财富》等民主派和自由派

---

① Россия в революционной ситуации на рубеже 1870 – 1880 – х годов. С. 397, 407, 408.
② Вестник Европы. 1882. Кн. 4；Алафаев А. А. Рабочий вопрос в журнале 《Вестник Европы》. (1878 – 1882 гг.) // Общественное движение в России XIX века. М., 1986. С. 175 – 184.
③ Вестник Европы. 1878. Кн. 12. Внутреннее обозрение. С. 833.
④ Там же. С. 834.
⑤ Алафаев А. Л. Указ. Соч. С. 182.

出版物均表示必须"像西方一样"实施工厂立法。И. И. 扬茹不止一次地提出这些问题，他写道："无论我们位于俄国的哪个角落，无论我们处于哪一行业，除了屈指可数的例外，到处都能看到同样的场景：劳动者的生活条件惨不忍睹，最基本的卫生要求都无法满足。"

自由民主派媒体的最终结论是："当局在改革社会关系之前，首先应该彻底改革自己。"[1]

守旧派媒体则反对修订工厂法，它们再次拿出一种陈腐观点作为武器，即俄国工人受父权制传统影响，具有特殊性。"俄国没有工人问题，只有……工厂和工人。"[2]

然而，严重的社会经济矛盾阻碍俄国进一步发展，导致国家危机，引起了公众的普遍不满和工人罢工。面对这些尖锐的矛盾，政府一方面加强镇压，另一方面被迫开始制定工厂劳动法。

早在 19 世纪 70 年代末期，在财政大臣、司法大臣和内务大臣之间的通信中，就出现了"工人立法存在不足"的观点。当局正面阐述了"工人问题"中的"监护权"思想，这是一个新动向。

1878 年 4 月，内务大臣承认，"现行规则无法保护工人免受工厂主的肆意妄为"，并且需要更深入地规范他们之间的关系，因此他建议成立一个专门委员会制定具体的活动方案。首先，当工人与工厂主之间相互不满时，应立即实地调查原因；其次，委员会将"采取措施促使工人与工厂主和解"。如果未能达成协议，则向财政部提出改进措施。同时，要求"广泛监控各工厂状况，规范劳资关系，防止劳资冲突"[3]。

Н. Х. 本格认为，通过立法调整劳资关系是工业发展的必需条件之

---

[1] Россия в революционной ситуации на рубеже 1870 – 1880 – х годов. С. 407 – 408；Анненский П. Очерки новых направлений в экономической науке // Дело. 1882. № 12. С. 264.

[2] Русский курьер, 1886. 23 июня.

[3] Лаверычев В. Я. Указ. Соч. С. 49.

第九章 19世纪下半叶至20世纪初的"工人问题"

一。在1880年颁布的《改善工业、制造业和贸易状况》中,本格遗憾地表示:"俄国没有规范雇佣劳动的法律,也没有规定未成年人的工作年龄、日班和夜班的工作时间。"[1]

此后,财政部紧锣密鼓地开始立法工作,企业家也积极地讨论相关问题。在给财政大臣的说明中(1881年12月、1882年2~3月、1883年3月),工厂主再次反对禁止未成年人上夜班,也反对将未成年人的年龄上限定为17岁(建议定为16岁)。

贸易和制造业委员会莫斯科分会则反对大臣草案中"要求企业家培训工人及其子女"的条款。他们认为,该措施应当是公共教育系统的一部分[2]。在一次国务会议上,企业家作为专家出席,圣彼得堡工厂主Ф. К. 萨恩-嘉利提出,在8小时工作制的条件下,应允许雇用10~12岁童工。Т. С. 莫罗佐夫则反对禁止儿童上夜班。С. И. 切特韦里科夫认为,禁止童工上夜班将破坏工人的家庭。他们援引欧洲(尤其是英国)的立法作为论据,欧洲并不禁止10~14岁的未成年人每天工作6~7小时[3]。此外,企业家坚持要求逐步过渡到新的工厂法规[4]。

1881年4月25日,政府成立了一个专门委员会,负责制定工厂一般规则的草案。最终,1882年6月1日,俄国通过了首部关于规范童工使用的法律[5]。根据规定,禁止12岁以下儿童在工业企业工作,禁止12~15岁未成年人上夜班或在星期日和公共假日工作,日间连续工作时间不

---

[1] Погребинский А. П. Финансовая политика царизма в 70 - 80 - х годах XIX в. // Исторический архив. 1960. № 2. С. 136.

[2] ЦИАМ. Ф. 143. Оп. 1. Д. 34. Записка относительно правил о работе малолетних на фабриках и об устройстве фабричных школ. Л. 82 - 84; Балабанов М. Очерки по истории рабочего класса в России. Ч. 2. С. 368.

[3] Труды комиссии, учрежденной московским генерал - губернатором князем В. А. Долгоруковым для осмотра фабрик и заводов в Москве. Иностранное фабричное законодательство. Вып. 1. Англия / Под ред. Янжула И. И. М. , 1980. С. VIII - IX.

[4] ЦИАМ. Ф. 143, Оп. 1. Д. 34. Л. 84.

[5] ЦСЗ. Собр. III. Т. II. № 931.

得超过 4 小时，每天总工作时间不得超过 8 小时。企业家有义务保障童工在国民初级学校学习。该法律于 1882 年 6 月 1 日发布，奠定了俄国工人立法的基础。

为了更顺利地过渡到新的法律，经财政大臣同意，自生效之日起两年内，执法可以出现一定的松动。根据 1882 年 6 月 1 日法律，为监控劳动条件以及儿童的受教育情况，政府设置了 3 个工厂监察员的职位[①]，由受过高等教育且道德高尚的人担任。莫斯科地区的工厂监察员 И. И. 扬茹教授指出："监察机构自成立之日起，必须承担起监护职责，工人、儿童和妇女是被监护方。简单说，监察机构应当庇护所有人，应当全方位地保护他们的权益。"[②]

由于这一时期的工厂监察规模小，功能有限，建立工厂监察制度尚未引起企业家的反对。但是，由于工厂监察委员会的作用日益增强，在 1886 年 6 月 3 日讨论法律的过程中，企业家异常坚决地抵制其活动。迫于企业家的压力，由工厂监察员组成的第一个试图维护工人法律权益的组织很快受挫。不久，多人被迫辞职。

1882 年 6 月 1 日法律实际上并未得到执行。首席监察员 Я. Т. 米哈伊洛夫斯基在 1885 年报告中说道："在监察委员会开始活动之前，之前一直被排斥的童工立法被工厂接受，尽管 3 年前该法律就已经公布，以便社会了解。"但根据 Я. Т. 米哈伊洛夫斯基的观察，1882 年法律颁布后，企业家不愿遵守法律，并以各种借口（通常是挑衅性地）拒绝。报告中还写道："工厂童工易被解雇，主要原因是国内外持久的工业危机，由于许多工厂减产甚至停产，俄国多地的工人严重供过于求，因此，工厂主可以轻松地用青少年、妇女和成年男子来替换童工，并且他们的工资几

[①] Там же. Туган - Барановский М. Указ. Соч. С. 308.
[②] ТОДСРПиТ. Ч. 29. Отд. 3. С. 55.

第九章 19世纪下半叶至20世纪初的"工人问题"

乎和童工一样。"① 到了90年代，随着工业生产的恢复，工业生产中童工的比例下降，但绝对数量增加。根据1897年的不完全人口普查数据，在制造、采矿和运输行业总数为300万名的无产者中，有多达41万名青少年和儿童②。

新法律遵循"监护"方针，在一定程度上损害了企业家的利益。同时，当局并未提出彻底的改革方案。内务大臣 Д. С. 西皮亚金在1902年的总结报告中回顾性地评价了第一部工厂法。他说："法律并未提出任何具体的教学方案，因此无法给童工提供任何真正的教育。根据现场观察，一方面，学校数量不足；另一方面，童工在每天工作8小时后非常疲惫，教学活动收效甚微。"③

1882年法律颁布后，其他法律接连颁布。1884年6月12日政府颁布了对工厂中未成年人的学校学习、工作时长进行检查的法律。然后，经内务大臣同意，财政大臣起草了允许12~15岁未成年人上夜班的行业和禁止15岁以下未成年人从事的行业清单。1884年12月19日制定了工厂监察员职责条例以及针对工业企业家实施的法律条例。此外，政府还计划研究禁止妇女和儿童上夜班的问题。这不仅是因为"迫切需要摆脱目前棉纺织业所面临的困境，而且还因为这种工作对妇女和青少年的健康和道德状况极为不利"④。

危机导致圣彼得堡许多工厂大量裁员，1883年底圣彼得堡市市长 П. А. 格莱瑟与企业家座谈。企业家认为，"全面禁止上夜班"是摆脱当

---

① О деятельности фабричной инспекции. Отчет за 1885 г. главного фабричного инспектора Я. Т. Михайловского. СПб., 1886. С. 76－77.
② Крузе Э. Э. Положение рабочего класса России в 1900－1914 гг. Л., 1976. С. 111.
③ Цит. по: Лаверычев В. Я. Царизм и рабочий вопрос в России. （1861－1917 гг.）. С. 60－61.
④ ЦИАМ. Ф. 143. Оп. 1. Д. 34. Записка Департамента торговли и мануфактур Министерства финансов в Московский биржевой комитет по вопросу об отсрочке применения закона 3 июня 1885 г. （август 1885 г.） Л. 99, 100.

· 349 ·

前困境的唯一方法。他们于1884年1月25日向格莱瑟提交了一份正式申请书，要求通过一项禁止未成年人和妇女上夜班的法律，以期"改善市场供求状况"，强调必须通过立法削减产量，"近期产量太大，产品供过于求"①。格莱瑟支持该请求，并将申请书转交财政部。1884年3月，贸易和制造业委员会莫斯科分会收到了该申请书的副本。莫斯科分会迅速做出回应：他们首先发电报，然后撰写翔实的呈报书表示抗议。莫斯科企业家指责圣彼得堡工业主追求私利，指出圣彼得堡工业拥有廉价原料和燃料，所以相比莫斯科具有巨大优势，而禁止上夜班将剥夺一半工人的生计。

罢工运动的发展迫使政府制定并尽快颁布新的工厂劳动法。同时，政府的工人政策发生重大转变。

罢工过后，俄国知名报纸立即众口一词地声称：现有工厂法不完备，必须制定新的工厂法。《俄国公报》宣布："动乱的主要根源是缺乏规范劳资关系的法律，并且政府完全没有特别监督这一领域。"②《俄国信使》表示："至于奥列霍夫－祖耶夫的骚乱，我们只能真诚地希望尽快消除工厂立法中现有的缺陷。"③《莫斯科公报》报道称："我们日益迫切地感到我国现有的法律无法应对工厂状况，因此需要修订。"④ 俄国后来的财政大臣 С. Ю. 维特在 И. С. 阿克萨科夫主办的报纸《罗斯》上承认，必须"迅速制定全面的工人法律，并进行严格检查以监督其实施"⑤。莫斯科工厂主（包括尼古尔斯基"萨瓦·莫罗佐夫父子公司"）资助的报纸《莫斯科之声》发表了社论，要求必须采取措施"消除诱发工人罢工的任何

---

① Туган‐Барановский М. Указ. Соч. С. 313.
② Русские ведомости. 1885. 10 января.
③ Русский курьер, 1885. 11 января.
④ Московские ведомости. 1885. 13 февраля.
⑤ Русь. 1885. 19 января. С. 19.

第九章　19 世纪下半叶至 20 世纪初的"工人问题"

隐患，同时避免工厂减产。但是政府至今几乎没有采取任何相关措施"①。

早在 1885 年 2 月 4 日，内务大臣 Д. А. 托尔斯泰就向财政大臣和司法大臣提交公函，承认"上述罢工可能引起严重动乱，主要是因为我们的法律中缺乏总体规则，无法以此明确劳资关系"。Д. А. 托尔斯泰认为迫切需要"制定规范条例，以完善现行工厂法律，限制工厂主的肆意妄为，这将有助于避免将来在莫斯科省和弗拉基米尔省发生不幸事件"。2 月 11 日，Д. А. 托尔斯泰向亚历山大三世提交了一份报告，指出工人饱受压迫，工厂主专横霸道，并反对使用武力手段对付工人，而工人也认为立法是"防范工厂主无法无天肆意妄为"的一种方法。托尔斯泰认为，类似做法可能会破坏政府的监护路线，将从根本上瓦解早已固化的观念：专制制度具有超阶级性。他还认为，为防止未来可能发生的罢工和骚乱，必须"马上修订工厂行业章程，简化劳资关系。法律应规定劳资双方的权利，弥补现行法律缺陷，保障双方稳定地履行各自责任"②。为此，他提议成立一个由 В. К. 普列韦领导的委员会，以"制定规范劳资关系的普遍规则"③。

1885 年初，莫斯科和圣彼得堡企业家在 В. К. 普列韦领导的跨部门委员会中继续论辩④。在讨论过程中，"圣彼得堡人"和"莫斯科人"的利益再次发生冲突，曾经的争执和分歧卷土重来。"莫斯科人"支持保留夜班，圣彼得堡企业家在 1885 年 1 月 30 日的特别说明中继续反对这一观点。尽管贸易和制造业委员会莫斯科分会重申了先前的主张，捍卫夜班，但"莫斯科人"内部已经开始出现不同声音。其中一些人主张在危

---

① Голос Москвы, 1885. 9 (21) января.
② Рабочее движение в России в XIX веке. М., 1952. Т. Ⅲ. Ч. 1. С. 703-704.
③ Цит. по: Лаверычев В. Я., соловьева А. М. Боевой почин российского пролетариата. С. 167-168.
④ 1885 年 2 月 14 日，沙皇批准了委员会人员名单。委员会的任务是制定工厂主和工人相互关系的"准则"。

机期间禁止上夜班，为期两年。В. Д. 阿克谢诺夫、В. К. 克列斯托夫尼科夫和 Д. В. 索科夫都支持这一观点，而 Т. С. 莫罗佐夫敦促他们彻底放弃这一观点。3 月 16 日，В. К. 普列韦领导的委员会专门讨论了这一问题，企业家受邀参加会议。"圣彼得堡人"仍然坚持之前的观点，而大多数"莫斯科人"（И. И. 巴兰诺夫、Н. А. 奈焦诺夫、А. Л. 洛谢夫、П. С. 马柳京和 Н. Н. 孔申等）坚持保留夜班，但遭到 С. И. 切特韦里科夫、В. И. 亚昆奇科夫和 П. А. 阿列克谢耶夫等人的反对①。

莫斯科省和弗拉基米尔省的工厂发生罢工后，政治局势和工业危机进一步加剧，迫使政府急于颁布法律。1885 年 6 月 3 日政府颁布了法律②，根据该法律，从当年 10 月 1 日起，禁止 15 ~ 17 岁未成年人和女性上夜班。它是一项临时法律，生效期大概为危机爆发的 3 年内③。

1885 年 8 月，财政部参考内务部和司法部的意见，拒绝了莫斯科企业家推迟实施新法律的请求，认为该请求将"把法律变成一纸空文"。财政部向 Н. А. 奈焦诺夫做出回复，表明法律考虑到了莫斯科企业起初可能遇到的困难，已经规定该法律不从颁布之日起生效，而是从"中部工业区各省的工厂已经为雇用工人创造了新条件之日起生效"④。然后，贸易和制造司司长 Н. А. 叶尔马科夫严肃地警告说："该法律体现了国家治安目标，因此，自生效之日起，任何与本法律相悖的私人协议均失效。"⑤

莫斯科企业家的主要要求被拒绝了，但是此后又以公告的形式在《莫斯科公报》上发布，其副本发送给莫斯科交易所委员会和奈焦诺夫本人。其中提请企业家知悉的是，财政大臣与内务部大臣达成协议，

---

① ЦИАМ. Ф. 616. Оп. 1. Д. 19. Л. 217 – 222.
② ПСЗ. Собр. II. Т. 5. № 3015.
③ 仅在 1890 年 4 月，这些法律（1882 年 6 月 1 日法律、1885 年 6 月 3 日法律）就被赋予了永久法的地位，但是法律适用范围有限。
④ ЦИАМ. Ф. 143. Оп. 1. Д. 34. Л. 99 – 100.
⑤ Там же.

第九章 19 世纪下半叶至 20 世纪初的"工人问题"

"宣布在新的专门法令颁布之前,绝不允许妇女和儿童在晚上 10 点至早晨 4 点工作"①。乍看起来,这种让步似乎微不足道,但它为企业家调整生产、适应新的条件提供了可能。中部工业区的大型纺织厂实行两班制,每班 9 小时,实行计件工资,这提高了劳动强度。一些企业强迫妇女和青少年白天工作 13～14 小时,这大大恶化了工人的状况。显然,资本家迅速而成功地适应了这一法律。1888 年 10 月财政大臣 И. А. 维什涅格拉茨基承认:"现行法律未能有效规范儿童、青少年和妇女的工作,但也不必进行紧急修订。"②

由 H. X. 本格领导的财政部制定的第一批工厂法大体上沿袭了西欧的法律,满足了俄国工业发展的紧迫需求③。如前所述,它们的实施遭到了许多大企业家的强烈抵制,同时受到了保守阵营的批评,后者要求采取更为果断的立法措施,以平息日益加剧的劳工运动。在此背景下,1885 年 1 月爆发了莫罗佐夫父子公司罢工,这是一场有组织的、长期的罢工,工人的要求不仅针对工厂主,同时针对政府,尤其是要求颁布"国家法",以规范雇佣条件和工作条件,并限制工厂主权限。这场罢工虽然被镇压,但迫使政府于 1886 年制定了与 1882 年和 1885 年法律迥然不同的法律④。莫罗佐夫父子公司罢工从根本上改变了当局的工人政策,它最终肯定了监护路线,政府明确表示反对罢工,强化了内务部和警察在解决工人问题以及镇压无产阶级中的作用⑤。1886 年 6 月 3 日制定和颁布的法律证明了这一点⑥。

---

① 企业家争取再增加一个小时的工作时长。См.:ЦИАМ. Ф. 143. Оп. 1. Д. 34. Л. 100 - 103。
② Цит. по:Лаверычев В. Я. Царизм и рабочий вопрос в России. С. 66 - 67.
③ Потопов С. И. Царизм и стачечное движение в России в конце XIX века. С. 219 - 220.
④ Там же.
⑤ Там же. С. 218.
⑥ 如果我们比较 1882 年 6 月 1 日法律的历史会发现,这项法律严重损害了制造商的利益,因此 1886 年的法律以"我们办公厅前所未有的速度完成"。См.:Туган - Барановский М. Указ. Соч. С. 312 - 313.

莫罗佐夫父子公司罢工后，内务部提议：迫切需要通过一项法律，以规范劳资关系并防止双方发生冲突。该倡议完全是为了保护工人。尽管法律的制定（文本、法律解释等提交给国务会议的文件）是由内务部主导的①，但文书的具体撰写是由警察局完成的，而这对其内容产生了巨大影响。

1886年6月3日的法律在某种程度上限制了雇主对工人的霸凌，但这些限制本质上具有双重性。

法律规定了雇用和解雇工人的程序，企业家解雇工人必须提前两周告知；应每月至少发放一次工资（雇佣期限超过一个月时）或两次（不定期雇用时）；禁止实物工资形式，禁止从工资中扣除医疗、车间照明等费用。如果工人没有按时收到工资、受到管理部门的殴打或严重侮辱、遭遇违反保障条款的情况等，则有权要求终止雇佣合同。为规范工人与企业家之间的关系，强制使用工资簿，上面印刷着关于雇佣条件的相关规定②。

法律在一定程度上限制雇主任意罚款，规范了企业罚款额度和罚款制度。该法允许不同数额的罚款，但设定了最高限额——不得超过工人工资的1/3。规定罚金注入专项基金，经工厂监察机关的许可，用于满足工人的需要。此外，法律扩大了工厂监察机关的权力，建立了省级工厂事务机关，全面监督工厂生活秩序。

但政府针对罢工运动参与者制定了新惩罚措施，使得所有对工人的让步措施都黯然失色。"煽动"罢工者被处以最高8个月的监禁，参与罢工者则被处以最高4个月的监禁。如果罢工造成财产损失，则"煽动者"

---

① 财政部和工业家很少参与。
② ТЮЗ. Собр. III. Т. VI. № 3769; Рабочий класс России от зарождения до начала XX в. С. 308; Лаверычев В. Я. Указ. Соч. С. 70 – 90; Потолов С. И. Указ. Соч. С. 219 – 227; Лаверычев В. Я., соловьева А. М, указ. Соч. С. 172 – 181.

第九章　19 世纪下半叶至 20 世纪初的"工人问题"

被处以 8 个月至 1 年 4 个月的监禁，而普通参与者相应为 4~8 个月的监禁。蓄意（工厂管理部门可以将任何行为看作居心不良）破坏企业的复杂工具，将被处以为期 3 个月至 1 年的拘禁。如果威胁工厂管理部门或采用暴力，则刑期加倍。在雇佣合同到期之前擅自停工，则面临着最高 1 个月的劳动监禁。企业家有权扣留工人的身份证件和居留证，直至雇佣期结束①。这项措施带有鲜明的"警察色彩"，旨在确保企业的"平静"②。

1886 年《工厂监督规则》发布，规定地方工厂事务机关有义务制定保护工厂工人生命和健康的措施。但在大多数情况下，有关工厂工作的一般安全规则从未得到执行。《工厂监督规则》一方面规范了工人的雇佣和劳动条件，限制了企业家的肆意妄为（规定罚款额、工资结算的期限和手续等），另一方面禁止工人罢工，否则后者将承担刑事责任。此外，在工人罢工时，政府采取的这些措施公然违反了劳动合同的民法性质。政府对此解释道："个体雇用工人从事工厂劳动……是警察公务的重要管理对象，因为它对于社会秩序具有重要意义，所以，必须将其纳入政府特别监护和监管的范围。"③

1886 年 6 月 3 日法律的作用有限④。最初，它仅在圣彼得堡省、莫斯科省和弗拉基米尔省 3 个省以及梁赞省、雅罗斯拉夫尔省和科斯特罗马省的一些地区实施，当时整个制造行业 70% 的工人集中在这里⑤。采矿

---

① ПСЗ. Собр. III. Т. VI. № 3769.
② Рабочее движение в России в XIX в. Т. 3. Ч. 1. С. 760–761.
③ См.：Потолов С. И. Указ. Соч. С. 221.
④ ПСЗ. Собр. III. СПб., 1886. Т. VI. № 3769.
⑤ 1891 年 6 月 11 日，关于雇佣工人的法律推行到波兰王国各省份，此外，推行到华沙省和彼得罗夫省的还有对工厂企业进行监督以及有关工厂所有者与工人之间相互关系的规则。在财政大臣关于 1892 年国家人口登记问题的奏折中，提到"该措施……将有助于我们在西部地区建立与中部地区相同条件的产业"（См.：ТОДСРПиТ, ч. 22. Отд. 2. С. 444–445. Записка Московского отделения об изменении фабричного закона 1886 г.）。1893 年，上述法案又推行到另外 13 个省：特维尔省、雅罗斯拉夫尔省、科斯特罗马省、下诺夫哥罗德省、梁赞省、格罗德诺省、哈尔科夫省、赫尔松省、基辅省、沃伦省、波多尔斯克省、利夫兰省和爱斯特兰省。80% 的工人受雇于上述地区的工业企业。

· 355 ·

业、建筑业、国有工厂和铁路仍然不受管辖。直至1897年，该法律才完全推广到俄国欧洲部分的绝大多数省份。

俄国在1886年劳动法中采取了一些卓有成效的举措以约束劳资关系，这遭到了俄国企业家的反对。通过政府干涉，企业家对工人做出了微不足道的让步，但企业家仍然坚持要求得到更多的优待。此后不久，经政府高级官员的默许，尤其是在财政大臣 И. А. 维什涅格拉茨基（Н. Х. 本格的继任者）的支持下，他们积极寻求修改法律的机会。但其中更新的内容，即根据1886年法律授予工厂监察机关的权利和义务被人诟病。

新规则彻底改变了工厂监察机关的职责，扩大了它们的权力。现在，除了宏观监督法律执行情况之外，它们还可以采取措施，"防止工厂主与工人之间产生争端和误解"，更确切地说，它们履行了纯粹的警察职能[①]，还有权"对那些违规者提起司法诉讼"。通过重新成立的省级工厂事务机关，工厂监察员有权全面监督"工厂秩序的遵守情况和福利状况"。尽管对地方工厂生活的整体监督是由省长领导的省级工厂事务机关完成的，但根据法律，工厂监察机关仍然具有相当广泛的权力干涉工厂生活[②]。现在，政府监察员规定了工厂生活的内部秩序，而企业家则似乎"退居幕后"。图甘－巴拉诺夫斯基说："对工厂主权利的重大限制，难免引起工厂主的不满。工厂监察员和工厂主之间开始了暗斗。"[③] 内务部和财政部之间亦然。工厂监察机关必须经受住企业家挑起的真正的持久战。一部分新闻媒体和政府官员以及企业家千方百计进行施压，包括寻求维什涅格拉茨基的支持。

---

① 国务会议特别关注组织工厂检查并确定其在国家机构体系中的地位。国务会议的最终结论倾向于认为，"作为特殊工厂警察和现成机构，监察机关将取代普通警察，这显然是有利的"。
② Рабочее движение в России в XIX веке. Т. Ⅲ. Ч. 1. С. 762 – 764.
③ Туган－Барановский М, указ. Соч. С. 317.

第九章 19世纪下半叶至20世纪初的"工人问题"

该法律甫一生效,企业家便开始向俄国工商业促进会莫斯科分会求助①。俄国工商业促进会决定下设一个由 Н. К. 克列斯托夫尼科夫领导的特别委员会,成员包括莫斯科工商业界的主要人物:Ю. П. 古容、И. С. 古奇科夫、Ф. А. 杰季诺夫、И. П. 科诺诺夫、Г. А. 克列斯托夫尼科夫、А. Л. 谢尔盖耶夫、А. А. 巴赫鲁申和 Н. И. 休金等。

委员会的会议负责审查工厂主对检查的投诉,排除"个人肆意妄为"、"对法律的错误解释"和"对企业家有偏见的"指控。1887年3月,俄国工商业促进会莫斯科分会向 И. А. 维什涅格拉茨基先后提出了两项申请,要求政府改变监管工厂的方法②。

在1887年3月10日俄国工商业促进会莫斯科分会的说明中,莫斯科企业家阐述了他们处理劳资冲突的方法。该方法基于双方共赢的思想,即"两者在生产领域的活动具有天然的统一性",他们"将工厂中的劳资合作视为一个基于相近利益和不同能力、彼此相互补充的联盟",呼吁"从类似的视角"来阐释新颁布的工厂法③。Т. С. 莫罗佐夫在结论部分指出:"工厂监察机关从活动之初,就完全误解了工厂中的各种关系,并错误地干涉内部各方。"随后,3月30日的说明中对该法律提出了一些具体建议,它们减轻了企业家的责任,这将使得业已遭受侵害的工人更加悲惨④。

И. А. 维什涅格拉茨基颇为赞赏莫斯科企业家3月的说明:"我必须承认,值得向企业家表示敬意的是,我在文中没有发现任何自私的要求,

---

① 俄国工商业促进会莫斯科分会发起了反对工厂检查的运动。在该法律将于1886年6月3日发布之前,1885年3月31日,Т. С. 莫罗佐夫在该分会发表讲话。他表达了莫斯科企业家的意见,批评性地评价了有关工厂劳工的立法,并指出:"当局……没有考虑到制造商的意见,常常会犯错误。"См.:Московские ведомости. 1885. 1 апреля.
② Русское обозрение. 1893. Т. 20. С. 1087.
③ Балабанов М. Очерки по истории рабочего класса в России. Ч. П. С. 290.
④ Лаверычев В. Я., соловьева А. М. Указ. Соч. С. 177.

俄国企业史（1850～1917）

即扩大企业家的权利，损害工人的利益。所以我可以坦承：我将竭尽全力，完全满足上述要求。"①

法律公布6个月后，Д. А. 托尔斯泰在给 И. А. 维什涅格拉茨基的信中提出将工厂监察工作移交给警察局，维什涅格拉茨基表示同意，但要满足一些特定条件②，其中最重要的是整体修改已经发布的规则，并且将工厂监察工作移交给地方省长（而非警察局）③。И. И. 扬茹回忆说，1887年1月，莫斯科市市长阿列克谢耶夫秘密地告诉他："新任财政大臣强烈反对任何工厂监察机构活动，尤其是反对您的活动。不久前见面时他直言不讳地说：'我将尽力把工厂监察工作转交给内务部，让监察员成为区警察长。'"④

关于工人问题两条路线之间的斗争，早在19世纪80年代内务部和财政部之间的明争暗斗中就已经暴露，双方都在争夺权力，以期直接掌控执行该政策的地方机构⑤。И. А. 维什涅格拉茨基和 Д. А. 托尔斯泰之间的通信就反映了内务大臣和财政大臣在工厂监察问题上的不同立场。内务部认为，根据1886年6月3日法律，工厂监察的任务已"完全改变"。它获得"专门的警察机构的职能，必须采取措施维持工厂的秩序和安宁，从而以管理部门的名义下达命令，而管理是省级行政部门的任务"。内务大臣呼吁将工厂监察工作移交给内务部，并强化工厂监察机关的惩戒功能⑥。1888年财政大臣 И. А. 维什涅格拉茨基改变了看法，认为工厂监察的经验仍然不足，无法对现有条例进行任何修改。同时，

---

① Балабанов М, Очерки по истории рабочего класса в России. Ч. II. С. 291.
② 必要的条件包括：将监察员的任命与财政大臣协商，并从财政部引进一名代表进入省工厂事务部门。
③ См.：Балабанов М. Указ. Соч. Ч. П. С. 395 – 396.
④ Воспоминания И. И. Янжула о пережитом и виденном (1864 – 1909 гг.). С. 96 – 98.
⑤ Шепелев Л. Е. Царизм и буржуазия во второй половине XIX века. С. 188.
⑥ См.：Шепелев Л. Е. Царизм и буржуазия во второй половине XIX века. С. 389.

第九章　19世纪下半叶至20世纪初的"工人问题"

财政大臣十分坦率地解释说，由于企业家申请由财政部负责工厂监察，因此他改变了立场①。

1887年，И. А. 维什涅格拉茨基建议向国务会议提交新法律修正案草案。于是，当局要求莫斯科交易所委员会、贸易和制造业委员会莫斯科分会和俄国工商业促进会发表各自的观点。10月1日，Ф. П. 别佐布拉佐夫院士②受委托提出了自己关于转变工厂监察的想法。后来，别佐布拉佐夫院士在正式说明中陈述了自己的观点③，总体上与财政大臣的方案一致，并符合莫斯科工业界的利益，当时他与莫斯科工业界杰出代表的关系已经相当密切。

别佐布拉佐夫在自己的说明中否定了俄国工厂立法经验，认为这限制了劳资双方的合同自由，并对工人监护过度。他认为，"在涉及企业家、管理者与工人相互关系的立法中，如果其中主要体现出镇压和惩罚功能，而不是预防和监护功能"，那就非常理想了。他认为，"如果新的法律接受我们指出的修正，即减少监察员对工人家庭生活的干涉和监护，那么他们（工厂监察员）的活动就大大简化"。据此，他论证了工厂监察机关"是国家的特殊警察部门"的观点④。他认为，"至少应该将工厂监察机关视为一种新的政府权力机关，用于直接改善工人阶级的经济状

---

① 在自己的发言中，他极力否定该法律，尤其是其中关于工厂监察制度部分，"这种过于温和的做法对于工业而言毫无意义：第一部法律已经损害了工业，如今到了1886年，这样的法律已经过时了。制造商们在哭泣。绝对不能置之不理"，"制造商应该得到帮助，而不是受到阻挠"。См.：Дневник академика В. П. Безобразова. С. 273.
② Ф. П. 别佐布拉佐夫是19世纪50~80年代的著名经济学家、财政部官员（曾任职于国家资产部），多次前往俄罗斯许多省份研究中部区、乌拉尔地区和伏尔加河地区的工业发展状况。根据调研结果，他发表了大量的、内容广泛的著作。19世纪80年代，他发表了有关经济和金融问题的特殊研究，包括《俄罗斯国民经济》、《莫斯科（中部）工业》和《Ф. П. 别佐布拉夫关于新工厂立法的观察和意见》等。
③ Наблюдения и соображения П. П. Безобразова относительно действия новых фабричных узаконений. СПб., 1888. С. 46, 118－119, 121, 126－127.
④ Дневник академика В. П. Бсзобразова. С. 276.

· 359 ·

俄国企业史（1850～1917）

况"，而"将工厂监察转交给内务部负责"是一种"不仅无益而且有害的，会助长警察胡作非为、滥用职权的"措施①。当时，企业家坚决主张在财政部的管辖下维持工厂监察，他的这一说法符合企业家的利益。

同时，企业家们试图增强在省级工厂事务机关中的影响力。他们成功地修订了1886年6月3日法律，将自己的代表安插进莫斯科和圣彼得堡的政府机关。1886年10月，贸易和制造业委员会的两名成员同时成为莫斯科首都工业事务局和莫斯科省工业事务局的成员。1886年11月莫斯科法院检察官在评价他们的活动时说："这些成员一门心思追求工厂主的狭隘利益，试图曲解法律的明确含义，因为该法律保障工人免受他们的专横和剥削。"②

根据1886年6月3日法律，对工厂企业的监督将由地方省级当局在新成立的省级工厂事务机关的"协助下"进行，并且如上所述，工厂监察员和警察的数量都在增加。省级机构有权发布限制性法令，以具体解释和增补一般立法法规。根据法律要求，它们应该重点关注劳资关系，实际上，它们也确实是总体监督工业法规执行情况的机构。机构主席是省长，而成员包括副省长、地方法院检察官、宪兵部负责人和工厂监察机关职员③。另外，省级工厂事务机构的负责人应包括省级地方自治执行机关的主席或成员、市长或地方城市执行机关的成员。在首都及设有贸易和制造业委员会的城市，自治机关和城市的代表由这些委员会的代表替代④。

---

① Наблюдения и соображения В. П. Безобразова относительно действия новых фабричных узаконений. С. 4 – 6, 118 – 119, 121, 126 – 127.
② ЦИАМ. Ф. 131. Оп. 9. Д. 112. Л. 35 – 36.
③ ПСЗ. Собр. III. Т. VI. № 3769; Шепелев Л. Е. Царизм и буржуазия во второй половине XIX века. С. 188 – 189.
④ 大型工业企业主反对1886年法律中的一些规定，因为他们认为这些规定给他们造成了损失。他们首先试图限制分配给工厂监察员的在解决工人与企业家之间冲突方面的监管职能。

第九章 19世纪下半叶至20世纪初的"工人问题"

因此，对省级工厂事务机构产生影响的不仅包括内务部的代表，而且包括工厂监察员和企业家代表。由于将"实施法律和强制性法令"以及"监督实施情况"的工作委托给工厂监察机关，而工厂监察机关实际上变成了工人立法的常设执行机构，因此财政部的影响力进一步提升。

企业家对1886年6月3日法律、对工厂监察机关行为的不满逐渐平息了①。实践证明，当地工厂监察机关没有足够的权威，也无意动用自己的权力来损害企业家的物质利益。

В.К.普列韦的委员会并不急于修改法律，而是进一步强化了企业家对企业的统治地位。企业家无须征得工人同意即可更新他们过期的身份证件（那些住在公寓而不是宿舍的人必须将身份证件交给工厂办公室）。除可向工人罚款外，企业家还可通过法院向工人追讨赔偿金②。此外，出台的一系列小规章进一步侵犯了工人的权利。1890年4月24日，国务会议允许儿童在玻璃工厂上夜班。如果有特别正当的理由（在交易会之前收到更多的订单等），省级工厂事务机构或省长可以允许妇女和青少年在任何行业的工厂上夜班③。

随着威胁企业家利益的因素平息，企业家改变了态度和对法律的评价，因为法律已经根据他们的要求做了调整。企业家一方面保证"贸易商和生产商完全不抵触政府干预劳资关系，并欢迎一部能够很好调整这一关系的法律，以在工厂中创造和平、宁静和爱心"。另一方面，他们也并非没有注意到"现行法律并未非常接近该理想，执法者显然偏向一旁，追求虚无缥缈的目标，只会引起工厂生活的争端与矛盾"④。

---

① 后来，1901年内务部部长Д.С.西皮亚金访问了许多工厂，他说："以前的不满没有留下任何明显的迹象。"См.：Лаверычев В. Я. Указ. Соч. С. 88。
② Балабанов М. Борьба фабрикантов против охраны труда. Пересмотр закона 3 июня 1886 г. // Труд в России. Пг.，1924. С. 128－129。
③ НСЗ. Собр. Ⅲ. Т. Ⅹ. № 6742。
④ Балабанов М. Очерки по истории рабочего класса в России. Ч. Ⅱ. С. 220。

俄国企业史（1850～1917）

客观地讲，1886年6月3日法律是限制企业家专横行为的一个因素。财政部1894年掌握的数据支持这一观点。数据表明，在没有实施该法律的地方，企业家的专制行为更为明显。尽管那些地方工厂中的工人也有工作簿，但是其中收录的规则包括已废除的陈旧法令，并且"经常是为了损害工人的正当利益，剥夺其合法权益"[1]。

1886年法律实施过程中企业表现出来的特殊性以及法律对工人监管的全面性表明，它们与工人运动的频繁程度直接相关。工人运动有其内在原因，并推动了工厂法的修订。如果说当局在工人的劳动保护方面做出了微小的经济让步，这也是工人斗争的结果，莫罗佐夫工厂罢工在此过程中发挥了历史性作用。这场罢工也加深了内务部和财政部在工人政策方面的分歧。正如 Л. В. 舍佩廖夫所言，内务部和财政部分别提出了自己的工人政策，并且财政部在很大程度上听从前者[2]。内务部认为，为维护"社会安宁"，不能出现任何形式的工人阶级斗争（特别是经济罢工）。为了解决该问题，必须对工人进行严密的警察式监视，镇压他们的所有活动，而企业家有义务改善工人的经济状况。工人运动在最终意义上取决于工业发展水平以及劳动剥削程度。

财政部既要保护企业家的利益，又要完成政府在工商业领域的总体任务。它认为，尤其重要的是，当局规范劳资关系的行为具有严格的、基于一般法律原则的性质。行政当局特别是警察对这些关系的任何擅自干预都极其危险，因为这可能使企业家的经营活动变得更加复杂，使企业处于不平等的地位，并吓退外籍企业家。财政部的出发点是，劳资双方直接签订协议来明确他们之间的经济关系，是否签约取决于企业的经营状况和劳动力市场的状况。如果经济罢工没有破坏"社会秩序"，那么

---

[1] Цит. по: Лаверычев В. Я, , Соловьева А. М. Указ. Соч. С. 183.
[2] 在我们看来，Л. Е. 舍佩廖夫的观点是不刊之论。См.: Шепелев Л. Е. Царизм и буржуазия во второй половине XIX в. С. 187, 188。

财政部倾向于解决经济罢工中提出的问题，并认为可以建立各种组织来促进工人互助①。财政部的策略倾向于保护企业家，更符合俄国工业发展的要求。

1886年6月3日制定的《工业制造商与工人关系监督法》以及对其进行补充的相关规则是主要的工厂法，直至1917年都没有本质性的变动。它清楚地表达了所谓的监护倾向，反映了专制政府在工人政策方面的实质。工厂法的主要缺陷是缺乏明确的特别是针对企业家的惩罚性措施，因此效率低下，而为了填补法律空白，政府通过行政命令的形式阐释法律条款。最终，具体执法机构的作用得到强化。

第三节　19世纪90年代：维特时代

19世纪90年代是俄国工业空前繁荣的时期。俄国工业产值紧追法国，增长率则逼近德国和美国②。90年代是 С. Ю. 维特卓有成效的改革时期。他于1892年开始执掌财政部，"创造了90年代工业时代"。据维特最亲密的助手 В. И. 科瓦列夫斯基（从1892年10月开始，他担任贸易和制造司司长，1900年他担任财政部副大臣，负责工业和贸易事务）证实，1892～1900年（维特担任财政大臣一职长达11年，直至1903年8月），维特的活动特别频繁高效。这是一个"不懈奋斗且实施宏伟计划和重大改革的时期"，В. И. 科瓦列夫斯基如是说③。

---

① Там же.
② Мукосеев В. А. Торговля и кредит // Общественное движение в России в начале XX в. СПб., 1909. Т. 1. Предвестники и основные причины движения. С. 135； Мендельсон Л. А. Теория и история экономических кризисов и циклов. Т. П. М., 1959. С. 292.
③ Цит. по： Шепелев Л. Е. Указ. Соч. С. 197.

1893年，维特和同僚已经制订了工业和贸易发展计划[1]。他们认为，当局在贯彻方案的过程中发挥着决定性作用，故应当优先考虑出台行政措施。财政部的各部门有义务以各种方式征询企业家的建议。作为成功改革的最重要条件之一，维特等改革家研究了如何在政府机构中设立代表企业家利益的组织，以及在中央和地方建立协商机构体系[2]。维特的总体方案是吸引企业家系统性地参与涉及工商业所有问题的讨论。该方案提出了修改已过时的法律条款、研究工商业最新情况，并据此进行立法的任务，这完全符合时代要求。

С. Ю. 维特竭力解决复杂的双重任务：一方面，防止经济方面的劳资矛盾，为企业家创造平等竞争的条件，促进工业稳定发展；另一方面，防止政治上的阶级冲突[3]。通过与其他国家尤其是与德国的对比，维特回顾性地评价了工人立法的各种尝试，表示工人立法"在反动圈子里遭到强烈的反对"，他承认拖延改革成为"劳资关系恶化的重要原因……在俄国，这还导致了工人中间产生和传播具有社会主义色彩，有时甚至具有革命色彩的极端观点"[4]。

19世纪90年代中期，俄国工厂的无产阶级罢工兴起。1896年5~6月，圣彼得堡纺织工人举行了罢工。主要原因是，在尼古拉二世加冕典礼期间，圣彼得堡工厂主拒绝为工人支付节假日的固定工资。3万多名纺织工人参加了罢工，整个圣彼得堡工业界陷入动荡。工人的主要要求包括将工作时长从12~14小时减少到10.5小时、及时支付工资、提高计件工资等。当局被迫做出经济让步，并立即开始制定法律，规范工作时长。

---

[1] 在上述 Л. Е. 舍佩廖夫的专著中有关于1893年方案的实质及其详细的分析（С. 204 – 213）。

[2] 1895~1904年，履行代表性功能的企业家组织（交易所委员会、工业家代表大会等）的数量增加，新型企业家建立了地区性的工厂主协会。

[3] См.: Шепелев Л. Е. Указ. Соч. С. 213, 215, 238.

[4] Витте С. Ю. Воспоминания. Т. 2. С. 254.

第九章 19 世纪下半叶至 20 世纪初的"工人问题"

企业家获知即将进行改革,在新法律通过之前,当局允许他们开始自主缩减工作时长。

1896 年 12 月上旬,维特获准制定法律,规范工作时长。同年 12 月 15 日召开了一次专门会议,由主教公会正教院事务大臣 К. П. 波别多诺斯采夫主持。财政大臣 С. Ю. 维特、内务大臣 И. Л. 戈列梅金、司法大臣 Н. В. 穆拉维约夫和 31 名工厂主代表参加了会议。会议决定成立一个由 В. И. 科瓦列夫斯基领导的专门委员会,起草关于工作时长的法律草案。在 1897 年 1 月 23 日举行的委员会会议上,С. Т. 莫罗佐夫捍卫包括莫斯科省在内的中部地区大多数工厂主的利益,该地区企业长期广泛采用连续的单班工作制。莫罗佐夫坚持 12 小时/工作日的标准,并得到了 Г. А. 克列斯托夫尼科夫的支持。克列斯托夫尼科夫援引实例表示,法国无法通过立法将工作时长减少到 12 小时之内,俄国讨论降低工时标准"为时尚早"①。

获知科瓦列夫斯基领导的委员会提出调整方案后,圣彼得堡企业家迅速做出了回应。萨姆波索尼耶夫斯基工厂的负责人 Э. Л. 邦斯泰特和一批圣彼得堡企业家反对限制工作时长。他们在 1897 年 3 月 7 日的特别说明中指出,成功实施正常化工作日法律的主要条件之一是,工作时长至少为 11.5 小时。他们说:"目前任何降低该标准的行为都是错误的,它将非常不利于国内工业的发展,并为消费者带来沉重负担。"② 他们坚持工人必须加班,坚决反对草案规定的工作时长标准,坚持与每个工人协商工作条件。

为促进工业发展,维特坚持将部分工人的工作时长分别修改至白班 11.5 小时,夜班 10 小时(而不是由 В. И. 科瓦列夫斯基领导的委员会建议的 11 小时和 9 小时)。

---

① Тайные документы, относящиеся к закону 2 июня 1897 г. Женева, 1898. С. 32 – 37.
② Цит. по: Лаверычев В. Я. Указ. Соч. С. 95;ТОДСРПиТ. Ч. 24. Отд. 1. С. 14 – 17.

俄国企业史（1850~1917）

在国务会议的讨论过程中人们认识到，通过立法程序规范工作时长是合理的，甚至是唯一的出路，因为俄国政治制度无法开展"所谓的立法斗争，也就是说由工会领导的有组织的罢工，以迫使工厂主同意要求"[①]。

新的工厂法《关于工厂工作时长和分配》于1897年6月2日颁布[②]。其中工作时长的上限规定为平时11.5小时，节假日为10小时。从某种程度上说，这种工作制是圣彼得堡和莫斯科企业家之间的折中方案。从法律上讲，工作时长减少到了圣彼得堡企业家提出的标准，但是莫斯科企业家坚持保留的夜班并未被禁止，只是限于10小时以内。单班工作时，夜班时间为晚上9点至早上5点，而双班倒以及多班倒时，夜班时间为晚上10点至早上4点。这样，法律没有侵犯莫斯科工厂主，即在生产技术条件方面较落后的企业家的利益，但远远没有满足条件更为先进的企业家的要求[③]。根据1897年法律，俄国女工的白天工作时长不得超过11.5小时，而德国、奥地利和瑞士为11小时，法国为10小时，英国的纺织厂为10小时，其他行业则为10.5小时。至于夜班，俄国女工的工作时长不能超过10小时，法国的女工工作时长不能超过7小时，英国、奥地利、瑞士和意大利则禁止女性上夜班。俄国未成年人（15~17岁）的白天工作时长不能超过11.5小时，荷兰、瑞士和奥地利为11小时，其他国家则为10小时。根据法律，俄国儿童（12~15岁）的白天工作时长不应超过8小时，而两班制条件下工作时长不应超过9小时，并允许玻璃企业童工上夜班。儿童的白班工作时长在意大利为11小时，奥地利为8小时，法国为10小时，英国为6.5小时，德国、瑞典和挪威为6小时。这些国家

---

① Вовчик Л. Ф. Политика царизма по рабочему вопросу в предреволюционный период (1895 – 1904 гг.), Львов, 1964. С. 182.
② ПСЗ. Собр. III. Т. XVII. СПб., 1900. № 14231.
③ Туган‐Барановский М. Указ. Соч. С. 328.

中大多数禁止儿童上夜班①。与以前一样，法律没有赋予工人休假的权利。长期以来，俄国每家企业都有大量休息日，这主要与全国性和地方性宗教节日有关，在休息日工资停发。新法律确定了一年的工作天数（295.5 天），并限制了一年中的强制性非工作天数，将其一般标准设置为66 天（52 个星期日和 14 个传统节日、教会节日和沙皇生日等）②，这使得企业家能够延长工作时间。为了弥补因法律规定的减少工作日而造成的损失，企业家在必要时可以通过增加一年中的工作日来弥补。法律允许加班，有的是强制性生产技术条件所要求的，有的是工人自愿选择的（每年不超过 120 小时）。

1897 年 6 月 2 日法律的适用范围有限，工人数量少于 20 人的企业不受工厂监察机关的监督，因此不受法规的约束③。结果，许多工人依然完全依附于雇主。1897 年法律颁布后，当局制定了各种附加规则、指示和解释，从而削弱了法律的效力。

客观地讲，尽管适用范围相对有限且存在许多重大缺陷，但 1897 年 6 月 2 日法律仍有重要意义，即：它首次确立了调整工作时间的法律规范，其中工作时长标准明显降低。值得说明的是，1897 年之前，俄国的工作时长并不受任何法律制约，工作时长完全取决于企业家。而现在，工人可以依法（而不是像以前那样乞求企业家的怜悯）争取自己的权利。

该法律的重大缺陷之一是保留夜班。财政部承认，"夜班无疑比白班更繁重，它违背作息规律并危害健康；夜班工作时间越长、次数越频繁，它的危害就越大"。但文件中进一步指出："鉴于夜班的危害，最好是禁

---

① ПСЗ. Собр. III. Т. XVII. № 14231；Крузе Э. Э. Положение рабочего класса в России в 1900 – 1914 гг. Л. , 1976. С. 247 – 249.
② 强制性假日包括 8 个日期固定的假日（1 月 1 日、1 月 6 日、3 月 25 日、8 月 6 日、8 月 15 日、9 月 8 日、12 月 25 日和 12 月 26 日）以及非固定的假日（复活节前一周的星期五和星期六、复活节当周的星期一和星期二、圣灵升天节和圣灵降临节）。
③ ПСЗ. Собр. III. Т. XVII. № 14231.

俄国企业史（1850~1917）

止成年工人上夜班（正如在某些行业禁止妇女、男女青少年、儿童参加工作），但从工人的一般福利角度来看，这也没有任何根据。适度的夜班工作相对于更长时间的白班工作而言，对工人的危害较小。"[1] 但是，由于工资水平较低，工人即使上夜班也要加班超时工作。

在禁止上夜班的行业，法律鼓励实施两班倒9小时工作制。然而，根据著名统计学家 И. М. 科兹米尼-兰宁的资料，即使在俄国 1905 年革命后，莫斯科省仍有 17% 的工人分两班工作，而每天工作 9 小时以上，超过了 1897 年法律规定的标准。

资本家通过增加劳动强度来弥补将工作日缩减到 11.5 小时的不足，结果每个工人的产量并未减少，反而增加了。因此，弗拉基米尔工厂监察员报告说，从昼夜工作转换为白班或 18 小时轮班，无疑可以提高单位时间的劳动生产率。在白班时间缩短的情况下，生产效率同样提高，尤其是当从 13.5 小时降为 12 或 11 小时后[2]。但是，如果工作时长改为 18 小时，为提高工人的劳动生产率而取消 1~2 小时夜班或白班，其生产效率也会变动：纺纱厂提升 35%，织布厂提升 7%~10%，印染和机械厂提升 15%[3]。

工时和工资数据表明，在机械化程度更高而工人数量较少的企业，工人的工作条件最为优越，工资水平最高[4]。

20 世纪初俄国工厂的平均工作时长为 11~11.4 小时[5]，依旧高于其他国家。例如，在 1900 年，英国、美国、丹麦和挪威的工作时长为 9~

---

[1] Цит. по: Ленин В. И. Новый фабричный закон // Полн. Собр. Соч. Т. 2. С. 277-278.

[2] См.: Хромов П. А, экономическое развитие России в XIX - XX веках. 1800-1917. М., 1950. С. 220.

[3] См.: Продолжителыюсть рабочего дня и заработная плата рабочих и 20 наиболее промышленных губерниях Европейской России. 1896. С. 49-50.

[4] См.: Кирьянов Ю. И. Жизненный уровень рабочих России (конец XIX - начало XX вв.), М., 1979. С. 43.

[5] Промышленность и здоровье. 1903. Кн. 4. С. 141.

第九章　19世纪下半叶至20世纪初的"工人问题"

10个小时，而法国、德国和瑞典则是10个小时。

但是，20世纪初，俄国工人的工作时长逐渐趋于平均值①。圣彼得堡、维斯拉河沿岸省份、波罗的海沿岸省份和西南省份的工作时长低于平均时长，中部工业区的工作时长有所增加②。

关于缩减工作时长，普季洛夫斯基工厂的负责人 С. И. 斯米尔诺夫表示："目前，由于长时间工作，工人过度疲劳，被迫寻找一切休息机会。如果缩减工作时长，同时大幅提高工资，那么工人将比每天工作11个小时的情况下更加投入。他们无疑会更合理地分配时间，从而减少材料浪费，避免损坏机器机床，减少事故发生。仅此一项就可以振兴我们的工业。需要循序渐进地过渡到8小时工作制。"

1897年法律颁布后，规定工作时长的企业开始推广强制加班制度，而工人们则幻想得到额外的收入。这严重影响了工人的健康，工伤、残疾和失业情况也有所增加。根据法律，所有规范仅涉及正常（固定）工作，但是不涉及加班工作。根据劳资之间的特殊协议，工人可以加班，而雇佣合同中规定了加班的条件，由于生产技术条件所限，这种加班是必需的（为了完成"不可预期"的订单，在工厂主"难以"增加工人数量的条件下，工人必须加班），这使得工厂主能够延长工作时间，从而违背了法律要求。许多企业都推行加班③，总加班时间大大超出了法定标准（每年294小时，或每月24.5小时），但加班费也提高了，工人收入增加

---

① 由于生产的机械化和工人阶级的斗争，第一次世界大战前夕的每天工作时间缩短了两个多小时，大约是10小时。在生产中工作超过10小时的工人所占的比例下降，并且每天工作8小时的工人数量翻了一番（1904年为4%，1913年为8%）。См.：Кирьянов Ю. И. Указ. Соч. С. 87 – 88。

② Комиссия по вопросу о рабочем законодательстве 22 января 1907 г. // ТОДСРПиТ. Ч. 29. Отд. 1. С. 239, 240.

③ Крузе Э. Э. Указ. Соч. С. 277；Кирьянов Ю. И. Указ. Соч. С. 63 – 72.

俄国企业史（1850～1917）

了约12%（或每年25卢布）①，这变相地鼓励了工人加班。

1898年3月14日发布了财政大臣通函，允许工人几乎无限地加班，1897年法律相当于被废止②。通函并不完全禁止节日工作。如果劳资双方达成协议，工厂主用周末加班来弥补假日工作，并马上告知工厂监察机关，那么节日劳动是允许的。

1897年6月2日法律颁布之前，工人和俄国其他公民每年的节假日数量相等（88天）。该法律规定了工人在星期日和节假日（每年共66天）必须休息，但是取消了1/4的普通节假日（22天）③。可见，该法律颁布后，工人的法定假日少于其他公民的节假日。

显然，任何法律的成功实施，都必须满足两个主要条件：其一，监督法律的实施；其二，制定明确的实施细则，制裁违法行为。新法律中没有此类条款，大大降低了法律效力。法律赋予大臣们（与内务大臣达成协议的财政大臣、交通大臣等）诸多权力，例如他们可以为了"完善"法律而发布法律适用细则等，从而削弱了法律效力。从本质上讲，他们有完全的自由裁量权来解释法律所有条款，如工作时长、轮班规则（每天的工作次数）、休息、加班和工伤等条款。另言之，法律效力的强弱、对法律的修订等，都直接仰仗于大臣们的意志和决定。

早在1897年10月，针对6月2日法律的适用规则就已颁布，并得到了财政部与内务部的同意。它的颁布为随后的补充、修订和更新留下了空间。规则中指出了可以违反法律的情形。工厂主有权超出法定工作时限来"完成工作"。财政部关注的重点是加强监督已经生效的法律的执行情况，以及重组那些监督企业活动的部门。在此期间，财政部与内务部

---

① Микулин А. Сверхурочные работы в промышленных заведениях Киевского фабричного округа в 1898 г. // Промышленность и здоровье. 1904. Кн. 1. С. 7 – 12, 16.
② Туган – Барановский М. Указ. Соч. С. 328, 329.
③ Там же.

第九章 19世纪下半叶至20世纪初的"工人问题"

之间的斗争再次升级，两者都竭力影响与"工人问题"有关的政策，以及工厂监察机关的活动。

如上所述，工厂监察机关由 Н. Х. 本格创建，用于监督工厂法的执行情况。随着财政部工作政策的变化（И. А. 维什涅格拉茨基和维特执政时），以及19世纪90年代后半期工人运动的加强，工厂监察机关在某种程度上失去了作用，其性质和结构发生了改变。

维特的初衷是加速国家工业发展，他沿袭了前任大臣在工人立法领域的政策。1894年3月，维特通过了重组工厂监察机关的法律，工厂监察机关必须据此对企业实施技术监督，监察人员的配置得到极大加强，监督企业活动的工厂监察员的职位由此产生①。作为对维特法律的补充，1894年7月11日发布了《工厂监察机关命令》，更具体地说明了工厂监察机关的职责和性质。该法令指出："工厂监察员应当一视同仁地对待劳资双方的利益，因为只有协调二者的利益并正确理解他们，才能保证工厂业务的顺利推进。"工厂监察员应该"在不破坏公平的前提下，采取合理一致的行动"②。此外，法令还要求工厂监察员为提高生产水平提出建议。

随着工人运动的发展，工厂监察机关的"警察功能"日益重要。维特于1895年4月11日和12月5日发布了通函，要求工厂监察员"监视并及时通知财政部……工厂中可能引起骚乱的不良现象"③。

在1895年12月的通函中，维特解释道，罢工运动产生的原因是有人为了"与民族精神和俄国人生活习俗格格不入的、虚无缥缈的或荒谬

---

① ПСЗ. Собр. III. 1894. Т. 14. № 10420.
② Юбилейный сборник в память двадцатипятилетия фабричной инспекции в России. 1882. 1 июня 1907 г. Часть первая: Исторический очерк учреждения инспекции. СПб., 1907. С. 28 – 29.
③ Цит. по: Власть и реформы. От самодержавия к советской России. СПб., 1996. С. 410.

· 371 ·

绝伦的思想……"而在俄国"人为地制造……西方劳资之间可悲的冲突"①。维特写道："在我国的工业中，劳资双方主要是父权制关系。在许多情况下，这种父权制体现在工厂主关心工人的需求，维护双方和谐一致、纯粹而公平的相互关系。既然这种关系的基础是道德情感和基督教感情，那么就不必诉诸成文法和强制法。"但财政部的文件中很快不再谈论俄国人的这些生活习俗。1897年4月8日，贸易和工业部发布秘密通函，对罢工期间工厂监察员的活动做出了非常明确的指示，责令工厂监察员"严密监督"企业。当爆发罢工时，工厂监察员应"采取一切措施说服工人立即恢复中断的工作，并向他们解释其非法行为将受到重罚"②。

内务部则在1897年8月12日秘密通函中命令警察"查明工人动乱的原因，并尽可能消除引起不满的因素，以防工人找到借口，投诉工厂主或管理方的压迫及不公"③。

根据这些指示，许多地区的安全部门试图完全控制工人，而完全无视工厂监察机关。这种情况在莫斯科最为严重。1898年6月19日，财政大臣获悉，"持续监督劳资关系和秩序"的权力从"工厂监察机关'落入'警察之手"④。

在1898年3月致尼古拉二世的呈文中，副宪兵队长А.И.潘捷列耶夫中将承认工人处境艰难，并提出改善措施以防止工人动乱。呈文指出："工人为工厂付出了毕生的精力，而工厂拥有巨额资本并由于工人的劳动而蓬勃发展，将工人的劳动与工厂的回报相比，不能不得出结论：工人收入太低。为改善工人的状况，首先应当提高其收入，这是他们的物质

---

① Там же.
② Там же.
③ Цит. по: Шепелев Л. Е. Указ. Соч. С. 243.
④ Вовчик А. Ф. Указ. Соч. С. 60 – 61.

第九章 19世纪下半叶至20世纪初的"工人问题"

保障。"

潘捷列耶夫认为，必须彻底改变"监督工人"的做法，因为这完全不够。他认为，最有效的措施是在每个工厂紧急设立武装警察局，其职责是"监督工厂内部规定的遵守情况"，由工厂主承担该项费用。工厂监察机关应该保留"纯技术部分"①。莫斯科警察总监 Д. Ф. 特列尼约夫同样支持设立"工厂特警"，他主张将其建立在工厂内部，使其"出现在生产活动中"，并且干预"工人生活和工厂秩序的所有方面"。

1898年夏，К. П. 波别多诺斯采夫主持的一次专门会议研究了潘捷列耶夫的报告和"根据现行法律，划分内务部和财政部的地方机关与工厂之间的权限"问题，以及"根据现行法律，确立行政当局干涉劳资经济关系的范围，尤其是确定工资"的问题②。

维特在会上发表讲话说："潘捷列耶夫中将提出了一个构想，因为工厂主凭借工人的劳动而发财，所以必须迫切要求他们减轻工人负担并改善工人生活。在工人问题上，政府能否走上这一极其危险的道路？尽管工厂工人（300万人）的状况不是很好，但是也没有农村人口的状况（3000万人）那样糟糕。当然了，也不能断言前者（像后者一样）不需要政府的监护来增进他们的福祉，但是当社会安定之时，这些措施应当以（已经完成的和拟订中的）立法程序逐步地体现出来，而绝对不能在工人的压力下或迫于他们的要求而完成。"维特坚决反对"将警察引入工厂"，并反对由内务部机关实施工厂监察，他认为这将忽视工业的正当利益并"迫使"工厂主"实施警察机关认为能够安抚工人的措施"③。

潘捷列耶夫的提议遭到官方拒绝，维特的声明发挥了决定性的作用。维特声称，如果采用潘特列耶夫提出的"工人问题"解决方案，就不得

---

① Цит. по：Шепелев Л. Е. Указ. Соч. С. 243, 244.
② Цит. по：Шепелев Л. Е. Указ. Соч. С. 244；Белов В. Д. Указ. Соч. С. 390.
③ Цит. по：Шепелев Л. Е. Указ. Соч. С. 245.

不将其推广到处理农民与各地贵族之间的关系上。在1899年3月17日的大臣间会议上，С. Ю. 维特做出报告，根据该报告，1899年3月通过"圣谕"，建议只有"通过立法方式"并"在企业家本人的物质资助下"才能真正改善工人的状况①。在财政部和内务部之间为了影响工人政策、影响企业的开设和经营条件而展开的斗争中，1899年6月7日制定的法律标志着前者的胜利②。

甚至在讨论《关于工厂工作时长和分配》的过程中，国务会议也承认"对省级工厂事务机关的决定提出上诉的程序非常不完善"，指出必须在贸易和工业部设立一个特别的合议庭。1899年2月，财政部起草了一项法案，计划由新部门总管省级机构活动③。1899年6月7日法律规定④，该部门的名称是工厂和矿务企业总局，负责"最大限度地监督保障工厂和矿山的正常秩序，保障有效实施提高福利的法律条例"，发布"推动现行立法"的规则和指示，如果当地机构的决议与一般法规不符，则取消当地机构的决议。允许工厂和矿务企业总局在考虑当地条件的情况下，发布关于工作时长和时间分配的地方法规，这为企业家投机提供了机会。工厂监察机关仍然负责执行工厂和矿务企业总局的命令。

用В. Д. 别洛夫的话说，"为了拥有神奇的宝藏——工厂监察权"，财政部与内务部之间的斗争不会停止。В. Д. 别洛夫回顾性地评价了俄国工人问题的发展，他说："此事在我们这里进行得毫无头绪，既没有实践研究也没有理论研究。法律条文是坚实的基础，但是完全没有对它们进行

---

① См.: Гиндин И. Ф. Об основах экономической политики царского правительства в конце XIX – начале XX вв. // Материалы по истории СССР. Т. VI. Документы по истории монополистического капитализма в России. М., 1959. С. 208.
② ПСЗ. Собр. III. Т. XIX. № 17122; Шепелев Л. Е. Указ. Соч. С. 243.
③ 财政大臣、农业大臣和国有资产大臣之间当时达成了一项协议，将省级工厂事务部门和俄国欧洲部分矿业部门管理机构合并，并且取消矿业部下属的矿务办公室。См.: Шепелев Л. Е. Указ. Соч. С. 241, 242。
④ ПСЗ. Собр. III. Т. XIX, № 17122.

第九章 19世纪下半叶至20世纪初的"工人问题"

解释。但与此同时又出现了工厂监察……结果在 B. K. 普列韦的领导下,该机构处境尴尬:受两个相互敌对的领导机关的管辖。"[1]

直至1905年1月,大臣委员会才承认由内务部负责工厂监察"有百害而无一利"[2]。К. П. 波别多诺斯采夫1898年7月主持的会议是一座特殊的里程碑,文件明确记载了当时的一些争议,但是没有解决两个部门在工人问题方面的分歧。19世纪90年代末,工人问题在一定程度上影响了俄国工业发展,鉴于此,财政部放弃了监管政策。相比之下,内务部坚持监管方针,体现了"警察社会主义"(或祖巴托夫主义)。该政策的主要提出者和执行者是莫斯科保安局局长 С. В. 祖巴托夫。20世纪初,随着劳工运动的兴起,两个部门被迫寻找解决工人问题并防止革命暴乱的新方法。在此期间,财政部和内务部都制定并实施了各种草案和措施。1901年4月财政部召开的"工厂维稳会议"指出必须"在工业部门中设置特派机构",工厂特派机构的主要职责是"解决劳资之间就雇佣、工作和生活条件等问题与主管部门和工厂监察机关进行谈判时的矛盾"。副内务大臣 П. Д. 斯维亚托波尔克 - 米尔斯基支持建立工厂特派机构。他提议为工人提供贷款、建立储蓄银行,并提供公寓,在将来引入由企业家参与的强制性国家保险。П. Д. 斯维亚托波尔克 - 米尔斯基认为,"基于消费者的愿望"经营工厂商店、开办工厂附属的"初级学校"等举措是有益的[3]。1901年末,内务大臣 Д. С. 西皮亚金的总结报告肯定并发展了这一思想。

该报告的重要和新颖之处是,并未讨论和评价俄国工厂的"父权制"。Д. С. 西皮亚金指出,俄国"仅靠出卖劳动力谋生"的工人阶级数量迅速增长,并且存在大量"工人世家"。为抵制革命运动,内务大臣认

---

[1] В. Д. 别洛夫在自己1905年3月提交给俄国工商业促进会的报告《俄国工业现状》中陈述了自己对这些事件的观点。См.: ТОДСПиТ. Ч. 28. Отд. 3. С. 377 – 395。
[2] Кризис самодержавия в России. С. 80 – 81.
[3] Лаверычев В. Я. Царизм и рабочий вопрос в России. С. 143 – 144.

俄国企业史（1850～1917）

为必须"主动地强调个人利益与工厂秩序之间的密切关系，巩固工人阶级自身的稳定和保守因素，以维护现有的社会制度"。西皮亚金提议实施相应措施，以改善工人的经济状况，并在他们中间培养"一定数量的小企业家"①，扩大工厂监察机关的权力，授权它们处理工人向企业家的民事索赔，并坚持将工厂监察置于省级监察机关之下，警察加强监督工人②。

为了调查工人的经济状况和罢工运动的原因，1901 年 Д. С. 西皮亚金前往雅罗斯拉夫尔省、弗拉基米尔省、科斯特罗马省和下诺夫哥罗德省进行调查之后，转而支持合伙制③。自 19 世纪初西方国家开始尝试合伙制，19 世纪 80 年代俄国开始研究这一制度。著名的经济学家和统计学家 А. А. 伊萨耶夫教授也热衷于合伙制，并积极支持和宣传这一制度，他将实施合伙制与"保持现代生产秩序（资本主义生产方式）"联系起来。他认为，吸引工人参与资本主义企业的投资、管理和分红的思想可以对抗社会主义学说。

此外，А. А. 伊萨耶夫认为合伙制与劳工运动关系密切。在他看来，"只有在工人心怀不满的情况下，这种形式才能成功发展"。同时他认为，

---

① Там же. С. 143 – 150.
② Кризис самодержавия в России. С. 83.
③ 用英语单词"copartnership"表示吸引工人参与"共同拥有"资本主义企业的思想起源于西欧。第一次世界大战之前人们通常认为，采用这一模式的经典国家是法国，后来则是美国。合伙制理论家区分了两种主要形式。最简单的是工人和雇员参与分配资本主义企业的利润，这通常不受任何法律约束，仅基于当事双方的共同协议。更复杂的情形是，由于工人对企业投入了一定的固定成本，因此除了允许其参与分配利润之外，还允许他们控制企业活动。只有在出台确定双方关系的专门法律的情况下，这种类型的合伙制才可能实现。

在现代史学中，Л. Е. 舍佩廖夫关注并详细地研究了这种合伙制问题。Подробнее см.：Шепелев Л. К. Копартнершип и русская буржуазия // Рабочий класс и рабочее движение в России. 1861 – 1917, М., 1966. С. 285 – 303.

第九章　19世纪下半叶至20世纪初的"工人问题"

国家的角色是履行监督职能，并吸引企业工人参与、协助宣传合伙制①。

另一位著名经济学家 В. Ф. 托托米安茨后来也支持他的观点。托托米安茨认为，合伙制允许资本主义企业"将大量工人与自己绑定在一起"，"消除罢工，并促进和平公正地解决所有冲突"，结果是"工会被迫放弃其斗争功能"。他同样认为国家在宣传这一理论方面承担着重要的角色，强调"通过立法，国家可以促进私营企业尤其是股份公司改为合伙制"②。

19世纪80年代，随着工人运动的发展和工厂法的筹备（将监护措施和镇压措施相结合），政府讨论了合伙制的可能性。Н. Х. 本格坚信，合伙制是社会政治非常重要的一部分，实施合伙制是19世纪80年代工人立法的有机延续，是抵制国内社会主义思想、防范工人革命运动的有效措施。在手稿《来世札记》的《社会主义及与其斗争》一章中，Н. Х. 本格警告说，19世纪下半叶"社会主义尚未消亡，正在采取国际联盟的形式"③。

他认为，为了成功实施合伙制，必须确保劳资双方的共同利益。首先应当使"企业家自己确信，吸引工人分红符合自身的利益"。其次应当使工人"深刻意识到，只有依靠资本而不是仇视资本，才能改善自己的物质生活和精神生活，他们首先指望的不应当是国家，而是自己的劳动以及与企业家团结一致进行的活动，因为企业家愿意与他们合作"④。

劳务部起初认为，吸引工人参与企业分红并不现实，所以讨论的重点是监护制度以及国家在劳资关系中的角色。该部甚至认为，吸引工人

---

① Исаев А. А. Участие рабочих в прибылях предприятия // Юридический вестник. 1879. № 9 – 10. С. 370, 570 – 572.
② Тотомианц В. Ф. Участие в прибыли и копартнершип. Пг., 1915. С. 264, 268, 272; Тот же. Участие служащих в прибылях государственных и общественных учреждений // Известия Московской городской думы. Отдел общий, 1915. Январь. С. 49 – 61.
③ Цит. по: Шепелев Л. Е. Копартнершип и русская буржуазия. С. 290; РГИа. Ф. 1263. Оп. 2. Д. 54936. Л. 160 – 160 об.
④ Цит. по: Шепелев Л. Е. Копартнершип и русская буржуазия. С. 293.

参与分红是工业高度发达国家的特有现象，而当局一些官员觉得这种措施纯粹是政府干预的一种方法。为了讨论 П. Д. 斯维亚托波尔克 - 米尔斯基呈文中以及 Д. С. 西皮亚金报告中的建议，根据沙皇1901年12月27日下达的命令，当局召开了一次农业、国资、财政、内务、司法大臣和莫斯科总督谢尔盖·亚历山大罗维奇大公参加的专题会议。1902年3月9日会议结束，此次会议完全支持 Д. С. 西皮亚金的主要建议，即"希望政府机关干预工人阶层的生活，并尽可能地掌控影响工人阶层切身利益的杠杆"[1]。

西皮亚金认为，在当前条件下讨论合伙制不合时宜，并将其从会议日程中删除。因为各种迹象预示着俄国即将爆发经济危机，所以企业家并不支持劳工参与企业投资、管理和分红。与此同时，企业家对政府总体的工人政策尤其是 С. В. 祖巴托夫改革的不满情绪与日俱增。雪上加霜的是，政府倡议实施合伙制，且很可能采取警察国家政策[2]。显然，如果没有政府层面的措施，合伙制不可能实现。本格和西皮亚金均认为，政府的各项措施决定了俄国是否可以实施合伙制。法律严格规范了股份公司的建立和运作，这些公司的组织和结构形式最大限度地满足了工人和雇员管理企业的要求。同时，法律并未直接禁止工人参与合作。

财政部在会议上提出了《关于修订惩办罢工和提前终止雇佣合同的法律条款，以及建立工人自助组织的合理性的说明》[3]。1902年3月9日会议并未根本改变政府关于工人问题的政策，传统的"政府部门无限干涉工人生活"以及国家尽可能地控制"所有支配工人切身利益的杠杆"等原则依然有效。会议承认必须"尽快逐步完成工厂立法，以改善工人的生活条件，规范国家对工人的监督"，并"采取行政措施消除导致工人

---

[1] Там же. С. 292.
[2] Там же. С. 292 - 293.
[3] Лаверычев В. Я. Указ. Соч. С. 146 - 147.

第九章　19 世纪下半叶至 20 世纪初的"工人问题"

不满的因素"。根据会议的决议，制定具体措施方案的工作委托给各部门特设的机构间委员会，草案则提交给国务会议①。这样，内务部下属的委员会应该为"工厂内的警察监督活动以及整个工厂和工人"制定规则。该委员会拟定的法案包含如下内容：扩大工厂监察机关的权力，并将其置于省长的管辖之下；改善工人的财产状况；管理工厂主的雇佣条款，确定工厂主擅自违反劳动合同的刑事责任；修订针对罢工参与者的惩罚条例；在工厂中建立互助协会和互助储蓄所；从工人中选出特派代表②。

截至 1902 年，财政部已制定了 4 项法案：《为工人及其孩子提供初级教育》、《消除现行工人医疗援助法律的缺陷》、《建立工业设施和组织生产的程序及条件》和《为工人设立意外事故险，以及为其家人设立疾病险、养老险、事故险和家长死亡险》。所有这些草案都应直接提交给国务会议讨论③。1897 年后，财政部提议允许工人举行经济罢工。然而，这些计划既没获得政府和大多数企业家的支持，也没有被财政部执行④。

大臣委员会（1902 年 3 月 9 日）的决议接受了财政部和内务部提交的主要建议，并指出了以后将要实施的方案⑤。

1903 年 6 月 10 日，经过政府机关和商业机构旷日持久的讨论，《工厂特派机构法》被通过。维特和 B. K. 普列韦都倡导建立工厂特派机构。从政府的角度来看，为了与工人的革命运动展开斗争，该措施是"绝对必要的"。而立法者认为，作为合法的工人组织，工厂特派机构本来是要"在一定程度上分化工人群体"，从而"实质性地维护公共秩序"。政府努力通过法律使工人的集会合法化，"使他们在特派代表的直接控制下公开

---

① Кризис самодержавия в России. С. 86.
② Там же.
③ Шепелев Л. Е. Царизм и буржуазия во второй половине XIX века. С. 240.
④ Вовчик А. Ф. Указ. Соч. С. 88 – 89, 90, 95.
⑤ Кризис самодержавия в России. С. 86 – 87.

集会"，进而由警察控制，从而使工人远离革命影响①。

维特直接参与了法律的制定，他认为，"异常事态"（工人运动日益频繁、工人团结并希望建立自己的劳工组织）"在地下工人组织的社会主义宣传影响下，最近几年变得更加复杂。在圣彼得堡、莫斯科和弗拉基米尔等大型工业中心，这些组织已经吸引了大量工人，并且由于经济方面的原因，劳工运动继续发展"②。

圣彼得堡企业家和圣彼得堡工厂主协会主席 С. П. 格莱默强烈反对在工厂建立工厂互助协会。他们发给财政部一份特别备忘录，其中论证道：由于俄国工人"不到总人口的2%"，他们不像西方那样团结在"特殊派系"中，"而是与农村或城市人口混居一起。俄国工人并未有组织地与企业家斗争，在大多数情况下，偶尔爆发的冲突是误会或外因造成的"。企业家要求免除为工人建设医院、学校、住宅或储蓄所的义务，并指责政府沉迷于"西方模式"，而不是推广各种适应"俄国人的生活"并"充分符合人民精神"的监护模式③。圣彼得堡的工厂主们声称："地方机关的庇护政策，经过改革和适当的组织，比工人的专业组织更利于实现所有更广泛、更人道的目标。"圣彼得堡企业家在一份说明中说："除了地方机关，城市和乡村的居民醒酒处等也可以作为监护机构。"④ 莫斯科企业家反对建立储蓄互助会、反对成立工厂特派机构，但是与圣彼得堡企业家相比，他们乏人关注。В. Я. 拉韦里切夫公允地评价说，俄国资产阶级"还没有能力""提出与一般的、纯粹的资产阶级改革相对一致的要求"来

---

① Цит. по: Ромашова В. П. Закон о фабричных старостах 1903 г. – результат борьбы пролетариата // Морозовская стачка 1885 г. и рабочие центрального промышленного района России. С. 241.
② Там же. С. 240 – 241.
③ Цит. по: Озеров И. Х. Политика по рабочему вопросу в России за последние годы. М., 1906. С. 275 – 278.
④ Там же.

第九章　19世纪下半叶至20世纪初的"工人问题"

反对政府的"监护"方案①。

但莫斯科和圣彼得堡的企业家都不急于执行这项法律。直到1904年2月下旬，圣彼得堡企业中才开始出现工厂特派组织。企业家感到忧虑，因为该组织代表工人利益，将向雇主提出更多的要求。工人却根本不信任这些法律。法律赋予特派代表以警察职能，所以工人们认为，这一从属于工厂管理层的机构是企业家和警察的代理。

实际上，政府主导的工厂特派制度的尝试并不成功，其主要目标是在警察的控制下建立工人组织，以及在整个工厂范围内的在工人阶级中，培植以工厂特派代表为代表的警察代理人。正如工厂制度无法减轻工人的不满，无法遏制他们的革命行动一样，工厂特派制度也整体失败。在俄国1905年革命期间，工厂特派代表往往不是警察的代理人，而是工人的组织者②。

＊＊＊

在这一时期的工人问题上，政府政策的一个重要领域是社会保险。19世纪80~90年代，大多数西欧国家已经实施了劳工保险法。仅在19世纪80年代，由于劳动保护条件的落后，随着工业的发展和工人数量的增长，俄国工伤率以令人震惊的速度上升，解决社会保险问题迫在眉睫，成为工人法案不可或缺的部分。此前，施塔克尔贝格领导的委员会、伊格纳季耶夫领导的委员会和瓦卢耶夫领导的委员会尝试由企业家承担一部分工伤费，但均未成功。后来，该原则得到保留和发展③。

---

① Цит. по: Лаверычев В. Я. Указ. Соч. С. 164.
② См.: Ромашова В. И. Указ. Соч. С. 242 – 243.
③ ЦИАМ. Ф. 616. Оп. 1. Д. 3. Дело о привлечении к ответственности владельцев промышленных предприятий за увечья и смерть рабочих и проекты мероприятий по организации помощи рабочим, получившим увечья. 1868 – 1901 гг. Л. 32 – 37.

1880年，财政部贸易和制造业委员会负责制定企业家在工人事故中，承担责任的规则。企业界人士获知，一些法律草案正在制定，其中详细地规定了企业家有保障劳动致残者生活的义务。企业家同意做出一定让步，向受伤工人支付赔偿金和微不足道的养恤金，但他们仍试图保留自己的行为自由，并尽力避免将这些义务纳入法律。莫斯科企业家预估该法即将颁布，因此向财政部的立法部门提出了自己的替代方案。于是，1881年10月38位莫斯科名门望族的代表（包括奈焦诺夫、莫罗佐夫、亚昆奇科夫、克列斯托夫尼科夫、特列季亚科夫和马柳京等）要求成立工人福利委员会，并向莫斯科交易委员会提交了一份说明，声称："众所周知，改善劳工的工作生活条件是近期政府重点关注的问题之一，我们认为有责任促进政府实施类似的项目……工业界必须马上采取措施，扶助那些在工作中致残致死工人的家庭。"为此，他们建议根据工人数量，分行业地向每家企业征收年费，并计划通过认购的方式建立启动基金[①]。资本的利息应当用来保障致残工人，由莫斯科交易委员会负责福利的发放。同年12月，Л. Г. 克诺普在信中写道，他借鉴了德国的经验，提议企业家成立自助会[②]，其主要建议得到莫斯科交易所委员会理事会的支持，然后，莫斯科交易所委员会提请财政大臣成立一个委员会和储蓄互助会，用于工人保障。当月，大臣关于此草案的呈文获得沙皇的批准。俄国南部的矿主也提出了类似的建议，在1881年的一次大会上，他们认识到必须制定俄国南部矿工福利协会章程。

然而，该法案的制定被推迟，但这并不能归咎于莫斯科企业家[③]。直到1883年1月3日，残疾工人互助委员会制定的草案才得到莫斯科交易

[①] ЦИЛМ. Ф. 143. Оп. 1. Д. 101. Л. 1 – 3, 6 – 19.
[②] Там же. Л. 14.
[③] Там же. Л. 27, 28.

第九章 19世纪下半叶至20世纪初的"工人问题"

所委员会理事会的批准，然后被提交财政部①。但在贸易和工业部的讨论中，该草案遭到了严厉的批评。总的说来，企业家竭力避免承担任何明确和具体的义务，而是用一些泛泛的、非常模糊的条款来限制自己。例如，草案中并未规定终身性福利和一次性福利金的确切数额、支付这些福利的期限和程序以及向企业家征收上述费用的原则等②。莫斯科总督B. A. 多尔哥鲁科夫公爵也全面批评了该草案，尤其是关于扶助额度③。而企业家们并不认可对自己提出的要求，认为解决扶助问题整体上是他们的权限，并认为多尔哥鲁科夫确定扶助额度的要求也"不可接受"。各方互不相让，导致该问题陷入旷日持久的争论④。工人扶助基金会的批准拖延了多年，最终未能完成⑤。

俄国南部的矿业公司在这方面采取的行动更为成功。1882年，在哈尔科夫举行的第七届矿主大会上，批准了为矿工建立扶助储蓄所的计划，储蓄所的资金源于企业家的各种罚款。1883年，第八届矿工大会向农业和国资大臣递交了申请书，1884年7月15日，大臣批准了俄国南部矿工福利协会的章程。从1884年到1907年，它陆续发放了少量救济金——47.04万卢布⑥。

自19世纪80年代初以来，俄国工商业促进会致力于解决社会保险问

---

① Там же. Чистяков Ив. Страхование рабочих в России. Опыт страхования рабочих в связи с некоторыми другими мерами их обеспечения. М., 1912, С. 26, 34, 49 – 80.
② ЦИАМ. Ф. 143. Оп. 1. Д. 101, Л. 119. 147.
③ Там же. Л. 108 – 121.
④ 为了支持该草案的主要条例，莫斯科交易所委员会于1896年在下诺夫哥罗德举行的全俄贸易和工业代表大会上提交了一份报告《工人受伤或死亡时对工人及其家庭的保护》。См.：ЦИАМ. Ф. 143. Оп. 1. Д. 101. Л. 159 – 164。
⑤ 针对Ф. 谢尔巴科夫父子制造厂合伙公司董事会提出的退还3000卢布捐款（该笔款项于1883年捐赠给了工人扶助基金会）的要求，莫斯科交易所委员会主席 Н. А. 奈焦诺夫（1898年2月）在回复中称，提案于1884年被提交到财政部并且"至今仍然悬而未决"，也就是说，几乎被耽搁了15年。Там же. Л. 172.
⑥ Краткий очерк истории съездов горнопромышленников Юга России. Харьков, 1908. С. 12, 26 – 28.

· 383 ·

题①。工商界通过该机构提出了工人国家保险的原则。此后，俄国工商业促进会所有活动都集中在两个主要方向。第一个方向是独立制定各种类型的工人国家保险草案，并以请愿书的形式发送至相应的政府机关（1882年、1894年、1904年和1905年）。尽管社会成员对国家保险及其组织工作等问题存在分歧，但俄国工商业促进会一直主张实施国家保险。第二个方向是讨论各部立法等问题，讨论具有争议性，经常持续甚久。最终成立了几个专门委员会，成员包括许多杰出的专家和学者（А. В. 波戈热夫、Е. М. 杰缅季耶夫、И. И. 扬茹、Л. Н. 奇科列夫以及 В. Д. 别洛夫等）。

1880年，俄国工商业促进会成立了一个特别委员会，以"更彻底、更全面"地研究保险事宜。最后，委员会制定了工人的国家保险基金草案和所有劳动者的政府养老金草案。企业家有义务缴纳保险金，以确保企业工人的安全，额度根据工人人数和工作的危险系数来计算。所有劳动者的政府养老金基于自愿原则，面向所有劳动者，并以其成员的资金作为基础。会员费由基金章程确定，可以是一次性或持续缴纳。养老金根据缴款额计算。同时，这些基金的本地管理机构也非常重要，因为通过这些机构，基金应当覆盖广大的工作群体②。

俄国工商业促进会申请建立国家工人事故保险基金和养老基金，并附带已制定的草案。1881年6月，该申请被提交给内务大臣 Н. П. 伊格纳季耶夫和财政部的领导。财政部表示支持。与此同时，Н. Х. 本格指出其内容过于宽泛且不完整，建议提交更为详细的实施细则和统计数据。到1883年，俄国工商业促进会详细制定了两个基金的章程草案。但显然，

---

① См.: Куприянова Л. В. Российские предприниматели и проблемы социального страхования. 1880 – 1905 годы // Отечественная история, 1996. № 5. С. 50 – 66.
② ТОДСРПиТ. СПб., 1881. Ч. 12. Отд. 1. С. 110 – 113; Отд. 3. С. 30; СПб., 1884. Ч. 14. Отд. 1. С. 3 – 28.

俄国工商业促进会提交草案太迟。因为在1883年5月,贸易和制造业委员会制定了工业机构企业家对工人的伤害和死亡的责任承担规则。俄国企业家(贸易和制造业委员会莫斯科分会、敖德萨制造委员会、伊凡诺沃-沃兹涅先斯克贸易和制造业委员会等)讨论了内阁1883年草案,而此时正逢对后来的1885年6月3日和1886年6月3日法律草案进行讨论,由于这些法律严重影响了企业家的利益①,因此保险问题暂时被搁置。根据工商业促进会的说法,上述两个法案被遗忘了将近10年。

正是在此期间,政府加快制定企业家个人责任法案。尽管政府承认原则上最好为工人提供国家保险,然而始终奉行一条原则,即:企业家对工人的伤害和死亡负有责任。根据1893年法案,企业家需要对工人的工伤和职业病承担责任。工人的养老金额度根据每年280工作日确定。保险对象涵盖工厂、采矿业以及铁路车间的工人。同时,工人不必像1889年草案所规定的那样提供工伤证明,这是企业家的责任。

但是在讨论1893年法案时,国务会议不支持个人责任原则。一位参加讨论的人声称:"19世纪下半叶的经验无不表明,并不是工人要求企业家提供保护,而是企业家要求工人提供保护。"② 结果,1893年5月24日国务会议常务会议拒绝了 С. Ю. 维特提出的法案。决议中指出,它并不符合俄国立法的总体方向,可能造成俄国当时本来并不存在的工人问题③。

企业家在选择解决方案过程中也扮演着重要的角色。在贸易和制造业委员会莫斯科分会、伊凡诺沃-沃兹涅先斯克、敖德萨和华沙等城市的贸易和制造业委员会等讨论该法案时,相当多的企业家坚决反对承担

---

① ЦИАМ. Ф. 616. Оп. 1. Д. 3, 19; Ф. 143. Оп. 1. Д. 101. 1882 – 1904.
② РГИа. Ф. 20. Оп. 2. Д. 1778. Л. 267.
③ Литвинов - Фалинский В. П. Организация и практика страхования рабочих в Германии и условия возможного обеспечения рабочих в России. СПб., 1903. С. 215.

工伤责任。最初,华沙制造委员会在研究 1889 年草案时,要求以德国为例,在俄国引入强制性疾病保险和事故保险。贸易和制造业委员会莫斯科分会旋即同意了这一意见。华沙制造委员会的提议得到了贸易和制造业委员会一些成员的支持,并主张:赔偿不应由企业家支付,而是由受害人申请专用基金支付[1]。

19 世纪 90 年代,俄国工商业促进会多次关注工人保险问题,它反复修订向政府提交的系列文件,坚持俄国应当实施强制性意外伤害保险和国家养老金。在 1891 年的呈文中,它指出德国(1884 年)和奥匈帝国(1887 年)已经成功解决了这些问题,这再次证实,根据俄国的社会经济条件,需要为工人提供国家保险[2]。

在全俄工业和艺术展期间,俄国工商业促进会参与了 1896 年 8 月 4~17 日在下诺夫哥罗德举行的第三届全俄工商业大会,大约 500 人参加,发表了近 150 份关于个别行业(包括手工业)、贸易、消费者合作合伙制、艺术品等的现状和发展前景的报告,几乎有一半的报告提及工人问题[3]。会议上详细讨论了保险原则的问题,尤其是事故险、疾病险、医疗

---

[1] Чистяков Ив. Указ. Соч. С. 27 – 28.
[2] ТОДСРПиТ. Ч. 21. Отд. 1. СПб., 1892. С. 1 – 8;Ч. 23. Отд. 1. СПб., 1895, С. 6 – 9;Ч. 28. Отд. 1. СПб., 1906. С. 29.
[3] Труды Высочайше разрешенного Всероссийского торгово – промышленного съезда 1896 г. в Нижнем Новгороде. Т. III. Вып. V. СПб., 1897(далее – Труды съезда 1896 г.);Варзар В. Е. О некоторых недостатках условий страхования рабочих в частных страховых обществах С. 325 – 328;Воронов Л. Н. Обеспечение рабочих от несчастных случаев. С. 68 – 80;Дементьев Е. М. Врачебная помощь рабочим и страхование их от болезней. С. 201 – 226;Детинов Ф. Исторический очерк страхования рабочих от несчастных случаев на фабрике компании Богородско – Глуховской мануфактуры. С. 421 – 440;Кремлев Л. Н. О помощи рабочим на случай болезни и старости. С. 441 – 446;Московский биржевой комитет. Обеспечение рабочих и их семейств в случаях увечья или смерти. С. 315 – 324;Тигранов г. Ф. Кассы для рабочих на фабриках, заводах и промышленных предприятиях в России. С. 329 – 380;Яроцкий В. Я. Ответственность предпринимателей за несчастные случаи с рабочими. С. 271 – 314 и др.

第九章 19世纪下半叶至20世纪初的"工人问题"

救助险、工作时长、使用女工和童工、节假日休息等问题。

讨论后，大会通过了一项决议，认为国家保险是保障工人及其家庭的最好形式，并且否定了企业家个人负责的原则，国家保险的对象不仅是工厂工人，还包括"尽可能多的其他工业领域的工人"。在国家保险法颁布之前，大会建议推广由企业家和股份制保险公司提供工人保险的经验。大会还要求必须增补现行法律，以便使新成立的私营保险公司和保险行业协会的保险业务中涵盖企业家承担的职业险[1]。

因此，19世纪90年代后期，国家保险的思想日益得到认可[2]，它被广为讨论，并获得各个部门的支持。虽然1897年11月农业和国有资产大臣反对实施工人意外险，认为"这样做弊大于利"，且"这样的法律会对所有劳动人口造成精神损害"[3]。但到1898年1月，财政部已经制定了一份涵盖工人所有险种的国家保险草案：疾病险、残疾险、包含年老死亡在内的死亡险[4]。尽管在实践中，企业家倾向于建立私人福利机构用于为工人提供保险，但国家保险的构想依旧被政府所关注，甚至出现于内务部的官方文件中[5]。

与此同时，财政大臣采取了坚定的方针，要求制定有关企业家个人责任的法律。根据维特的提议，成立了一个专门委员会修订1893年法案。该委员会的工作由副大臣 В. И. 科瓦列夫斯基领导，修订新法案工作持续了三年（1899~1901年）。该法案基于企业家个人责任的原则，尽量减少养老金和津贴，以免给企业家造成过大负担，希望以微不足道的让步维持社会稳定，这正是政府保险政策的主要目标。

---

[1] Труды съезда 1896 г. Т. I. С. 17.
[2] Чистяков Ив. указ. Соч. С. 52 – 55；Иванов Л. М, К вопросу о страховании рабочих в России // Сб. Статей памяти Б. А. Романова, труды ЛОИИ. Вып. 12. Л., 1971. С. 332.
[3] РГИа. Ф. 20. Оп. 2. Д. 1778. Л. 293.
[4] Чистяков Ив. Указ. Соч. С. 55.
[5] РГИа. Ф. 20. Оп. 2. Д. 1778.

俄国企业史（1850~1917）

1902年9月，《工业企业家扶持因事故而失能的工人和雇员》起草完毕并提交国务会议。1903年6月2日，它被沙皇批准，从1904年1月1日起生效。与19世纪80~90年代财政部制定的法案相比，1903年6月2日的法律本质上没有任何全新之处，只是记录了现行的需要立法规范的具体实践①。它从法律上规定了企业家以前出于"善意"或与工人达成协议时所采取的措施。所有法律条文都是为了取悦企业家，它没有保证工人在丧失劳动能力后，工人（及其家庭）能够享有公平待遇。法律条文中的模糊和遗漏造成了执法中的混乱。1903年法律的附带解释于事无补，反而再次限制了法律的适用范围。

尽管有局限和不足之处，该法律仍然是工人立法的第一步。此前，工人或其家庭需要在法庭上证明工人的伤残或死亡源于工厂主的过错，法院才能责令工厂主支付一定的赔偿，根据1903年法律，如果工厂主意欲避免赔偿受害者或其家人，则他应该证明自己无罪。从某种意义上说，新法律提升了工人在与企业家发生冲突时的地位。它首次确定了抚恤金的额度（在完全丧失劳动能力后，永久性抚恤金额度为收入的2/3；如果工人死亡，则向其家庭等额赔付）。但法律人为地采用降低工人年收入的计算方法，这降低了养老金额度②。

法律的局限性显而易见。它仅适用于工业工人，没有为职业病、衰老和失业提供保障，也没有规定按照工资全额支付养老金③。企业家反对该法律，指出了法律可能引起的一些后果，如冲击行业发展、导致产品产量下降和工人数量缩减、将工人保险的支出转嫁给消费者等。他们积极地寻求各种方法，以推迟法律实施。

---

① Лаверычев В. Я. Указ. Соч. С. 112–113；Иванов Л. М. Указ. Соч. С. 351.
② ПСЗ. Собр. Ш. Т, XXIII. № 23060.
③ Вовчик А. Ф. Политика царизма по рабочему вопросу в предреволюционный период. С. 201.

第九章　19世纪下半叶至20世纪初的"工人问题"

由于我们掌握的数据并不完整，所以几乎不可能计算出工人领取的养老金和津贴总额，只能提供一些近似数据。1913年，普通工厂给符合标准的工人的支付总额为220万卢布，矿场为矿工的支付总额为200万卢布，此外，互助协会支付了160万卢布①，再加上社会上资本化的资金，俄国工人养老金年均约为820万卢布。20400名残疾工人获得了这笔资金。在工厂和采矿业中，一共约有11.22万人受伤，根据法律，他们在1912~1913年得到了410~420万卢布②。对工厂行业养老金和津贴支付情况的分析结果表明，如果严格遵守1903年法律，工人本应获得更多，法律条文在实践中远未发挥应有的效力。

第四节　20世纪初的工人问题：工人国家保险的尝试

制定有关企业家对工人的伤害和死亡负责的法案花费了20年，以1903年6月2日法律的发布而告终③，该法律成为俄国强制性（国家）保险的"先驱"④。法律为实施国家保险设置了5年的过渡期。政府之所以在20世纪初研究社会保险问题，是因为整个社会经济和政治局势发生了变化，且俄国工人运动的范围不断扩大。这一"纯技术"问题具有越来越多的社会政治意义，并变得尤为紧迫。各个政府部门、专门委员会、商业组织、社会团体和学术机构都全面而深入地研究保险问题。例如，作为莫斯科工厂医生协会等的代表，皮罗戈夫医生赞成扩大保险范围以及实施由国家组织的保险。地方委员会针对农业需求提出了农业工人保险问题。

---

① Статистический ежегодник на 1914 г, сПб., 1914. С. 746, 747; Иванов Л. М. Закон 1903 г. О вознаграждении увечных рабочих и его практическое применение // Рабочее движение в России в период империализма. М., 1982. С. 120.
② Иванов Л. М. Указ. Соч. С. 120.
③ ПСЗ. Собр. III. СПб, 1903. Т. XXIII. Отд. 1. № 23060.
④ ТОДСРПиТ, сПб., 1904. Ч. 27. Отд. 3. С. 208.

· 389 ·

1904～1906年召开的矿主代表大会指出，1903年法律没有实现缓和劳资关系的目标，矿主倡导实施包括疾病险在内的国家保险，该保险由企业家、工人和国家共同出资①。

20世纪初，对由俄国工商业促进会制定的保险草案进行修订的工作再次启动。1902～1904年，俄国工商业促进会下设的一个专门委员会（其数个子委员会参与规划某些类型的保险）准备并向财政部提交了《疾病保险条例》和《医疗基金草案》（1904年），1905年初又提交了《意外事故保险草案》。至于残疾人和老年人的保障，它仅提出了设立这类保险的一般建议。同年，俄国工商业促进会制定了《事故保险总局（整体负责保险业务）条例》和《保险公司条例》②。俄国工商业促进会在1904～1905年的报告中提议引入国家残疾险和养老险，向农业从业人员和建筑工人提供意外险，为完全丧失劳动能力的工人支付与工资等额的退休金。此外，还提议将所有涉及工人薪酬的、有争议的问题交给由"太平绅士"主持的仲裁法院，当事双方代表数量相等。

在1904～1905年的报告中，俄国工商业促进会表示赞成国家保险采用"德国模式"，但"也要考虑俄国的条件和俄国人特殊的生活方式"。应当指出的是，起草俄国工人社会保险的草案时，立法者仔细研究并广泛参考了世界各国（主要是英国和德国）劳动立法的经验。19世纪80年代初，俄国保险法的制定者主要参考英国的劳动保护法，后者在当时被认为是世界上最先进的法律。1883～1889年德国工人保险法颁布，它赢得了俄国立法者的青睐。当时学者投身研究，宣传手册助力法律的普及，媒体日复一日地讨论，此间俄国工商业促进会收到了对德国保险法全方

---

① Труды XXX съезда горнопромышленников Юга России. Т. 1. Харьков, 1906. С. 3 – 6；Труды XXXI съезда горнопромышленников Юга России. Т. 1. Харьков, 1907. С. 94.
② ТОДСРПиТ. СПб., 1906. Ч. 28. Отд. 1. С. 2 – 15；Отд. 2. С. 1 – 6.

第九章　19 世纪下半叶至 20 世纪初的"工人问题"

位的评价①，其中称，"可以说，德国是一个典型的对工人提供保护的国家"，"对于俄国而言，德国的保险经验如今具有世界意义"，"在德国工人保险法颁布之前，已有对病人、残疾人或老人的帮助，这种帮助来自私人慈善机构或公共慈善机构，且这种救济实际上总是带有施舍的性质，而如今慈善和施舍的概念已经被法律观念所取代"。此外，政府官方也认为德国的经验大有裨益。

1904 年 12 月 12 日的法令规定必须为工人提供国家保险。法令的颁布和 1904 年 12 月 24 日的大臣委员会决议（1905 年 1 月 17 日由沙皇批准），实际上已经彻底平息了内务部和财政部之间关于解决工人问题主导权的长期斗争，且财政部胜出。根据大臣委员会的决议，丧失劳动能力的工人和手工业雇员等的国家保险问题，由财政部集中负责。该部还获得了实施保险改革的所有权力。

---

① Скаржинский Л. Б. Обязательное страхование на случай старости；Тот же. К вопросу об обязательном страховании на случай инвалидности // ТОДСРПиТ. СПб．， 1902. Ч. 26. Отд. 3. С. 231 - 252，396 - 428；Тот же. К вопросу об обеспечении рабочих от последствий несчастных случаев // Там же. СПб．， 1903. Ч. 27. Отд. 3. С. 205 - 405；Чиколев А. Н. К вопросу о возможности и необходимости организации в России страхования рабочих от инвалидности и старости // Там же. Ч. 27. Отд. 3. С. 406 410；Тот же. Материалы по вопросу страхования рабочих от болезней и несчастных случаев // Там же. Отд. 3. С. 411 - 419；Тот же. К истории рабочего вопроса в 1901 - 1905 гг. // Там же. СПб．， 1910. Ч. 29. Отд. 3. С. 327 363；Штоф А. Л. Венский конгресс по страхованию рабочих // Там же. СПб．， 1906. Ч. 28. Отд. 3. С. 396 - 433；Тот же. Германский имперский закон 5 июля 1900 г. О страховании от несчастных случаев (перевод с немецкого) // Там же. Ч. 28. Отд. 3. С. 64 - 243；Тимофеев И. И. Вступление в обсуждение вопроса о недостатках закона 2 июня 1903 г. (о вознаграждении увечных рабочих)，обнаружившихся при применении его на практике // Там же. Ч. 29. Отд. 3. С. 287 - 304；Быков А. Н. О главных недостатках германского страхования от несчастных случаев // Там же. Ч. 29. Отд. 3. С. 287；Александров В. Я. К вопросу о новом проекте рабочего законодательства вРоссии // Там же. Ч. 29. Отд. 3. С. 1 - 114；Тот же. Общеобязательное пенсионное (по типу германского) страхование рабочих в России необходимо и при проведении в жизнь выполнимо // Комиссия по страхованию трудящихся，образованная при Обществе для содействия русской промышленности и торговле. СПб．， 1902. С. 1 - 46；Ч. 27. Отд. 3.

俄国企业史（1850~1917）

　　1905年1月9日的事件标志着1905年俄国革命的开始，它明显加快了政府解决工人问题的进程，当局和资产阶级都公开承认这一事实。1905年1月工人的行动表明，官方和民间广为流传的俄国没有西方意义上的工人阶级，进而也不存在"工人问题"的观点是错误的。1905年1月底，大臣委员会表示："一月事件后，这种观点已经不值得批驳。但是应该指出，俄国和欧洲的工厂条件大不相同，西方的工人问题已得到处理并受到法律的管辖。例如，德国的工厂立法过程表明，以俾斯麦宰相为首的德国当局迅速意识到了工人问题的重要性，并果断颁布了最重要的相关法律（涉及工人的国家保险、工会和罢工等），从而控制了工人运动。"[1]

　　蓬勃发展的革命形势直接改变了政府政策以及当局在工人问题上的立场。例如，之前对工人运动的第一反应是加强镇压，但运动波及范围广泛，政府被迫承认，仅采取惩罚措施于事无补。早在1月10日召见圣彼得堡总督 Д. Ф. 特列尼约夫时，尼古拉二世就认为："如今必须采取严厉措施，同时又要让善意和顺从的劳动大众感受到政府的公平和关怀。"显然，革命爆发后，官方对工人的"庇护"、警察残酷迫害工人运动参与者、禁止任何无产阶级组织的活动等措施交错在一起，表明政府关于工人问题的政策彻底失败，企业家的父权制管理也无济于事。

　　财政部的草案是政府在工人问题上采取现代化方法的初次尝试，但新方针并无显著的变化，它结合了落后的监护和保护工人的思想与进步的趋势，显得不伦不类。此外，即使对工人政策的改革（谨慎地尝试在企业、规划的医疗基金和保险法院中建立某种工人代表机构）有所加强，

---

[1] Рабочий вопрос в комиссии В. Н. Коковцова в 1905 г.: Сборник документов. М., 1926. С. 21–22.

但植根于专制制度的封建性保守政策依旧占据主导地位①。

Н. В. 希德洛夫斯基领导的委员会和 В. Н. 科科夫佐夫领导的委员会的活动证实了这一点。它们表明,在工人问题上,当局还远未真正希望实施纯粹的资产阶级政策,因为没有政治自由它就不可能实现②。保险立法史就是资产阶级政策史。

俄国保险法的制定工作持续多年,政府部门和企业家组织一直在研究这一问题。工人罢工潮导致大资本代表组织的出现,如工厂主协会、企业家行业代表大会等。俄国重要的工业中心接连出现了反对工人的企业家联盟。自1905年1月开始,圣彼得堡工厂主协会就率先联合和协调企业家的行动。工商业资产阶级及其组织的代表在政府委员会和工作会议上就工人问题频繁活动,具有很大影响力。

根据1904年12月的法令,大臣委员会决定新成立一个委员会,以制定工人国家保险法案。由此,1905年1~2月,财政部成立了多个专门委员会。财政大臣 В. Н. 科科夫佐夫概述了工人立法的庞大计划,包括制定保险法、建立健康保险基金、缩短工作时间、修订现行罢工法规中的惩罚性条款以及工会管理办法等。大臣委员会总体上支持科科夫佐夫的提议。在此期间,祖巴托夫主义遭到严厉批评,而俾斯麦被树立为榜样,因为后者及时颁布了保险法,从而"将工人运动控制在自己手中"③。

在制订社会保险计划时,德国各种保险措施产生了巨大的影响。财政部提出的针对工业工人和雇员的国家保险草案包括如下主要规定:医疗基金以工人和企业家的强制性缴费为基础;意外保险费用完全由企

---

① Кризис самодержавия в России. 1895 – 1917. Л., 1984. С. 300.
② Лаверычев В. Я. Царизм и рабочий вопрос в России (1861 – 1917 гг.). М., 1972. С. 189 – 191.
③ Рабочий вопрос в комиссии В. Н. Коковцова в 1905 г. С. 13, 22, 29 – 30.

俄国企业史（1850~1917）

家承担；残疾险和养老险由工人、企业家和国家共同承担。但与德国的保险法也存在差异，例如，在创建医疗基金时，俄国企业家的缴费额更高，占总额的一半（在德国，工人和企业缴费额的比例为2:1）。同时，企业家仍然有义务为工人治疗；事故险涵盖了职业病险；企业家和工人都必须为残疾险和养老险缴纳费用，且其标准是德国的两倍；工人从55岁开始有权退休，而在德国则是70岁[1]。

在初步讨论财政部提出的法案时，企业家和圣彼得堡工厂改善和发展促进会均不支持。他们认为，法案过多地"牺牲"了工厂主的利益。他们宣称，保险法案前所未有地"慷慨"，可能导致工业破产。企业家反对自费为工人治疗，要求地方自治会和城市"与其他居民一视同仁地"提供医疗救助，而费用将完全由健康保险基金承担。

总体而言，企业家认为政府的法案企图以牺牲企业家的利益而摆脱革命。因此，结果完全出乎科科夫佐夫的意料，来自俄国各地的企业家一致宣布，经济让步无法安抚民众，工人运动的原因在于"失调的政治生活"[2]。

在5月16日举行的委员会会议上，莫斯科交易委员会主席Г. А. 克列斯托夫尼科夫代表俄国实业界人士声称，政府委员会的立法活动源于俄国各地持续不断的罢工。他强调说："在任何情况下，罢工的原因并非工人的经济状况，而是工业生活的外部环境和各个阶层群情激愤的现状。"[3] 企业家们实际上中断了政府委员会的工作，但是现实困境迫使政府再次面对工人问题。1905年10月27日政府恢复了工商部，由它来集中解决这一问题。多年来，工商界一直争取成立该部。劳动法改革原本

---

[1] Там же. ТОДСРПиТ. Ч. 29. Отд. 3. С. 351.

[2] Рабочий вопрос в комиссии В. Н. Коковцова в 1905 г. С. 109, 175 – 176; Белов В. Д. По поводу положения нашей промышленности. 9 марта 1905 г. // ТОДСРПиТ. Ч. 28. Отд. 3. С. 377 – 395.

[3] Рабочий вопрос в комиссии В. Н. Коковцова в 1905 г. С. 109.

第九章 19世纪下半叶至20世纪初的"工人问题"

是为了确保俄国工业界的稳定。1905年10月底，改革后的大臣会议开始工作，其首位主席由С. Ю. 维特担任，当时他极力关注国家监管工人问题，试图阻止工人运动的发展，并将其控制在工会主义的框架内。在10月9日呈交给沙皇的文件以及1905年10月13日和17日两份报告的基础上，С. Ю. 维特制定了新方针。10月13日的报告指出，实施上述方针的前提是维持"国内的稳定和安全"。维特承认，政府将处理国内生活的三个主要且在革命形势下亟待解决的问题——工人问题、农民问题和政体问题。在工人问题上，政府设想采用标准化工作日、实施工人国家保险（医疗基金）和组织调解委员会（和解室）等，但禁止建立合法的无产阶级组织。

1906年4月，由В. П. 李特维诺夫-法林斯基领导的工商部工业司基于维特的初稿制定了一套法案，该法案保证"在可能限制当局广泛干涉劳资关系的条件下，通过积极扶助工人，借助专业机构为双方提供必需的行动自由，从而彻底改变……工人问题相关政策"①。

维特关于工人问题的政策具有两面性，既与革命运动做坚决斗争，又试图实施资产阶级性质的劳动法改革。该特征在一定程度上体现在1906~1908年各个委员会的工作和会议中。总体而言，该方向得到了俄国企业家的赞同和支持。М. М. 费奥多罗夫是工商业副大臣，也是最大的工业活动家，并负责维持大臣会议主席与企业家之间的事务联系。在他主持的专门会议（1906年4月15~21日）上，维特的方向得到一致认可。在准备专门会议的材料时，他们借鉴了В. Н. 科科夫佐夫领导的委员会的成果，但在许多原则上非常重要的章节中，工商部的工作更为深入。

---

① Съезды представителей промышленности и торговли. Материалы по рабочему вопросу. № 2. Объяснительная записка к предварительному проекту по пересмотру рабочего законодательства, выработанному Министерством торговли и промышленности в совещании 15 – 21 апреля 1906 г. Под председательством д. С. С. М. М. Федорова. СПб., 1906. С. 5.

俄国企业史（1850～1917）

其内容包括：拟订雇用工人的规则；规定每天最多工作 10.5 小时，每周最多工作 60 小时；建立工人保险；建立储蓄性保障基金；采取措施鼓励建设宜居而又廉价的住房；制定工厂监察制度；建立地区工业机构；制定工业法庭的规则①。

与此同时，该草案涉及保险的部分并不完善，逊色于 1905 年曾研究过该问题的 В. И. 季米里亚佐夫领导的委员会提出的方案。尽管在讨论过程中出现了一些分歧，但工厂工人法案的主要条例已提交给费奥多罗夫主持的会议，获得了企业家的认可。在很大程度上，这是由于工商部的方案考虑到了企业界的提议，对企业家做出了重大的经济让步：工商部实际上否定了伤残险和养老险，建议治疗事故受害者的前 6 周的费用由健康保险基金承担（而 1903 年法律规定这是企业家的一项义务），禁止当局和监察机关干涉劳资关系；赋予俄国企业家梦寐以求的解雇罢工者以及协调制定工作时日的权利②。

М. М. 费奥多罗夫的专门会议制订了一项内容广泛的劳动立法计划，将其提交给第一届国家杜马，其重点是雇佣合同各方有权自由签订协议，在计划建立的工业法院、保险机构中，工人拥有相对广泛的代表权，拥有罢工自由和组建工会自由。

但工商部推进立法的工作到此为止，直到 П. А. 斯托雷平上任后又重启了这项工作。Д. А. 斯托雷平于 1906 年 4 月被任命为内务大臣，并于同年 7 月接任了 И. Л. 戈列梅金的职位，就任大臣会议主席。同月，曾任维特政府国家监察员的 Д. А. 菲拉索弗夫就任工商大臣，工商部结束了自费奥多罗夫辞职后持续近三个月的群龙无首状态。

在处理工人问题和工人立法问题时，菲拉索弗夫继续贯彻劳资双方

---

① Министерство торговли и промышленности. Материалы к пересмотру рабочего законодательства. Предварительные проекты. СПб., 1906. С. 10 – 47.
② Лаверычев В. Я. Указ. Соч. С. 201 – 206；Кризис самодержавия в России. С. 306 – 307.

第九章　19世纪下半叶至20世纪初的"工人问题"

劳动关系自由、罢工和工会合法化的路线。根据他的指示，参照德国仲裁法院，工商部工业司再次开始制定残疾险和养老险草案以及保险法院条例。鉴于当时的形势（革命运动退潮、工人运动衰落和立宪改革），菲拉索弗夫虽然没有放弃前任的自由主义改良路线，但也加强了法案中的监护取向。

1906年12月和1907年2~3月，在菲拉索弗夫的领导下举行了一次会议，与会代表提议在第二届国家杜马召开之前制定完成该法案的新版本。1907年3月之前，工商部研究了关于雇佣、工作日、工人的医疗服务和保险等方面的法律草案。

至于疾病险的法律草案，实际上在此前尚处于讨论阶段的时候，企业家就表示反对。企业家对其进行了修改，取消生病工人的最低津贴，并为疾病保险基金的每个问题提供单独的解决方案。该修正案实际上为整个法案的失败埋下了种子。企业家拒绝发生事故时为工人提供治疗和保障，国务会议议员 M. H. 特里波利托夫反对的原因在于，"在任何国家都没有这样的先例，即由企业家向工人提供医疗救助。我们也不能如此立法"。企业家宁愿用向地方自治局捐款的方式来代替医疗机构，并由健康保险基金负责治疗。企业家口头承认健康保险基金的独立性，但他们认为自己在健康保险基金中的权利受到了损害，并要求否决疾病保险基金成员会议的所有决议。此外，他们认识到养老险和伤残险法案对于保险事务至关重要，因此宣称"目前无法实施上述法案"。

由此可见，菲拉索弗夫领导的委员会对法案的讨论极不顺利。在很大程度上，工商界的分歧不仅源于担心失去部分利润，还有一些客观因素。在不同企业，罢工运动的活跃程度相差甚远，这主要取决于每家工厂具体的生活和劳动条件。此外，有时保险费确实令某些企业家不堪重负。由于资金不足和技术落后，许多工厂面临倒闭的风险。政府对此也并未视若不见。Д. А. 菲拉索弗夫承认，实施改革"无疑需要企业家付出

俄国企业史（1850~1917）

巨大的牺牲"，但他满怀信心地认为，"这种损失将获得百倍的回报"[1]，所以他必须向企业家做出一定的让步和妥协。

委员会收到的 10 项法案中，有 6 项得到研究，但讨论并未持续太久。圣彼得堡工厂主协会主席 С. П. 格莱默非常坦率地说：在通过事故保险法时，他们坚持在法律批准的 5 年后正式生效（他们后来同意推迟两年）。"新的国家杜马研究这些法律[2]越晚，其解决方案就越正确，基础就越牢固，越符合习惯且易于实施。"[3] С. Ю. 维特支持工商界代表逐步实施立法的建议，否则"工业将无法承担规定的这些义务"，维特在 1907 年 12 月 12 日的部门间商业委员会中强调说[4]。然而，С. П. 格莱默的讲话最终造成了菲拉索弗夫会议无限期休会。

1906~1907 年，革命形势陷入低潮，10 项法案中没有一项被提交到第一届或第二届国家杜马，也没有被提交到大臣委员会。

推行保险法案再次拖延了将近 4 年。俄国的政治局势并不适合工商部在工人问题上实行自由主义改革。与以前的版本相比，1907~1908 年的新法案意味着劳动立法领域的倒退和重大改变。它坚持自由资产阶级立场，但是越来越具有陈旧的庇护特征。这一时期，内务部和工商部之间的矛盾激化，对此产生了重要的影响。两部在工人问题和工人立法方面的矛盾由来已久（之前是内务部与财政部的争论）。警

---

[1] Стенографический отчет Особого совещания при Министерстве торговли и промышленности под председательством министра торговли и промышленности шталмейстера Д. А. Философова для обсуждения законопроектов по рабочему законодательству. СПб., 1907. С. 34, 355.

[2] 此处指工人立法。

[3] Стенографический отчет Особого совещания при Министерстве торговли и промышленности под председательством министра торговли и промышленности шталмейстера Д. А. Философова для обсуждения законопроектов по рабочему законодательству. СПб., 1907. С. 9–16, 25, 126. 129.

[4] Цит. по: Шепелев Л. Е. Царизм и буржуазия в 1904–1914 гг. Проблемы торгово-промышленной политики. Л., 1987. С. 179–180.

第九章　19 世纪下半叶至 20 世纪初的"工人问题"

察部门提倡监护性的保守主义路线，而工商部则倡导自由主义改革的路线。当局和内务部试图以保守和监护的方法解决社会问题，将改革与镇压罢工、反对工会等相结合。1907 年 11 月 16 日，斯托雷平在第三届国家杜马发表讲话，在论及工人问题的政府计划时，他仅坚持"国家保障无劳动能力工人的生活"①。

1908 年 3 月底，И. П. 希波夫向大臣会议提出了一系列法律草案，其中包括建立工人意外事故和疾病险、成立政府保险机关和总保险委员会等内容。政府希望既在工人立法中至少"酌情"迈出一步，又尽可能地保护企业家的利益，改革方案是上述愿望的折中。为讨论该草案，1908 年 4~5 月，工商部副大臣 M. A. 奥斯特罗格拉德斯基主持召开了部门间会议，主要工商业组织的代表受邀参加。但法案遭到了严厉的批评，一方面，有人提议对企业家做出新的、实质性的让步；另一方面，要迅速提升内务部和省长的影响力，加强他们对保险组织的控制。例如，奥斯特罗格拉德斯基领导的委员会的内务部代表（警察部副大臣 Н. П. 哈尔拉莫夫及内务大臣委员会成员 И. Я. 古尔利扬德）尖锐地批评了设立和运作健康保险基金的构想。这些问题成为会议争论的焦点。

在 1908 年 4 月 20 日呈交斯托雷平的报告中，Н. П. 哈尔拉莫夫阐明了自己的立场。他强调，该草案的特点是"政府完全放任健康保险基金的运作，虽然该基金有能力获得并支出相当大数量的资金"，从而"完全摆脱了省级行政机关对工人保险管理部门的监督和控制"②。之后，Н. П. 哈尔拉莫夫在 4 月 29 日的例会上强调说，这些法案包含"助长社会主义运动进而引起革命运动的重大风险"。创立健康保险基金"为工人提供了社会主义政党两个最重要的工具：组织和金钱"。哈尔拉莫夫认为必须

---

① Государственная Дума. Второй созыв. Стенографические отчеты. 1907 – 1908 гг. Сессия первая. Ч. 1. СПб., 1908. С. 309.
② Цит. по: Кризис самодержавия в России. С. 390.

"从最初就严格监管健康保险基金的活动,避免它们偏离自身的任务方向"①。哈尔拉莫夫提出,一方面,应赋予工商部管理该事务的经济权力;另一方面,应该"自然而然地由内务部"对健康保险基金的各种活动实施政治监管。在他看来,省长应当完全负责实地监管健康保险基金的运作和基金董事会成员的信誉。

应当指出,根据工商部的草案,各省和主要工业中心的保险机构、圣彼得堡的主要保险委员会均由该部管辖,并分别由高级工厂监察员及工商大臣领导。这样,该部促使健康保险基金走向社会化,从而试图保护这一计划中的机构不受警察的过度监管以及内务部和省级行政机关的干预。该构想得到了工业司 В. П. 李特维诺夫-法林斯基、工贸代表大会的思想家和发起人之一 В. В. 茹科夫斯基(1898年,他在德国和奥匈帝国专门研究了工人问题)和代表大会委员会成员 В. А. 阿拉达连科的支持。李特维诺夫-法林斯基认为,工人保险将"铲除宣传社会主义的根基",他支持健康保险基金由工人和企业家自治,认为基金应相对独立,不受省当局和基金事务管理局的联合管理。他将法案视为一种手段,以达到"更为理性的相互理解,这是在劳资双方建立平等关系的最佳基础"。В. А. 阿拉达连科、В. В. 茹科夫斯基等企业家也坚持由工商部管理所有保险业务,他们认为这样的解决方案可以保证"企业家避免与工人进行政治斗争"②。

尽管内务部官员的主张没有得到大多数与会者的支持,但在内务部代表的压力下,部分解决方案符合内务部的利益。该草案加入了一些条款,规定警察须严格监督健康保险基金的活动,总督履行保险机构主席的职能,管理保险机构和健康保险基金。保险机构有权在发生"危害公共秩序和公共和平的危险"时关闭基金,并将其业务转移到其他基金。

---

① Там же. С. 391.
② Там же.

第九章 19世纪下半叶至20世纪初的"工人问题"

这是出于"尽可能避免社会民主党影响健康保险基金"的需要①。对企业家的让步主要表现为企业家没有明确的医疗责任（根据工人人数使用货币缴纳）。企业家承诺提供早期治疗的费用；对于住院病人，企业家只承担住院前的费用。该草案还包括一些条款，规定了在未经当地政府允许而召集疾病保险基金参保人大会、违章使用资金时，应采取惩罚性制裁措施。关于工作时间、雇佣条件等内容的条例已经彻底从议程中删除，因为它们实际上已经制定完毕。

由于双方未能在主要争议问题上达成共识，会议再次陷入僵局。1908年4月，会议声称需要完成法案的最后修订，宣告结束。会议决定将工商部的草案和争议各方的所有提案提交大臣会议进一步审议。从大臣会议的角度来看，为工人生病和发生事故时提供保障的法案具有"首要的全国性意义，不仅因为它们直接根除了问题，还因为它们是基础性条款，为我们今后的工人立法指明了基本的方向"②。1908年6月，大臣会议批准了奥斯特罗格拉德斯基会议上的所有修订，并进一步加强了省级当局的管理职能，强化了警察监督措施。至此，内务部的路线占了上风。工商部和企业家则希望国家杜马和国务会议审议保险法时，能够根据他们的利益加以修正。经大臣会议批准后，该法案已提交给国家杜马的工人问题委员会（1909年3月至1910年5月）。但直到1911年4月第三届国家杜马才开始审议，并于1912年结束。

经过长期讨论，1912年1月国家杜马通过了保险法案。5月保险法案获国务会议批准，自1912年6月23日起正式成为法律③。6月28日，政府又出台了针对铁路职工的意外事故险法案。显然，当局在日益增长的劳工运动（尤其是1912年的勒拿事件）的影响下，被迫"匆忙"颁布了

---

① РГИа. Ф. 150. Оп. 1. Д. 594. Л. 240.
② Цит. по: Кризис самодержавия в России. С. 395.
③ ПСЗ. Собр. III. Т. XXXII. Отд. 1. № 37444 – 37447.

保险法。

至此，多年来由政府各部门、部门间委员会和会议以及商业组织起草和讨论法案的工作告终。工人和工人立法是国家利益（并且始终占据首位）、资产阶级利益和无产阶级利益相协调的结果，同时受国家经济和政治形势的影响。

1896 年下诺夫哥罗德全俄工业和艺术展的工厂区

资产阶级倡导实施保险法。1912 年法律通过前夕，工贸代表大会委员会的一位领导表明了资产阶级对改革的态度："我们需要工人立法，它比海关政策更为重要。"海关政策传统上被认为是俄国工业发展的最重要条件，然后他进一步解释说："这将影响到我们的整个生活秩序。"[①] 同

[①] Торговля и промышленность. 1911. № 7. C. 303.

莫斯科商人协会成立 50 周年纪念章
（青铜材质，直径 80 毫米）

为庆祝莫斯科交易所建立 50 周年发行的奠基人 A. 格里利赫斯纪念章
（青铜材质，直径 65 毫米）

时，企业家始终坚决要求限制国家对具体的劳动条件和雇佣条件加以干涉。

工厂劳动法（《工人疾病保险法》、《工人意外事故保险法》以及关于建立保险机构和保险委员会的法律）于革命前颁布，1859 年 А. Ф. 施塔克尔贝格领导的委员会首次尝试制定上述法律，但为何过了半个多世纪才正式实施？

《工人意外事故保险法》在一定程度上是对1903年6月2日法律的修订，涉及俄国无产阶级的一小部分。该法律仅适用于采矿业、制造业以及铁路和水路运输大型企业中的工人，这几类工人总数大约为300万人，约占全俄工人总数的1/6。同时该法律仅适用于俄国的欧洲部分，不包括西伯利亚和中亚，这两个地区继续实施1903年6月2日颁布的暂行条例。直至勒拿事件发生一年半后的1913年1月，根据大臣会议的一项特别法令，保险范围扩大到伊尔库茨克省勒拿黄金工业公司的各家企业。

政府严格控制整个保险业务。工商大臣主管的圣彼得堡全俄保险业委员会负责监督工人保险法的实施。工人和工厂主发生争议时，委员会并非最高上诉机构，它只负责统筹并指导省级机构、保险公司和健康保险基金的活动。

省长主持省级机构，其成员包括宪兵部门的负责人、地方法院的检察官、库务署署长、医疗监察员、高级工厂监察员和地方采矿工程师，此外还包括来自省地方自治局和城市杜马的代表各一名，以及来自企业家和健康保险基金的代表各两名。省级机构在省内拥有广泛的保险监督权，它们可以审核健康保险基金、批准当选的代表、因"不可靠"罢免董事会成员等。

1912年6月23日的法律规定，根据德国模式，如果工人因意外事故致残或无法养家糊口，那么工厂主应向他们的家庭提供抚恤金和补助（1903年法律也是如此）。之前，根据1903年法律，每个工厂主都有义务与工人商定保险事宜，或为工人在股份制保险公司和互助保险公司投保，并为发生事故的工人提供保障。而根据新法律，工人必须在新成立的保险公司为自己投保。俄国一共创建了12个股份公司模式的保险公司，它们的组织模式不是根据行业原则（如德国），而是根据地域原则（类似于奥匈帝国),为此划分了保险区。1912 年法律确定了保险公司的赔付程序,而保险公司则强制性地将不同保险区的企业家联合起来。

根据新法律,集体责任取代了企业家的个人责任。与企业家相比,这种改革并未为工人带来什么利益。1903 年法律规定,工人在发生工伤事故时必须直接与雇主交涉,而雇主则通过威胁解雇工人或走烦琐的司法程序等手段,尽量减少对受害者的赔偿。在企业破产清算时,工人一无所有。而现在企业家得到了一个由员工、保险专家和医生等组成的强大机构,企业家可以专心经营,追求自己的利益。受伤工人可单独与该机构解决问题,但后者有权免除补偿,或将补偿减至最低。此外,在整个保险公司的业务范围内,工人可能直接面临被解雇和失业的威胁,因为保险公司将企业家联合起来,企业家之间可能交换被解雇工人的"黑名单"[1]。

由地方法院而非仲裁法院(与德国一样,工人和企业家参与人数相等)负责审理所有拖而未决的、有争议的工伤赔偿案件,这种方式导致案件变得旷日持久,自然不利于工人。

俄国首次为工人引入了强制性疾病保险。同时,新法规定,应当由企业家出资为工人治疗(如同 1903 年法律)。企业家应在工厂内直接为工人提供必要的急救,并免费提供门诊治疗。在其他情况下(住院治疗、产科护理等),如果企业没有自己的医院,那么企业家可以与附近的地方自治局或城市医疗机构签订医疗协议。如果没有此类机构,企业家通常会被免除为工人提供医疗服务的责任。

当时的俄国法律中并不存在类似于疾病险的法律,新法的本质是工人强制保险,所以将其纳入健康保险基金,该基金的最低成员人数为 200 人(工人人数较少的企业合并在一个共同基金里)。用于支付赔偿的资金

---

[1] ПСЗ. Собр. III. Т, XXXII, Отд. 1. № 37444 – 37447;Аврех А. Я. Царизм и третьеиюньская система. М., 1966. С. 130.

俄国企业史（1850~1917）

包括工人的强制性缴款，其金额为工资的1%~2%（取决于参与者的人数和全体大会的决议），还有企业家的额外缴款，相当于工人缴款总额的2/3，罚款也被投入该基金。企业家成为基金真正的主人，因为基金由其管辖（以免工人罢工时被用作罢工资金）。法律所宣称的健康保险基金由工人自治仍然流于一纸空文，它们的管理权实际上已转移到企业家的手中，并受到政府的严格控制。禁止基金会的所有成员举行会员大会，取而代之的是由企业家或其授权人主持的代表大会（不超过100人）。在基金董事会中，工人仅比企业家的代表具有一票的优势（董事会成员的法定人数为奇数）。因此，如果有任何工人支持企业家，那么后者将获得多数票。在工人和企业家之间激烈的斗争中成立了健康保险基金，双方都试图将自己的支持者推入董事会，而这引发了无尽的冲突①。

1912年法律大幅修改了保险额度的计算方法。例如，养老金和津贴的额度基于每年280个工作日（而不是以前的260个工作日）确定。在某些情况下（完全失明、上肢或下肢截肢），养老金等于全额工资。同时，为在职妇女提供6周的产假津贴，其数额从工资的一半到全额不等。

疾病津贴一直发放到1912年，但之前津贴的发放完全取决于企业家，主要从罚款基金中支付，它们的额度当然无足轻重。1912后，根据新法，健康保险基金从生病的第四天开始支付疾病津贴。按规定程序投保事故险的工人，从事故发生之日起获得赔付。疾病赔付要求疾病持续时间不超过26周，对于反复发作的疾病，每年支付时间不超过30周。如果发生事故，工人在13周内获得赔付，然后根据劳动能力鉴定结果，受伤工人将获得保险公司发放的抚恤金。法律规定，如果受害人需要养家糊口，那么疾病或伤害赔偿金为工资的1/2~2/3，其他情况下，则为工资的1/4~1/2。

---

① Аврех А. Я. Указ. Соч. С. 131；Рабочий класс России. 1907 - февраль 1917 г. М.，1982. С. 115 - 116.

第九章 19 世纪下半叶至 20 世纪初的"工人问题"

1912 年法律和 1903 年法律均确定了完全丧失劳动能力时的扶助金，金额为以 280 个工作日计算的平均工资的 2/3，加上实物福利（食品；如果建有公寓，还包括公寓）。如果部分丧失劳动能力，则根据残疾程度而定。支付给因意外死亡的工人的抚恤金为：给遗孀——1/3，给孩子——1/6，通常，该款项总额不超过死者工资的 2/3。此外，同 1903 年法律一样，1912 年法律规定可以一次性结清抚恤金（工人工资的 10 倍）①。

在制定保险法时企业家提出的所有要求几乎全部实现，结果就是 1912 年 6 月 23 日的法案，但企业家并不急于执行该法案。尽管制定法案历时甚久，但在法律颁布前夕，工商业代表大会委员会仍表示，"由于诸多原因，政府和工业界尚未做好实际实施的准备"。因此，直至 1913 年中期才开始建立健康保险基金。根据官方数据，到 1914 年 7 月 1 日，运营（或正在建立）的 2860 个健康保险基金覆盖了 200 万名以上的工人，覆盖工人总数的 86%。但实际上，在健康保险基金中，只有 63% 投入运作，覆盖了 64% 的工人。截至 1916 年 4 月 1 日，运营中的基金数量增加到 2254 个，覆盖 1762000 名参保人员，但这比 1914 年夏季规划的数量要少得多。结果，到 1916 年 4 月，实行国家保险的工厂中，只有不足 3/4 的工人参加了保险②。

显然，建立地区保险公司的工作迟于最初的设想。同时，法律规定保险公司与健康保险基金同时开放，但该规定经常被违反。如果保险公司尚未运作，则健康保险基金可免于向伤亡工人支付抚恤金和丧葬费。在这种常见的情况下，根据 1903 年法律，对受害工人的所有补偿都由企

---

① Аврех А. Я. Указ. Соч. С. 131; Иванов Л. М. Страховой закон 1912 года и его практическое применение // Отечественная история. 1995. С. 75.
② Фалькова Ж. З. Страхование рабочих накануне и в годы первой мировой войны (до февраля 1917 г.) // Первая мировая война 1914 – 1918. М., 1968. С. 355 – 356, 363.

业家个人负责。而实际情况则相反，例如：保险公司在企业中开展业务，但是健康保险基金并未运作。这无疑使得保险业务变得复杂①。

1919~1920年劳动人民委员部统计了健康保险基金的总体运作情况。根据1915年的不完整数据，劳动人民委员部研究了1605个基金、1248626名投保者的材料②，这些基金的预算为1060万卢布，其中工人缴费630万卢布，企业家缴费430万卢布。企业家缴费总额中有76.5万卢布用于补贴伤残工人，这大大减少了医疗救助等补贴金。在总额1060万卢布中，450万卢布用于一般疾病，76.4万卢布用于意外事故，72.5万卢布用于分娩，28.9万卢布用于丧葬③。工人患普通疾病时，每天平均津贴为75戈比，而每天的工资为1卢布25戈比，补贴占工资的60%。根据1912年法律，基金可以向患病的单身工人发放工资的25%~50%，向成家的工人发放工资的50%~100%。女职工每天平均工资74戈比，分娩时的补贴达到每天51戈比，相当于工资的68.9%，根据法律，该情况下，基金可以发放工资的50%~100%④。根据健康保险基金1914~1916年的资料，向伤残工人支付的款项在预算中所占的比重很大，且不断增加，但是对家属的补偿减少了，因为伤残工人的数量在增加，而这部分赔偿占用了很大一部分资金，且数额不断增长。统计数据还表明，健康保险基金并不充裕，基金被迫将赔付额限制在1912年法律所规定的最低标准。同时，远非各地都为家庭成员提供疾病救助，且这种救助完全不够⑤。

---

① Подробнее см.: Иванов Л. М. Страховой закон и его практическое применение. С. 76 - 84.
② Наемный труд в России. Ч. 1. М., 1927. С. 130 - 134; Маркузон Ф. Д. Статистика социального страхования. Вып. 1. М., 1925. С. 339, 340.
③ Вопросы страхования. 1915. № 1. С. 12; № 3. С. 11 - 14.
④ Вигдорчик Н. Теория и практика социального страхования. М. - Пг., 1923. С. 139 - 143.
⑤ Подробнее см.: Иванов Л. М. Указ. Соч. С. 78.

第九章 19世纪下半叶至20世纪初的"工人问题"

但还有一些例外，如博戈罗茨科－格鲁霍工厂的健康保险基金有13500名投保人，工人的工资扣除比例为2%，基金根据1912年法律规定的最高标准进行赔付，家属同样可以领取疾病赔偿。1915年，根据该条款一共支付了8900卢布，而1914年总共支付给工人8.43万卢布，1915年一共支付12.42万卢布。基金的运营令工人十分满意，尤其是向分娩妇女支付全额工资①。但是，当博戈罗茨科－格鲁霍工厂的健康保险基金决定向单身工人支付相当于其收入2/3的赔偿，以及向由于孩子生病而缺勤的女工提供福利时，却被莫斯科省级代表处制止，因为这"与法律不符"。后来，基金对工人保险委员会的上诉也被宣布无效。

***

综上所述，保险法限制了被保险人的地区和行业，且仅涵盖了部分工人，其只涉及两种保险类型：意外险和疾病险。法律并不涵盖养老险、残疾险和死亡险，这一重大漏洞极大地削弱了法律的意义。此外，法定赔偿金和抚恤金很低，且在实际运作中又被大幅度削减。同时，保险法在本质上是矛盾的：其中包含资产阶级法律要素和警察监护措施，在一定程度上剥夺了保险机构的独立性，并使它们受到官员、警察和企业家的控制。保险法的实施进展缓慢，经常受到企业家的破坏和行政干预。但是，尽管困难重重，它仍是俄国实施国家（强制性）保险的第一次尝试，是一次资产阶级自由改革，并初步确立工人立法的规范。此外，保险改革在一定程度上也提高了工人的经济和法律地位。

---

① Больничные кассы при фабрике компании Богородско－Глуховской мануфактуры: Отчет за 1915 год. М., 1916. С. 5; Нолькен А. М. Закон об обеспечении рабочих на случай болезни. СПб., 1913. С. 24, 132.

· 409 ·

第三篇
俄国企业家的精神面貌和慈善活动

第十章
企业家的人格类型、精神面貌和生活方式

第一节　问题回顾

"商人阶层自身的文化修养是决定俄国商人阶层历史命运的重要因素",对该问题的看法"并不是从社会学的角度出发的,严格而言,相关的研究还没有开始"。B. H. 斯托罗热夫在20世纪初出版的《莫斯科商人协会史》中如是写道①。

М. Д. 普里肖尔科夫在《18~20世纪的商人家庭肖像》一文中指出,"为了抹杀过去的痕迹和记忆",农奴制改革前商人追求贵族化②。简言之,商人曾竭力模仿贵族阶层的生活方式。农奴制改革后,他们努力接受教育,认为知识分子的生活方式优雅而又崇高,值得效仿。我们认为,正是知识分子的生活模式变成了商人的文化发展目标,指引了他们的价值取向。

企业家阶层无疑是多样化的、异质的、不断发展变动的。随着第四代

---

① См.: История Московского купеческого общества. Т. V. Вып. 1. М., 1913. С. 21.
② Приселков М. Купеческий бытовой портрет XVIII – XX вв. (Первая отчетная выставка историко – бытового отдела Русского музея по работе над экспозицией《Труд и капитал накануне революции》). Л. 1925. С. 24, 26.

俄国企业史（1850～1917）

到第七代职业世家的出现（例如，在莫斯科或伊尔库茨克等西伯利亚大城市），幸运的新生代（曾经的农民）迅速加入商人阶层。19世纪末以来，从事工商业活动的已经不仅仅是商人，贵族和官僚等上层人士以及工程师等知识分子也开始从事工商业活动，所以商人的数量急剧增加。本章首先研究典型的商人阶层以及那些按照社会特征被划分为商人阶层的人。

近年来出版了不少书籍①，主要研究19世纪后期至20世纪初商人担负的文化使命问题，其中有一些是回忆录和传记。许多回忆录（甚至是现代的随笔）都充斥着对商人的溢美之词，而且文献中有大量的证据表明，企业家的文化面貌以及改革后俄国社会对商人形象的看法都发生了变化。早在20世纪20年代后期，Б. Б. 卡芬豪斯就指出："通过阅读回忆录，可以清楚地了解商人的家庭生活和世界观。"②根据Ю. М. 洛特曼的说法，"'生活方式'不仅决定事物的存在，而且还体现了风俗和日常生活，是每天日程安排、活动时间、工作性质、休闲娱乐方式、婚姻和葬礼仪式的综合表现"③。

20世纪初，一些企业家（Н. К. 克列斯托夫尼科夫、Н. П. 维什尼亚

---

① 在有关资产阶级精神面貌和生活方式问题的研究中，主要的文献包括：Куйбышева К. С. Крупная московская буржуазия в период революционной ситуации в 1859 – 1861 гг. // Революционная ситуация в России в 1859 – 1861 гг. М.，1965. С. 314 – 341；Лаверычев В. Я. Крупная буржуазия в пореформенной России. М.，1974（дана резкая критика облика капиталистов с марксистских позиций）；Боханов А. Н. Коллекционеры и меценаты в России. М.，1989；Тот же. Крупная буржуазия России. Конец XIX в. – 1914 г. М.，1992；Думова Н. г. Московские меценаты. М.，1992；Демская А.，Семенова Н. У Щукина, на Знаменке... М.，1993。

② Кафенгауз Б. Б. Купеческие мемуары // Московский край в его прошлом: очерки по социальной и экономической истории XVI – XIX веков. М.，1928. С. 113. Б. Б. 卡芬豪斯的这一作品被认为是经典的，至今仍未失去其意义。

③ Лотман Ю. М. Беседы о русской культуре. Быт и традиции русского дворянства (XVIII – начало XIX века). СПб.，1994. С. 12。

　　Ю. М. 洛特曼的下列观点也值得注意："行为域是民族文化一个非常重要的组成部分，研究行为之所以困难，源于如下事实：一些稳定的特征可能在几个世纪内都不会改变，但随着外部环境的变化，这一特征的表现形式可能会因此改变。" Там же. С. 13。

第十章 企业家的人格类型、精神面貌和生活方式

科夫、Н. А. 奈焦诺夫等）撰写了系列回忆录，谈及了商人的自我反思，见证了开明商人是如何对自己阶层的历史产生兴趣的。

我们认为，同时代的人已经意识到了企业家精神世界的演变。19世纪80年代，莫斯科杰出的小说家 П. Д. 博博雷金在《莫斯科书信》一书中对商人阶层文化转型做出了非常准确的年代划分，"19世纪60年代之前，在莫斯科读书、思考和进行艺术创作的人是清一色的贵族……60年代初至今的20多年，莫斯科河沿岸及罗戈日大街的平民世界被触动了，孩子们开始学习，年轻商人不仅开始在中等商业学校里求学，还在大学里钻研。女孩们开始讲英语，演奏肖邦的钢琴曲。商人已经意识到了自己的物质力量，先前沉闷压抑的生活习惯逐渐被放弃，生活方式发生了翻天覆地的变化"[1]。

19世纪60年代前夕商人的地位如何？显然，与贵族相比，他们是受打击和排斥的。但这一社会群体令人印象深刻，因为他们有自己的生活方式和世界观。

一部分回忆录对此有所记载。Е. А. 巴尔蒙特母亲的先辈是莫斯科著名鞋王，她写道："在车尔尼雪夫斯基时代，奥斯特洛夫斯基作品中描写的老一代商人的生活方式已经瓦解。在他描写的莫斯科河沿岸地区生活习俗的戏剧中我们看到，这种生活方式变得十分罕见，其中一些甚至已经彻底消失，上一代家长制的权威被独断专行所取代，强者对待弱者是粗暴而肆意的……"[2]但 Е. А. 巴尔蒙特认为，并不是所有商人家庭的生活模式都如此。她指出，鞋王家族中的长者并未变成专制的，因为"生活方式有着丰富的内涵及宗教基础，最重要的是，一些家庭成员才华出众，一些家庭成员谦恭善良"[3]。

---

[1] Вестник Европы. 1881. Т. 2. Кн. 3. С. 377 – 378.
[2] ОР РГБ. Ф. 374. Оп. 2. Ед. хр. 6（Бальмонт Е. А. Семья Андреевых. Воспоминания）. Л. 2.
[3] Там же. Л. 2об.

第二节 教育观

商人家庭的教育观可分为两种。在一些家庭中，孩子是按照旧习俗抚养长大的：男孩接受教育（例如，在商业学校学习），未来接管家族业务，女孩则准备结婚（由媒婆为她们挑选伴侣）。但是，精英阶层的商人家庭意识到了教育的潜在价值。上文提及的 E. A. 巴尔蒙特在回忆录中写道，她的父母非常渴望让孩子们接受教育（这里的时间是19世纪60年代至70年代末）。为此，他们不惜付出大量精力和金钱，认为"虽然自己受教育程度不高，但教育仍然是生活中最主要的"[①]，这种想法极大地影响了孩子们。

巴尔蒙特母亲的娘家姓安德烈耶夫（其父在特维尔大街拥有一家经营殖民地产品的商店，而母亲则经营一家鞋业贸易公司），亲戚们纷纷效仿她的父母，尤其是她的大姑姑普拉斯科芙娅。普拉斯科芙娅是非常富有的呢绒工厂主卡乌林的妻子，她为孩子们（除了夭折的孩子外，安德烈耶夫家族有10个孩子，卡乌林家族有7个孩子）聘请了家庭教师，教授他们俄语、德语、法语、神学史、钢琴和体操等（值得注意的一个细节是，普拉斯科芙娅·卡乌林娜和孩子们一起学习音乐和外语，他们非常喜欢在家里用法语和意大利语聊天。）

与此同时，许多回忆录都非常清楚地描述了一种现象，即老一代企业家并未受过教育，他们只是直觉地感到要让孩子们接受最好的教育。例如，С. И. 切特韦里科夫在一篇有关自己岳母 E. M. 阿列克谢耶娃的文章中写道："可以说，她严格地控制孩子们物质生活的方方面面，虽然她完全不理解他们的精神世界，但要对她宽容一些，毕竟她在竭尽全力地

---

① Там же. Ед. хр. 8. Л. 41.

第十章　企业家的人格类型、精神面貌和生活方式

用最为科学的方法督促孩子们学习。"①

在家中完成基础教育后，孩子们会参加著名市立学校的考试，继续接受教育。例如，19 世纪 70～80 年代，А. И. 阿布里科索夫和 А. А. 阿布里科娃夫妇的女儿们全在"彼得和保罗"路德教会附属的德语学校学习②。来自"高贵的莫斯科大商人家庭的"男孩们，按照传统，进入位于彼得洛夫卡大街萨马林大楼的克赖曼私立中学学习③。但 19 世纪 90 年代之前，女孩很少进入公立中学。Ю. А. 巴赫鲁申写道："富商们认为，将女儿送入国立教学机构有损自己的尊严，女孩应该在家中接受教育，以免受到朋友们不良习惯的影响，而且这样周围人也不会怀疑自己的财力。"④巴赫鲁申的外祖父是富有的呢绒厂主 В. Д. 诺索夫，她坚持要求家人把自己送到中学学习。在学期间，她"阅读了大量书籍，认识了莱辛、维尔纳、歌德和马利特"，学习了绘画，掌握了"当时女性必须学习的女红"，写了一些短篇故事。她还爱好摄影，"在游玩时，不管走到哪里，都会拖着沉重而原始的相机和笨拙的三脚架"。此外，她对"教育方法、自我教育和自我学习"等问题越来越感兴趣，因为母亲去世后，她承担起了抚养几个妹妹的责任⑤。

当然，商人家庭中还有一些非常杰出的事迹，即教育与天赋相结合，从而培养出了一大批优秀人物。在这个方面，茶叶商博特金家族彪炳史册。该家族的第二代为俄国文化事业做出了重大贡献，包括作家 В. П. 博特金、杰出临床医师 С. П. 博特金以及艺术史学家和慈善家 М. П. 博特金。

环境培育了商人坚强、崇尚自由的性格，而且有了金钱，就可以掌

---

① Воспоминания С. И. Четверикова. 4 - я тетрадь. Л. 24. Архив РАН. （Рукопись）.
② ОР РГБ. Ф. 369. Оп. 372. Ед. хр. 14. Л. 67. （Абрикосов Х. Н. Семейная хроника）.
③ Бахрушин Ю. А. Воспоминания. М., 1994. С. 42.
④ Там же. С. 209.
⑤ Там же. С. 109 - 211.

俄国企业史（1850~1917）

握自己的命运，无须恪守世俗的规范。在此方面，一些女性的经历颇为有趣。例如，银行家夫人 А. И. 沃尔科娃后来成为著名的政论家，她是发行俄国第一批女性杂志的女性之一；名扬欧洲的俄国女医生 А. А. 阿布里科索娃同样出类拔萃。

俄国著名的糖果商阿布里科索夫的家史中记载着 А. А. 小阿布里科索娃（格兰妮娅）的故事。起初，格兰妮娅被迫嫁给地主秋尔科夫，她被带到了庄园，组建了新家庭，对此她痛苦不堪，直到被就读于莫斯科大学的哥哥尼古拉偷偷带走。哥哥非常疼爱自己的妹妹，知道她极为聪慧，所以为她创造了学习条件：首先让她在圣彼得堡求学于别斯图热夫，然后在德累斯顿师从一流的教授研究数学[①]。请注意，这个故事发生在1880~1885年。哥哥告诉妹妹，"俄国女性就业的道路和其他地方一样，是非常狭窄的"[②]。这激发了格兰妮娅的斗志，她在巴黎考入了医学系，是系里唯一的女生。后来，格兰妮娅成为法国神经病学家让－马丁·沙可的学生，并通过了神经病理学博士学位论文答辩，在法国获得了丰富的临床经验[③]。

值得注意的是，出身于商人环境的人都非常强烈渴望接受教育，这是他们与传统生活方式以及与自己"母体"决裂的一种表现。很多文献表明，大量商人家庭中的年轻一代都明确拒绝承认商人是一个阶层，尽管他们也属于这一阶层。商人的后代们都进入科学、艺术和外交等事业领域。

圣彼得堡和莫斯科商人重视教育，外省商人也不甘人后。一位女性在回忆录中写道，其祖母是彼尔姆省叶拉布加市人，"祖母的父亲是一位中产阶级商人，早年丧妻，非常疼爱自己的独生女，但性格古怪。祖

[①] См.：ОР РГБ. Ф. 369. Оп. 372. Ед. хр. 14. Л. 68-70.
[②] Там же. Л. 74.
[③] Там же. Л. 78.

母在15岁时获准吸烟,她的父亲甚至还把她送去了喀山上中学,她是这座城市中第一个接受中等教育的女孩,这是她做梦都想不到的。"①这件事发生在1869~1870年。祖母中学毕业后,她父亲把她嫁给了当地的商人 B. M. 祖布科夫。

根据上面所述,如下时间点值得注意:19世纪50年代之前,商人圈内流行的是上一代人的观点,即"学问纯粹是妨碍业务"②,但从19世纪70年代开始,商人开始竭力让孩子们接受良好的教育。如果说在19世纪60~80年代,大多数企业家认为孩子们只要在商校和技校中获得实用技能就足够了,那么从19世纪90年代开始,越来越多的商人希望孩子们接受古典教育。在中学学习后他们能拥有更广阔的文化视野,并且还将获得体面的大学文凭或高等技校文凭。

随着教育观念的日趋成熟和人们对教育重要性认识的加深,工人的教育观念也逐渐发生了改变。俄国的工业技术日益复杂,要求工人掌握一定的技能和知识。工厂监察员格沃兹杰夫(他认为俄国的工人状况并不乐观,觉得它是"人类悲伤之海和人民无尽的黑暗之洋")这样描写了一位熟识的工厂主:"他和大多数工厂主的主要区别在于,他并没有将职员和工人视为仆人和奴隶,而是将其视为志同道合的同事。他并不认可'被雇用即被出售'的庸俗观点,也不觉得自己是一个统治者,而是一位常人。他认为启蒙教育将推动工业发展,在其他工厂主还在戒备着形形色色的启蒙教育并将其视为瘟疫和传染病时,他已经在工厂里开办了学校和图书馆,他还建设了学校教学楼,发放助学金,在自己工厂周围半径10余俄里范围内开设了许多学校,几乎普及了教育。他通常不接纳文

---

① Тихонова Н. Девушка в синем. М. , 1992. С. 39.
② См. : Вишняков Н. Сведения о купеческом роде Вишняковых (1762 – 1847 гг.) . Часть II. М. , 1905. С. 92.

盲进入工厂，工厂里文盲屈指可数。"[1] 一些工厂主们（格沃兹杰夫负责检查弗拉基米尔省以及其他许多全国性的纺织企业）为工人们建立了各种服务设施，"甚至包括剧院"，在工厂开设了"面向不同层次工人的大量课程，主要讲授一般科目"[2]。但是截至20世纪初，类似的工厂主在俄国并不多见。

同时，20世纪初，企业家精英阶层的科学水平迅速提高（例如上文的 A.A. 小阿布里科索娃），处处闪耀着智慧之光。虽然对于职业活动无补，但证明了商人阶层的文化和教育水平。例如，呢绒世家博戈罗茨基家族一位女性在闲暇时"酷爱计算高等数学习题"[3]。

第三节　家庭的作用：继承和传承

商人世家的稳定传承确保了先辈开创的工商业活动能够顺利进行。家庭传统在传承企业家生活方式的过程中发挥着重要的作用。商人充分认识到，人的物质和精神幸福对家庭而言非常重要，这绝非偶然[4]。

在继承问题上，毫无疑问，资产的继承涉及商人对工商事业态度的继承。需要指出的是，实际上在19世纪80年代以前（企业家的孩子们开始接受普通的中等和高等教育），企业家的孩子们就已经开始接触工商业活动。例如，C.B. 阿列克谢耶夫（俄国剧院改革家坦尼斯拉夫斯基之父）从14岁就开始在父亲的办公室工作，后来成为 C.B. 阿列克谢耶夫

---

[1] Гвоздев С. Записки фабричного инспектора (из наблюдений и практики в период 1894 – 1908 гг.). М., 1911. С. 9.

[2] Там же. С. 10.

[3] Якушева Н. Московские дома и их хозяева // Московский вестник. 1995. № 1. С. 52.

[4] 从这个意义上说，我们认为，19世纪商人的观点与农民几乎没有什么不同，这表明了大多数商人世家源自农民。下述论文对农民的代表性进行了有趣的分析：Громыко М. И. Семья и община в традиционной духовной культуре русских крестьян XVIII – XIX вв. // Русские：семейный и общественный быт. М., 1989. С. 7 – 24。

第十章　企业家的人格类型、精神面貌和生活方式

合伙公司董事会主席①；H. A. 奈焦诺夫从 15 岁开始从事制造业②；许多其他企业的代表也都是在 14~16 岁开始参与家族企业。

　　长期以来，商人的家规都具有父权制特征。回忆录中这样描述："家庭生活的基础是'专制'。"家里掌控所有权力的是年长的男人：父亲或哥哥，偶有商人的遗孀（丈夫死后，形式上或偶尔实际地管理家族事务）。

　　遗嘱等相关文件清晰地呈现了商人的道德风貌。例如，П. С. 马柳京是一等商人的后代，在莫斯科省拥有两家造纸厂、一家化工厂、一家玻璃厂、一座金矿和一座林中别墅，他非常富有（在莫斯科还有两栋大楼以及两家商店）。在遗嘱中，他 4 个儿子的继承条件如下："我的遗产均分给儿子们，但是，如果其中有人以不正当方式获得财产，做出不体面或罪孽的行为，那么我将授权并委托遗嘱执行人，不用经过任何上级调解也无须经过继承人同意，就可以将他的这一部分遗产转让给其他儿子，并将他从家族事务和家族生意中除名，只需每 4 个月给他一笔现金作为生活费，数额由遗嘱执行人自行决定，但是每 4 个月的费用不能超过 1000 卢布，直至他年满 35 岁。如果他在 35 岁仍不知悔改，那就可以采取更为严厉的措施。此外，如果有儿子挥霍我的遗产，那可以将其称为'不懂感恩的儿子'，或'不值得我关照的儿子'。"③遗嘱表明，立遗嘱人视挥霍浪费为最低贱的行为。

　　为避免家庭积累的财产丧失殆尽，立遗嘱的商人起草了详细的遗嘱，规定了遗产继承的数额和继承条件。许多商人家庭中继承人的数量多达数十个，例如，Т. С. 索波夫是第三代商人，拥有两家家族纺织企业，

---

① Жизнь Сергея Владимировича Алексеева в его добрых делах. М., 1893. С. 1.
② Лебедев И. А. Николай Александрович Найденов. 1834–1905. Очерк жизни и деятельности. Вып. 1. М., 1915. С. VII.
③ ЦИАМ. Ф. 3. Оп. 4. Д. 4972. Л. 4–4об.

俄国企业史（1850～1917）

1892年去世后，他在遗嘱中详细列举了28位亲戚的货币和实物遗产数量[①]。

19世纪80年代以来，孩子们接受良好的教育被商人视为成功生活的重要组成部分。例如，鲁卡维什尼科夫的3个孩子（伊凡、尼古拉和未来的莫斯科市市长康斯坦丁）都在莫斯科大学物理和数学系学习。父母希望孩子们接受良好的教育以增加家庭财富。父亲意欲培养家族生意的接班人，所以尼古拉·鲁卡维什尼科夫大学毕业后在矿业系继续学习冶金学。后来，当25岁的尼古拉突然决定不再管理家族的采矿业，而是转为教习收容所的收容人员时，其父愤怒得无以复加。传记小说的作者以生动形象的笔法描写了这一场景："获知儿子的决定后，父亲如同受到当头一棒，甚为震惊。他激愤地说道：'如果你喜欢这个机构，那你可以把自己的一部分收入捐给它，随便你。但是你为什么要把自己也牺牲了呢？你还要为自己活着。'尼古拉回答：'问题不在于金钱，我不能像他人一样为自己而活，每个人都有自己的命运。'父亲劝了很长时间，但并未说服儿子，最后只好说：'好吧，愿上帝与你同在。你已经不是小孩子了，尽你所能去做吧！但是别指望我为你的选择而感到高兴，没门儿！'"[②]

值得注意的是，尼古拉·鲁卡维什尼科夫有着高尚的道德情操和广泛的文学兴趣。在此期间，英国威斯敏斯特大教堂首席神父史丹利访问了莫斯科。他多次访问收容所，兴致勃勃地参观之后，对所见之物感触颇深。返回伦敦后，他在第一次讲道中谈到了尼古拉·鲁卡维什尼科夫："我见过一位圣徒，死而无憾。"

农奴制改革后，许多古老的商人世家逐渐意识到自己圈子中存在着派别之分，他们的社会身份正在固化，这表现在"商人贵族"比较

[①] ЦИАМ. Ф. 3. Оп. 4. Д. 1533. Л. 1–6об.
[②] Толычева Т. Николай Васильевич Рукавишников（биографический очерк）. М., 1878. С. 8.

第十章 企业家的人格类型、精神面貌和生活方式

谨慎地对待那些打算加入贵族圈子的人士。Ю. А. 巴赫鲁申指出:"人们认为不应当接纳暴发户,也就是那些通过商业投机而暴富,从而获得贵族头衔的人。"①

第四节 宗教感

众所周知,改革前的商人对宗教非常虔诚,例如普罗霍洛夫家族。普罗霍洛夫家族的代表 Д. В. 普罗霍洛夫创作了《论财富》和《论贫困》,其中回荡着福音书的真理。Д. В. 普罗霍洛夫遵循父亲的遗言:"不要为了财富而活,要为上帝而活;生活不能奢华,要谦卑朴素。"②改革后,普罗霍洛夫兄弟及其后代为自己在特廖赫戈尔工厂里的工人开设了一家拥有 75 张病床的普通医院、一家妇产医院、一所初等学校、一所职业学校、一所幼儿园和廉价公寓,其行为超出了法律规定。普罗霍洛夫家族后代的日常生活完全是欧化的,他们接受过良好的教育,且定期前往著名的修道院朝圣。

维什尼亚科夫家族的历史也体现出了商人非常虔诚的宗教感。例如,П. М. 维什尼亚科夫的儿子写道,他的父亲没有去过剧院,鄙视暴饮暴食和酗酒行为,他仅有的休息活动就是过节时去教堂。除教区教堂外,П. М. 维什尼亚科夫有时还会去下诺夫哥罗德的克列斯托沃兹德维任斯基修道院彻夜祈祷(他每年花数月时间参加下诺夫哥罗德展销会),并"拜访那些送奶油和蜂蜜给他的朋友们"③。毫无疑问,结识杰出的神职人员

---

① Бахрушин Ю. А. Воспоминания. С. 55.
② Материалы к истории Прохоровской Трехгорной Мануфактуры и торгово-промышленной деятельности семьи Прохоровых. Годы 1799 – 1915. М., 1915. С. 108 – 109.
③ См.: Вишняков Н. Сведения о купеческом роде Вишняковых (1762 – 1847 гг.). Часть II. С. 72.

俄国企业史（1850~1917）

和维什尼亚科夫从事的工商业活动相关，因为维什尼亚科夫在莫斯科生产镀金产品，经营着规模最大的教堂装饰家具厂。

维什尼亚科夫的儿子指出，对父亲来说，"宗教是他整个世界观的基础"，他始终如一地"坚持道德的力量"①。"他热衷于神圣的天意以及教会的教条。他对神祇非常敬重，并且总是毕恭毕敬地用大写字母书写'上帝'一词"②。19世纪至20世纪初，长期担任莫斯科城市杜马议员的一位知识分子在传记中对自己父亲的行为做出了饶有兴趣的解释，"父亲的虔诚发自内心，他没有任何虚伪、迷信和拜物教的想法"③，因为他并不夸大宗教礼仪、经常去教堂做礼拜和收集圣物等活动的作用。

虔诚是商人家庭的一种传统，由于家中女性的宗教意识，这一传统得到坚持和传承。鲁卡维什尼科夫家族传记的作者就描写了这么一位秉持宗教原则的女士，即著名百万富翁、金矿主 B. H. 鲁卡维什尼科夫的妻子。"该女士有着坚定的宗教信仰，坚决维护家族中神圣的、几乎被人遗忘的宗法制传统。鲁卡维什尼科夫的豪宅富丽堂皇，里面供奉着许多昂贵的神龛和圣像画，前面点着长明灯，读经台上面摆放着福音书或圣徒像。家中规定要先吃圣饼，然后才能喝早茶。除了病人之外，所有人必须严格遵守斋戒。节日不去祷告简直不可想象。"④

宗教决定了生活方式。商人家庭一年的生活作息根据教历而定（下诺夫哥罗德展销会和其他较小集市的开放时间也正好与东正教12个大节日或当地隆重的圣地纪念日重合）。人们的饮食方式同样遵照东正教传统。银行家妻子 A. И. 沃尔科娃（其娘家姓为维什尼亚科娃）在论及商人家庭的严格家规时写道："在大斋期第一周、第四周

---

① Там же. С. 81.
② Там же.
③ Там же.
④ Толычева Т. Николай Васильевич Рукавишников（биографический очерк）. С. 6.

第十章　企业家的人格类型、精神面貌和生活方式

和最后一周，所有家庭成员要一起去教堂做礼拜……早上 7 点钟做晨祷，10 点钟做日祷，下午 4 点钟做晚祷。做斋戒祈祷的人，周三和周五不能在日祷之前饮茶，除婴儿和儿童外，所有人都必须遵守该规则。儿童和婴儿也需持斋（不食用肉奶制品）。在大斋期、彼得罗夫节、圣母升天节和圣诞节（除了彼得罗夫节，其余三个节日最为重要），新生的婴儿被允许食用三天的乳汁（视为荤食）。此后，婴儿应和成人一样，食用斋戒食物。"① 但后来，严格遵守斋戒的方式发生了变化，连续的大规模生产使得大工厂主无法严格遵守斋戒的所有要求。例如，П. М. 特列季亚科夫并未持斋，但为了表示节制，他在整个大斋期就为自己选择一道菜：松鸡配腌黄瓜或炸肉排配鸡蛋和黄瓜等。在每天晚饭前家人会把这道菜给他送去②。

　　虔诚的信徒严格遵循宗教典礼的仪式。1913 年，66 岁的未婚者 A. H. 布洛欣娜去世，她是改革前著名莫斯科商人 A. П. 舍斯托夫（1843～1845 年任莫斯科市市长）和 Д. A. 卢赫马诺夫（商务专办、"猎人商行"的所有者）的曾孙女。A. H. 布洛欣娜非常富有，曾向莫斯科商人协会捐献 40 万卢布用于修建布洛欣娜养老院。布洛欣娜的遗嘱揭示了商人生活习俗中许多有趣的细节。同时，从 A. И. 沃尔科娃（A. H. 卢赫马诺娃的表姐）的回忆中可以获知，布洛欣娜在世俗环境中度过了自己的童年和青年时期：参加舞会和郊游等。布洛欣娜先后送走了父母和哥哥谢尔盖，然后孤零零一人生活，这使她开始"与上帝同在"，并严格遵守东正教的礼仪和规范。布洛欣娜在遗嘱中说，希望"有一副白色的、开司米颜色的棺材，能身着白色连衣裙入殓。棺材上面不要放花环，只需向棺材里放一些鲜花"③。布洛欣娜的法衣和棺材颜色表明，她至死都

---

① Волкова А. И. Воспоминания, дневник и статьи. Нижний Новгород, 1913. С. 11-12.
② Зилоти В. П. В доме Третьякова. М., 1992. С. 42.
③ См.: История Московского купеческого общества. Т. В. Вып. 3. М., 1915. С. 1063.

是一位处女①。布洛欣娜还要求，葬礼当天，要为苦难圣徒叶卡捷琳娜教堂订购哀悼用的蜡烛，以便充分照明，要为阿斯特拉罕省的索良卡（那里有一家著名的免费餐厅）的穷人们提供50份午餐，并为摩尔曼斯克省戈利齐诺养老院身患重疾的人们每人发放1卢布和一块白面包。

遗嘱中提到的圣像清单非常引人注目：①用珍珠穿线制成的弗拉基米尔圣母像；②用珍珠穿线制成的悲怆圣母像；③手持福音书的救世主圣像；④苦难圣徒瓦尔瓦拉像；⑤保佑避免火灾的圣母像；⑥巴黎圣母像；⑦显圣者安季皮像；⑧圣谢尔基像②。这8幅圣像将被移交至苦难圣徒叶卡捷琳娜教堂，"放入一个圣像箱"，并"在教堂登记簿上记下捐赠人的名字和捐赠时间"。还有4幅圣像（"救世主大圣像"、"圣母大圣像"、银色镀金的"仁慈圣母像"和"用珍珠穿线而成的显圣者尼古拉像"）将捐献给位于苏兹达尔的布洛欣娜养老院附属教堂。按照布洛欣娜的遗愿，在将要建设的庇护所的房屋里，应当留下"古老的座钟、挂钟、肖像画以及装有书籍和相册的书架"③。

旧礼仪派信徒对宗教尤为虔诚。莫斯科著名富翁科 З. Т. 索尔达坚科夫在米亚斯尼茨卡亚大街拥有一座豪宅。据 П. И. 休金说，那里有一个阿拉伯风格的沙发间和一个大型图书室，还有一座小教堂，索尔达坚科夫和自己的亲戚——古书贸易商 С. Т. 博利沙科夫在里面做礼拜。"做礼拜时两人都穿着特殊缝制的长袍④"（索尔达坚科夫严格执行宗教礼仪并积极参与索罗戈扎公墓事务，与此同时，他还和莫斯科的法籍女商人克莱门特·杜彼举行了世俗婚礼）。

除严格的宗教信仰外，商人们并不认为对神秘现象和迷信的狂热是

---

① Например, см.: Восточнославянская этнография. М., 1991. С. 347. "死去的未婚女孩总是或多或少地穿着喜庆的衣服，就像在婚礼上一样。女孩子把葬礼看作婚礼。"
② История Московского купеческого общества. Т. В. Вып. 3. С. 1064.
③ Там же. С. 1069.
④ Воспоминания П. И. ТЦукина // Щукинский сборник. Вып. 10. М., 1912. С. 389.

第十章 企业家的人格类型、精神面貌和生活方式

一种罪孽,尤其是女商人。

П. И. 休金写道,法国老妇 M. И. 康德里扬经常去拜访自己的母亲(著名茶商 П. К. 博特金的女儿),目的是算命占卜、灵修和供奉圣餐①。当母亲意识到这种嗜好的危害后,每次举行类似活动时,孩子们总是会被逐出房间。从回忆录中得知,"父亲是一个非常虔诚的人",这激发了孩子们一同参与晨祷的想法②。

因此,在企业家们看来,笃信宗教无疑是一种美德。在一定程度上,这是因为他们遭遇了对旧礼仪派的迫害。19 世纪 60~80 年代许多商人之所以严格遵守宗教仪式,就是因为新旧礼仪派的冲突。正如传记材料所表明的那样,最热心和最虔诚的信徒,要么是坚守旧礼仪派立场的人,要么是转而皈依官方东正教或新教信仰的人。

从这一意义而言,莫斯科蜡烛商(以及蜡烛厂的厂主)В. А. 萨佩尔金这位鲜为人知的人物的生平具有传奇色彩。В. А. 萨佩尔金大半生都信奉旧礼仪派,而最后十年改信官方东正教。应当说,脱离旧礼仪派令萨佩尔金感到非常痛苦。在做出这一决定之前,需要深入地研究相关宗教文献。脱离旧礼仪派后,他开始撰写文章,揭露旧礼仪派的谬误。萨佩尔金在日记中记录了自己在精神上的疑问和反思。此外,萨佩尔金还为东正教教堂捐献了大量资金,赞助出版了许多反对旧礼仪派的书籍③。后来,萨佩尔金打算在修道中度过余生。

在莫斯科的旧礼仪派信徒中,修道士生活是禁欲主义的表现形式之

---

① См.: Воспоминания П. И. Щукина С. 148. Описано время примерно 2 - й пол. 1860 - х гг.
② Воспоминания П. И. Щукина. С. 73.
③ См.: Снегирев И. М. Московский почетный гражданин Сапелкин Владимир Андреевич. М., 1864. С. 5 - 14. 值得注意的是,许多杰出的莫斯科商人都收藏了这本书,其中包括亚历山大·彼得洛维奇·巴赫鲁申。由萨佩尔金出资于19世纪50年代末印刷的《开导假旧礼仪派教徒的致旧印刷书籍的摘要》(我们根据俄国国家历史出版图书馆副本的书名页而确定) 也被 А. П. 巴赫鲁申、П. В. 夏波夫收藏。

俄国企业史（1850~1917）

一，因此修道引起了极大的共鸣。例如，莫斯科纺织品制造商 И. П. 布季科夫（1800~1874年）在暮年（妻子死后）成为一名修道士[①]。Я. 萨维奇的妻子 Д. 莫罗佐娃（1812~1888年）也是如此。在送走丈夫（她比丈夫多活30多年）并将孩子养育成人后，Д. 莫罗佐娃以"德博拉苦行修女"的身份结束了自己的尘世生活[②]。

慈善行为与虔诚直接相关。基督教宣称，信徒有义务捐赠。《圣经》中屡屡强调，财富会带来罪恶，因此对于富人而言，该义务更为重要。所以虔诚是商人行为的一个主要特征，在企业家的传记和回忆录中始终占据着重要的位置。

В. Я. 叶尔马科夫的传记中描写了他在一年之内痛失妻子、父亲和儿子。作者写道："亲人们的离去折磨着叶尔马科夫，但正是这一点迫使他开始思考其他事情。彻底摆脱工厂事务的想法深埋于心，与此同时，他萌生了一个清晰的、充满吸引力的新想法：与亲人们一同服侍上帝。"[③] 在随后的20多年间，叶尔马科夫逐渐关闭或出售了自己的纺织厂，同时投入大量资金修建教堂和养老院，在暮年全身心地投入祷告和慈善事业中。他慷慨解囊，尤其是当他的亲姐姐费奥法尼亚修女去世后，他分别向50座俄国修道院捐赠了3000卢布（总计15万卢布）以纪念姐姐。

值得注意的是，对于商人而言，虔诚通常有助于提高基商业信誉。在没有文书的情况下（文书很晚才进入商业实践）签订口头合同时，"忠于上帝"就意味着坚守诺言。从这个意义上来说，商人梅德韦杰夫的日记便证明了这一点，其中描写了他的朋友和买主博戈列波夫："不知为

---

① Московский Некрополь. Т. II. М. , 1907. C. 149.
② Там же. Т. II. М. , 1908. C. 284.
③ Орлов Н. Жизнь и благотворительная деятельность действительного статского советника Ф. Я. Ермакова. М. , 1896. C. 15.

第十章 企业家的人格类型、精神面貌和生活方式

何,我非常害怕他,他改宗异教了。如果连崇高的宗教信仰都能改变,那么他是否能够忠于友谊和声誉呢?对他而言,我又算什么?"①

第五节 阅读范围、文学嗜好及对戏剧的酷爱

直到 19 世纪后半叶,企业家的主要阅读范围还是那些有教益的实用读物。19 世纪至 20 世纪初出版的大量有关著名莫斯科商人的传记证实了这一点。

值得注意的是,商人传记也可提供一些可资借鉴的内容。例如 С. В. 阿列克谢耶夫传记的作者就指出:"阿列克谢耶夫的父母是非常虔诚的教徒,他们严格遵守教规。他们把对教会的虔诚和热爱传递给了所有孩子,包括最小的孩子。但是,占据阿列克谢耶夫思想和灵魂的不仅是东正教的仪式,还有基督教'爱人如己'的教义,它根深蒂固地存在于他的灵魂中。"② 这种对生活方式的描述反映了杰出商人家族的优秀品质。与此同时,这种传记也凸显了企业家的道德和文化自尊心,以及他们虔诚、同情弱者、恪守宗教礼仪的特征。

除了阅读富有教益的读物之外,他们逐渐扩大阅读范围。我们认为,这一过程沿着两条路径进行。一条路径是成年企业家自身向往文学艺术世界,可以说,这是一种自我教育;另一条路径是企业家阶层通过当时最好的教育不断提高新一代国民的文化素质。此外,两条路径可能重合,于是就产生了民族文化的典型现象,如特列季亚科夫画廊、С. И. 休金博物馆和 С. И. 马蒙托夫剧院。

商人梅德韦杰夫的日记反映的是第一条路径。他写道:"我最喜欢的

---

① ЦИАМ. Ф. 2330. Оп. 1. Д. 984. Л. 12об. (Дневник купца П. В. Медведева. 1854 – 1864 гг.).

② Жизнь Сергея Владимировича Алексеева в его добрых делах. М., 1893. С. 1.

俄国企业史（1850~1917）

是看书、听歌、去剧院。夏天最喜欢的是投入大自然的怀抱、旅行和散步。"① 这本日记的时间跨度为改革前后的几年，是流传至今的、由商人撰写的忏悔书性质的文献之一。梅德韦杰夫提及了他读过的系列书，如《达维多夫到希腊的游记》②。梅德韦杰夫阅读这些书是"为了旅行途中的消遣，并与自己的所见所闻做比较"③。日记摘录了已读图书的一些章节，例如《彼得大帝的生平和功绩》（该书于1772年在威尼斯出版）。

商人"文化精英"的生活方式和消遣方式与贵族没有太大区别。从19世纪80年代开始，每逢夏天，莫斯科所有商人显贵（索尔达坚科夫家族、特列季亚科夫家族、博特金家族、索洛多夫尼科夫家族、康申斯家族、休金家族、克雷斯托夫尼科夫家族、莫罗佐夫-特维尔家族、沃斯特里亚科夫家族和索罗科莫夫家族等）都聚集在莫斯科郊外昆采沃的别墅。他们相约散步、日夜交谈、倾听音乐。有趣的是，他们主要阅读（如 В. П. 济洛季所言）严肃文学："我们相聚在一起，讨论政治和现实问题，最重要的是评论新书：佩切尔斯基的著作《在森林里》《在山上》，托尔斯泰的《安娜·卡列尼娜》。此外，陀思妥耶夫斯基和屠格涅夫等作家的作品相继出版，大家都在阅读《欧洲公报》《俄国信使》《祖国纪事》。青年们也经常讨论上述书籍，他们反复阅读《战争与和平》。"④

20世纪初，许多商人的文化需求与知识分子相差无几，包括女性在内的许多商人都对哲学和文学产生了浓厚的兴趣。Ю. А. 巴赫鲁申写道："在母亲的书架上可以看到很多哲学家的名字。老子、孔子、列夫·托尔斯泰、查宁、柏拉图、帕斯卡和罗切福考尔德等人的著作经常令她手不

---

① ЦИАМ. Ф. 2330. Оп. 1. Д. 986. Л. 47（Дневник купца П. В. Медведева. Запись 1861 г.）.
② 该书有拼写错误。
③ ЦИАМ. Ф. 2330. Оп. 1. Д. 984. Л. 14.（Дневник купца П. В. Медведева. Запись 1861 г.）.
④ Зилоти В. П. В доме Третьякова. С. 110-111.

第十章　企业家的人格类型、精神面貌和生活方式

释卷。"①

一些商人狂热地收藏图书（包括著名的古稀珍本），其中最有价值的是 A. И. 赫鲁多夫的藏书（700 本西里尔刊印的图书以及 15～19 世纪的 500 多种手稿，包括约瑟夫·沃洛茨基的《启蒙》和马克西姆·格雷克的作品）、Ф. Ф. 马祖林的收藏（14～19 世纪的珍稀手稿和出版物，包括彼得大帝的书信）、П. В. 夏波夫的藏书（从第一位印刷家伊凡·菲奥多罗夫到 19 世纪 60 年代的印刷出版物，共计 4 万多卷②）。顺便指出，除了莫斯科大学历史和语言学系毕业的夏波夫（Ф. И. 布斯拉耶夫的学生）之外，19 世纪末之前几乎所有名闻遐迩的商人藏书家都是通过自学以及对图书的热爱开阔了视野。

莫斯科许多有文化的商人成为平民剧院的常客。П. М. 特列季亚科夫从小就"逃出家去戏剧院或歌剧院……他崇拜巴济奥、马克斯姐妹、阿尔德里奇、日沃基尼、萨莫伊洛夫、舍普金以及当时的其他明星"③。19 世纪 90 年代，社会掀起了"剧院热"，"莫斯科商人对剧院充满了热情，业余表演是最时尚的娱乐活动，家庭演出团体如雨后春笋般诞生。马蒙托夫有一个严肃的、半正式的圈子，即神秘的、封闭的阿列克谢耶夫小组，其前身是……在一定程度是无政府主义的、没有严格纲领的比尔罗夫小组"④。19 世纪 70 年代，在亚昆奇科夫家族的"稠李"庄园有一座家庭剧院，参加演出的都是该家族的亲朋好友⑤。庄园的主人 В. И. 亚昆奇科夫是"一个酷爱音乐的人，一直与莫斯科音乐学院保持联系。他住

---

① Бахрушин Ю. А. Воспоминания. М., 1994. С. 215.
② 根据 П. В. 夏波夫的遗嘱，他的藏书连同书架、目录甚至书库的梯子一起被转交给历史博物馆。现在他的藏书位于俄国国家历史出版图书馆。
③ Зилоти В. П. В доме Третьякова. С. 42.
④ Бахрушин Ю. А. Воспоминания. С. 144–145.
⑤ ОР РГБ. Ф. 218. Карт. 381. Ед. хр. 15（Воспоминания Е. К. Дмитриевой, урожденной Рукавишниковой）. Л. 12.

· 431 ·

在位于音乐学院旁边的基思洛夫卡大街上。他家里总是音乐家盈门"。亚昆奇科夫本人"会拉小提琴,有一把珍贵的斯氏提琴"①。

第六节 服饰

商人阶层在日常生活细节和穿衣打扮上别具一格。几乎直至19世纪末,商人之间都流传着一个说法:"着装穿衣,俄式德式。"实际上,这是企业家阶层内部划分的标准。俄式风格是"头顶头发理成一个圆圈(被称作'带括号')的中分头,穿着长外套,其中有些人脚踏'甜菜根'式的靴子,裤腿塞进靴子里(也有一些人并不穿长外套,而是穿着紧腰细褶的长外衣,上面带着钩子,这主要是那些旧礼仪派信徒)"。德式风格是"留着小胡子或大胡子(此时只许蓄络腮胡),头发修剪得整整齐齐(如果分开的话,那么朝一侧分开),穿着短上衣"②。

大部分商人都是如此,但也有一些商人有与众不同的、独具个性特征的着装和行为方式。例如,根据维什尼亚科夫的描述,19世纪60年代 B. C. 阿列克谢耶夫的模样如下:"中等身材、行动笨拙的老头,脑袋很大,花白的头发用梳子梳过,脸剃得精光,厚厚的下嘴唇向前突出。我还清晰地记得他弯腰的样子。他经常穿着一件黑色的长外套,一派心平气和、处事不惊、老成持重的绅士风格。他轻言细语,彬彬有礼,嘴里总是含着哈瓦那雪茄,洋溢着雪茄的芳香。"③

同时,商人中很少出现放纵现象。对于大多数商人而言,当时世俗的社交形式,例如朋友之间共进晚餐或彼此拜访,是非常痛苦的事情。

---

① Там же. Ед. хр. 8. Л. 2.
② Найденов Н. А. Воспоминания о виденном, слышанном и испытанном. Ч. II. М., 1905. С. 11 – 12.
③ Вишняков Н. П. Сведения о купеческом роде Вишняковых. Ч. III. М., 1911. С. 77.

第十章 企业家的人格类型、精神面貌和生活方式

梅德韦杰夫在日记中描述了他受邀在商人大厦中与其他商人一起共进午餐的情景:"你看看桌子周围坐的都是什么人,个个都是短发,脸刮得很干净,穿得也非常漂亮,但是他们却像哑巴一样默不作声,似乎已经发誓要保持沉默。"①

对商人们而言,比起学习一种新的行为方式和掌握一种新的文化技能,换上时尚的服饰和潮流的发型既简单又迅速。

二三十年之后,商人的面貌发生了翻天覆地的变化。19世纪后半叶的商人精英非常重视自己的外表。А. А. 巴赫鲁申"一向穿着时髦,品位独特,但是又十分优雅,不显得标新立异。当人们开始戴小圆顶硬礼帽时,他的圆顶礼帽比平常的帽子要小一点,镶在外套下摆的绸缎要比其他人宽,他的手杖也要比那些讲究穿戴的人更粗一些"②。

如同在其他城市一样,在这里你也能看到完全按照父权制风格穿着打扮的商人。一位回忆录作者在玻璃和教堂用具贸易商巴克拉诺夫家住了几年(19世纪末至20世纪初),他这样描述巴克拉诺夫:"巴克拉诺夫梳着平分头,蓄着黑中泛蓝的大胡子。他长着一双凝滞的、外凸的眼睛,眉毛修得棱角分明,方砖一样的脸庞,身材非常壮实。有时候他穿着破旧的长大衣,阴沉着脸走到茶几旁。他的妻子对一切都无动于衷,她长着一张似乎是被侵蚀过的脸,穿着淡紫色蕾丝上衣。我当时认为,他们不像是活生生的人,而是奥斯特洛夫斯基戏剧中的人物。"③尽管男女主人的外貌和穿着显得很怪异,但巴克拉诺夫夫妇家里却很热闹,这主要是因为女主人的妹妹。她是一位精力充沛的30多岁的女人,与她姐姐不同的是,她夏天穿白色衣服,冬天穿黑色外套,头发修剪得很短,眉毛描得很黑。在这个深受尊重的商人家庭,她晚上经常召集她认

---

① ЦИАМ. Ф. 2330. Оп. 1. Д. 984. Л. 8 – 8об. (Дневник купца П. В. Медведева).
② Бахрушин Ю. А. Воспоминания. С. 144.
③ Степун Ф. Бывшее и несбывшееся. СПб., 1994. С. 45 – 46.

· 433 ·

识的所有青年，举办文学阅读会和讨论会。

由于企业家阶层人员广泛，并且精英商人和中小商人之间存在文化鸿沟，因此商人的生活显得异彩纷呈。

到20世纪初，这种情况变得更加复杂。俄国整个社会文化动荡且混乱，但同时又显得无拘无束。费奥多尔·斯蒂芬在描述巴克拉诺夫商人家庭的命运时指出，"令年迈母亲感到惊讶的是，在商人中出现了有才华的诗人、热情的疯子、极端的革命家和狂热的白卫兵"。在反思上述现象时，他指出"商人'灰色生活'中闪现的这种'色彩'，对于革命前的俄国而言，屡见不鲜"①。

杰出的哲学家、文化学家斯蒂芬正是用这种多层次性解释了"俄国文化的迅猛发展和繁荣昌盛。特列季亚科夫、沙尼亚夫斯基、莫罗佐夫、休金、里亚布申斯基和马蒙托夫等文化事业庇护者的活动说明了这一点。同时，这也可以解释俄国自由主义革命为什么会引发可怕的社会崩溃，并最终被布尔什维克革命所取代。例如，在1905年，高尔基设法从著名的俄国资本家那里募集到了大笔资金用于革命，用来消灭资产阶级自己"②。

第七节 对声望的理解及对奢华的追求：虚荣与贪婪

金钱令人陶醉，让人为所欲为。对张扬个性的追求以及金钱万能的想法让商人产生了许多怪癖。有些商人个体甚至整个家族以标新立异而闻名，这种风气有时甚至会传遍整个俄国。П. М. 特列季亚科夫的女儿写道："在我们别洛卡缅内市有许多恣意妄为的人，其中最著名的是马蒙托

---

① Там же. С. 47.
② Там же.

第十章 企业家的人格类型、精神面貌和生活方式

夫兄弟和赫鲁多夫兄弟,甚至还出现了一些专门词语'马蒙托夫习气'和'赫鲁多夫习气'。"①

В. 吉利亚罗夫斯基非常生动形象地描述了赫鲁多夫兄弟中的 M. A. 赫鲁多夫,他将其称作"话柄"、好汉、大力士、狂热的猎人以及探险家。赫鲁多夫前往中亚处理商务后,不仅在《俄国公报》上发表了一系列有趣的中亚随笔,而且对猎虎兴致盎然。他在中亚驯服了一只猛虎,把它带到莫斯科,像狗一样饲养着。赫鲁多夫的出格行为惊动了整个莫斯科,尤其是在他举办的著名盛宴上,"他身穿不同服装出席宴会,有高加索服饰、布哈拉服饰,还有罗马人半裸的、背上有虎皮的角斗士服饰,这些服饰与他都很般配,因为他身材出色且肌肉发达。有时他会把全身涂成黑色,像黑人一样出现在宴会上。他身边总会伴随着一只驯服的母虎,它非常温顺,就像家中豢养的狗一样,活了很长时间"②。与驯服老虎一样,令莫斯科公众震惊的是赫鲁多夫的另一举动:婚礼后,他赠送给年轻妻子一个巨大的箱子,里面装着一条巨大的、活蹦乱跳的鳄鱼。

阿列克谢耶夫家族的财富源于金矿开采,他们位于罗戈日大街的豪宅里有一个带有黄金栏杆的小阳台。尚不清楚这种行为是否出自炫耀,但是,"当人们谈论阿列克谢耶夫家族的财富时,都会想起这些栏杆和马掌上的银质马蹄铁。据称,阿列克谢耶夫家族常常炫耀,他们都不知道自己有多少钱"③。П. И. 休金证实,"在桑杜诺夫浴室的单间里,有人向莫斯科总督 В. А. 多尔哥鲁科夫和 К. Т. 索尔达坚科夫及其富有的未婚妻赠送银盆和银勺"④。

商人一门心思出人头地。如果继承父母财富的商人无法在商界获

---

① Зилоти В. П. В доме Третьякова. С. 55.
② См.: Гиляровский Вл. Москва и москвичи. М., 1983. С. 100.
③ Прожитое и пережитое. Воспоминания доктора П. С. Алексеева//Русский архив. 1908. Т. 2. С. 129.
④ Воспоминания П. И. Щукина. С. 144.

得声望，那么他们就会以大笔捐款的方式满足自己的虚荣心[1]。20世纪初，大笔捐款已经很难打动民众，但可以因此获得觐见沙皇的机会。

1912年，莫斯科商人 М. Д. 奥尔洛夫申请将其位于阿尔巴特大街12号的大楼（价值约20万卢布）捐赠给莫斯科商人协会，希望用房产的收入修建一座养老院。类似的捐赠非常多，但奥尔洛夫的捐赠之所以与众不同，是因为他想让沙皇知悉自己的高尚行为。

奥尔洛夫属于中产商人阶层。他的父亲是一个农民，于1857年获得自由[2]，然后成为一名莫斯科商人，在阿尔巴特大街上经销殖民地商品和葡萄酒20多年（直至1880年去世）。奥尔洛夫本人也是一名二级商人。但从19世纪80年代后期起，他不再经商，而是依靠出租上述阿尔巴特大街上的房子为生。此外，他历时15年、花费了11万多卢布，从共同继承人（兄弟、姐妹和侄子）那里购买了他们的世袭财产，从而成为房产的唯一所有者。奥尔洛夫没有结婚，在他年满60岁以后，他开始无法忍受孤独的日常生活，于是决定将房产捐献给慈善机构。奥尔洛夫在致沙皇的信中写道："本人作为父母不动产的唯一所有者，拥有多年的工作经验，提高了不动产的物质价值和赢利能力。我现在年事已高，孤身一人（本人未婚），为了纪念自己和我的父母……出于基督教怜悯之心，我伏祈沙皇阁下恩准我百年之后，将上述家族遗产捐献给莫斯科商人协会。5年内该不动产获取的收益将用来建造一座养老院……以收养平民阶层的老人、病人和贫困妇女。"[3] 值得一提的是，奥尔洛夫的计划实现了，他的信函被呈送至沙皇尼古拉二世。根据内务大臣的直达报告，沙皇于

---

[1] А. Н. 博哈诺夫在专著《19世纪末至1914年的俄国大资产阶级》的一章"企业家的荣誉称号"中指出，一大批大资产阶级获得了荣誉公民称号，不仅是因为他们的企业经营活动，还因为他们在学术和慈善机构中的庇护活动以及其他的非商业性活动。См.：Боханов А. Н. Указ. соч. С. 76 – 91.

[2] Материалы для истории московского купечества. Сказки. Т. IX. М., 1889. С. 174.

[3] ЦИАМ. Ф. 3. Оп. 4. Д. 4140. Л. 3 об.

第十章　企业家的人格类型、精神面貌和生活方式

1914 年 5 月恩准了这项捐赠。莫斯科市市长向莫斯科商人阶层会长宣布了沙皇的决定。奥尔洛夫的自尊心得到了满足，与此同时，他的胃口也增大了。由于受到高层关注，他深受鼓舞，于是改变了捐赠条件，决定在生前就捐献房屋。1914 年 11 月他给莫斯科商人阶层会长 С. А. 布洛奇金写了一封私信，希望市长邀请自己参与讨论拟建设建筑的土地问题："我希望在我有生之年就开始建设。"①

但在莫斯科，以虚荣心强著称的是 В. М. 博斯坦乔格洛。奈焦诺夫饱含讽刺地写道，他的虚荣心超乎想象，引起了其他商人的不满："据说，他为了一枚奖章居然不去照料自己的亲生父亲。"② В. М. 博斯坦乔格洛是希腊人，来自涅任市，是莫斯科二代商人，"是一个健壮的、聪明的，但是极端贪图虚名的人"。博斯坦乔格洛甚至想要影响莫斯科商人协会的地位，因为"他试图使莫斯科商人协会获得国家机构的地位，而把自己也当作一名大臣级官员"。在他的办公室里，总有一名身穿制服的协会职员。这是因为博斯坦乔格洛在圣彼得堡看到官员办公室之后，照搬了这一做法。博斯坦乔格洛每周都会多次拜访莫斯科总督 В. А. 多尔哥鲁科夫，他殚精竭虑地追求自己的目标，8 年间一直担任莫斯科商人协会会长，官至四等文官。1875 年初，博斯坦乔格洛身患重病，喉咙做了手术，被植入了一根金属管，然后被送往国外接受治疗。同年 8 月，沙皇亚历山大二世到莫斯科出席历史博物馆的奠基仪式。在访问莫斯科期间，沙皇对莫斯科活动家进行了例行褒奖。由于博斯坦乔格洛当时不在莫斯科，所以没有获得例行奖章，这让他伤心欲绝，直到 В. А. 多尔哥鲁科夫设法给他弄到一枚奖章后，他的悲伤才平息下来。博斯坦乔格洛在国外被授予该奖章，他身穿制服并佩戴新奖章拍照，正如奈焦诺夫所言，"他深陷

---

① Там же. Л. 6, 3 об.
② Найденов Н. А. Воспоминания о виденном, слышанном и испытанном. Ч. II. С. 15.

奖章泥潭，无法自拔"①。此外，为庆祝自己担任莫斯科商人协会会长 8 周年，他亲自发起了庆祝活动，并出版了一本小册子，标题颇吸引眼球：《1875 年 1 月 1 日莫斯科商人协会致 B. M. 博斯坦乔格洛的俄式感谢》②，其中罗列了他的各种善举。博斯坦乔格洛是一个优秀的组织者（众所周知，他不喜欢将自己的私人资金用于公共服务和慈善事业），在庆典中，他向莫斯科商人协会成员募集博斯坦乔格洛奖学金。必须说明的是，利用公共资金为纪念活人而设立奖学金的事例在商人史中绝无仅有。

财富助长了商人的虚荣心，引发了他们对金钱的狂热，甚至在解决金钱问题时锱铢必较。商人之间流传着许多关于吝啬的传闻，情节通常莫名其妙，甚至荒诞不经。有时这种斤斤计较的行为直接损害了工商业的经营。工厂监察员格沃兹杰夫就此写道："工厂主们有时完全无视业务中的缺陷，这给他们带来了巨大的损失。例如，一位非常富有的制造商实际上对工厂事务知之甚少。他给自己的工厂主管写了几十封信，指责他每月给一位生病的工人 3 卢布的补贴。"③ 这位监察员还描写了另一位吝啬至极的制造商（极为富有，拥有数千万卢布）："他经常乘坐火车或轮船去各地出差，但总是指望朋友们解决吃饭问题。他从不去饭馆，而是随身携带用手帕包着的食物，里面有面包、腊鱼和熟鸡蛋。"④

还有一件非常可笑的事。Л. И. 卡什塔诺夫住在小奥尔敦卡大街上，他是一个"严厉的、内向的、吝啬的人……他甚至禁止在窗台上摆放花盆，免得窗台受潮或腐朽"⑤。

А. И. 阿布里科索夫的孙子写道："在生活上祖父对自己和家人并不

---

① Там же. С. 38 – 44.
② Русское спасибо Василию Михайловичу Бостанджогло от Московского купеческого общества 1 января 1875 г. СПб., 1875.
③ Гвоздев С. Записки фабричного инспектора. С. 12.
④ Там же. С. 13.
⑤ Якушева Н. Московские дома и их хозяева. С. 52.

吝啬，喜欢在自己人身上花钱。但是他非常自私，也就是说，他对外人一毛不拔。"① 同一位回忆录作者还指出，А. И. 阿布里科索夫很喜欢"出谋划策"，他很喜欢验证自己的决策水平和影响力。

一些大企业家极为自负。格沃兹杰夫在回忆录中提到一位制造商 И. С. 阿克萨科夫，"毫无疑问，他已经上了岁数，脑瓜灵光，博览群书，但是非常容易走极端……他最大的不幸在于，他自封为俄国天才。他以俄国出类拔萃的智者自居，人们说，这是 И. С. 阿克萨科夫的谬见"②。值得一提的是，这位自负的企业家根本不愿意进行任何反思，并坚决支持劳资之间的父权制关系。工厂监察制度实施后，他就开始受到工人们的投诉。工人们声称，制造商的过错造成了停工，却没有弥补工人的损失。作为抗议，И. С. 阿克萨科夫掀起了一场暴风骤雨般的运动，他在《莫斯科宪报》上发表了一系列文章，并出版了一本书，"证明了工厂监察制度将破坏俄国工业"，并向圣彼得堡的维特告密。

财富徒增了主人们的虚荣心。一方面，他们炫耀自己的影响力，不尊重客观规律，买空一切，表现出自己与众不同；另一方面，他们对金钱的狂热、盘算和吝啬，导致了另一个极端，即一毛不拔，这有时甚至会殃及他们自身。

这些都招致了流言蜚语，而这是商人阶层社会舆论的重要组成部分。

第八节 结论

俄罗斯帝国企业家阶层崛起的历史非常短暂（只有几十年），但意义非凡。可以肯定地说，尽管整个工商业阶层的文化属性直至20世纪初才逐渐成型，但是一些稳定的、核心的精英阶层已经达到了较高的文化

---

① ОР РГБ. Ф. 369. Оп. 372. Ед. хр. 14. (Абрикосов Х. Н. Семейная хроника). Л. 63－64.
② Гвоздев С. Записки фабричного инспектора. С. 12.

程度。

自 1861 年改革以来，"俄国人的生活方式发生了迅速的变化，商人阶层占据首要的位置。尽管俄国社会关系依然保留着古老的农奴制的外部形式，但商人依旧坚定而含蓄地表达着自己的意志。与此同时，商人动摇了森严的等级制度，俄国一步步地走向强大的资本主义经济王国。商人已经超出了等级组织的框架，获得了社会阶级的较高地位，他们手中集中了越来越多的国家命脉——资本，并且这是有组织的资本，就其本质而言，资本存在的意义是为了直接参与世界资本，以实现资本的增值"[1]。

19 世纪上半叶，商人被压制的现象非常常见（当时不禁止商人参与的只有建设教堂和医院）。改革后，商人在"国家一般文化遗产运动中"占据了牢固的位置，同时代的人们指出，"现在的音乐、绘画、戏剧、教育、发明和技术，这一切都是由商人推动的。这也提高了一般商人家庭的地位，他们具有了同贵族阶层和知识分子阶层一样的消费需求、品位和时尚等"[2]。

综上所述，1860~1914 年，俄国人开始接受欧洲生活方式，国家教育水平也提高了。在宗教影响力依旧强大的背景下，商人阶层新的社会文化价值观体系最终形成并得到发展。

---

[1] История Московского купеческого общества. Т. V. Вып. 3. С. 10.
[2] Приселков М. Купеческий бытовой портрет. С. 42–43.

第十一章
企业家与俄国民族文化的形成

第一节 企业家与民族文化的关系

阅读关于俄国企业家的各种历史文献时,有一个现象令人深思:俄国企业家在人们心目中的负面形象根深蒂固。人们通常认为,他们不学无术,粗鲁无知,利欲熏心,财迷心窍,见利忘义。从19世纪到20世纪初,在作家们的笔下,我们看到了一个个外表雷同的人物,他们要么是身着长可及膝的毛皮大衣的"大腹便便的商人",要么是"低矮敦实、面如红铜、老成持重的店铺老板",要么是"留着浓密胡须、身形魁梧的旧礼仪派商人",要么就是"做买卖的"和"奸商"。在奥斯特洛夫斯基、涅克拉索夫、萨尔蒂科夫-谢德林、乌斯别斯基和博博雷金的笔下,许多人物的名字几乎变成了通用名词,它们不仅无法引起同情和尊重,而且已经成为数十年来商人阶层的符号,诸如"季特·季特奇之流""肥婆们""拉祖瓦耶夫之流""科卢帕耶夫之流"等。奥斯特洛夫斯基的戏剧和杜勃罗留波夫的著名小说问世后,争论越来越激烈,其实更早以前,科学文献、大众传媒和文艺作品中,关于俄国商人的性格和活动就不乏激烈的争论。那么,俄国商人究竟是什么样子?他们在社会上的地位和

俄国企业史（1850～1917）

影响力如何？他们在文明意识和自由思想的道路上走了多远？

关于商人文化形象的负面评价尤其尖刻。一些杰出商人在教育、科学和艺术等领域的资助活动同样引发了社会的不满，而他们在上述领域的活动尤为频繁。但与此同时，对商人的片面评价从一开始就遭到了受到良好教育的资产阶级的强烈反对。

著名的出版商和文艺活动家 Н. А. 波列伏依是率先捍卫商人阶层尊严及其社会和文化追求的人士之一。早在 1829 年，他就在《莫斯科电讯报》上写道："我是商人，我为自己属于这一受人尊敬的阶层而深感自豪。这一阶层可能在教育程度方面逊色于其他阶层，但在忠于祖国、追求教育等方面毫不落后。"① В. П. 博特金受过良好的教育，是莫斯科一家知名贸易公司的共有人。多年以后，在企业家阶层受到最为激烈抨击的时期，他在给自己朋友 П. В. 安年科夫的信中直言不讳且义愤填膺地写道："当别人将资产阶级描述为（用社会主义者的话来说）一种卑鄙的、令人作呕的、破坏性的、吞噬人类一切美好和崇高事物的怪物时，我们怎能不捍卫本阶级？"②

在崛起的民主"平民"知识分子中，Н. А. 杜勃罗留波夫最尖锐、最鲜明地表达了对俄国商人的态度，他简明扼要地将其称为"黑暗王国"。该评价出现在俄国企业家"全新"时代到来之前。在 Н. А. 杜勃罗留波夫严厉抨击"黑暗王国"之后的几十年，工商世家经历了数代的更替。在旧式俄国即将悲剧性地告别历史舞台前夕，人们对资产阶级的精神和文化发展道路做出了盖棺定论式的评价。此后，杜勃罗留波夫的看法并未发生本质性的变化，而且还多次以类似的方式再现，并且每次都带着同样亢奋的情绪。在 1913 年出版的著作中，П. А. 别尔林全方位地批评了资产阶级，这

---

① Полевой Н. А. О воспитании вообще и особенно купца//Московский телеграф. 1829. Ч. 18/19. С. 362.
② П. В. Анненков и его друзья. СПб., 1892. С. 542.

第十一章　企业家与俄国民族文化的形成

是当时激进知识分子对资产阶级的典型看法,其观点可以被认为是革命前对俄国资产阶级负面形象最终的、总结性的评价。别尔林认为,资产阶级"是一个'黑暗王国',在历史中的作用无足轻重"。与贵族不同,它秉承着"肤浅的实用主义,完全没有自己的风格和传统"。作者写道,虽然资产阶级创造了物质财富,但它并未创造精神财富。

资产阶级人数甚少,粗鲁无知,所以无法长期扮演更为重要的角色,也无法创造和消费精神财富……它在精神和政治上软弱无能,无法成长出伟大的艺术家,所以无人对资产阶级这一"玩意儿"感兴趣。长期以来,资产阶级是一种"灰色的存在,头顶没有思想星空"。别尔林比较了资产阶级与俄国贵族以及西方资产阶级的历史,认为俄国资产阶级在历史发展中并未经历过繁荣昌盛的时期,假若这段时期存在的话,那么它将"整体笼罩着思想意识的光芒,并将思想意识的芬芳散发到整个世界,而且能够迸发出空前的创造力"[1]。尽管他承认俄国发生了重大的社会变革,并且20世纪初资产阶级在公共生活中扮演了"更负责任和更独立的角色",但他对资产阶级的整体评价并未改变。在他看来,只有"资产阶级中的精英"才与时俱进,他们吸收了"外国文化",但是即使在莫斯科,他们的数量也微不足道,对于整个俄国而言,纯粹是沧海一粟[2]。这一评估是否符合现实情况?它是否代表一部分知识分子的真正立场?要知道,企业家阶层的沉默、妥协以及在政治上对国家专制权力显示出的软弱无力令一些知识分子非常愤懑。那么,在国内资产阶级工商业发展的半个世纪中,资产阶级是迈步向前还是故步自封?

П. А. 别尔林的评价并非个例。莫斯科大学教授 И. В. 茨韦塔耶夫对企业家精英人士的评价也非常偏激,因为这些企业家拒绝帮助他在莫斯

---

[1] Берлин П. Буржуазия в русской художественной литературе // Новая жизнь, 1913. № 1 (январь). С. 171 – 178.
[2] Там же. С. 194 – 196.

· 443 ·

科建立一座美术馆。1898 年，他在日记中写道："正如当地商人之间所流传的，这些人拥有天文数字般的'令人震惊的'财富或'黑色'财富。他们中有一些人非常慷慨，愿意购买艺术作品或油画作品，但是却拒绝资助建立新的博物馆。就让 С. В. 莫罗佐夫之流蒙羞吧，他们花费大笔的钱财胡吃海塞，却为在教育上花费的区区几戈比而感到心疼。他们身穿天鹅绒大衣，坐在富丽堂皇的豪宅中，但是却像犀牛一样粗野。"[1] 在当时，知识分子和受过教育的人对那些杰出的商人慈善家也做出了流传甚广的评论。可以补充的一点是，许多更为客观的学者和社会活动家也持相同观点，他们认为，企业家的社会责任水平低下，他们缺乏充分的智慧去实现自己的目标。当然，这种看法不无道理。著名的经济学家 И. И. 扬茹院士对此反思道：长期以来，俄国的慈善事业几乎都集中于教堂的修建，而不是教育事业的发展。在接受科学和艺术的过程中，"在需要智慧和创造力的地方，却存在着盲目跟风和亦步亦趋的现象"[2]。需要特别指出的是，20 世纪初的俄国小说与激进的新闻报道均侧重描写了俄国企业家的不良行径（主要是俄国商业的阴暗面），为"黑暗王国"添加了浓墨重彩的一笔。

与上述描写不同的是，企业家自身高度评价了俄国资产阶级在文化教育活动中做出的贡献。农奴制改革后，商人主动倡议或出资，出版了越来越多的作品，其中比较公正地描述了商人的日常生活习俗和商人所参与的社会文化生活[3]。除了对老一代商人的严厉攻击和尖酸嘲笑外，他

---

[1] Музей изобразительных искусств им. А. С. Пушкина. История создания музея в тареписке проф. И. В. Цветаева с арх. Р. И. Клейном и других документах (1896 – 1912). М., 1977. Т. 2. С. 40.

[2] Янжул И. И. Между делом. М., 1905. С. 70 – 71.

[3] Ушаков А. С. Наше купечество и торговля с серьезной и карикатурной стороны: в 3 – х вып. М., 1867 – 1868；Гефтер А. Дела и деяния Всероссийского купечества в донесениях китайского мандарина. М., 1899 и др.

第十一章　企业家与俄国民族文化的形成

们还歌颂了青年商人和他们的文化成就。在这些作品中，商人阶层的积极特征更为突出，获得了人们更多的好感。当然，这些作品的影响力远不及杰出民粹主义者和民主宣传家生动的批判性演讲。维什尼亚科夫家族、克列斯托夫尼科夫家族等的商业编年纪事、纪念工商业经营活动历史的随笔，以及19世纪末20世纪初由企业家、阶层组织和社会机构组织出版的书报，都不失时机地宣传工商业企业家，"提升俄国资产阶级在同时代人心目中的形象"。除了宣扬工商业企业家在经济和社会方面的成就和贡献之外，这些出版物还大张旗鼓地宣传了他们的慈善活动和捐赠活动。

20世纪初，许多自由派的历史学家尤为关注俄国企业家，他们高度评价了商人的文化成就和文化教育活动。Н. С. 别利亚耶夫、У. Г. 伊瓦斯克和Н. П. 丘尔科夫的著作颂扬了企业家们的功绩①。丘尔科夫的家谱研究涉及众多商人阶层的文化活动家。从事商人日常生活研究的学者编纂了奠基性著作《莫斯科的历史和现状》②，其中广泛描写了商人和其他阶层企业家的文化兴趣和成就，以及他们对艺术和文化事业的赞助。

19世纪末20世纪初，企业家精英的文化成就得到高度评价。《天蝎座》《西林》《艺术世界》《天秤座》《金羊毛》《阿波罗》等刊物都是由大制造商和慈善家赞助的，如С. А. 波利亚科夫、Н. П. 里亚布申斯基和М. И. 捷列先科等，还有其他年轻一代的企业家。

许多商人在回忆录中继续尝试"自证清白"。不过，他们撰写回忆录已经是在1917年后，当时他们遭流放或被驱逐出境，因此有更多的思考时间，可以冷静地审视自己的过去。在回忆录中，他们深刻反思了俄国

---

① Беляев Н. С. Купеческие родословные как исторический источник. М., 1900; Иваск У. г. Суконные фабриканты Бабукины. М., 1910; Тот же. Родословная Москвиных. М., 1910; Тот же. Куманины // Русский архив 1910, № 8; Чулков Н. П. Московское купечество XVIII и XIX веков: Генеалогические заметки // Русский архив 1907. № 12.

② Москва в ее прошлом и настоящем. М., 1909 – 1912. Вып. 1 – 12.

俄国企业史（1850～1917）

企业家所经历的腾飞和衰落、成就和不足，这比他们在 1917 年十月之前的思考要深刻得多。这些回忆录展现了许多商人世家走过的复杂且异彩纷呈的发展道路，展示了他们丰富的精神世界。19 世纪末，商人阶层的多元文化生活达到了非常高的水平，尽管相对于其他社会阶层而言，商人的生活相对孤立和封闭。回忆录记载了许多慈善活动和艺术文化赞助活动，新一代的企业家追求独立的艺术创作，他们在 20 世纪初继承了父辈的事业。П. А. 布雷什金、В. П. 里亚布申斯基的回忆录具有高度的概括性，其中不乏鞭辟入里的分析，生动有趣地描述并评价了许多企业家的文化水平、慈善事业和文化艺术事业资助行为。С. А. 谢尔巴托夫公爵是一位品味高雅的贵族、艺术家和收藏家，他辩证地评价了莫斯科商人的文化形象及其慈善事业。他一方面批评许多莫斯科慈善家缺乏生活品位，兴趣单一；另一方面对他们不屈不挠、舍己为人和忠于启蒙事业的行为表达了应有的敬意[1]。

　　П. А. 布雷什金的著作在所有关于商人的回忆录中可能是最为著名的，它生动地描写了莫斯科的商人世家。他注意到了"知识分子阶层"对商人的消极态度，但他并不支持这种看法，他强调说："广泛的慈善活动、收藏活动和文化事业赞助行为是俄国工商阶层的一个特征……任何一个文化领域都受到了莫斯科商人的恩泽。" П. А. 布雷什金在书中刻画了许多商人文化活动家的形象。他以著名的诗人、新流派代表者 В. А. 勃留索夫为例表明，这位商人出身的文学家"有力地驳斥了商人阶层没有创造性"的谬论[2]。出身于莫斯科著名商人世家阿列克谢耶夫家族的 К. С. 斯坦尼斯拉夫斯基也在回忆录中说明了这一点。"我生活在艺术、科学、美学伟大复兴时代。众所周知，当时莫斯科年轻商人为此提供了强力支持，他们首次登上了俄国的历史舞台，在经营工商业务的同时，

---

[1] Щербатов С. А. Художник в ушедшей России. Нью‐Йорк，1955.
[2] Бурышкин П. А. Москва купеческая. М.，1990. С. 213.

第十一章 企业家与俄国民族文化的形成

对艺术表现出浓厚的兴趣。"[1] К. С. 斯坦尼斯拉夫斯基的书于20世纪20年代后期首次出版，随后多次重印。这是苏联时期为数不多的关于商人阶层功绩的著作。十月革命后，大部分史书片面地描写了俄国资产阶级，而企业家们在沙俄时代推动文化事业发展的事迹几乎完全被忽视。

即使是在苏联时期（尤其是20世纪20~30年代的10年间），学界对商人慈善活动的研究也未停滞。20世纪20年代初，А. М. 埃夫罗斯的一篇文章指出，俄国的收藏和慈善活动大多集中于圣彼得堡和莫斯科。此外，作者认为，如果圣彼得堡的收藏活动源于特殊的贵族文化，那么莫斯科的收藏活动则源于商人的出现。他写道："莫斯科的收藏史就是特列季亚科夫家族、奥斯特鲁霍夫斯家族、休金家族和莫罗佐夫家族等的收藏史。"[2] А. М. 埃夫罗斯高度评价了莫斯科商人慈善家的文化水平、公民精神和活动价值："与圣彼得堡贵族官员收藏家不同的是，莫斯科的慈善家主要出身于商人。"在他看来，莫斯科最好的收藏家"是现代艺术界的领头羊，他们和艺术家并驾齐驱"[3]。Е. Ф. 柯什是研究商人生活的专家，他同样注意到20世纪20年代中期，商人家庭中的年轻一代强烈渴望接受教育，从事科学、艺术和文学活动。作者认为，商人产生这些新需求是因为他们希望接触贵族文化[4]。随后，Б. Б. 卡芬豪斯、Е. А. 兹维亚金采夫、Г. И. 波尔什涅夫、П. А. 潘克拉托娃和 С. С. 德米特里耶夫等苏联历史学家对俄国企业家的文化面貌进行了多方面的研究。遗憾的是，

---

[1] Станиславский К. С. Мое гражданское служение России. М. , 1990. С. 36.
[2] Эфрос А. Петербургское и московское собирательство (параллели) // Среди коллекционеров. 1921. № 4 (июнь) . С. 18.
[3] Эфрос А. Указ. соч. С. 16, 18.
[4] Корш Е. А. Быт купечества и мещанства // ГоС. ист. музей: выставка 《Из эпохи крепостного хозяйства XVIII и XIX вв. 》: Статьи и путеводитель по выставке. М. , 1926. С. 32.

俄国企业史（1850～1917）

研究重心主要集中在社会经济以及思想意识[1]。总体而言，20世纪30～50年代，商人对俄国文化发展的贡献乏人关注，商人出身的俄国慈善家和教育家的名字及其事迹都鲜为人知。

20世纪50～60年代出版了许多关于商人慈善家的书籍，持续多年的沉默终于被打破。А. П. 博特金娜是 П. М. 特列季亚科夫的女儿。基于特列季亚科夫家族档案馆的丰富史料，她提供了大量关于自己父亲社会活动和文化活动的相关信息，介绍了父亲为创建俄国最大的造型艺术博物馆日复一日的辛苦工作[2]。该书的出版表明，俄国历史上的杰出人士对民族文化发展所做出的贡献不容忽视。公众对他们的人格、事业和传统文化传承越来越感兴趣。为了编纂多卷本的莫斯科史、圣彼得堡史等，史学家对商人和企业家的慈善事业及其对国家文化发展所做出的贡献等问题的兴趣进一步增加。这些城市史主要介绍了改革后至20世纪初俄国的文化发展和商人的慈善活动。

直至最近几年，研究这些问题的各种限制和意识形态偏见才彻底消除。如今，人们越来越关注俄国企业家的命运。以前认为企业家是冷酷无情、自私自利的，认为他们只关注自己的物质利益和成就，对公益和文化事业漠不关心，如今这种看法正在改变。当代研究员 А. 索博列夫斯卡娅写道："对于大多数俄国企业家来说，物质福祉和个人成功密不可分。在现代化轨道上开展业务的同时，他们也开始了宗教反思，认为必须改善人民生活，为他们提供启蒙教育，必须支持文化、科学和艺术的

---

[1] Кафенгауз Б. Б. Купеческие мемуары; Звягинцев Е. А. Московский купец – компанейщик Михаила Гусятников и его род // Московский край в его прошлом: очерки по социальной и экономической истории XVI – XIX вв. М., 1928; Поршнев г. И. История книжной торговли в России. М., 1925; Панкратова А. А. Великий путь // Борьба классов. 1934. № 7 – 8; Ковалевский В. А. Хозяин Трех гор: Повесть о возникновении Трехгорной мануфактуры в Москве. М., 1939.

[2] Боткина А. П. Павел Михайлович Третьяков в жизни и искусстве. М., 1951.

第十一章 企业家与俄国民族文化的形成

发展。"① 最近几年，出版了一些关于商人对俄国文化所做贡献的著作，为我们提供了丰富的材料，同时展现了俄国企业家新的一面②，表明对"商人在俄国文化史中的文化使命"问题进行研究迫在眉睫③。在资产阶级的"黑暗王国"中，透射出了越来越多的"光线"，这证明资产阶级并不全是灰色，而是一块五彩斑斓的"调色板"。

总体而言，关于俄国资产阶级所做出的文化贡献的研究甚少。因此，人们至今仍然怀疑这些贡献是否真的存在。在20世纪初 И. Х. 奥泽罗夫、П. А. 特韦尔科伊和 И. И. 扬茹等学者研究的基础上，现代学者 Г. 格洛韦利认为，与俄国人不同，美国慈善家"慷慨资助大学、学院和图书馆，推动国家经济发展和民主进步的一个最重要因素是教育。由'钢铁大王'安德鲁·卡内基（《财富的福音》的作者）倡议创建的免费公共图书馆系统被称为'民主军火库'……而俄国资产阶级主要资助文化艺术事业，并未创建自己的'民主军火库'，也不是特别热衷于提高国民的文化水平。19世纪末，俄国只有0.4%的工厂（250家工厂中的1家）建有学校，其经费仅占工厂总营业额的0.15%"④。如今学界已经可以开始公开讨论上述问题。这一讨论尚未结束，观点的争锋还在继续。学者们做出批评和表示怀疑的环境完全不同于20世纪30~50年代，也异于不久前。就工商阶层的"文化使命"这一复杂问题而言，必须更加深入全面地剖析具体的领域。后文将以爱国主义文化教育运动中

---

① Соболевская А. Духовные истоки российского предпринимательства // Вопросы экономики. 1993. № 8. С. 88.
② Боханов А. Н. Коллекционеры и меценаты в России. М., 1989; Думова Н. г. Московские меценаты. М., 1992; Аронов А. А. Золотой век русского меценатства. М., 1995 и др.
③ Кириченко Е. И. Морозовы и русская культура // Труды 1 - й научно - практической конференции《Морозовы и их роль в истории России (Морозовские чтения)》. Богородск, 1996. С. 58, 63.
④ Гловели Г. Цивилизационный опыт России: необходимость уточнения // Вопросы экономики. 1993. № 8. С. 123.

杰出活动家的事迹为例，描述19世纪下半叶至20世纪初（鼎盛时期）俄国商人慈善事业发展中的里程碑事件，概述俄国慈善史的重要发展阶段，分析慈善活动对社会思想和美学发展以及艺术品位提升的影响，阐述了其在整个"黄金时代"俄国企业经营状况影响下的发展变化。

第二节　保护民族文化传统

　　俄国的慈善事业是俄国历史上最为显著的现象之一，其发展与俄国社会中民族意识的发展紧密相关。许多杰出商人在文化、教育和科学领域的慈善活动中发扬民族精神，体现了保护俄国生活习俗和国家民族特征的要求。这是长期以来俄国慈善活动得以积极广泛开展的内在动力。

　　同时，商人全面推动文化事业发展，在国内传播欧洲启蒙运动以及科学、文学和艺术领域的成就，宣传欧洲社会思想。在当时，大多数国民是与外界隔绝的，他们无法接触世界文明成果。然而，并非每位知识分子都能意识到这对社会进一步发展的必要性。

　　俄国的收藏史和慈善史经历了两个意义重大的腾飞阶段。第一个阶段与贵族文化以及启蒙运动相关。该阶段发生于18世纪下半叶，主要是叶卡捷琳娜二世和亚历山大一世统治时期，圣彼得堡的收藏家和慈善家（他们主要来自名门贵族或皇室）活动积极。第二个阶段发生于19世纪下半叶至20世纪初，商人积极投身慈善活动，其规模更大、程度更深，其中莫斯科商人的慈善活动最为重要，代表着俄国企业家对俄国文化发展的贡献。在俄国许多其他地方，无论是在俄国的欧洲部分还是在西伯利亚等偏远地区，都活跃着以赞助科学和艺术而闻名的杰出人士。

　　历史学家认为，19世纪中叶商人阶层开始收藏艺术品、赞助艺术活动，并最终决定支持基于民族生活的国家艺术事业。1812年卫国战争是俄国历史的分水岭，此后，"民族性"和"人民性"等概念获得了特殊的

第十一章　企业家与俄国民族文化的形成

意义。1812年的卫国战争唤醒了全俄人民群起反对外敌入侵的意识,这是民族认同过程的转折点,促生了新的社会理想。这一理想的基础并不是专制国家,而是民族性和人民性。

在反对拿破仑入侵的爱国主义战争基础上,社会上出现了所谓的由"哲学爱好者"发起的文学启蒙和历史启蒙运动,出现了 М. П. 波戈金开展的宗教研究和哲学研究,随后又出现了探寻俄罗斯民族个性特征以及独特历史发展道路的斯拉夫派。不久,受克里米亚战争的触动,爱国主义思想更加高涨,尤其是克里米亚战争中悲壮的塞瓦斯托波尔保卫战,促进了文学和艺术中"民族风格"的形成,进而塑造了整个俄国社会的世界观。在随后的波兰事件、立陶宛事件、俄土战争、日俄战争以及第一次世界大战期间,爱国主义思想进一步促进了俄国社会的发展。

从历史上看,俄国寻找民族发展方向的活动主要发生在莫斯科。1812年卫国战争期间,莫斯科再次积极领导国内社会和文化生活的发展,逐渐摆脱了自圣彼得堡建立之日起的外省陪都身份。莫斯科开始在教育、艺术领域以及社会思潮等方面与圣彼得堡展开竞争。莫斯科的威望日益增长,它巩固了俄国最大工商业中心的地位,其产品辐射广阔的国内市场。莫斯科吸引了广大底层阶级、工商业人士、外省受教育阶层和新生代知识分子,他们都倾听着莫斯科的权威声音。在欧洲"开明专制主义"思想的影响日渐式微、但亚历山大一世的统治仍然稳如磐石的背景下("亚历山大时代彪炳千秋"),莫斯科作为对抗官方文化的"全俄文化中心"声誉日隆。拿破仑入侵对"开明专制主义"造成了致命的打击。1821年,年轻的普希金惊叹道:"沙皇不在莫斯科,但俄国在这里。"[1]在一本莫斯科建筑方面的书中,Е. И. 基里琴科中肯地评价道:"即使在18与19世纪之交也难以想象,民族自我意识的增长引发了观念的变化。

---

[1] Эйдельман Н. Южные декабристы и Пушкин // Вопросы литературы. 1974. № 6. С. 199–200.

伴随着社会政治理想的逐步转变，现在的民族意识主体已不是国家，而是人民。"①

整个社会意欲寻找民族文化的源头，并支持民族文化、文学和艺术的发展，这与莫斯科有着千丝万缕的联系，因为这里是工商业中心和商人活动的中心。著名的斯拉夫派活动家（阿克萨科夫家族、基列耶夫斯基兄弟、霍米亚科夫兄弟、科舍廖夫、萨马林和奇若夫等）提出的斯拉夫同一性、独特性和民族性等思想发挥了极大的促进作用。

Е.И. 基里琴科指出："商人最终成为接受斯拉夫派思想和理想的主要群体……莫斯科的斯拉夫主义者和商人希望振兴俄国民族工业，弱化外国人在俄国经济生活中的作用。他们在19世纪40~70年代建立了同业联盟，采取共同行动，保持私人友谊，紧密团结在一起。"② 尤其是克里米亚战争中塞瓦斯托波尔陷落后，商人和斯拉夫主义者密切合作，在经济、社会、文化教育方面联合完成了很多项目，而该联盟在一定程度上也影响了商人的思想意识。

许多杰出的商人赞成斯拉夫主义者有关俄国独特道路的观点，他们发掘俄国在文学和艺术上的成就，激发了人民对俄国历史文化的兴趣并普及了大众教育。这些观点和想法在很多方面决定了商人收藏和赞助活动的方向。农奴制改革后，И.С. 阿克萨科夫提出了新的"社会理论"，认为初出茅庐的俄国资产阶级举足轻重。俄国企业家已成长为一支引人注目的力量，正是他们反过来改变了斯拉夫派贵族思想家的观点。

同时，商人谨守的国家观念不仅源于斯拉夫主义者的影响。国外史学著作认为，商人全然不信欧洲的自由主义，他们宣传极端保守主义和民族主义，这似乎完全可以归咎于斯拉夫主义者对商人产生的"致命"

---

① Кириченко Е. И. Москва на рубеже столетий. М., 1977. С. 52.
② Кириченко Е. И. Морозовы и русская культура. С. 63 - 64.

第十一章　企业家与俄国民族文化的形成

影响①。但是，这并没有考虑到俄国商人的历史经验以及他们与民族传统和社会生活之间的天然联系。许多商人刚刚脱离社会底层，他们和人民生活、民族渊源之间关系密切。此外，将斯拉夫主义纯粹视为一种保守的社会思潮未必正确。这是一个复杂的现象，其中专制爱国主义和自由主义观点相互交织。一些历史学家认为，斯拉夫主义是俄国早期自由主义的一种形式②。

值得一提的是，斯拉夫主义对商人影响重大，而欧化的贵族自由主义明显影响了企业界的一些重要人物，例如索尔达坚科夫家族和切特韦里科夫家族等，这主要源于商人对受教育贵族的效仿。众所周知，莫斯科大学教授 T. H. 格拉诺夫斯基和他的朋友们宣扬的西方自由派观点对 K. T. 索尔达坚科夫影响巨大。西方自由派在当时积极宣传自己的理论，产生了积极作用。当时俄国工商业界企业家加强了与欧洲文化的直接联系，他们的教育水平极大提高，兴趣范围日渐扩大。西方文化影响到了一些大商人的慈善活动，例如 K. T. 索尔达坚科夫、С. И. 休金、М. А. 莫罗佐夫、И. А. 莫罗佐夫、Н. П. 里亚布申斯基、С. А. 波利亚科夫以及许多资助佳吉列夫项目的教师，另外还有大量年轻商人也投身到慈善活动中。

同时，在农奴制改革之前俄国资产阶级就开始与斯拉夫主义者合作，他们热衷于传播民族思想。俄国企业家对收藏和赞助活动尤为热衷，受斯拉夫主义者的宣传鼓动，商人（尤其是莫斯科商人）酷爱收藏有关俄国和斯拉夫文化的文献古籍。新的商人、企业家阶层登上了历史舞台，积极地投身于赞助活动，其中包括大量出身于农民和城市底层的人士以

---

① Owen, T. C., *Capitalism and Politics in Russia: A Social History of the Moscow Merchants*. 1855–1905. Cambridge, 1981. p. 29.
② Цимбаев Н. И. И. С. Аксаков в общественной жизни пореформенной России. М., 1978. С. 256, 259.

及外省的商人,许多人信奉旧礼仪派。因此,在从事收藏和赞助活动之后,他们产生了新的思想和感悟,重新认识了人民、公民、国家历史、文学、艺术和科学的使命。尤其是在第一代商人中,大多数人的受教育程度要低于显赫的贵族,但是他们更能感受到大众的需求。这些新的"赞助者"对俄国文化的民族根源、东正教根源及其民间基础表现出了浓厚的兴趣。与欧洲贵族化和沉迷于古典主义和学术主义的趋势相反,杰出的商人支持艺术和文学中的民族传统,认为民族文化是一种新型文化,而追求上层阶级品味只是其中的一个因素。

商人赞助者逐渐取代了贵族启蒙者,并带来了一些新的思想,这反映了该时期社会思想领域和艺术探索领域的深刻变化。不仅在俄国,在后来走上建立民族国家道路的欧洲国家(德国、意大利和奥匈帝国)中,这些变化都备受关注。"浪漫主义时代"引起了俄国人对"民族文艺复兴"的普遍热情。他们认为,民族艺术是大众生活的起源,而大众生活与外来的且格格不入的"贵族文化"相对立[1]。

在俄国,自彼得大帝改革以来,贵族的收藏和文化赞助事业同样继承了欧洲文化的某些因素。外国风格在建筑、绘画、雕塑、装饰艺术等方面占据统治地位。尽管俄国艺术家禀赋过人,但在社会多数阶层眼中,这仍意味着将外国经典艺术生搬硬套地移植到俄国(无论是圣彼得堡还是莫斯科)。对于底层出身的人们来说,它体现了至高无上的、和大众文化相对立的"贵族文化"。艺术史专家 Е.И. 基里琴科指出:"彼得大帝将俄国文化分化为精英文化及大众文化。俄国商人主要出身于农民,他们与贵族肩负的使命截然不同。因此,商人必须缩小差距,将形形色色

---

[1] См.: Турчин В. Эпоха романтизма в России. К истории русского искусства 1 - й трети XIX столетия. Очерки. М., 1981; Кириченко Е. И. Москва на рубеже столетий. М., 1977.

第十一章　企业家与俄国民族文化的形成

甚至互不相容的文化融为一体。"①

长期以来，商业界的赞助活动和慈善活动在俄国非常普遍。对于某些人而言，这是一种时尚；而对于另一些人而言，这是一种生活方式。俄国企业家涅恰耶夫-马尔采夫为什么要开始赞助活动？M.茨维塔耶娃回答该问题时曾说过一句名言："俄国人思想中金钱不义的观念根深蒂固。"她这样说绝非偶然，因为她抓住了俄国人意识中的一个重要特征——根植于内心的公平正义感。追求精神世界的安宁和谐、避免内心良知的谴责、遵循严格的宗教礼仪等，都促进了俄国商人慈善事业的蓬勃发展。毫无疑问，追求财富，渴望出人头地，赢得宫廷恩宠，企盼获得荣誉、名声、特权和优待等也是其中的原因。此外，当局的税法也变相鼓励商人开展慈善事业。但是，做慈善的主要动机还是赞助者的思想，他们之中最有远见、最开明和最渊博的杰出人物，出于内心的追求，逐渐意识到自己肩负的社会责任。这是一条通向现代文明意识、通向高等文化以及摆脱农奴制思想和阶层局限的道路，虽然它困难重重，但是许多著名的工商业家族都走上了这条道路。正是在与作家、艺术家和科学家等人士的交往过程中，商人接触了文化，萌生了文明意识、自由思想，以及真正的爱国主义。

这一时期俄国企业家的赞助活动达到了空前的规模，被称为俄国文化史上的"庇护"时期②。1881 年著名作家 П. Д. 博博雷金撰写过一部关于莫斯科商人生活的小说《中国城》。他写道："在过去的 20 年中，莫斯科已经出现了一座缩微版的佛罗伦萨，有自己的科兹马·美第奇，形成了一个货币贵族和庇护者阶层……"③"俄国的美第奇"指的是特列季亚科夫、索尔达坚科夫、休金、马蒙托夫和巴赫鲁申等家族，在商人赞助

---

① Кириченко Е. И. Морозовы и русская культура. С. 63.
② Зилоти В. П. В доме Третьякова. М., 1992. С. 14.
③ Боборыкин П. Д. Китай-город. М., 1985. С. 6.

活动的高峰期,他们的名字屡见不鲜。这也是俄国艺术真正的"伟大复兴"时代,就精神和美学的迅猛发展而言,它与意大利的文艺复兴遥相呼应。当时许多回忆录和文件表明,俄国企业家和知识分子之间联系密切,两者结成了同盟,且关系日益加强。开明企业家和知识分子各取所需、相互扶持。实际上,赞助艺术的商人、实业家和艺术家有机地结合在了一起,他们并不处于敌对关系。因此,对于俄国企业家而言,演员、音乐家、作家和科学家等职业极具魅力,这绝非偶然。由于后代获得了良好的教育,企业家家族中产生了许多文学、艺术和科学方面的杰出人士。

而在此之前,文化赞助活动和收藏活动并不常见,虽然随着底层人士不断开始从事经济活动,富人群体不断壮大,但只有为数不多的富人才有能力从事这些活动。这一时期,俄国商人赞助文化的现象,不仅在俄国全境,还在全世界享有盛誉,这主要是因为其中一些杰出人士付出了巨大的努力,其活动范围非常广泛。因此,当时俄国的赞助文化史首先是个人史,是那些致力于这项崇高事业的俄国人的历史,即资深的鉴赏家、自学成才的业余爱好者、出于兴趣或有意识从事收集和收藏活动的企业家等,他们都受到了内心灵性之火的启发,为俄国带来了文化和启蒙之光。

商人阶层早在农奴制时代就已经开始赞助和支持文化与启蒙事业。尼古拉一世统治末期,贵族阶层逐渐丧失了自己在首都和外省文化生活中的领导地位。19世纪30~40年代,来自其他阶层的人士,即"平民知识分子",在文学、艺术创作和社会思想等领域中的作用越来越重要。大多数并不属于特权阶层的"民主派"知识分子不仅队伍日益壮大,而且逐渐成长为思想大师。正如 К.И. 楚科夫斯基所言,"一些职业作家凭借创作,取代了封闭的贵族精英……他们的杂志和图书不再仅面向那些受过良好教育的贵族,还面向底层平民。在金钱的强烈诱惑下,这些平民

第十一章　企业家与俄国民族文化的形成

逐渐集中到了圣彼得堡和莫斯科"①。

　　А. Я. 帕纳耶娃（戈洛瓦乔娃）在回忆录中记载了尼古拉一世时期一位高官的典型回应，在谈到文学中出现的新现象时，他愤慨地说道："文学现在闹腾到什么地步了！其中竟然出现了平民知识分子、小商人！之前的文学家全部来自特权阶层，因此文学中处处都是安分守己的情节，内容也符合道德规范，而现在他们描写的全部都是污秽的可憎之物……"② 根据 А. Я. 帕纳耶娃所言，类似观点并不罕见。

　　越来越多的商人开始从事文学和艺术等活动，并逐渐崭露头角。例如，俄国日常绘画派奠基人 А. Г. 魏涅济安诺夫（莫斯科商人之子，来自并不富裕的希腊人家庭）、俄国杰出音乐家 А. Г. 鲁宾斯坦（商人之子）和 Н. Г. 鲁宾斯坦兄弟等，他们都迅速赢得了社会上受教育人士的认可和尊重。但另一些人的命运则比较悲惨，例如早逝诗人 А. В. 柯尔卓夫，他出身于沃罗涅日牲畜交易商家庭。上层社会和其他社会阶层对那些商人出身且尝试从事艺术和文化创作的人士饱含敌意与偏见，尤其是非圣彼得堡和莫斯科省商人出身的人士，例如波列伏依兄弟。其中 Н. 波列伏依是著名的文艺活动家、社会活动家、出版商和政论家。1824 年，波列伏依兄弟从库尔斯克迁往莫斯科，Н. 波列伏依一边经商，一边积极投身于文学创作和出版活动，并获准出版新杂志。作为二级商人，Н. 波列伏依发行了《莫斯科电讯报》，这一消息震惊了当时整个文学界。他敢于挑战当时的贵族阶层，这遭到了贵族无尽的嘲笑。贵族针对 Н. 波列伏依编造了大量讽刺短诗，有些甚至非常恶毒，例如其中一首是这样的："他是一级流氓，二级商人，三级作家。"③ 而根据 В. Г. 别林斯基的说法，"《莫斯科电讯报》是新闻业诞生以来最好的报纸"。А. 赫尔岑在谈到 Н. 波列

---

① Чуковский Корней. Люди и книги. М., 1960. С. 276.
② Панаева（Головачева）А. Я. Воспоминания. М., 1986. С. 165 – 166.
③ Яцевич А. Пушкинский Петербург. Л., 1935. С. 181 – 182.

伏依时指出："他是天生的新闻工作者，记录了政治斗争和学术斗争的成果。"普希金和朋友们也一起参与了该报纸的出版，并支持其发展。但是，当报纸对库科利尼克的爱国主义文章《上帝之手拯救祖国》提出批评后，很快引起了政府和沙皇的不满，被迫停刊。由于没有资金，Н. 波列伏依于1837年远走圣彼得堡，但圣彼得堡的贵族对他也满怀敌意，由于多年饱受屈辱和失望，再加上极度贫困，Н. 波列伏依被迫背叛了自己先前的信仰和朋友，最终被世人遗忘，于1858年去世。

19世纪30年代以来，在莫斯科和圣彼得堡的文化圈和知识界中，著名商人家族——博特金家族占据了重要的位置。博特金家族通过茶叶贸易致富。公司创始人 П. К. 博特金的儿子们受到了良好的教育，并且和贵族文化圈联系密切。长子 В. L. П. 博特金是一位杰出的进步思想家和文艺家，足迹几乎遍及整个欧洲，还创作了《西班牙来信》。他是以格拉诺夫斯基和斯坦科维奇为首的西方精英派的成员，是公认的黑格尔思想的解释者和专家，并被认为是黑格尔的继承者之一。同时，他也是古典艺术和当代艺术方面最出色的专家，并且掌握了多门外语。他最亲密的朋友包括 В. Г. 别林斯基、赫尔岑、奥加列夫、屠格涅夫、涅克拉索夫以及文学界和艺术界许多其他名人。他的兄弟们也是文化（尤其是欧洲文化）的品鉴者。М. П. 博特金是一位杰出的艺术家和收藏家，是圣彼得堡收藏艺术作品最为丰富的人，也是皇家艺术学院的成员，官至三品文官。他是著名画家 А. А. 伊凡诺夫的赞助者和朋友，并自费出版了后者的传记。另一位兄弟 Д. П. 博特金多年搜集欧洲艺术家的作品，拥有莫斯科最丰富的藏品。而 С. П. 博特金是一位享誉欧洲的医生。

毫无疑问，博特金家族长期以来一直是欧洲文化和知识分子生活的中心，同时也是商人收藏艺术品和赞助艺术事业最主要的发起者之一。但是很多时候，他们独立于商界之外，因为他们的收藏活动始于贵族文化盛行之时，并且属于不同时代。在改革前的几年里（尼古拉一世末期)，出身于农奴、城市底层工厂主的新一代商人开始从事收藏和艺术赞助活动，他们与民族历史的结合更为紧密。但博特金家族属于西方派，他们对传统文化漠不关心。П. А. 布雷什金指出了博特金家族藏品一个"不容忽视的"特征：他们的爱好和追求"具有世界性和泛欧洲性，不包含任何民族性的成分，毫不向往祖国的艺术"。他还指出，"莫斯科当时普遍强烈倾向于民族艺术①。与其他莫斯科家族相比，博特金家族这种独特的西方主义占据着特殊的位置"。在收藏和文化赞助活动中，贵族赞助者秉持欧洲主义，而商人阶层则秉持"人民性"的爱国主义，博特金家族中的许多成员后来成为两者联系的纽带。由此，博特金家族的成员与许多新的商人世家（例如，马祖林家族、奥斯特罗乌霍夫家族等）保持着密切的生意往来、亲戚关系或精神联系，同时与一些贵族家庭交往频繁（例如，В. П. 博特金的妹妹嫁给了诗人阿纳法西·费特-申欣）。博特金兄弟拥有百科全书般的知识，在新一代商人赞助者中享有巨大的声望。П. А. 布雷什金证明说，Д. П. 博特金是莫斯科欧洲绘画最大的收藏家之一，是 П. А. 特列季亚科夫的密友，帮助后者从事收藏活动，甚至参与购买一些画作，尽管博特金本人并不购买俄国画家的作品②。

和其他商人一样，19 世纪上半叶，博特金家族在俄国文化生活中发挥了重要作用。更准确地说，这种现象是一个例外，是荒漠上闪耀的孤星，也体现了当时大多数商人的基本特征。在当时，这一阶层中的大多数人对文化兴趣寡然，这种状况令人沮丧。与自身阶层整体发展方向不同的是，他们的成功完全是因为其独特的才能以及受贵族文化和环境的影响。在很大程度上博特金家族受到了贵族认可，并在贵族文化的背景下，沿着这一方向发展，而那些年不断壮大的新一代工商人士通常没有意识到有必要参与文化活动。刚刚脱离农奴身份的工厂主在掘得第一桶

---

① Бурышкин П. А. Указ. соч. С. 166.
② Там же.

金后，仍旧对文化资本不感兴趣。后来，在改革后的数十年间，由于文化资本的激励，他们广泛从事文化赞助活动，对俄国文化发展做出了举足轻重的贡献。同时，他们世世代代都受到农民和旧礼仪派的熏陶和影响，宗教观念也要求他们从事慈善活动。

19世纪40年代后期到50年代初期，新一代制造商开始从事收藏活动。在这一时期，В. А. 科科列夫、К. Т. 索尔达坚科夫、С. Н. 莫索洛夫、Г. Н. 赫鲁多夫、И. И. 切特韦里科夫和 С. А. 马祖林等莫斯科商人收藏了大量的艺术品。1856年，П. М. 特列季亚科夫购买了俄国艺术家的两幅画作，从此开始了独立的收藏活动。应当指出的是，商人收藏家们最先关注的是造型艺术作品、画作、图书、装饰品、家具、雕塑和其他实用性艺术品。商人收藏活动和赞助活动的一个重要特征是其对造型艺术的兴趣以及对创建画廊的渴望。俄国东正教的教义和节日，色彩艳丽的壁画、圣像画，以及古老的宗教仪式和旧书等，构成了一种独特的氛围，在这种氛围中成长起来的商人赞助者，通常自幼就切身感受到了周围五彩斑斓的世界。

贵族用丰富的绘画作品装饰自己的宫殿和庄园，这也影响了新生代的商人。正是在这一时期，许多奢华的贵族别墅相继落入商人之手。普鲁士人哈克斯特豪森男爵于1843年来到莫斯科，他在莫斯科散步时，指着一栋栋引人注目、富丽堂皇的豪宅打听其主人，听到的答案大同小异：之前是某某公爵的房子，现在归属某某工厂主或某某商人[1]。文学作品中也多次描写了这种房产易主的现象。А. Н. 奥斯特罗夫斯基的戏剧《横财》描写了一个落魄的贵族，他对此感叹道："王子和伯爵的宫殿在哪里？它们落入了何人之手？不就是那些彼得罗夫和伊凡诺夫之流吗？"商人新贵购买了贵族的家具和房产后，豪宅的氛围、前主人的生活方式和

---

[1] Исследование внутренних отношений народной жизни и в особенности сельских учреждений России барона Августа Гакстгаузена. М., 1869. С. 30 – 32.

文化痕迹也潜移默化地影响了商人家庭。对于年轻商人和商人家族的子孙而言，这种影响尤为巨大，并在以后显著表现出来。家族创始人、旧礼仪派信徒和工厂主等将购买历史悠久的房产视为成功的投资，然后根据喜好对其进行改造和重建，或出租，或用来修建公寓楼和厂房等。

一个新时代来临了。年轻的资产阶级与贵族之间展开激烈的斗争，在没有政治压迫和经济限制的领域争取平等权利，前者开始在俄国的中心地带资助文化、科学、教育、文学和艺术，从而根据自己的品位重构了首都的面貌。20世纪初历史学家就此写道："贵族巨头都不见了……取而代之的是来自塔甘卡和莫斯科河沿岸地区的巨商大贾……并且将莫斯科改建得工厂密布、商行遍地，这里电车行驶，大楼林立，工厂管道密布，灯光招牌闪烁……他们来自人民底层，和其他力量联合在一起，将奴隶主和伏尔泰主义者占主导地位的首都变成了俄国的教育之都。这里有博物馆、演讲厅、免费的人民学校、大众的房屋、剧院和大学。"[①]

商人的文化赞助是什么？它与贵族的文化赞助有什么不同？许多著名的商人慈善家都经历了漫长的发展进程。最初，他们的收藏是自发性的、潜意识的，后来才开始有意识地收集具有高度艺术性的和民族特色的藏品，并在文化和教育领域完成了许多伟大的创举。休金家族、特列季亚科夫家族、巴赫鲁申家族以及莫罗佐夫家族等从事的慈善事业、文化活动和教育活动都是为了向祖国提供公共服务和履行公民义务。20世纪20年代，文艺批评家、艺术家 A. M. 埃夫罗斯在著作中准确地描述了这一发展过程的许多典型特征，并对比分析了圣彼得堡和莫斯科收藏家的异同。A. M. 埃夫罗斯写道："与圣彼得堡出身于贵族和官员的收藏家不同，莫斯科的收藏家主要是商人和社会活动家。莫斯科收藏家和弥漫着地主气息的旧莫斯科人没有任何关系……他们于19世纪60年代开始收

---

① Москва в истории и литературе. М., 1916. С. 3－5.

藏活动。"根据埃夫罗斯的说法，"莫斯科的商人收藏家非常独立，甚至有些刚愎自用，他们没有艺术传统，也没有接受家族和社会的艺术教育，所以他们在收藏过程中只能凭借自己的智慧……起初他们纯粹是为了满足自己最朴素的收藏爱好，零散地购买。后来因为喜欢上了一些东西，形成了自己的收藏计划，提升了自己的品位，然后成长为一名收藏家"[1]。至于商人慈善事业和收藏活动的特殊性，作者进一步指出："与圣彼得堡不同，莫斯科在收藏方面是紧跟潮流的……它生活在时尚艺术中……因此，如果说莫斯科最糟糕的收藏家是十足的吝啬鬼，那么该市最好的收藏家则与艺术界人士一道走在现代艺术生活的前列。"[2] А. М. 埃夫罗斯注意到了商人赞助文化活动的一些重要特征：这一活动具有深刻的社会取向和公民取向，有自我发展能力，能够敏锐地把握当代文化发展趋势，积极应对艺术世界的新现象。

第三节　文化活动：私人爱好与社会公益

А. М. 埃夫罗斯根据收藏家的艺术品位对莫斯科收藏史和慈善史做出了大概的分期，尤其是在造型艺术领域。他写道："莫斯科收藏史也是当代艺术品位的发展史。19 世纪 80 年代的艺术品位成就了 П. М. 特列季亚科夫，20 世纪初的艺术品位成就了 С. И. 休金。这是莫斯科收藏活动的时间框架，各种包含细枝末节的收藏活动都可纳入其中：无论是莫斯科 И. С. 奥斯特罗乌霍夫的欧洲主义、И. А. 莫罗佐夫的巴黎风格、И. В. 茨韦特科夫模仿的俄国巡回展览派，还是 Д. И. 休金的旧西部风格等。"[3] 综上所述，作者认为莫斯科收藏活动始于 19 世纪 60 年代。当然，А. М.

---

[1] Эфрос А. Указ. соч. С. 16 – 17.
[2] Там же. С. 18.
[3] Там же. С. 18 – 19.

第十一章 企业家与俄国民族文化的形成

埃夫罗斯没有解释艺术品位变化背后所隐藏的更为深层的原因,即在特定时代社会需求的改变。究其实质,艺术品位表达了社会对艺术的期望和需求,这也意味着,它们体现了艺术发展和文化赞助事业发展的不同历史阶段。

我们认为,俄国商人的收藏事业和慈善事业在19世纪下半叶到20世纪初可以划分出两个主要时期。第一个时期始于改革前,一直持续到19世纪90年代后半期,这是商人收藏活动的起步阶段。当时,商人积累了知识,其中杰出商人奠定了自己的社会地位。起初商人从事收藏纯粹是出于个人爱好,后来转变为更加成熟的、有意识的收藏,与此同时,他们开始系统地、有计划地赞助文化事业。19世纪60年代到90年代后半期是老一代商人收藏家和慈善活动家最为活跃的时期,如K. T. 索尔达坚科夫、П. M. 特列季亚科夫等(这里首先谈到的是"偶像级"人物,实际上这些活动家的数量极为庞大,包括外省地区的商人),他们为发展民族流派的艺术和文学做出了重大贡献,其活动旨在支持公众教育和文化,反映了当时的公民愿望。第二个时期从19世纪90年代后半期直至1917年。这一时期的收藏和文化赞助活动在企业界中更为广泛。在此期间,艺术和文学等各个领域开始向新的方向和新的风格过渡,艺术品位也随之发生变化。企业家中产生了新一代的慈善家,其中许多人更加关注艺术、文学的新趋势,并向俄国公众介绍西方和世界文化的成就。随着文化教育水平的提高,越来越多的人脱离了企业家圈子,他们渴望从事创造性职业,开始进行独立的艺术探索和文学创作。与此同时,受过良好教育的新文化群体逐渐出现,这说明俄国形成了新的、非阶层性的社会结构。因此,这已经不再纯粹是商人的慈善事业,而是整个国家的企业家阶层所从事的更为广泛的赞助活动。

当然,上述分期并不十分准确,因为很难从时间上严格界定以慈善事业和启蒙教育活动而闻名的几代商人的文化贡献。但是,即使最为粗

俄国企业史（1850~1917）

略的分期也清晰地表明，俄国企业家在自身和社会文化发展过程中走过了崎岖且多彩的道路。改革后几十年间俄国大型商人收藏家和慈善家的经历，非常明显地体现了其发展道路中的主要阶段。

改革前后的几十年中，一些著名的商业活动家，如 В. А. 科科列夫、К. Т. 索尔达坚科夫和 А. А. 波罗霍夫什奇科夫等，为支持俄国民族流派的艺术和文化做出了巨大的贡献，尤其是在绘画、建筑和出版等领域。

富有的葡萄酒包税商和石油商 В. А. 科科列夫（1817~1889 年）是首批活跃在文化舞台上的俄国商人之一，他是一位精力充沛、积极进取的企业家，兴趣非常广泛，为俄国文化的发展做出了巨大的贡献，但是乏人关注。他出身于外省旧礼仪派商人家庭，与斯拉夫主义者交好，坚信俄国道路的独特性，认为民族文化必须回归民间。早在 19 世纪 40 年代末，他就与 К. Т. 索尔达坚科夫、С. А. 马祖林和 Г. Н. 赫鲁多夫一起开始收藏俄国年轻艺术家的画作。В. А. 科科列夫不仅购买了他们的作品，还向多人施以援手。应 С. Т. 阿克萨科夫的要求，他资助艺术家 К. А. 特鲁托夫斯基到意大利游学，他还向阿克萨科夫夫妇的另一个朋友（艺术家 Э. А. 德米特里耶夫－马莫诺夫）提供了大量物质帮助①。

19 世纪 60 年代初，"百万富翁"科科列夫收藏了大量民间实用艺术品，并建了一座美术馆。莫斯科交易所委员会主席 Н. А. 奈焦诺夫在自己的回忆录中指出，科科列夫计划修建手工艺品储藏库，但是遭到莫斯科总督扎克列夫斯基拒绝，因为总督认为关注这种民间艺术是自由主义思想的体现②。1862 年 1 月 26 日，科科列夫在一座专用大楼里开放了一家画廊，藏有 500 余幅画作，这是俄国商人创建的首批画廊之一③，超过一

---

① Аронов А. А. Указ. соч. С. 20.
② Найденов Н. А. Воспоминания о виденном, слышанном и испытанном. М., 1905. Ч. 2. С. 123–125.
③ 当时著名的收藏包括：Ф. И. 普里亚尼什尼科夫——134 幅；К. Т. 索尔达坚科夫——296 幅；Н. А. 库舍列夫·别兹博罗德科——464 幅（主要是西欧画家作品）。

半展品为俄国画派的作品,仅 K. 布留洛夫的画作就有 42 幅,И. 艾瓦佐夫斯基的画作有 23 幅①,还有一些 18 世纪至 19 世纪初俄国画家的作品,包括列维茨基、博罗维科夫斯基、乌格留莫夫、马特维耶夫和基普连斯基等。受科科列夫的委托,一些画家为画廊创作了一些著名的作品,例如 П. 费多托夫的《少校提亲》、С. 伊凡诺夫的雕像《浴中的男孩》、H. 斯韦尔奇科夫的《莫斯科塞瓦斯托波尔捍卫者会议》等。同时,他还打算购买 A. 伊凡诺夫气势恢宏的素描《基督向人民显灵》,虽然他更倾心于另外两幅画。画作的遴选体现了科科列夫高雅的艺术品位。此外,在大多数情况下,Э. 伊凡诺夫等杰出画家是科科列夫的顾问。科科列夫会基于历史和专题认真考虑绘画展的布展。科科列夫本人说,画展首次将 K. 布留洛夫的油画集中到了一起,"系统全面地展现了这位才华横溢的艺术家的成长历程"。

同时,科科列夫的收藏反映了工商业阶层的新慈善家渴望更充分地呈现民间艺术的愿望。爱国主义情操和启蒙思想发挥了重要作用。基于上述考虑,在所有商人中,科科列夫率先收集了当时俄国最好的、最具特色的油画。Т. 潘诺娃一语中的:尽管科科列夫有自己的个人偏好,但他还是成功地"收集了客观反映俄国艺术流派近一个世纪发展历程的藏品"②。

科科列夫将自己的画廊面向社会开放,试图实现他所倡导的为人民提供免费教育的思想。俄国画家和艺术评论家 K. 瓦尔涅克写道:"博物馆的益处主要体现在对大众开放,而科科列夫的画廊完美地体现了这一点。科科列夫的画廊每天开放,工作日门票为 30 戈比,节假日则为 10 戈比。众所周知,圣彼得堡的埃尔米塔什博物馆的开放时间为

---

① Бурышкин П. А. Указ. соч. С. 206. По данным Т. Пановой – 24 картины (Панова Т. Кокоревская галерея // Художник. М. , 1980. № 8. С. 54).

② Панова Т. Указ. соч. С. 56.

俄国企业史（1850~1917）

1852年，当时只有少数人才可以进入。"[1]画廊的大厅摆放着铁皮框眼镜、放大镜等，用于近距赏析画作。每个展厅都悬挂着介绍画作内容的标牌。萨莫伊洛娃的肖像被置于昂贵的相框之中，占据了"布留洛夫之墙"的中心位置。该相框是科科列夫专门定制的，这说明画廊中的每一处细节都是经过深思熟虑的。К. 瓦尔涅克指出："画廊的8个大厅装饰得富丽堂皇且极具品味，柔软的沙发、雅致的俄式雕花家具、漂亮的镶木地板、精美的桌椅、大理石和石膏半身像、昂贵珍稀的花瓶……以及投下来的充足的光线。"[2]

科科列夫的画廊是一个完整的文化综合体。除了展厅之外，还有一个小型的、带有合唱团的演出厅。可能是为了吸引公众，画廊里还开设了一个小酒馆。当时的小酒馆是莫斯科人的"俱乐部"。根据当时人们的回忆，小酒馆和演出厅里还设置了"俄式凉亭"，装饰有俄国民间艺术品和木雕。科科列夫画廊开放了大约10年，从19世纪60年代末持续到19世纪70年代初。在他健康状况不良时，他收藏的画作被陆续出售。一部分藏品被 П. М. 特列季亚科夫收购，一部分被皇位继承人亚历山大三世收购，最好的外国画作则被 Д. П. 博特金收购。

В. А. 科科列夫为发展民族风格的建筑做了大量工作。正如著名的历史学家 А. А. 斯卡利科夫斯基所言，"严格地说，俄国所谓'俄式风格'的产生应归功于科科列夫。该风格并不同于德国人 К. А. 托恩[3]根据尼古拉二世的命令而设计的俄式风格。科科列夫鼓励艺术家和建筑师从事这方面的工作，根据新的思想建造不同的大楼，在莫斯科修建了一座恢宏

---

[1] Варнек К. (К. В.). Письма из Москвы // Русский художественный листок. СПб., 1869. № 29. С. 21.
[2] Там же. № 5. С. 115 – 116.
[3] 救世主基督大教堂的建筑师、建筑科学院的院士。

第十一章　企业家与俄国民族文化的形成

的宾馆（科科列夫会馆）以及他位于乌沙基的别墅"①。

М. Н. 巴尔苏科夫证实，В. А. 科科列夫与秉承斯拉夫人独特性的波戈金保持着深厚的友谊。早在 1856 年，В. А. 科科列夫"在波戈金花园修建了一座俄式小木屋"，设计方案由建筑师 Н. В. 尼基京制定，木屋门窗上都雕刻着花纹，它开启了民族建筑风格的时代。历史学家 Е. Л. 阿伦松就此写道："从思想上而言，科科列夫农夫般的品位源自斯拉夫主义，这就是所谓的'波戈金小屋'。同时代的人恰如其分地将其称为'原木之书'。"②

从 19 世纪中叶以来，人们对民族建筑产生了兴趣，这与官方推崇的"拜占庭风格"建筑和其他具有地方爱国主义风格的建筑相对立。В. В. 斯塔索夫认为，托恩所谓的"俄式风格"是一种官方的、强迫的、人为的、国家主义的现象，但与此同时，其他建筑师（И. П. 罗佩特、А. М. 戈尔诺斯塔耶夫等）设计的"俄式风格"建筑则令人惊喜，因为他在这些人的作品中找到了人民性的真正表现形式，这与官方艺术相对立③。从该意义上说，科科列夫的建筑活动具有更广泛的意义，即反对艺术中的国家主义和伪人民性。

但是必须指出，科科列夫的一些文化赞助活动只是为了满足私人癖好，带有"商人"的印记。例如，同时代人提到了一只一直放置在科科列夫办公室桌上的臭名昭著的"金草鞋"，似乎正是这只鞋开启了他对"俄国民间艺术"的研究。"金草鞋"成了一种象征符号，遭到了民主派宣传家和一代代受过教育的俄国人的辛辣嘲讽。科科列夫在文化赞助方面的成就不容否认，晚年时他依旧关注俄国艺术家，并出资在梅塔河源

---

① Скальковский К. А. Наши государственные и общественные деятели. СПб., 1890. С. 167.
② Арензон Е. Р. От Киреево до Абрамцево: к биографии Саввы Ивановича Мамонтова // Панорама искусств. М., 1983. С. 365.
③ Стасов В. В. Избранные сочинения в двух томах. М. – Л., 1937. Т. 2. С. 191, 204.

俄国企业史（1850～1917）

头距离上沃洛乔克不远的地方为年轻画家们建立了弗拉基米尔－马林斯基小屋[1]。他发现"特维尔省的自然景观要比罗马的卡帕尼亚更能激发画家的灵感"[2]。根据科科列夫本人的说法，建立后仅3年就有30多名艺术学院的学生参观了该小屋，他计划将来进一步扩建[3]。

19世纪下半叶，俄国商人慈善家最杰出的代表是科科列夫的朋友К.Т.索尔达坚科夫（1818～1901年），他是旧礼仪派的"支柱"之一，主要赞助俄国民族文化。与此同时，他在传播欧洲文化成就和进行启蒙教育方面也做了大量工作。同时代人将К.Т.索尔达坚科夫与В.А.科科列夫、С.И.马蒙托夫和П.И.休金等并称，认为他是俄国最著名的慈善家之一。由于他的财富和对艺术事业的慷慨赞助，人们将他称作"科兹马·美第奇"。如同小亚细亚吕底亚国极为富有的国王克勒兹，这位莫斯科工厂主财力十足，将俄国旧礼仪派信徒商人丰富多彩的生活和对欧洲文化、教育的不懈追求融为一体。由于他从未接受过系统的教育，苦于知识匮乏，因此竭尽全力弥补这一缺憾。索尔达坚科夫很早就开始收藏图书，对造型艺术情有独钟，并酷爱戏剧。

19世纪50年代初，К.Т.索尔达坚科夫开始接触莫斯科大学教授Т.Н.格拉诺夫斯基领导的、由西方派知识分子组成的莫斯科小组，这对他的人生产生了至关重要的影响。索尔达坚科夫的一位传记作者就此写道："与格拉诺夫斯基等杰出人士的交往激发了隐藏在他内心深处的对科学、文学和艺术的热情，这位谦卑的商人逐渐成长为一位对俄国启蒙教育事业信心十足的活动家。"[4]

---

[1] 现为И.Е.列宾艺术宫。
[2] Скальковский К.А. Указ. соч. С. 168.
[3] Кокорев В.А. Владимиро－Мариинский приют на озере Метин // Русский архив. М., 1885. Кн. 2. № 7. С. 453－456；Тот же. Экономические провалы：по воспоминаниям с 1837 года. СПб., 1887. С. 212－213.
[4] Исторический вестник. СПб., 1901. Т. 85. № 7. С. 379.

第十一章　企业家与俄国民族文化的形成

有人认为,俄国商人无法深刻理解文化和文明的价值,对创造和学习麻木不仁,在选择文化资助目标时缺乏独立性。К. Т. 索尔达坚科夫的生活和社会活动充分地驳斥了这些看法。К. Т. 索尔达坚科夫的一生几乎跨越了整个19世纪,他走过的道路融合了几代人生活的特征。Д. П. 拉克曼指出:"К. Т. 索尔达坚科夫属于莫斯科商人精英阶层的老一辈甚至更早一代,他具有上辈人典型的偏见,尽管年事已高,但在19世纪90年代,他是唯一凭借自己的教育程度、兴趣和文化活动赢得年轻一代商人精英认可的'老头'。他和年轻一代的精神和追求相契合,受到年轻商人的赞赏。"[①]

像科科列夫一样,К. Т. 索尔达坚科夫也是在19世纪40年代后期才开始收藏俄国艺术家的画作。1852年游历意大利是一个决定性的契机,在那里他通过博特金兄弟结识了著名的艺术家А. А. 伊凡诺夫。К. Т. 索尔达坚科夫委托伊凡诺夫为他收购俄国艺术家的作品。伊凡诺夫非常乐意地接受了这一请求,索尔达坚科夫逐渐拥有了庞大的收藏,其中包括许多俄国绘画杰作。他收藏的俄国造型艺术品质量最高、数量最大,仅俄国艺术家的画作就有约230幅,其中包括А. А. 伊凡诺夫专门为К. Т. 索尔达坚科夫创作的篇幅最大的油画素描《基督向人民显灵》、1852年向伟大画家К. 布留洛夫购买的《拔示巴》、巡回展览派奠基人 Н. Н. 格受邀创作的《最后的晚餐》和《客西马尼园中的耶稣》等。画廊还收藏了特罗皮宁、佩罗夫、费多托夫和普基列夫等人的画作,Ф. А. 瓦西里耶夫和希施金的风景画,以及艾瓦佐夫斯基的海洋风景画等。藏品中还有许多外国艺术家的一流作品,如雕塑、绘画和版画、古代艺术品和古老的俄国圣像画等[②]。И. С. 西尔伯施泰因称,这位富有的莫斯科商人还收藏

[①] Ruckman, J. A., *The Moscow Business Elite: A Social and Cultural Portrait of Two Generations, 1840–1905*. Dekalb (Ⅲ), 1984. p. 234.

[②] Пругавин А. С. Московский иллюстрированный календарь – альманах на 1887 год. М., 1887. С. 256–257.

俄国企业史（1850~1917）

了十二月党人夫妇的肖像画，在 1858 年购自 Е. А. 别斯图热娃（十二月党人的妹妹），这幅肖像画是十二月党人 А. 别斯图热夫在服苦役期间绘制的[①]。索尔达坚科夫画廊位于米亚斯尼卡娅大街，同时代人参观后赞叹道：在莫斯科引以为豪的名胜景点中，К. Т. 索尔达坚科夫和 П. М. 特列季亚科夫的画廊显得出类拔萃。除了圣彼得堡，俄国其他地方的收藏都无法如此全面地展示俄国风格绘画的力量和意义[②]。许多人指出，这位慈善家在挑选绘画方面具有鲜明的公民立场，比当局建立画廊还要早，这需要极大的勇气。俄国学者 К. А. 季米里亚佐夫回忆了 К. Т. 索尔达坚科夫是如何购得 В. И. 雅科比的《受伤的罗伯斯庇尔》和《恐怖分子与温和派》的，这些画作描绘了罗伯斯庇尔在议会中被逮捕的场景，"他既不惧怕罗伯斯庇尔的历史阴影，也不惧怕在车尔尼雪夫斯基生前帮助他"[③]。同时，К. А. 季米里亚佐夫还指出了慈善家品味中的矛盾、性格和个人嗜好。他家中有一些格调不高的二流画家的画作，"画家的名字已被大多数人遗忘了"[④]。除了坚守公民责任、追求欧洲的思维方式之外，笃定的宗教信仰和俄国商人根深蒂固的生活传统也深刻影响了 К. Т. 索尔达坚科夫的艺术品味。例如，在他位于米亚斯尼卡娅大街的家中有一间祈祷室，他每天都和自己的远亲、教堂旧书销售商 С. Т. 博利沙科夫一起祈祷，祈祷时还会穿上特别定制的开襟羊毛衫[⑤]。

像科科列夫一样，К. Т. 索尔达坚科夫的活动体现了俄国普及启蒙思想、传播知识的趋势，包括欧洲和世界文化的成就。自 19 世纪 50 年代初

---

① Зильберштейн И. С. Николай Бестужев и его живописное наследие: История создания портретной галереи декабристов // Литературное наследство. М., 1956. Т. 60. Кн. 2. С. 7.
② Пругавин А. С. Указ. соч. С. 244.
③ Тимирязев К. А. Наука и демократия (1904 – 1919). М., 1963. С. 410 – 411.
④ Пругавин А. С. Указ. соч. С. 256 – 257.
⑤ Воспоминания П. И. Щукина. М., 1912. Ч. 3. С. 22.

以来，在格拉诺夫斯基圈子的影响下，К. Т. 索尔达坚科夫开始实施他另一项大胆的、涵盖范围广泛的、深思熟虑的出版计划——出版俄国和外国文学、科学名著。1856 年，索尔达坚科夫和 Н. М. 谢普金联合创立了一家出版社，两人的合作一直持续到 1862 年。这是出版社活动最为活跃的时期。该出版社出版的第一本书是 1856 年 2 月发行的 А. В. 柯尔卓夫的诗集，附有 В. Г. 别林斯基的一篇文章。然后出版了 Н. П. 奥格辽夫的第一本诗集和 Н. А. 涅克拉索夫的公民抒情诗集，其中第一篇为诗歌《诗人与公民》。第二年出版了被尼古拉一世发配充军的失宠诗人 А. И. 波列扎耶夫的书。这一时期最重要的出版物是 1862 年问世的第一套别林斯基文集，共有 12 卷。

俄国废除农奴制后，这位信奉旧礼仪派的商人和格拉诺夫斯基圈子的大多数成员一样，从极端反对派和激进主义转向了自由主义。他与 Н. М. 谢普金分道扬镳，独自继续从事出版活动。该时期出版的图书有：И. С. 屠格涅夫《父与子》的第一版，А. А. 费特、Я. П. 波隆斯基和 С. Я. 纳德松的诗集，Т. Н. 格拉诺夫斯基、И. Е. 扎别林、В. О. 克柳切夫斯基等俄国历史学家的著作，还有国外杰出史学家的著作，例如由车尔尼雪夫斯基翻译的 Г. 韦伯的著作《世界通史》、法国历史学家 Э. 拉维斯和 А. 朗博合著的《世界通史》、德国历史学家 Т. 蒙森的《罗马史》，以及外国哲学家、经济学家和艺术史学家的著作，例如詹姆斯·穆勒、戴维·李嘉图、休谟、亚当·斯密、卡里尔和施密特等学者的著作，还有一些古典世界名著，如荷马的《伊利亚特》、波斯作家萨迪的《古利斯坦》和威廉·莎士比亚的作品等。同时代人注意到，在出版图书的内容广度和数量方面，无论是在莫斯科，还是在整个俄国，都难以找到可以与 К. Т. 索尔达坚科夫相提并论的人[①]。由于他的努力，俄国的科学文献

---

① Стасов В. В. Павел Михайлович Третьяков и его картинная галерея//Русская старина. СПб.，1893. № 12. С. 281.

库得以充实。如果没有他的支持,这些名著可能在很长一段时间都不会在俄国问世。这些出版物基本无利可图,但是索尔达坚科夫恪守着更为崇高的原则:推动俄国文化发展,用世界文化精华来丰富俄国文化。他明白了这一点,所以比同时代的人更卓然出众。

1865年,К. Т. 索尔达坚科夫在莫斯科附近的昆采沃购得了一处带有一座巨大花园的宏伟庄园,该庄园的旧主是古老的纳雷什金家族。在К. Т. 索尔达坚科夫的管理下,昆采沃庄园成为莫斯科的文化中心之一。许多杰出的俄国艺术家,如波列诺夫、列宾和克拉姆斯柯依等都是昆采沃庄园最受欢迎的常客,莫斯科一些剧院尤其是他喜爱的玛丽剧院的演员们也经常前往献技,С. Т. 阿克萨科夫、И. С. 屠格涅夫等作家多次拜访……据访客们的回忆,这位富有慈善家在莫斯科郊外的庄园里总是洋溢着节日般的欢快气氛,经常举办热闹的烟花表演和舞会①。

К. Т. 索尔达坚科夫在他挚爱的昆采沃庄园去世,享年83岁。根据遗嘱,昆采沃庄园内的图书、画作和雕像,以及他1857年购自李沃夫公爵的莫斯科楼房中的所有画作,"根据现有清单,全部捐献给鲁缅采夫博物馆"。此外,他在遗嘱中指定了数以百万计的捐款和遗赠,用于发展教育、科学和文化事业,建设工人技校和医院等。实际上,他以捐赠、捐款等形式将所有经营收入都投向了社会公益事业②。

19世纪下半叶,当时著名的企业家、社会活动家和斯拉夫主义者А. А. 波罗霍夫什奇科夫(1834~1918年)付出了巨大的精力,在建设莫斯科过程中力求采用已有数百年历史的民间建筑传统。作为新生代企业家,А. А. 波罗霍夫什奇科夫是建筑业的"先锋"。继科科列夫之后,在鼓励和支持莫斯科新的设计思想和建筑思想以及重塑首都的建筑轮廓

---

① Зилоти В. П. Указ. соч. С. 147 – 148.
② Толстяков А. П. Люди мысли и добра: Русские издатели К. Т. Солдатенков и Н. П. Поляков. М., 1984. С. 20.

第十一章　企业家与俄国民族文化的形成

方面，波罗霍夫什奇科夫发挥了重要的作用。建筑学中所谓"俄式风格"的出现，他居功甚伟。莫斯科建筑史学家 Е.И.基里琴科认为，"莫斯科出现建筑学中的'俄式风格'是出乎意料的，甚至不可思议……它完全可以被称为莫斯科商人的豪宅风格。波罗霍夫什奇科夫开创了这一传统。1872 年，按照波罗霍夫什奇科夫的构想，建筑师 А.Л.古恩设计了一座具有俄式风格的大众化'小木屋'：楼上带阁楼，安装木门，窗户门楣上带有雕花"①。此后，遵循着自己的斯拉夫主义倾向，波罗霍夫什奇科夫还实施了更为宏大的计划：按照建筑师 А.Е.韦伯的设计方案，在尼古拉大街上建设了"斯拉夫集市"。在规划中，波罗霍夫什奇科夫还提出了创建首都社会公共活动中心和历史文化中心的思想。其实这一想法早在 10 年前 В.А.科科列夫在建设旅馆和货栈时就已经提出过，当时被称为科科列夫会馆。"斯拉夫集市"建筑群包括宾馆、商店、餐厅和大型音乐厅等。"斯拉夫集市"宾馆于 1872 年开业，一年后增建了宾馆附属的饭店（建筑师韦伯）和"凉亭"音乐厅（建筑师 А.Л.古恩、П.Н.库德里亚夫采夫），内饰采用斯拉夫作曲家的肖像。为此，波罗霍夫什奇科夫还向出身艺术学院但当时还寂寂无闻的年轻毕业生 И.Е.列宾订购了相关题材的巨幅油画。旅馆的设计、内部装饰和饭店的陈设，尤其是音乐厅的内部设计，都鲜明地彰显了俄罗斯和斯拉夫民族风格。大厅"在各个角落都有民族风格的图案和雕刻装饰"②。建筑师韦伯在受难广场（普希金广场）设计了一座气势恢宏的公寓楼，与"斯拉夫集市"的风格相似，由波罗霍夫什奇科夫出资建造。波罗霍夫什奇科夫的建筑理念与改革后前几十年兴起的解放思潮相吻合，还与当时莫斯科和俄国盛行的民族情感产生了共鸣，因此产生了强烈的社会反响。列宾回忆说："60 年代末和

---

① Кириченко Е. И. Москва на рубеже столетий. С. 57 – 58.
② Репин И. Е. Далекое и близкое. М. , 1960. С. 215.

俄国企业史（1850～1917）

70 年代初，莫斯科出现了汹涌澎湃的斯拉夫化运动。"① Е.И. 基里琴科就此指出："当时人们觉得，象征着斯拉夫艺术统一、斯拉夫各民族手足之情的艺术构思只能借助民间主题来表达，另言之，通过农民的艺术主题来表达。"② 在波罗霍夫什奇科夫的协助下，商人也逐渐开始将自己的住所装饰为"俄式风格"，以此来强调自己忠于人民、来自人民，并且忠于民间艺术，还表明自己属于"新贵族"③。А.А. 波罗霍夫什奇科夫为莫斯科建筑业做出了巨大的贡献。为改善莫斯科的市貌，他首次使用坚硬的岩石铺设街道，而不是柔软的石灰石，因为石灰石会产生扬尘，对健康有害。А.А. 波罗霍夫什奇科夫对俄国文化发展的最大贡献在于，他全力支持建筑师和设计师创新性地解决问题，继承和发展了古老的民间传统建筑艺术。

俄国在克里米亚战争中失败后，民族爱国主义思潮兴起，再加上改革后前十年的解放运动，商人的文化教育和资助事业发展起来。П.М. 特列季亚科夫（1832～1898 年）一生孜孜不倦地忘我工作，掀起了商人赞助活动的高潮，其慈善活动意义深远，在规模上也无与伦比。他是从简单的个人收藏转向服务国家的典型人物。当时的商人阶层非常喜欢收藏，这一爱好逐渐上升为"文化庇护"。当时的人们并没有反思这种文化的深层含义，也没有考虑它的新颖之处。如果说普通收藏家的收藏通常仅是出于个人爱好，那么 П.М. 特列季亚科夫的收藏则是面向社会的，他意识到了自己肩负的社会责任和公民责任。П.М. 特列季亚科夫的活动首次展现了这种从个人收藏向社会收藏纯粹而彻底的飞跃。特列季亚科夫认识到了个人财富和社会福祉之间深刻的内在联系。至此，俄国企业家也终于缓慢而又艰难地意识到了这种联系。这种转变也表现在其他一些商

---

① Там же.
② Кириченко Е. И. Москва на рубеже столетий. С. 58.
③ Там же. С. 59.

第十一章　企业家与俄国民族文化的形成

人赞助商的活动中，其中包括年轻一代的商人，如 С. И. 马蒙托夫、С. И. 休金、П. И. 休金、С. Т. 莫罗佐夫、А. А. 巴赫鲁申和 С. А. 波利亚科夫等。

　　П. М. 特列季亚科夫毕生致力于民族文化的发展，促进了民族文化的精神腾飞。用 П. А. 布雷什金的话来说，这是先知托付给自己的一种使命①。В. В. 斯塔索夫1893年的一篇文章记载了特列季亚科夫画廊被无偿捐赠给莫斯科市的过程，他这样评价特列季亚科夫事业的重要意义："他的画廊与俄国其他美术馆迥异。其中的画作并不是随意收集的，而是经过了周密的权衡和考虑，基于知识和想象，更重要的是它是特列季亚科夫忠诚于自己挚爱事业的结果……他是一位真正的、深刻的、敏锐的绘画鉴赏家……他没有背离自己的初衷，始终如一地关注俄国绘画流派。"②

　　П. М. 特列季亚科夫是一位与生俱来的天才，在许多方面带有莫斯科商人的典型特征。像其他商人一样，特列季亚科夫起初只是喜欢收集绘画作品，但逐渐地他认识到了艺术的社会意义，意识到必须珍惜并扩大自己的收藏，这是一位公民应尽的义务。于是他萌生了建立一座国家美术馆的想法。如上所述，在他之前虽然已经有人这么做，但无人能够如此全面地实施这种计划。П. М. 特列季亚科夫建立了俄国最好的亚麻厂，这是他文化赞助活动的资金来源。在写给女儿亚历山德拉的信中，他说道："我的计划是从年轻时开始积累财富，然后将从社会上获得的利益通过公益机构返还给社会（人民），我一生都将矢志不渝。"③ 当时商界的一些其他人物，无论是赞助者还是艺术爱好者，都将 П. М. 特列季亚科夫视为榜样。即使在个人生活中，他也将教育活动置于首位。

　　当时的学者 А. Н. 博哈诺夫强调，П. М. 特列季亚科夫在收藏活动之

---

① Бурышкин П. А. Указ. соч. С. 135.
② Стасов В. В. Указ. соч. С. 607–608.
③ Боткина А. П. Указ. соч. С. 236.

· 475 ·

初就已经有了一个非常明确的目标，即创建一座民族流派的公共美术馆。后来，П. М. 特列季亚科夫的想法是再建立一座国家艺术中心，不仅收藏现有的俄国艺术家的作品，还通过收购或接受捐献等形式，用最好的作品来充实它①。虽然很少有人相信俄国造型艺术流派的存在，但特列季亚科夫通过自己的活动提高了它的声望。1865 年，他在给艺术家 А. А. 里措尼的信中说道："许多人并不相信俄国艺术的美好未来……您知道，对此我并不苟同，否则我就不会收藏俄国画作……"在信中，他对收藏的成就充满信心："俄国的杰出画作甚至能够取代西欧的绘画。"②

在许多关于 П. М. 特列季亚科夫的回忆录中，著名艺术家们都强调说，对他们而言，特列季亚科夫购买自己的作品，就意味着社会承认他们创作的价值。特列季亚科夫将自己大部分财产用于收购俄国艺术家的画作。资料表明，仅在 1887～1898 年，他就花费了 1823155 卢布③。19世纪 80 年代初期，他非常积极地购买画作。1882～1883 年，П. М. 特列季亚科夫购买了总价为 104000 卢布的画作④。据估计，1879～1880 年，他所收购的 В. В. 韦列夏金作品的总价高达 198245 卢布⑤，很可能是因为这些油画的主题和之前爆发的俄土战争有关。他用于建设俄国美术馆的资金也逐步增加。即使是在早年的收藏活动中，他也花费了巨额的资金。1874～1875 年，П. М. 特列季亚科夫拨出 68620 卢布用于购买画作⑥。画家 А. А. 里措尼注意到了这些规模庞大的收购，他说道，如果特列季亚科夫、К. Т. 索尔达坚科夫和 И. М. 普里亚尼什尼科夫等赞助商不从事收藏

---

① Боханов А. Н. Указ. соч. С. 46 – 47.
② ОРГТГ. Ф. 1. Ед. хр. 4751. Л. 81 – 82.
③ ОРГТГ. Ф. 1. Ед. хр. 4524. Л. 1 – 10；Ед. хр. 4724. Л. 13；Ед. хр. 4794. Л. 1 – 46；Ед. хр. 4796. Л. 3（该数据首次被 Ю. В. 梅德韦杰夫在副博士学位论文《19 世纪中叶至 20 世纪初莫斯科商人在俄国社会文化发展中的作用》中引用。М., 1996. Прил. VI）。
④ Там же.
⑤ Там же.
⑥ Там же.

第十一章　企业家与俄国民族文化的形成

活动,那么俄国画家的作品将无处售卖,甚至可能被扔进涅瓦河。对于许多俄国艺术家而言,这种支持是现实生活中务实的帮助。

1892 年 8 月 31 日,П. М. 特列季亚科夫将收藏的画作捐献给莫斯科市。所列清单中包括俄国画家的 1276 幅油画、471 幅素描和 9 件雕塑作品,画作体现了 18 世纪和 19 世纪俄国绘画艺术的所有主要流派,几乎涵盖了当时所有知名画家的作品。根据 Г. Н. 乌里扬诺娃和 К. Ф. 萨茨洛的估算,特列季亚科夫捐献给莫斯科市的资产(包含不动产及其弟弟 С. М. 特列季亚科夫在遗嘱中捐献给画廊的资本)总价值近 200 万卢布,其中纯粹艺术品的价值为 150 万卢布①。显然,这一数目被低估了,当时的人们也明白这一点。此外,作为国家财富,画廊是无价的。当时有人写道:"据说,根据所购买画作的价格计算,特列季亚科夫的画廊价值 150 万卢布,那就请您现在按照这个价格去购买吧!尊敬的先生们,它现在可是无价之宝。"② 特列季亚科夫收藏的不仅是画作,这些画作还象征着俄国的精神生活和民族艺术。И. Е. 列宾认为,特列季亚科夫"将自己的事业发展到了空前宏伟的规模,并且以一己之力解决了俄国绘画流派存在与否的问题。这是一项史无前例的壮举"③。

继圣彼得堡的贵族和官员之后,收藏活动在莫斯科工商界蓬勃发展,这也显著影响到了外省商人。莫斯科和圣彼得堡的影响波及俄国最偏远的地区,那里有很多人依然渴望获得科学和文化赞助者的称号,这些杰出的慈善家并不逊色于 П. М. 特列季亚科夫、К. Т. 索尔达坚科夫等。各地工商界涌现出了许多投身文化教育事业的积极分子,他们创建收藏馆、博物馆和文化中心等,力求提高城市和边疆地区人民的文化水平。

同时,在俄国纺织业的一大中心伊凡诺沃－沃兹涅先斯克,收藏活

---

① Бурышкин П. А. Указ. соч. С. 330.
② 《Новости и Биржевая газета》. 12 декабря 1898 г. № 342. С. 92.
③ Репин И. Е. Указ. соч. С. 162.

· 477 ·

俄国企业史（1850～1917）

动和慈善事业也蓬勃发展，主要人物是该地区著名的企业世家加列林家族和布雷林家族。Я. П. 加列林（1820～1885 年）是一位大慈善家和文化活动家，拥有一家棉花厂。作为工业家，他享有崇高的声望。19 世纪 70 年代后期至 80 年代初期，他担任伊凡诺沃 – 沃兹涅先斯克市市长。但是，他更为知名的身份是收藏家，是一位熟知自己家乡历史的"百事通"。他收集了一些珍贵的古代文献，涉及该地区 17 世纪至 19 世纪初的历史。收藏品包括各种请愿书、不动产买卖契约和官方批复等文件。在弥留之际，他将一部分收藏转交给了鲁缅采夫博物馆，还有一些留在了伊凡诺沃 – 沃兹涅先斯克。Я. П. 加列林非常关心伊凡诺沃地区的历史，并致力于推动学界研究该地区的历史。1853 年他资助出版了论文集《古代使徒》，推动了学界对舒亚市及周边地区的历史研究。Я. П. 加列林还为伊凡诺沃附近地区的考古发掘工作捐款。从 19 世纪 50 年代初期开始，加列林基于考古学、人种学、遗传学和地名学等方面的资料，开始独立探索该地区的历史全貌。专著《伊凡诺沃 – 沃兹涅先斯克市》体现了他的研究成果，专著 1884～1885 年发行了两个版本[①]。在编撰过程中，作者参考了自己企业波克罗夫斯基工厂的档案、市杜马的文件以及加列林家族中保存的回忆录和口述材料。此外，Я. П. 加列林还非常重视工人的教育事业。1866 年，他出资创建了市技工学校，为伊凡诺沃地区培养工业发展所需的人才。正是在他的努力下，该市创建了第一座公共图书馆，他将自己收藏的 1500 本珍稀图书捐赠给该图书馆。后来，许多像加列林一样的企业家开始与俄国文化同呼吸、共命运。Л. М. 加列林娜是"一位美如维纳斯的女人"，她和康斯坦丁·巴尔蒙特戏剧性的爱情故事，极大地影响了后者的命运和作品。

另一位大型纺织品制造商 Д. Г. 布雷林（1852～1924 年）也为复兴

[①] Буржуазия и рабочие России. Материалы XIX зональной межвузовской конференции Центрального промышленного района России. Иваново, 1994. C. 33 – 34.

故乡的文化生活做出了巨大的贡献,同样声名远扬。他终生致力于建立一座以伊凡诺沃地区的历史和财富为主题的博物馆。他本人承认:"博物馆的相关工作是我的灵魂,而工厂只是必需品。"同时代传记作家 Г. И. 索恩采夫对他的评价恰如其分: Д. Г. 布雷林的收藏顺理成章地和19世纪后半叶俄国尤其是莫斯科广泛开展的古代文物和艺术精品的收藏活动融为一体,其中 В. А. 科科列夫、К. Т. 索尔达坚科夫和 П. М. 特列季亚科夫等人发挥了主导性作用①。布雷林逐渐拥有了品种繁多的藏品,包括发掘出来的刻赤古物和从著名动物训练员 А. Л. 杜罗夫那里购买的动物标本,以及一些稀奇古怪的机械,包括共济会在各个国家不同分会的标志、标志性服饰、手稿、书籍、武器、钥匙和献给骑士的贡品等。但是,布雷林的藏品中最有价值的当属伊凡诺沃当地工厂生产的样式丰富的印花布(所谓的"纺织收藏"),至今这些藏品仍然价值不菲。他还藏有17~18世纪伊凡诺沃地区古老的手工印花布图案的珍稀样本和19世纪伊凡诺沃著名艺术家绘制的印花布图案。此外,还包括俄国其他地区、西欧、波斯和日本等地的布匹样品,总量约为100万件。

Д. Г. 布雷林收藏了丰富的俄国和西欧油画作品,这甚至引起了俄国艺术学院的兴趣。他共收藏了大约500件作品,其中包括 И. К. 艾瓦佐夫斯基、И. И. 希什金、В. В. 韦列夏金、М. А. 弗鲁别利、涅斯捷罗夫、А. Я. 戈洛温、А. Н. 伯努瓦和 Ю. Ю. 克列韦尔等杰出画家的油画。此外,他还收藏了18~19世纪价值不菲的瓷器和彩陶类作品,包括加德纳工厂、波波夫工厂和库兹涅佐夫工厂等的产品,甚至还有来自英国、法国、意大利、中国和日本等地企业的产品。同时代人也高度评价了他收藏的旧版图书和手稿。1914年,基于自己的收藏,他在当地开设了一个对外开放的私人博物馆,并为博物馆创建了一间以托尔斯泰

---

① Там же. С. 36.

命名的阅览室。他和托尔斯泰私交甚好,并且书信往来频繁。在伊凡诺沃其他工厂主的帮助下,布雷林还在当地建立了一所艺术学校,为印花厂培养雕刻工、配色师和美术师。Д. Г. 布雷林的藏书总量约为6万册,在此基础上,他还建立了市图书馆①。

А. А. 季托夫(1844~1911年)是俄国古代文化的杰出鉴赏家和推广人,他来自大罗斯托夫一个古老的商人家庭。他从事生产制造,经销布料和毛皮产品,并领导 И. А. 瓦赫罗梅耶夫及合伙人公司的董事会。他一生主要的事业是修复罗斯托夫中心城区饱经沧桑的建筑群。在1905年出版的《大罗斯托夫内城》一书中,他概述了罗斯托夫的研究和重建历史。1885年,А. А. 季托夫开放了"罗斯托夫教堂古物博物馆",为此他捐赠了自己收藏的许多古代教堂的器物和绘画作品并捐资。在他的倡议下,博物馆创建了一个古代斯拉夫俄国手稿的资料库,其中有4500多部手抄文献和手稿,包括13~14世纪羊皮纸福音书、古老的圣诗和希腊语-古斯拉夫语-俄语词典等②。А. А. 季托夫受过良好的教育,他常常系统性地整理和研究自己的藏品,并为它们编制目录,从而赋予它们极高的科学价值和历史文化价值。А. А. 季托夫还是莫斯科考古学会的会员,并当选为古文字爱好者协会的通讯会员。去世前他将自己所有藏品捐赠给了皇家公共图书馆③。

俄国商人在开发俄国欧洲部分北部地区和西伯利亚边疆区的过程中发挥着主导性作用。在很大程度上,正是由于这些为数不多的、商人出身的热心慈善家孜孜不倦地开展教育活动,广袤的西伯利亚地区和远离

---

① Каталог библиотеки музея Д. Г. Бурылина в г. Иваново - Вознесенске. Иваново - Вознесенск, 1915.
② Описание славяно - русских рукописей, находящихся в собрании член. кор. Общества любителей древней письменности А. А. Титова. СПб., 1893. Т. 1. Ч. 1.
③ Рудаков Н. Титов А. А. Некролог//Журнал Министерства народного просвещения. 1912. Ч. 37. С. 178.

第十一章　企业家与俄国民族文化的形成

俄国中心的偏远城市才得以建立文化生活中心。B. H. 巴斯宁（1799～1876 年）是伊尔库茨克当地的一位富翁，受过良好教育，来自商人家庭，是西伯利亚首批收藏家和慈善家之一。在接管家族企业"巴斯宁贸易行"之后，他投入了大量精力去收藏艺术品，鼓励人们在家乡从事科学、文学和艺术等方面的研究，而他从小就对这些内容产生了浓厚的兴趣。根据 M. K. 阿瓦多夫斯基记载，这位富有的慈善家资助了被流放的十二月党人，邀请他们当自己孩子的家庭教师。他邀请十二月党人 H. A. 别斯图热夫为自己及全家人绘制肖像，与 A. П. 穆拉维约夫、C. Г. 沃尔孔斯基等十二月党人保持着多年的通信联系。当地的绘画爱好者 M. И. 鲍留索夫受他委托，绘制了一系列宏伟的水彩画《西伯利亚东部的鸟类》。根据他 1855 年编制的目录清单，他的艺术收藏品总计超过 18000 件，其中包括大量版画作品（现存于普希金造型艺术博物馆）、俄国和西欧艺术家的水彩画及油画、中国的写意画等①。此外，B. H. 巴斯宁还是一位杰出的藏书家和古代文献收藏家。他的藏书包罗万象，是当时规模最大的私人藏书。他一共收藏了大约 12000 本书。这些书籍对外开放，供所有市民阅览。藏书主要涉及西伯利亚的历史、地理、人种和经济等，其中特别有价值的是"西里尔印刷"的书籍、H. И. 诺维科夫的出版物、俄国和外国出版的一些珍稀本文艺书籍等②。在他收集的关于西伯利亚历史的大量文献资料中，尤其值得注意的是西伯利亚（首先是恰克图）贸易史以及伊尔库茨克市和伊尔库茨克省的地理、城市照片和城市编年史等，后来它们都被移交国家档案馆。1859 年巴斯宁移居莫斯科后，他将自己的藏书捐赠给了伊尔库茨克神学院。

来自涅尔琴斯克的富有金矿主 M. Д. 布京（1836～1907 年）积极发掘西伯利亚的文化资源。他与兄弟尼古拉一起创建了布京兄弟贸易公司，

---

① Авадовский М. К. Очерки литературы и искусства в Сибири. Иркутск, 1947. Вып. 1.
② Боннер А. г. Бесценные сокровища. Иркутск, 1979.

俄国企业史（1850～1917）

主要从事矿山开发。М. 布京经常出差，19 世纪 60 年代中期，他曾出于商业目的到达当时尚未开发的北美，组织了对中国的贸易考察，开辟了通往这一广阔而陌生邻国的新贸易路线，建立了贸易联系，并开辟了从较为发达的南部后贝加尔地区到阿穆尔河沿岸地区、滨海边疆区的商业路线。考察期间，他开展科学研究，出版了这些偏远地区更为准确的地图和相关信息资料，从而推动了这些地区的开发[①]。М. Д. 布京的努力受到了地理学会的高度赞赏。布京兄弟在文化和教育方面投入了大量资金，М. Д. 布京出资创建了女子学校、音乐学校、印刷厂、图书馆和公共博物馆，并持续向地理学会的阿穆尔沿岸和东西伯利亚分会提供资金支持。М. Д. 布京的豪宅是摩尔人风格的，非常奢华，其中有大量个人收藏，包括绘画（包括著名画家 В. Е. 马科夫斯基为 М. Д. 布京家庭成员绘制的肖像）、古钱币和藏书。19 世纪 80 年代中期美国记者 J. 凯南写道："谁能想到在西伯利亚东部的旷野中能有如此豪宅？铺着镶木地板，挂着丝绸窗帘，贴着昂贵壁纸，铺着柔软的波斯地毯，摆放着镀金家具，上面覆盖着缎子，墙上挂着古老的佛兰德油画，而且为了悬挂家族成员照片专门修建了画廊，配置了舒适的暖房……我几乎从未见过如此富丽堂皇而又品味高雅的房子。"[②] М. Д. 布京的艺术赞助和慈善活动同样超凡脱俗。1875 年夏天，皇家马林斯基剧院的芭蕾舞演员、歌手 Д. М. 莱昂诺娃经停涅尔琴斯克。她在回忆录中写道："音乐协会在涅尔琴斯克有一个分会，领导人是热爱艺术和文学的布京。我在那里住了两个星期，举行了 4 场音乐会。布京的小型音乐剧团中的管弦乐队极为出色，甚至可以为

---

① Администрация по торговым делам Торгового дома нерчинских купцов братьев Бутиных. М., 1892. 4. 1.
② Кеннан Д. Сибирь и ссылка（очерки из жизни политических ссыльных）. СПб., 1906. Ч. 1. С. 152.

第十一章 企业家与俄国民族文化的形成

《一生服侍陛下》《罗格涅达》《先知》等歌剧的所有情节和场景伴奏。"①
М. Д. 布京不仅赞助文化事业,他自己也博学多识,撰写了一系列涉及西伯利亚经济发展的著作,并当选为俄国和国外许多科学文化协会的成员。他的传记作者指出,在他弥留之际,布京家族商行的经营状况严重恶化。但即使是在这样艰难的时期,他也没有忘记自己的第二大使命:给家人留下了维持生活所必需的资金后,他将大部分遗产捐献给了儿童机构。根据他的遗嘱,他将自己的豪宅和丰富的藏品捐献给了故乡涅尔琴斯克。

大约在同一时期,西伯利亚的秋明省生活着另外一位著名的慈善家H. M. 楚科马尔丁(1837~1901年),他逐渐明确了自己对财富的兴趣和对社会的责任。H. M. 楚科马尔丁出身于西伯利亚农民家庭,来自秋明省附近的一个村庄,通过茶叶和羊毛贸易积累了巨额财富,成为莫斯科的百万富商。即使如此,H. M. 楚科马尔丁仍与故乡保持着密切的联系。楚科马尔丁以慈善家和"文化庇护者"的身份而扬名。他搜集了古代斯拉夫书籍和羊皮纸文献,收藏了第一位印刷商 И. 费多罗夫的原版《使徒行传》和奥斯特罗日斯基版的《圣经》,并在秋明市建立了一座博物馆。楚科马尔丁关于慈善事业的言论和思想震惊了同时代的人,他论述了诚实守信在商业活动中的重要作用,说明财富应当为公共利益服务,这与他所在圈子的普遍观念截然不同。他说:"只有服务社会的人才能在贸易中成功并变得富有。最有利可图的商品是信任,而只有完美无瑕的诚实和商业上的坦诚无私才能产生信任。只有那些积极投身公益事业的人,才能变得富有。通过欺骗、自私自利和罪恶行为获得的一切都会带来灭亡。只有行善举才能生生不竭,万世长存。"②

随着 П. М. 特列季亚科夫和同时代其他杰出商人和教育家相继去世,

---

① Леонова Д. М. Воспоминания артистки императорских театров // Исторический вестник. 1891. Т. 43. С. 63.
② Чукмалдин Н. М. Мой воспоминания: В двух частях. М., 1899. Ч. 1. С. VI.

俄国企业史（1850~1917）

俄国商人历时甚久的"文化庇护"事业逐渐衰微，这一时期是商人阶层文化发展史中的一个完整时期。商人阶层的收藏爱好十分广泛，成果丰硕，该阶层许多人纷纷提高自己以及整个社会的教育文化水平，激发了人们对古代文物、祖国历史和民间艺术的兴趣。在那些为了打发闲暇时光、为了爱好或抱负而追求奢侈品的收藏爱好者中，也存在着为数不多但非常权威的真正的艺术资助者，以及高度重视艺术、文学和教育事业的人士，他们为自己提出了更为崇高的任务，即从事文化和教育事业。这些人的活动表明，他们意识到了自己的公民责任，认为必须促进民族文化、教育和科学的发展。如果没有他们的帮助，几乎不可能在这么短的时间内形成绘画、建筑、音乐、作曲和演奏等艺术领域的俄国流派。他们为俄国民族艺术大规模地登上国际舞台和获得国外的认可铺平了道路，并为俄国新一代具有民主意识的、受过良好教育的大众学习西欧和世界先进文化成就创造了有利的条件。这种氛围一直持续到19世纪末，如果没有这一代"文化庇护者"的努力，这一切都不可想象。

1898年，继 П. М. 特列季亚科夫去世后，И. И. 希什金、Н. А. 亚罗申科也相继离世。至此，最活跃的"巡回展览派"艺术家均退出历史舞台。И. Н. 克拉姆斯柯依（该流派公认的领袖）、В. Г. 佩罗夫、А. К. 萨夫拉索夫和 Н. Н. 格等艺术家的名字代表了俄国绘画流派发展史中一个完整的时代。随着他们的离去，"巡回展览派"硕果累累的鼎盛时期一去不复返。尽管"巡回展览派"一直倍受特列季亚科夫及其朋友们的支持，但它仍存在着严重的危机。在"巡回展览派"画家所举办的展览上，长期再未出现意义重大、个性鲜明的作品。而 И. Е. 列宾、В. И. 苏里科夫、瓦斯涅佐夫兄弟、В. Е. 马科夫斯基、К. А. 萨维茨基和 В. М. 马克西莫夫等早已成为明日黄花，他们的辉煌时期是19世纪70~80年代。但不可否认的是，"巡回展览派"的创作仍在许多方面提高了社会的艺术品位，并决定了 П. М. 特列季亚科夫和他那一代"文化庇护者"的公民立场，因

· 484 ·

为在收购绘画时，收藏家非常关注该流派艺术家的作品。后来许多大师（例如 М. А. 弗鲁别利）在创作中发展了新的美学思想，但最初并没有受到 П. М. 特列季亚科夫的认可，这也是公认的事实。

第四节　商人文化与贵族文化：融合与创新

随着老一代艺术家的相继离世，新一代艺术家的作品越来越受关注，其中包括一些在"巡回展览派"影响下成长起来的天才艺术家，例如 В. А. 谢罗夫、К. А. 科罗温、И. И. 列维坦和 М. В. 涅斯捷罗夫等。1896 年，莫斯科成立了一个新的艺术中心——莫斯科美术家协会，吸引了年轻画家的目光。但是，它在造型艺术流派转变过程中的作用无足轻重。该艺术领域最重要的事件发生在圣彼得堡。1897～1898 年，圣彼得堡爆发了新青年画家运动，发起人是新一代年轻画家 С. П. 佳吉列夫和 А. Н. 伯努瓦，他们创建了一个新的展览团体，可以与占主导地位的展览（学院派和"巡回展览派"）相抗衡。С. П. 佳吉列夫的活动异常活跃，他团结了莫斯科和圣彼得堡的年轻艺术家，为他们组织展览。1897 年 5 月 20 日，他向未来的参与者发出了纲领性宣言："俄国艺术目前处于过渡状态，一个新生的流派顺势而生，老一代的原则和新一代年轻艺术家的要求相互碰撞、争锋……最好的时代已经到来，我们应当团结成为一个牢固的整体，力求在欧洲艺术生活中占据一席之地。"[①] 1898 年 1 月，圣彼得堡斯蒂格利茨男爵学校新建大厅里举办了"俄国和芬兰艺术家展览"。大多数媒体对它怀有敌意，将其称为"离经叛道"和"颓废"的展览。В. В. 斯塔索夫严厉谴责该展览是"废物垃圾堆"和"丧心病狂的酒神的狂欢"[②]。但是，类似的批评和指责并未中断展览，反而激发了 С. П. 佳

---

① ГРМ. Секция рукописей. Ф. 137. Ед. хр. 939. Л. 28 – 29.
② Стасов В. В. Избранное. Т. 1, М. - Л., 1950. С. 332, 338.

俄国企业史（1850～1917）

吉列夫新的动力。他和 А. Н. 伯努瓦一起，提出了创办新艺术杂志的设想，并由杂志社举办年度展览。他的设想吸引了许多才华横溢的新流派年轻艺术家和文学家，也赢得了接替"60年代人士"的新一代慈善家的支持。1898年3月23日，新闻事务总局收到一份申请，要求批准出版名为《艺术世界》的新杂志。该杂志分为三个栏目：①纯艺术栏目（绘画、雕塑、建筑、音乐和艺术评论）；②实用艺术或工业艺术栏目；③艺术生活栏目。该申请由女公爵 М. К. 捷尼舍娃和商务专办 С. И. 马蒙托夫提交[1]。

该事件标志着俄国企业家慈善活动史上一个新时代的到来。当然，"里程碑式的改变"和艺术家的代际更替在此之前（19世纪80年代至90年代初期）业已开始，比如说 С. И. 马蒙托夫开展活动时，莫罗佐夫、休金、里亚布申斯基、巴赫鲁申等家族在修建别墅并收藏新艺术流派的藏品时，甚至还包括上一代"文化庇护者"代表 К. Т. 索尔达坚科夫在出版欧洲哲学家、历史学家的主要著作时，这一更替均已萌芽。但是，1898年才被明确认定为艺术转折的时间界限，因为当时思想上和组织上都彻底转变，人们开始追随西欧的新美学概念和风格，而且俄国大企业家鼎力支持。

就像在"开明专制主义年代"一样，这种转变同样与圣彼得堡联系密切。曾几何时，圣彼得堡从莫斯科那里"抢到了"探索和发现艺术的主动权，文学、艺术和学术活动的重心转移到了涅瓦河畔的圣彼得堡。在圣彼得堡，马蒙托夫歌剧巡演取得了非凡的成功，夏里亚宾活跃在马林斯基剧院的舞台上，皇家剧院的主要装饰艺术家 К. А. 科罗温和 А. Я. 戈洛温也都是马蒙托夫的学生。圣彼得堡的文学沙龙中，大家热烈讨论俄国象征主义思想家 Д. С. 梅列日科夫斯基的著作《论当代俄国文学的衰

---

[1] РГИа. Ф. 776. Оп. 8. Д. 1151. Л. 2 - 3（Прошение М. К. Тенишевой и коммерции советника С. И. Мамонтова от 23 марта 1898 года）.

落原因及其新兴流派》。1899 年，在斯蒂格利茨男爵学校装饰一新的大厅里，伴随着管弦乐队的演奏，《艺术世界》举办的国际绘画展开幕。画展上首次出现了对于圣彼得堡人来说陌生的国外现代派的艺术家名字，例如雷诺阿、Э. 德加、莫奈、皮维斯·德夏瓦纳、威斯特勒和勃克林等，他们与列宾、谢洛夫、波列诺夫、列维坦、К. А. 科罗温、А. М. 瓦斯涅佐夫、Ф. А. 马利亚温、А. Я. 戈洛温、Л. С. 巴克斯特、索莫夫和 А. Н. 伯努瓦等著名绘画大师比肩而立。1900 年艺术促进会开始出版新的月刊《俄国艺术瑰宝》，其编辑是 А. Н. 伯努瓦（后来 А. В. 普拉霍夫加入），由著名的"文化庇护者"和工厂主 Ю. С. 内恰耶夫－马尔措夫资助。杂志延续了《艺术世界》的路线，刊载了博物馆和私人收藏中那些鲜为人知的文物和画作的复制品。艺术生活的兴起促进了圣彼得堡收藏活动和慈善活动的繁荣。这一时期出现了许多规模庞大的收藏，涉及阿尔古京斯基家族、弗谢沃洛日斯基家族、杜尔诺沃家族等贵族，以及 М. П. 博特金、С. С. 博特金、И. И. 包林、М. П. 奥利沃夫、Е. П. 奥利沃夫和 Е. Г. 施瓦茨等商人。艺术评论家 А. М. 埃夫罗斯就此写道："《艺术世界》大张旗鼓地'回归昨日'，将圣彼得堡人变成了收藏家。它最主要的手段是出版了《旧年》①。这些杂志决定了圣彼得堡收藏活动的特征，随着杂志的停刊，收藏活动也告别历史舞台。"②

19 世纪末 20 世纪初，在慈善活动史上占据特殊位置的是 С. П. 佳吉列夫（1872~1929 年），他在支持俄国艺术向新形式发展、促进其海外传播和提升其影响力，以及向俄国大众普及西欧艺术的优秀成果等方面发挥着绝对的领导作用。佳吉列夫代表着俄国文艺界出现了从事文化赞助活动的全新企业家——"艺术剧院老板"。这是俄国前所未有的现象，其中融合了文化赞助者（因为佳吉列夫经常投入自己的资金）、组织管

---

① 专门研究 18 世纪艺术的杂志。
② Эфрос А. Указ. соч. С. 14.

理者、推销商和艺术鉴赏家等多重角色。С. П. 佳吉列夫这位外省贵族从内地的彼尔姆来到圣彼得堡，就读于大学的法律系，热爱音乐和唱歌，并很快与自己崇拜的圣彼得堡艺术青年们结为好友。1895 年自己的事业刚刚起步时，他写道："我似乎找到了真正的人生意义——'文化庇护'……"

与他同时代的一位艺术家、流行文艺杂志《阿波罗》和《旧年》的编辑 С. К. 马科夫斯基回忆道，"很快，人们就将其称作'冒牌美学家'，他的确是这样的人。但在这位纨绔少爷浮夸的外表下隐藏着对艺术发自内心的爱，这与表面的装模作样和玩世不恭有着天壤之别。他渴望美，将'美'称为'上天的微笑'。此外，他对俄国以及俄国艺术怀有高度的责任感和深深的依恋"[①]。А. Н. 伯努瓦将 С. П. 佳吉列夫和 С. И. 马蒙托夫并称为"促进年轻俄国艺术繁荣昌盛的主要人物"。С. П. 佳吉列夫对待俄国艺术的态度有时非常傲慢，认为它是落后的外省艺术，需要欧洲"高级艺术"的滋养。他多次声称"西方主义是我的座右铭"[②]。在许多方面，这种态度不仅源于他的性格，还源于必须克服"孤立主义"的思想态度（俄国艺术的自我封闭和孤立）。长期以来，俄国艺术的发展与外界脱离，因为人们误解了爱国主义，认为它与欧洲处处对立。这种误解在很多时候都是有意为之的。С. П. 佳吉列夫和他年轻的朋友们一样敏锐地感觉到，俄国迫切需要打开"通向欧洲之窗"，俄国艺术需要在欧洲艺术界和世界文化中找到自己的一席之地。如果缺乏对外交流，俄国艺术就无法进一步发展，最终会因为缺乏营养而死亡。在俄国组织"艺术世界展"之后，С. П. 佳吉列夫开始带领俄国艺术"征服"西欧。А. Н. 伯努瓦提出在巴黎举办"俄国四季展"，他认为当时俄国的艺术比西方最新的艺术更为健康、更具活力。佳吉列夫在俄国实现自己的想法时困难重

---

① Маковский Сергей. Неуемный // Памятники Отечества. 1994. № 29 (1 – 2). С. 51.
② ГРМ. Секция рукописей. Ф. 137. Ед. хр. 939. Л. 20 – 30.

重,这迫使他不得不将视线投向国外。促使欧洲熟悉俄国文化的第一步是举办大型的俄国艺术展,于是,1906年他在巴黎"秋天沙龙"举办了俄国艺术展,展出作品包括近两个多世纪的绘画和雕塑。此后,1906~1907年,类似的展览分别在柏林、蒙特卡洛和威尼斯举行,皆大获成功,这激发了佳吉列夫的灵感。巴黎展之后,他于1907年春在大剧院组织了名为"从格林卡到夏里亚宾"的俄国民族音乐会,向巴黎大众推介了俄国的歌剧和夏里亚宾。1908年,巴黎上演了《鲍里斯·戈杜诺夫》、《霍万斯基叛乱》和《普斯科夫姑娘》等话剧,А. Н. 伯努瓦、А. Я. 戈洛温、И. Я. 比利宾等俄国杰出艺术家都参与了相关活动,整个巴黎被俄国艺术深深折服并为之陶醉。佳吉列夫作为艺术大师的名声与日俱增。但是,这些活动未能弥补佳吉列夫物质方面的损失,展览的巨大花费迫使他策划新的活动,这时芭蕾引起了他的注意。起初佳吉列夫对芭蕾艺术不屑一顾,认为"智者和傻子都可以观看芭蕾,他们的观看效果一样,因为芭蕾没有任何内容和思想,而且表演芭蕾并不需要任何智商"①。但是,在深入了解欧洲资产阶级大众的艺术品位后,佳吉列夫决定将俄国芭蕾推向世界。事实证明,他的直觉是正确的。根据同时代人的说法,俄国的芭蕾取得了决定性的胜利,芭蕾的影响轰动一时。1909~1911年的演出季中上演了如下芭蕾:新生代音乐家 Н. Н. 切列普宁谱曲、М. 福金编导的《阿尔米达的凉亭》,经典舞蹈芭蕾《吉赛尔》和《仙女们》,俄国作曲家 Н. 里姆斯基-科萨科夫谱曲的芭蕾舞剧《舍赫拉查德》(即《天方夜谭组曲》),以及 И. Ф. 斯特拉文斯基的《火鸟》和《彼得鲁什卡》等。一时间,编舞家 М. 福金以及舞蹈演员 А. 巴甫洛娃、В. Ф. 尼任斯基和 Т. 卡尔萨维娜等享誉全球,戏剧艺术家 А. Н. 伯努瓦、Я. Я. 戈洛温、Н. С. 冈恰罗娃、Л. С. 巴克斯特、В. А. 谢罗夫、Н. К. 廖里赫

---

① Борисоглебский М. В. Материалы по истории русского балета. Т. II. Л., 1939. С. 135.

和阿尼斯菲尔德等在演出过程中也获得了巨大的成就,得到了社会的认可。诚如 A. H. 伯努瓦所言,"成功的因素是远比个人天分更重要的力量……在法国扬名立万的不是鲍罗廷、里姆斯基、夏里亚宾、戈洛温、廖里赫,也不是佳吉列夫,而是整个俄国文化,是整个独具特色的俄国艺术"①。卢那察尔斯基强调说:"俄国的某些艺术领域正朝着世界一流水平迈进,为欧洲树立了杰出的榜样。"如果说"1906年俄国展只让巴黎大众看到了俄国画家的独创性和才华,那么俄国芭蕾艺术在整个欧洲所取得的巨大成功,其意义更为重大"。与此同时,剧院美工设计领域的俄国大师们则"掀起了一场名副其实的革命"②。

此次演出后,佳吉列夫声名鹊起,成为享誉世界的艺术人物。需要特别指出的是,在这次"入侵"欧洲的过程中,佳吉列夫根据自己的构想,赢得了一些俄国文艺"新庇护者"的资金支持,其中包括女公爵 М. К. 捷尼舍娃以及 М. А. 莫罗佐夫、И. А. 莫罗佐夫、С. Т. 莫罗佐夫、С. С. 博特金、В. О. 吉尔什曼、Г. Л. 吉尔什曼和 К. В. 冯 - 梅克等。在佳吉列夫的影响下,许多新一代的工业家开始赞助俄国新艺术,支持俄国艺术家登上欧洲和美洲的艺术舞台,并经常和他们一起出国举办音乐会、演出和展览等,还购买欧洲艺术家最新的画作以充实自己的收藏。这一部分工商业人士的艺术品位迅速欧化,而且日益独特和多样化。与此同时,社会转向了普世主义,开始逐渐理解俄国艺术与欧洲及世界文化之间的联系,例如佳吉列夫本人体现了折中主义和普世主义,许多同时代的人都注意到了这一点。С. К. 马科夫斯基注意到,佳吉列夫"自身融合了多种品味,其中许多相互矛盾,他主张艺术感和折中主义","他非常尊崇'伟大世纪'和洛可可时代的大师,他很欣慰,因为 С. В. 马柳

---

① Бенуа А. Русские спектакли в Париже // Речь. 1909. 19 июня.
② Луначарский А. В. Русские спектакли в Париже // Современник. 1914. Кн. 14 и 15. Август. С. 20.

第十一章　企业家与俄国民族文化的形成

京、Е. Д. 波列诺娃和 М. В. 亚昆奇科娃等俄国艺术家崭露头角，他也为巴黎沙龙的莫里斯·杰尼、安东尼奥、Д. Л. 甘达拉、安格拉达等感到高兴。他开始宣传以莫奈和雷诺阿为代表的印象派（不是马上就开始的），还将法国画家皮维斯·德夏瓦纳推崇到无以复加的地位。与此同时，列维坦的风景画和列宾的艺术依然令他怦然心动。当看够了巴黎的'建设性'创新之后，他更加青睐毕加索、德朗和莱热，最近几年他主要购买他们的画作（在俄国画家中，主要是超现实主义画派的拉里奥诺夫）"。回忆录的作者总结道："这种非同寻常的艺术观中蕴藏着佳吉列夫的力量，但是还可能暗藏着他的不幸：他的时代和昙花一现般折中主义时代的悲剧。"①

的确，从纯粹的民族艺术向普世主义和折中主义的转变并不仅是佳吉列夫的标志，也是即将到来的新世纪的标志，在一定程度上还是新一代俄国慈善事业杰出人物（С. И. 马蒙托夫、М. К. 捷尼舍娃、С. И. 休金、И. А. 莫罗佐夫、А. А. 巴赫鲁申、С. А. 波利亚科夫、Н. П. 里亚布申斯基、В. О. 吉尔什曼和 Г. Л. 吉尔什曼夫妇、Ю. С. 内恰耶夫－马尔措夫和 К. В. 冯－梅克等）的特征。他们精力充沛，迫切地渴望拥抱新的艺术世界。引发该转变的主要是从欧洲传入俄国的新艺术流派、新美学概念和美学思想。在俄国文学、艺术和音乐领域，虽然现实主义和学院派的地位仍然坚不可摧，但是印象派和象征主义越来越受到大师们的关注和欢迎。不过，建筑和实用艺术并未受到新思想的影响。作为当时的思想大师，理查德·瓦格纳呼吁实现艺术大融合并指出，只有充满"历史意识"的艺术家才能实现这种融合。在此期间，艺术界也出现了从实证主义美学和唯物主义向神秘主义转变的现象。宗教神秘主义萌生于哲学，并逐渐蔓延到文学界和艺术界。当时有人信誓旦旦地说："在哲学乃

---

① Маковский Сергей. Указ. соч. С. 53.

至所有智力活动中，人们越来越厌烦唯物主义、悲观主义和现实主义。年轻人希望用心体验生活，想要尝试更温暖、更幸福、更富有理想的生活形式。"根据他的观点，这一复兴的神秘主义和宗教怀旧主义源自"浪漫主义大树的古老枝条"[1]。根据当时艺术研究家 В. С. 图尔钦的说法，19 世纪 90 年代的"现代派"就是在这样的精神氛围中诞生的，这是一种新的风格，它"似乎肩负着实现浪漫主义的使命，它在浪漫主义无法涉足的建筑、综合艺术、新型实用装饰艺术等领域也大放异彩"，它的任务是在艺术中将"美学理论与工业世纪的统治地位"结合起来[2]。

在俄国，现代主义的民族浪漫主义一马当先，受到广泛的响应。В. С. 图尔钦指出："现代主义特别欣赏新哥特式风格，还提出了'风格考古学'，其中包括中世纪早期的古迹和受到民族神话崇拜熏陶的'民间主义'，这对于更新艺术形式和更新模式化的'陈年古迹'有着不可替代的作用。"[3] 在世纪之交，这一领域备受国内大赞助商的关注和支持。Е. И. 基里琴科指出，俄国"现代主义"的这两个流派与所谓的"新俄国风格"之间具有内在联系，其开山鼻祖就是 19 世纪 80~90 年代马蒙托夫的阿布拉姆采沃庄园。她写道："这种被称为'新俄国风格'的流派，可以说是抒情史诗般的、美如童话的流派，起源于 19 世纪 80 年代的阿布拉姆采沃庄园，它是俄国现代主义的基础和内在源头，在很多方面决定了现代主义的特殊性。"[4] 捷尼舍夫位于斯摩棱斯克省的塔拉什基诺庄园与莫斯科郊外的阿布拉姆采沃庄园一起，在新流派发展过程中发挥着重要作用，拓展了马蒙托夫团体开创的道路。此后，实用艺术得到了长足的发展，人们成立了艺术工作室，修建了"古代俄国"民间艺术博物馆，

---

[1] Исторический вестник. 1912. № 10. С. 67.
[2] Турчин В. С. По лабиринтам Авангарда. М., 1993. С, 29 – 30.
[3] Турчин В. С. Указ. соч. С. 57.
[4] Кириченко Е. И. Москва на рубеже столетий. С. 74.

例如，С. В. 莫罗佐夫的兄弟 С. Т. 莫罗佐夫花费巨大的精力和资金创建了手工艺术博物馆。这些新流派最为直观地体现在建筑中，体现在著名艺术家 Ф. О. 舍赫捷利、И. Е. 邦达连科、С. И. 瓦什科夫和 А. В. 休谢夫等的作品中。受莫斯科富商们之邀，Ф. О. 舍赫捷利在 19 世纪 90 年代设计了许多风格独特且新颖时尚的豪宅，包括 З. Г. 莫罗佐娃的庄园（位于斯皮里多诺夫卡，1893 年建成）、А. В. 莫罗佐夫的豪宅（位于维金斯基胡同，1895 年建成）、И. В. 莫罗佐夫和 Е. В. 莫罗佐娃一家的豪宅（位于列昂季耶夫斯基胡同，1895 年建成）和 М. С. 库兹涅佐夫的豪宅（位于莫相斯基头道街，1896 年建成）等。

1902~1903 年，新艺术运动在国内获得认可，标志性事件是 Е. Д. 波列诺娃去世后的展览和"新风格建筑与艺术工业展"，В. М. 瓦斯涅佐夫、К. А. 科罗温、М. А. 弗鲁别利、С. В. 马柳京、А. Я. 戈洛温和 М. Ф. 亚昆奇科娃，以及后来的 N. K. 廖里赫和音乐界的 И. Ф. 斯特拉文斯基等艺术家都将新艺术运动推到一个新的高度。新艺术运动具有强大的影响力，甚至影响了俄国象征主义者，如俄国象征派诗人 К. 巴尔蒙特、А. 别雷、В. А. 布留索夫和 А. А. 勃洛克等。许多研究者都指出了两个流派之间的密切联系。В. С. 图尔钦指出："现代主义和象征主义之间存在联系。毫无疑问，在这两个具有跨世纪意义的流派之间，存在着许多内部关联因素，这是同一流派的两极。换言之，现代主义和象征主义是同一艺术类型。"① 在他看来，如果说现代主义试图积极参与到社会生活中，那么象征主义则是在有意识地远离社会生活。因此，现代主义表现在那些"与社会需求有着广泛联系的艺术领域，如建筑、实用艺术、海报"，而象征主义更倾向于服务"小众群体"的"室内诗歌"。但作者同时认为，也存在着两者之间"界限不明"的"巨大的艺术活动空间"，М. А. 弗鲁别利

---

① Турчин В. С. Указ. соч. С. 37 – 38.

的绘画和 А. Н. 斯克里亚宾的音乐[①]就是这两种潮流在俄国融合的典范。

随着俄国民族传统的发扬光大,在艺术发展的新方向上,充满欧洲文化元素和世界文化元素的"国际性原则"越来越普及。在"后现代主义风格"的建筑方面,根据 Ф. О. 舍赫捷利的设计,1900 年里亚布申斯基家族在莫斯科建造了一座豪宅(位于尼基茨基大街和斯比利多诺夫卡大街交汇处),具有非常浓郁的艺术品味和娴熟的技巧,融合了貌似不相兼容的风格、结构和装饰元素。豪宅高贵而奇妙的建筑造型和室内装饰令人感觉到自然界的包罗万象和万物有灵,体现了生命及其元素和普世价值的永恒变动性和流逝性。

对产生在俄国贵族文化统治时期并受到希腊文化影响的欧洲古典主义在俄国发展的态度,也反映了艺术发展的变化。Х. И. 谢米拉茨基和 С. К. 马科夫斯基等新古典主义流派艺术家的名字越来越流行。Е. И. 基里琴科指出,到 1905 年左右,"相信古典主义和彼得大帝之后俄国文化具有民族性,这种信念成为艺术自觉"。古典主义的复兴依旧与圣彼得堡有着密切的联系。团结在《艺术世界》周围的艺术家们,首先看到了彼得大帝之后的文化艺术中包含着丰富的民族遗产,它们是俄国"回归派"的源头[②]。在这股潮流下,城市里修建了古代圣彼得堡博物馆,举办了彼得大帝之后的建筑及其演化展,出版了《俄国艺术瑰宝》、《旧年》和《首都与庄园》等杂志与画册,其中彼得大帝时期的文化占据了主要的位置。

在大众看来,"艺术文化"概念的内涵更广泛。画架上的草图、书籍设计、书籍插图、雕版印刷和木版画等均已上升到高级艺术的地位,受到收藏家和慈善家的关注。造型艺术大师们将家具、瓷器、玩具和工艺品等作为艺术创作的对象,并将艺术创作范围扩大到壁画、室内装饰、

---

① Кириченко Е. И. Указ. соч. С. 76.
② Там же. С. 79.

第十一章 企业家与俄国民族文化的形成

艺术明信片和海报等,从而奠定了俄国广告业的艺术基础。这条道路得到了越来越多企业家的认可和支持。此后,在马蒙托夫团体的组织下,许多杰出的艺术家到剧院演出,推动俄国剧院装饰艺术进入全盛时期,并为舞台艺术的兴起以及俄国歌剧和芭蕾舞在国外取得辉煌成就奠定了基础。

到了20世纪初,俄国艺术发展进入了一个新的阶段。人们在沉迷于各种新流派(包括激进的先锋派在内)的同时,更为深入地认识和理解了艺术和贵族文化遗产。他们迷恋历史上庄园的风格和氛围,怀念18世纪至19世纪初的贵族艺术,这尤其体现在学院主义、新古典主义、风格化和回归主义的复兴上。这些流派的典型代表包括造型艺术界的 Х. И. 谢米拉茨基、С. К. 马科夫斯基、В. Э. 鲍里索夫-穆萨托夫和 А. Н. 伯努瓦,建筑界的 Ф. О. 舍赫捷利,И. Ф. 阿年斯基、А. 别雷、Д. С. 梅列日科夫斯基和 З. Н. 吉皮乌斯,以及早期的 А. А. 勃洛克,勃洛克在某种意义上结束了俄国诗歌的贵族经典主义,并在一定意义上开启了俄国诗歌的新时代。古老的贵族(圣彼得堡)文化和新生的平民、商人(莫斯科)文化之间互相渗透。所有这些都证明了俄国受过教育的阶层正在酝酿一种新的文化形态。

两种传统的趋近是建立在一定物质基础上的:企业经营活动基本上丧失了自己的阶层特征,失去了纯粹的商业属性。大批商业精英和社会其他阶层共荣共生,他们首先与贵族、贵族知识分子关系紧密,从而接受了后者的文化。当然,建立这种联系的路径各异。越来越多的商人女儿(很少有儿子)与年轻的贵族、贵族知识分子联姻。这正是商人慷慨从事慈善事业的原生动力。当时著名的记者 В. М. 多罗舍维奇在随笔《颓废派》中写道:"哪里有颓废派分子,哪里就暗藏着商人。颓废派分子总是与商人相伴而生,没有商人也就没有颓废派分子。我们的情况就是如此。杂志属于颓废派。谁是出版人呢?商人。谁在赞助展览会?商人。可以看到，每一位颓废派分子最终都与女富商结婚了。"①

贵族文化和贵族生活方式的影响之所以巨大，是因为在此之前俄国境内有大量的祖传豪宅和"贵族之家"都落入商人手中。А. А. 勃洛克恋恋不舍地写到了这段"艰难岁月"，贵族的豪宅在新生活方式的冲击下黯然失色，"在道路两旁，贵族的庄园被废弃在灌木丛或雪堆中，逐渐腐朽、破落，用大理石、丘比特雕像、象牙和黄金装饰的庄园变成了废墟。贵族的教堂位于有数百年历史的、长着高大菩提树的公园附近，四周栅栏高耸，内部摆放着六层高的雕刻圣像。在废弃的房屋周围，之前鲜花怒放的花坛如今灌木丛生。房屋周围逐渐变成了交易市场，葡萄酒商店的招牌也锈迹斑斑，出现了越来越多的灰红色的大车店"②。莫斯科附近古老的庄园，如阿布拉姆采沃庄园、昆采沃庄园、维金斯基庄园、基列耶沃庄园，分别落入了马蒙托夫家族、索尔达坚科夫家族、亚昆奇科夫家族和波利亚科夫家族之手，并成为重要的文化中心。这些事例尽管为数不多，但非常典型，它们说明了贵族和商人之间的关系并非势同水火，而是相互渗透。雄伟的遗迹，曾经的优美乐音，保存完好的庄园环境和室内装饰，充满诗意的庄园、建筑、公园和风景，它们美得令人窒息，这无形中影响到商人家庭的新生一代。他们努力进行独立的艺术创作，以反映他们所继承的丰富贵族文化。历史学家 Л. В. 伊凡诺娃公允地指出："人们酷爱庄园多愁善感的氛围，19世纪末20世纪初，这一爱好对出身于资产阶级、商人和知识分子阶层的新一代产生了举足轻重的影响。"③ 在这一意义上，俄国著名商人家庭出身的艺术家 M. 亚昆奇科娃 - 韦伯就是一个典例。她承认，在维金斯基庄园度过的童年深刻影响了她的创作。一位同时代人描述了庄园里年轻女诗人周围弥漫着

---

① Дорошевич В. М. Рассказы и очерки. М. , 1996. С. 295.
② Блок А. Безвременье // Блок А. Собр. соч. Т. 5. М. - Л. , 1962. С. 74.
③ Мир русской усадьбы: очерки. М. , 1995. С. 5.

第十一章　企业家与俄国民族文化的形成

诗情画意："……这不，紧靠着露台边缘的柱子旁边，在幽深的、散发着芬芳气息的、多汁的'樱桃园'上方，一位文雅的俄国小姐马申卡·亚昆奇科娃在做着美梦，就像铃兰花一样，就像用柴可夫斯基的梦编织起来似的……"① 后来，当她成为一名成熟的艺术家后，她创作了一系列深受庄园及其周围环境启发的绘画作品（例如《布罩》、《透过老房子的窗户：维金斯基庄园》、《兹韦尼哥罗德附近的萨沃－斯托罗热夫斯基修道院》和《维金斯基庄园的墓地》等）。值得一提的是，Б. 穆萨托夫的著名画作《幻影》（1903 年）及其草稿《弗韦登斯基的房子》和《夕阳的倒影》也创作于维金斯基庄园。

当然，对于形成的整体文化氛围而言，商人家庭出身的年轻人与不同社会阶层创作人士多年的直接交往也具有重大意义。商人家庭更为开放，更具有文艺和知识气息。例如，这一时期亚昆奇科夫夫妇在维金斯基庄园接待的客人中，就包括 А. П. 契诃夫、柴可夫斯基、画家 В. Э. 鲍里索夫－穆萨托夫和列维坦、艺术家兼政论家 С. 格拉戈利（戈洛乌舍夫）以及《艺术世界》杂志中的许多其他代表人物。对于当时诸多开明的商人家庭而言，这种密切而广泛的交往非常普遍。

商人阶层走过了一条独立发展的漫长道路，甚至可以说是与贵族文化（更准确地说，是彼得大帝改革之后的贵族文化）分道扬镳。到 19 世纪末，商人积累了丰富的文化底蕴，并步入了一个全新的发展阶段，为复兴"民族性"和"人民性"做出了巨大的贡献。其中的开明人士意识到，必须吸收全人类的普世文化价值。商人出身的"文化庇护者"几乎单枪匹马地完成了上述历史文化使命，缩小了贵族文化和民间文化（农民文化）之间的距离。正是从这一时期开始，俄国文化发展的两条路线逐渐融合，而且受过教育的阶级开始形成某种新的文化共同体，于是，

---

① Череда Ю. Звенигородский уезд (Чехов, Чайковский, Якунчикова) // Мир искусства. 1904. № 5. С. 103.

一个崭新的文化世界、文化阶层和文化联盟诞生了，它摆脱了旧的习俗和偏见，打破了旧的团体利益界限。文化联盟的诞生意味着形成了一个新的社会共同体、新的"中产"阶级——俄国的"第三等级"。这是俄国慈善家在新时期的主要活动，但这些活动于1917年十月戛然而止。

在两种文化融合和产生新的文化联盟的过程中，新生代精英企业家们发挥着主导作用，他们于19世纪末提出了内容广泛的文化活动和慈善活动计划。其中最杰出的活动家代表是工业专办 С. И. 马蒙托夫及女公爵 М. К. 捷尼舍娃，他们来自不同的社会阶层，但对待俄国文化的态度却异曲同工。

С. И. 马蒙托夫致力于复兴俄国民族艺术。他出生于一个著名的开明商人之家，与著名商人家族科科列夫家族等一样，家族的前几代人积累了巨额财富。商人史研究专家 П. А. 布雷什金写道："如同博特金家族，马蒙托夫家族在不少行业都赫赫有名，包括工业领域和艺术领域……马蒙托夫家族的年轻人，尤其是 И. Ф. 马蒙托夫及其孩子们，都受到过良好的教育，而且个个禀赋超人。他们中的大多数都极具音乐天赋……"[①]在谈到 Н. Ф. 马蒙托夫和 Н. Ф. 马蒙托夫兄弟时，传记作者同样指出，他们的文化兴趣浓厚而又广泛。兄弟俩"都和科科列夫非常亲近，而且通过他与俄国著名历史学家 М. П. 波戈金私交甚好……科科列夫、波戈金经常和马蒙托夫一家共进晚餐。通过波戈金，马蒙托夫家族得以成为波戈金出版的杂志《莫斯科人》的编委，并进而跻身莫斯科文艺界和学术界"[②]。

在马蒙托夫家族所有成员中，最为杰出的人物是 С. В. 马蒙托夫（1841~1918年），艺术家涅斯捷罗夫将其称为"杰出的萨瓦"，后来他的朋友们也这样称呼他，他代表着民族自我认同的兴起。根据许多同时

---

① Бурышкин П. А. Указ. соч. С. 167–168.
② Там же. С. 168.

第十一章 企业家与俄国民族文化的形成

代人的回忆，С. В. 马蒙托夫才华横溢。他的外甥女、П. М. 特列季亚科夫的女儿 В. П. 特列季亚科娃回忆道："无论萨瓦舅舅做什么——唱歌、写诗、谱曲、绘画、雕刻、演出——他都能做得非常好！"她总结说："萨瓦舅舅天分极高，才华横溢，魅力四射，他知道如何一下子将周围所有年轻人聚拢起来。"① П. А. 布雷什金强调："С. В. 马蒙托夫最为重要的特点是，他总能成为中心人物，能够将那些珍视艺术的人们团结在一起。"19 世纪 90 年代中期，马蒙托夫建立了俄国第一家私人（马蒙托夫）歌剧院。К. С. 斯坦尼斯拉夫斯基与马蒙托夫是总角之交，他认为这项工作对俄国文化发展极为重要，他说："马蒙托夫赞助支持歌剧事业……为俄国歌剧文化事业的发展提供了强大的推动力。他发掘了夏里亚宾的才能，通过夏里亚宾使 М. П. 穆索尔斯基声名大振，获奖无数。在马蒙托夫的剧院里，Н. 里姆斯基－科萨科夫的歌剧《萨特阔》大获成功，并且唤醒了作曲家的创作激情……也正是在他的剧院里，我们第一次看到波列诺夫、瓦斯涅佐夫、谢洛夫和戈洛文的画作，而不是旧式的手工艺装饰品。这些画家和列宾、М. М. 安托科尔斯基等几乎都是在马蒙托夫家"长大"的，可以说，他们在这里度过了一生。此外，如果没有马蒙托夫的帮助，伟大的弗鲁别利未必能够崭露头角，进而名满天下。"②

20 世纪初著名作家 А. В. 阿姆菲捷阿特罗夫在小说《90 年代的知识分子》中提及了 С. В. 马蒙托夫的一个有趣的特征，"这是一位百万富翁、铁路商和称职的演员。他会演歌剧，会画画，能写诗，能雕刻，擅长男中音，会跳意大利的库奇芭蕾，他发掘了夏里亚宾并扶持他成长，发现了瓦斯涅佐夫的天分并将他养大成人，为 К. 科罗温铺平了道路，就像母亲照顾新生儿一样对待弗鲁别利……无论他选择哪个艺术方向，从事哪

---

① Зилоти В. П. Указ. соч. С. 149 – 150.
② Станиславский К. С. Указ. соч. С. 110.

一艺术领域,他都是行家里手"①。在马蒙托夫诸多才华中,该书的作者恰如其分地指出了新时代赞助者的另外一个特征:他们本人就是名副其实的艺术家,是富有创造力并进行创作的人。像马蒙托夫一样伟大的赞助者有别于第一代商人收藏家。

贵族、艺术家和赞助者 C. A. 谢尔巴托夫公爵注意到,作为商人兼赞助者,C. B. 马蒙托夫具有另外一些有趣的、相互矛盾的性格特征。他在回忆录中写道:"C. B. 马蒙托夫气质非凡,他在个人生活、社会生活和赞助活动上都雷厉风行。他是一位商人,也是一位悭吝人,是一位'暴君',也是真正的天才,他天资聪颖、智慧超群。艺术家波列诺夫在马蒙托夫的艺术生涯中扮演了重要的角色……莫斯科附近的阿布拉姆采沃庄园一度成为最活跃的艺术活动中心。凭借自己的气质和性格魅力,马蒙托夫激发了年轻艺术家们的创作激情,激励他们成长。马蒙托夫开创了一项伟大的事业,修建了以其名字命名的剧院(位于莫斯科的卡米尔尼胡同,1885 年 1 月 10 日开业)。" C. A. 谢尔巴托夫指出:"他忙碌地从事艺术活动,同时在生活中慷慨大度。其生活方式具有典型的莫斯科风格,是狂欢式的、异彩纷呈的和欢快的。庄园里有餐馆、葡萄酒、吉卜赛人、三套车……"②

所有论及马蒙托夫的作家都看到了他卓越的才华和复杂的性格,肯定了他对俄国艺术繁荣做出的重大贡献,称他为"俄国民族文化的新型活动家"。马蒙托夫孜孜不倦地追求着伟大的、乌托邦式的、遥不可及的梦想,将艺术视为生命中最重要的内容。在 1888 年旅行意大利期间,他站在佛罗伦萨的一个广场上,在城市"圣洁的大理石雕刻"之间,似乎在不经意之间表达了自己最隐秘的想法。他记录了这次旅行,反思了意大利文艺复兴时期佛罗伦萨的艺术生活特征,他写道:"许多大人物

---

① Амфитеатров А. Девятидесятники. Т. 1. СПб. , 1910. С. 134.
② Щербатов С. А. Указ соч. С. 51 – 53.

第十一章　企业家与俄国民族文化的形成

凭借自己天才般超乎想象的力量创造了这一艺术，并征服了整个社会，上至显赫的公爵、教皇，下至赤贫的穷人。艺术不是一时之兴，不是取悦于人的娱乐，它指引着生活和政治，支撑起了教会和宗教。这真是黄金般的幸福时代！"① 1900 年春天，俄国一流的艺术家们，还有马蒙托夫的学生以及朋友在给他的集体贺词中，高度赞扬了他对艺术的无限奉献和忠诚。当时的马蒙托夫已家道中落，正在监狱里接受调查。贺词中这样写道："您为本土艺术做出了巨大的贡献，我们这些视艺术为生命的艺术家衷心赞美您，向您致敬……"②

М. К. 捷尼舍娃（1864~1928 年）与复兴俄国民族艺术的思想密不可分。С. А. 谢尔巴托夫公爵在回忆录中写道："对我们而言，90 年代重塑俄国民族风格的活动主要集中在两个中心。一个中心是在阿布拉姆采沃庄园，即 С. В. 马蒙托夫的庄园；另一个是在斯摩棱斯克省女公爵 М. К. 捷尼舍娃的塔拉什基诺庄园。"③ 捷尼舍娃出生于圣彼得堡，毕业于私人学校，具有出色的声乐才能，曾在巴黎学习歌剧艺术。1892 年，这位年轻歌手放弃了演员生涯，嫁给了俄国一位非常富有的工厂主 В. Н. 捷尼舍夫（1843~1903 年）。她的丈夫以其远见卓识、渊博知识和深厚的文化素养而闻名遐迩。在此期间，捷尼舍娃为慈善事业投入了大量的时间和精力。捷尼舍娃在《我的人生印象》一书中回忆说，当第一次在布良斯克郊外丈夫的一家大工厂里看到"瘦小的、被铸炉烧伤、被铁锤无休的敲打声震聋"的工人们时，她陷入了沉思："谁从这些汗水、胼胝和血泡中获益最多？当然了，是我们……"④ 正如研究人员 Д. И. 布达耶夫所言，М. К. 捷尼舍娃之前流连于贵族精英和知识分子的圈子，如今"开

---

① Встречи с прошлым. Вып. 4. М. , 1982. С. 54.
② Художественное наследство. Т. II. М. , 1949. С. 56.
③ Щербатов С. А. Указ. соч. С. 48.
④ Тенишева М. К. Впечатления моей жизни. Л. , 1991.

· 501 ·

俄国企业史（1850～1917）

始理解导致'工人不满'的原因，明白需要改善他们的处境"①。她开始提高工人的福利。她在职业学校新建了可容纳200人的教学楼，开设了大众餐厅，为工人修建了住所。在她的倡议下，布良斯克近郊的别日察开设了6所学校，斯摩棱斯克市举办了教师培训班。

М. К. 捷尼舍娃一生的主要事业还是艺术赞助和创作。她在斯摩棱斯克和圣彼得堡创建了几所绘画学校，并出资在斯摩棱斯克举办了一场大型巡回展画派协会作品展，与 С. И. 马蒙托夫一起资助创立了代表着新方向的艺术杂志《艺术世界》（1897～1898年）。上文已经提及该杂志在团结新方向艺术流派艺术家过程中的作用。М. К. 捷尼舍娃热衷于收藏艺术作品，但这并非为了满足个人嗜好。后来，机缘巧合下，她将个人收藏的500幅水彩画和素描捐赠给了圣彼得堡新成立的俄国博物馆。她在文化和教育领域的赞助活动也非常广泛，包括资助在诺夫哥罗德进行的考古发掘，还设立了最佳农业教材奖。

从19世纪90年代下半期开始，М. К. 捷尼舍娃的主要艺术活动集中在位于斯摩棱斯克东南18公里的塔拉什基诺村。她在庄园内建立了艺术工作室和"古代俄国"民间艺术博物馆，其中展示了各种各样的民间工艺品：花边、刺绣、木雕和圣像画等。正是在此基础上，建立了后来的斯摩棱斯克博物馆。捷尼舍娃专门为艺术家 С. В. 马柳京建造了一间工作室。她还在塔拉什基诺设计了一座俄式风格的木屋，作为刺绣和裁缝工作间。这种具有民族传统风格的艺术创作活动在塔拉什基诺持续甚久，旨在寻找在艺术中表达"民族性"的新途径，同时代人也注意到了这一点。和莫斯科郊外马蒙托夫的阿布拉姆采沃庄园一样，塔拉什基诺弥漫着艺术气息，许多杰出的艺术大师参与了艺术工作室的工作（木工、雕刻、陶瓷、染色和刺绣等）。И. Е. 列宾、А. М. 瓦斯涅佐夫、В. А. 谢罗

---

① Буржуазия и рабочие России. С. 49.

夫、М. А. 弗鲁别利、К. А. 科罗温、Н. К. 廖里赫、С. В. 马柳京和 А. Я. 戈洛温等艺术家多次参与塔拉什基诺的工作并长期居住在这里。М. К. 捷尼舍娃本人也积极参与创作活动，致力于制造搪瓷制品。为了销售塔拉什基诺艺术工作室的作品，她还在莫斯科开设了一家名为"源泉"的专营商店。塔拉什基诺艺术工作室作品的声誉与日俱增。1905年，艺术促进会举办了艺术工作室收藏品展。同年，在廖里赫的参与下，"同盟"出版社还出版了《塔拉什基诺》一书。在该书《我们变穷了》一文中，廖里赫呼吁艺术家接受民间艺术的优良传统。塔拉什基诺艺术工作室的作品多次参加国外举办的一些展览，获得许多奖项并赢得了世界声誉。

此外，女公爵 М. К. 捷尼舍娃还是一位才华出众、受过良好教育的人，也是一位杰出的文化赞助者和文化活动家，无论是她的朋友，还是与她不熟悉的人，都指出了这一点。С. А. 谢尔巴托夫在谈到她时，指出了其性格中的矛盾之处，他写道："这是我一生中见过的最为杰出的一位女性。她不安于现状，有时甚至有些异想天开。她受过全面的教育，学富五车，权力欲十足，对艺术有着旺盛的需求和深深的热爱。她不仅是一位卓越的赞助者，资助了最好的艺术杂志《艺术世界》，还收藏了国内外艺术家的画作，慷慨地帮助艺术家们。她还是一位伟大的社会活动家。此外，她还是非常特殊的艺术领域的实践者。"[1] 同时，作为一位贵族和"高级艺术"的支持者，谢尔巴托夫对试图将农民风格引入艺术中的做法表示怀疑，他批评了塔拉什基诺的艺术工作室，他说："女公爵 М. К. 捷尼舍娃具有非凡的才能、天赋和组织能力，她丈夫拥有巨额财富，她愿意扮演这样一个举足轻重的角色并在艺术生活中发挥重要的作用。但前提是，她要放弃追求伪俄国民族风格，否则她旺盛的精力一文不值。"[2]

---

[1] Щербатов С. А. Указ. соч. С. 48-49.
[2] Щербатов С. А. Указ. соч. С. 51.

Н. К. 廖里赫坚定支持复兴俄国民间艺术传统。在致捷尼舍娃的一封信中,他高度评价了塔拉什基诺和捷尼舍娃的工作,他写道:"这样的艺术中心洋溢着纯粹的艺术气息,它研究原始民间艺术创作,以遴选的艺术样品为榜样。只有在艺术中心的基础上才能够发展出我们真正的民族艺术,并在西方占有一席之地。请允许我衷心地向您说:荣耀属于您,荣耀与您同在!"[①]

捷尼舍娃是出身于资产阶级化高级贵族的赞助者,像她这样的人还有很多,例如著名的赞助者、俄国大工厂主 Ю. С. 内恰耶夫-马尔措夫。19世纪末,那些能够适应资本主义发展要求的贵族企业家与商人共同发挥自己巨大的能力,以新的方式重建经济,保持并增加了自己的财富。在此过程中出现了许多类似于 Ю. С. 内恰耶夫-马尔措夫(1835~1913年)的伟大赞助者,他是俄国最后几年最著名的赞助者之一,其母亲的血缘可以上溯到彼得大帝改革后崭露头角的古老的工业世家马尔措夫家族。该家族的一些成员在伊丽莎白一世时代因暗中从事分裂活动而获罪,而到了叶卡捷琳娜二世时期,他们却被擢升为世袭贵族,并与俄国最著名的贵族联姻。马尔措夫家族在俄国拥有广袤的土地和许多大型炼铁厂、机械厂和玻璃工厂。就像捷尼舍娃等赞助者一样,Ю. С. 内恰耶夫-马尔措夫的赞助活动和文化活动也证明了俄国上层阶级正在形成一种新型的文化群体。贵族文化和商人文化之间相互渗透的程度越来越深。

Ю. С. 内恰耶夫-马尔措夫爱好学院派艺术。年轻时,位于库利科夫附近洋溢着古罗斯自由气息的贵族庄园令他印象深刻,父亲的文学活动和科学活动也对他影响甚巨。Ю. С. 内恰耶夫-马尔措夫年轻时就与十二月党人联系颇密。他精通古代俄国历史,还是一位考古学家,退休前曾担任圣务院的首席检察官,退休后致力于俄国历史研究。他崇拜古代俄

[①] Встречи с прошлым. Вып. 2. М. , 1976. С. 109.

第十一章　企业家与俄国民族文化的形成

国，沉迷于俄国东正教文化，再加上他受过大学教育，具有高雅的艺术品位和美学鉴赏力，这也影响了他赞助活动的方向。他继承的巨额遗产有助于他实现青少年时期的梦想。1901 年，他的工厂集中于古西赫鲁斯塔利内市，在那里他修建了气势恢宏的圣乔治教堂，教堂内饰绘画由 B. M. 瓦斯涅佐夫完成。这一时期，他长期资助《俄国艺术瑰宝》杂志的出版，该杂志由 А. Н. 伯努瓦、著名的艺术史家和考古学家 А. В. 普拉霍夫先后担任编辑。Ю. С. 内恰耶夫－马尔措夫为许多文化人物提供了物质支持，由此，他当选为皇家艺术促进会副会长[1]。

在莫斯科建造精美艺术博物馆是他一生最后十年中最重要的事业，这为他带来了巨大的声望。正是由于内恰耶夫－马尔措夫不懈的努力和巨大的资金支持，由 И. В. 茨韦塔耶夫教授倡议建设的这座博物馆，在经历重重困难之后，历经 15 年才终于完工。博物馆的建设和藏品一共花费了 3559000 卢布，其中内恰耶夫－马尔措夫出资 250 万卢布[2]。内恰耶夫－马尔措夫在暮年时还深入研究了博物馆内部设计和装饰的各种细节。许多人指出，内恰耶夫－马尔措夫的艺术品位和爱好在这项工作中发挥了重要作用，他一直努力吸引他熟悉的画家，例如 Х. И. 谢米拉茨基、И. К. 艾瓦佐夫斯基、С. К. 马科夫斯基、В. М. 瓦斯涅佐夫和 В. Д. 波列诺夫等[3]参与这项事业。在列宾看来，这些艺术家的特点恰恰在于具备"希腊风格"，而内恰耶夫－马尔措夫的地位无可替代。博物馆修建了中央大厅，采用了"装饰着 36 根廊柱的、雄伟的古希腊罗马神庙式风格"[4]。博物馆的主要楼梯和伊奥尼亚型大理石柱廊的修建都是由他出资

---

[1] Демская А. А., Смирнова Л. М. История музея в переписке проф. И. В. Цветаева // Памятники культуры: Новые открытия: Ежегодник, 1978. Л., 1979. С. 78.
[2] Каган Ю. М. И. В. Цветаев: Жизнь. Деятельность. Личность. М., 1987. С. 104.
[3] Репин И. Е. Указ. соч. С. 441.
[4] Цветаев И. Записка, читанная в годичном собрании Музея 25 января 1908 г. проф. И. Цветаевым. М., 1908. С. 14.

的。在为博物馆的埃及厅投资的同时，他还远走埃及，为博物馆购买了纸莎草文献、肖像画和著名古迹的复制品。此外，他还在英国大不列颠博物馆订购了帕台农神庙壁饰的复制品，一共有102块，成为"帕台农"厅的主要装饰之一①。

1912年5月31日，博物馆正式营业。Ю. С. 内恰耶夫－马尔措夫的活动受到了同时代人的高度赞赏，获得了白鹰勋章。相比之下，女诗人М. 茨维塔耶娃对这位制造商、慈善家及圣务院首席检察官的评价似乎更为准确和全面。她写道：如果茨维塔耶夫教授是博物馆的"精神之父"，那内恰耶夫－马尔措夫就是它的"亲生父亲"。内恰耶夫－马尔措夫的经历表明，资产阶级化的贵族阶层持续支持祖国艺术和创作活动，并为俄国文化的发展开辟了新的空间。

但是，将贵族文化和人民文化（农民文化）融合在一起的任务主要由商人赞助者完成，尤其是莫斯科一些著名的商人世家，数代人都保持着收藏、赞助的传统。这些商人世家主要是出身于旧礼仪派的农民。由于前几代人受教育程度不高，所以他们每天辛苦地经营着自己的店铺和工厂以积累财富。随着财富的增长和文化教育水平的提高，商人后代对文化的兴趣和需求急剧增长。此时，从事文化赞助和文化创作活动的已不再是个别商人企业家，而是整个商人世家和商人家庭，其活动高峰期标志着俄国慈善事业和文化活动的新纪元。俄国艺术的"白银时代"即将到来。

休金家族就是这样的慈善商人世家，同时代人认为该家族是俄国商人中的"精英"。描写工商业阶层日常生活的著名历史学家П. А. 布雷什金写道：休金家族不仅名扬俄国，对西欧文化也做出了巨大的贡献②。该家族的创始人П. 休金出身于卡卢加省博罗夫斯克市的一个旧礼仪派商人

---

① Демская А. А., Смирнова Л. М. Указ. соч. С. 77.
② Бурышкин П. А. Укааг соч. С. 138.

第十一章　企业家与俄国民族文化的形成

家庭，休金家族真正的奠基人是 П. 休金的孙子 И. В. 休金。在 И. В. 休金的经营下，他们从事棉纱和织物销售的大公司乃至整个家族在莫斯科的工商业界变得赫赫有名。后来，И. В. 休金娶了著名茶叶贸易商的女儿 Е. 博特金娜为妻，其妻子的家族以财富、受教育程度和慈善事业闻名遐迩，其家族中涌现了许多杰出的思想家、医生、外交官和艺术家。所有这些都对休金家族的文化和精神氛围产生了深远的影响，在这种氛围的熏陶下，家族下一代人的艺术品位和兴趣逐渐形成。И. В. 休金的儿女们都接受了出色的教育，并以其高度的文化需求和高雅的艺术品位而著称。

П. И. 休金（1853～1912年）撰写了许多关于莫斯科实业界人士的有趣回忆录，同时他也是最著名的赞助者和收藏家。П. И. 休金与众不同：他不仅收集各类藏品，还为其做宣传。他详细描写了自己的家庭博物馆，翻印了所收藏的最有价值的文献，并以《休金文集》为名出版。19世纪末，他已经收藏了极为丰富的古代俄国艺术品、手工艺品、手稿和书籍，还在小格鲁吉亚街上为自己的藏品修建了具有古代俄国风格的馆舍。藏品共约15000件，后于1905年作为礼物捐赠给了俄国国家历史博物馆。著名的赞助者、藏书家 А. П. 巴赫鲁申认为，П. И. 休金是一位真正的行家里手，他"如果没有预先收集相关主题的系列书目并且认真研究，就不会收藏任何东西"[①]。

他的弟弟 С. И. 休金（1854～1936年）[②] 也是著名的收藏家和慈善家，在商业活动中同样起着举足轻重的作用。С. И. 休金的头衔是商务专办，是莫斯科会计银行理事会的成员，也是 Э. 钦德尔纺织公司和丹尼洛夫手工工场的共同所有人兼董事，还负责管理休金家族的企业。С. И. 休金在俄国收藏家中占有特殊的地位，是商人阶层中首批大规模收藏最新欧洲绘画的人士之一。他最先向俄国大众介绍了当代法国最杰出的艺术

[①] Из записной книжки А. П. Бахрушина: Кто что собирает? М., 1916. С. 35.
[②] По данным Н. Г. Думовой, род. в 1852 г. (Думова Н. Г. Указ. соч. С. 62).

家雷诺阿、莫奈、Э. 德加、塞尚、高更、马蒂斯、毕加索，以及荷兰画家凡·高……同时代人 С. А. 谢尔巴托夫在回忆录中写道："С. И. 休金是莫斯科收藏界的榜样，其活动体现了整个艺术生活中最重要的事件。他主要收藏法国画家的画作，收藏范围极广。"① 与此同时，С. А. 谢尔巴托夫也不无讽刺地补充道："С. И. 休金的艺术收藏无疑发挥了积极的作用，吸引了新一代先进商人中的一些显要人物。这些人物虽然看上去非常敏锐，具有鉴赏力，但流露出浓厚的外省人风格，在巴黎艺术市场的新时尚面前显得天真无知……"谢尔巴托夫看来，巴黎商人"残酷剥削"这位俄国收藏家。但无法否认的是，С. И. 休金的收藏活动是"一项重大事件，和 И. А. 莫罗佐夫的收藏一样，都是莫斯科的骄傲"②。С. И. 休金位于兹纳缅斯基胡同的现代绘画展览馆从1909年春开始向参观者开放。每周日上午10点，С. И. 休金都会把自己的房子改造成一个公共博物馆，并在自己豪宅的大厅里亲自接待访客。根据谢尔巴托夫的说法，"С. И. 休金是一位热忱的收藏家，他的热情吸引并感染了所有人。他发自内心地喜欢收藏，毫不掩饰，令人动容。这种源自内心的激情是不可否认的，并且博得了人们的好感"③。许多艺术家证明说，С. И. 休金收藏的绘画对艺术青年产生了革命性的影响，促使他们最终创造了独具一格的俄国先锋派艺术。С. И. 休金一共收藏了250幅画作，但十月革命后他被驱逐出境。П. А. 布雷什金表示，对于失去收藏品，这位赞助商并不感到遗憾，С. И. 休金公开声称，他的收藏"并不是为了自己，而是为了自己的祖国和人民。无论我们国家发生什么，我的藏品都应当留在那里"④。

С. И. 休金最小的弟弟 И. И. 休金（1869～1908年）也是一位颇具

---

① Щербатов С. А. Указ. соч. С. 36.
② Там же. С. 38.
③ Там же. С. 35.
④ Бурышкин П. А. Указ. соч. С. 142.

个性的收藏家和赞助者。他主要收集俄国书籍,尤其是俄国哲学史和俄国宗教思想史方面的书籍,同时还收藏 Д. Э. 格列柯和戈雅等古代巨匠的绘画作品。И. И. 休金是欧洲艺术的真正鉴赏家,他久居巴黎,定期向莫斯科的杂志寄发关于艺术展的文章,后被收录在《巴黎水彩》一书中。后来,他因在卢浮宫的工作被授予"荣誉军团勋章"。

С. И. 休金的另一位弟弟 Д. И. 休金(1855~1932年)也是著名的收藏家和赞助者,他收藏了规模庞大的图书、艺术画册、艺术杂志以及非常有价值的陶瓷和旧画。主要是16~18世纪荷兰学派和其他西欧艺术家的作品,藏品共604件,十月革命后,成为造型艺术博物馆的主要藏品之一。

与休金家族齐名的是纺织品制造商莫罗佐夫家族,这一家族以广泛的艺术赞助活动而闻名。莫罗佐夫家族的奠基人即瓦西里耶夫之子萨瓦,也是旧礼仪派教徒,出身于农奴阶层。莫罗佐夫家族中的一些成员以赞助活动闻名遐迩。莫罗佐夫家族的 С. Д. 莫罗佐夫是尼科利斯基工厂的所有者,他在各种文化事业上均花费甚巨,尤其是在出版方面。在女婿 Н. Ф. 卡尔波夫教授的帮助下,他创办了一家出版社。他的儿子 С. В. 莫罗佐夫(1862~1905年)被称作"最大的艺术赞助者",资助了莫斯科艺术剧院的修建。С. В. 莫罗佐夫的兴趣非常广泛,不仅热衷于各种创作活动,还在剧院的经营中发挥着巨大的作用。莫斯科艺术剧院的奠基人 К. С. 斯坦尼斯拉夫斯基在谈到 С. В. 莫罗佐夫时说:"这位杰出人士注定要在我们的剧院中扮演赞助者这一重要而绝妙的角色,因为他不仅能够提供物质帮助,还能全心全意地为艺术服务,既没有任何高傲自大,也没有任何非分之想,更不谋求任何个人利益。"[①] 后来,С. В. 莫罗佐夫的资助逐渐成为莫斯科艺术剧院的主要收入来源之一。

---

① Станиславский К. С. Указ. соч. С. 97.

在剧团演出的第一季，这位赞助者为剧团投入了大约 6 万卢布。当剧团需要资金建设自己的剧院时，С. В. 莫罗佐夫独自承担了这项任务。为修建莫斯科艺术剧院，他花费了 30 万卢布。据研究员 А. Н. 博哈诺夫估算，1898～1903 年他向莫斯科艺术剧院捐助了大约 50 万卢布，这一数目非常惊人①。

С. В. 莫罗佐夫在支持艺术剧院方面发挥了突出的作用，剧院使俄国新歌剧艺术名声大噪，但这并不是莫罗佐夫家族唯一的慈善活动。С. В. 莫罗佐夫的兄弟 С. Д. 莫罗佐夫创建了手工艺品博物馆，还帮助了 И. И. 列维坦。特维尔的莫罗佐夫家族以其慈善事业和收藏活动闻名遐迩，这支旁系的先辈是萨瓦一世的一个儿子 А. С. 莫罗佐夫。П. А. 布雷什金指出，莫罗佐夫家族这支旁系的两位女性，即 В. 阿列克谢耶夫娜（娘家姓赫鲁多娃）和 М. 基里尔罗夫娜（曾嫁给 В. 阿列克谢耶夫娜的一个儿子 М. 阿布拉莫维奇）"不仅在莫斯科，还在整个俄国的文化生活中都扮演了重要的角色"②。В. 阿列克谢耶夫娜（1850～1917 年）积极支持许多具有启蒙教育性质的创举，她开设女子课程、开展大学教育和建设图书馆，在这些领域，总是可以发现她的身影。1885 年，她在莫斯科资助建立了俄国第一家免费的 И. С. 屠格涅夫阅览室，还捐赠了 5 万卢布创建人民大学。此外，她还举办了"普雷斯切申卡工人课程班"。П. А. 布雷什金写道："后来，'普雷斯切申卡工人课程班'成为工人群众重要的教育中心。"③ В. 阿列克谢耶夫娜另一个赞助领域是出版，其旨在通过自由媒体和出版物推动俄国社会思想的发展。她与知名社会活动家 В. М. 索博列夫斯基教授私交甚好，后者是《俄国新闻》报纸的编辑，这为她的赞助活动提供了便利条件。值得一提的是 1882 年，瓦尔瓦拉成为《俄国新闻》

---

① Боханов А. Н. Указ. соч. С. 115–116.
② Бурышкин П. А. Указ. соч. С. 122.
③ Там же. С. 122.

第十一章 企业家与俄国民族文化的形成

报纸的主要股东，与俄国著名的作家、学者、文化活动家和社会活动家（车尔尼雪夫斯基、萨尔蒂科夫·谢德林、列夫·托尔斯泰、科罗连科、契诃夫、高尔基、季米里亚佐夫和梅契尼科夫等）共同合作，出版这份严肃报纸。B. 阿列克谢耶夫娜还资助出版了民粹派政论家 H. K. 米哈伊洛夫斯基主办的激进派杂志《俄国财富》，该杂志在当时俄国的社会政治生活中占据着重要的地位。此外，她还和 К. Д. 索尔达坚科夫一起资助了流行杂志《俄国思想》。瓦尔瓦拉对言论自由的支持引起了 К. П. 波别多诺斯采夫等一些有影响的保守派活动家的不满。1891 年 11 月，波别多诺斯采夫在写给亚历山大三世的信中就提及了莫罗佐娃的活动："在莫斯科，自由派富商和女商人离婚，他们资助宣扬解放精神的机构（类似于妇女培训班），资助充满有害思想的杂志，例如，一位女富商资助出版的《俄国思想》杂志。非常遗憾，这本杂志是俄国发行量最大的杂志，年轻人人手一册，它扰乱了许多人的思想。"①

М. К. 莫罗佐娃（1873～1958 年）继承了"特维尔"莫罗佐夫家族的慈善传统，她也非常支持社会思想、哲学思想和宗教思想中的新流派，以及知识分子 19 世纪末 20 世纪初在俄国的新探索。丈夫 М. А. 莫罗佐夫去世后，М. К. 莫罗佐娃在自己家中组织宗教和哲学会议以及各种辩论，她是这些活动的中心人物，参加者都是俄国当时杰出的哲学家。1906 年，她与 С. А. 特鲁别茨柯依公爵一起成立了纪念弗拉基米尔·索洛维约夫的宗教哲学学会，并予以资金支持。该学会集结了一批俄国 20 世纪初的杰出思想家，如 Н. А. 别尔嘉耶夫、П. А. 弗洛连斯基、С. Н. 布尔加科夫、В. В. 罗扎诺夫、С. Л. 弗兰克和 В. В. 埃恩等。М. К. 莫罗佐娃在出版和音乐领域同样做了大量工作。1910 年，在她的资助下成立了"道路"出版社并出版了宗教哲学学会成员的著作。М. К. 莫罗佐娃还是俄国音乐协

---

① Письма К. П. Победоносцева. 1883 – 1894 гг. : В 2 томах. Т. 2. М. , 1926. C. 306.

会的负责人，为俄国许多作曲家提供了物质支持，尤其是被她视为挚友的 А. Н. 斯克里亚宾。此外，她为俄国音乐大师的国外宣传做出了很大贡献。М. К. 莫罗佐娃还资助了 С. П. 佳吉列夫 1907 年在巴黎组织的俄国音乐演唱会。

В. А. 莫罗佐娃的两个儿子 М. А. 莫罗佐夫和 И. А. 莫罗佐夫均是著名的艺术鉴赏家和收藏家。М. А. 莫罗佐夫（1870～1903 年）以"绅士"之称名扬莫斯科，这源于 А. И. 孙巴科夫－尤任在小剧院上演的同名话剧，其中主人公的扮演者正是 М. А. 莫罗佐夫。М. А. 莫罗佐夫受过良好教育，23 岁毕业于莫斯科大学历史语言学系。在大学任教期间，他以米哈伊尔·尤里耶夫为笔名撰写了许多历史题材的文章。他多次出国，在旅行中以书信的形式撰写了大量游记。М. А. 莫罗佐夫从 20 岁起就开始收集绘画作品，最初收集的都是朋友的画作，例如 К. А. 科罗温、И. И. 列维坦、М. А. 弗鲁别利和 В. А. 谢罗夫等。后来在巴黎，他对印象派画家和后印象派画家的现代绘画产生了兴趣。М. А. 莫罗佐夫是鉴赏雷诺阿、德加、凡·高和高更作品的首批俄国人。虽然他购买的有些作品格调不高，但是非常合乎他的口味。С. А. 谢尔巴托夫公爵回忆说："贝纳尔的一副低劣的画作（一位裸体女人躺在燃烧的枝形烛台中）被 М. А. 莫罗佐夫高价收购，画家为此举行了一场狂欢，引起了很大的轰动。这幅画曾是 М. А. 莫罗佐夫豪宅中引以为荣的对象，人们还去瞻仰这一'杰作'，但现在已经羞于提起。"① 但总的来说，莫罗佐夫的收藏在整体搭配上很有特色，他一共收藏了大约 100 幅画，其中包括法国当代画家的作品，还有 10 件雕塑和 60 幅圣像画。М. А. 莫罗佐夫于 33 岁早逝后，他的遗孀 М. К. 莫罗佐娃遵照其遗嘱，将大部分藏品赠予特列季亚科夫画廊。М. А. 莫罗佐夫还是一位大慈善家，为艺术爱好者、作家和科学家

---

① Щербатов С. А. Указ. соч. С. 36.

协会以及俄国音乐协会提供了大量资金支持,他也是这两个协会的成员。此外,他还向莫斯科音乐学院和斯特罗加诺夫学校捐赠了一笔巨款,用于建造美术博物馆。

М. А. 莫罗佐夫英年早逝后,其弟 И. А. 莫罗佐夫(1871~1921 年)继续从事赞助事业。И. А. 莫罗佐夫毕业于苏黎世理工学院,师从年轻的康斯坦丁·科罗温,在建筑系学习绘画。跟兄长一样,И. А. 莫罗佐夫非常热衷于法国印象派和后印象派画家的作品。他在收藏西欧最新画作时并未受太多情感因素影响,只是为了追求更为理性的系统化和统一性。他在巴黎购买的第一批作品是希思黎和皮萨罗的油画。他率先在俄国收藏科罗温和列维坦的风景画、静物画和戏剧素描。此外,他还系统地购买了 М. А. 弗鲁别利、А. Я. 戈洛温、К. А. 索莫夫、М. Ф. 拉里奥诺夫、Н. С. 冈恰罗娃、Н. Н. 萨普诺夫、Ф. А. 马利亚温、И. Э. 格拉巴里、М. Х. 阿拉贾洛夫和 С. А. 维诺格拉多夫等艺术家的作品。他慧眼识珠,发现了来自白俄罗斯维捷布斯克市、当时寂寂无闻的画家 М. К. 夏加尔,并成为其赞助者。1906 年,И. А. 莫罗佐夫还为 С. П. 佳吉列夫提供资金支持,帮助他在巴黎组织了轰动一时的俄国艺术展。展览结束后,他和 С. С. 博特金、В. О. 吉尔什曼一起当选为秋季沙龙的荣誉会员。

兄长去世以后,И. А. 莫罗佐夫继续满腔热忱地收藏最新的法国画作以补充哥哥的藏品,他给自己提出的收藏任务是呈现欧洲艺术的全貌,他购买画作的勇气和收购范围震惊了同时代人。艺术史学家 Б. Н. 捷尔诺韦茨表示:"受 1914 年战争的影响,这些年,没有任何一位欧洲新艺术的收藏家和一家西方博物馆会如此大规模、如此迅速地扩充自己的藏品。"① И. А. 莫罗佐夫在装修位于普雷斯切申卡胡同的家时曾邀请莫里斯·杰尼、马约尔和勃纳尔参与。截至 1917 年,他家中收藏了 100 余幅

---

① Терновец Б. Н. Письма. Дневники. Статьи. М., 1977. С. 113.

俄国企业史（1850～1917）

俄国艺术家的画作和 250 多幅欧洲最新画作，包括雷诺阿、凡·高、毕加索、高更、波纳德、塞尚和马蒂斯等人的一作品。与 С. И. 休金的收藏不同，И. А. 莫罗佐夫的收藏在革命前并未对公众开放，并且也没有证据表明他有意将其公开。但是，正如研究人员 Н. Г. 杜莫娃所指出的那样，与 С. И. 休金一道，М. А. 莫罗佐夫和 И. А. 莫罗佐夫兄弟为俄国做出了"巨大的贡献"①，兄弟二人收藏了大量难以在其他国家找到的法国现代画作，对俄国新艺术的发展产生了重大影响。

著名的商人家族巴赫鲁申家族在支持俄国文化方面也发挥了不容忽视的重要作用。与休金家族和莫罗佐夫家族一样，巴赫鲁申家族的事业同样证明了俄国商人阶层广阔的文化兴趣和广泛的赞助活动。在 1861 年改革后，类似的赞助实际上覆盖了俄国艺术、文学和文化的所有领域。巴赫鲁申家族源于梁赞省扎赖斯克市的商人之家，1835 年被登记为莫斯科商人。П. А. 布雷什金指出了其家族根深蒂固的特征：热衷于收藏和慈善。在莫斯科，他们被称为"职业慈善家"，因为他们经常拿出自己的一部分收入赞助文化事业。据估计，1880～1904 年，巴赫鲁申家族为莫斯科市捐献了 2279265 卢布②。在巴赫鲁申家族的收藏家中，最著名的是 А. П. 巴赫鲁申和 А. А. 巴赫鲁申。А. П. 巴赫鲁申（1853～1904 年）不仅是热心的藏书家，还是俄国古物和艺术品的收藏家，他被包括实用艺术在内的广泛艺术作品所吸引，例如绘画、青铜器、瓷器（主要是俄国工厂的瓷器）、古老的俄国编织品、搪瓷品和圣像画等。所有这些艺术品都反映了时代精神，体现了俄国工业和手工业的发展。他最早开始收集古代收藏家的肖像、古物爱好者的肖像、俄国国家活动家和公共人物的

---

① Думова Н. Г. Указ. соч. С. 128.
② Городские учреждения Москвы, основанные на пожертвования и капиталы, пожертвованные московскому городскому общественному управлению в течение 1863 - 1904 гг. М., 1906. С. 446 - 447.

第十一章　企业家与俄国民族文化的形成

肖像。А. П. 巴赫鲁申的藏书总计约 3 万册，其中包含俄国历史、考古学、人种学和地理学著作，以及数量众多的参考书、书目索引和大量与莫斯科和博物馆事务有关的出版物。1901 年，根据他的遗嘱，其藏书被捐献给了鲁缅采夫博物馆，而绘画、瓷器、青铜器、鼻烟壶和其他古物（近 25000 件）则被捐献给了历史博物馆。

莫斯科剧院博物馆的创建者是 А. П. 巴赫鲁申声名远播的弟弟 А. А. 巴赫鲁申（1865~1929 年），他的第一批藏品可以追溯到 19 世纪 90 年代初。1894 年，А. А. 巴赫鲁申首次向公众展示了自己的藏品，包括海报、表演节目单、演员照片、服装和其他剧院用品。著名建筑师 И. Е. 邦达连科在《收藏家笔记》中写道："А. А. 巴赫鲁申最初的收藏是偶然为之，随着时间的流逝和经验的增长，他开始有计划地遴选收藏剧院的肖像画……"[①] Е. 邦达连科将巴赫鲁申称为"目标明确的收藏家，为俄国文化留下了丰富的遗产"，建立了"俄国唯一的、具有特殊价值的剧院博物馆"[②]。П. А. 布雷什金在谈到 А. А. 巴赫鲁申的藏品时说："这是举世无双的剧院题材收藏。显然，收藏家收集这些文物时满怀爱心。"[③] А. А. 巴赫鲁申的藏品多次参加了代表俄国剧院成就的展览：1899 年在雅罗斯拉夫尔举行的俄国剧院 150 周年展、1900 年在巴黎举办的世界博览会、1909 年在圣彼得堡举办的第一届俄国剧院展等。А. А. 巴赫鲁申毕生致力于创建俄国剧院博物馆。1913 年 11 月 25 日，А. А. 巴赫鲁申将自己位于卢日尼基大街豪宅中价值连城的藏品捐献给了俄国科学院。此外，许多杰出的演员和剧院活动家、作家、科学家、慈善家都成为剧院博物馆理事会的成员，而 А. А. 巴赫鲁申则担任理事会主席和"荣誉受托人"。此

---

① Бондаренко И. Е. Записки коллекционера // Памятники Отечества. № 1-2 (29). 1993. С. 32.
② Там же. С. 31.
③ Бурышкин П. А. Указ. соч. С. 127.

时，他收藏了大约 12000 件藏品，均面向公众开放。

著名的里亚布申斯基兄弟是工商业世家的第三代人，他们也是赞助商，兴趣广泛多样，不仅为俄国经济发展做出了巨大贡献，而且在俄国文化发展方面也居功甚伟。里亚布申斯基兄弟为俄国民族传统文化的发展做了大量工作。与众多企业家不同的是，他们受到了良好的教育，深谙欧洲科学、文化和启蒙教育的成就，希望俄国社会对世界文明能有更多了解。兄弟俩对艺术都充满了浓厚的兴趣。兄长 П. П. 里亚布申斯基（1871～1924 年）赞助了许多建筑师，包括最有才华的俄国建筑师 Ф. О. 舍赫捷利。Ф. О. 舍赫捷利根据里亚布申斯基的委托，完成了里亚布申斯基家族的许多设计项目。Е. И. 基里琴科将舍赫捷利的建筑作品称作"19 世纪末 20 世纪初建筑的伟大转折点"，"就其前沿性和历史意义而言，可以与建筑体系的更新换代等跨世纪现象相提并论"[1]。里亚布申斯基与这位建筑师合作最重要的成果就是家族的一座豪宅。这座豪宅修建于 1900 年，坐落在莫斯科尼基茨基大街和斯皮里多诺夫卡大街交汇处，主人是 П. П. 里亚布申斯基的兄弟 С. П. 里亚布申斯基，而前者则住在普雷斯切申卡胡同一栋恢宏的豪宅中。该宅邸前主人是 П. М. 特列季亚科夫的兄弟 С. М. 特列季亚科夫，即前任市长、特列季亚科夫画廊的创建者之一。豪宅里面装饰着 19 世纪初期英国肖像画家的精美画作。П. П. 里亚布申斯基在斯皮里多诺夫卡大街上还有一座知名豪宅，前主人是 З. Г. 莫罗佐娃，设计师同为舍赫捷利。宅邸内部经过重新装修，放置着 П. П. 里亚布申斯基收集的国内外艺术家（德加、皮萨罗、雷诺阿、弗鲁别利和贝努瓦等）的丰富绘画作品。

М. П. 里亚布申斯基是一位芭蕾舞迷，在莫斯科以赞助芭蕾舞团而著

---

[1] Кириченко Е. Федор Шехтель. М., 1973. С. 5; Тот же. Творчество Ф. О. Шехтеля и архитектурный процесс XIX – XX вв. // Ф. О. Шехтель и проблемы истории русской архитектуры конца XIX – начала XX веков: Сб. науч. трудов. М., 1988. С. 3.

第十一章　企业家与俄国民族文化的形成

称,他妻子是莫斯科公认的美人、芭蕾舞演员塔季雅娜·普里马科娃。后来,他们的女儿也成为名扬欧洲的芭蕾舞演员。С. П. 里亚布申斯基(1872~1936年)举办了一场规模宏大的古代俄国艺术展,以纪念1913年罗曼诺夫王朝300周年诞辰。С. П. 里亚布申斯基(1874~1943年)拥有莫斯科最重要的、举世瞩目的私人肖像画藏品,他编写并出版了其中许多肖像画(例如《斯摩棱斯克圣母赫得戈利亚的圣像画》)的说明。由于收藏量在俄国名列前茅,所以他成为这方面极具影响力的权威人士。研究员 А. С. 费多托夫称赞 С. П. 里亚布申斯基和另一位商人慈善艺术家 И. С. 奥斯特罗乌霍夫,认为他们是"最大的收藏家"和"古代俄国绘画的慧眼识珠者",并写道:"正是他们开始系统性地对外展示那些私有的、未曾修复的原版圣像画。"① 这位回忆录作家回忆说:"总的来说,里亚布申斯基兄弟中很多人都对圣像画感兴趣,这一点也反映在他们被流放期间。""圣像画"协会创立后,很长时间都由发起人 П. П. 里亚布申斯基的儿子 В. П. 里亚布申斯基领导,这一事业使他名垂青史②。为了在国外推广俄国圣像画和圣像画艺术,以及复兴、研究和科学修复圣像画,该协会做了大量工作。В. П. 里亚布申斯基(1873~1955年)于1925年在巴黎成立该协会,并出任常任理事,直到去世。除他之外,协会的创始人还有 С. П. 里亚布申斯基和其他很多伟大的艺术家、建筑师和艺术史学家,例如 П. П. 穆拉托夫、С. К. 马科夫斯基、И. Я. 比利宾、С. А. 谢尔巴托夫、Д. С. 斯捷列茨基、А. Н. 伯努瓦和 Н. И. 伊思切列诺夫,以及圣像画画家格里高利·克鲁格、Л. А. 乌斯宾斯基、Ю. Н. 赖特林格尔、Е. С. 利沃娃、В. В. 谢尔盖耶夫和 Ф. А. 费道罗夫等③。П. П. 里亚

---

① Федотов А. С. Древнерусская культура, староверческие традиции и русское зарубежье // Труды Первых Морозовских чтений. Ногинск (Богородск), 1995. С. 167.
② Бурышкин П. А. Указ. соч. С. 192.
③ Федотов А. С. Указ. соч. С. 172.

俄国企业史（1850~1917）

布申斯基的另两个儿子 Д. П. 里亚布申斯基和 Ф. П. 里亚布申斯基都献身科学。Д. П. 里亚布申斯基（1882~1962年）是一位才华横溢的物理学家。1904年，当他还是一位20多岁的男孩时，他就在位于莫斯科郊外的父母的库奇诺庄园建立了俄国第一个空气动力学实验室，后来改建为研究所，他担任该研究所的首位所长。这是一位享有世界声誉的学者、教授和组织者，后来成为法国科学院的通讯院士。Ф. П. 里亚布申斯基（1883~1910年）虽在27岁因为肺结核而去世，却留下了巨额财富，并且赢得了"开明商人""科学赞助者"的美名。在他的倡议和资助下，1908年俄国皇家地理协会组织了对堪察加半岛的大型科学考察。探险队的工作为相关研究提供了丰富的科学资料。Ф. П. 里亚布申斯基为这次考察捐赠了20万卢布，他去世后，遗孀 Т. М. 里亚布申斯卡娅根据他的遗愿，继续资助探险队的相关研究和出版工作[①]。

П. П. 里亚布申斯基的另一个儿子 Н. П. 里亚布申斯基（1877~1951年）不仅才华横溢，还是当时最大的慈善家之一。兄弟们都说，他过着"逍遥快乐的生活"，是这一代商人中"纨绔青年"的典型代表。与父母的希望背道而驰，他追求令人心驰神往的、浪漫而率性的艺术生活，并在艺术、文学创作、慈善事业和资助年轻艺术家的道路上寻找着自己的价值。同时，跟 С. П. 佳吉列夫一样，Н. П. 里亚布申斯基是将赞助事业职业化的第一批人，为俄国开辟了商业活动的新领域。他将赞助事业与现代资产阶级艺术的宏观走势联系起来，将其转变为"娱乐艺术"。与 Н. П. 里亚布申斯基合作的许多新一代艺术家和作家敏锐地感受到了这一趋势，并表示强烈反对。例如，А. Н. 伯努瓦就对这种资助形式非常不满。就杂志《金羊毛》出版商的问题，他给艺术家索莫夫写信，言辞十分激烈："这就是我们需要的、梦寐以求的领导者吗？多么可悲啊！为什

---

① Петров Ю. А. Братья Рябушинские: Групповой портрет русской финансовой олигархии // Встречи с историей: Очерки, статьи, публикации. М., 1990. С. 43.

么我们没有自己的特列季亚科夫,甚至也没有自己的马蒙托夫?……我们将和《金羊毛》杂志社开展合作,难道我们将围绕着金牛犊跳舞,甚至在 Н. П. 里亚布申斯基的妓院中举办展览吗?"但 А. Н. 伯努瓦也不得不承认,尽管这本杂志有着诸多不足,但"在我们身处的巨大沙漠里",它依旧提供了一些有价值的东西①。

伯努瓦认为,年轻的 Н. П. 里亚布申斯基的个性和他的赞助活动中包含着颇具象征意味的东西。他在回忆录中写道:"尽管是外省的赞助者,尽管带有'原始的'特点,尽管许多方面都能令人想起奥斯特洛夫斯基作品中的人物,但我的好感还是油然而生,我对这位商人赞助者表示某种敬意。他竭尽全力从他命中注定的社会阶层中爬出来,接受了教育,并带着他所认为的最为崇高和光明的某种'精神财富'。"许多人都指出,Н. П. 里亚布申斯基的形象具有双重性。С. А. 谢尔巴托夫写道:"Н. П. 里亚布申斯基来自非常富有的莫斯科工业家族,是著名的商人慈善家,也是莫斯科个性鲜明的人物。他扮演着'美学家'的角色,出版了非常豪华的艺术杂志《金羊毛》,举办了最新流派的画展'蓝玫瑰',并且在彼得罗夫斯基公园建造了自己的别墅'黑天鹅'。他留着浓密的卷发,胡须修剪得整整齐齐,人养得膘肥体壮,长着一双浮肿、浑浊的眼睛,两颊粉红,他可能会被误认为一般的'小贩',或是一个每天在'埃尔米塔什'吃饭的酒鬼。他的桌子上总是摆放着兰花,毫无疑问,他具有某种才能,尽管这种才能一言难尽。"②许多同时代人都承认,Н. П. 里亚布申斯基是一个天资聪颖的人,他创作了许多短篇故事、中篇小说、戏剧和诗歌,尽管未被广泛认可。他还根据当时的时尚,以笔名 Н. 申斯基创作绘画。一位回忆录作者写道:"Н. П. 里亚布申斯基是一位年轻、

---

① Письмо А. Н. Бенуа К. А. Сомову (июнь – июль 1906 г.) // Константин Андреевич Сомов. Письма. Дневники. Суждения современников. М., 1979. С. 452.

② Щербатов С. А. Указ. соч. С. 40 – 41.

乐观、开朗的百万富翁，有品位，有才华。他不单纯是一个艺术家，还是一位富翁。"① 令他声名鹊起的是1906年创刊的文艺类杂志《金羊毛》，该杂志汇集了代表新方向的新一代作家和艺术家。Н. П. 里亚布申斯基不仅资助该杂志，而且还是该杂志的发行者和编辑，并在杂志上发表了自己的画作和文学创作。许多象征主义作家，如 В. Я. 布留索夫、А. 别雷、К. 巴尔蒙特，以及后来的 А. А. 勃洛克、В. А. 谢罗夫、А. Н. 伯努瓦、Е. Е. 兰谢列、Л. 巴克斯特、И. Я. 比利宾、К. А. 索莫夫、Н. Д. 米利奥蒂和 Н. П. 费奥菲拉克托夫等，都参与了该杂志的出版工作。Б. А. 萨多夫斯科伊曾担任杂志社的工作人员，他回忆道："Н. П. 里亚布申斯基的杂志事业规模宏大，他为编辑部在诺温斯基路专门租赁了一栋豪宅。杂志同时以俄语和法语印刷。他还从巴黎请回了诗人埃斯默·瓦尔多翻译诗歌……在这本豪华杂志第一期出版的当天，投递员将其送到出版商手中时获得了100卢布的赏钱。每周四晚举行的招待会上，Н. П. 里亚布申斯基为与会人员准备了香槟、红酒、白葡萄酒、伏特加、雪茄、水果、茶和糖果……宾客每次必须持有专门印制的请柬才能参加招待会。"② 该杂志将颓废派作家和画家团结在一起，引起了社会的不满，遭到了竞争对手的强烈批评和一系列抗议，其中包括由 С. А. 波利亚科夫主办的杂志《天平》。回忆录作家写道："《天平》杂志由于急不可耐地想打压竞争对手，造成了大量工作人员离职，三年后该杂志宣告破产。"③ 但是，编辑部的解散以及主要人物（В. Я. 布留索夫、А. 别雷、А. Н. 伯努瓦、В. А. 谢罗夫、Л. 巴克斯特、И. Я. 比利宾、К. А. 索莫夫、М. В. 多布津斯基、И. А. 列别杰夫和 Е. Е. 兰谢列等）离开杂志的原因非常复杂。尽

---

① Ровесник《Серебряного века》:《Записки》Б. А. Садовского // Встречи с прошлым: Сб. материалов ЦГАЛИ СССР. М., 1988. Вып. 6. С. 125–126.
② Ровесник《Серебряного века》... С. 126.
③ Весы. 1906. № 2. С. 81.

管杂志自称承袭了《艺术世界》的传统，吸引了其前成员参与合作，但是模仿抄袭之风在杂志上愈演愈烈，杂志变成了《艺术世界》的一个"廉价版本"。《艺术世界》的发起者将艺术家"团结在'美'的旗帜之下"从事"艺术探索"，引起了一股模仿浪潮，从而扼杀了《天平》杂志。《天平》杂志曾将《金羊毛》比作商业界的"桑杜莱亚·瓦赫拉梅耶夫娜"，她可以"出乎意料地在她的巴黎装束上戴上粉红色的缎面蝴蝶结"，以表达对爱神丘比特的热爱，杂志的装帧也体现了这一特征①。当Н. П. 费奥菲拉克托夫成为《金羊毛》的首席艺术家后，这一特征表现得尤为明显。

А. Н. 伯努瓦认为，虽然《金羊毛》装帧豪华，但它缺乏《艺术世界》真正崇高的艺术风格，再加上个人主义的无政府状态、各种创新以及"天马行空般的绘画"等，杂志逐渐堕落。出版商Н. П. 里亚布申斯基本人粗鲁、专横霸道，具有旧时代商人的习气，也对杂志造成了重要影响。А. Н. 伯努瓦及其同事，即原来《艺术世界》的成员认为，需要遵守经典崇高的艺术原则和传统，并声称：杂志正朝着忍无可忍的、日益大众化和商业化的方向发展。他们认为，Н. П. 里亚布申斯基代表着这一堕落的趋势。

与热爱法国前卫艺术的С. И. 休金以及莫罗佐夫兄弟不同，Н. П. 里亚布申斯基的艺术赞助活动侧重于俄国造型艺术的新发展方向，他继承了С. П. 佳吉列夫和"艺术世界成员"的传统，组织当代年轻艺术家展览自己的作品。继佳吉列夫之后，他以杂志的名义组织了一场名为"蓝玫瑰"的宏大画展，该事件被载入"白银时代"的俄国艺术史。代表新方向的十几位艺术家参加了展览，其中包括库兹涅佐夫、乌特金、苏杰伊金、萨普诺夫、Н. Д. 米利奥蒂、В. Д. 米利奥蒂、克雷莫夫、阿

---

① Там же.

俄国企业史（1850～1917）

拉帕夫、费奥克蒂斯托夫、А.В. 丰维津、德里特彭普里斯、克纳贝、Н.П. 里亚布申斯基本人、马特维耶夫和布罗米尔斯基等。在"蓝玫瑰"展览之后，他又以杂志《金羊毛》为名自己出资组织了一系列"新浪潮"艺术家的展览，包括法国后印象派画家的绘画作品。研究人员 Н.Г. 杜莫娃客观地指出："不得不承认 Н.П. 里亚布申斯基的丰功伟绩，他组织的展览清晰而全面地展示了俄国艺术发展的过渡时期、与西方文化的密切联系和每一个为俄国艺术在国内外的发展做出独特贡献的先锋性流派。"[1]

到19世纪末，受过高等教育的企业家精英阶层的规模迅速扩大。除了传统上以慈善活动著称的商人世家之外，新兴资产阶级中出现了大量新的暴富企业家家族，例如：哈里通年科家族、捷列先科家族、奥利瓦家族、塔拉索夫家族、魏纳家族、杰尔维兹家族、К.Ф. 冯-梅克家族和吉尔什曼家族等。С.А. 波利亚科夫是一位赞助者，也是一位年轻的企业家，建立了"天蝎"出版社，出版了文学艺术类杂志《天平》。和 Н.П. 里亚布申斯基一样，С.А. 波利亚科夫在资助文学和艺术的同时也追求独立的创作。但与前者不同的是，С.А. 波利亚科夫接受了良好的教育，拥有睿智的头脑和超人的智慧，对待事业严肃认真、周到踏实。С.А. 波利亚科夫在俄国象征主义发展史上发挥了重要的作用。如果没有他的积极支持和亲自参与，该流派的诗人和作家几乎不可能出版自己的作品。С.А. 波利亚科夫出生于莫斯科的一个富裕商人家庭，其财富估计达数十万卢布。他的父亲 А.Я. 波利亚科夫是兹纳缅斯基工厂的合伙人，20世纪初，该工厂的资产在300万～400万卢布，年利润高达20万卢布[2]。1893年，С.А. 波利亚科夫高中毕业后考入莫斯科大学物理与数学系，但他的主要爱好是现代欧洲文学。大学期间，他旁听了文学和语言学课程，

---

[1] Думова Н. Г. Указ. соч. С. 254.
[2] Мир русской усадьбы... С. 104.

第十一章　企业家与俄国民族文化的形成

学习了欧洲语言并翻译了欧洲最新作家的作品。挪威作家克努特·汉姆生的作品尤其吸引 С. А. 波利亚科夫，他梦想将其介绍给俄国大众。毕业后，尽管父亲坚持要求他成为出纳员，但波利亚科夫仍然毅然地投身于文学事业。波利亚科夫的大学同学、立陶宛人诗人 Ю. 巴尔特鲁沙伊蒂斯支持他的决定，因为两人都对文学怀有浓厚的兴趣。波利亚科夫用立陶宛语和俄语创作诗歌，他通晓意大利语，懂得斯堪的纳维亚诸语言。巴尔特鲁沙伊蒂斯和波利亚科夫一起翻译了易卜生的戏剧《当我们死者醒来》。1899 年 8 月 29 日，巴尔特鲁沙蒂斯与富商之女 М. И. 奥洛维扬尼什科夫娃秘密成婚。其中一个证婚人是 К. Д. 巴尔蒙特，是 С. А. 波利亚科夫的亲戚，不久前与商人的女儿 Е. А. 安德烈耶娃结婚（并且也是秘密结婚）。另一位证婚人是 В. Я. 布留索夫。波利亚科夫也参加了这场婚礼。婚礼结束后，所有人都来到了 С. А. 波利亚科夫位于莫斯科附近的庄园"狐狸山"，在这里他们萌生了创建一家新出版社的想法，以扩大发行现代欧洲作者的作品，因为俄国对它们的需求量持续增长[①]。出版社还可以出版对新流派感兴趣的俄国作家的作品。1900 年 3 月"天蝎"出版社开张运营并发行了易卜生创作的戏剧作品《当我们死者醒来》。出版社的任务是出版欧洲最新的作品（如埃德加·爱伦·坡、К. 汉姆生、П. 魏尔伦、Э. 维尔哈伦和斯坦尼斯瓦夫·普利比兹夫斯基等人的作品）以及俄国象征主义的图书（А. 别雷、К. Д. 巴尔蒙特、В. А. 布留索夫、А. А. 勃洛克、З. 吉皮乌斯、Ф. К. 梭罗古勃和 В. И. 伊凡诺夫等人的作品）。В. А. 布留索夫制定并实施了出版社的全面战略，其组织才能受到 С. А. 波利亚科夫的高度赞赏。Ю. 巴尔特鲁沙伊蒂斯同样是出版社不可替代的人物，他负责日常编辑工作。这两人是 С. А. 波利亚科夫在管理出版社时的左膀右臂。不久后，出版社已经获得了尽管微薄但非常稳定的利润。业务的

---

① Нинов А. Так жили поэты... Документальное повествование // Нева. 1978. № 6. С. 120.

成功开展使得他们能够在出版社的基础上创办新的文艺类出版物,如年鉴《北方之花》和新流派杂志《天平》,这些出版物将莫斯科和圣彼得堡年轻的文学力量和艺术力量团结在一起。1901~1909年和1911年,一共发行了5期《北方之花》。1904~1909年发行的《天平》杂志成为整个俄国象征主义的艺术杂志和纲领性杂志。尽管杂志的作者们才华出众,但主要受众是少数高级知识分子,发行量很小。1906年,只有815人订阅了《天平》[①]。"天蝎"出版社一直持续经营到1916年。20世纪初许多俄国艺术和文学名人与该出版社颇有渊源,由于该杂志的出版,C. A. 波利亚科夫在俄国艺术史也占有一席之地。

第五节 艺术的产业化

20世纪初,世界工业蓬勃发展,俄国也与时俱进。科学技术的发展、新技术和新材料的出现影响极大,不仅改变了人们对世界的看法,也为建筑学、造型艺术和实用艺术提供了新的解决方案、外观形式和技术手段。同时,由于技术的进步,出现了新的艺术领域:艺术摄影、故事影片、书籍设计艺术、广告艺术、室内装饰艺术和时尚艺术等。它们不仅满足了社会上小众群体的需要,也迎合了大众需求。例如在图书的装帧设计方面,插图和图书的装订等都被认为是名副其实的艺术形式。限于篇幅,本书无法研究艺术发展过程中的这些新现象。不过需要指出的是,在新的条件下,艺术和工业领域的结合也改变了文化资助活动的内容。艺术走向大众化、产业化,变成了营利性的产业。赞助者进入艺术活动的这些新领域,结果出人意料,之前他们仅凭"对艺术的热爱"而投资,并未指望获利,但他们突然发现,这项事业还能带来收入,于是他们就从传统上的

---

① История Москвы. Т. 5. М., 1955. С. 521.

第十一章 企业家与俄国民族文化的形成

"文化庇护者"转变成为新型的企业家,例如艺术生产的组织者、剧团老板、艺术品销售商等。在这种情况下,随着大众文化的出现,"娱乐产业"在俄国萌芽。赞助活动的发展在此也发挥着举足轻重的作用。

这种现象始于 С. П. 佳吉列夫。20 世纪初在不同领域积极活动的赞助者都与此类似,例如出版业的 Н. П. 里亚布申斯基、С. А. 波利亚科夫和 С. Н. 特罗伊尼茨基等。С. Н. 特罗伊尼茨基是一位艺术家,其名下有一家印刷厂"天狼星",印刷杂志《阿波罗》、《旧年》和《徽章学家》等。除此之外,还有《旧年》的出版商 П. П. 魏纳、出资(与 А. А. 勃洛克合作)建立"美人鸟"出版社的百万富翁捷列先科、图书合伙公司的奠基人 В. О. 沃尔夫、出版家 И. Н. 克内贝尔等。对俄国艺术摄影和电影事业发展做出重大贡献的有 А. 加恩-亚格利斯基(摄影公司的所有者、皇家宫廷摄影家)和 А. О. 德兰科夫(新闻记者兼摄影记者)。А. О. 德兰科夫于 1908 年在俄国拍摄了第一部俄国题材的故事片《下游的流民》(又名《斯捷潘·拉辛》),此后,他与剧院服饰厂厂长 А. А. 塔尔德金共同创建了一家著名的电影公司①。革命前夕,退休的哥萨克军官 А. А. 坎洪科夫也为俄国电影业的发展做出了巨大的贡献。1912 年,他建立了一家股份公司,股东包括莫斯科的大企业主维什尼亚科夫、里亚布申斯基、科诺瓦洛夫、瑟京和萨巴什尼科夫等。石油工业家和赞助者曼塔舍夫及利安诺佐夫还创建了一家名为"生物色素"("生物电影")的股份制电影公司②。在新一代企业家的努力下,与技术进步相关的新型艺术在俄国快速地产生和发展,并于 1917 年达到了极高的水平。新型艺术越来越受到大众的欢迎,吸引了艺术世界才华卓越的艺术家。

20 世纪,随着工商业界慈善事业和文化赞助事业的发展以及该阶层文化水平的提高,年轻商人越来越渴望摆脱父辈的事业,并从父辈传统

---

① Лебедев Н. А. Кинематограф в дореволюционной России. М., 1958. С. 17.
② Там же. С. 26; Ханжонкова В. Д. Русское кино: 1908 – 1918. М., 1969. С. 18.

俄国企业史（1850～1917）

的兴趣圈中解放出来。早在 1874 年军事改革后，这一现象就已经出现，因为军事改革取消了商人免服兵役这一重要特权。莫斯科商会档案馆保存了当时的许多案例，有不少二等商人请求从商人阶层名单中除去他们孩子的名字，目的是让他们在私立学校、大学和学院从事"学术活动"，以便谋得安身立命之业[①]。19 世纪末 20 世纪初，这种现象屡见不鲜。企业世家中年轻一代已经准备好成为政治家、国家公务员、作家、律师、政论家、剧院活动家或音乐家等，积极参与社会活动，在国家的社会文化生活中扮演更为活跃、自主性更强的角色。他们渴望展示自己的才华，发挥自己的创造力，其中一些人士在民族文化发展中的作用特殊。如上所述，此前同样存在着工商业家庭出身的杰出作家、学者、艺术活动家等，但是这些人都是单枪匹马行动，没有形成群体效应。到了 19 世纪末，工商业阶层，尤其是大企业世家逐渐积淀了深厚的文化，他们重视子女教育，带来了积极的结果。年轻一代的企业家中有许多人比自己的父辈走得更远，他们不仅从事"文化庇护"和资助活动，自己也进行创作。企业界人士从事创作活动，争取进入文学、科学和艺术行业，达到了前所未有的庞大规模，涉及多个领域。许许多多杰出的作家、科学家和艺术家都出身于商人，其中一些人，例如杰出的剧院活动家 К.С. 斯坦尼斯拉夫斯基（来自莫斯科商人家族阿列克谢耶夫家族）、作家 А.П. 契诃夫（来自塔甘罗格市的"商人之子"）、著名建筑师 Ф.О. 舍赫捷利、诗人 В.Я. 布留索夫（出身于贸易商之家）和剧院导演 Е.П. 瓦赫坦戈夫（弗拉季高加索的烟草商之子）等，已扬名全俄乃至全世界，为俄国艺术赢得了荣耀。

当然，还有更多的人为俄国文化发展做出了巨大的贡献，只不过没有得到如此广泛的认可。此类人物比比皆是。例如：А.М. 列米佐夫是革

---

① ЦГИАМ. Ф. 3. Оп. 2. Д. 426.

命前一位独树一帜的著名作家,其母亲来自著名商业世家奈焦诺夫家族;М. В. 亚昆奇科娃-韦伯(同样来自知名商人家族)幼年就表现出了卓越的艺术天赋,成为新流派中才华横溢的艺术家,深受许多杰出艺术家的赞赏,但不幸的是,她在32岁时因继发性肺结核早逝,过早地结束了自己的艺术探索;М. В. 涅斯捷罗夫是一位出身于商人阶层的杰出艺术家,其父亲是乌法的一位商人;И. С. 鲁卡维什尼科夫是20世纪初莫斯科文坛上的"颓废派"诗人兼作家,声名显赫,来自著名的商人世家;И. С. 什梅廖夫是革命前著名作家,同样出身于莫斯科商人家庭;Н. С. 特列季亚科夫是特列季亚科夫画廊创始人 С. М. 特列季亚科夫之子,英年早逝,他对家族企业兴趣不大,却是一位执着的艺术家,是莫斯科绘画、雕塑和建筑学院的学生,师从 И. М. 普里亚尼什尼科夫。

俄国文化界、教育界和科学界也经常活跃着出身于商人世家的名人。例如:莫斯科大学编外副教授 С. В. 巴赫鲁申和 А. А. 季托夫两人以收藏和赞助活动而闻名;莫斯科商人 Н. И. 瓦维洛夫的几个孩子都是著名院士;世界著名国际象棋冠军 А. А. 阿廖欣的母亲来自莫斯科著名制造商世家普罗霍洛夫家族。

商人世家的许多女性都受过良好教育,尽管在当时的条件下她们很少能够在工作中直接实现自我价值,但他们才华出众,对艺术兴趣浓厚。她们中的许多人接受了优质的音乐、艺术和文学教育,往往与艺术或文学领域的杰出人物结为夫妻,成为他们的真正助手,例如商人之女 Н. К. 乌什科娃嫁给了著名管弦乐队指挥家 С. А. 库谢维茨基。Н. К. 乌什科娃本人多才多艺,就像特列季亚科夫画廊创始人的女儿 В. 巴甫洛夫娜一样,而 В. 巴甫洛夫娜本身是一位优秀的音乐家,嫁给了著名的钢琴家和音乐活动家 А. И. 济洛季。济洛季的女儿柳芭嫁给了著名的艺术家 Н. О. 格里岑科,再婚时嫁给了剧院艺术家 В. И. 巴克斯特。一级商人、世袭公民 А. А. 卡尔津金的女儿也颇具艺术才华,她和画家 В. Д. 波列诺夫一起

俄国企业史（1850～1917）

在绘画学校学习，之后在巴黎继续接受艺术教育。艺术剧院的著名芭蕾舞演员 З. И. 利琳娜（佩列沃兹奇科娃）同样出身于商人世家，是 К. С. 斯坦尼斯拉夫斯基的妻子和助手。类似事例不胜枚举。

　　上述例证足以说明，俄国企业家阶层在现代文明的发展过程中已取得了高度的文化成就，并对民族文化发展做出了重大贡献。有些观点较为极端，否认俄国商人阶层在俄国文化发展中的作用，认为在文化方面他们仍处于农奴制改革前的水平，对此我们并不认可。商人于19世纪90年代后期进入了新的历史发展时期，企业精英阶层的文化在不断发展，工商业阶级中出现了越来越多的精英。这体现了另外一个重要特征，即商人赞助者的"文化庇护"活动并非劳而无功，它们极大地促进了上层文化和下层文化的融合，促进了受教育阶层形成新的文化群体。

　　但是，商人是否能够全面而彻底地完成其在文化领域的历史使命？他们是否能够弥合受教育阶层和工厂工人、农民之间的文化鸿沟？相较于在文学艺术范围内促进文化的融合，这显然是一项更为艰巨的任务。人民启蒙任重道远，商人只是稍稍扩大了城市大众文化的基础，而上层阶级文化日益精致，在此期间出现的新大众文化萌芽仍主要面向广大城市阶层。在十月革命前的俄国，数量庞大的农民同受教育阶层人士和知识分子之间泾渭分明。А. А. 勃洛克敏锐地感觉到了这一断层和这一"可怕的撕裂"。他于1908年写道："实际上，人民和知识分子不仅是两个概念，更是两个事实。人民的数量是一亿五千万，知识分子的数量仅为数十万，两者完全形同陌路。"① 勃洛克认为，人民和知识分子之间的这种相互不解就像是一堵坚不可摧的高墙，是一道"难以逾越的鸿沟"（普希金语），这注定了俄国的悲剧命运②。

---

① Блок А. Народ и интеллигенция // Блок А. Собр. соч. Т. 5. М. - Л. , 1962. С. 323.
② Там же. С. 324.

图书在版编目(CIP)数据

俄国企业史：1850~1917/（俄罗斯）鲍维金·瓦列里·伊万诺维奇等著；王晓阳，刘颜青译. --北京：社会科学文献出版社，2022.4
（俄国史译丛）
ISBN 978-7-5201-9889-9

Ⅰ.①俄… Ⅱ.①鲍… ②王… ③刘… Ⅲ.①企业-经济史-俄罗斯-1850-1917 Ⅳ.①F279.512.9

中国版本图书馆CIP数据核字（2022）第047340号

·俄国史译丛·
俄国企业史（1850~1917）

著　者／[俄]鲍维金·瓦列里·伊万诺维奇、加夫林·米哈伊尔·利沃维奇 等
译　者／王晓阳　刘颜青

出 版 人／王利民
组稿编辑／恽　薇　高　雁
责任编辑／颜林柯
责任印制／王京美

出　　版／社会科学文献出版社·经济与管理分社（010）59367226
　　　　　地址：北京市北三环中路甲29号院华龙大厦　邮编：100029
　　　　　网址：www.ssap.com.cn
发　　行／社会科学文献出版社（010）59367028
印　　装／天津千鹤文化传播有限公司
规　　格／开　本：787mm×1092mm　1/16
　　　　　印　张：34.75　字　数：458千字
版　　次／2022年4月第1版　2022年4月第1次印刷
书　　号／ISBN 978-7-5201-9889-9
著作权合同
登 记 号　／图字01-2021-5754号
定　　价／128.00元

读者服务电话：4008918866

版权所有 翻印必究